上财文库

刘元春　主编

基于CSSA的中国特色社会主义政治经济学创新研究

Innovative Research on Political Economy of Socialism with Chinese Characteristics Based on CSSA Theory

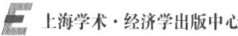

马艳　等　著

上海财经大学出版社
SHANGHAI UNIVERSITY OF FINANCE AND ECONOMICS PRESS

上海学术·经济学出版中心

图书在版编目(CIP)数据

基于 CSSA 的中国特色社会主义政治经济学创新研究 / 马艳等著. -- 上海：上海财经大学出版社, 2025.1. (上财文库). -- ISBN 978-7-5642-4428-6

Ⅰ. F120.2

中国国家版本馆 CIP 数据核字第 2024LL3513 号

上海财经大学中央高校双一流引导专项资金、中央高校基本科研业务费资助

□ 责任编辑　刘光本
□ 封面设计　贺加贝

基于 CSSA 的中国特色社会主义政治经济学创新研究

马　艳　等著

上海财经大学出版社出版发行
(上海市中山北一路 369 号　邮编 200083)
网　　址：http://www.sufep.com
电子邮箱：webmaster@sufep.com
全国新华书店经销
上海华业装潢印刷厂有限公司印刷装订
2025 年 1 月第 1 版　2025 年 1 月第 1 次印刷

787mm×1092mm　1/16　28.75 印张(插页:2)　515 千字
定价：138.00 元

总　序

更加自觉推进原创性自主知识体系的建构

中国共产党二十届三中全会是新时代新征程上又一次具有划时代意义的大会。随着三中全会的大幕拉开,中国再次站在了新一轮改革与发展的起点上。大会强调要创新马克思主义理论研究和建设工程,实施哲学社会科学创新工程,构建中国哲学社会科学自主知识体系。深入学习贯彻二十届三中全会精神,就要以更加坚定的信念和更加担当的姿态,锐意进取、勇于创新,不断增强原创性哲学社会科学体系构建服务于中国式现代化建设宏伟目标的自觉性和主动性。

把握中国原创性自主知识体系的建构来源,应该努力处理好四个关系。习近平总书记指出:"加快构建中国特色哲学社会科学,归根结底是建构中国自主的知识体系。要以中国为观照、以时代为观照,立足中国实际,解决中国问题,不断推动中华优秀传统文化创造性转化、创新性发展,不断推进知识创新、理论创新、方法创新,使中国特色哲学社会科学真正屹立于世界学术之林。"习近平总书记的重要论述,为建构中国自主知识体系指明了方向。当前,应当厘清四个关系:(1)世界哲学社会科学与中国原创性自主知识体系的关系。我们现有的学科体系就是借鉴西方文明成果而生成的。虽然成功借鉴他者经验也是形成中国特色的源泉,但更应该在主创意识和质疑精神的基础上产生原创性智慧,而质疑的对象就包括借鉴"他者"而形成的思维定式。只有打破定式,才能实现原创。(2)中国式现代化建设过程中遇到的问题与原创性自主知识体系的关系。建构中国原创性自主知识体系,其根本价值在于观察时代、解读时代、引领时代,在研究真正的时代问题中回答"时代之问",这也是推动建构自主知识体系最为重要的动因。只有准确把握中国特色社会主义的历史新方位、时代新变化、实践新要求,才能确保以中国之理指引中国之路、回答人民之问。(3)党的创新理论与自主知识体系的关系。马克思主义是建构中国自主知识体系的"魂脉",坚持以马克思主义为指导,是当代中国哲学社会科学区别于其他哲学社会科学的根本标志,必须旗帜鲜明加以坚持。党的创新理论是中国特色哲学社会科学的主体内容,也是中国特色哲学社会科学发展的最大增量。(4)中华传统文化与原创性自主知识体系的关系。中华优秀传统文化是原创性自主知识体系的"根脉",要加强对优秀传统文化的挖掘和阐发,更有效地推动优秀传统文化创造性转化、创新性发展,创造具有鲜明"自主性"的新的知识生命体。

探索中国原创性自主知识体系的建构路径,应该自觉遵循学术体系的一般发展规律。建构中国原创性自主知识体系,要将实践总结和应对式的策论上升到理论、理论上升到新的学术范式、新的学术范式上升到新的学科体系,必须遵循学术体系的一般发展规律,在新事实、新现象、新规律之中提炼出新概念、新理论和新范式,从而防止哲学社会科学在知识化创新中陷入分解谬误和碎片化困境。当前应当做好以下工作:(1)掌握本原。系统深入研究实践中的典型事实,真正掌握清楚中国模式、中国道路、中国制度和中国文化在实践中的本原。(2)总结规律。在典型事实的提炼基础上,进行特征事实、典型规律和超常规规律的总结。(3)凝练问题。将典型事实、典型规律、新规律与传统理论和传统模式进行对比,提出传统理论和思想难以解释的新现象、新规律,并凝练出新的理论问题。(4)合理解释。以问题为导向,进行相关问题和猜想的解答,从而从逻辑和学理角度对新问题、新现象和新规律给出合理性解释。(5)提炼范畴。在各种合理性解释中寻找到创新思想和创新理论,提炼出新的理论元素、理论概念和理论范畴。(6)形成范式。体系化和学理化各种理论概念、范畴和基本元素,以形成理论体系和新的范式。(7)创建体系。利用新的范式和理论体系在实践中进行检验,在解决新问题中进行丰富,最后形成有既定运用场景、既定分析框架、基本理论内核等要件的学科体系。

推进中国原创性自主知识体系的建构实践,应该务实抓好三个方面。首先,做好总体规划。自主知识体系的学理化和体系化建构是个系统工程,必须下定决心攻坚克难,在各个学科知识图谱编制指南中,推进框定自主知识体系的明确要求。

各类国家级教材建设和评定中,要有自主知识体系相应内容审核;推进设立中国式现代化发展实践典型案例库,作为建构自主知识体系的重要源泉。其次,推动评价引领。科学的评价是促进原创性自主知识体系走深走实的关键。学术评价应该更加强调学术研究的中国问题意识、原创价值贡献、多元成果并重,有力促进哲学社会科学学者用中国理论和学术做大学问、做真学问。高校应该坚决贯彻"破五唯"要求,以学术成果的原创影响力和贡献度作为认定依据,引导教师产出高水平学术成果。要构建分类评价标准,最大限度激发教师创新潜能和创新活力,鼓励教师在不同领域做出特色、追求卓越,推动哲学社会科学界真正产生出一批引领时代发展的社科大家。最后,抓好教研转化。自主知识体系应该转化为有效的教研体系,才能发挥好自主知识体系的育人功能,整体提升学校立德树人的能力和水平。

上海财经大学积极依托学校各类学科优势,以上财文库建设为抓手,以整体学术评价改革为动力,初步探索了一条富有经管学科特色的中国特色哲学社会科学建构道路。学校科研处联合校内有关部门,组织发起上财文库专项工程,该工程旨在遵循学术发展一般规律,更加自觉建构中国原创性自主知识体系,推动产生一批有品牌影响力的学术著作,服务中国式现代化宏伟实践。我相信自主知识体系"上财学派"未来可期。

上海财经大学 校长

2024 年 12 月

目 录

第一章 引论 / 001

第一节 研究的缘起 / 001
一、研究背景 / 001
二、研究意义 / 005

第二节 主要研究内容 / 007
一、关于CSSA理论体系与系统创新的研究 / 007
二、关于CSSA动力系统与作用逻辑的研究 / 010
三、关于CSSA理论的现实考察与实证分析 / 012
四、关于中国特色社会主义政治经济学理论发展脉络的分析 / 015
五、引入CSSA的中国特色社会主义政治经济学理论体系创新 / 017
六、基于CSSA的中国特色社会主义政治经济学分析框架探索 / 020
七、基于CSSA的中国特色社会主义政治经济学理论体系构想 / 023

第二章 CSSA理论溯源及其发展 / 029

第一节 资本积累的社会结构(SSA)理论框架及其发展 / 029
一、SSA的基本内涵 / 030
二、SSA理论的发展脉络 / 033
三、SSA理论在中国的传播 / 047

第二节 中国资本积累的社会结构(CSSA)理论的兴起与探索 / 051
一、国外学者对SSA理论中国化的研究 / 051
二、国内学者对SSA理论中国化的研究 / 056
三、CSSA理论的提出及其探索 / 060

第三节 理论评析 / 065
一、SSA 学派的理论贡献与发展空间 / 066
二、CSSA 学派的理论贡献与发展空间 / 069

参考文献 / 071

第三章 CSSA 理论体系与系统创新 / 078
第一节 CSSA 发展的理论基础与现实逻辑 / 078
一、SSA 与 CSSA 的理论同源性 / 079
二、SSA 中国化的现实契合性 / 084
三、CSSA 形成的中国特殊性 / 089

第二节 CSSA 的基本内涵与概念界定 / 093
一、中国资本的一般属性与特殊属性 / 093
二、中国资本积累的一般性与特殊性 / 096
三、中国资本积累的社会结构的内涵与特征 / 099
四、中国公有资本积累与非公有资本积累 / 103

第三节 CSSA 的主要关系与分析框架 / 106
一、CSSA 中的主要关系与地位 / 106
二、CSSA 六大主要关系的相互作用 / 109

第四节 CSSA 的历史分期与阶段划分 / 112
一、CSSA 的分期原则 / 112
二、CSSA 的阶段划分 / 113

参考文献 / 117

第四章 CSSA 的动力系统与作用逻辑 / 119
第一节 CSSA 的动力系统分析 / 119
一、CSSA 的原动力分析 / 120
二、CSSA 的核心动力分析 / 120
三、CSSA 的直接动力分析 / 126
四、CSSA 的总体运行系统 / 127

第二节 CSSA 的作用机理分析 / 130
一、CSSA 对社会资本预期积累的作用机理 / 130

二、CSSA 对社会资本实际积累的作用机理　/ 134

三、CSSA 的现实作用路径　/ 136

第三节　CSSA 的演化过程与特征　/ 142

一、计划 CSSA 的演化过程　/ 142

二、转型 CSSA 的演化过程　/ 147

三、新时代 CSSA 的演化过程　/ 153

四、CSSA 的作用特征　/ 157

参考文献　/ 166

第五章　CSSA 的实证分析　/ 167

第一节　CSSA 阶段特征的实证分析　/ 167

一、理论分析与基本假定　/ 167

二、模型构建与实证分析　/ 172

三、实证结果及解释　/ 173

第二节　六大核心制度与经济增长　/ 175

一、理论框架与基本假定　/ 175

二、模型构建　/ 179

三、变量说明及数据来源　/ 179

四、实证结果及解释　/ 182

五、进一步的分析　/ 185

第三节　CSSA 制度稳定性与经济增长　/ 197

一、理论梳理与基本假定　/ 197

二、制度结构稳定性指标构建　/ 205

三、制度稳定性与经济增长　/ 206

四、进一步的分析　/ 207

参考文献　/ 210

第六章　中国特色社会主义政治经济学理论体系的发展脉络　/ 213

第一节　中国特色社会主义政治经济学理论探索的纵向考察　/ 213

一、第一阶段：20 世纪 50—70 年代　/ 213

二、第二阶段：20 世纪 80—90 年代中期　/ 216

三、第三阶段：20世纪90年代后期—21世纪初 / 218

四、第四阶段：2000年至今 / 221

第二节 中国特色社会主义政治经济学理论探索的横向梳理 / 224

一、政治经济学教材中社会主义部分的论述 / 224

二、中国特色社会主义政治经济学专题研究的结构探讨 / 229

三、对中国特色社会主义政治经济学理论体系中关键问题的探索 / 232

第三节 习近平关于中国特色社会主义政治经济学的新发展 / 237

一、习近平中国特色社会主义经济理论的早期探索 / 238

二、习近平中国特色社会主义政治经济学的新时代探索 / 240

三、习近平新时代中国特色社会主义政治经济学的理论内容 / 244

第四节 理论突破 / 250

一、对社会主义发展阶段理论的突破 / 250

二、对社会主义基本经济制度理论的突破 / 253

三、对经济发展理论的突破 / 255

四、对经济开放理论的突破 / 258

参考文献 / 262

第七章 基于CSSA的中国特色社会主义政治经济学理论体系创新探索 / 269

第一节 中国特色社会主义政治经济学理论未来发展：体系创新 / 269

一、重大理论争论关键指向：体系创新 / 270

二、理论体系创新的核心问题：逻辑线索 / 279

三、理论体系创新的基本问题：框架构建 / 284

第二节 理论体系创新须依靠科学的方法论基础 / 289

一、唯物史观是马克思主义经济学的精髓 / 289

二、中国特色社会主义政治经济学的方法论基础——唯物史观 / 292

三、方法论基础的一致性 / 295

第三节 理论体系创新须遵循明晰的逻辑线索 / 297

一、经典理论逻辑线索：资本主义特殊利益关系及其演变 / 297

二、中国特色经济理论逻辑线索：中国特殊利益关系及其演变 / 299

三、逻辑线索的契合性 / 303

第四节 理论体系创新须构建核心的分析框架 / 305

一、CSSA 理论的核心分析框架及其科学性分析　　/ 305
二、基于 CSSA 的中国特色社会主义政治经济学核心分析框架　　/ 308
参考文献　　/ 311

第八章　基于 CSSA 的中国特色社会主义政治经济学的分析框架　　/ 316
第一节　中国特色社会主义资本利益关系理论　　/ 316
一、资本利益关系的经典逻辑　　/ 317
二、资本利益关系的理论内涵　　/ 320
三、我国资本利益关系的演变特征及变化规律　　/ 324
四、我国资本利益关系运动规律的现实考察　　/ 326
第二节　中国特色社会主义劳资利益关系理论　　/ 331
一、劳资利益关系的经典界定与现代延伸　　/ 331
二、中国特色社会主义劳资利益关系的重新界定　　/ 335
三、我国劳资利益关系的演变动力与变化规律　　/ 339
四、我国劳资利益关系运动规律的现实考察　　/ 342
第三节　中国特色社会主义的政府利益关系理论　　/ 351
一、中国特色社会主义政府利益关系理论的思想进路　　/ 352
二、中国特色社会主义政府利益关系的理论特质　　/ 354
三、中国特色社会主义政府利益关系的演变逻辑　　/ 357
四、中国特色社会主义政府利益关系演变的现实考察　　/ 360
第四节　中国特色社会主义意识形态利益关系理论　　/ 362
一、意识形态利益关系的经典逻辑　　/ 363
二、中国特色社会主义意识形态利益关系的理论界定　　/ 366
三、我国意识形态利益关系的演变逻辑　　/ 370
四、我国意识形态利益关系的现实考察　　/ 376
第五节　中国特色社会主义生态利益关系理论　　/ 379
一、人与自然命运共同体理论　　/ 379
二、生态利益关系的理论界定　　/ 382
三、我国生态利益关系的变化机理　　/ 383
四、我国生态利益关系的发展特征　　/ 386
第六节　中国特色社会主义国际利益关系的理论界定　　/ 391

一、国际利益关系的主导理念 / 392
二、国际利益关系的理论特征 / 395
三、我国国际利益关系的演化逻辑 / 396
四、中国国际利益关系发展的基本历程 / 399

参考文献 / 404

尾论　基于CSSA的中国特色社会主义政治经济学理论体系构想 / 407

一、发展阶段的勾勒 / 408
二、生产理论体系的构建 / 414
三、交换理论体系的擘画 / 417
四、分配理论体系的框架 / 420
五、消费理论体系的探索 / 423
六、生态理论体系的构想 / 427
七、经济发展理论体系的设想 / 432
八、经济宏观理论体系的架构 / 435
九、经济开放理论体系的设计 / 438
十、社会基本经济制度的演进 / 441

后记 / 447

第一章

引　　论

基于中国资本积累的社会结构理论的中国特色社会主义政治经济学理论体系创新研究，是我们经过长期探索和持续积累而逐步形成的重要研究成果。引论部分将梳理这一研究从前期积累到思想萌芽再到系统发展的脉络和背景，并总结和概述本研究的基本结构和主要内容，以期勾勒出本研究的总体轮廓。

第一节　研究的缘起

本研究对资本积累的社会结构理论（SSA）中国化的关注以及以此为基础的中国特色社会主义政治经济学理论体系创新探索，是在SSA理论自身的形成与发展、SSA理论的中国化探索、中国资本积累的社会结构理论（CSSA）的初步探讨以及新时代对中国特色社会主义政治经济学理论体系创新的重大诉求等理论和现实背景下逐步形成的。以下对这一研究的背景和意义进行系统阐述。

一、研究背景

改革开放以来，中国亟待探索出一条不同于计划经济且适合中国国情的社会主义经济改革道路，为此必然要在继承和发展经典马克思主义理论的同时，大量合理借鉴国外的先进理论和研究成果。其中，作为马克思主义学者在资本主义经济条件下进行的创新和发展,国外马克思主义理论是我国经济改革的重要思想借鉴。在这一背景下,国外马克思主义的诸多研究成果逐渐进入中国学者的视阈,而资本积累的社会结构理论(SSA)便是其中的重要学派之一。

SSA理论形成于二战后资本主义社会中呈现出的明显的经济长期繁荣和长期危机交替出现的背景之下。与主流经济学认为人们应该像"牛用尾巴赶走苍蝇"[①]那样对危机轻松处之不同,部分马克思主义学者指出,资本主义经济出现周期性危机是由内部机制而不是外部冲击导致的,这些内部机制根本上是受相互对抗的阶级的相对权力和斗争状态影响的。[②] SSA的概念正是在这样的背景下由美国激进政治经济学家大卫·戈登(David Gordon)提出的,用于刻画资本主义不同阶段特征、解释资本主义经济长期波动的原因。

1978年大卫·戈登最早提出SSA的基本概念,将持续资本积累所需要的结构性稳定的制度清单称为"积累的社会结构"。1980年大卫·戈登发表了题为《积累阶段与经济长周期》的文章,首次构建了一个筛选支持资本积累所需的具体制度的"4*13"框架,从而列出了一个支持资本积累所需的制度清单。其中的"4"是指"四大逻辑种类",包括积累的代理人、积累的动力、积累的系统条件、个体资本积累的条件。按照这四大种类,大卫·戈登列出了13项对于积累获得稳定环境而言必要的具体制度。1982年大卫·戈登在与爱德华兹、赖克合作的《分割的工作、分化的劳动者》一书中,进一步明确了SSA的功能、SSA方法的目标、SSA方法的分析框架,并将SSA的"4*13"分析框架变为"3*12*3"分析框架。20世纪末至21世纪初,SSA理论框架由Samuel Bowles,Daivid Gordon和Thomas Weisskopf(简称BGW)进一步完善,并应用于实证研究,为我们展示了一个宏观经济表现的社会结构模型,为马克思主义经济学理论构建和实证应用相结合、定性分析和定量分析相结合做了不可忽视的示范作用。Kotz与Reich、McDonough(简称KRM)等继承了大卫·戈登时期的SSA理论成果,化解了SSA理论面对的挑战,进一步完善和发展了这一理论框架,构成了21世纪的SSA理论。

SSA理论为分析资本主义经济长期阶段性演变提供了一个较好的框架,该理论所具有的开放性和有机性特征也打开了分析资本主义经济社会中诸多问题的另

---

① David M. Gordon (1978), "Up and down the long roller coaster", in Union for Radical Political Economics edt., *U.S. Capitalism in Crisis*, New York: Union for Radical Political Economics, pp.22-35.

② David M. Gordon (1978), "Up and down the long roller coaster", in Union for Radical Political Economics edt., *U.S. Capitalism in Crisis*, New York: Union for Radical Political Economics, pp.22-35.

一良好视角。但是,该理论也有一定的局限性,尤其是尚未将研究范围拓展到全球SSA问题,也缺乏沿着SSA的理论逻辑和分析框架研究社会主义国家的SSA,其研究对象主要局限在美国等发达资本主义国家。

随着中国及其他发展中国家的快速崛起,部分SSA学派学者开始将研究视角聚焦到中国经济问题。与此同时,SSA理论在中国的传播也使得中国学者关注到这一学派,这便开启了SSA理论的中国化探索。一方面是SSA理论的中国传播。SSA理论传入中国的开端是大卫·科茨和刘利圭1990年发表的中文文章《积累的调节论和社会结构论比较分析》,一开始并未引起国内学者的太多重视。直到1999年,陈聚祉在《经济学动态》杂志上发表《社会积累结构理论述评》一文后,众多学者开始介绍SSA学派的代表人物及其主要观点(如孟捷,2011;龚剑,2013;张开,2015;马国旺,2016),并对SSA学派相关著作进行翻译介绍。另一方面是运用SSA理论分析中国经济问题。国外学者主要尝试运用SSA理论框架剖析中国经济保持高速发展的原因(O'Hara,2006;McDonough,2008),预测和分析中国的经济绩效和发展潜力(McDonough & David Kotz,2010),分析中国经济发展面临的危机(李民骐,2016),探讨新自由主义对中国经济的影响(David Kotz,1997;大卫·科兹、孟捷,2016)等;国内学者则尝试运用SSA理论的基本逻辑来考察中国的政府和市场关系(杨静、张开,2014)、资源环境发展(张沁悦、特伦斯·麦克唐纳,2014;马艳、刘诚洁、肖雨,2017)等宏观问题,以及中国的劳动用工制度(肖潇,2015)、农民工问题(孟庆峰,2012;马艳、张沁悦,2018)、房地产问题(龚剑、孟捷,2015)等具体问题。

以上对SSA理论的中国化研究有着重要的价值,但仍有较大发展空间:一是这些研究总体而言较为零散,并未形成系统化分析;二是这些研究大多仍局限在将中国作为一个案例分析的个案,并未对理论本身进行充分的中国化创新;三是这些研究体系不同,难以形成学术合力,使得相关探索的影响力不足。

在这一背景下,部分中国学者开始思考能否在借鉴SSA理论的基础上进行充分的中国化发展和创新,继而建立真正的中国经济学派。为此,自2013年开始便有中国学者提出并尝试构建中国积累的社会结构(CSSA)理论,并逐步形成五个方面的理论成果:一是依据社会主义中国的国情调整了传统SSA理论中的"资本"和"资本积累"等概念;二是明确CSSA阶段更替的动力机制是政府主导下的经济增长;三是提出了CSSA阶段划分不同于传统SSA理论的指标与原则;四是将SSA的五大矛盾框架扩展为六大矛盾;五是对CSSA的阶段演变进行了初步划分(马艳、王琳、张沁悦,2016;马艳、王琳、杨培祥,2018)。尽管以上研究成果并未形成统一认识，相关探讨也尚未系统化，但对 CSSA 理论的探索已与前一阶段 SSA 的中国化研究形成了质的分野，其对研究对象、研究方法、研究内容等基本问题已形成整体性认识，同时研究目标更为明确，使得学者之间的研讨和交流更易形成合力，极大推进了这一领域的研究。

然而，尽管 CSSA 的基本理论已初步形成，但现有研究仍远未系统化，相关探讨大多局限在基本概念、分期原则、阶段划分等基础层面，缺乏对 CSSA 的理论内涵、动力系统、运行机制等更深层次问题的考察，亟待进一步深化探索和系统创新。与此同时，中国特色社会主义进入新时代，随之而来的一个重要问题便是对中国经济改革实践进行系统化、学理化的梳理和提炼，推进中国特色社会主义政治经济学的创新和发展，继而为中国经济的未来改革提供理论指导。为此，对于 CSSA 理论研究者而言，在进行 CSSA 理论创新的同时也肩负着更为重要的理论重任，即探索能否在 CSSA 理论研究过程中进一步为中国特色社会主义政治经济学理论创新做出贡献。

近年来，学术界围绕中国特色社会主义政治经济学理论构建问题展开了多角度的探讨，取得了诸多突破性创新，但同时在社会主义初级阶段的界定、对社会主义经济制度的选择、经济发展中政府与市场之间的关系、经济开放等重大问题上仍存在理论争论。这些争论都有一个共同的指向，即要突破分散化的研究视角，进行中国特色社会主义政治经济学的体系创新。而要实现这一点，必须明确体系创新的逻辑起点、逻辑主线以及核心分析框架。对此，现有研究仍有争论，但一个基本共识是，中国特色社会主义政治经济学理论体系绝不是空中楼阁，而应建立在深厚的理论基础之上，这一理论基础首先应是经典马克思主义经济学，与此同时国外马克思主义的研究成果也应成为有益养分，还应充分结合中国国情和国学精髓。

可见，中国特色社会主义政治经济学理论体系的构建应以马克思主义经济学为思想基础，同时遵循继承与发展相统一、借鉴与创新相结合、国情与世情相联系等根本原则。CSSA 理论作为在创新国外马克思主义基础上形成的中国学者自己的理论，是在继承经典马克思主义的基础上进行新时代发展，在借鉴国外马克思主义的基础上进行中国化创新，在立足国情的基础上充分考虑国际经济环境的影响。这就使 CSSA 理论能够成为构建中国特色社会主义政治经济学理论体系的理论基础。

本课题研究正是在这样的背景下形成、设计并展开的，其目的在于深入探讨能否基于 CSSA 理论推进中国特色社会主义政治经济学理论体系的创新。这就要求对CSSA理论进行系统化、明晰化和科学化的创新和发展,并探索其与中国特色社会主义政治经济学理论体系的内在契合性和逻辑一致性,继而最终服务于中国特色社会主义政治经济学理论体系的构建。

二、研究意义

本研究将以马克思主义经济学方法论为指导,综合运用理论创新与实证检验相统一、历史逻辑与理论逻辑相结合等多元研究方法,旨在构建中国马克思主义CSSA理论,并尝试运用这一理论推进中国特色社会主义政治经济学理论体系的研究。具体而言,拟通过这一研究达到以下三个目标:

第一,提出一系列具有开拓性的新理论概念和范畴。本研究拟在全面梳理SSA理论及其中国化研究的基础上,提出中国积累的社会结构理论(CSSA),并进行一系列概念创新,如中国资本、中国资本积累、中国资本积累的社会结构、中国公有资本积累与私人资本积累等。在基于CSSA理论探索中国特色社会主义政治经济学理论体系构建的过程中也将提出一系列关键概念,包括逻辑起点、逻辑主线、中国特殊利益关系、中国特殊利益关系演变、六大核心利益关系等。这些新理论概念及范畴是进行科学理论创新的前提和基础。

第二,创新一系列具有系统性的核心理论。在对CSSA核心概念、分析框架、阶段划分等进行系统阐释的基础上,本研究拟构建CSSA基本理论;通过深入剖析CSSA的核心动力机制、总体运行机理以及作用特征,拟探讨CSSA运行理论;将CSSA引入中国特色社会主义政治经济学理论体系的构建问题,在厘清其方法论基础、逻辑线索和分析框架的基础上,拟提出中国特色社会主义政治经济学理论体系的核心利益关系理论;最后以"十专题"为纵向逻辑,以六大利益关系为横向逻辑,拟搭建中国特色社会主义政治经济学理论体系总体架构。

第三,形成一系列具有问题导向性的政策建议。本研究将在深入剖析CSSA动力机制和运行机理的基础上,提出要重视政府角色和意识形态对中国经济演变的直接推动力的观点;在系统梳理中华人民共和国成立以来六大利益关系演变路径的基础上,提出新时代应推进和强化我国资本利益关系的良性化趋势、劳资利益关系的和谐化趋势、政府利益关系的有效化趋势、意识形态利益关系的主流化趋势、国际利益关系的包容化趋势、生态利益关系的缓和化趋势,以推动新时代CSSA由探索期向巩固期演变。

相比现有的中国特色社会主义政治经济学理论体系研究，本研究以中国经济长期阶段性演变及其规律为核心对象，通过对国外马克思主义 SSA 学派进行充分的中国化发展，创新性提出 CSSA，并以此为基础进行中国特色社会主义政治经济学理论体系的新探索，具有以下三个方面的突出特色：

一是借鉴与创新相结合的特色。本研究是在对国外马克思主义 SSA 学派借鉴基础上尝试建立中国经济学的开拓性研究。本研究以国外马克思主义理论体系中的 SSA 学派为基础，借鉴其基本理论架构，融合中国实际，创新性地发展 CSSA 理论。这既是把 SSA 理论用于社会主义经济实践的新尝试，也是用内化于中国国情的、基于马克思主义原理的新理论——CSSA 理论来重新阐释中国故事。这承袭了马克思主义政治经济学原理，吸取了国外马克思主义理论的精华，结合中国实际，实现了马克思主义中国化在理论上的一次创新，形成了中国人自己的理论。

二是横向与纵向相融合的特色。本研究在基于 CSSA 理论探索中国特色社会主义政治经济学理论体系构建的过程中，始终坚持横向逻辑与纵向逻辑相结合的综合范式，而不仅局限于单一的线索和思路，注重立体化和系统化的考察。如在探讨中国特色社会主义政治经济学理论体系创新时，不仅分析纵向的逻辑起点和逻辑主线，而且考察其横向分析框架；在构思中国特色社会主义政治经济学理论体系整体思路时，不仅提出"十专题"的纵向线索，而且在每一专题均融入六大利益关系的横向维度，继而构建出"蛛网式"的体系结构。

三是定性与定量相结合的特色。本研究在遵循马克思方法论核心精髓的基础上注重研究方法的多元化运用，尤其是定性分析与定量分析的有机结合。一方面，始终以唯物辩证法为根本方法论，且充分运用从具体到抽象与从抽象到具体相结合、历史与逻辑相一致、矛盾分析等具体方法对研究对象进行定性考察。另一方面，借鉴和运用模型构建、计量检验、数据统计等现代经济学研究方法，注重对经济现实的定量考察，以佐证理论创新的合理性和有效性。这既保障了研究的思想性和逻辑性，也增强了研究结论的科学性和规范性。

基于以上研究目标和研究特色，本研究对 CSSA 理论以及中国特色社会主义政治经济学理论体系的探索具有较强的理论意义。第一，在深化国外马克思主义政治经济学中国化研究基础上构建中国资本积累的社会结构理论（CSSA）。本研究将 SSA 理论中国化的探索提高到理论化层面，将 CSSA 研究推进到系统化层面，从历史、理论、实证三重视野出发对 CSSA 理论进行系统创新，这是对当代马克思主义政治经济学的深化拓展。第二，基于 CSSA，创新了中国特色社会主义政治经济学理论体系。以利益关系及其演变为逻辑主线、以六大利益关系为分析框架构建的中国特色社会主义政治经济学理论体系,是一种既遵循经典马克思主义政治经济学理论逻辑,又顺应全球与中国特色经济发展规律的创新思路,从而促进了对中国特色社会主义政治经济学理论体系的学理性和系统性研究。

与此同时,这一研究具有较强的现实意义。第一,为中国特色社会主义经济实践提供了有效的政策支持。基于CSSA的中国特色社会主义政治经济学创新理论,有益于探寻中国经济发展演变的运行机理,揭示中国社会各种利益关系及其变化规律,继而有助于增强政府行为有效性,提升经济发展内在动力。第二,为中国参与全球经济活动的发展战略提供了科学依据。基于CSSA的中国特色社会主义国际利益关系研究,有利于构建"中国特色大国外交"战略体系,以有效处理在"中美"利益关系中由弱势地位而承受的不平等、在与"一带一路"国家的利益关系中由强势地位而引发的所谓"新殖民主义"等问题,以提升中国在全球经济中的国际地位并展示良好的国际形象。

第二节 主要研究内容

本研究的总体思路为:首先,通过文献梳理系统考察SSA理论的发展历程及其中国化的创新脉络;其次,从理论和实证两个方面系统创新CSSA理论,包括概念范畴、核心框架、动力系统、作用机理、量化分析等多个维度;最后,在上述思想、理论和实证考察基础上,进一步探究基于CSSA理论构建中国特色社会主义政治经济学理论体系的合理性和契合性,阐明中国特色社会主义政治经济学理论体系的方法论基础、逻辑线索以及核心分析框架,并进一步提出构建中国特色社会主义政治经济学理论体系的系统构思。以上总体研究思路将通过以下七个部分进行系统阐释。

一、关于CSSA理论体系与系统创新的研究

在坚持马克思主义基本原理、主要观点和分析方法的基础上,我们借鉴SSA理论的基本框架,参考其最新发展成果,并结合中国经济发展的历史与现实,构建了中国资本积累的社会结构(CSSA)理论,以期对SSA理论的广度和深度进行延伸、

拓展和重构，也为中国特色社会主义建设实践提供新的阐释角度。

1. 对 CSSA 理论与 SSA 理论进行比较分析，梳理 CSSA 学派发展的理论基础和现实逻辑

首先，通过比较分析，指出两大理论的同源性。一是两者的主要思想来源于经典马克思主义政治经济学，保留了生产活动分析的传统，并创新地考察了一系列核心制度对生产力的反作用。二是在研究方法上坚持马克思主义唯物史观，承认生产关系的阶段性和历史性，将制度的演化视为一种自然的历史过程，并用制度分析法剖析贯穿整个经济周期的制度变化。三是在理论框架上以资本积累为理论构建的核心线索，分析社会制度结构对资本积累过程的影响。四是在关于劳资关系、资本关系、政府行为、国际关系以及意识形态方面均有着一致的观点和理论判断。

其次，以中国经济和社会现实为视角，提出 SSA 理论的中国化即 CSSA 理论有很强的现实契合性。一是 SSA 理论蕴含国别分析和某一特定国家的制度更迭的逻辑，契合我国从计划经济到市场经济的制度演变过程。二是 SSA 理论在分析社会结构演变的核心矛盾时采用全方位视角，适合分析中国经济现实中的主要矛盾。三是 SSA 理论关于资本积累和五大核心制度的矛盾动态框架，适合分析中国特色社会主义经济问题。

最后，从中国特殊国情的角度出发，强调 CSSA 理论的特殊性。一是研究背景上的差异性，CSSA 理论瞄准的是中国这一社会主义国家的发展历史和现实，而非资本主义国家。二是研究路径的特殊性，除了大量历史回顾性的回溯性分析，还着重预测性分析，预判未来核心制度走向，并提出政策建议。三是研究对象的差异性，CSSA 理论的落脚点是经济发展这一全面性指标，而不单单是资本积累。

2. 对 CSSA 的基本内涵与概念进行界定，阐述中国语境下的资本和资本积累等基本概念

首先，结合社会主义中国的经济历史和现实，阐明"中国资本"的基本概念、一般属性及特点。除了增殖性、运动性和预付性等资本的一般属性外，中国资本主要有三个鲜明特征：一是所有权特征，资本的公有权属性及公有资本的主体地位反映了中国资本的本质属性；二是结构性特征，中国资本具有以公有资本为主体、多种资本共同发展的多层次结构性特征；三是人格特征，由于公有资本代理人的多层次性，以及公有资本兼具追求利润与实现社会利益等多重目标，与非公有资本在社会主义制度的约束下追求利润目标这一行为模式相互作用，形成了中国资本整体人格的复杂化特征。

其次，以中国现实为背景，阐明"中国资本积累"的基本概念及其特殊性。"中国资本积累"的特殊属性主要体现在三个方面：一是中国资本积累来源的社会属性特殊，资本积累在不同历史时期具有不同的源结构；二是中国资本积累的目标层次更加丰富，其总体目标是通过资本积累促进社会主义生产关系不断巩固与强化，这一总体目标在不同发展阶段分解为不同的具体目标，可以通过中国共产党在不同历史时期对社会主要矛盾的表述来体现；三是中国资本积累的量化指标更为立体，主指标是 GDP 增长，主要辅助指标是人民生活水平的提高，还包括反映经济发展水平的一系列副指标。

再次，立足于中国特色社会主义国家的社会结构，阐述"中国资本积累的社会结构"的内涵与特征。中国资本积累的社会结构中的核心资本积累，其本质既包括经济关系又包括上层建筑的社会关系的体现，其特征既具有结构性又具有动态性。

最后，阐述中国背景下公有资本积累与私人资本积累之间的关系。公有资本积累对非公有资本积累具有主导和引领作用，非公有资本积累对公有资本积累具有促进和融合作用，而恰当的 CSSA 有助于公有资本积累和非公有资本的有效融合。

3. 对 CSSA 的主要关系和分析框架进行剖析，解释其主要关系的结构和相互作用

首先，在借鉴 SSA 理论五大主要关系框架的基础上，引入经济与生态的关系，将其扩充为六大主要关系，对其内涵进行了中国语境下的再阐述，并根据各类关系在社会结构中的重要性，调整了理论分析顺序。新的六大主要关系分别为政府职能作用、主流意识形态、资本关系、劳动（资）关系、国际经济关系和经济与生态的关系。这六大矛盾关系不是平行并列的，而是具有主次性。

其次，在立足于六大关系的整体性基础上，对它们之间的相互作用进行分析。CSSA 的主要特征是政府的主导性即政府的职能作用（包括经济职能和社会管理职能），对 CSSA 其他关系特征的形成具有很强的主导性作用。换言之，政府职能的作用特征决定了 CSSA 其他关系的特征，同时政府通过观察其他关系中的矛盾冲突调整自身的职能作用。主流意识形态的变化对其他关系也有较强的反作用，主要通过对政府行为模式的影响反作用于其他关系。此外，资本关系特征是反映 CSSA 阶段特征的重要关系：中国经济发展历程中出现了资本所有权的重大变化；劳动（资）关系是 CSSA 需要关注的主要利益关系；国际经济关系分为封闭型和开放型两种并经历了历史变化；经济与生态的关系既受到经济发展的影响，又对经济

发展产生重要约束和支撑作用。

4. 立足于中国经济发展的历史,确立 CSSA 的历史分期和阶段划分原则

首先,根据中国资本积累的层次划分和目标,提出 CSSA 的划分原则,包括量化指标和质的区分两类。其中,主要量化指标是 GDP 增长率的变化。当 CSSA 对中国资本积累发挥积极作用时,GDP 增速较快;反之则较慢。再根据每一阶段的具体任务,选取人民生活水平、社会保障等一系列社会发展指标作为辅助量化指标。而质的原则包括反映生产方式演变的五大原则,即政府政策的演变特征和原因、主流意识形态的特征及其变化、资本的来源特征、劳动力的来源特征和资本与劳动力结合方式的变化。

其次,在质和量双重划分原则的基础上,将 CSSA 划分为计划 CSSA(1949—1978)、转型 CSSA(1978—2012)、新时代 CSSA(2012 年至今)三个阶段,并依据六大主要关系的特点,对上述三阶段 CSSA 的特征进行了阐述,同时简单描述了三个阶段 CSSA 内部的探索、巩固和崩溃的历史过程。

二、关于 CSSA 动力系统与作用逻辑的研究

在构建了 CSSA 六大主要关系的理论框架基础上,通过对这一社会主要经济关系和上层建筑相互作用的动力系统进行具体化分析,遵循唯物辩证法所指出的世界是永恒发展的基本原理,剖析这一系统内部循环的动态平衡和向外扩张的发展演变的交替动态。本研究着眼于 CSSA 的动力系统和作用逻辑,力求说明各阶段 CSSA 之间相互转换的具体机理,描绘处于动态平衡中的各阶段 CSSA 六大主要关系的特征以及中国社会经济各历史发展阶段的具体制度特征,勾勒其向外扩大的动态演化过程,即社会主义中国具体制度变迁的过程。

1. 在 CSSA 阶段演化不断推进的事实基础上,对 CSSA 的动力系统进行分析,特别是其中的"三动力"

首先,探索 CSSA 动力系统中"三动力"之一——原动力。基于生产力和生产关系两者之间对立统一的关系,提出 CSSA 动态发展的原动力是生产力的进步,它处于 CSSA 六大关系外部,是打破原有 CSSA 的均衡稳定状态的根本动力。这一认识体现了马克思社会经济结构理论的基本原理,即生产力进步是社会经济结构变化的首要动力,也彰显了生产力这一因素在整个 CSSA 理论中的重要地位和决定性作用。

其次,探索 CSSA 动力系统中"三动力"之二——核心动力。通过借鉴马克思主义政治经济学原理和 SSA 理论"生产力-生产关系"耦合机制的分析框架,提出 CSSA 动态发展的核心动力是生产力和生产关系的矛盾运动,以生产方式的发展变化为双向作用的中间耦合机制,形成更加立体和系统化的耦合判定指标,从而更加适应分析中国经济发展的实际情况。

再次,探索 CSSA 动力系统中"三动力"之三——直接动力。基于中国的社会主义国家性质以及特有的发展模式,提出 CSSA 动态发展的直接动力是政府的作用。与 SSA 理论以劳资关系为中心的主张不同,CSSA 理论认为 CSSA 动态发展的直接动力是政府的作用。这一论断一方面由中国的发展演变往往由政府的政策所主导和直接推动这一现实为支撑,另一方面由概括 CSSA 演化的基本过程推出:社会经济现实影响了主流意识形态和政府对恰当的生产方式特征的判断,政府通过政策推动生产方式变革,影响生产关系;伴随着生产力的发展变化,生产力和生产关系的耦合度判定指标发生了变化,从而影响主流意识形态和政府政策,主动推动生产方式的进一步变革。

最后,基于以上三大动力的理论分析,构建 CSSA 的总体运行系统,即 CSSA 在动力系统作用下的整体演变。动力系统运行引起两种转变:如果三大合力下 CSSA 六大主要关系仅发生内部动态微调,则形成该 CSSA 内部三个时期的阶段交替;如果三大合力导致 CSSA 六大主要关系发生质变,则 CSSA 向外延伸,形成新的 CSSA,即 CSSA 的阶段演化。

2. 从理论和现实角度出发,分析 CSSA 动力系统的作用路径和机制

首先,立足理论层面,逐步分析 CSSA 动力系统通过影响预期资本积累率、合意资本积累率和现实资本积累率而起作用的理论逻辑。通过剖析资本积累过程的"购买—生产—出售"三阶段,考察 CSSA 的三大动力对三种资本积累率的影响路径,提出三种资本积累率之间的不平稳状态有可能促使 CSSA 的内部阶段交替,也有可能促使新 CSSA 的出现和发展,导致 CSSA 演变。

其次,立足现实层面,分析 CSSA 动力系统在计划 CSSA 阶段和转型 CSSA 阶段通过对资本积累率的影响而推动 CSSA 演变的路径。一是概括了计划 CSSA 从探索期(1949—1956),到调整与巩固期(1956—1966),再到僵化和衰退期(1966—1978)的历史进程和六大关系的和谐和矛盾。二是概括了转型 CSSA 从探索期(1978—1992),到调整与巩固期(1992—2008),再到僵化和衰退期(2008—2012)的历史进程和六大关系的和谐和矛盾。三是通过对六大主要关系的探讨,分析新

CSSA 的发展方向和基本特点。

3. 基于上述理论机制阐述,进行翔实的历史分析和预测分析,归纳出 CSSA 作用机制的两大特征

首先,通过对自中华人民共和国成立以来的三大 CSSA 的回顾性梳理,概括出每个 CSSA 时期六大关系的主要特征。在计划 CSSA 阶段,政府在马克思主义主流意识形态的指导下,建立中央计划经济体制,相应地形成了一元资本关系、单纯劳动关系、相对封闭的国际关系、潜在隐形的生态与经济关系。这六大关系相互支撑形成了高积累率。在转型 CSSA 阶段,政府推动意识形态的放松,以政府"有控制的放权"为初始动力,推动资本关系逐步多元化、劳资关系逐步复杂化且国际地位不断提升,西方思潮起到催化剂的作用,各要素之间互相加强,推动转型 CSSA 不断稳定并进入巩固期,使中国经济实现了长达几十年的高速增长。然而,诸多矛盾不断积累,同时出现劳动报酬占 GDP 比重不断下降、劳资矛盾激化(社会化)、生态矛盾显性化等问题,生产力与生产关系耦合指标体系中的一些副指标出现了不利变化。中国政府意识到经济中存在的矛盾与问题,积极主动探索生产方式的转变,推动了新 CSSA 的形成。

其次,基于以上现实考察,点明 CSSA 作用机制的两大特征:一是具有独特的演化特征,表现在 CSSA 的六大关系变化十分明显,质变相对显著,呈现从一元到多元、从简单到复杂的整体特征。二是具有较强的反作用特征,主要包括生产关系对生产力的反作用较强、主流意识形态和政府作用的上层建筑对经济基础的反作用较强,由此形成了 CSSA 阶段演化具有特殊的时间作用特征,即因为政府已具有较成熟的制度改革思路,从而使"计划 CSSA"和"新时代 CSSA"的探索期相对较短。

三、关于 CSSA 理论的现实考察与实证分析

在 CSSA 的基本理论分析框架下,通过对中华人民共和国经济发展的历史进行阶段划分,阐明了中华人民共和国成立以来六大核心关系的演化路径和演化机理,为中国经济改革发展变化提供了有效的理论支撑。在此理论基础上,我们利用中国现实数据从 CSSA 阶段特征、六大核心制度与经济增长关系、CSSA 制度稳定性与经济增长关系三个方面进行实证分析,从定量的角度对理论分析进行验证和补充,以期更全面和细致地揭示中国经济改革的规律和发展趋势。

1. 对 CSSA 阶段特征相关文献进行分析,在理论分析的基础上提出研究假设,并进行实证检验

首先,回顾现有研究中关于 CSSA 阶段特征的相关文献,可以发现,已有学者利用经验数据分析的方法得出我国经济发展存在 CSSA 阶段周期性变化特征的结论,并且也有学者尝试用实证研究的方法对其进行验证,但经验数据分析无法直观体现 CSSA 阶段的变化特征,而实证研究尚处于起始阶段,并未形成全面系统的研究。随着经济和 CSSA 阶段的不断发展,对于 CSSA 阶段发展的实证研究也需要进一步的推进,使之更加系统和全面地反映 CSSA 的阶段变化特征。为此,我们希望在实证领域加深对 CSSA 阶段特征的研究。

其次,对 CSSA 的阶段变迁特征以及周期性变化的内在机理进行分析并提出两条假设:第一,在每个 CSSA 周期内经济都出现了增长的趋势,但转型 CSSA 周期内的增速要大于计划 CSSA 周期内的增速;第二,每个 CSSA 阶段内都有探索期、巩固期、衰退期的周期性变化。

最后,通过构建模型以及利用中国数据对假设进行了实证检验。实证结果证明每一个 CSSA 阶段经济都实现了增长,但转型 CSSA 阶段的经济增速要优于计划 CSSA 阶段,并且在对 CSSA 阶段内部波动的研究方面有所突破,从实证的角度验证了每一个 CSSA 阶段都存在探索期、巩固期、衰退期的更替变化。

2. 对六大核心制度与经济增长关系的相关文献进行梳理,在理论分析的基础上提出研究假设,并进行实证检验

首先,对以往关于六大核心制度与经济增长关系的研究进行回顾和梳理。可以发现,已有文献已经从理论、数理、经验数据方面对六大核心制度进行了探讨,但关于实证方面的研究仍有较大的空间:一是在指标构建方面,以往在对六大利益关系的分析中,均是对特定的一个或者多个指标进行分析,这使分析容易产生片面性;二是大多将研究重点聚焦在对 SSA 不同阶段的实证分析或者是针对六大利益关系某一个方面,而鲜有研究通过实证方法去系统探讨六大核心制度与经济增长在各个阶段的关系。

其次,对劳资关系、资资关系、国际关系、政府角色、意识形态、生态关系这六大核心与经济增长之间的关系分别进行理论分析并提出两个研究假设:第一,六大利益关系的演变与经济增长具有较强的相关性;第二,六大利益关系对经济增长的影响并不是线性的,而呈现周期性的规律。

再次,利用中国数据实证检验了六大利益关系对经济增长的影响。通过主成

分分析的方法分别构建了劳资关系、资资关系、国际关系、政府角色、意识形态、生态关系的综合指标。在此基础上，通过回归分析探讨了六大核心关系在不同阶段对经济增长的影响。尽管六大核心关系的回归结果并不完全一致，但总体上仍反映出各关系在转型CSSA各阶段中对经济增长的作用及所呈现的周期性特征。

最后，对六大核心关系所存在的现实特征分别做进一步的阐述：一是中华人民共和国成立以来劳资关系呈现冲突又合作的态势，一方面带来劳动关系的复杂化，另一方面也使资本关系朝多元利益关系发展。二是政府对经济的管理行为从"绝对控权"转变为"有控制地放权"，极大地释放了市场活力。三是改革开放初期，我国实行以高能耗、高成本、低经济效益为特征的粗放型经济发展方式，但随着生态问题呈现"显性激化"的特征，我国逐步加强对生态关系的改善。四是中国在构建新型国际经济关系中获得了一定的成效，正逐步实现全球经济伙伴关系构建，惠及世界，进而全面拓展新型国际经济关系建设。

3. 对CSSA制度稳定性与经济增长关系的相关文献进行梳理，在理论分析的基础上提出研究假设，并进行实证检验

首先，梳理现有文献中关于制度稳定性以及制度稳定性同经济增长关系的研究，可以发现，尽管理论界已对制度稳定性这一课题有所涉及，为今后的研究提供了参考，但仍存在继续研究的空间：第一，未有基于资本积累的社会结构理论，对CSSA这样的制度有机整体的稳定性的分析；第二，缺乏对CSSA稳定性和经济增长之间关系的实证研究。因此，有必要以制度稳定性为主要维度，展开CSSA对经济增长的促进效应的实证考察。

其次，在CSSA理论框架下探讨了六大核心制度之间的协同关系并提出相应的研究假设。六大核心制度的稳定对于资本积累和经济发展都各自发挥重要作用，而它们之间的联系和融合又进一步加强了自身的特性，也加强了它们的促进效果。此外，由于制度之间的矛盾运动不是一蹴而就的，而是需要时间慢慢转移和互相影响，因此制度稳定性状态的衡量不具备即时性，而是有一定的延迟和滞后。据此提出两个研究假设：第一，CSSA稳定性对经济增长有促进作用；第二，制度稳定性具有滞后性。

再次，构建了制度结构稳定性指标并探讨了制度稳定性与经济增长的正相关关系。基于构建的六大核心关系的综合指标，将六大核心关系之间发展的协调性考虑在内，构建了一个基于CSSA理论的制度稳定性指标，并利用该指标进一步分析中国经济的变迁过程，发现制度的稳定性与经济的发展具有正相关关系，但这种

关系是有时滞性的。

最后,定量模拟了制度稳定性对经济增长的影响。为了更细致地探究制度稳定性指标对经济增长的影响,进一步采用向量自回归模型(VAR)来模拟制度稳定性对经济增长的影响。实证结论显示,制度稳定性对于经济增长具有显著的促进作用,因此如何确保制度稳定则成为我国经济未来持续增长的关键。

四、关于中国特色社会主义政治经济学理论发展脉络的分析

在厘清中国特色社会主义政治经济学理论体系纵向和横向发展脉络的基础上,本研究系统梳理了习近平新时代中国特色社会主义政治经济学的新发展,并高度概括了中国特色社会主义政治经济学的理论突破。

1. 梳理了理论体系的纵向探索,并划分为20世纪50—70年代、80—90年代中期、90年代后期—21世纪初、2000年初至今四个阶段

第一阶段(20世纪50—70年代),集中于对苏联政治经济学社会主义部分的反思与创新。一是以《资本论》的方法和体系为政治经济学体系构建原则,来构筑社会主义政治经济学,逐渐成为研究我国社会主义经济理论体系的主流观点;二是通过对政治经济学理论与中国现实的结合,毛泽东对社会主义经济问题的探索进行了创新研究,并在此基础上进行拓展研究;三是尝试独立编写教材与构建体系,较为系统地形成了政治经济学中论述社会主义经济理论的观点。

第二阶段(20世纪80—90年代中期),构建了适用于当前生产力发展状况、满足社会主义经济运行规律的经济发展理论体系:一是延续上一阶段的传统,在此基础上基于《资本论》逻辑构建了"生产—流通—再生产"体系;二是基于我国社会主义内在发展逻辑,构建了社会主义经济理论体系;三是在社会主义经济的矛盾和规律基础上构建了理论体系;四是基于西方经济学逻辑,构建了"运行—发展"的理论体系。

第三阶段(20世纪90年代后期—21世纪初),从全球化的角度探讨"中国经济学"的体系构建,引发了关于如何更好构建"中国经济学"的论争。国内学者在是否采用"西方经济学范式"、是否回归马克思主义政治经济学以及如何借鉴西方经济学等方面对中国经济学的发展进行了探讨。

第四阶段(2000年初至今),展开了关于构建中国特色社会主义政治经济学理论体系一系列问题的探讨。这一阶段主要通过构建中国特色社会主义经济学与构

建中国特色社会主义政治经济学两大角度对中国特色社会主义政治经济学理论体系的构建进行了研究。

2. 厘清了理论体系的横向探索,并将其总结为教材编写、专题研究、关键问题探索三个维度

首先,以政治经济学教材的形式系统地构建理论体系。以政治经济学教材的形式系统地构建理论体系是中国特色社会主义政治经济学理论体系研究的起点,历经了从两部分体系及其突破开始,逐步形成了四部分体系、五部分体系和六部分体系的过程。

其次,以专题研究的形式解构中国特色社会主义政治经济学理论体系。专题研究的结构形式剖析理论体系具备灵活性,当前中国特色社会主义政治经济学专题研究的结构形式主要包括四专题结构、六专题结构、七专题结构以及八专题结构。

最后,以关键问题探索的形式构建中国特色社会主义政治经济学理论体系,由此形成了从以下三个角度来构建中国特色社会主义政治经济学的理论框架:一是关于中国特色社会主义政治经济学的研究对象的探讨;二是关于构建中国特色社会主义政治经济学理论体系需遵循的基本原则的讨论;三是关于中国特色社会主义政治经济学的核心理论的分析。

3. 整理了习近平关于中国特色社会主义政治经济学的早期思想与新时代探索,并在此基础上概述了其核心理论内容

首先,梳理了习近平关于中国特色社会主义经济理论的早期思想。在早期研读马克思主义经典著作的过程中,习近平提出了在实践中运用马克思主义理论、社会主义市场经济是对马克思主义理论的发展、须发展与完善马克思主义政治经济学等理论观点。

其次,概述习近平关于中国特色社会主义政治经济学的新时代探索。主要包括:一是强调《资本论》在新时代中国特色社会主义政治经济学中进一步完善与创新发展的理论指导意义;二是坚持学习马克思主义政治经济学的基本原理与方法论并在现实经济活动中进行灵活应用;三是提出需要对国外经济理论中的合理成分进行有效借鉴;四是详述马克思主义政治经济学在中国经济发展中的作用。

最后,概括了习近平新时代中国特色社会主义政治经济学的理论内容。其主要由经济新常态理论、新发展理念、市场与政府关系理论、基本经济制度理论、经济

体制改革理论、开放发展理论、人民主体理论七大理论共同构成。

4. 梳理了中国特色社会主义政治经济学的理论突破,并将其概括为社会主义发展阶段、基本经济制度、经济发展与经济开放四大维度

(1) 对社会主义发展阶段理论的突破

马克思主义经典作家认为共产主义社会包含"第一阶段"和"高级阶段",第一阶段具备社会主义性质,但还不是完全的社会主义,高级阶段则实现共产主义。在此理论基础上,我国结合具体国情,创造性地提出了社会主义初级阶段理论。

(2) 对社会主义基本经济制度理论的突破

马克思认为社会主义基本经济制度应当包含以生产资料公有制代替生产资料私有制、以按劳分配为分配制度、以计划经济为资源配置方式三大方面。基于此,我国逐步提出了具有中国特色的社会主义基本经济制度理论。

(3) 对经济发展理论的突破

马克思从再生产的两种实现途径出发,再通过社会两部类的分析阐述了均衡发展须遵循一定比例的一般规律,最终将发展的目的落脚在人民。中国特色社会主义经济发展理论以马克思经济发展理论为出发点,历经从"发展才是硬道理",到"三个代表"重要思想、"科学发展观",再到"新发展理念"的发展过程。

(4) 对经济开放理论的突破

马克思认为对外开放是历史范畴,就资本主义社会而言,大机器生产和社会分工,需要开辟更广阔的国际市场,同时国际贸易和国际分工起中介作用。马克思主义的开放理论是中国特色社会主义政治经济学关于经济开放的思想渊源。在此思想指导下,结合中国现实,我国逐渐形成了中国特色社会主义对外开放理论。

五、引入 CSSA 的中国特色社会主义政治经济学理论体系创新

关于中国特色社会主义政治经济学的诸多重大理论争论表明,中国特色社会主义政治经济学亟待进行体系创新,而这一创新的核心问题在于厘清其逻辑线索、构建其核心分析框架。CSSA 理论所具有的科学的方法论基础、明晰的逻辑线索以及核心的分析框架,为中国特色社会主义政治经济学理论体系创新提供了科学有效的思路和参考,使将 CSSA 理论引入中国特色社会主义政治经济学理论体系创新研究成为一个可行方案。

1. 基于对重大理论争论的梳理,阐明中国特色社会主义政治经济学亟待进一步厘清逻辑线索、构建分析框架,继而推进其体系创新

首先,总结了重大理论争论的关键指向,即亟待进行体系创新。在中国特色社会主义政治经济学理论的形成和发展过程中,始终伴随着理论争论和观点争鸣,如对社会主义初级阶段的界定、对社会主义经济制度的选择、经济发展中政府与市场之间的关系、经济如何开放等。这些重大理论争论均显示一个共同指向,即亟待打破单一视角或专题罗列的研究局限性,推进中国特色社会主义政治经济学理论的体系创新。

其次,阐明了理论体系创新的核心问题,即厘清其逻辑线索。要构建中国特色社会主义政治经济学理论体系,其核心问题在于找到理论创新须遵循的逻辑线索。但现有对中国特色社会主义政治经济学理论体系逻辑起点、逻辑主线等问题的研究仍存在诸多争议。要构建中国特色社会主义政治经济学理论体系,亟待挖掘更为科学合理的逻辑起点、提炼更为本质的逻辑主线,继而为理论体系的创新搭建起一个明晰的逻辑线索。

最后,明确了理论体系创新的基本问题,即构建其分析框架。除逻辑线索外,构建中国特色社会主义政治经济学理论体系必须解决的另一个关键和基本问题是确定其核心分析框架,这也是当前中国特色社会主义政治经济学理论研究中的重点之一。然而,目前对中国特色社会主义政治经济学理论框架的探讨仍不充分,存在系统性不足、专题性过强等问题,亟待进一步拓展和深化。

2. 提出中国特色社会主义政治经济学理论体系创新应以唯物史观为方法论基础,并阐明 CSSA 理论与这一方法论基础的一致性

首先,阐明了唯物史观是马克思主义经济学的精髓思想。马克思的经济学理论是一个逻辑严密的理论体系,这一理论体系得以构筑的方法论基础便是唯物史观。其原因在于:第一,唯物史观是马克思主义经济学的理论基础和立论依据;第二,唯物史观是马克思主义经济学区别于其他经济学理论的根本标志;第三,唯物史观贯穿于马克思主义政治经济学理论体系的始终,是其灵魂和精髓。

其次,提出了中国特色社会主义政治经济学理论体系应以唯物史观为方法论基础。理论体系创新须依靠科学的方法论基础。中国特色社会主义政治经济学理论应揭示和反映我国经济改革思想的发展和变化,因此马克思主义经济理论及其基本方法论必然成为中国特色社会主义政治经济学理论的根本遵循;中国特色社会主义政治经济学理论又是对我国经济改革实践的系统化梳理和学理化总结,因此必然遵循唯物史观的基本方法论。

最后，论证了 CSSA 理论与中国特色社会主义政治经济学理论体系在方法论基础上的一致性。作为国外马克思主义的重要流派之一，SSA 理论遵循了马克思主义经济学唯物史观的基本方法论；CSSA 是对传统 SSA 进行现代化和中国化创新的产物，因此继承并发展了唯物史观的基本方法论。CSSA 理论与中国特色社会主义政治经济学理论体系在方法论基础上的一致性，使得以 CSSA 理论为基础来构建中国特色社会主义政治经济学理论体系成为可能。

3. 提出中国特色社会主义政治经济学理论体系创新应以中国特殊利益关系及其演变为逻辑线索，并阐明了 CSSA 理论与这一逻辑线索的契合性

首先，阐明了经典马克思经济理论的逻辑线索是资本主义特殊利益关系及其演变。其原因在于：第一，利益关系从来都是马克思主义经济学的根本研究对象；第二，马克思《资本论》正是以"资本主义特殊的利益关系"为研究出发点，构建其整个理论体系；第三，剩余价值理论作为揭示资本主义特殊利益关系及其发展变化的核心理论，贯穿于马克思主义经济学的整个理论体系。

其次，提出了中国特色社会主义政治经济学理论体系应以中国特殊利益关系及其演变为逻辑线索。中国特色社会主义政治经济学是在马克思主义经济学与中国经济改革实践相结合过程中逐渐形成并有待进一步系统化、体系化的经济理论，因此应遵循马克思主义经济学的基本逻辑，即将利益关系作为根本研究对象；与马克思主义经济学聚焦资本主义特殊利益关系及其演变相类似，中国特色社会主义政治经济学应聚焦中国特殊的利益关系及其演变，这是中国特色社会主义政治经济学的逻辑起点和逻辑主线。

最后，论证了 CSSA 理论与中国特色社会主义政治经济学理论体系在逻辑线索上的契合性。CSSA 理论注重对经济社会中的核心矛盾关系及其演变的关注和考察，其所聚焦的系列核心矛盾关系实质上是中国特殊的利益关系。CSSA 理论与中国特色社会主义政治经济学理论体系在逻辑线索层面的契合性，以及 CSSA 理论对这一逻辑线索的系统化和明晰化分析，使得 CSSA 理论能够成为构建中国特色社会主义政治经济学理论体系的重要参考。

4. 提出借鉴 CSSA 理论来构建中国特色社会主义政治经济学理论体系六大利益关系核心分析框架的基本思路

首先，剖析了 CSSA 分析框架的科学性和借鉴意义。CSSA 在继承 SSA 五大矛盾分析框架的基础上，对这一分析框架进行了拓展和延伸，包括将生态矛盾引入分析、考察系列矛盾的中国内涵等。这一拓展既符合马克思主义经典理论的思想

精髓,也是对我国经济制度运行规律的高度抽象和总结,有着学理性、系统性、开放性等诸多理论特质,使这一分析框架有较强的科学性。

其次,论证了借鉴 CSSA 理论来构建中国特色社会主义政治经济学核心分析框架的可行性。理论体系创新须构建核心的分析框架。CSSA 理论与构建中国特色社会主义政治经济学理论体系在方法论基础以及逻辑线索上的契合性,意味着可在对 CSSA 理论进行创新和拓展的基础上构建中国特色社会主义政治经济学理论体系的核心分析框架。这不仅有利于深刻阐释中国经济发展演变的特征路径和内在规律,也能回答诸多关系中国经济命运的重大争议问题。

最后,提出了中国特色社会主义政治经济学的六大利益关系核心分析框架。这一框架可借鉴 CSSA 六大核心矛盾关系的基本维度,并将六大核心矛盾关系进一步明确为六大利益关系,即资本利益关系、劳资利益关系、政府利益关系、意识形态利益关系、国际利益关系、生态利益关系。且这六大利益关系之间有着显著的相互作用,共同构成一个有机统一体。

六、基于 CSSA 的中国特色社会主义政治经济学分析框架探索

中国特色社会主义政治经济学秉承了马克思主义政治经济学的理论精髓,将社会经济利益关系作为其核心分析对象。CSSA 理论又将社会经济利益关系分为六大利益关系进行了拓展和深化。因此,本研究认为资本利益关系、劳资利益关系、政府利益关系、意识形态利益关系、生态利益关系以及国际利益关系这六大社会经济利益关系构成了中国特色社会主义政治经济学的整体分析框架。

1. 在梳理经典马克思主义的资本逻辑基础上,对中国特色社会主义资本利益关系的理论内涵、演变特征及变化规律进行了详细分析

一是总结了经典马克思主义资本逻辑的四重属性。① 资本是一种经济关系,具有社会属性;② 资本具有趋利性,资本关系表现为利益关系;③ 不同的资本利益关系的动态运动构成资本的运动性;④ 资本所具备的积累性会对经济增长起到不同的作用。

二是归纳了中国特色社会主义资本利益关系的理论内涵。在社会主义初级阶段,资本利益关系本质上仍属于生产关系范畴,但反映中国特色社会主义的经济关系,体现社会主义基本经济制度的资本形式,且具有动态内涵,总体呈现由低级到高级的不同发展阶段,又具体表现为不同的企业组织形式。

三是厘清了我国资本利益关系的演变特征及变化规律。我国资本利益关系大体经历三个阶段：在演变过程中，生产力的发展和变化是原动力；生产力和生产关系的矛盾运动则构成了核心推动力；不同于资本主义国家，我国政府在推动资本利益关系中起了直接作用。

四是考察了我国资本利益关系运动规律的现实情况。分别通过对计划 CSSA 时期的探索期、巩固期、衰退期，转型 CSSA 时期的探索期、巩固期、衰退期，新时代 CSSA 的资本利益关系的现实考察，我们发现一种良性的资本利益关系正在形成并得到稳固。

2. 在厘清劳资关系内涵的经典界定与现代延伸基础上，对中国特色社会主义劳资利益关系的理论特质、演变规律及现实情况进行了系统研究

一是从马克思主义经典作家对劳资关系的经典界定与在社会现实中劳资关系的现代延伸出发，将劳资关系界定为实质上的利益关系、社会经济中最基本的利益关系、私有制中的对立利益关系以及公有制中的和谐利益关系四个维度。

二是中国特色社会主义劳资利益关系必然区别于劳资利益关系的经典界定，将中国特色社会主义劳资利益关系的理论特质囊括为特殊利益关系、多元复杂的利益关系、基本利益关系、趋向和谐劳资利益关系四大方面。

三是阐述了中国特色社会主义劳资利益关系的演变规律：生产力与生产关系矛盾运动的核心动力、生产力发展水平变化的原动力、体制改革冲击的直接推动力共同构成了我国劳资利益关系不断演变的动力机制。

四是分析了中国特色社会主义劳资利益关系的现实状况。正是生产关系与生产力的矛盾运动，使我国劳资利益关系从"单纯劳动关系"演变至"复杂劳资利益关系"再至"趋向和谐化劳资利益关系"。

3. 在梳理马克思主义关于国家与社会、政府与市场关系的基础上，对中国特色社会主义政府利益关系的理论特质、逻辑演变和现实变化进行了深入分析

一是根据经典作家对国家与社会关系、政府与市场关系的探讨，强调社会主义市场经济体制中国家作用的双重性，即既是弥补市场失灵的重要手段，也是维护特定阶级关系和社会再生产的基本方式。

二是提出中国特色社会主义政府利益关系具有国家与社会相互融合、政府与市场有机结合、中央与地方有效制衡的理论特质。正是这三方面的理论特质，使得社会主义市场经济体制中政府功能和优势得以展现，并构成了中国特色社会主义政府利益关系理论。

三是揭示中国特色社会主义政府利益关系的演变逻辑：首先是经济基础对上层建筑具有决定性作用，公有制为主体多种所有制经济共同发展的经济基础要求更好发挥政府作用；其次是弥补市场失灵的需要；最后是党对经济工作的统一领导的必然结果。

四是考察中华人民共和国成立以来我国政府利益关系的现实演变：改革开放带来了政府在市场中的作用由"绝对控权"转变为"有控制的放权"，使市场经济逐步替代了计划经济。新时代条件下政府的作用又面临从"有控制的放权"向"控权与放权有机结合"的现代化政府转变。

4. 在梳理马克思主义关于意识形态本质及其演变的基础上，对中国特色社会主义意识形态利益关系的理论内涵、演变规律及现实变化进行了全面阐释

一是梳理经典逻辑，根据马克思关于意识形态的论述，阐明意识形态的本质是以思想形式表现出来的一定历史时期的物质关系，而这种物质关系实际上反映着阶级社会中统治阶级与被统治阶级之间的利益关系。

二是分析中国内涵，强调中国特色社会主义意识形态利益关系有其一般性和特殊性。我国意识形态利益关系反映了两种利益诉求的博弈关系：无产阶级执政党领导下以维护人民利益为宗旨的利益诉求，与社会主义市场经济条件下以资本增殖为导向的利益诉求。这一博弈过程是全方位、复杂并持久的。

三是剖析演变规律，阐明我国意识形态利益关系的演变不是孤立的，而是在中国特色社会主义政治经济学理论体系的系统运行机制中发展和变化，其中生产力是其演变的原动力，政府主导下的社会制度变革是直接推动力，全球化交往是重要的外部动力。

四是进行现实考察，对中华人民共和国成立以来我国意识形态利益关系从"绝对主流与封闭化"到"开放与动态博弈"再到"新时代中国特色社会主义思想"主流化趋势的变化过程进行了现实分析。

5. 在梳理马克思主义关于人与自然关系的基础上，对中国特色社会主义生态利益的理论内涵、变化机理以及发展特征进行了全面考察与深入分析

一是凝练马克思关于人与自然之间的关系，明晰人与自然的发展是对立统一的关系，且两者的关系一直处于动态变化之中。

二是界定生态利益关系——人与自然或是经济系统与生态系统之间的利益关系。中国特色社会主义利益关系的内涵至少包含三个层面：人与自然和谐共生的利益关系、绿色生态利益关系和可持续生态利益关系。

三是剖析生态利益关系的变化机理，认为生态文明理念、绿色技术、生态制度、国际环境等因素对生态利益关系的变化起了至关重要的作用。这些因素不仅在一定程度上决定了我国生态利益关系的变化方向，也是我国生态利益关系改变的主要动力。

四是梳理了我国生态环境与经济发展在不同发展阶段的特征。中华人民共和国成立以来我国生态利益关系呈现从"潜在隐形化"到"显性激化"再到"逐步缓和"的特征。

6. 在阐述马克思主义关于国际利益关系主导理念的基础上，对中国特色社会主义国际利益关系的理论特征、演化逻辑及基本历程进行了系统剖析

一是着重挖掘了马克思主义关于人类命运共同体理念的思想基础，发现马克思"自由人联合体"的目标就是成为真正"自由的人"，人的命运于人与人在全球范围内所结成相互作用、相互依存的更加广泛的关系中存在。

二是阐述了中国特色社会主义国际利益关系理论特征的三个方面：① 平等的利益关系，在全球经济不平等交融的背景下实现"逆不平等"的发展；② 在共商共建共享的基础原则，实现包容性经济增长，合作共赢；③ 建立全球合作伙伴关系而非被动式的经济往来关系。

三是考察了中华人民共和国成立以来我国国际利益关系的演化逻辑，经历了由"相对封闭"到主动参与经济全球化的转变。这种变化有助于增强构建中国特色社会主义国际利益关系的新动力。

四是梳理了中国特色社会主义国际利益关系的基本历程，发现改革开放以来中国的国际利益关系发展过程可划分为初步探索阶段、认识发展阶段和引领创新阶段。

七、基于CSSA的中国特色社会主义政治经济学理论体系构想

基于前述分析以及马克思主义经济学的基本逻辑，本书提出了构建中国特色社会主义政治经济学完整理论体系的思路：纵向逻辑以"十专题"为线索，即从发展阶段问题出发，分别探讨生产、交换、分配、消费、生态、发展、国家宏观以及国际"八过程"，最后落脚到基本经济制度演变；横向逻辑以"六大利益关系"为线索，在对每一个过程进行分析时引入六大利益关系的基本框架，分别构建基于CSSA的生产理论体系、交换理论体系、分配理论体系、消费理论体系、生态理论体系、发展理论

体系、国家宏观理论体系和开放理论体系。纵向逻辑与横向逻辑相结合,强调生产力系统的决定性作用,同时注重与生产关系系统的交互作用,共同组成了中国特色社会主义政治经济学理论体系的整体脉络。

1. 基于 CSSA 的阶段划分原则及阶段演变机理,勾勒了中华人民共和国成立以来的中国经济发展阶段变化

一是阐明了 CSSA 理论在解析中国经济发展阶段问题上的理论优势。CSSA 理论将中国经济划分为 1949—1978 年的计划 CSSA 时期、1978—2012 年的转型 CSSA 时期以及 2012 年以后的新 CSSA 时期,系统阐述了这一阶段划分的基本原则及演变机理。这一分析不仅符合马克思主义经济学基本逻辑,而且契合中国经济改革实践路径,使得每一个发展阶段更具立体性,不同阶段之间的联系和区分也更为鲜明。

二是运用 CSSA 理论深刻阐释了中华人民共和国成立以来的中国经济发展阶段变化。CSSA 理论对中国经济发展阶段的剖析,能够为我国"站起来—富起来—强起来"的发展阶段变化提供学理性的解读。计划 CSSA 时期对应中国经济"站起来"的阶段,转型 CSSA 时期对应中国经济"富起来"的阶段,"强起来"的新时代中国特色社会主义则是对 2012 年以后新时代 CSSA 时期的科学总结,是中国经济经历计划 CSSA、转型 CSSA 并进入新时代 CSSA 这一历史演变的必然结果。

2. 基于 CSSA 的生产力-生产关系矛盾运动的分析框架,提出了基于 CSSA 的生产理论体系

一是阐明了 CSSA 理论为分析中国特色社会主义生产所提供的新思路。CSSA 的整体框架包含了政府作用、意识形态、劳资关系、资本关系、国际关系和生态关系等多个方面,覆盖了中华人民共和国成立以来我国在生产力水平飞速提高的同时面临的各种问题,如产能发展不均衡、环境负效应、在国际产业链处于下游等。CSSA 的六大利益关系分析是我们充分厘清社会主义生产各个层面利益关系的前提,有助于进一步加深对社会主义生产本质、目的、实现方式的认识,为解决生产过程中的矛盾奠定基础。

二是基于 CSSA 理论构思了中国特色的生产理论体系。CSSA 理论中六大利益关系的理论研究,有助于加深我们对社会主义生产及其动态性和阶段性的理解;是我们正确理解新常态下供给侧结构性改革等生产变革的基础;也指明阐释和发展中国特色生产理论体系的方向,提出应重视全球化背景下社会主义生产过程中

的劳资关系、资本竞争关系、政府主导地位、意识形态动态博弈与生态环境的对立统一等问题。

3. 在厘清我国交换关系演变路径及演变动力的基础上,构建了基于 CSSA 理论的中国特色社会主义交换关系理论

一是基于六大利益关系对我国经济发展各领域现存交换关系进行了全面而系统的分析。为应对我国交换关系演变过程中呈现的市场化、多元化、虚拟化、复杂化等特点,构建和谐交换关系,使其与经济发展的需求相协调,从而促进经济的快速增长,应加快构建中国特色社会主义交换关系理论体系。从六大利益关系出发梳理了我国交换关系的演变路径及特征,对我国经济发展各领域中现存的交换关系有了全面而系统的认识,为探讨现存交换关系的缺陷以及预测未来交换关系的变化趋势奠定了基础。

二是借鉴 CSSA 理论的分析框架,从六个维度构建了中国特色社会主义交换关系理论。要构建全面而系统的中国特色社会主义政治经济学交换关系理论体系,应从六大利益关系出发,对其进行多维度考察,使交换力与交换关系的发展相契合,共同推进经济的全面发展。具体而言,这一理论体系的研究对象应主要包含以下六个方面:① 和谐的劳资交换关系;② 良性的资本交换关系;③ 公平的国际交换关系;④ 绿色的生态交换关系;⑤ 交换关系中的意识形态问题;⑥ 交换关系中的政府角色问题。

4. 在阐明 CSSA 理论逻辑对于分析分配理论体系优势的基础上,探讨了基于 CSSA 的中国特色社会主义分配理论体系

一是通过深入剖析分配理论体系,论述了通过 CSSA 理论逻辑更有利于分析中国特色社会主义分配理论体系的具体原因。具体来说:① 关于中国特色社会主义政治经济学六大利益关系的理论探索有助于理解我国分配关系的本质;② 对于中国特色社会主义政治经济学六大利益关系的理论探索有助于理解我国分配方式的多样性与和谐性;③ 对中国特色社会主义政治经济学六大利益关系的理论探索有助于帮助理解我国分配方式是根据以人民为中心的目标确立的。

二是围绕六大利益关系,构建了中国特色社会主义分配理论体系。基于 CSSA 的中国特色社会主义分配理论体系主要包括劳资利益分配问题、社会主义市场经济条件下资本竞争的宏观分配问题、政府如何调整分配关系走向公平的问题、中国特色社会主义制度下和谐的分配关系实现问题、经济全球化下国际价值的再分配问题、实现绿色分配的保障问题六大方面。

5. 在厘清消费理论的背后逻辑及其阶段变化规律的基础上，提出了基于 CSSA 的中国特色社会主义消费理论体系

一是通过将基于 CSSA 的六大利益关系引入消费理论，分析了消费理论的背后逻辑、演变规律等。随着经济的发展和人民生活水平的提高，消费问题愈来愈受到重视，理解把握消费背后的逻辑与演变规律显得极为重要。消费不仅与收入的多少和分配方式有关，还与经济增长方式、发展模式高度相关。而将基于 CSSA 的六大利益关系分析思路引入消费理论的研究，能够帮助我们厘清消费背后的逻辑、把握消费的阶段变化规律和理解绿色消费理念的内涵。

二是根据消费力系统和消费关系系统，构建基于 CSSA 的中国特色社会主义消费理论体系。消费理论体系由消费力系统和消费关系系统组成，两者之间存在动态交融的关系。在构建基于 CSSA 的中国特色社会主义消费理论体系时，需要注意以下几方面内容：① 资本关系对消费的影响问题；② 消费反映的劳资关系问题；③ 国际市场下的消费不平等问题；④ 消费理念对消费行为的引导作用问题；⑤ 政府对消费的带动性问题；⑥ 不合理消费引起的生态破坏问题。

6. 在深刻分析生态利益关系的核心本质及其动态逻辑的基础上，设计了基于 CSSA 的中国特色社会主义生态理论体系

一是通过对生态利益关系的本质及其内在逻辑的探究，对新时代绿色发展、美好生活等内涵做出了绿色维度的阐释。为推进生态环境保护，实现现代化强国的目标，我国必须实现经济发展方式的变革，在生态环境保护中实现增长，真正做到"既要绿水青山也要金山银山，绿水青山就是金山银山"。在进一步探究生态利益关系的核心本质及其内在逻辑的基础上，生态与经济之间的系统关系、动态演变逻辑得以明晰，绿色生态维度的高质量发展、美好生活内涵等新时代生态视角下的问题都得以深入解释。

二是基于 CSSA 的六大利益关系研究探寻到了构建中国特色社会主义生态理论的理论基础和突破点，从而设计了中国特色社会主义生态理论体系的框架及主要内容。中国特色社会主义生态理论体系也是一个基于理论与实践交织演进的动态系统，并且逐步成熟。这一理论体系应重点考察以下四方面内容：① 资本竞争中的生态问题；② 劳动关系中的生态问题；③ 生态正式制度和生态非正式制度的系统构建问题；④ 国际生态治理问题。

7. 在深入剖析我国经济发展动力机制和运行逻辑的基础上，提出了基于 CSSA 的经济发展理论体系

一是阐明了 CSSA 理论对于分析中国经济增长及发展问题的理论启示。

CSSA 理论对中国经济增长长期变化的分析以及对中国经济阶段演变内在动力及运行机理的系统阐释,不仅有助于辩证理解我国经济增长与发展的动态性和系统性,深刻揭示我国经济增长方式转变的核心动力,而且能为更好促进新时代经济发展提供理论借鉴和实践参考。

二是基于 CSSA 理论构思了中国特色的经济发展理论体系。CSSA 理论的基本逻辑能够为构建中国特色的经济发展理论体系提供参考和借鉴,且这一理论体系至少包含动力机制和系统运行逻辑两大维度。从动力机制来看,中国经济发展及其演变的原动力在于生产力发展,核心动力在于生产力-生产关系的矛盾运动,直接推动力则在于政府的作用;从系统运行逻辑来看,中国经济发展及其演变是在生产力-生产关系、经济基础—上层建筑所构成的总体经济系统演变中发生的。

8. 在对我国宏观经济分析和宏观经济理论体系构建的启示与借鉴的分析基础上,提出了基于 CSSA 的宏观经济理论体系

一是阐明了基于 CSSA 的中国特色社会主义政治经济学理论体系对于理解我国宏观经济状况和构建宏观经济理论提供有益的启示。以六大利益关系为分析框架的 CSSA 理论不仅有利于深入探讨市场失灵的原因和政府调节经济的必要性,为科学处理我国政府与市场的关系问题提供理论支撑,而且有助于理解和把握我国政府调控的历史演进和未来趋势,对构建中国特色的宏观调控理论体系具有重要的理论价值。

二是勾勒了基于 CSSA 理论的中国特色社会主义宏观理论体系的基本内容和构成要素。CSSA 理论中的六大利益关系为中国特色社会主义宏观理论体系注入创新要素,使得从原有的劳资和资资的双向关系转变为政府、劳方和资方三者之间的关系,将宏观理论体系拓展为包含生态环境、意识形态以及国外市场等因素在内的更加宏大的体系。与此同时,形成经济发展和生态保护之间的良性循环、政府主导的意识形态安全和平衡机制以及人类命运共同体目标下的国家治理体系。

9. 在科学理解我国经济开放的理论本质和动态演变的基础上,提出了基于 CSSA 的经济开放理论体系

一是阐明了 CSSA 理论对于科学理解我国经济开放实践的理论价值。CSSA 的六大核心利益关系分析思路有助于理解经济开放的本质,即其归根结底是国与国之间逐步建立起日益复杂的经济利益博弈关系的过程;有助于理解经济开放的动态性和系统性,即国际利益关系自身有着其独特的演变机理,同时与其他核心利益关系之间有着密切的相互作用,也有助于理解人类命运共同体等经济开放的最

新理念与实践。

二是基于 CSSA 理论探索了中国特色的经济开放理论体系。根据 CSSA 的基本逻辑,中国特色的经济开放理论应是一个内置于生产力-生产关系相互运动过程中的囊括诸多视角和维度的理论体系。这一理论体系应重点考察以下五方面内容:① 资本的开放问题;② 全球化背景下的劳资关系问题;③ 政府主导下的开放历程问题;④ 开放条件下的意识形态博弈问题;⑤ 全球产业链下的生态治理问题。

10. 基于纵向历史演变和横向理论内涵的考察,分析了基于 CSSA 的社会基本经济制度的演进逻辑

一是在梳理我国社会基本经济制度演变历程的基础上明确其理论诉求。改革开放以来我国社会基本经济制度经历了前期探索、正式确立、成熟完善、深化拓展四个阶段。在这一过程中,社会基本经济制度的理论内涵逐步明确并不断丰富,其科学性和制度优势也在现实经济发展中日益凸显。但现有研究对于我国社会基本经济制度所呈现的鲜明的动态性、系统性和辩证性特征的理论探讨和分析仍不够深入,亟待进行深化。

二是阐明 CSSA 理论对解析我国社会基本经济制度演变的理论启示。CSSA 理论能够为理解我国社会基本经济制度的动态演变、系统内涵以及辩证逻辑提供好的分析视角,即:我国社会基本经济制度的动态演变归根结底是生产力与生产关系相互作用的结果,也是自觉变更上层建筑继而积极发挥其对经济基础和生产力反作用的过程;社会基本经济制度不同层面有着密切联系,形成了一个有机系统;我国社会主义的基本制度性质以及生产力相对落后的现实经济基础,促成了我国社会基本经济制度所具有的独特的辩证性特征。

第二章

CSSA 理论溯源及其发展

资本积累的社会结构理论是当代马克思主义政治经济学的重要流派,自 20 世纪 70 年代以来经历了提出概念、建立框架、完善和发展理论的过程。因其突出的解释力和理论框架的开放性,20 世纪 90 年代起被广泛运用于分析众多资本主义国家和地区的历史演变。1990 年 SSA 理论开始传入中国。20 世纪 90 年代末众多国内学者开始介绍 SSA 学派的代表人物及其主要观点。2013 年国内一些学者开始思考 SSA 理论的中国化问题,并开始探索构建中国积累的社会结构(CSSA)理论,当前已形成一些有价值的研究成果,进一步说明了 CSSA 理论对 SSA 理论本身和中国特色社会主义政治经济学而言所具有的独特理论价值。但是如何对中国化的 SSA 理论进行系统化创新,并将其融入中国特色社会主义政治经济学体系,仍需进行进一步的探索。因此,有必要首先对"积累的社会结构理论"和"中国积累社会结构理论"的相关研究进行系统梳理,在此基础上对现有研究进行理论评析,从而找准理论进一步发展的方向、定位理论创新的着力点。

第一节 资本积累的社会结构(SSA) 理论框架及其发展

20 世纪 70 年代末,美国激进学派经济学家在参与关于新一轮资本主义经济危机的讨论中,因循马克思主义传统,从资本积累是资本主义波动的动力出发,提出

"积累的社会结构"理论(Social Structure of Accumulation Theory,简称 SSA),力图以这一全新的学术范畴甄别资本主义历史中各阶段的广义制度特征,并以这些制度集合的建立与崩溃解释资本主义长期快速扩张和长期停滞紧缩交替出现的原因。因其构筑了一个"中间层次"的分析范式,有助于推动马克思主义政治经济学由原来的抽象分析走向"具体化"分析,从而成为当代马克思主义政治经济学的一个重要流派。

一、SSA 的基本内涵

1978 年大卫·戈登(David Gordon)发表《长期坐过山车般的上升和下降》("Up and down the long roller coaster")一文,首次提出"积累的社会结构"这个概念。1980 年他在《积累阶段与经济长周期》("Stages of Accumulation and long economic cycles")一文中进一步将 SSA 概念具体化。

(一) 大卫·戈登 1978 年最早提出 SSA 的基本概念

二战结束后,发达资本主义犹如凤凰涅槃,开启了资本主义历史上第四次长波的上升期,一直到 19 世纪 70 年代初期,发达资本主义国家的 GDP 和人均 GDP 均实现了翻番式的增长,史称发达资本主义经济史上的"黄金年代"。正当人们沉浸于看起来似乎没有限度的经济增长狂欢时,1973—1975 年发达资本主义国家骤然陷入危机,整体利润率比"黄金年代"高峰值下降近 20%,美国和欧洲更是骤减 35%。[1] 利润率的下降引致了投资、产出和实际工资增长率的大幅下降以及失业率的急剧攀升。此时,发达资本主义国家试图通过实施传统凯恩斯主义的扩张性政策来抚平危机,反而导致了经济停滞与通货膨胀并存的"滞胀"危机,宣告了二战后发达资本主义"黄金时代"的幻灭。

这一资本主义经济危机激起了一股理论界对长经济周期研究兴趣的新浪潮。[2] 对此,主流经济学认为此次危机并不严重,将很快结束,应该像"牛用尾巴赶走苍蝇"[3]那

---

[1] 数据来源:根据阿姆斯特朗、格林、哈里森《第二次世界大战以后的资本主义》表 11.8 数据计算,江苏人民出版社 1994 年版,第 199 页。

[2] David M. Gordon (1980), "Stages of Accumulation and Long Economic Cycles," in Terence K. Hopkins and Immanuel Wallerstein eds., *Processes of the World-System*. Beverly Hills, CA: Sage Publications, pp.9-45.

[3] David M. Gordon (1978), "Up and down the long roller coaster", in Union for Radical Political Economics edt., *U.S. Capitalism in Crisis*, New York: Union for Radical Political Economics, pp.22-35.

样,对此次危机轻松处之,而马克思主义经济学给出了与此截然相反的答案。马克思主义者认为资本主义经济出现周期性危机是由内部机制而不是外部冲击导致的,这些内部机制根本上是受相互对抗的阶级的相对权力和斗争状态影响的。[1] 基于资本主义经济从两次大萧条(19世纪末和20世纪30年代)中恢复的历史经验,将20世纪70年代的增长停滞确认为资本主义的最后危机是不明智的,因此,马克思主义经济学在解释20世纪70年代资本主义经济增长停滞的原因时,必须考虑未来新一轮资本主义经济扩张发生的可能性。[2] 由此,解释资本主义经济长期波动的原因成为那个时代的理论主题之一。积累的社会结构(SSA)概念正是在这样的背景下,由美国激进政治经济学家大卫·戈登提出,成为刻画资本主义不同阶段的特征、解释资本主义经济长期波动原因的学术范畴。

1978年和1980年,戈登发表了两篇SSA理论的"种子"文章。[3] 1978年戈登在《长期坐过山车般的上升和下降》一文中指出,从马克思主义视角出发,对于长波的系统研究必须从资本积累的分析开始,因为资本积累是资本主义经济波动的动力。而资本积累是"通过强迫和竞争的条件进行的"[4],阶级斗争和资本家之间的竞争导致不确定性的产生,这种不确定性会破坏营利性,从而干扰资本积累的进行。在从购买原材料到生产到实现剩余价值和再投资的资本循环过程中,持续的资本积累依赖于社会结构的稳定。这种社会结构的稳定需通过一整套制度的建立来达成。[5] 戈登1978年首次[6]将持续资本积累所需要的结构性稳定的制度清单[7]称为"积累的社会结构"(Social Structure of Accumulation),其中,"积累"指资本积累。[8] 就像一个建筑无法在一个不牢固的基础上伫立太久一样,没有一定的制度条件作

---

[1] David M. Gordon (1978), "Up and down the long roller coaster", in Union for Radical Political Economics edt., *U.S. Capitalism in Crisis*, New York: Union for Radical Political Economics, pp.22-35.

[2] Terrence McDonough (1999), "Gordon's Accumulation Theory: The Highest Stage of Stadial Theory", *Review of Radical Political Economics*, pp.6-31.

[3] Terrence McDonough (1999), "Gordon's Accumulation Theory: The Highest Stage of Stadial Theory", *Review of Radical Political Economics*, pp.6-31.

[4] David M. Gordon (1978), "Up and down the long roller coaster", in Union for Radical Political Economics edt., *U.S. Capitalism in Crisis*, New York: Union for Radical Political Economics, pp.22-35.

[5] Terrence McDonough (1999), "Gordon's Accumulation Theory: The Highest Stage of Stadial Theory", *Review of Radical Political Economics*, pp.6-31.

[6] 戈登在文中如是说:"在这个时候,至少,我们可以称之为积累的社会结构"。

[7] 戈登在文中如是说:"资本积累需要的制度清单非常长"。

[8] 将"Social Structure of Accumulation"翻译为"社会积累结构"不如翻译为"积累的社会结构"更能体现戈登提出这个学术范畴的缘起以及这个学术范畴内含的理论逻辑。

为保障,利润的生产也不能持续太久。① 在任何给定的历史时期,如果这个结构崩溃,那么在资本主义积累得以继续之前,一个新的结构必须替代旧的结构。不同的积累的社会结构表征了不同的"资本主义积累阶段",资本主义长波的历史是资本主义积累各个阶段接续的历史,本质上是不同的"积累的社会结构"接续的历史。②

由此,戈登开启了制度对资本主义经济发展长波影响研究的当代马克思主义政治经济学新篇章,试图为理解资本主义经济长周期中繁荣与萧条的交替出现提供一个"和有关资本主义发展的具体历史叙述相比,要更为一般和抽象,但与资本主义的一般抽象理论相比,则更特殊而具体"③的基于"中间层次"的马克思主义政治经济学分析框架。

(二)大卫·戈登对SSA概念的进一步解释

1980年戈登发表了题为《积累阶段与经济长周期》的文章。这篇文章一方面进一步将《长期坐过山车般的上升和下降》中提出的SSA概念具体化,另一方面基于SSA概念开始构建SSA分析方法。

首先,《积累阶段与经济长周期》一文首次构建了一个筛选支持资本积累所需的具体制度的"4＊13"框架,从而列出了一个支持资本积累所需的制度清单。其中的"4"是指"四大逻辑种类"(four logical categories)④,包括积累的代理人、积累的动力、积累的系统条件、个体资本积累的条件。按照这四大种类,戈登列出了13项对于积累获得稳定环境而言必要的具体制度。从积累的代理人来看,相对稳定的企业内部结构对资本家做出决策是必要的;从积累的动力来看,资本家间的竞争结构和阶级斗争的适度性对于持续快速的积累而言是必要的;从积累的系统条件看,货币系统的稳定、国家内部社会关系的稳定构成快速持续积累的另一个必要条件;从个体资本积累的条件看,生产资料的获得中中间产品的供给结构、社会家庭结构、劳动力市场结构,剩余价值生产过程中劳动管理的结构,剩余价值实现过程中消费者最终需求结构,资本周转过程中的金融结构、行政管理结构对于资本的持续

---

① David M. Gordon (1978), "Up and down the long roller coaster", in Union for Radical Political Economics edt., *U.S. Capitalism in Crisis*, New York: Union for Radical Political Economics, pp.22-35.

② David M. Gordon (1978), "Up and down the long roller coaster", in Union for Radical Political Economics edt., *U.S. Capitalism in Crisis*, New York: Union for Radical Political Economics, pp.22-35.

③ 张宇、孟捷、卢荻著:《高级政治经济学》,经济科学出版社2013年版,第318页。

④ David M. Gordon (1980), "Stages of Accumulation and Long Economic Cycles," in Terence K. Hopkins and Immanuel Wallerstein eds., *Processes of the World-System*. Beverly Hills, CA: Sage Publications, pp.9-45.

快速积累而言都非常重要。

其次,戈登1980年发表的这篇文章推动了"积累的社会结构"由一个单一概念向一个完整的分析框架发展。他指出理论界对于长周期的分析仍然存在"阿喀琉斯之踵",那就是在理解长周期时缺乏一个连贯、统一的理论基础。此前的理论分析都将资本主义社会的基本社会关系结构看作理所应当的,并且在没有正确考量结构与决定资本积累的社会关系矛盾之间关联的情况下,解释经济繁荣和停滞的交替,导致理论界无法解决关于长周期的一些悬而未决的问题,包括:为什么长周期反复出现?为什么长周期持续大约50年?是什么决定了长周期的波幅?一个周期中停滞的根源与下一个周期中刺激复苏和新一轮积累的创新或事件之间的关联是什么?他在1980年的文章中详细阐述了稳定的资本积累需要的制度、积累的社会结构的整体性、经济危机与积累的社会结构间的关系、新的积累社会结构对解决经济危机的必要性。他把自己的这项工作称为"马克思主义'资本积累阶段'观念的概念性重塑"①。

最后,《积累阶段与经济长周期》一文开始确立SSA方法在解释资本主义经济危机中的独立性,为SSA方法作为一个独立的理论出现做了铺垫。虽然戈登仍然将资本主义危机趋势看作经济危机产生的一个重要原因,但是,他在这些因素的基础上增加了由特定积累的社会结构自身引致危机的可能性。他将积累的社会结构潜在的变化定义成"一个在积累的社会结构层次上相对独立的动态"②。他分析了马克思主义指出的传统危机趋势引致经济不稳定的具体路径,这个路径贯穿于积累的社会结构当中,因为缓慢的积累会抽干制度维持所需的资源,加剧了的竞争和阶级冲突会进一步侵蚀制度稳定性,通过这种方式,积累的社会结构参与了危机的制造,也在长波危机的解决中扮演了至关重要的角色。③

二、SSA理论的发展脉络

SSA基本概念提出后,1982年经由Gordon、Edwards和Reich(简称GER)的

---

① David M. Gordon (1980), "Stages of Accumulation and Long Economic Cycles," in Terrence K. Hopkins and Immanuel Wallerstein eds., *Processes of the World-System*. Beverly Hills, CA: Sage Publications, pp.9–45.

② David M. Gordon (1980), "Stages of Accumulation and Long Economic Cycles," in Terrence K. Hopkins and Immanuel Wallerstein eds., *Processes of the World-System*. Beverly Hills, CA: Sage Publications, pp.9–45.

③ Terrence McDonough (1999), "Gordon's Accumulation Theory: The Highest Stage of Stadial Theory", *Review of Radical Political Economics*, pp.6–31.

研究形成 SSA 理论的初步框架。20 世纪末至 21 世纪初 SSA 理论框架由 Samuel Bowles 与 Daivid Gordon 和 Thomas Weisskopf(简称 BGW)进一步完善,并应用于实证研究。Kotz 与 Reich、McDonough(简称 KRM)等继承了戈登时期的 SSA 理论成果,化解了 SSA 理论面对的挑战,进一步完善和发展了这一理论框架,构成了 21 世纪的 SSA 理论。

(一) GER 关于 SSA 的初步理论框架

如果说戈登在 1978 年和 1980 年发表的关于积累阶段的两篇论文是 SSA 理论的种子,[①]那么 1982 年戈登在与爱德华兹、瑞克(GER)合作的《分割的工作、分化的劳动者》一书中进一步明确了 SSA 的功能、SSA 方法的目标、SSA 方法的分析框架,标志着 SSA 理论框架的初步形成。

GER 明确指出 SSA 的功能是为资本积累提供稳定的政治—经济环境,更具体直观地表达了 SSA 在资本积累中的功能。在 1982 年的著作中,我们读到:"许多马克思主义者强调资本主义发展的不平衡和资本主义阶段的重要性,他们把资本主义划分为自由竞争资本主义阶段和垄断资本主义阶段。但是,仅仅考察产品市场的竞争条件不足以真实反映资本积累过程的广度和复杂性。因为资本积累赖以实现的资本主义生产不可能在真空或无序的环境下进行。资本家不可能也不会进行生产投资,除非他们对自己所期望的回报率能做出合理且确定的估算。无论是马克思主义经济学家还是主流经济学家都承认投资和预期之间的关系。尽管如此,两者都忽略了形成利润率预期的外部环境,因此没有对这种环境给予足够的分析。"[②]GER 把这种影响个体资本家实现资本积累的政治—经济环境称作"积累的社会结构",并认为宏观动态分析应该从这种外部环境出发。

GER 进一步明确了 SSA 方法的目标在于解释资本主义经济长期快速增长和长期停滞交替出现的原因,而不是要表达资本主义经济长周期的周期性和规则性,因此在 1978 年和 1980 年的文章中戈登使用的都是"长周期"(long cycles)或"长经济周期"(long economic cycles)的概念。自 1982 年后,戈登在他参与的所有文献中转而使用"长期波动"(long swings)的概念。在《分割的工作、分化的劳动者》中,GER 明确指出增长和停滞交替背后的驱动力蕴藏于 SSA 的构建和崩溃中,我们读

---

① Terrence McDonough (1999), "Gordon's Accumulation Theory: The Highest Stage of Stadial Theory", *Review of Radical Political Economics*, pp.6 - 31.

② David M. Gordon, Richard Edwards and Michael Reich (1982), *Segmented Work, Divided Workers: The Historical Transformations of Labor in the United States*, New York: Cambridge University Press.

到:"长期波动更多的是积累的社会结构是否能够成功促进资本主义积累的后果。"[1]在戈登关于 SSA 的早期著作中,他还分析了传统的资本主义危机趋势和基础设施投资增长的回弹在繁荣扩张时期的崩溃中所起的作用。

GER 将 SSA 的"4*13"分析框架变为"3*12*3"分析框架,并明确在分析影响资本主义长期波动过程中,SSA 方法强调的是多因素而不是单因素的影响。如前所述,在 1980 年的文章中,戈登给出了筛选具体制度的"4*13"框架,而在《分割的工作、分化的劳动者》一书中,GER 转而提出了"3*12*3"框架。其中,第一个"3"是指资本积累的三个步骤,即"购—产—销"过程中涉及的制度;"12"是指货币信用系统、国家干预形式、阶级斗争结构、自然资源供给系统、中间产品供应、劳动力市场、社会结构(家庭、学校等)、管理层结构、劳动过程组织、最终需求结构、资本家间竞争结构、销售和市场体系制度;最后一个"3"是指货币信用、国家干预和阶级斗争结构这三项制度是所有制度当中最重要的三项。[2] 说明 GER 进一步阐明了积累的社会结构中涉及的制度的异质性。传统的长波理论多是单因素理论,通常仅关注经济因素,而 GER 影响因素拓展到政治、意识形态等方面的制度。例如书中说道:"历史上出现的资本主义的各个阶段不能用制度转型的某一个方面去概括其特征……积累的社会结构由一系列制度组成。如果要进行快速的资本积累,那么每一项制度都是必要的,并且每一项制度在遭遇经济危机时或之后都需要重构。所以,一个阶段到下一个阶段都涉及多方面的制度转型。"

GER 在 1982 年的研究进一步深化到探讨 SSA 自身的演变中,即每一个 SSA 都有其探索、巩固和衰败的生命周期。戈登 1978 年和 1980 年的文章关注 SSA 的定义、SSA 与经济危机的关系问题,而在《分割的工作、分化的劳动者》中,GER 分析了以美国劳动者无产阶级化、同质化、分割化为制度特征的三个历史阶段的演进,以及这三种制度从探索到巩固再到衰败的演化过程。

在 SSA 理论框架初步确立后,GER 将理论框架与现实历史分析结合起来,把 SSA 理论框架运用于重新剖析美国一个半世纪以来的资本—劳动关系历史中。尽管 GER 早期也曾分析过美国资本—劳动关系的历史,但 SSA 理论框架的应用彰显了这个分析框架的适用性和解释力。

---

[1] David M. Gordon, Richard Edwards and Michael Reich (1982), *Segmented Work, Divided Workers: The Historical Transformations of Labor in the United States*, New York: Cambridge University Press.

[2] David M. Gordon, Richard Edwards and Michael Reich (1982), *Segmented Work, Divided Workers: The Historical Transformations of Labor in the United States*, New York: Cambridge University Press.

(二) 20 世纪末至 21 世纪初 SSA 理论分析框架的进一步完善和应用

进入 20 世纪末 21 世纪初,SSA 理论分析在应用过程中进一步完善。戈登关于 SSA 框架的工作大致可以分为两个阶段。第一阶段包括他早期的两篇开创性的理论文章(1978,1980)以及与 Richard Edwards 和 Michael Reich 合作的《分割的工作,分化的劳工》(1982)一书中关于 SSA 框架的进一步阐发。第二个阶段则是 20 世纪末期 21 世纪初他将 SSA 理论框架置于一系列实证分析之下,基于二战后美国 SSA 的具体分析,为我们展示了一个宏观经济表现的社会结构模型(a social structural model of macroeconomic performance)[①],为马克思主义经济学理论构建和实证应用相结合、定性分析和定量分析相结合做出了不可忽视的示范作用。这些研究大多是 Samuel Bowles 与 Daivid Gordon 和 Thomas Weisskopf(BGW)合作完成的。这些研究既有将 SSA 理论用于历史分析的研究,也有将 SSA 理论用于计量分析的研究,充分体现了 SSA 理论分析框架的有用性和解释力。

或许是由于早就预见到了运用 SSA 方法分析资本主义经济长期波动的复杂性、庞大性以及由此导致的挑战性[②],戈登虽然认为这项工作充满希望,但遗憾的是无法预见什么时候能够真正完成。[③] 戈登等人在这一阶段的研究中,把对阶级冲突和竞争的调节这两个"积累条件"从前述 12 个"积累条件"中单列出来,BGW 的研究就是从资本主义阶级冲突的核心(即资本与劳动的相对权力)开始,研究影响资本相对于劳动的权力的具体制度与利润率之间的关系。令人遗憾的是,直到 1996 年戈登辞世,由他开创的 SSA 的研究只能推进到这一步。

在 1983 年发表的《超越荒原:经济衰退的民主替代》一书中,BGW 借助"公司权力费用模型"(costs of corporate power model)剖析美国经济增长乏力的根本原因,指出这源自二战后美国公司制度以统治与服从的关系为基础,从而形成了僵硬的、等级化的私人特权结构,造成了巨大的"浪费负担",使美国资本主义经济不堪重负。因此,他们寻求一种能够替代主流经济学,以社会关系为基础、消除经济浪费、更好促进生产率增长的"民主经济学"(democratic economics),进而提出经济复

[①] Samuel Bowles, David M. Gordon and Thomas E. Weisskopf (1989), "Business Ascendancy and Economic Impasse: A Structural Retrospective on Conservative Economics, 1978–87", *Journal of Economic Perspectives*, no.1, pp.107–134.

[②] David M. Gordon (1980), "Stages of Accumulation and Long Economic Cycles," in Terrence K. Hopkins and Immanuel Wallerstein eds., *Processes of the World-System*. Beverly Hills, CA: Sage Publications, pp.9–45.

[③] 张开著:《工资挤压与官僚负担——大卫·戈登经济思想研究系列》,《经济学家》2015 年第 11 期。

兴的民主纲领来推动制度转型。[①]

1986 年 BGW 发表的《权力和利润：积累的社会结构与战后美国经济的营利性》一文指出，SSA 理论为分析资本主义系统构建了一个理论方法，这种方法关注资本主义内嵌的力量关系，并建立了一个理论框架来分析（资本）权力以及权力争夺之于资本盈利水平的重要性："经济的速度由资本积累率驱动，而资本积累由资本家的盈利水平和稳定性决定。盈利水平可能由资产阶级相对于它遇到的其他经济群体的力量决定。"[②]

在 1987 年发表的《权力、积累和危机：战后积累的社会结构的兴衰》一文中，BGW 认为："从更广阔的历史观点来看，经济危机时期往往是政治冲突和制度创新时期。政治冲突的性质不同，与之相对应的结果也会迥异。"

在 1989 年发表的《商业支配和经济僵局：保守经济学的一个结构性回顾（1979—1987）》中，BGW 在 SSA 理论框架下构建了一个宏观经济表现的社会结构模型（Social Structure model of Macroeconomic Performance，简称 SSMP 模型）。他们提出了"观测到的资本权力"（Measured Capitalist Power，简称 MCP）[③]和"潜在的资本权力"（Underlying Capitalist Power，简称 UCP）两个概念，"潜在的资本权力"由 SSA 决定，"观测到的资本权力"由"潜在的资本权力"和"当前的经济状况"（State of the Economy）决定。BGW 在文中列出了决定"潜在的资本权力"的 SSA，包括四种制度：资本—劳动协定、"美国治世"、资本—居民协定、资本家间竞争的规制；列出了反映"观测到的资本权力"的相关指标（包括七个指标：失业成本、工人抵抗力、贸易条件、政府管制程度、资本的税收份额、进口渗透度、产品的市场紧俏程度）；经济状况由两个指标反映：产能利用率和实际利润率。SSA 决定着"潜在的资本权力"，"潜在的资本权力"和"经济状况"一道决定着"观测到的资本权力"，"观测到的资本权力"与"经济状况"一道决定着企业的盈利水平，企业的盈利水平和"经济状况"最终决定了资本积累率，如图 2.1.1 所示。他指出，一个显著的长波下行是由"潜在的资本权力"被侵蚀导致的[④]，而"潜在的资本权力"是由 SSA 决定的，因

---

① 张开著：《工资挤压与官僚负担——大卫·戈登经济思想研究系列》，《经济学家》2015 年第 11 期。

② Samuel Bowles, David M. Gordon and Thomas E. Weisskopf (1986), "Power and Profits: The Social structure Accumulation and the Profitability of the Postwar U. S. Economy", *Review of Radical Political Economics*, no.1-2, pp.132-167.

③ 我们认为也可以翻译为"实际的资本权力"。

④ Samuel Bowles, David M. Gordon and Thomas E. Weisskopf (1989), "Business Ascendancy and Economic Impasse: A Structural Retrospective on Conservative Economics, 1979-87", *Journal of Economic Perspectives*, no.1, pp.107-134.

此,"潜在的资本权力"被侵蚀也就是 SSA 被侵蚀。在此理论框架基础上,他们运用美国 1956—1986 年的数据估计了这些具体制度、资本家权力与经济表现(利润率和积累率)之间的关系。他们认为 SSA 方法不仅很好地解释了战后美国经济长波扩张的兴起,也很好地解释了长波下行的原因。[1]

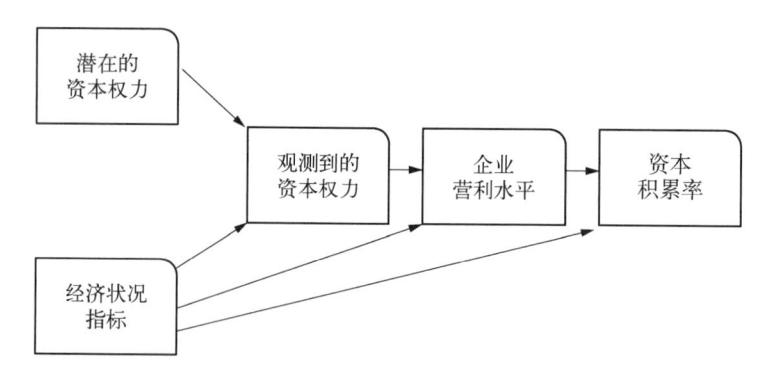

图 2.1.1 权力、营利水平与积累的递归模型[2]

进入 20 世纪 90 年代,SSA 分析开始走向综合。戈登认为 20 世纪 80 年代非主流宏观经济学提出的很多观点和方法对主流宏观经济理论形成了有益补充,由于这些观点和方法有许多共同之处,可以对这些理论进行综合,并把他们统一在 SSA 理论框架下,构建一个"社会结构主义的宏观计量经济"(Social Structuralist Macroeconometric)模型,简称 SSM 模型[3],或称为解释长波的完整的积累模型(Complete Model of Accumulation),以使这个模型成为一个更具包容性的积累模型(Inclusive Models of Accumulation)来解释长波。[4] 在这种理论构想的指导下,1991 年戈登发表的《长波内外:内生性/外生性争论与积累的社会结构方法》就将熊彼特主义强调的技术创新因素纳入 1989 年文章提出的 SSMP 模型中。他解释道:"技术创新的爆发和资本家权力的结构(正如 SSA 分析强调的那样)都有可能影

---

[1] David M. Gordon (1991), "Inside and Outside the Long Swing: The Endogeneity/Exogeneity Debate and the Social Structures of Accumulation Approach", *Review*, no.2, pp.263-312.
[2] 图片来源:Samuel Bowles, David M. Gordon and Thomas E. Weisskopf (1989), "Business Ascendancy and Economic Impasse: A Structural Retrospective on Conservative Economics, 1979-87", *Journal of Economic Perspectives*, no.1, pp.107-134.
[3] 张开著:《工资挤压与官僚负担——大卫·戈登经济思想研究系列》,《经济学家》2015 年第 11 期。
[4] David M. Gordon (1991), "Inside and Outside the Long Swing: The Endogeneity/Exogeneity Debate and the Social Structures of Accumulation Approach", *Review*, no.2, pp.263-312.

响长波动态",[1]并且用美国的数据比较了技术和社会因素对生产率、利润率和积累率的相对贡献,发现社会因素对生产率增长、利润率增长的贡献比技术因素大近十倍,社会因素对积累率增长的贡献比技术因素大近三倍,见图 2.1.2。

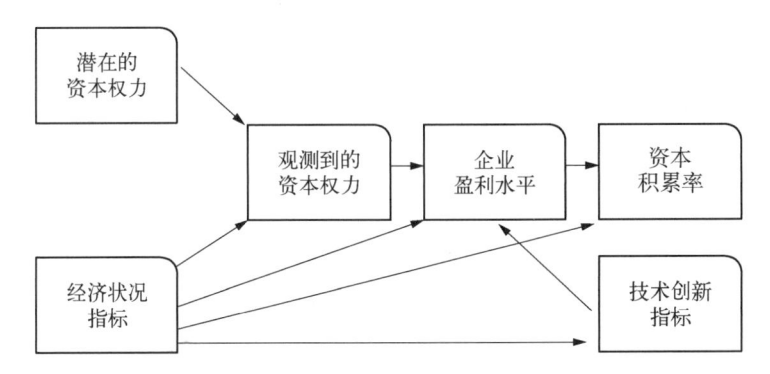

图 2.1.2　权力、盈利水平、积累和技术创新的递归模型[2]

SSM 模型的主要特点在于:一是试图综合凯恩斯主义对需求决定的重视和马克思主义对阶级冲突的强调,使 SSM 模型兼有两者的基本特征;二是高度重视积累的社会结构(SSA)和调节主义者的研究方法,因为不同的资本主义经济体积累和增长逻辑以及动态的不同是由制度结构或体制来限定的。[3]

(三) 21 世纪 KRM 对 SSA 理论的发展

在戈登时期,SSA 理论将马克思主义"生产力-生产关系"原理具体化为"积累过程—积累的社会结构"[4],在马克思传统危机理论之外,为解释资本主义危机的产生和消解增加了一个制度原因的解释,在此理论框架下对二战后美国资本主义经济的繁荣和滞胀做出了较成功的解释,[5]因此具有重要的理论价值。[6] 甚至一些学者对这一理论给出了更高的评价,认为戈登的积累理论是资本主义分期理论的最高阶段。[7]

---

[1] David M. Gordon (1991), "Inside and Outside the Long Swing: The Endogeneity/Exogeneity Debate and the Social Structures of Accumulation Approach", *Review*, no.2, pp.263-312.

[2] 图片来源:David M. Gordon (1991), "Inside and Outside the Long Swing: The Endogeneity/Exogeneity Debate and the Social Structures of Accumulation Approach", *Review*, no.2, pp.263-312.

[3] 张开著:《工资挤压与官僚负担——大卫·戈登经济思想研究系列》,《经济学家》2015 年第 11 期。

[4] 大卫·科茨著:《长波和积累的社会结构:一个评论与再解释》,张开、顾梦佳、崔晓雪、李英东译,《政治经济学评论》2018 年第 3 期。

[5] 范春燕著:《21 世纪"积累的社会结构"理论评析》,《马克思主义与现实》2002 年第 5 期。

[6] 大卫·科茨著:《长波和积累的社会结构:一个评论与再解释》,张开、顾梦佳、崔晓雪、李英东译,《政治经济学评论》2018 年第 3 期。

[7] Terrence McDonough (1999), "Gordon's Accumulation Theory: The Highest Stage of Stadial Theory", *Review of Radical Political Economics*, pp.6-31.

一方面，SSA 理论对新自由主义制度的兴起没能给出足够的回应；[1]另一方面，因为 SSA 方法仍然存在很多悬而未决的重要问题，它的发展在戈登阶段还没有达到预期的结果。此后，Kotz 与 Reich、McDonough 等人（简称 KRM）继承了戈登时期的 SSA 理论成果，坚持在"制度集合—阶级冲突—资本积累"框架的基础上，化解了 SSA 理论面对的挑战，进一步完善和发展了这一理论框架，构成了 21 世纪的 SSA 理论。KRM 对戈登时期 SSA 理论的发展表现在以下几方面：

1. 重新定义 SSA 与经济增长的关系，化解了新自由主义时期 SSA 理论面对的挑战

2008 年，资本主义世界爆发了由新自由主义导致的金融危机。如何在 SSA 方法的框架下理解新自由主义？从制度结构特征而言，它满足作为一个新 SSA 的条件。但是，从其促进经济增长的效能而言，与传统 SSA 理论的承诺不符，因为传统 SSA 理论认为一个新 SSA 能大力推动经济增长，而实际上新自由主义下的经济增长表现是低于标准值的。面对使用传统的 SSA 理论来解释新自由主义时期的困难，马丁·沃尔夫森和大卫·科茨重新定义了 SSA 与经济增长之间的关系，认为新 SSA 可能也可能不会推动经济快速增长。由此，便不妨碍把新自由主义定义为一个新的 SSA。SSA 也不一定会促进资本积累，资本家作为资本主义社会的主导主体，他们创造一种新的 SSA 的目标是促进盈利，只要能够实现这一目标，是否投资在实体部门就不是那么重要了。例如，新自由主义并没有促进资本的快速积累，却提高了总收入中的利润份额，从而最终提高了美国的利润率。[2]

最先运用 SSA 方法解释 2008 年金融危机的是当代完善 SSA 理论的主要参与者和贡献者之一的科茨。他在 2009 年发表的《2008 年金融和经济危机：新自由资本主义的系统危机》一文中指出，过去几十年中促进经济长波扩张的新自由资本主义相同的制度特征也创造了导致系统危机的长期趋势。SSA 理论认为，当资本主义的一个特定形式进入它的危机阶段，最终如果不是产生一种新型资本主义就会向超越资本主义过渡，这意味着人们可以期待更多的变化，而不仅仅限于对金融系统的紧急财政救援和政府刺激项目。如果只是资本主义重构而不是替代资本主义，那么，根据历史经验，在美国将会出现一个更倾向于政府管制类型的资本主义。

---

[1] 范春燕著：《21 世纪"积累的社会结构"理论评析》，《马克思主义与现实》2002 年第 5 期。

[2] Martin H. Wolfson and David M. Kotz (2010), "A Reconceptualization of Social Structure of Accumulation Theory", *World Review of Political Economy*, no.2, pp.209-225.

但是,政府管制型资本主义有几种不同的类型,具体出现哪种类型取决于不同阶级和群体斗争的结果。① 2013年,科茨撰写的《积累的社会结构、利润率和经济危机》一文基于他们提出的两种类型的SSA,即"管制的SSA"和"自由的SSA",分析了美国2008年金融危机,指出20世纪80年代美国开始实行的"新自由主义SSA"属于"自由的SSA"类型。与"管制的SSA"出现的"利润挤压"危机不同,2008年金融危机表现出与传统马克思主义消费不足相符的剩余价值实现困难、过度投资和金融崩溃,这些都是"新自由主义SSA"的结果。②

利皮特(2010)认同"新自由主义SSA"的概念,认为新自由主义SSA内部存在严重的矛盾,导致了它相较于其他SSA的周期较短,并检验了2008年爆发的金融危机是否代表了当代SSA的最终危机。③

SSA理论不仅被用于解释2008年美国爆发金融危机的原因,也被用于讨论如何构建一个恢复资本主义经济的新SSA。O'Hara在2010年提出2008年金融危机后全球提高经济增长和实现可持续发展需要的SSA必须通过多项制度的结合来实施:(a)(尤其是)生产和分配的动态系统;(b)稳定有效的金融;(c)适度缓和竞争;(d)一体化的全球制度;(e)适合的社区和家庭制度。④

2. 把SSA中的制度区分为"核心制度"和"外围制度"

在戈登时期,SSA理论的文献声称"长波扩张"让位于"长波萧条"阶段是必然现象,但并未对这种"必然"给予足够充分的解释。过去的SSA理论归因于SSA的腐化和崩溃,并给出了三种理由:① 积累过程本身包含的危机倾向(如消费不足、资本有机构成提高)会瓦解既有的SSA。② SSA只能缓和而并不能根除阶级冲突和竞争,阶级冲突和竞争终将导致既有SSA的崩溃。③ 积累过程与既有SSA之间的关系有两种:一是积累过程瓦解了既有的SSA;二是同样一个SSA在开始时是支持积累的,后来却演变为积累的障碍。

进一步的问题是,当既有的SSA开始腐化时,为什么不通过调整来修复?过去

---

① David M. Kotz (2009), "The Financial and Economic Crisis of 2008: A Systemic Crisis of Neoliberal Capitalism", *Review of Radical Political Economics*, no.3, pp.305-317.

② David M. Kotz (2013), "Social Structures of Accumulation, the rate of profit, and economic crises", in Jeannette Wicks-Lim and Robert Pollin eds., *Capitalism on Trial: Explorations in the Tradition of Thomas E. Weisskopf*, Cheltenham: Edward Elgar, pp.335-349.

③ 特伦斯·麦克唐纳、迈克尔·里奇、大卫·科茨编:《当代资本主义及其危机:21世纪积累的社会结构理论》,童珊译,中国社会科学出版社2014年版,第47页。

④ Phillip Anthony O'Hara (2010), "After Neoliberalism: A Social Structure of Accumulation or Mode of Regulation for Global or Regional Performance?", *Journal of Economic Issues*, no.2, pp.369-384.

的 SSA 文献给出的答案是：既有的 SSA 是无法轻易进行修补的，因为 SSA 是一个"相互协调的整体"，长波扩张伊始"SSA 的一整套制度"就存在，只要其中一个或多个制度开始腐化，整个 SSA 就会停止运作。改变这种局势需要建立一个政治联盟以进行重大的制度变革。这虽然有利于解释长波危机跨时较长的原因，但依据历史经验，SSA 的某些制度并不是在长波扩张一开始就存在的，而是在长波扩张开始很久以后才出现，例如布雷顿森林体系直到 20 世纪 50 年代中后期才得以充分建立并发挥作用，晚于二战后资本主义新一轮长波扩张的启动。为解决这个问题，科茨提出了改进方法，把 SSA 中的制度区分为"核心制度"和"外围制度"。一个新的长波扩张的开启，或许并不要求具备一整套新的 SSA，而只要新 SSA 的"核心制度"足以有效调节阶级冲突和资本家间的竞争，就足以启动新的长波扩张。科茨认为这种"核心模型"与"传统版本"相比有两个优点：一是更符合历史证据；二是对 SSA 的产生提供了更合理的解释。但是，科茨在文中也指出他提出的 SSA 理论的"核心模型"不仅需要理论上进行进一步的探索，也需要运用它对不同国家的长波和 SSA 进行历史性的考察。这为后续 SSA 理论的发展指出了一个新的方向。

3. 重建 SSA 调节的五大核心矛盾分析框架与 SSA 类型的甄别

相比于传统马克思主义把危机趋势（资本有机构成提高导致的一般利润率下降趋势、剩余价值生产和实现的矛盾导致的危机）看作长期危机的根源，SSA 理论更多强调群体和阶级之间的平衡，危机的根源在于调节阶级冲突和资本家间激烈竞争关系的制度的崩溃，而不是强调传统的危机趋势。[1] 遗憾的是，戈登等人在后期的著作中把"劳资阶级冲突"和"资本家间竞争的调节"单列出来，只考察了他们早期著作中列出的 12 个"积累条件"中的这两个条件。[2] 马丁·沃尔夫森和大卫·科茨将两个"积累条件"恢复到五个"积累条件"，即资本主义社会存在的五大核心矛盾，进一步发展了甄别不同 SSA 的方法，将资本主义 SSA 划分为"自由的 SSA"和"管制的 SSA"两种类型。[3]

(1) 资本主义社会五大核心矛盾与不同 SSA 特征的甄别

资本主义社会存在五大核心关系：一是劳—资关系；二是国家—公民关系；三

---

[1] David M. Kotz (1987), "Long Waves and Social Structures of Accumulation: A Critique and Reinterpretation", *Review of Radical Political Economics*, no.4, pp.352–367.

[2] David M. Kotz (1987), "Long Waves and Social Structures of Accumulation: A Critique and Reinterpretation", *Review of Radical Political Economics*, no.4, pp.352–367.

[3] David M. Kotz (2003), "Neoliberalism and the Social Structure of Accumulation Theory of Long-Run Capital Accumulation", *Review of Radical Political Economics*, no.3, pp.263–270.

是资—资关系;四是劳—劳关系;五是自由—管制意识形态关系。调节这五大关系的制度特征定义了 SSA 的特征,包括:① 劳资矛盾的暂时缓和方式;② 国家对经济的作用;③ 资方内部矛盾;④ 劳动者内部矛盾;⑤ 主导意识形态的特征。①

(2) 明确 SSA 的两种类型:"自由的 SSA"和"管制的 SSA"

资本主义 SSA 包括"自由的 SSA"和"管制的 SSA"两种类型。两种不同类型的 SSA 之间的差异在于:

① 劳资矛盾暂时缓和的不同方式。在管制的 SSA 中,劳动者掌握很大的权力;在自由的 SSA 中,资方不接受劳方的和解,从而对劳方具有高度的主导优势。

② 国家对资方和劳方关系调节的不同方式。管制的 SSA 中,国家对资方的管制加强了工人阶级的权力,使得劳资力量相对平衡;自由的 SSA 中,国家对资方行为管制有限,国家的强制力倾向于资本家的利益。

③ 资方内部矛盾调节的方式不同。管制的 SSA 中资本家间往往通过相互尊重的行为自行实行竞争管制,而自由的 SSA 中竞争往往是自由和残酷的,从而更不利于劳方。

④ 劳动者间的关系不同。自由的 SSA 中,劳动者间的关系趋向于竞争,从而加强了资方力量;而管制的 SSA 中,劳动者之间更为团结,从而有利于加强劳方力量。

⑤ 两种 SSA 具有完全不同的主导意识形态。自由的 SSA 中,主导的意识形态是宣扬个人主义,对竞争不加约束,"自由市场"和国家干预措施会危及经济的发展和个人的自由。管制的 SSA 中,主导的意识形态是警示不受限制的市场活动的危险性,坚持文明竞争的优势,并标榜政府调控对经济发展和人类福利的贡献。②

(3) 明确不同类型 SSA 对应的经济危机类型和经济增长率不同

不同类型 SSA 对应的经济危机类型不同。"管制的 SSA"会导致"利润挤压"型危机。韦斯科普夫和科茨的研究都表明,美国在"管制的 SSA"期间出现危机的主要原因是实际工资的提高对利润形成了挤压。③④ 从 2008 年金融危机的经验来看,"自由的 SSA"会导致需求不足、产能过剩、"强制投资"和金融危机。科茨的研究表

---

① Martin H. Wolfson and David M. Kotz (2010), "A Reconceptualization of Social Structure of Accumulation Theory", *World Review of Political Economy*, no.2, pp.209 - 225.

② Martin H. Wolfson and David M. Kotz (2010), "A Reconceptualization of Social Structure of Accumulation Theory", *World Review of Political Economy*, no.2, pp.209 - 225.

③ Thomas E. Weisskopf (1979), "Marxian crisis theory and the rate of profit in the postwar U.S. economy", *Cambridge Journal of Economics*, no.4, pp.341 - 378.

④ David M. Kotz (2009), "Economics Crisis and Institutional Structure: A Comparison of Regulated and Neoliberal Capitalism", in Jonathon Goldstein and Michael Hiilard edt., *Heterodox Macroeconomics: Kaynes, Marx and Globalization*, London and New York: Routledge, pp.176 - 188.

明,从1900年起美国经历了两个"自由的SSA"和两个"管制的SSA","管制的SSA"时期的经济增长率均比"自由的SSA"时期的经济增长率高且稳定。[①] 需指出的是,以上的结论需要得到更多的实证研究支持,以证明其普遍性和规律性。

4. 运用SSA理论对资本主义进行阶段划分并提出"全球新自由主义SSA"概念

(1) 运用SSA理论对资本主义进行阶段划分

当前,运用SSA理论对资本主义进行阶段划分有两种范式:一种是以市场结构为核心特征来判别不同的SSA,并在此基础上对资本主义阶段进行划分;[②]另一种是以对资本的管制程度为核心特征来判别不同的SSA,并在此基础上对资本主义阶段进行划分。[③]

一种范式以特伦斯·麦克唐纳的研究为代表。他将资本主义SSA分为"自由竞争资本主义SSA""垄断资本主义SSA""国家资本主义SSA"[④]和"新自由主义SSA"。[⑤] 19世纪末,中小企业市场结构掌握着具有竞争力的SSA,劳动力的控制战略既简单又直接,国有基础设施总体处于自由放任的状态,贸易成了国际经济关系的主要形式,并且促成了古典自由主义组成的主要意识形态。垄断SSA的特点是拥有一个寡头垄断的市场结构、软弱的工会以及在拉美和亚洲实行扩张主义并创立美联储制度。垄断SSA在大萧条时代终结,由此导致了长期的制度改革,包括新的财政机制和国家在经济中扮演的角色的扩展,这一新的SSA在二战后随着凯恩斯的福利制度而得到巩固,20世纪70年代的"滞涨"标志着这一SSA的结束。[⑥] 从20世纪80年代开始,资本主义建立了新自由主义SSA。

另一种范式以大卫·科茨的研究为典型。他在"管制的SSA"和"自由的SSA"概念的基础上,分析了美国1900—2000年的经济增长情况和相应的制度,将这一

---

① David M. Kotz (2003), "Neoliberalism and the Social Structure of Accumulation Theory of Long-Run Capital Accumulation", *Review of Radical Political Economics*, no.3, pp.263 - 270.
② 特伦斯·麦克唐纳、迈克尔·里奇、大卫·科茨编:《当代资本主义及其危机:21世纪积累的社会结构理论》,童珊译,中国社会科学出版社2014年版,第69页。
③ David M. Kotz (2003), "Neoliberalism and the Social Structure of Accumulation Theory of Long-Run Capital Accumulation", *Review of Radical Political Economics*, no.3, pp.263 - 270.
④ McDonough在文中并没有对这一阶段的SSA给出一个确切名字,这一名字为作者依据其文中大意概括给出。
⑤ McDonough在文中使用的是"当代SSA"一词,但根据其后的文章,实际上就是指新自由主义SSA。
⑥ 特伦斯·麦克唐纳、迈克尔·里奇、大卫·科茨编:《当代资本主义及其危机:21世纪积累的社会结构理论》,童珊译,中国社会科学出版社2014年版,第3页。

期间划分为四个阶段,依次是"进步主义时代"(1900—1917)"一战后—二战前"(1917—1937)"二战后—新自由主义前"(1947—1975)"新自由主义时代"(1979—2001)。其中,"进步主义时代"和"二战后—新自由主义前"这两个时期是"管制的 SSA","一战后—二战前"和"新自由主义时代"这两个时期是"自由的 SSA"。[1] 从美国的经验证据看,美国资本主义的历史是"管制的 SSA"和"自由的 SSA"交替的历史。事实上,这并不是学界首次指出资本主义社会这种放松资本管制和加强资本管制交替出现的特征,例如波兰尼在 1944 年《伟大的变革》中就曾有此表述。一些马克思主义经济学家认为资本主义发展阶段经历了一个由竞争资本主义到垄断资本主义再到国家垄断资本主义的过程。而在关于美国的 SSA 文献中,这三个 SSA 似乎内含着朝对资本管制越来越强的制度结构演化过程,但新自由主义 SSA 出现后,这一演化进程中止并出现了倒退。[2]

(2)"全球新自由主义 SSA"概念的提出为 SSA 分析框架增加了国际制度这个维度

2010 年科茨和麦克唐纳在描述 1979 年以后至今的资本主义变化及主要特征时,认为"全球新自由主义"一词很好地把握了当代资本主义 SSA 的本质,并提出了"全球新自由主义 SSA"[3]的概念,从而为 SSA 分析框架增加了国际制度的维度。

戈登时期的 SSA 分析框架虽然也考虑了一些开放经济条件下的制度条件对资本积累的影响,如进口产品渗透度和国际资本投资对国内资本竞争格局的影响,但落后于现实的发展,不能准确描述 20 世纪 80 年代左右资本主义经济开始发生的新变化。这些变化包括跨国公司为追求利润最大化将生产环节在全球配置带来的全球生产一体化、全球货币一体化、资本主义阶级关系的全球化、金融独立化;这些变化得以持续,得益于各种国际制度的支持,包括撤销对资本流动的管制、保障资本跨国界流动的国际或各国内部的法律体系、相互持股、合资办企业、外包机制、管理资本主义生产和阶级关系的跨国机构、美国霸权通过 NATO 的拓展及欧洲的扩张得以恢复和扩张、政府对金融机构管制的放松。上述国际制度在各国政府的作用下与国内制度形成互动,形成了资本对劳动力的全面支配。这些国内制度包括在

---

[1] David M. Kotz (2003), "Neoliberalism and the Social Structure of Accumulation Theory of Long-Run Capital Accumulation", *Review of Radical Political Economics*, no.3, pp.263-270.

[2] David M. Kotz (2003), "Neoliberalism and the Social Structure of Accumulation Theory of Long-Run Capital Accumulation", *Review of Radical Political Economics*, no.3, pp.263-270.

[3] David M. Kotz and Terrence McDonough (2010), "Global neoliberalism and the contemporary social structure of accumulation", in Terrence Mc, Micheal R, David M K edt., *Contemporary capitalism and its crises: social structure of accumulation theory for the 21st century*, New York: Cambridge Press, pp.76-87.

新自由主义意识形态下国家放弃凯恩斯主义总需求管理手段、缩减社会福利、公共服务财政支出的负担由资本和富人转移到工资者身上、公共服务由政府资助下的私人企业提供、经济核心部门和自然垄断企业被私有化、更具抑制性的社会控制政策。科茨和麦克唐纳认为，这些国际和国内制度以及这些制度有利于资本获取利润的特征使得全球新自由主义应当被视为 SSA。

5. 运用 SSA 理论分析众多资本主义国家的历史演变，为资本主义的多样性提供证据

SSA 理论在戈登时期主要运用于研究美国资本主义经济发展历史，在此过程中，SSA 方法被证明是一个从制度原因理解资本主义经济兴衰交替的有力工具，加之该方法具有较强的适应性和开放性，20 世纪 90 年代起被广泛运用于分析众多资本主义国家和地区的历史演变，如欧盟[1]、加拿大[2]、日本[3]、中南美洲国家（Melendez, 1994）、韩国[4]、南非[5]、希腊[6]、墨西哥[7]、阿拉伯世界[8]和印度[9]。这些研究中，既有遵循 SSA 理论原旨研究一国资本主义经济发展长波的，也有用 SSA 理论研究某一经济转折点产生的制度原因的。[10] 但是，每个国家构成 SSA 的制度都有所不同，这

---

[1] Terrence McDonough and Emlyn Nardone (2006), "Social structures of accumulation, the regulation approach and the european union", *Competition and Change*, pp.200 – 212.

[2] Frank Strain and Hugh Grant (1991), "The social structure of accumulation in canada, 1945 – 1988", *Journal of Canadian Studies*, no.4, pp.26 – 40.

[3] Hirata, Junichi (1995), "Economic Changes and Macroeconomic Policy in Japan since 1955", *Japanese Economic Studies*, no.3, pp.36 – 73.

[4] Seongjin Jeong (1997), "The social structure of accumulation in south korea: upgrading or crumbling?", *Review of Radical Political Economics*, no.4, pp.92 – 112.

[5] James Heintz (2009), "Political conflict and the social structure of accumulation: The case of South African apartheid", *Review of Radical Political Economics*, no.3, pp.320 – 326.

[6] Thanasis Maniatis and Costas Passas (2013), "Profitability Capital Accumulation and Crisis in the Greek Economy 1958 – 2009: a Marxist Analysis", *Review of Political Economy*, no.4, pp.624 – 649.

[7] Carlos Salas (2010), "Contemporary Capitalism and Its Crises: Social Structures of Accumulation and the Condition of the Working Class in Mexico", in Terrence McDonough, Michael Reich and David M. Kotz edt., *Contemporary capitalism and its crises: social structure of accumulation theory for the 21st century*, New York: Cambridge Press., pp.286 – 308.

[8] Karen Pfeifer (2010), "Social Structure of Accumulation Theory for the Arab World: The Economies", in Terrence McDonough, Michael Reich and David M. Kotz edt., *Contemporary capitalism and its crises: social structure of accumulation theory for the 21st century*, New York: Cambridge Press., pp.309 – 353.

[9] Bhabani Shankar Nayak (2018), "Bhagavad Gita and Hindu modes of capitalist accumulation in India", *Society & Business Review*, no.2, pp.151 – 164.

[10] James Heintz (2009), "Political conflict and the social structure of accumulation: The case of South African apartheid", *Review of Radical Political Economics*, no.3, pp.320 – 326.

为资本主义的多样性提供了制度证据。

6. SSA 理论应用的完善

为了获得对现实更好的解释力和应用性,一些学者致力于 SSA 理论应用的完善。Gregory Hayden 探讨了用社会结构矩阵方法(Social Fabric Matrix Approach,简称 SFMA)将积累的社会结构和社会核算矩阵(Social Accounting Matrix)结合起来的可能性,结论是这不仅是可能的,并且为了理解、规划和政策制定提供分析,这种结合也是必需的。[①] 为了细致分析资本积累过程与生态环境的关系,张沁悦和麦克唐纳将资本积累与生态变化的矛盾运动纳入 SSA 分析框架,提出"可持续资本积累的社会结构"(Social Structure of Sustainable Accumulation,简称 SSSA)概念,对生态和经济循环过程及包含两者的社会制度结构进行综合性考察,从而揭示全球生态变化的原因并探寻解决路径。[②]

三、SSA 理论在中国的传播

SSA 理论传入中国的开端是大卫·科茨和刘利圭于 1990 年发表的《积累的调节论和社会结构论比较分析》,一开始并未引起国内学者的太多重视,直到 1999 年陈聚祉在《经济学动态》杂志上发表《社会积累结构理论述评》一文后,众多学者才开始介绍 SSA 学派的代表人物及其主要观点。近年来,一些学者致力于运用 SSA 理论分析中国经济问题,推动 SSA 理论的中国化。

(一)对 SSA 学派及其代表人物的主要观点进行介绍

1. SSA 学派近期主要代表人物运用 SSA 理论分析中国问题

SSA 理论传入中国以及 SSA 理论代表人物与中国学者的交流合作,推动了 SSA 理论代表人物对中国问题的关注。SSA 理论代表人物大卫·科茨和朱安东(2011)将 1978—2007 年中国的经济发展划分为四个阶段,展示了中国增长模型的动态演进,并考察了中国增长模式演进的制度基础。[③] SSA 理论的另一位代表人物麦克唐纳和甘梅霞(2016)探讨了将 SSA 理论运用到分析中国特色社会主义社会需

[①] F. Gregory Hayden (2011), "Integrating the Social Structure of Accumulation and Social Accounting Matrix with the Social Fabric Matrix", *American Journal of Economics & Sociology*, no.5, pp.1208-1233.

[②] 张沁悦、特伦斯·麦克唐纳著:《全球生态变化与积累的社会结构理论》,《学术月刊》2014 年第 7 期。

[③] Andong Zhu and David M. Kotz (2011), "The Dependence of China's Economic Growth on Exports and Investment", *Review of Radical Political Economics*, no.1, pp.9-32.

要注意的问题,其中最基础的是在社会群体关系中纳入政府这个特殊的积累主体,考虑政府与资本、政府与劳动、中央政府与地方政府、国有资本和私人资本间的关系是中国 SSA 的特殊性所在。① 总体而言,SSA 学派近期主要代表人物运用 SSA 理论分析中国问题还在初探阶段,他们与中国学者的合作无论对 SSA 理论本身的发展还是对中国特色社会主义政治经济学的发展而言都是值得期待的学术增长点。

2. 国内部分学者对 SSA 理论及 SSA 学派代表人物的介绍

针对国内对 SSA 理论研究中出现的"去戈登化"现象,为推动此理论研究适当"前移",张开(2015)依据戈登学术生涯的三个主要历史时期,回顾了他的主要贡献和特点,并对戈登临终前出版的《臃肿与卑劣》一书的核心内容,即"工资挤压"与"官僚负担"进行了较为详细的阐述。② 龚剑(2013)回顾了 SSA 理论的构建过程,认为 SSA 理论的构建受到以熊彼特为代表的长波理论和马克思主义经济学的影响,指出早期 SSA 理论对经验研究的重视,梳理了该理论早期发展过程中两位长波理论研究者的相关争论,其中,曼德尔认为,一旦使用积累的社会结构概念,把制度因素视作资本主义生产方式内生的产物,就必然接受资本主义具有自我修复能力的观点,进而抹杀资本主义生产方式内在矛盾本身的重要性。③ 有趣的是,杨小忠等(2019)的研究表明,从长期来看,资本主义灭亡的命运不会因 SSA 能缓解资本积累和经济萧条而改变。④

一些学者介绍了 SSA 理论初创时期的代表性文献,简述了 SSA 概念的提出和含义、SSA 与资本主义长波、SSA 学派对其他经济学家提出的批评、SSA 的具体应用等内容,⑤但大多是在对 SSA 理论的述评⑥⑦和与其他长波理论的比较⑧⑨中对相关内容进行了介绍。这些介绍引起了国内学者对 SSA 理论与其他长波理论的关系

---

① 甘梅霞、麦克唐纳著:《积累的社会结构理论方法与中国积累的社会结构的一般性及特殊性》,《社科纵横》2016 年第 12 期。
② 张开著:《工资挤压与官僚负担——大卫·戈登经济思想研究系列》,《经济学家》2015 年第 11 期。
③ 龚剑著:《积累的社会结构理论的构建与相关争论》,《科技与企业》2013 年第 8 期。
④ 杨小忠、丁晓钦著:《劳动力匹配、收入分配与资本主义积累的社会结构稳定性》,《世界经济》2019 年第 8 期。
⑤ 陈聚祉著:《社会积累结构理论述评》,《经济学动态》1999 年第 1 期。
⑥ 丁晓钦、尹兴著:《积累的社会结构理论述评》,《经济学动态》2011 年第 11 期。
⑦ 范春燕著:《21 世纪"积累的社会结构"理论评析》,《马克思主义与现实》2002 年第 5 期。
⑧ 孟捷著:《资本主义经济长期波动的理论:一个批判性评述》,《开放时代》2011 年第 10 期。
⑨ 吕守军著:《抓住中间层次剖析当代资本主义——法国调节学派理论体系的演进》,《中国社会科学》2015 年第 6 期。

以及对 SSA 理论最新发展的认识的争论。①

（二）对已有关于 SSA 理论的研究述评及相关著作翻译

1. 国内学者对已有关于 SSA 理论研究的研究述评

作为当代马克思主义经济学重要流派之一，SSA 理论对马克思主义经济学有重要贡献，包括：在方法论上发展了马克思主义经济学的中间层次理论和历史辩证法；从新的理论视角阐述资本主义劳动控制系统的演进和当代劳资关系特征，强调阶级斗争在积累的社会结构的形成、巩固和崩溃过程所起的关键作用；用积累的社会结构的变迁解释经济长波和经济危机的运行机制，发展了马克思主义制度经济学研究；用积累的社会结构的多样性解释当代资本主义制度的某种弹性，认为一种新的"全球新自由主义积累的社会结构"正在逐渐形成，深化了对当代资本主义发展特征的理解。② 因此，SSA 理论受到国内马克思主义经济学界的高度关注。国内学者密切追踪了 SSA 理论的研究动态，每个阶段都形成了一些重要的研究述评，为国内学者了解 SSA 理论的动态发展提供了重要的参考资料。

学者们普遍认为 SSA 理论显示出该理论具有广泛性、包容性的特征和较大的发展潜力，在不断的发展中走向成熟并呈现向传统马克思主义理论回归的趋势。③但 SSA 理论仍然存在一定的完善和发展空间，例如：SSA 理论对于 SSA 中各项制度间的关系是什么、何种制度起主导作用、SSA 的建立有没有一个共同的原理等问题没有给出解答，忽视了 SSA 的渐变和 SSA 之间的连续性；④积累的社会结构理论一方面在制度分析上具有较强的灵活性，另一方面因缺乏统一的标准而其精确性不足；⑤SSA 方法论上的局限性在于专注于长波现象的制度解释，而技术创新在制度变革乃至长波的形成所起的半自主作用，就这样令人遗憾地从 SSA 理论中淡出了。⑥

除了对早期的 SSA 理论进行评述外，一些学者对 SSA 理论 21 世纪特别是 2010 年以来在时空应用上的最新发展进行了述评。这些评述重点介绍了近年来新

---

① 马艳、大卫·科兹、特伦斯·麦克唐纳著：《资本积累的社会结构理论的创新与发展——与吕守军先生商榷》，《中国社会科学》2016 年第 6 期。
② 马国旺著：《评积累的社会结构理论对马克思主义经济学主要贡献》，《政治经济学评论》2016 年第 1 期。
③ 丁晓钦、陈昊著：《回归与发展：积累的社会结构最新理论研究》，《马克思主义研究》2017 年第 2 期。
④ 陈聚祉著：《社会积累结构理论述评》，《经济学动态》1999 年第 1 期。
⑤ 丁晓钦、尹兴著：《积累的社会结构理论述评》，《经济学动态》2011 年第 11 期。
⑥ 孟捷著：《资本主义经济长期波动的理论：一个批判性评述》，《开放时代》2011 年第 10 期。

自由主义SSA的金融化、空间化和全球化特征的相关研究。①

2. 国内学者对SSA学派相关著作的翻译介绍

国内学界对SSA学派相关著作的翻译主要集中在第二代学者的著作上,尤其以大卫·科茨的文章为主,其中,有的是他对第一代SSA理论进行评论和再解释的;②有的是他对第一代SSA理论存在的不足提出疑问和改进方法的;③有的是他对SSA学派和法国调节学派理论进行比较分析的。④ 对SSA学派第二代其他学者文章的中文译作仅见涉及麦克唐纳⑤、利皮特⑥、沃尔夫森⑦的文献各一篇。2010年由麦克唐纳、里奇和科茨主编的论文集《当代资本主义及其危机:21世纪积累的社会结构理论》2014年已由童珊翻译出版,但他们1994年首次主编的论文集《积累的社会结构理论:增长和危机的政治经济学》目前还未见对其进行整本翻译的著作,仅见这本论文集中少数文章的中文译著。

遗憾的是,对第一代SSA理论学者的著作进行翻译的文献还非常少。为了推动国内学界对SSA理论研究的"前移",张开(2015)简略介绍了大卫·戈登的经济学贡献和其临终前出版的著作。⑧ 而由大卫·戈登撰写的SSA方法两篇"种子"篇章,以及标志着SSA方法框架确立的,由戈登、爱德华兹、里奇1983年合著出版的《分割的工作、分化的劳动》等经典著作还未见中文译本。

因此,SSA学派相关著作的翻译工作仍存在较大空间。一是可以将翻译工作"前移",这有利于完整贯通地理解SSA理论的观点、方法和发展脉络,以及对两代理论进行比较分析;二是可以更多地翻译除大卫·科茨之外其他SSA学派主要代表人物的著作,这有利于更全面了解SSA理论的最新进展;三是可推进对SSA理

---

① 范春燕著:《21世纪"积累的社会结构"理论评析》,《马克思主义与现实》2002年第5期。

② 大卫·科茨著:《长波和积累的社会结构:一个评论与再解释》,张开、顾梦佳、崔晓雪、李英东译,《政治经济学评论》2018年第3期。

③ 大卫·科茨著:《新自由主义与长期资本积累的社会积累结构理论》,刘祥琪译,《国外理论动态》2004年第10期。

④ 大卫·科茨著:《积累的调节论和社会结构论比较分析》,刘利圭译,《国外社会科学》1990年第11期。

⑤ 特伦斯·麦克唐纳著:《论国际"类主权国家"机构与社会积累结构》,童珊译,《海派经济学》2009年第2期。

⑥ 维克托·利皮特著:《积累的社会结构理论视野中的新自由主义时代和金融危机》,付小红译,《马克思主义研究》2014年第2期。

⑦ 马丁·H.沃尔夫森著:《社会积累结构理论视野中的新自由主义》,李静译,《国外理论动态》2004年第10期。

⑧ 张开著:《工资挤压与官僚负担——大卫·戈登经济思想研究系列》,《经济学家》2015年第11期。

论相关著作而不仅是文章的翻译,这有利于对 SSA 理论进行整体性的理解,例如《分割的工作、分化的劳动》一书中不仅有关于 SSA 理论提出背景、基本范畴、分析框架的整体介绍,更有这一理论在美国历史分析上的应用,从而使我们更好地理解 SSA 理论如何较好地结合了理论分析和应用分析以及历史分析和量化分析。

第二节 中国资本积累的社会结构(CSSA)理论的兴起与探索

随着 SSA 理论观点和理论框架在中国的深入传播,国内一些学者开始将 SSA 理论应用于分析中国经济发展实践中,并取得了不少研究成果,但应用过程中存在的问题促使 SSA 学派的代表性学者和国内一些研究者开始思考 SSA 理论如何科学地应用于分析中国问题,从而提出了"中国资本积累的社会结构"概念,CSSA 理论由此兴起,经过对一些基本问题的探索,形成了一批具有开创性的理论成果。

一、国外学者对 SSA 理论中国化的研究

关于 SSA 理论中国化的问题研究,最早是由 SSA 学派当今的几位代表性学者开展,随着研究的不断深入,国内的部分学者逐渐加入这一研究领域,研究的问题主要有基于 SSA 视角分析中国经济的发展问题、运用 SSA 理论分析中国经济的具体制度和应用 SSA 理论分析中国经济面临的问题等。

(一)基于 SSA 视角分析中国经济的发展问题

最早基于 SSA 视角分析中国问题的研究,大多集中于探究中国经济保持高速发展的原因,后来逐步开始预测和分析中国经济的未来潜力。

1. 剖析中国经济保持高速发展的原因

针对中国经济高速发展的问题,学者们主要从经济发展绩效评价、经济发展潜力和经济发展的原因三方面进行了研究。

一方面,一些学者从中国经济发展的现状开始研究,他们构建了评价 SSA 结构经济绩效与潜力的指标体系,指出中国正处在一个长期稳定的有利于资本积累的社会环境中,但也存在正反两方面制约因素。他们认为尽管中国的发展过程中存在许多问题,但持续的经济增长在长波上似乎确实正在发生,并且似乎仍将继续。

具体来看,市场的兴起、私有财产的增加和政府调控的改变、金融对产业和资本对劳动力的潜在支配地位均导致中国所经历的发展中出现诸多矛盾。尽管如此,整个中国仍然处在持续且强劲的经济增长、积累和发展过程当中。资本积累的社会结构总的来说在整个中国政治经济中都在运作,并将对中国经济发展产生持续的影响。①

另一方面,一些学者通过文献梳理的方式对SSA理论框架进行了更深层次的研究,并在此基础上将其运用于对中国经济高速发展的研究中。首先,有学者用SSA视角总结了自1994年出版《积累的社会结构:增长与危机的政治经济学》以来的理论发展。通过分析1994年以来的文献(包括David Gordon在1996年出版的著作),确定了SSA研究的主要方向以及SSA的框架,并且提出了SSA框架的地缘边界已扩展到新的国家,其中最突出的是发展中国家。其次,一些学者将SSA框架应用于特定机制的历史变迁和特征分析中,例如刑事司法、社会控制机构以及公司结构等,并通过对这些领域的研究,更加系统地阐述中国经济发展的内在原因。最后,McDonough(2008)评估了这些文献在过去十年左右的理论贡献,并在最后讨论了是否在整个世界范围内正在产生一个新的SSA。他提出中国特色社会主义道路的特殊成功模式有可能意味着一种新型SSA的出现,这一点值得理论界深入研究和探索。②

2. 分析中国经济发展原因并预测中国经济发展潜力

SSA理论的重要成果之一就是能对经济危机做出合理预测,因此也有学者主张运用SSA理论分析中国能够相对较好应对2008年全球金融危机的原因,并且预测中国未来的经济发展潜力和方向。

(1) 研究中国应对危机的能力方面

一些学者认为中国经济之所以能够在2008年全球经济危机之后维持高速增长,是受益于社会主义市场经济的制度优势。传统理论对社会主义的主要批评在于低效率,原因在于社会主义企业不能破产,因此,社会主义存在软预算约束的问题。实际上,现代资本主义经济在整个社会范围内实现软预算约束,投资风险由社会承担。这就是明斯基指出的大政府资本主义的副作用,即鼓励资本家过度借贷。

---

① Phillip Anthony O'Hara (2006), "A Chinese Social Structure of Accumulation for Capitalist Long Wave Upswing?", *Review of Radical Political Economics*, no.3, pp.397–404.

② Terrence McDonough (2008), "Social structures of accumulation theory: the state of the art", *Review of Radical Political Economics*, no.2, pp.153–173.

因此，资本主义的金融结构就会有越来越脆弱的趋势，而这种脆弱的金融结构会导致越来越频繁、越来越严重的金融危机。①

（2）预测中国未来经济发展潜力方面

一些学者指出中国通过积极的宏观政策、大量的基础设施投资、国有银行体系等措施保持经济的高速增长，这种将大量资金投入宏观经济发展领域的制度系统非但没有阻碍利润的形成和资本的积累，反而有利于新 SSA 的形成。由此，他们认为这种新 SSA 的形成将会在未来一段时间对中国的经济增长产生积极的影响。②

（二）运用 SSA 理论分析中国经济的具体制度

1. 分析中国的贸易制度

自改革开放以来，中国的进出口贸易以及投资活动对中国的经济增长产生了巨大的影响，因此在研究中国的经济问题时对贸易制度的分析是十分重要的一环。另外，我国的贸易制度在改革开放四十年间也不断做出调整和发展，对于这种调整和发展一些学者认为可以运用 SSA 理论对其进行理论分析。

一方面，针对投资制度和对外出口制度，一些学者认为应用 SSA 理论研究中国问题应重视投资制度和对外出口制度。1978 年以来出口和投资在中国经济快速增长中起了日益重要的作用。因此他们分析了中国改革开放以来经济增长模型随时间推移发生变化的原因，并认为这种变化是分阶段发生的。③

另一方面，针对中国在经济发展中产生的过于依赖出口和投资的问题，一些学者对出口和投资的依赖是否可持续存在质疑。为此，他们指出中国经济增长模式存在结构性变化，表现为出口和投资在经济增长中所占的比重日益提升，短期内这种增长方式能够对中国的经济增长产生促进作用；但是，过度依赖出口贸易和投资将会阻碍中国经济增长模式进行结构性转变，最终阻碍中国经济的增长。④

2. 剖析中国的劳动和资本关系

国外学者在利用 SSA 理论对中国宏观经济问题进行分析时，注意到了劳动与资本的关系对中国经济产生的重要影响，通过对比分析美国和中国不同发展阶段

---

① 李民骐著：《资本主义经济危机与中国经济增长》，《政治经济学评论》2016 年第 4 期。

② Terrence McDonough, Michael Reich and David M. Kotz (2010), *Contemporary capitalism and its crises: social structure of accumulation theory for the 21st century*, New York: Cambridge University Press.

③ Andong Zhu and David M. Kotz (2011), "The Dependence of China's Economic Growth on Exports and Investment", *Review of Radical Political Economics*, no.1, pp.9-32.

④ Andong Zhu and David M. Kotz (2011), "The Dependence of China's Economic Growth on Exports and Investment", *Review of Radical Political Economics*, no.1, pp.9-32.

的劳动收入份额,进而对比两国的劳动和资本关系。

一方面,他们指出与美国相比,中国劳动收入占国内生产总值的比例要低很多,中国劳动收入在20世纪90年代初接近50%,随后在整个90年代是趋于下降的,到21世纪初趋于稳定,保持在33%—34%,这大概相当于美国劳动收入份额的一半再稍微多一点。中国的利润份额在2000年以后基本上稳定在国内生产总值40%的水平,大概相当于美国同一指标的两倍。但2010年以后出现了有趣的变化,就是劳动收入份额的比例开始上升,利润份额的比例出现了下降,2012年左右劳动收入份额超过了利润份额,2014年劳动收入份额约占40%,利润份额下降到33%左右。尽管经过几年的上升,中国的劳动收入份额还是偏低,但目前在世界各大国中,中国是唯一出现这种劳动收入份额上升情况的经济体。[①]

另一方面,他们也通过研究利润率的变化来研究中国劳动和资本之间关系的变化。大萧条时,美国的利润率曾经大幅度下降,一度仅为8%左右;20世纪70年代和80年代也经历了较长时间的下降,利润率约为12%,这两个都是美国资本主义比较动荡和不稳定的时期,到20世纪90年代之后利润率在15%上下波动。中国的利润率在2007年以前保持较高的水平,最高曾在20世纪90年代中期达34%,相当于美国的两倍左右。但从2007年开始,中国的利润率大幅度下降至18%左右,与美国的利润率差距逐渐缩小。[②]

3. 关于金融领域相关问题的研究

2008年金融危机后,国内外学者相继展开了有关金融领域相关问题的研究,其中SSA学派的一些学者提出可以利用SSA理论对中国在世界金融危机下的调整和未来进行分析和预测。

一方面,一些学者指出2008年的危机不是经济周期性的衰退,而是新自由主义主导下的资本主义结构性危机。如果经济继续停滞不前,中国也将很快被卷入新自由主义的结构性危机时期。若将2008年金融危机看成一个重要的断点,则中国经济中日益增多的结构性失衡的根源在于资本主义经济部门与国家社会主义经济部门之间的矛盾,中国政府在危机之后的快速反应虽然防止了衰退,但加剧了非均衡。[③]

另一方面,也有一些学者从美国非金融部门债务占国内生产总值的比重来看,

[①] 李民骐著:《资本主义经济危机与中国经济增长》,《政治经济学评论》2016年第4期。
[②] 李民骐著:《资本主义经济危机与中国经济增长》,《政治经济学评论》2016年第4期。
[③] David M. Kotz(2013), "The Current Economic Crisis in the United States: A Crisis of Over-investment", *Review of Radical Political Economics*, no.3, pp.284–294.

美国居民部门债务在 21 世纪头十年大幅度上升,这是 2008 年危机的一个直接原因。利用社会融资规模总额的存量的概念,对比中国和美国非金融部门债务的责任,美国非金融部门的债务占国内生产总值的比例 2000—2008 年都是趋于上升的,从原来的大概 200% 上升到 250% 以上,此后有所下降。而中国的整体债务水平在 2008 年以前较低且稳定,但 2008 年后出现显著上升,现已达到 200% 的水平。如果按照这个趋势发展,一定时期后中国非金融部门的债务水平就有可能达到类似于美国危机爆发前的水平。①

(三) 应用 SSA 理论分析中国经济面临的问题

1. 分析中国经济发展面临的危机

中国经济增长进入新常态后,利用 SSA 理论对中国经济发展过程中可能面临的危机进行分析就显得尤为重要。理论界运用 SSA 理论指出中国经济增长面临的危机主要来自两个方面:一方面是中国的全要素生产率的负增长,另一方面是中国的经济增长几乎全部是由资本积累带来的。

(1) 对中国经济增长中存在的隐患方面的探讨

在 2010 年以前资本投入大概贡献了中国经济增长的 3/4,但是 2011 年以后几乎全部的经济增长都来自资本投入增长,也就是依赖于资本积累。按照新古典经济学的观点来说,中国经济最大的隐患是:如果短期内中国资本积累速度出现大幅度下降,就会使经济增长丧失一个主要的来源。从长期来讲,如果不能改变全要素生产率的负增长,或者不能够大幅度提高全要素生产率的增长率,那么中国长期的经济增长将会下降到非常缓慢的水平。②

(2) 对资本存量增长率、利润率和积累率之间关系的研究

他们认为中国的经济增长几乎全部是由资本积累带来的,我们可以在利润率和资本存量增长率之间建立一个直接的关系,即资本存量增长率等于积累率乘以利润率,其中,积累率就是净投资占利润总额的比率。如果两者之间存在矛盾关系,那么会对中国的经济增长造成不良影响。③

2. 探讨新自由主义对中国经济的影响

随着新自由主义思潮进入中国,学者们开始探讨这种思想对中国经济发展的影响,尤其是其可能在中国发展道路上构成的潜在危险的问题。

---

① 李民骐著:《资本主义经济危机与中国经济增长》,《政治经济学评论》2016 年第 4 期。
② 李民骐著:《资本主义经济危机与中国经济增长》,《政治经济学评论》2016 年第 4 期。
③ 李民骐著:《资本主义经济危机与中国经济增长》,《政治经济学评论》2016 年第 4 期。

(1) 对中国是否是新自由主义模式这一问题的探讨

一些学者指出,改革开放以来,中国经济在总体上并不是一种新自由主义模式,因为新自由主义的经济重组意味着从原来的混合所有制经济转向相对来说倾向于自由市场的经济。而中国不一样,中国是从原来的计划经济体转向现在的混合型经济制度。中国在市场和计划之间有一个混合,在国有企业和私有企业之间有一个混合。总体上来说,中国这种混合制经济更类似于西方20世纪40年代到70年代的受管制的经济模式,而不是20世纪80年代之后西方的新自由主义的资本主义模式。[1]

(2) 对中国应如何应对新自由主义思潮的研究

他们认为中国并非新自由主义模式,而且想要继续发展中国经济必须抵制新自由主义思潮在中国的蔓延。Kotz(1997)认为中国一旦采取新自由主义模式,最多只能成为西方发达国家的附庸。[2] 在世界转向新自由主义的阶段,中国经济获得了飞速发展,正是因为它没有采取新自由主义政策。中国这种非新自由主义经济加上强大的政府指导与管理,使中国从2000年以来成为世界经济的引擎。[3]

二、国内学者对 SSA 理论中国化的研究

(一) 利用 SSA 理论分析中国宏观经济问题

1. 探讨中国的劳动用工制度

劳资关系是 SSA 理论的核心利益关系之一,且中国属于社会主义国家,这种社会性质导致中国相较于其他国家在劳动者与资本之间关系方面具有显著的特殊性,应当运用 SSA 理论对中国的劳动用工制度进行分析。

一些学者通过 SSA 框架提出了分析加班、劳动过程和工资差距之间关系的框架。他们发现中国工人的低工资与维持劳动力再生产需要之间存在矛盾,工作场所的劳动从属关系和工资差距之间存在双向决定关系,并且进一步阐述了当前劳动制度稳定和资本持续积累的关键条件。他们还探讨了中国的劳动用工制度在改

---

[1] 大卫·科兹、孟捷著:《大卫·科兹和孟捷对话:新自由主义与中国》,《政治经济学评论》2016年第6期。

[2] David M. Kotz and Fred Weir (1997), *Revolution from above: the demise of the Soviet system*, London and New York: Routledge, pp.88-97.

[3] 大卫·科兹、孟捷著:《大卫·科兹和孟捷对话:新自由主义与中国》,《政治经济学评论》2016年第6期。

革开放后对中国快速的资本积累所起的特殊作用。①

还有一些学者认为当代中国劳动力市场分割是市场经济在世界范围内扩展和中国改革开放的发展战略共同塑造的结果,既具有体现世界劳动力市场一般性的外生形态,也具有体现国内劳动力市场形成与发展特殊性的内生形态。劳动者的权利和利益在市场经济运行中不断得到保障,同时又不断有新的矛盾显现出来。如何在不完全的劳动力市场环境下化解劳动者之间的利益冲突,保障他们享有平等的机会结构和广阔的发展空间,是亟待解决的问题。②

2. 平衡中国的政府和市场关系

政府角色作为 SSA 理论的核心要素,在保障整个 SSA 的运行中起重要作用。因此,一些学者指出中国经济能够长期持续高速增长与中国政府和市场之间的平衡关系密不可分。

中国的政府和市场关系是在不断变化中达到平衡。政府与市场相互博弈的辩证发展是经济体制演变的内生逻辑,从视市场为洪水猛兽而排斥市场的作用到小范围地接纳市场的作用,再到确立市场配置资源的基础性作用,最后提出市场要发挥决定性作用,中国对市场作用的认识越来越深刻。政府在主导经济发展过程中曾起重要的作用,但由此建立一个政府主导的计划经济模式无疑是失败的,从全能政府向有限政府的转变基本上廓清了对政府和市场关系的认识。③

因此,一些学者认为 2008 年经济危机是"劳动和资本关系"与"政府和市场关系"的"双重失衡"导致的结果,中国应妥善处理好劳动和资本关系、政府和市场关系,避免重蹈覆辙。④

3. 改善中国资源环境发展问题

国内学者将生态关系作为一个核心利益关系纳入 SSA 的理论框架,将资本积累与生态变化的矛盾运动纳入 SSA 分析框架,并将其进一步发展为 SSSA 理论即可持续资本积累的社会结构理论(Sustainable Social Structure of Accumulation),

---

① Zhongjin Li and Hao Qi (2014), "Labor Process and the Social Structure of Accumulation in China", *Review of Radical Political Economics*, no.4, pp.481-488.
② 肖潇著:《试论改革开放以来我国劳动力市场分割的二重形态——以"积累的社会结构"为分析视角》,《社会主义研究》2015 年第 1 期。
③ 乔惠波著:《新中国 70 年经济体制演变的线索、逻辑及展望——基于政府与市场关系的视角》,《湖南科技大学学报(社会科学版)》2019 年第 6 期。
④ 杨静、张开著:《劳动与资本、政府与市场关系的再认识——2008 年经济危机的新阐释》,《中国特色社会主义研究》2014 年第 8 期。

并用这一理论解释了中国经济发展面临的资源环境约束。[1] 此后,也有一系列学者沿着这条路径利用 SSA 理论对我国的资源环境发展进行了研究。

(1) 关于环境因素与劳资关系之间的相互作用

一些学者通过理论和实证分析发现了环境因素将通过对劳资利益分配及均衡来影响劳资关系的和谐与稳定。在注重生态保护的效果时也要注重劳资关系的变化,以避免政府对企业治污施加过大压力时企业将成本转嫁给劳动者,从而避免劳资矛盾的激化。他们基于以上分析提出了三点政策建议:① 在环境规制中政府应是目标制定者,企业是治理出资人;② 在治理生态的同时通过建立综合保障机制保障劳动者权益;③ 加强工会调节劳资关系的作用,保护劳动者的利益。[2]

(2) 关于在 SSA 理论框架中纳入环境制度因素

随着环境对经济的影响作用日益增强,一些学者提出在研究 SSA 理论时应该将环境制度因素加进去,同时在加入生态关系的基础上研究劳资关系、资资关系、政府角色、意识形态、生态关系之间的演变过程和机理。此时生态关系与五大利益关系并非简单并列关系,而是与五大利益关系这个整体动态相关,即在引进生态关系的基础上进行五大利益关系的演变分析。[3]

(3) 关于全球生态危机对资本积累的制约和影响

一些学者提出,应将生态矛盾纳入 SSA 理论的核心框架中,并简称为 SSSA 理论。此外,应以中国国情为背景分析资源环境约束及其相关制度与经济发展的关系,在分析中应关注中国的发展中国家性质所导致的经济与生态循环的不平衡性,同时关注中国在国际分工体系中的不平等地位导致的生态损害以及危害。[4]

总之,国内学者大多认为我国未来的发展方向是建立以人民为中心的和谐利益关系,建立结构优化均衡的混合资本关系,建设在发展中保障和改善民生的适度控权政府,确立马克思主义为指导的社会主义核心价值体系,确立国际竞争中的大国强国地位与构建人与自然和谐共生的关系。[5]

---

[1] 张沁悦、特伦斯·麦克唐纳著:《全球生态变化与积累的社会结构理论》,《学术月刊》2014 年第 7 期。
[2] 马艳、刘诚洁、肖雨著:《环境因素影响劳资利益关系的理论与实证研究》,《东南学术》2017 年第 5 期。
[3] 马艳、大卫·科兹、特伦斯·麦克、龙雪飞著:《资本积累的社会结构理论的创新与发展——与吕守军先生商榷(英文)》,《Social Sciences in China》2017 年第 3 期。
[4] 马艳、王琳、张沁悦著:《资本积累的社会结构理论的创新与中国化探讨》,《马克思主义研究》2016 年第 6 期。
[5] 马艳、王琳、张沁悦著:《资本积累的社会结构理论的创新与中国化探讨》,《马克思主义研究》2016 年第 6 期。

(二) 应用 SSA 理论分析中国微观经济问题

1. 关于农民工问题的研究

农民工是当今中国工业化、城市化进程中出现的事物,从政治经济学的角度来说,它是半无产阶级化和劳动力商品化的结合。农民工问题不仅仅是农民进城务工的个人问题,或者说是农民工群体问题,亦不仅与中国工业化、城市化和现代化进程密切相关,还具有国家层面上的意义。因此,要理解农民工问题,首先要理解国家和农民工问题之间的关系,积累的社会结构学派为此提供了一个系统的分析框架。

SSA 学派为理解国家和农民工问题之间的关系提供了一个系统的分析框架。改革时期 SSA 的形成过程是国家构建市场经济的过程,反过来改革时期 SSA 又形塑了国家与经济、资本与劳动、劳动与劳动以及国内资本与国外资本之间的关系,而农民工的半无产阶级化则是这些关系的一个纽结。[①] 一些学者进一步从转型 CSSA 衰退期的复杂劳资关系这一特征出发,认为复杂劳资关系引致了劳动与资本之间的收入分配差距不断扩大以及劳动者内部利益分配不平衡不充分问题,引致了中国特有的户籍制度条件下形成的农民工与城市户籍工人之间的利益不平衡问题。农民工拥有农村土地经营承包权,却不在农村务农,虽然他们长期在城里工作,但又不享有城市居民的待遇(户籍和福利等),形成了农民工与城市户籍劳动者在"同工"条件下的利益不均等。[②]

2. 关于房地产问题的研究

随着中国经济的不断发展,房地产业呈现复杂化的发展趋势,房地产业内存在的问题也日益增多。一些学者指出要利用 SSA 理论对中国的房地产问题进行研究,这些研究主要集中在以下两方面:

一方面,现有房地产发展方式可能为其自身的发展带来不良后果。基于 SSA 理论研究框架,他们认为中国房地产业积累的社会结构经历了从"单位体制"到"增长联盟"的转变,阻碍其他社会群体从房地产业发展中获益。自 2010 年以来,中央政府及其组成部门对房地产业发展的态度发生了明显变化,转而强调"部分地区对房地产业要以保民生为首要目标认识不到位,对房地产业不能作为城市经济支柱产业还有不理解情绪","住房为主的房地产业是城市重要的基础产业,而不应成为

[①] 孟庆峰著:《农民工的半无产阶级化与积累的社会结构》,《电子世界》2012 年第 15 期。

[②] 马艳、张沁悦著:《新时代中国特色社会主义主要矛盾变化研究——以 CSSA 理论为分析基础》,《东南学术》2018 年第 3 期。

重要的经济支柱产业",反映了政府逐渐意识到按现有方式发展房地产业可能导致的不良后果。①

另一方面,房地产发展方式会对民生造成一定的影响。他们提出,相对于意识到房地产业发展对制造业的不利影响,政府近几年来所强调的房地产业的首要目标"保民生"更为切中当前中国房地产业积累的社会结构的内在矛盾。且不谈拥有城镇户籍的公民中还有一部分人亟须改善居住条件,农民进城务工人数已达数亿之巨,但不论在之前哪种房地产业积累的社会结构中,围绕城镇住房建设和分配的国家—公民关系仍停留在以单位和户籍为中介的层次,外来务工人员的居住问题未能得到地方政府应有的重视,直到最近才有部分小城镇和小城市向外来务工人员放开落户条件。政府有必要回到房地产业起步阶段为发展房地产业制定的目标,为城镇居民及外来务工人员提供保障性居住用地,构建涵盖更为广泛的国家—公民关系,以及更具有包容性的参与经济的模式,从而把发展房地产业的目标真正置于城镇住房供应的增加上。②

三、CSSA 理论的提出及其探索

以上研究对 SSA 理论中国化做出了较大贡献,对中国特色社会主义政治经济学的发展也有一定推动作用。但是,SSA 理论的初衷在于解释资本主义经济制度的变革,其诸多基本概念并不能直接应用于中国经济,因此,能否对该理论进行更加系统的中国化发展,继而构建具有中国特色的 SSA 理论,就显得尤为重要。实际上,我们早在 2013 年就开始探讨③并尝试建立 CSSA 理论框架,现已形成如下理论成果:

1. 依据中国的社会主义国情调整了传统 SSA 理论中的"资本"和"资本积累"等概念

传统 SSA 理论中的"资本"是指资本主义私有制条件下的资本,"资本积累"则是指资本价值的增加。然而中国的经济制度是以公有资本为基础,在一定时期允

---

① 龚剑、孟捷著:《中国房地产业积累的社会结构——围绕"支柱产业"概念的考察》,《上海财经大学学报》2015 年第 1 期。
② 龚剑、孟捷著:《中国房地产业积累的社会结构——围绕"支柱产业"概念的考察》,《上海财经大学学报》2015 年第 1 期。
③ 2013 年,SSA 学派的主要代表人物大卫·科茨(David Kotz)和特伦斯·麦克唐纳(Terrence McDonough)与中国 SSA 理论研究者(马艳、张沁悦等)组成研究团队开始研究 CSSA 理论。

许公有资本与私有资本并存,这与资本主义经济制度存在较大差别。为此,我国学者对"资本积累"的概念从资本价值的增加、GDP(产品和劳务)的增长以及社会资本和劳动力的扩大再生产三方面进行了全新的解读。他们指出 CSSA 理论需要同时考察这三个不同层次的资本积累的含义,在 CSSA 的不同时期采用资本积累的不同定义。例如,在着重于中国与外部资本主义经济体进行竞争的时期,对"资本积累"的理解更多应从资本价值增加的角度出发,关注资本总量的形成与发展,同时关注 GDP(产品与劳务)增长;在着重于体现社会主义制度优越性与外部资本主义经济体进行结构科学性比较时,应从公有和非公有资本积累对资本和劳动力再生产的作用方面来比较分析资本积累过程。①

2. 明确 CSSA 阶段更替的动力机制是政府主导下的经济增长

传统 SSA 理论将阶级斗争(主要是劳资矛盾)在资本积累过程中的尖锐化看作 SSA 阶段演变的动力。虽然 CSSA 的分析框架仍然重视以劳资关系为核心的经济关系分析传统,但是 CSSA 阶段演变的动力并非阶级斗争(主要是劳资矛盾),而是更加重视政府在经济增长中的主导作用。在分析 CSSA 阶段更替的动力机制时应更多考虑社会发展的总体目标,特别将政府主导下的经济增长作为 CSSA 演变的动力基础。为此学术界也对这一问题进行了诸多探讨,有学者指出由于中国的执政党是共产党而非资产阶级政党,阶级斗争不是 CSSA 更替的主要动力;CSSA 不像传统 SSA 那样仅重视利润率,还需考虑社会发展的总体目标,关于这一方面政府将会有所作为,因此政府主导下的经济增长成为 CSSA 阶段更替的动力机制。同时,分析 CSSA 时要更加重视国有企业尤其是国有金融部门的作用。当然,由于不同利益群体相对利益的变化将影响政府政策目标,CSSA 理论仍应继承 SSA 理论重视劳资关系的分析传统,着重分析不同阶段不同所有制条件下的劳资关系以及劳动者内部的利益关系变化;同时重视社会生产关系与生产力的矛盾作用,从而更好地理解经济增长的原因以及如何导致了 CSSA 阶段演化。②

3. 提出了 CSSA 阶段划分不同于传统 SSA 理论的指标与原则

基于上述两点,CSSA 理论在总体上将经济增长的变化作为 CSSA 阶段划分的重要指标。与此同时,CSSA 阶段划分也注重以下六大原则,即资本来源问题、劳动力的来源问题、资本和劳动的结合方式、需求的来源及其结构、政府政策的阶段演

---

① 以上观点由特伦斯·麦克唐纳(Terrence McDonough)在"中国 SSA 理论研讨会(中国上海,2014)"上提出。

② 该观点由大卫·科茨(David M. Kotz)在"中国 SSA 理论研讨会(中国上海,2014)"上提出。

变特征和原因、主流意识形态的特征。[1]

也有一些学者依据这六个方面对中国经济进行了阶段划分并对每一阶段进行了特征分析。他们将 1949 年以来的 CSSA 划分为"计划 CSSA(1949—1978)""转型 CSSA(1978—2012)""新时代 CSSA"(学术上称作"成熟市场社会主义 CSSA")三个阶段。[2] 他们指出从计划 CSSA 转化为转型 CSSA 再到新时代 CSSA 阶段的过程中,六大经济关系的特征也发生了相应变化。还有一些学者对每一阶段的研究重点进行了分析,他们指出 CSSA 阶段更替的核心动力是政府主导下的经济增长,具体分析时应以农村经济体制改革和工业化过程中出现的"农民工"问题、国企改革和外企进入过程中出现的新型劳动者问题为线索,探究中国劳资关系的多元变化;着重分析国有资产管理体制和国有企业改革过程中的资本竞争关系变化;以中国经济市场化和对外开放的进程为指引,分析中国国家经济地位的转变、主流意识形态变化、中国国际竞争地位于国际经济发展路径等。[3] 此外,还有学者认为 CSSA 的时期是交叉叠加的,阶段 1 的衰落和解体是阶段 2 的探索与建立,阶段 3 发轫于阶段 2 的转型过程之中。[4]

4. 将 SSA 的五大矛盾框架扩展为六大矛盾

针对全球生态危机对资本积累的制约和影响,将生态矛盾纳入 CSSA 理论的核心框架中,并简称为 SSSA 理论,从而在保持传统 SSA 五大核心制度条件下增加一个新的制度关系,统称六大核心制度。[5] 这六大核心制度主要包括:

(1) 和劳动关系矛盾处理有关的制度变化及其对中国经济发展的影响

GER(1982)指出,SSA 结构转变的驱动力是资本对劳动控制关系的变化。虽然资本对劳动的控制不是 CSSA 结构转变的唯一驱动力,但也对 CSSA 结构转变产生了重要的影响。

---

[1] 该观点由大卫·科茨(David M. Kotz)在"中国 SSA 理论研讨会(中国上海,2014)"上提出。

[2] David M. Kotz、Terrence McDonough(2015)将 1978 年后的中国经济分为两个阶段,分别为"市场社会主义 SSA(1978—1992)""延续了部分制度的新资本主义制度 SSA(1992—)"。该观点由 David M. Kotz 和 Terrence McDough 于 2015 年 6 月 12 日在巴黎召开的"经济转型:资本主义危机与中国改革"会议中提出,这两个阶段的英文表述分别为"Market Socialism"和"New capitalist institutions with some institutions from previous SSA"。

[3] 马艳、王琳、张沁悦著:《资本积累的社会结构理论的创新与中国化探讨》,《马克思主义研究》2016 年第 6 期。

[4] 吕景春、李梁栋著:《中国经济增长的阶段演进与高质量发展——一个社会积累结构理论的分析框架》,《政治经济学学报》2020 年第 3 期。

[5] 马艳、王琳、张沁悦著:《资本积累的社会结构理论的创新与中国化探讨》,《马克思主义研究》2016 年第 6 期。

(2) 资本竞争矛盾处理制度的演变以及对中国经济发展的影响

中华人民共和国成立后资本竞争呈现不同于资本主义国家的制度背景,应分析农村经济改革、国有企业改革、私人资本引进以及外资引进等对资本竞争格局产生的影响、后果及其与经济发展的相互作用。

(3) 政府作用的转变以及对中国经济发展的影响

综合分析政府作用的阶段性转变机理及其对经济发展的影响,并得出正确的结论:政府作用的转变对中国经济发展具有重要影响。

(4) 意识形态的转变及其对中国经济发展的影响

马克思主义指导思想和新自由主义意识形态的渗入以及两者的相互作用对中国经济发展产生了深远影响。初步分析得出,新自由主义意识形态导致了过度市场化与私有化,马克思主义意识形态限制了过度市场化,但也在某些领域导致了政府的过度干预。两种不同意识形态的相互作用与斗争如何作用于中国经济改革与发展的方向、措施、步伐并对结果产生怎样的影响,是值得深入分析和探讨的方向。两种意识形态力量的对比也将决定中国经济发展的未来。

(5) 中国参与全球经济事务方式的转变及其对中国经济发展的影响

CSSA 具有不同于资本主义国家的特殊性。但在经济全球化的背景下 CSSA 不可避免地被纳入更大的全球 SSA 中,CSSA 与全球 SSA 依照怎样的机理相互作用,对中国乃至全球经济发展又将产生怎样的影响,是值得进一步研究的方向。

(6) 生态文明制度建设对中国经济发展的影响

中国经济的高速增长一方面曾以牺牲资源环境为代价,另一方面同样走向了资源环境约束的边界,以中国国情为背景分析资源环境约束相关制度和经济发展的关系十分必要。以社会主义制度为基础的 CSSA 应以提高人民生活水平为目标,一方面改变政府在环境保护问题上的目标函数,更多地考虑经济发展与环境兼容的问题;另一方面应进行实证研究,考虑东西部经济发展的环境冲突、不同体制下经济个体利益取向不同导致的环境冲突、世界分工体系下中国的地位及其对国内环境问题产生的影响等。[①]

5. 对 CSSA 的阶段演变进行了初步划分

根据中国经济制度的演变过程和经济增长的变化轨迹,将中华人民共和国的

---

① 张沁悦著:《基于 SSA 新进展的 SSSA 和 CSSA 理论创新》,引自中华外国经济学说研究会编:《外国经济学说与中国研究报告(2015)》,社会科学文献出版社 2015 年版,第 31—35 页。

CSSA 划分为三个时期,分别为 1949—1978 年的计划 CSSA 阶段、1978—2012 年的转型 CSSA 阶段、2012 年至今的新时代 CSSA 阶段。[①] 更进一步地,将中华人民共和国成立以来的 CSSA 阶段更替再细分,见表 2.2.1。

表 2.2.1　　　　　　　　　　　CSSA 阶段划分

计划 CSSA	探索期	1949—1956 年
	巩固期	1956—1966 年
	衰退期	1966—1978 年
转型 CSSA	探索期	1978—1992 年
	巩固期	1992—2008 年
	衰退期	2008—2012 年
新时代 CSSA	探索期	2012 年至今

在计划 CSSA、转型 CSSA、新时代 CSSA 阶段内六大利益关系的动态变化又推动了其在探索期、巩固期、衰退期之间的转化。为此,我国学者在计划 CSSA、转型 CSSA、新时代 CSSA 阶段的基础上又在每一阶段划分出了探索期、巩固期、衰退期,并对每一个时期的六大利益关系的特点及推动 CSSA 不断改变的原因进行了分析。

在计划 CSSA 探索期,"绝对集权"政府角色的逐步确立是六大核心矛盾特征形成的起点,其与"绝对主流"的马克思主义意识形态相互促进、彼此加强,继而快速推进了资本关系的一元化、劳动关系的单纯化以及国际关系的封闭化,推动计划 CSSA 进入巩固阶段。而这种"高度集权"的制度结构恰恰适应了中华人民共和国成立初期落后的生产力水平,使当时有限的财力、物力、人力得到最有效的运用,迅速改善了中华人民共和国成立时"一穷二白""落后挨打"的局面,使中国经济"站起来"。但是,随着生产力的不断发展,过于僵化的高度集权经济制度又逐渐成了生产力发展的桎梏,各种矛盾不断累积使计划 CSSA 制度结构的稳定性不断减弱,进入衰退阶段。与此同时,一个新的 CSSA 将应运而生。[②]

[①] 马艳、王琳、杨培祥著:《"中国特色社会主义新时代"的资本积累的社会结构理论》,《学术月刊》2018 年第 10 期。
[②] 马艳、张沁悦著:《新时代中国特色社会主义主要矛盾变化研究——以 CSSA 理论为分析基础》,《东南学术》2018 年第 3 期。

转型 CSSA 的进入仍然由政府主导,以政府"有控制的放权"为初始动力,推动资本关系多元化、劳资关系复杂化以及国际地位的不断提升,在这一过程中不断涌入的西方思潮则起催化剂的作用,各要素之间互相加强,推动转型 CSSA 不断稳定并进入巩固期。转型制度结构打破了计划经济对中国生产力发展的束缚,大大提升了经济活力和资源配置效率,使中国经济实现了长达几十年的稳定、高速增长,使中国真正"富起来"。然而,伴随这种高速增长,劳资冲突、资本恶性竞争、贫富差距、意识形态混乱、国际挑战、生态破坏等诸多矛盾也在不断累积,2008 年中国经济增长开始不断放缓,这意味着转型 CSSA 进入衰退期,同时一个更加注重经济发展质量、人民幸福感的新的 CSSA 成为必然趋势,而这一新的 CSSA 正是党的十九大报告所指出的"中国特色社会主义新时代"。[①]

新时代 SSA 时期,政府角色的"有效化"能够为资本关系的良性发展提供好的政策环境,意识形态"主流化"能够为劳资关系的和谐发展提供思想保障,包容化趋向的国际关系和不断缓和的生态矛盾则是重要的国际环境和自然环境,六大核心社会矛盾的相互加强推动中国特色社会主义新时代这一新 CSSA 逐步走向稳固。[②]

尽管 SSA 中国化的探索已经取得一些进展,CSSA 的基本理论已经形成,但是这些研究尚处于初步探讨阶段,对 CSSA 理论的充分分析、对 CSSA 的制度特征进行系统阐述以及对 CSSA 转换机理的揭示,均需要做更加深入的探索。为此,本书在对 CSSA 基本概念和基本理论进行创新性探索的基础上,沿着中华人民共和国经济制度变迁的轨迹,分别对三个 CSSA 阶段的六大核心制度演化过程和基本特征进行系统描述和分析,并着重对 CSSA 的转换机理进行深入探讨。

第三节 理论评析

对积累的社会结构理论和中国积累的社会结构理论的相关文献进行系统梳理,一方面是为了对积累的社会结构理论、中国积累的社会结构理论已取得的研究成果进行总结,另一方面也为找到理论的发展空间,并进一步将积累的社会结构理

[①] 马艳、张沁悦著:《新时代中国特色社会主义主要矛盾变化研究——以 CSSA 理论为分析基础》,《东南学术》2018 年第 3 期。

[②] 马艳、张沁悦著:《新时代中国特色社会主义主要矛盾变化研究——以 CSSA 理论为分析基础》,《东南学术》2018 年第 3 期。

论中国化研究系统化、完善化,借以推动积累的社会结构理论发展。最终,将系统化、完善化的中国积累的社会结构理论有机融入中国特色社会主义政治经济学理论体系,以解决当前中国特色社会主义政治经济学亟待解决的理论问题,推动中国特色社会主义政治经济学的发展、完善与创新,从而为推动中国特色社会主义市场经济伟大实践做出应有贡献。

一、SSA 学派的理论贡献与发展空间

资本积累的社会结构理论至少在以下四个方面做出了重要的理论贡献:

一是阐述了构成资本主义的具体经济制度的特征并较好地解释了当代资本主义的时空多样性。SSA 学派通过研究不同国家的资本积累在不同阶段与五大核心矛盾的作用,阐明了资本主义具体制度的时空特征和演化机理。

二是建立了资本主义长期繁荣与长期衰退的经济解释框架,在解释资本主义阶段性结构危机尤其是 2007—2008 年全球金融危机上做出了突出贡献。资本积累的社会结构理论强调有效制度集的整体兼容性,它将马克思论述的具体资本主义危机倾向纳入不同的 SSA 制度结构进行整体分析,体现出对历史上不同类型经济危机的强大解释力。

三是强调阶级(主要是劳资)力量对比在新 SSA 建立中的重要作用,为预测世界经济制度的走向提供了科学依据。最新研究对劳资关系的分析超越了个体、阶级和国别的概念,从家庭、非阶级群体、全球化的视角对现行 SSA 制度下劳资矛盾的新表现进行了系列阐述。结合制度变化的历史基础与偶然因素,分析衰退阶段 SSA 的走向原则,启示社会主义国家可以通过支持劳动者使社会经济制度进一步向社会主义方向完善。

四是分析框架具有开放性与包容性特征,可以随时将经济发展(资本积累)过程面临的新矛盾纳入其整体分析框架。[①]

这些重要的学术价值对中国特色社会主义政治经济学如何既做到"守正"又能够"创新"提供了非常宝贵的启发:

首先,有利于中国特色社会主义政治经济学坚持马克思主义政治经济学研究

---

① 马艳、王琳、张沁悦著:《资本积累的社会结构理论的创新与中国化探讨》,《马克思主义研究》2016 年第 6 期。

对象和科学研究方法。马克思在《资本论》第一卷德文版序言中指出:"我要在本书研究的,是资本主义生产方式以及和它相适应的生产关系和交换关系。"生产关系是经济基础的具体内容,强调经济基础对上层建筑(制度包括其中)的决定作用,即是强调生产关系对上层建筑的决定作用,而上层建筑对生产关系的影响最终作用于生产力的发展,在现代国家中,其中介就是制度。以生产关系及其生产力效应为研究对象是马克思主义政治经济学的理论特质。作为以马克思主义政治经济学中国化为本质的中国特色社会主义政治经济学的研究对象即是中国特色社会主义条件下的生产关系及其生产力效应。这并不是理论的教条主义,而是在历史唯物主义科学研究方法指导下得出的结论。SSA 理论强调以阶级(主要是劳资)力量对比为核心去解释资本主义长期繁荣和衰退交替出现的原因,坚持了马克思主义政治经济学的研究对象、传承了马克思主义政治经济学的科学方法,这是该理论具有很强现实解释力的重要原因。这再次说明中国特色社会主义政治经济学坚持以中国特殊利益关系为起点的必要性和可期待的理论憧憬。

其次,为中国特色社会主义政治经济学由抽象、定性分析走向具体、实证分析提供了方法借鉴。SSA 理论之所以成为"和有关资本主义发展的具体历史叙述相比,要更为一般和抽象,但与资本主义的一般抽象理论相比,则更特殊而具体"[①]的基于"中间层次"的马克思主义政治经济学分析框架,是因为它以具体经济制度为中介变量连接了更为具体的生产力和更为抽象的生产关系。以此为鉴,考察中国特色社会主义生产关系对具体经济制度的影响进而对中国经济发展的影响,将为中国特色社会主义政治经济学创新打开一个基于"中间层次"的理论空间。

再次,为中国特色社会主义政治经济学动态分析中国经济发展提供了经验。这种动态分析包括对中国经济发展的历史进行分期、对未来经济发展趋势进行预测等。SSA 理论为我们提供的经验是,经济发展历史分期既可以以某一经济指标为标准,也可以以核心关系(如劳资关系)的特征为标准,如科茨等把美国二战后的历史分为"管制的 SSA"和"自由的 SSA"两个时期,在这种分期的基础上比较不同历史时期的经济发展绩效,再根据核心关系的走向预测经济发展态势。同样,中国特色社会主义政治经济学也可以依据核心关系的特征划分经济发展历史、预测经

---

① 大卫·科茨著:《法国调节学派与美国社会积累结构学派之比较》,引自张宇、孟捷、卢荻编:《高级政治经济学:马克思主义经济学的最新发展》,经济科学出版社 2002 年版,第 318 页。

济发展态势。

最后,为运用中国特色社会主义政治经济学指导中国经济发展实践提供政策支持。一部中国特色社会主义市场经济发展的历史就是一部不断调整生产关系解放生产力的实践史,但当前对这一经济实践的理论概括和总结仍不够充分。根据SSA理论框架,具体经济制度调节生产关系从而影响生产力发展,而具体经济制度清单是可以罗列的,因此,通过考察具体经济制度如何影响生产关系从而影响生产力发展,可以搭建解放生产力所需的经济制度调整政策框架。

虽然SSA理论对中国特色社会主义政治经济学创新具有重要借鉴价值,但是,该理论至少还存在两方面不足亟待解决。一方面,缺乏全球化视野。经济全球化背景下,生产方式已经超越国界,由此带来生产关系超越国界,从而SSA也就超越了国界。虽然SSA理论的推崇者已经将SSA分析框架运用于美国以外的国家,科茨、麦克唐纳等也提出"全球新自由主义SSA"的概念,但是,SSA理论还没有就全球SSA的演进过程、动力、趋势以及全球SSA与国别SSA的互动关系等问题进行系统分析。另一方面,缺乏沿着SSA的理论逻辑和分析框架探讨社会主义国家SSA的研究。SSA理论的研究重点仍然集中于资本主义国家的分析。社会主义国家也存在资本积累的客观要求,否则生产便无法进步。但是,社会主义国家资本积累的社会结构与资本主义国家资本积累的社会结构有重大差别,而SSA理论仍未对此进行系统分析。因此,可以说SSA理论仅有资本主义部分,仍缺乏社会主义部分。

本书试图基于"中国积累社会结构理论"进行中国特色社会主义政治经济学体系创新。将SSA理论中国化,在既有研究基础上完善CSSA理论将是基础工作。鉴于中国巨大的经济体量,阐明中国SSA(CSSA)理论是SSA理论进一步研究全球SSA不可或缺的部分。目前,中国是世界上最大的社会主义国家,构建CSSA理论是补充SSA理论社会主义部分进而形成更完整SSA理论的必要。但是,社会主义中国具有不同于资本主义的制度特征,因此在建立中国资本积累的社会结构理论(CSSA)分析框架时需要对SSA的一些基本概念进行重新界定、调整CSSA的阶段划分标准,建立区别于传统SSA五大核心矛盾的研究框架,在此基础上进一步研究CSSA核心制度的演化路径、作用机理和运行逻辑,并在构建起来的理论框架下进行实证分析以检验、调整和再次完善CSSA理论。这项工作不仅有助于完善和发展SSA理论,也有助于中国特色社会主义政治经济学体系的创新。

二、CSSA 学派的理论贡献与发展空间

基于上述理论需求,一些学者于 2013 年开始研究 CSSA 理论[①],在以下方面推动了 CSSA 理论的发展:

第一,界定了 CSSA 中的"资本"和"资本积累"概念。基于社会主义中国与资本主义制度的不同特征,CSSA 理论将中国的公有资本和私有资本均纳入中国特色社会主义"资本"概念,而不是如 SSA 理论那样仅考虑私有资本。CSSA 中"资本积累"的含义包括资本价值的增加、GDP(产品和劳务)的增长以及社会资本和劳动力的扩大再生产三个不同层次,而不是如 SSA 理论那样仅指资本价值的增加。

第二,提出了 CSSA 阶段更替的动力机制是政府主导下的经济增长。SSA 理论认为阶段演变的核心动力是阶级斗争,虽然 CSSA 理论的分析框架仍然重视以劳资关系为核心的经济关系分析传统,但在分析 CSSA 阶段更替的动力机制时更多考虑社会发展的总体目标,特别将政府主导下的经济增长作为 CSSA 演变的动力基础。

第三,提出了 CSSA 阶段划分不同于传统 SSA 理论的指标与原则。基于上述两点,CSSA 将经济增长的变化作为 CSSA 阶段划分的重要指标。与此同时,CSSA 阶段划分也注重以下六大原则,即资本来源问题、劳动力的来源问题、资本和劳动的结合方式、需求的来源及其结构、政府政策的阶段演变特征和原因、主流意识形态的特征。[②]

第四,将 SSA 的五大矛盾框架扩展为六大矛盾。针对全球生态危机对资本积累的制约和影响,将生态矛盾纳入 CSSA 理论的核心框架,并简称为 SSSA 理论,从而在保持传统 SSA 五大核心制度条件下,增加一个新的制度关系,统称六大核心制度。[③]

第五,对 CSSA 的阶段演变进行了初步划分。根据中国经济制度的演变过程和经济增长的变化轨迹,将中华人民共和国的 CSSA 划分为三个时期,分别为

---

① 2013 年,SSA 学派的主要代表人物大卫·科茨(David Kotz)和特伦斯·麦克唐纳(Terrence McDonough)与中国 SSA 理论研究者(马艳、张沁悦等)组成研究团队开始研究 CSSA 理论。
② 该观点由大卫·科茨(David M. Kotz)在"中国 SSA 理论研讨会(中国上海,2014)"上提出。
③ 马艳、王琳、张沁悦著:《资本积累的社会结构理论的创新与中国化探讨》,《马克思主义研究》2016 年第 6 期。

1949—1978 年的计划 CSSA 阶段、1978—2012 年的转型 CSSA 阶段、[1]2012 年至今的新时代 CSSA 阶段。[2]

尽管 CSSA 理论的探索已经取得一些进展,但这些研究尚处于初步探讨阶段,至少在以下三个方面存在较大发展空间:

第一,CSSA 理论仍缺乏系统化的创新。目前,CSSA 理论对基本概念的界定、核心制度的扩展、阶段更替的动力机制、阶段划分的指标与原则、阶段的划分进行的研究仅是一些理论基础工作,要成为一个系统化的理论至少还应就 CSSA 核心制度的演化路径、作用机理和运行逻辑进行探讨,并在构建的理论框架下进行实证分析以检验、调整和再次完善 CSSA 理论。

第二,在 CSSA 框架下进行的实证研究仍然较少。现有 CSSA 的相关研究多集中在理论分析层面,通过文字表达、演绎推理等方法来分析问题,仅有部分研究运用数据进行描述性分析。但是,运用逻辑推演方法构建起来的 CSSA 理论要符合经济发展历史事实,其预测要具有准确性,须经得起实践的检验,想要达到这种理论高度必须揭示经济规律。而经济规律的揭示必须从历史、现实的考察中给出,这就要加强实证分析。

第三,CSSA 理论还没有融入中国特色社会主义政治经济学体系。CSSA 理论不是独立于中国特色社会主义政治经济学体系的理论,推动中国特色社会主义政治经济学体系创新是其理论价值的最终落脚点。当前 CSSA 理论没有融入中国特色社会主义政治经济学体系的主要原因在于当前 CSSA 理论的相关研究仍处于基础阶段,如何将 CSSA 的理论内核嵌入中国特色社会主义政治经济学体系,需要进一步探索。

本书正是基于以上三个方面推进研究,以取得进一步的理论突破:

第一,在对 CSSA 基本概念和基本理论进行创新性探索的基础上,沿着中华人民共和国经济制度变迁的轨迹,对 CSSA 核心制度的演化路径、作用机理和运行逻辑进行深入探讨,以形成系统、完整的 CSSA 理论,完成对 SSA 理论中国化的系统

---

[1] David M. Kotz、Terrence McDonugh(2015)将 1978 年以后的中国经济分为两个阶段,分别为"市场社会主义 SSA(1978—1992)"、"延续了部分制度的新资本主义制度 SSA(1992—)"该观点由 David M. Kotz 和 Terrence McDonough 于 2015 年 6 月 12 日在巴黎召开的"经济转型,资本主义危机与中国改革"会议中提出,这两个阶段的英文表述分别为"Market Socialism"和"New capitalist institutions with some institutions from previous SSA"。

[2] 马艳、王琳、杨培祥著:《"中国特色社会主义新时代"的资本积累的社会结构理论》,《学术月刊》2018 年第 10 期。

化创新。

第二,推进 CSSA 框架下的实证研究。运用多元研究方法的同时,以数量分析为主要特色,着力建立数理模型,合理运用基本史料计量、统计数据检验、计算机动态模拟、指标体系构建等实证分析方法分析 CSSA 的阶段特征、六大核心制度与经济增长的关系以及 CSSA 制度稳定性与经济增长的关系等。

第三,以利益关系为逻辑主线,以六大利益关系为逻辑框架,将 CSSA 理论嵌入中国特色社会主义政治经济学理论体系。这是一种既遵循经典马克思主义经济学理论逻辑,又顺应全球与中国特色经济发展规律的创新性思维,有助于将中国特色社会主义政治经济学理论体系探索引向更深层次的理论创新,以完善当代社会主义政治经济学。

参考文献

[1] 陈多长著:《房地产业作为支柱产业的例证:香港的经验》,《财贸经济》2008年第 3 期。

[2] 陈聚祉著:《社会积累结构理论述评》,《经济学动态》1999 年第 1 期。

[3] 大卫·科茨著:《长波和积累的社会结构:一个评论与再解释》,张开、顾梦佳、崔晓雪、李英东译,《政治经济学评论》2018 年第 3 期。

[4] 大卫·科茨著:《积累的调节论和社会结构论比较分析》,刘利圭译,《国外社会科学》1990 年第 11 期。

[5] 大卫·科茨著:《新自由主义与长期资本积累的社会积累结构理论》,刘祥琪译,《国外理论动态》2004 年第 10 期。

[6] 大卫·科兹、孟捷著:《大卫·科兹和孟捷对话:新自由主义与中国》,《政治经济学评论》2016 年第 6 期。

[7] 丁晓钦、陈昊著:《回归与发展:积累的社会结构最新理论研究》,《马克思主义研究》2017 年第 2 期。

[8] 丁晓钦、尹兴著:《积累的社会结构理论述评》,《经济学动态》2011 年第 11 期。

[9] 范春燕著:《21 世纪"积累的社会结构"理论评析》,《马克思主义与现实》2002 年第 5 期。

[10] 甘梅霞、特伦斯·麦克唐纳著:《积累的社会结构理论方法与中国积累的社会结构的一般性及特殊性》,《社科纵横》2016 年第 12 期。

[11] 龚剑著:《积累的社会结构理论的构建与相关争论》,《科技与企业》2013 年第

8期。

[12] 龚剑、孟捷著：《中国房地产业积累的社会结构——围绕"支柱产业"概念的考察》，《上海财经大学学报》2015年第1期。

[13] 吕景春、李梁栋著：《中国经济增长的阶段演进与高质量发展——一个社会积累结构理论的分析框架》，《政治经济学学报》2020年第3期。

[14] 李国强著：《短期不宜把房地产业当作支柱产业发展》，《中国土地》1994年第11期。

[15] 李民骐著：《资本主义经济危机与中国经济增长》，《政治经济学评论》2016年第4期。

[16] 吕守军著：《抓住中间层次剖析当代资本主义——法国调节学派理论体系的演进》，《中国社会科学》2015年第6期。

[17] 马丁·H. 沃尔夫森著：《社会积累结构理论视野中的新自由主义》，李静译，《国外理论动态》2004年第10期。

[18] 马国旺著：《评积累的社会结构理论对马克思主义经济学主要贡献》，《政治经济学评论》2016年第1期。

[19] 马艳、大卫·科兹、特伦斯·麦克、龙雪飞著：《资本积累的社会结构理论的创新与发展——与吕守军先生商榷（英文）》，《Social Sciences in China》2017年第3期。

[20] 马艳、大卫·科兹、特伦斯·麦克唐纳著：《资本积累的社会结构理论的创新与发展——与吕守军先生商榷》，《中国社会科学》2016年第6期。

[21] 马艳、刘诚洁、肖雨著：《环境因素影响劳资利益关系的理论与实证研究》，《东南学术》2017年第5期。

[22] 马艳、王琳、杨培祥著：《"中国特色社会主义新时代"的资本积累的社会结构理论》，《学术月刊》2018年第10期。

[23] 马艳、王琳、张沁悦著：《资本积累的社会结构理论的创新与中国化探讨》，《马克思主义研究》2016年第6期。

[24] 马艳、张沁悦著：《新时代中国特色社会主义主要矛盾变化研究——以CSSA理论为分析基础》，《东南学术》2018年第3期。

[25] 孟捷著：《资本主义经济长期波动的理论：一个批判性评述》，《开放时代》2011年第10期。

[26] 孟庆峰著：《农民工的半无产阶级化与积累的社会结构》，《电子世界》2012年

第 15 期。

[27] 乔惠波著：《新中国 70 年经济体制演变的线索、逻辑及展望——基于政府与市场关系的视角》，《湖南科技大学学报（社会科学版）》2019 年第 6 期。

[28] 特伦斯·麦克唐纳、迈克尔·里奇、大卫·科茨编：《当代资本主义及其危机：21 世纪积累的社会结构理论》，童珊译，中国社会科学出版社 2014 年版。

[29] 特伦斯·麦克唐纳著：《论国际"类主权国家"机构与社会积累结构》，童珊译，《海派经济学》2009 年第 2 期。

[30] 维克托·D. 利皮特著：《积累的社会结构理论视野中的新自由主义时代和金融危机》，付小红译，《马克思主义研究》2014 年第 2 期。

[31] 肖潇著：《试论改革开放以来我国劳动力市场分割的二重形态——以"积累的社会结构"为分析视角》，《社会主义研究》2015 年第 1 期。

[32] 杨静、张开著：《劳动与资本、政府与市场关系的再认识——2008 年经济危机的新阐释》，《中国特色社会主义研究》2014 年第 8 期。

[33] 杨小忠、丁晓钦著：《劳动力匹配、收入分配与资本主义积累的社会结构稳定性》，《世界经济》2019 年第 8 期。

[34] 张开著：《工资挤压与官僚负担——大卫·戈登经济思想研究系列》，《经济学家》2015 年第 11 期。

[35] 张沁悦、特伦斯·麦克唐纳著：《全球生态变化与积累的社会结构理论》，《学术月刊》2014 年第 7 期。

[36] 张宇、孟捷、卢荻著：《高级政治经济学》，经济科学出版社 2013 年版。

[37] Bhabani Shankar Nayak（2018），"Bhagavad Gita and Hindu modes of capitalist accumulation in India", *Society & Business Review*, no.2, pp.413–423.

[38] Carlos Salas（2010），"Contemporary Capitalism and Its Crises: Social Structures of Accumulation and the Condition of the Working Class in Mexico", in Terrence McDonough, Michael Reich and David M. Kotz edt., *Contemporary capitalism and its crises: social structure of accumulation theory for the 21st century*, New York: Cambridge University Press, pp.286–308.

[39] David M. Gordon（1978），"Up and down the long roller coaster", in Union for Radical Political Economics edt., *U.S. Capitalism in Crisis*, New York:

Union for Radical Political Economics, pp.22 – 35.

[40] David M. Gordon (1980), "Stages of Accumulation and Long Economic Cycles," in Terrence K. Hopkins and Immanuel Wallerstein eds., *Processes of the World-System*. Beverly Hills, CA: Sage Publications, pp.9 – 45.

[41] David M. Gordon (1991), "Inside and Outside the Long Swing: The Endogeneity/Exogeneity Debate and the Social Structures of Accumulation Approach", *Review*, no.2, pp.263 – 312.

[42] David M. Gordon, Richard Edwards and Michael Reich (1982), *Segmented Work, Divided Workers: The Historical Transformations of Labor in the United States*, New York: Cambridge University Press.

[43] David M. Kotz (1987), "Long Waves and Social Structures of Accumulation: A Critique and Reinterpretation", *Review of Radical Political Economics*, no.4, pp.352 – 367.

[44] David M. Kotz (2003), "Neoliberalism and the Social Structure of Accumulation Theory of Long-Run Capital Accumulation", *Review of Radical Political Economics*, no.3, pp.263 – 270.

[45] David M. Kotz (2009), "The Financial and Economic Crisis of 2008: A Systemic Crisis of Neoliberal Capitalism", *Review of Radical Political Economics*, no.3, pp.305 – 317.

[46] David M. Kotz (2013), "Social structures of accumulation, the rate of profit and economic crises", in Jeannette Wicks-Lim and Robert Pollin eds., *Capitalism On Trial: Explorations in the Tradition of Thomas E. Weisskopf*, Cheltenham: Edward Elgar, pp.335 – 349.

[47] David M. Kotz and Terrence McDonough (2010), "Global neoliberalism and the contemporary social structure of accumulation", in Terrence McDonough, Michael Reich and David M. Kotz edt., *Contemporary capitalism and its crises: social structure of accumulation theory for the 21st century*, New York: Cambridge University Press, pp.93 – 120.

[48] David M. Kotz and Fred Weir (1997), *Revolution from above: the demise of the Soviet system*, London and New York: Routledge, pp.88 – 97.

[49] David M. Kotz (2009), "Economics Crisis and Institutional Structure: A

Comparison of Regulated and Neoliberal Capitalism", in Jonathon Goldstein and Michael Hiilard edt., *Heterodox Macroeconomics: Kaynes, Marx and Globalization*, London and New York: Routledge, pp.176-188.

[50] David. M. Kotz (2013), "The Current Economic Crisis in the United States: A Crisis of Over-investment", *Review of Radical Political Economics*, no.3, pp.284-294.

[51] Frank Strain and Hugh Grant (1991), "The social structure of accumulation in canada, 1945-1988", *Journal of Canadian Studies*, no.5, pp.26-40.

[52] F. Gregory Hayden (2011), "Integrating the Social Structure of Accumulation and Social Accounting Matrix with the Social Fabric Matrix", *American Journal of Economics & Sociology*, no.5, pp.1208-1233.

[53] Hirata, Junichi (1995), "Economic Changes and Macroeconomic Policy in Japan since 1955", *Japanese Economic Studies*, no.3, pp.36-73.

[54] James Heintz (2009), "Political conflict and the social structure of accumulation: The case of South African apartheid", *Review of Radical Political Economics*, no.3, pp.320-326.

[55] Seongjin Jeong (1997), "The social structure of accumulation in south korea: upgrading or crumbling?", *Review of Radical Political Economics*, no.4, pp.92-112.

[56] Karen Pfeifer (2010), "Social Structure of Accumulation Theory for the Arab World: The Economies of Egypt, Jordan, and Kuwait in the Regional System", in Terrence McDonough, Michael Reich and David M. Kotz edt., *Contemporary capitalism and its crises: social structure of accumulation theory for the 21st century*, New York: Cambridge University Press, pp.309-353.

[57] Zhongjin Li and Hao Qi (2014), "Labor Process and the Social Structure of Accumulation in China", *Review of Radical Political Economics*, no.4, pp.481-488.

[58] Thanasis Maniatis and Costas Passas (2013), "Profitability Capital Accumulation and Crisis in the Greek Economy 1958-2009: a Marxist Analysis", *Review of Political Economy*, no.4, pp.624-649.

[59] Martin H. Wolfson and David M. Kotz (2010), "A Reconceptualization of Social Structure of Accumulation Theory", *World Review of Political Economy*, no.2, pp.209 – 225.

[60] Michel Aglietta (1976), *Regulation et crisis du capitalism*; *L' experience des Etats-Unis*, Paris: Calmann-Levy, pp.145 – 157.

[61] Phillip Anthony O'Hara (2006), "A Chinese Social Structure of Accumulation for Capitalist Long Wave Upswing?", *Review of Radical Political Economics*, no.3, pp.397 – 404.

[62] Phillip Anthony O'Hara (2010), "After Neoliberalism: A Social Structure of Accumulation or Mode of Regulation for Global or Regional Performance?", *Journal of Economic Issues*, no.2, pp.369 – 384.

[63] Samuel Bowles, David M. Gordon and Thomas E. Weisskopf (1986), "Power and Profits: The Social structure Accumulation and the Profitability of the Postwar U.S. Economy", *Review of Radical Political Economics*, no.1 – 2, pp.132 – 167.

[64] Samuel Bowles, David M. Gordon and Thomas E. Weisskopf (1989), "Business Ascendancy and Economic Impasse: A Structural Retrospective on Conservative Economics", *Journal of Economic Perspectives*, no.1, pp.107 – 134.

[65] Terrence McDonough (1999), "Gordon's Accumulation Theory: The Highest Stage of Stadial Theory", *Review of Radical Political Economics*, no.4, pp.6 – 31.

[66] Terrence McDonough (2008), "Social structures of accumulation theory: the state of the art", *Review of Radical Political Economics*, no.2, pp.153 – 173.

[67] Terrence McDonough, Michael Reich and David M. Kotz (2010), *Contemporary capitalism and its crises: social structure of accumulation theory for the 21st century*, New York: Cambridge University Press.

[68] Terrence McDonough and Emlyn Nardone (2006), "Social structures of accumulation, the regulation approach and the european union", *Competition and Change*, pp.200 – 212.

[69] Thomas E. Weisskopf (1979), "Marxian crisis theory and the rate of profit in the postwar U.S. economy", *Cambridge Journal of Economics*, no.4, pp.341-378.

[70] Andong Zhu and David M. Kotz (2011), "The Dependence of China's Economic Growth on Exports and Investment", *Review of Radical Political Economics*, no.1, pp.9-32.

第三章

CSSA 理论体系与系统创新

SSA 理论由于其所具有的开放性框架以及科学的马克思主义理论基础,使其呈现多元化和国别化拓展的趋势,为该理论的中国化发展和创新奠定了基础。2010 年以来中国马克思主义者借鉴 SSA 理论的一般思想,对其具体概念和框架进行中国化的探索,创建了中国资本积累的社会结构理论(CSSA 理论),以解释我国社会主义具体制度变化的内在逻辑,并希望为中国改革发展的方向提供科学指导。

CSSA 理论与 SSA 理论既有同源性和契合性,在分析中国经济问题时又具有特殊性。为此,在基于 SSA 理论进行 CSSA 理论创新的过程中,需要进行如下工作:一是在 SSA 的基本概念和功能的基础上,基于中国经济的现实特征,阐明 CSSA 的基本概念与功能;二是通过对"社会结构"构成范围的阐述,借鉴 SSA 理论的分析框架,并在此基础上明确中国资本积累的社会结构(CSSA)的核心构成要素,重建其基本分析框架;三是调整 CSSA 阶段划分原则,并在此基础上对中华人民共和国经济发展历史进行阶段划分,分析 CSSA 的阶段性特征。

第一节 CSSA 发展的理论基础与现实逻辑

CSSA 理论是在 SSA 理论基础上结合中国国情而构筑的理论体系。两大理论之间关联紧密,两派学者也在许多问题上达成共识。CSSA 理论受到 SSA 理论的启发,承袭其基本理论框架,在理论广度、深度上对其进行延伸、拓展和重构。有些学者注意到两派理论的相关性,认为 CSSA 理论就是 SSA 理论在中国的一个分支,是其在中国问题上的应用,应该被称为"SSA 理论在中国"(SSA in China),而不是一个围绕着中国特色社会主义的独立理论学派。在这一节中,我们将回应这一质疑,通过厘清从 SSA 理论到 CSSA 理论的内在发展逻辑,分析两者之间的关联性和共同性,同时突出 CSSA 理论的独创性和特殊性,从而加深对 CSSA 理论的认识。

一、SSA 与 CSSA 的理论同源性

SSA 理论与 CSSA 理论的关联性首先体现在理论同源性,具体表现为思想来源的一致性、研究方法的本质性、理论框架的相似性和核心观点的趋同性。

(一)思想来源的一致性

SSA 理论和 CSSA 理论与经典马克思主义政治经济学一脉相承,特别是沿袭了马克思主义唯物史观中关于生产力与生产关系、经济基础与上层建筑的矛盾运动规律。资本积累的社会结构(SSA)是指经济、政治、文化等一系列制度的有机构成,具有历史性和客观性,属于生产关系和上层建筑的范畴。SSA 学派和 CSSA 学派都把资本积累的社会结构发展看作一个自然的历史演进过程,把这一制度有机总体的更迭视为生产关系和上层建筑根据社会生产力发展不同态势而作出的调整和变化,即"生产力决定生产关系""经济基础决定上层建筑"。此外,秉承唯物辩证法,注重生产关系和上层建筑的反作用,遵循"生产关系在一定条件下会对生产力起反作用""上层建筑对经济基础起反作用"等规律,两大理论阐释了资本积累的社会结构对资本积累过程的影响。该影响主要分两个层面:一是在资本积累的社会结构的探索和巩固阶段,促进资本积累过程顺利开展和经济稳定增长;二是在这一社会结构的崩溃阶段,又会阻碍资本积累,使经济陷入衰退和萧条期。

两大理论坚持发展与创新的基本原则,对马克思主义政治经济学进行发展和创新。SSA 理论着眼于资本主义社会的资本积累过程,以资本总公式 $G-W\cdots P\cdots W'-G'$(货币资本—生产资本⋯加工增值⋯实物利润—货币利润)为起点,借鉴马克思对资本主义积累过程的描述,聚焦购买、生产和销售阶段,也就是广义的生产过程,剖析了对资本积累的有利因素和潜在矛盾,总结了在资本主义经济中影响资本积累过程的核心制度。这既深化了对资本积累过程的研究,又以它为切入点,阐释了制度变化的内在推动力。而 CSSA 理论的关注点从资本主义社会的资本积累转移到社会主义社会的经济发展,主要集中在生产力方面。马克思认为,以实践为

基础的物质生产活动是人类的第一活动,它是推动社会演变和发展的第一力量和最终力量。因此,CSSA 理论对经济发展与生产力的关注,沿袭了马克思主义对生产力高度重视的传统,从制度的角度分析影响社会主义中国经济发展的核心因素。

总而言之,两大理论都充分体现了马克思主义对于生产活动的重视,坚持了生产活动分析的传统,并且以生产活动为中心,创新地考察了一系列核心制度对生产力的推动或阻碍作用。

(二)研究方法的统一性

SSA 和 CSSA 理论始终坚持马克思主义的根本方法论。

首先,两大理论均遵循唯物史观,承认生产关系的历史性和阶段性。一方面,就 SSA 学派而言,在微观层面上,其考察资本主义社会中政治、经济、文化等制度的变化过程,认为每个特定的 SSA 都具有特殊性,从而每个阶段 SSA 和下一阶段 SSA 的具体制度必然存在不同,由一种 SSA 代替前一种 SSA 是一个历史必经过程;在宏观层面上,其认为资本主义制度、资本主义社会本身就具有特殊性,是区别于封建主义制度、社会主义制度等的一种历史状态。另一方面,就 CSSA 学派而言,其考察在社会主义社会中多种制度的变化和演进过程。在微观层面上,CSSA 既区别于中国其他阶段积累的社会结构,又别于其他社会形态积累的社会结构;在宏观层面上,CSSA 理论认为社会主义制度是多种社会制度中的一种,是迈向共产主义制度的过渡形式之一,在中国特色社会主义初级阶段实行的制度更具有鲜明的历史性,符合生产力欠发达的历史背景。因此,两大理论均认为,只有在遵循马克思主义历史唯物主义的基础上,才能将制度演化视为一种自然的历史过程,从而开展对制度演化的探索。

其次,两大理论均采用制度分析法。一方面,从 SSA 和 CSSA 的定义可见,它们研究的是包含经济、政治、意识形态等因素的制度总和,因而不可避免地要使用制度分析法;另一方面,从理论逻辑来看,解释经济的长周期演变也需要从制度变化的角度着手。资本积累需要良好的制度支撑,进而构成了资本积累的社会结构。随着资本积累的深入,矛盾和冲突代替了原本的和谐,经济发展放缓,进入衰退期。这一局面迫使原先的制度总和被淘汰,即 SSA 或 CSSA 解体,需要建构一个新的 SSA 或 CSSA 来重新配合资本积累,使经济重归繁荣。由此可见,制度变化贯穿了整个经济长周期,制度分析法在此具有适用性。

(三)理论框架的相似性

SSA 和 CSSA 理论都以经典马克思主义经济学的理论逻辑和资本积累为其理

论构建的核心线索,颇具相似性。

资本积累理论是马克思主义政治经济学的核心内容之一,以剩余价值理论为基础进行延伸和扩展,全面揭示了资本主义生产过程,深度挖掘了资本主义内在动力。马克思认为,资本积累是剩余价值的资本化,也是扩大再生产的源泉。在扩大再生产的过程中,不仅生产了商品,也生产了资本主义生产关系。随着生产规模的扩大,资本家与更多的劳动工人缔结了雇佣关系,因此资本主义生产关系的适用范围扩大了。同时,企业在追求利润最大化的过程中,试图通过各种手段节省成本、提高劳动生产率,从而加深了对大机器、流水线等现代技术的依赖,降低了对劳动力的依赖程度,进而采取增加劳动强度、延长绝对劳动时间等手段压榨劳动者,以获得更多的超额剩余价值。而劳动者在缺乏生产资料的情况下,不仅只能将自己的劳动力出卖给资本家,还面临被机器替代以及无产阶级内部就业机会竞争等挑战。为此,在资本积累的过程中,资本家和劳动阶级之间形成更稳定的雇佣关系。由此可见,资本积累是稳固资本主义私有制的重要手段,对资本主义制度持续运转至关重要。SSA学派正是抓住了这一逻辑(即资本主义生产方式下资本积累越增长,资本主义的生产关系就越不可撼动),对资本积累过程进行分析。

一方面,两大理论均解释了资本积累的制度因素,体现了马克思主义经济学中"生产力对生产关系的决定性作用"的论述。大量物质产品被生产,剩余价值和价值被创造,使得经济社会财富和权力越来越集中在一部分资本所有者手里,而劳动的提供者和价值的创造者——工人阶级受到剥削和压迫的程度加深。这就是资本主义社会下工人与资本家利益冲突的根源,也是资本主义社会不稳定的潜在危险。SSA学派抓住了马克思主义政治经济学对资本主义私有制持续和扩张的主要途径——资本积累这一现象,看到了随之而来的潜在矛盾和危机,试图解释与资本积累紧密相关的社会结构如何促进资本积累,点明了酿成危机之后这一社会结构会突破性地进化,从而生成另一个不同的资本积累的社会结构来继续支撑资本积累有序进行。类似地,CSSA理论也是以资本积累为起点,研究资本积累如何在社会主义市场经济中得到有力的制度支持,维持经济繁荣发展,而后又如何因为矛盾冲突加剧而陷入桎梏,从而导致另一组制度或关系的产生。

另一方面,两大理论均研究了促进或阻碍资本积累的制度因素,体现了马克思主义经济学中"生产关系对生产力的反作用"的原理。生产关系是在物质生产过程中形成的、与一定生产力发展状况相对应的、不以人的意志为转移的经济关系。它是一个多层次的复杂结构,包含了生产关系、交换关系、分配关系和消费关系。在

SSA 和 CSSA 理论中,我们重点关注生产关系对生产力的反作用,所探讨的一系列制度因素均可归于广义的生产关系范畴,是生产关系的细分和在具体领域的表现。承认这些制度对资本积累和经济发展的作用就是承认生产关系对生产力的反作用以及生产力和生产关系的双向联系。SSA 和 CSSA 的巩固期就是生产关系适应生产力并发挥其正面作用的阶段,而这些社会结构的衰退期就是生产关系不适应生产力的阶段,以此来反映生产关系如何随着生产力发展而变化、生产力又如何受生产关系影响的动态过程。

(四)核心观点的趋同性

SSA 和 CSSA 理论在关于劳资关系、资资关系、政府行为、国际关系以及意识形态等方面均有一致观点和理论判断。

1. 两大理论主要从制度角度出发,分析特定制度安排对资本积累或经济发展的作用

所谓制度安排包含多个领域,不仅有政治、经济领域,也有思想、文化等领域。在经济全球化不断深化的背景下,随着各国联系不断加强,世界贸易和经济往来不断增多,制度的范围又延伸到国际领域,包含了国际经济关系、国际市场、国际规则以及国际组织等方面。因此,制度的范围也在持续延伸。这两大理论在总结各国历史实践的基础上,聚焦主要矛盾,着眼于对资本积累或经济发展具有重大影响力的几大制度,即劳资关系、资资关系、政府作用、国际环境、意识形态等。具体来说,劳资关系主要关注一定时期工人阶级和资产阶级之间以妥协、和谐为主还是以矛盾、冲突甚至斗争为主;资资关系考察资本之间的竞争更为激烈化、白热化,还是竞争中有合作、协调;政府作用则是观察政府对整个经济是否实行有效干预,以及政府采取的财政、税收等各种手段的有效性;国际环境则描述一国在国际社会中的地位、在国际规则制定和实施上的影响力以及受到国际因素的影响和冲击等;意识形态则是包含了文化、价值观等多层次思想结构,反映社会各个阶级、阶层、群体对劳资关系、资资关系、政府角色等方面的立场和理念,是 SSA 中其他制度在人的思想上的映射,也是塑造人行为的动力之一。这些制度涵盖范围广、对资本积累作用突出,均是资本积累的社会结构中不可缺少的一环。

2. SSA 理论和 CSSA 理论都承认劳资关系在资本积累的社会结构中的核心地位

资本主义社会以私有制为中心、以追求利润最大化为目标,制度安排也都是围绕着如何提高剩余价值的生产、如何更多占有劳动者生产的剩余价值而建构。资

本积累是剩余价值增殖的最主要途径之一,在资本积累即生产规模不断扩大的同时,往往伴随着劳动者劳动时间的延长、工资的削减、劳动环境恶化等压榨现象。这创造出两种相互对立的结果:一是生产的产品越来越多,资本家所占有的剩余价值相应增多,这对资本家来说是有利结果;二是劳动者的处境每况愈下,经济获利、社会地位、身体状况日益恶化,导致其有支付能力的需求不断减少。这就给资本主义社会埋下了有效需求不足的隐患,有可能造成经济危机。更严重的是,在一定条件下受剥削受压迫的无产阶级有可能团结起来,谋求在政治上全面推翻资本主义私有制,建立无产阶级专政,从而威胁资本主义社会的稳定。对于资本主义国家来说,处理好劳资关系即在保障资产阶级利益的同时减缓有效需求不足的危害以及减少劳资对立冲突,是维持资本主义社会持续运转的必然要求。因此,在 SSA 理论框架中,劳资关系占据核心地位,因为它关系着资本积累过程能否长期有序展开,甚至关系着资本主义制度能否维持。

相较而言,社会主义作为高于资本主义的社会制度,有其自身的优越性。其中一个重要表现就是,社会主义发展目标是实现共同富裕,要求大力发展生产力、消灭贫穷、创造充足的物质和精神财富来满足人民的需求。面对这一长期历史目标,我国在建设社会主义道路上必须在抓经济发展的同时密切关注广大人民特别是处于贫困状态的工人阶级的利益和需求。这既是经济上实现全面繁荣的要求,也是政治上凸显社会主义优越性的要求。基于此,构建和谐劳资关系成为我国社会主义经济发展的重点之一,在 CSSA 理论上就表现为以劳资关系为核心。也就是说,劳资关系的演变与 CSSA 的走向、资本积累和经济发展程度均有着紧密的联系,即稳定和谐的劳资关系促成中国资本积累的社会结构(CSSA)整体的稳定性,扭曲、不均衡的劳资关系则会导致 CSSA 的崩溃和瓦解。

3. 两大理论均承认各种关系和因素之间的相互作用、相互促进

无论在资本主义国家还是社会主义国家,资本积累的社会结构都是以有机整体的形式出现,由多个部分组成,且各个部分之间不是相互分离和孤立的,而是互相支撑、协同合作的。比如,意识形态的转变会对其他关系产生影响。在以新自由主义为主流思想的资本主义社会,人们往往期望政府减少对市场的干预,要求资本自由流动、不受限制,对于资本之间的竞争也采取放任态度。而工人阶级的弱势地位通常被解读为是市场经济下的自然结果,因此不需要对其进行特别关注和照顾,普遍接受劳弱资强的状态,国际环境方面则鼓励全面开放,在世界各地追逐利益。这种潜移默化形成的社会文化氛围与其他因素相互加强,为新自由主义 SSA 孕育

了丰厚的土壤,共同推进该 SSA 进入巩固期。各组成部分在 SSA 和 CSSA 有机整体中各司其职又相互协作,劳资关系是核心,意识形态是辅助,国际环境是延伸,而政府作用或为主导或为辅助。这由各国具体情况而定,包括社会制度性质、历史背景、当前主导经济模式等。这些制度因素各自对资本积累和经济发展产生影响,同时彼此之间融合、加强,使这一作用力效果增强甚至翻倍。

4. 两大理论都认为资本积累的社会结构不是固定不变的,它是一个不断进化的结构体系

一个特定的资本积累的社会结构有其阶段性和有效时限,大致分成三个阶段:一是探索期,在此期间一些关系和因素正在形成或已成为该领域的主体,也有一些关系和因素雏形未现,此时 SSA 和 CSSA 还不成熟,没有发挥显著功能;二是巩固期,这是 SSA 或 CSSA 大放异彩、对资本积累和经济发展发挥正面作用的阶段;三是衰退期,由于社会制度本身存在的矛盾或外部因素冲击等,经济环境、社会背景和国际氛围等发生改变,现有的 SSA 或 CSSA 无法适应当前需要,甚至成为资本积累的阻碍,因此面临崩解的命运,而另一些适应当前经济条件的因素或关系则进入萌芽阶段,蓄势待发,并逐步再次构成新资本积累的社会结构。

二、SSA 中国化的现实契合性

SSA 理论与 CSSA 理论虽然具有显著的理论同源性,尤其是 CSSA 理论在很大程度上以 SSA 理论为基础、借鉴和发展了它的基本分析框架和核心观点,但是 SSA 理论中国化的可行性取决于实践适应性,SSA 理论自身要契合对中国经济和社会现实的分析需求,才使其具有中国化的可能性和潜力。

(一)适合分析中国制度演进

SSA 理论关于全球经济体系分阶段演进的具体机制和不同国家具体制度空间差异原理的分析,对于探究中国制度演化规律有重要的借鉴意义。

首先,SSA 理论始终强调不同社会制度下的国家存在不同制度安排。各国具体制度的安排不一致,尤其表现在资本主义国家和社会主义国家之间。制度的差异主要源于制度目标的差异。资本主义国家的主要目标是保障资产阶级的利益,保证追逐利润最大化过程的顺畅。广大工人阶级和其他弱势群体的利益不是制度安排的考量核心,甚至在一定情况下被刻意忽略和牺牲。因此,在制定经济政策、社会规范和引导意识形态等方面,政府的目标是维护统治阶级——资产阶级的利

益最大化，特别是那些拥有巨额财富的大资产阶级和财团的利益最大化；同时，通过政治献金、游说等方式，政府的政策会受到利益相关者直接或间接的影响，从而为他们服务。比如，一些经济学家提出"涓滴效应"理论，正好为美国在多个时期实施大企业减税政策提供理论依据，宣扬它对整个社会的正面作用，为大众接受这一政策作出铺垫，形成意识形态上的认可和统一。而社会主义国家以实现共同富裕作为发展目标，保障广大人民群众的利益是第一要务。中国推行大规模精准扶贫政策，就是维护贫困人口利益、推动共同富裕的实践，同时整个社会对此形成共识，肯定扶贫工作对我国全面建成小康社会、长期稳定发展具有重要意义。由此可见，源于不同目标设置，不同社会制度下的国家所采用的制度会有不同。

其次，SSA 理论强调在同一社会制度下的国家所存在的具体制度安排也有不同。这与国家本身的历史背景息息相关。比如，北欧国家人口少、经济状况良好、资本积累丰厚，因而有条件实行高税收、高福利制度；美国的美元优势突出，银行、保险等金融业特别发达，在 20 世纪 70 年代之后推行新自由主义，在国内奉行一切由市场决定的原则。但与北欧国家相比，美国的公共福利和服务不充分，侧重于在全世界范围内运用它在国际社会、组织等的影响力，鼓励资本在全球自由流动，实现金融行业利润最大化。因此，对于特定国家的资本积累的社会结构，我们必须考虑到其特殊性，具体问题具体分析。

最后，SSA 理论同样考察同一国家在不同时期的制度演进过程。SSA 这一由多领域制度构成的社会结构具有历史性和特殊性，因此不存在一种可适用于所有时期和阶段的 SSA 模式。随着时代变迁以及国家内外部条件的改变，SSA 会不断变化，做出相应调整，营造对资本积累有利的制度环境，并持续发挥正面作用，直到它内在矛盾或者由外在矛盾对资本积累过程弊大于利，那么该 SSA 则由于无法适应当前环境而被其他 SSA 替代，由此完成 SSA 的更迭。可见，这一制度总和是不断演变、不断进化的，而判断它们是否能继续存活的关键在于它们与资本积累之间的矛盾或者它们之间的矛盾是否激化到无法让资本积累继续下去。如果它成了资本积累的障碍，那么势必被淘汰，另一制度总和就会占主导地位，成为支撑资本积累的主流社会结构。

可见，SSA 理论本身蕴含了国别分析的逻辑，注意到资本主义和社会主义条件下制度演变的不同，以及同一社会制度下不同生产力水平所对应的制度演变不同，这就为分析处在社会主义初级阶段中国的制度演变提供了可能性。我国在 20 世纪 50 年代完成社会主义改造后，在全国范围内实行高度集中的计划经济，符合时代背景和生产力发展要求,因为当时整个国家处于贫困状态,采取计划管理体制,对于工业化起步所需的有限资源合理配置具有重大作用。但是,随着经济社会发展,计划体制的弊端日益明显,束缚了生产者的积极性和主动性,使社会主义经济建设后续乏力。从1978年开始,我国进行了从计划经济到社会主义市场经济的初步探索,之后逐步确立了"使市场在资源配置中起决定性作用,更好发挥政府作用"的原则,深化了对中国特色社会主义经济建设规律的认识。我国的制度从典型的社会主义计划经济转变为社会主义市场经济,面对这一巨大制度演变,需要一个基于辩证唯物主义和唯物史观以及尊重制度差异客观存在的理论进行解读、剖析,而SSA理论正符合这一现实需求。

(二) 适合分析中国现实经济中的主要矛盾

SSA理论在分析社会结构演化的核心矛盾(劳资)时所采用的全方位视角,也适合分析中国现实经济中的主要矛盾变化。

中华人民共和国成立后,我国经过社会主义改造,把私有制转化为社会主义公有制,工人阶级被赋予了双重身份,既是国有资产和集体资产的所有者,又是劳动者。如何维护好劳动人民的利益、创造新生活成了中华人民共和国亟待解决的难题。当时的劳资关系由于公有资产的绝对主导性和人民身份的双重性显得单纯且和谐。这是由于生产资料所有者和劳动者双重身份的统一性,劳资矛盾基本不存在。改革开放后,我国面临一个新的挑战——劳动力充足而资本相对匮乏,因此我国引入外资、允许私有资本发展,并走上了以劳动密集型产品为主体的发展道路,以低劳动成本为优势与其他国家的产品竞争。在这一发展模式下,私有资本在整体经济中的比例上升,劳动者不再是这部分资本的所有者,形成了生产资料所有者和劳动者身份分离的局面。在我国经济迅速发展、经济活力迸发的同时,必须正视一个问题:劳动力从经济发展中所得到的收益长期偏低,而资本得到的收益偏高,造成劳资收益分配不平均、劳资力量失衡甚至劳资矛盾冲突加剧。

寻求这一失衡问题的解决方法是我国推动经济发展的一大课题,因为失衡的劳资关系必然给生产过程带来消极影响,打击劳动者的积极性,从而影响劳动生产率,减少生产的后续力,长此以往会严重妨碍社会主义经济建设进程,不利于可持续发展。同时,解决劳资失衡问题也是攸关我国社会主义性质的重大课题。在中国特色社会主义制度下,实现共同富裕是我们坚持不懈的努力目标,积极回应劳动者的合理利益诉求是我国政府无可推卸的责任。我们鼓励一部分人先富起来,但这不是任务的终点,而是任务的起点,先富是带动后富、实现共同富裕的手段。因此，改革开放后建立良好、和谐的劳资关系、维护劳动者的利益仍具有重要意义。如果不能妥善处理劳资问题，那么将破坏我国的社会主义国家性质，共同富裕的目标将沦为空谈。

这种基于社会总目标、对协调劳资关系的要求时刻烙印在经济发展的方方面面，具体来说：

第一，它是政府职能的一个重要部分。政府必须在缓和劳资矛盾、保护劳动者利益上发挥积极作用，应完善劳动法和劳动合同制度，制定最低工资标准，改善劳动条件，实行社会福利、社会劳动保障等，通过法律和社会再分配等渠道规范资方行为、补偿劳方损失。

第二，它也是规范资本竞争行为的最低准则。企业有义务依法与劳动者订立劳动合同，改善劳动条件，履行社会责任，保障劳动者合法权益，建立现代化人力资源管理体系，建设企业文化，提高职工精神风貌。这就要求企业在与其他企业竞争时不能为了压低成本而牺牲劳动者的权益，剥削劳动者的成果，破坏劳资平衡。

第三，它会激发社会意识形态的转变。在社会主义市场经济体制实行初期，人们抱着半质疑半期待的态度，之后市场活力激发、经济迅速发展，主流意见转为对市场经济体制的赞同。而后一系列市场失灵问题爆发，特别是劳资利益分配不均、劳资力量失衡的问题日益严重，人们开始重新思考社会主义市场经济体制独有的运行规律，如何区别于资本主义市场经济，从而使其更好地根植于社会主义土壤、适应社会主义环境。

第四，它要求改变国际生产环境中的不平等贸易问题。发达国家对发展中国家简单初级产品的压价加剧了发展中国家劳动者生活条件的恶化，是国际资本对劳动者第二重剥削。因而解决劳资问题也必须改善国际交易规则，改变"剪刀差"现象，给予劳动者应有的价值回报。

第五，它要求减少环境污染、控制环境恶化。特别是劳动者聚居区域的环境要得到切实改善，提高劳动者的居住条件和环境质量，保障他们的生存权。

由此可见，劳资关系是核心，牵一发而动全身，关系到政府作用、资本关系、意识形态、国际环境、经济与生态关系等多方面。

基于中国劳资问题的紧迫性、劳资关系的重要性以及劳资关系与其他制度关系的紧密性，我们需要一个以劳资关系为核心、以多种制度为切入点的多维度理论框架来深入剖析中国现实经济中的主要矛盾。而 SSA 理论对劳资问题的集中关注以及将劳资矛盾作为经济关系中的中轴思想，符合中国经济现实，有利于分析中华人民共和国成立以来我国社会主要矛盾的演变逻辑及演变趋势。

（三）适合分析中国特色社会主义经济问题

SSA理论关于资本积累与五大核心制度的矛盾动态过程分析，可为建立中国特色社会主义经济理论提供系统框架。

SSA理论的研究对象是资本主义国家资本积累的社会结构，它不是剖析资本主义内在矛盾的严重性，而是在某个历史阶段的具体制度安排，强调了阶段性和历史性，而不是普遍性。这对我国处于社会主义初级阶段这一基本国情有适用之处。我国当前的制度安排是适应当前经济、社会背景做出的阶段性安排。社会主义初级阶段不是泛指任何国家进入社会主义都会经历的起始阶段，而是特指我国在生产力落后、商品经济不发达条件下建设社会主义必然要经历的特定阶段，即从1956年社会主义改造基本完成到21世纪中叶社会主义现代化基本实现的整个历史阶段。从历史维度来看，它具有过渡性和阶段性特点，是中国社会制度在特定时期的具体表现，大概存在100年左右，继而演进到其他制度形式；从社会主义规律来看，它具有特殊性和个体性，不是社会主义的一般规律，它只适用于中国，只符合中国国情，不一定适用于其他社会主义国家，也不是它们建设社会主义的必经之路。因此，SSA理论对于制度的阶段性和历史性的强调和把握值得借鉴，在构建中国特色社会主义经济理论时，同样要注重理论的过渡性、特殊性和阶段性。

SSA理论认为危机在资本主义国家周期性发生，从SSA与资本积累的矛盾作用关系出发，将不同的危机纳入不同的SSA中进行理解，清晰地展现了导致危机的制度原因。这种具体层面的分析对我们深入理解资本主义危机和制度有帮助，同时也警醒我们，制度具有时效性，至今还未有一种制度可以免于被替换的命运。这一规律同样适用于社会主义社会。当一个CSSA走到巩固期的末尾，它的不稳定性将更加凸显，对于经济发展的负面作用比正面作用更显著。在正视和承认社会主义社会经济危机的基础上，重视六大核心制度的稳定性，通过观察它们对经济增长的直接作用以及它们各自之间互相作用力的正负向，来判断CSSA的整体稳定性。如果CSSA结构趋于不稳定，无论是源自内在矛盾还是外在矛盾，CSSA整体对经济发展的有效性将受到负面影响，中国的经济发展也可能陷入停滞的危机之中，那么就需要重新进行制度安排，以适应改变了的外部条件和内部生产力发展需求。总之，SSA理论从制度角度出发来解释经济周期以及经济危机，对具体制度在一定时期需要改革的警示，都对解释中国经济现象、推动中国具体制度安排变动和改革有助力作用。

此外,SSA理论不仅分析了经济领域的制度,也分析了政治、意识形态、国际环境等制度,搭建了一个既有重点又包罗万象的理论框架,这对中国特色社会主义经济理论的构建有非常大的启示作用。中国在发展道路上要依靠经济体制改革和开放政策,去除不利于生产力发展的束缚因素,建立社会主义市场经济体制,激发经济活力。但是仅仅依靠经济制度是不够的,更要重视来自政治制度、文化制度、国际环境和经济与生态关系的助力。具体来说:(1)政府这只手对市场进行宏观调控、把握全局,解决市场经济行为的盲目性、外部性、不协调性等失灵问题,更有效地实现资源长期优化配置;(2)统一的意识形态增强对社会主义的认同感,激发为社会主义建设做贡献的责任感,也重视贫富差距扩大等现象的危机感;(3)友善的国际环境有利于国际贸易、国际交流的展开,为经济发展创造良好外部环境;(4)妥善处理经济与生态关系也是发展中的重要一环,关系到发展的质量和可持续性。

因此,解决中国发展道路上的问题,缓和社会矛盾,需要各领域制度通力合作,相辅相成。鉴于SSA理论框架和中国发展实践需求的契合性,反映和总结中国发展实践的中国特色社会主义经济理论也可借鉴SSA理论体系,把多个领域的制度因素纳入分析框架,将具有重要价值。

三、CSSA形成的中国特殊性

SSA理论与CSSA理论有其一致性和契合性,但在发展和创新CSSA理论的过程中,不能忽视的一点是中国特色社会主义经济理论的特殊性。这一特殊性有多种成因,主要集中在研究背景、研究路径和研究对象的差异性等方面。

(一)研究背景的异质性

SSA理论与CSSA理论所具有的差异性,首先源于研究背景的不同。具体来说,SSA理论多用于研究资本主义国家,CSSA理论则专门研究中国这个社会主义国家。

回顾SSA学派的发展历史,它始于20世纪70年代,当时以美国为首的资本主义世界在经过二三十年的快速、稳定发展之后被严重的经济滞胀问题笼罩,通胀、失业等问题层出不穷,撼动了人们对凯恩斯主义干预政策的信仰,开始质疑它的有效性,也激发了对新理论的需求,即用以解释为何在资本主义体系中经济危机总是周期性爆发的现象。SSA理论在此背景下应运而生,大卫·戈登首先提出资本积累需要一定的制度条件,而SSA就是一系列推进资本积累的制度的有机总和。这一理论框架最先被用来研究美国劳资关系的发展史,后来有更多学者运用这一理论,把研究范围扩大到德国、日本、瑞典等发达资本主义国家,考察这些国家促进资本积累进程顺利展开的特定制度安排。在 21 世纪,学者们把 SSA 理论的实践应用范围延伸到发展中的资本主义国家,如南美洲的巴西、阿根廷和亚洲的印度等国,考察这些国家制度演化趋势和经济发展之间的关系。

而 CSSA 学派则发展于 21 世纪,是专注研究中国资本积累过程的理论。它之所以区别于其他 SSA 研究,是因为中国是社会主义国家,具有区别于资本主义的鲜明特征。首先,中国经济发展的总目标之一是实现共同富裕,而不是只维护某一阶级的利益。其次,中国实行的是中国特色社会主义市场经济,个人和企业的经济行为不仅受到市场规律的决定,还受到政府宏观调控的引导。其中大多数企业行为是出于追逐自身利润最大化的目标,与资本主义私有企业具有相似性质。但是有一些企业(特别是国有企业)在做经济决策时有更多维度的考量,如国家利益、行业发展前景、长期经济走向等,而且国有企业在一些关系到国计民生的行业中发挥支撑性作用。因而,中国并没有遵循市场经济条件下驱动资本积累的全部逻辑,资本主义制度的根本性矛盾在中国也并不显著。如果完全照搬 SSA 理论的内在机理来分析中国现实会遇到水土不服的问题,建构适合中国国情和中国经济发展逻辑的 CSSA 理论有其天然的必要性。

此外,由于社会主义国家的特性,政府作用这一核心制度在 CSSA 理论框架中更为突出:

第一,这是坚持社会主义本质、促进共同富裕的要求。我国要切实坚持共同富裕的发展理念,采取有力措施来缩小贫富差距,特别是用再分配机制来增加低收入劳动者的收入,扩大中等收入者的比重,努力构建"两头小、中间大"的纺锤形社会。这就需要一个强有力的政府来制定相应的公共政策,实现对资源的再分配,以达到共同富裕的目标。

第二,这是努力追赶发达国家、保持体制优势的要求。自成立以来,中华人民共和国一直处于第三世界国家的群体中,与发达国家的社会经济发展水平有巨大差距。为了赶上发达国家,一些国家选择了走完全自由市场的道路,但实践证明完全的私有化和自由化是行不通的,很难摆脱贫困陷阱。而中国从实际情况出发,积极发挥政府作用,建立起具有中国特色的发展机制,即以政府主导为核心的举国体制,这对于我国实现社会经济水平的全面发展具有重要作用。

第三,这是传承和保留计划经济优点、克服市场经济缺点的有效做法。市场经济具有盲目性,容易造成经济失衡,且对公共品、生态等外部性问题无法调节,完全依赖市场来进行资源配置有较强的风险性。而包含政府调控的市场经济有助于克服难题,有利于经济健康、持续发展。

基于以上原因,中国坚持政府在经济中的主导地位,这一现实也必须在 CSSA 理论上得到真实、充分的反映和体现。在 SSA 理论中,当 SSA 属于自由主义 SSA 类型时,政府影响力被抑制,实行小政府模式;当 SSA 属于管制型 SSA 类型时,政府影响力扩大,对经济活动有更多的干预。因此,在 SSA 理论中,政府作用大小取决于特定国家的现实背景,而在 CSSA 理论架构中,政府作用一直居于举足轻重的地位。

(二)研究路径的差异性

关于 SSA 理论的研究多是回溯性分析,对于曾经存在过的资本积累的社会结构或者现在正在发挥作用的资本积累的社会结构进行研究,大致可以分为三类:一是集中研究某一时间段上特定的 SSA,分析其组成部分、特征以及某一制度对资本积累的影响作用;二是关注两个或多个 SSA 的更迭过程,阐释被更替的 SSA 消亡的原因以及新的 SSA 盛行的原因,指出 SSA 的更迭过程与经济周期相符,这也是 SSA 理论学派成立的初衷——解释经济长波现象;三是比较两国同一时期建立的不同形态的 SSA,凸显 SSA 的特殊性以及它与一国历史的相关性。这三类研究都是基于已有信息总结历史经验,梳理历史过程,在 SSA 理论框架下对历史现象提供解释。

CSSA 理论研究中也有回顾历史的部分,如学者们对新中国 70 多年经济发展历史进行详细分析,找出 CSSA 更迭的时间节点,划分每个 CSSA 的探索期、巩固期和衰退期,分析它们的特征、组成部分和更迭过程。但目前学者越来越关注中国未来资本积累的社会结构。2008 年全球经济危机已过十几年,当前正是新的 CSSA 在萌芽或已趋成熟的阶段。对于这一新研究对象,由于我们置身其中,难以看出它的发展方向。因此,需要学者们遵循 CSSA 的发展规律,结合当前的经济、社会背景以及中国社会的特殊性,努力分析未来中国资本积累的社会结构的发展方向:继续加深市场化与自由化的程度,还是在生产力更发达的条件下实现更成熟、更具特色的社会主义。这一前瞻性研究以现在为时间起点,科学地预测 CSSA 的走向,为深入分析中国经济走向、提供正确的政策建议打下理论基础。

(三)研究对象的差异性

SSA 与 CSSA 理论都是研究一种特定的社会结构,剖析这一结构与资本积累和经济发展的作用、影响和关系。从本质上说，它们都体现的是生产力和生产关系的矛盾运动，而最大的分歧在于不同的落脚点。即 SSA 理论着眼于资本积累，而 CSSA 理论以经济发展为中心。这一分歧也导致了两者研究对象和研究目标的差异性。

SSA 理论的重心是以生产力进步为基础的资本积累，即剩余价值不断转变为资本的过程，剩余价值转化为资本的比率就是资本积累率。提高资本积累率最直接的方式就是提高剩余价值率。一般来说，在现代社会条件下，用增加绝对剩余时间的方式来提高剩余价值是初级的、不可持续的，容易激起工人阶级的反抗，而长期的、可持续的做法是通过提高劳动生产率的方式来增加相对剩余时间，从而增加相对剩余价值的生产。因此，提高劳动生产率才是提高资本积累率最本质、最基础的方式。积累率的上升也从一个侧面反映了劳动生产率的上升，意味着生产力的进步。在此基础上，SSA 理论试图探寻支持资本积累顺利展开的各大制度因素，实质上它的研究对象就是在资本主义国家促进生产力发展的生产关系，并把这些生产关系细分为遍布各个主要领域、层面的具体制度，它的研究目标是详细地构建生产力和生产关系、资本积累和各大制度之间的联系。

同样，CSSA 理论侧重于经济发展。经济发展背后最重要的推手也是生产力的进步。只有提高劳动生产率，才能创造出更多产品。CSSA 理论的研究对象是促进我国生产力发展的生产关系，而这些生产关系也是多层次、多领域的制度总和。虽然同属研究生产力和生产关系矛盾运动的理论，但 CSSA 理论选择把重心落在经济发展上，这与中国的国家性质、社会主义生产目的密不可分。如前文所说，中国的资本构成中公有资本占有重要地位，而它们的生产不全以利润为目标，因此用资本积累来代表生产力发展并不全面。当前，我国社会主要矛盾已经转化为人民日益增长的美好生活需要和不平衡不充分的发展之间的矛盾，社会主义的目的是消灭剥削、消除两极分化、最终达到共同富裕。因此，中国生产力发展的驱动力根本所在是为了满足人民不断增长的需要，并不局限于利润。CSSA 理论正是以经济发展为出发点和落脚点，来研究如何保持社会主义经济增长顺利进行。

总之，从 SSA 理论到 CSSA 理论的提出，遵循一定的内在逻辑，既具有理论同源性，又具有现实契合性。与此同时，CSSA 理论又要充分考虑中国经济所具有的特殊性，两者有着不同的研究背景、研究路径和研究对象。为此，CSSA 理论的系统创新，须在借鉴 SSA 分析框架和核心观点的基础上，进行充分的中国化创新，以有效分析中国经济发展的演变规律。

第二节　CSSA 的基本内涵与概念界定

SSA 理论是对当代资本主义体系的具体制度进行抽象而形成的理论体系，其核心概念是资本和资本积累，分析的主要着眼点在资本积累的动态过程。CSSA 理论的现实根基与 SSA 理论既有联系又有区别。一方面，联系在于，中国特色社会主义初级阶段的经济运行仍然建立在市场经济的基础上；同时，资本作为一种生产要素，在经济运行中仍然发挥着重要的作用。从而，资本和资本积累仍然是 CSSA 理论的核心概念，资本的运动过程仍然是 CSSA 理论的主要着眼点。另一方面，区别在于，中国的基本经济制度是中国特色社会主义经济制度。中国资本的内涵与资本主义资本有所不同，资本积累的目标和资本运动的动态过程也与资本主义条件下有所区别。因此，构建 CSSA 理论，首先应基于中国特色社会主义初级阶段的历史现实，对中国资本和中国资本积累的概念加以抽象和理论界定，并对中国资本积累过程的一般性和特殊性进行分析。

一、中国资本的一般属性与特殊属性

中国资本既具有资本的一般属性，又具有社会主义生产方式下的特点，尤其是具有社会主义初级阶段市场经济条件下的特殊性质。一方面，从资本的一般属性来看，中国资本与 SSA 理论中的资本相同，都具有三个基本特征：一是增殖性，即必须能带来一定的剩余价值或利润；二是运动性，即必须在运动中才能增殖，并且两者的运动过程也基本相同，都以货币形式为出发点和终点，都可以分为购买、生产和销售三阶段；三是预付性，即都要以生产组织者预付一定的质和量相匹配的资本为前提。另一方面，从特殊属性来看，中国资本反映社会主义初级阶段条件下基于资本这种生产要素而产生的人与人之间的社会关系。公有资本占主体地位、多种所有制资本的共同发展，使中国公有资本与非公有资本相互融合、互相促进，形成了中国资本的独有特征，具体反映在所有权特征、结构特征和人格化特征三方面。

（一）中国资本的本质属性由资本的公有权特征所体现

马克思在论述资本的本质时指出："资本不是物，而是一定的、社会的、属于一

定历史形态的生产关系,它体现在一个物上,并赋予这个物以特有的社会性质。"①社会主义经济建立在生产资料公有制的基础之上,反映其本质特征的资本形式是公有资本,社会主义生产关系的本质属性也只能通过公有资本来体现。首先,生产资料公有制是社会主义生产关系存在的经济基础,生产资料公有制条件下形成的资本形式只能是公有资本。其次,只有在生产资料公有制的前提下,产品的分配才能实现"按劳分配",这种收入分配原则排除了由于生产资料的私有所带来的不平等,分配时体现了劳动者付出的社会劳动量的差异,体现了劳动者、企业、国家之间根本利益的一致性。由此,公有资本使劳动者处于平等地位,消除了人剥削人的现象。公有资本体现了社会主义公有制的社会属性,可以实现消灭剥削、消除两极分化,实现共同富裕的宗旨。

(二)中国资本具有以公有资本为主体、多种资本共同发展的多层次的结构性特征

中国生产力发展水平不平衡不充分的现状,决定了我国社会主义初级阶段的所有制结构是公有制为主体、多种所有制经济共同发展。这一历史条件决定了中国资本具有多层次的结构性特征。中华人民共和国成立后建立了单一的生产资料公有制,城市经济以全民所有制为主,农村经济以集体所有制为主,其结构性特征体现为全民所有制资本和集体所有制资本的比重上。1978年随着改革开放政策的全面推行,特别是社会主义市场经济体制的确立,与多层次的生产力发展水平相适应,中国逐步形成了公有资本为主体、多种资本并存的资本结构。公有资本仍然包括全民所有制资本和集体所有制资本,同时私人资本、中外合资资本、境外资本等非公有资本逐步出现。随着社会经济的发展,各类资本在质上不断提升,量上不断扩大,并且出现了非公有资本的价值量相对于公有资本的价值量不断扩大的势头,但公有资本在市场经济中始终处于轴心和主导者的地位。公有资本不仅能以各种具体形式适应市场,还能在多种具体经济形式之间流动、重新组合,发挥支配、参与的作用,特别在混合经济中表现得最为明显。

除了资本产权结构的多层次性之外,公有资本的实现形式也具有多样性。公有资本既以资产的形式,即直接投资的国有企业的资产形式实现;也以金融资本的形式实现,如公有资本投资控股的企业或者仅是公有资本参股的企业;还可以以社会资本的形式实现,如政府的社会保障资金,这部分资金往往通过金融资本的形式

---

① 马克思、恩格斯著:《马克思恩格斯全集》(第25卷),人民出版社2001年版,第920页。

实现保值增值以及社会保障的目标。

（三）中国资本具有复杂化的人格特征

由于中国资本结构的多层次性（即公有资本为主体、多种资本共同发展的结构性特征），中国资本的人格化亦呈现复杂化的特点。

一方面，公有资本代理人的行为特征与政府目标的相关性较高。在公有资本一元化时期，政府作为中央计划者直接决定企业的资源调配、生产决策和产品分配，并在这一经济过程中贯彻政府的社会目标。随着市场化改革的不断推进，中国明确了国有资本的代理人制度。《中华人民共和国企业国有资产法》规定，国有资产属于国家即全民所有，国务院代表国家行使资产所有权。国务院国有资产监督管理委员会代表国家履行出资人职责。这意味着公有资本所有权最终属于全体人民并通过多层次的代理主体和代理机制得以实施。这一代理关系具有两个基本的代理层次：

一是社会层次的代理关系，涉及中央政府与地方政府的关系、地方政府之间的关系、政府与企业的关系等方方面面。社会层次代理关系的多级化，意味着人格化的公有资本具有不同层次和不同类别的代理人，包括各级国有资产监督管理委员会和国有企业等。他们的目标和行为模式既有统一的一面，又有相互冲突的一面，形成了公有资本复杂的人格特征。

二是企业层次的代理关系，涉及企业内部的治理结构问题，既要考虑人格化的企业行为模式，又要考虑广大劳动者的行为模式，使公有资本的人格特征进一步趋于复杂。

另一方面，中国非公有资本代理人的行为特征受到社会主义经济制度的整体制约，相较于纯粹的私人资本来说，目标较为多样，人格较为复杂。中国非公有资本代理人作为传统意义上的人格化资本，以利润最大化为主要目标。但是，他们在实现利润最大化或剩余价值最大化这一偏好的过程中，其行为模式受到社会主义经济制度关注社会公平和共同富裕这一目标的整体制约，因此最终的行为模式与资本主义条件下也有所不同。

综上，公有资本与非公有资本代理人行为模式交互融合，形成了中国资本复杂的人格特征。一方面，公有资本代理人与非公有资本代理人行为模式存在统一性，都在社会主义经济制度的整体制约下追求资本的保值增值；另一方面，公有资本代理人相对更多地考虑企业的社会责任，包括生态保护、劳动者权益和社会公平。并在政府的指导下，在产业结构调整和升级换代、促进宏观经济平稳发展方面发挥更多的职能。公有资本与非公有资本的行为模式相互交融、互相促进,形成相对复杂的人格特征。

二、中国资本积累的一般性与特殊性

无论 SSA 理论中的资本主义资本还是 CSSA 理论中的社会主义资本,都需要在运动中不断扩大自身,都需要进行扩大再生产,从而不断进行资本积累。这是由资本的基本属性(即增殖性和运动性)所决定的。可见,无论在 SSA 理论还是 CSSA 理论中,资本积累均与扩大再生产密不可分。资本积累既是扩大再生产的源泉,扩大再生产的结果又为资本持续积累不断提供来源,并且导致资本积累过程的量变和质变。

马克思在《资本论》第一卷中对简单再生产性质的论述,为我们理解一般资本积累的不同目标层级提供了分析思路。在抽去资本的社会属性后,与扩大再生产相辅相成的资本积累一般包括三个不同的层面:一是使用价值层面,资本积累意味着使用价值的扩大再生产,即一国在一段时间生产的产品和劳务的增长。二是价值层面,资本积累的结果即资本价值的增加。需要注意的是,由于社会生产力的进步,资本价值的增长和社会使用价值的增长之间可能存在矛盾。三是生产关系层面,作为资本积累结果的扩大再生产同时也是社会生产关系的不断扩大再生产。因此资本不断积累也意味着现行社会生产关系在量上的不断扩大,并相应伴随着质上的不断增强。

SSA 理论中的资本积累概念是资本积累在资本主义生产方式中的特殊化。CSSA 理论中的资本积累内含于中国特色社会主义制度体系之内,在具有马克思主义政治经济学"资本积累"一般内涵的基础上,有着不同于 SSA 理论中资本积累的特征。

1. 积累源泉的社会属性不同

SSA 理论主要考察资本原始积累完成后资本主义具体制度的变迁,此时资本积累的源泉是由劳动者创造的、被资本所有者无偿占有的剩余价值。由于供积累的剩余价值按照一定的原则在资本所有者之间进行分割,因此厘清积累源泉的本身就包含着认识基于生产资料所有制的分配制度。CSSA 理论考察中华人民共和国成立以后发展至今的历史阶段,既包括公有资本的原始积累,又包括公有资本形成后的资本积累。在中国资本原始积累时期,部分中国公有资本由没收或赎买资本家的资本而来,并归全民所有。少量集体所有制资本由积聚劳动者的个人财产而来。经过资本原始积累阶段后,公有资本在计划经济时期主要由国家预算提供,而国家预算收入主要来自经济各部门缴纳的税收或利润,即公有资本通过国家预算再分配的迂回曲折的路径,由企业劳动者为社会进行的剩余劳动所创造的价值转化而来。社会主义市场经济体系确立后,公有资本的初始投资来自计划经济时期所保留的部分公有资本,扩大再生产即资本积累的来源与私人资本、境外资本、中外合资资本以及混合所有制资本一样,来自企业自身利润的再投资,同样体现了公有制为主体、多种所有制并存的条件下社会分配制度的属性。

2. 积累目标的层次更加丰富

SSA 理论中的资本主义积累包含使用价值或社会财富的增加,但这不是资本主义积累的最终目标。资本主义积累将扩大再生产作为手段,扩大单个资本的经济实力和经济能力,以进一步增殖为目的,为积累而积累,其终极目标是追求更大的剩余价值量或更高的剩余价值率。同时,在 SSA 理论中,资本积累意味着雇佣关系的不断扩大再生产。在各种 SSA 类型中,如何有效协调雇佣劳动关系下资本与劳动的矛盾冲突,始终是衡量 SSA 能否有效发挥职能作用的中心。

而 CSSA 理论中资本积累目标与 SSA 理论存在显著不同,并且层次更加丰富,既有总体目标与具体目标的联系与区别,又有不同阶段具体目标的差异。中国资本积累的总体目标是通过资本积累促进社会主义生产关系的不断巩固与强化。为了实现这一总体目标,中国资本积累一方面需要满足人民群众在量上不断增长与质上不断丰富和提升的各项需要,另一方面需要与资本主义竞争,体现促进、发展和保护生产力上的制度优势。因此,解放、发展和保护生产力是实现这一总体目标的物质前提,即促进社会使用价值和价值扩大再生产不断顺利进行,并通过生产力的不断进步和制度调整,实现消灭剥削、消除两极分化和实现共同富裕的目标。

中国资本积累的总体目标,在中华人民共和国成立后的不同发展阶段分解为不同的具体目标。中华人民共和国成立后至改革开放前,中国资本积累的具体目标既包括生产力发展支撑下的人民生活水平的提升,又包括促进工业化进程的顺利进行。这一具体目标的确立体现在 1956 年中国共产党第八次全国代表大会对当时社会主要矛盾的论述上:"我们国内的主要矛盾,已经是人民对于建立先进的工业国的要求同落后的农业国的现实之间的矛盾,已经是人民对于经济文化迅速发展的需要同当前经济文化不能满足人民需要的状况之间的矛盾。"[①]改革开放后

---

① 《中国共产党第八次全国代表大会关于政治报告的决议》,《人民日报》1956 年 9 月 28 日。

至中国进入社会主义初级阶段新时代之前,资本积累的具体目标是大力推动社会生产力的发展。1981年中国共产党的十一届六中全会通过的《关于建国以来党的若干历史问题的决议》指出:"在社会主义改造基本完成后,我国所要解决的主要矛盾,是人民日益增长的物质文化需要同落后的社会生产之间的矛盾。"中国特色社会主义初级阶段进入新时代后,"我国社会主要矛盾已经转化为人民日益增长的美好生活需要和不平衡不充分的发展之间的矛盾"。[①] 资本积累的具体目标是通过转变发展方式,解决社会经济各项不平衡不充分发展的现状,主要是实现"创新、协调、绿色、开放、共享"五大新发展理念。

总之,中国资本积累的总体目标体现了社会主义的本质,最重要的具体目标之一是满足人民需要。由于社会主义本质体现的侧重点以及人民的需要在不同的历史时期具有不同的特征,应结合经济发展的阶段要求和资本积累的三层次含义,对资本积累目标进行不同侧重点的解读。因此,CSSA理论中资本积累的目标具有更加丰富的层次性,并且在CSSA的不同阶段资本积累具体目标的侧重点也有所不同。

3. 资本积累的量化指标更为立体

资本积累的目标决定了衡量资本积累是否顺利进行的量化指标的选取原则。SSA理论中资本积累的目标相对单一,因此衡量资本积累进程的量化指标也相对简单。SSA理论中,资本积累顺利进行首先表现为GDP的不断增长,以产品和劳务衡量的实际GDP的增长体现了使用价值的增加,而以货币衡量的GDP增长在主要衡量社会价值增长的同时也体现了使用价值的增加,但GDP的增加不是资本主义积累的目的。因此,当生产力与生产关系的矛盾发展到一定程度、GDP的高速增长难以为继时,SSA理论中资本积累的顺利进行仍表现为资本利润率的不断增长。

CSSA资本积累目标层次的丰富性,决定了其量化指标更加立体化。

首先,GDP的增长仍然是衡量中国资本积累是否顺利进行的主指标。因为经济增长本身就是衡量生产力进步、发展和是否受到保护的重要综合指标。此外,中国特色社会主义经济制度面临资本主义制度的竞争,GDP能否高质高量增长也是体现制度优越性的重要指标。再有,中国资本积累的重要目标之一就是满足人民

[①] 习近平著:《决胜全面建成小康社会 夺取新时代中国特色社会主义伟大胜利——在中国共产党第十九次全国代表大会上的报告》,引自《习近平谈治国理政》(第三卷),外文出版社2020年版,第9页。

的需要。为了达到这一目标,应当以促进国民经济实力的不断提升为手段,以促进社会生产力的进步为实现机制,应当用 GDP 增长率进行衡量。

其次,衡量人民生活水平的统计指标体系是判定中国资本积累是否顺利的主要辅助指标。因为中国资本积累是以人民为中心的积累,所以应始终注意人民群众是否公平分享了资本积累和社会进步所带来的好处,以及人民群众在资本积累过程中的相对地位是否有所提升等。因此,应始终注意将衡量人民生活水平提高程度的统计指标体系作为中国资本积累是否顺利进行的主要辅助指标,包括人民消费支出、劳动报酬的份额、社会保障制度的覆盖率等。

最后,与 CSSA 不同阶段资本积累目标相关的发展指标是判定中国资本积累是否顺利的阶段辅助指标。基于中国资本积累目标的层次性,在不同的历史发展阶段应运用不同的阶段辅助指标来衡量中国资本积累的目标是否达成。如在 1956 年至中国工业化建设基本完成之前,应将工业化发展指标作为衡量资本积累目标的辅助指标之一;在改革开放初期,应更加关注人民生活水平的提高;十八大之后,经济社会各项不充分不平衡发展的现状是否得到有效解决,是否有助于人民美好生活需要的实现,也应当作为中国资本积累是否顺利实现的辅助衡量指标。

三、中国资本积累的社会结构的内涵与特征

资本积累的社会结构包括作用于资本积累过程的一系列经济、政治和文化的制度的总和,本质上属于马克思所论述的社会经济结构。马克思在《政治经济学批判(序言)》中指出:"人们在自己生产的社会生活中发生的一定的、必然的、不以他们的意志为转移的关系,即同他们的物质生产力的一定发展阶段相适合的生产关系。这些生产关系的总和构成社会的经济结构,即有法律的和政治的上层建筑竖立其上并有一定的社会意识形式与之相适应的现实基础。"[①]从这一论述中可以归纳出马克思关于社会经济结构的几个论述要点:第一,社会经济结构是生产力、生产关系(经济基础)、上层建筑等基本要素的统一;第二,经济结构是各种生产关系的总和;第三,经济结构是一套系统的矛盾关系体,存在着生产力和生产关系、经济基础和上层建筑的矛盾关系;第四,经济结构变化的动力来源于生产力和生产关系的矛盾关系,其中生产力的变化起决定作用。

---

① 马克思、恩格斯著:《马克思恩格斯选集》(第 2 卷),人民出版社 2012 年版,第 2—3 页。

社会经济结构理论是马克思历史唯物主义的重要组成部分,也是考察和分析经济问题的理论基础。CSSA理论在继承马克思社会经济结构理论的基础上,结合中国特色社会主义具体经济制度的特点,可以总结出中国资本积累的社会结构具有如下四方面特征:

1. 中国资本积累的社会结构以资本积累为核心

从马克思社会经济结构理论可以看出,社会再生产和发展过程中面对的矛盾关系的作用过程决定了社会经济结构的发展和变化。资本主义生产方式正是通过资本积累来实现生产和经济发展的。马克思在《资本论》中揭示资本主义生产方式的发展变化规律时,以资本积累理论贯穿始终。他"对资本积累的内涵、实质、形式、后果和发展趋势进行了分析,并以此为前提,进一步分析了资本的运动过程,继而分析了利润率下降规律。从资本积累的一般理论分析到资本主义生产方式条件下资本积累内在矛盾的分析,构成了一个理论整体"。[①]

SSA理论继承了马克思经济社会结构理论,将资本积累过程看作分析的重要落点。因为资本积累是资本主义经济波动的动力,而资本积累是"通过强迫和竞争的条件进行的"。[②] SSA理论认为,资本积累过程面临源于阶级斗争和资本家之间的竞争而产生的不确定性,这种不确定性将破坏营利性,从而干扰资本积累的进行。因此,持续的资本积累依赖于社会结构的稳定,而这种社会结构的稳定需要通过一整套制度的建立来达成。[③] 需要指出的是,SSA理论区分了影响资本积累的外围制度与核心制度。该理论指出,这些核心和外围制度并非所有的社会制度,而仅仅是与资本积累过程即社会经济发展过程相关的制度。这一论述也表明该学派与马克思社会经济结构理论的一脉相承,并且其对社会结构的分析以资本积累为核心。

中国资本和资本积累过程虽然具有不同于资本主义系统的特征,但是资本积累过程仍然是社会经济结构的核心落点。因为中国的社会经济结构变化仍然以社会再生产的组织过程为基础,而资本仍然是社会再生产的核心构成要素。同时,社会主义中国需要通过经济发展来实现社会主义的本质目标。在当前的社会生产条

[①] 张雷声著:《马克思的资本积累理论及其现实性》,《山东社会科学》2017年第1期。

[②] David M. Gordon (1978), "Up and down the long roller coaster", *Union for Radical Political Economics*(ed.) *U.S. Capitalism in Crisis*, New York: Union for Radical Political Economics, pp.22 - 35.

[③] Terrence McDonough (1999), "Gordon's Accumulation Theory: The Highest Stage of Stadial Theory", *Review of Radical Political Economics*, Vol (31), pp.6 - 31.

件下,资本积累仍然是经济发展的前提。没有资本积累,就没有经济增长和经济发展。当然,中国资本积累与马克思论述的以及 SSA 理论中的资本积累均有不同,体现在内涵和目标均有差异,这就决定了中国资本积累的社会结构具有不同的特征。

2. 中国资本积累的社会结构本质上是社会关系的体现,既包括经济关系又包括建立在经济基础之上的上层建筑

传统的马克思主义经济理论认为社会经济结构就是广义的生产关系的总和,是形成上层建筑的基础。斯大林提出了生产关系构成的三要素说,即生产关系的构成要素包括:"生产资料的所有制形式,由此产生的各种社会集团在生产过程中的地位以及它们的相互关系,完全以它们为转移的产品的分配形式。"[1]基于此,一些学者根据马克思在《〈政治经济学批判〉导言》中对社会生产过程的生产、分配、交换、消费四个环节的分析,提出了生产关系结构的四方面说[2]。

SSA 学派基于资本主义系统研究资本积累过程涉及的各种经济矛盾,并研究与矛盾相关的各类经济主体的相互关系。与经典马克思历史唯物论强调经济基础对上层建筑的决定作用略有不同,该学派将国家的职能、主流意识形态等上层建筑相关的经济关系纳入社会结构框架中,将积累的社会结构的核心关系定义为资资关系、劳资关系、国际资本关系、国家与社会的关系(政府职能)和主流意识形态五大关系体系。这是因为该学派研究的历史范围相对马克思较窄,在较短的时间内上层建筑对经济基础的反作用较大。此外,SSA 学派对经济关系的界定不是基于"生产—分配—交换—消费"的四过程,而是按照不同类型的经济代理人之间的相互关系来定义社会结构的关系系统。这体现了其对马克思主义阶级分析传统的继承与重视。

中国资本积累的社会结构对社会关系系统的构建继承了 SSA 理论对马克思主义经典理论的发展:一是同样按照不同类型的经济代理人之间的相互关系界定社会结构的关系系统;二是将政府职能和主流意识形态等反映上层建筑变化的社会关系纳入社会结构体系,这是因为 CSSA 理论分析的历史范围与 SSA 理论更为接近。

此外,中国资本积累的社会结构对马克思主义经典理论和 SSA 理论均有发展:一是在以资本积累为核心的研究过程中,加强了对人与自然关系的研究,强调了生

---

[1] 斯大林著:《斯大林选集》(下),人民出版社 1979 年版,第 594 页。
[2] 刚本博之著:《马克思〈资本论〉研究》,赵洪、陈家英等译,山东人民出版社 1993 年版。

产力发展在社会经济结构变化中的动力作用;二是中国资本积累结构中的各类经济主体之间的相互关系,有着不同于 SSA 理论的内涵与外延。

3. 中国资本积累的社会结构中的各项社会关系之间存在结构性特征

结构性特征意味着构成社会结构的各类关系在特定的历史状态下并非同等地发挥作用。一方面,某些关系是社会结构的核心,在促进资本积累的进程中发挥相对重要的作用;另一方面,各类社会关系之间按照一定的规律相互作用,形成一个交互的整体。

马克思社会经济结构理论也体现了结构性特征。他将雇佣劳动关系作为资本主义社会经济结构的核心,分析了以雇佣劳动为基础的资本积累过程中劳动者命运的变化。同时以此为出发点,分析了不同资本所有者在剩余价值分配方面的关系,由此得出了平均利润率下降规律,并对劳动者之间的关系进行了初步分析。

SSA 理论继承了马克思的阶级分析方法,其社会关系的结构性特征体现在:一是 SSA 的社会结构本身分为"中心—主要—外围"三个层次。其中,劳资关系是社会结构的中心;资本关系、国际关系、政府的经济角色以及主流意识形态等关系与劳资关系一起,共同构成社会结构的主要关系。同时,在分析具体的社会结构时还酌情考虑与资本积累过程相关的外围关系。二是 SSA 理论将资本主义体系发展至今的 SSA 归为"管制型 SSA"和"自由型 SSA",并将近期的 SSA 命名为"新自由主义 SSA",分别体现了政府职能以及主流意识形态在社会结构中的重要作用,这是社会结构的结构性特征的又一表现。三是 SSA 注重对社会关系的相互作用与系统分析,从另一角度表明了其结构性特征。

构成中国资本积累的社会结构的社会关系体系同样具有结构性特征,同样具有"中心—主要—外围"三层次。但具体社会关系在各层次中的地位与 SSA 理论有所不同,并且 CSSA 理论强调外部动力与 CSSA 系统内部动力的相互作用。我们将在第四章第一节对 CSSA 的上述结构性特征详细展开论述。

4. 中国资本积累的社会结构具有动态性

马克思社会经济结构理论的重要作用之一是为解释社会经济形态的变化提供了理论基础。社会经济结构的变化推动了社会经济形态的变化,而经济结构的变化动力既来源于这一结构之外的力量——生产力与这一结构即生产关系体系的矛盾运动,又受到这一结构的内部合力与外部力量交互作用的影响,其中生产力的发展起着决定作用。

SSA 理论将资本积累过程作为"生产力-生产关系"变化的中间机制,通过资本积累的社会结构的变化解释了资本主义具体制度的演变规律。其中,剩余价值规律和利润率变化规律起主要作用。SSA 理论将劳资矛盾的激化与缓和作为导致 SSA 阶段变化的主要动力,认为当 SSA 的各类关系有助于劳资缓和从而稳定投资预期时,现行 SSA 就发挥促进资本积累的作用,并得以持续和巩固;而随着社会生产或资本积累的持续进行,现行 SSA 将逐步变得不利于劳资矛盾的缓和,从而失去其功效,要求构建一个新的 SSA。同时,由于社会关系的结构性特征,旧 SSA 功效的丧失意味着劳资矛盾的进一步尖锐对立,资本积累进程受阻,这要求具有新特征的 SSA 中的各类关系逐步建立,经历一个新 SSA 较长的探索期。而当新 SSA 中的主要关系逐步建立并相互支撑时,劳资关系得以缓和,相应地其他社会关系的矛盾冲突也逐渐得到控制,资本积累得以平稳进行,新的 SSA 进入巩固期。随着资本积累的进一步发展,新 SSA 再次走向崩溃。

中国资本积累的社会结构同样具有动态性特征。导致其动态变化的机理同时继承和发扬了马克思社会经济结构理论和 SSA 动态演化理论。这一动态特征基于社会主义经济发展规律而得出。首先,导致中国资本积累的社会结构动态演化的原动力是社会生产力的变化。其次,导致中国资本积累结构的核心动力是生产力与生产关系的矛盾运动,集中体现在融合了两者矛盾作用的生产方式的变革上。最后,政府的作用是中国资本积累的社会结构动态演化的直接动力。我们将在第四章详细阐述中国资本积累的社会结构的动态演化机理。

四、中国公有资本积累与非公有资本积累

中国资本运动的特征,体现在公有资本积累和非公有资本积累的交互作用中。一方面,公有资本积累与非公有资本积累的目标既具有一致性,又具有对立性;另一方面,两者在积累过程中面临的矛盾既具有相似性,又具有特殊性。公有资本积累和非公有资本积累的目标和矛盾的统一性,决定了两者之间存在相互促进的作用,而两者的目标和面临矛盾的冲突性决定了两者的不当积累可能使中国资本整体积累的目标无法有效实现。一个有效的 CSSA 将有助于处理上述矛盾,实现中国资本积累的整体目标。

(一)中国非公有资本积累的内在矛盾与公有资本积累的主导和引领作用

中国非公有资本的积累,一方面存在与 SSA 理论中的资本主义积累相似的矛盾,即总是难以避免不稳定的积累条件。因为非公有资本在利润目标的驱动下自

发形成的经济结构、方向和比例关系，与一国经济根据长远目标的需要而要求形成的经济结构、方向和比例往往不一致。宏观上，这一矛盾体现为无法实现一国国民经济的长期动态平衡，导致积累的宏观环境不稳定；中观上，体现为产业结构的失衡，如虚拟经济和实体经济失衡以及区域发展不平衡等；微观上，表现为雇佣劳动关系下劳资冲突的加剧，从而使直接生产过程无法顺利进行，同时剩余产品难以有效实现等。中国非公有资本积累，另一方面又面临中国社会主义初级阶段的特有困难，即民间资本发展不充分，资本、人才、科技等方面实力较弱，在经济全球化和世界市场一体化条件下与国际垄断资本进行竞争时处于不利地位，企业安全发展的条件受到威胁。

公有资本的有效积累可以解决非公有资本积累面临的上述矛盾。

1. 公有资本积累有助于提升宏观经济的稳定性，为非公有资本创建稳定的积累环境

一是因为公有资本积累有助于社会从整体上有计划地调节由于非公有资本积累导致的国民经济长期动态失衡。实现国民经济的协调发展固然可以通过对非公有经济进行干预而实现，但由于非公有经济的产权是完全独立的，对非公有经济的过多干预既要受到产权制度的限制，又会破坏市场的有效运行，降低企业的效率。通过公有资本积累能保持对关系国民经济命脉的重要行业和关键领域的控制力，形成对国民经济进行直接调节的微观基础。

二是因为公有资本积累条件下的分配制度相对公平，劳资关系相对和谐，可以有效维护社会稳定。

三是因为大规模的公有资本积累与经济全球化不断加深程度下日趋激烈的国际竞争更加适应。通过国家公有资本的壮大，维护国家经济安全和实现自主发展，可以为非公有资本积累提供安全保障。

2. 公有资本积累有助于非公有资本顺利获得积累所必需的各项生产要素

一是因为公有资本积累有利于公共产品的提供。一国资本积累所必需的公共产品，往往由公有资本投资的国有企业或国有控股企业的生产经营所提供。

二是因为公有资本积累有助于科技要素生产。公有资本通过对创新性企业的投资，确保社会生产所必需的新型技术的生产。

三是因为公有资本积累有助于劳动力要素提供。公有资本支撑的社会保障制度，有利于劳动力的再生产，包括身体素质和教育质量的提升，为非公有资本积累提供了必需的、素质较高的劳动力。

四是因为公有资本积累有助于保持要素价格合理。政府往往依据成本原则,对自然垄断的行业进行价格限制,并且保证自然资源产品供给的合理价格以及对农业的支持与补贴等,保证非公有资本以合理价格获得各项生产要素供给。

由此可见,公有资本积累通过上述职能的实现,可以解决非公有资本积累面临的矛盾,有助于中国资本整体积累的实现,体现了对中国整体资本积累的主导和引领作用。

(二)中国公有资本积累的内在矛盾与非公有资本积累的促进和融合作用

中国公有资本积累也面临社会主义初级阶段条件下的内在矛盾:一是由于生产力的不平衡和不充分发展,代表较高生产力水平的公有资本无法涉及社会生产的方方面面;二是公有资本投资形成的中国国有企业,在特定的发展阶段面临社会公平目标与效率目标在形式上的矛盾。

非公有资本的有效积累同样可以解决或缓和公有资本积累面临的矛盾。

首先,非公有资本有效填充了公有资本在现有历史发展阶段无法触及的领域。由于社会主义初级阶段的经济发展水平所限,公有资本规模不足,无法保障社会各经济领域的共同发展,民营资本、国外资本有效补充了公有资本规模上的不足,并且填补了一些公有资本暂时无法涉及的产业细分领域,为中国经济实力的整体提升提供了重要支撑。

其次,非公有资本积累为公有资本积累的效率提升提供了支持。在改革开放的过程中,中国为了提升公有资本的运行效率,进行了国有企业"抓大放小""有所为有所不为"的经济体制改革。退出了部分产业领域,并释放了大量冗余的生产资源,主要是剩余劳动力。非公有资本积极进入这些公有资本退出的领域,吸纳了剩余生产资源和劳动力,提升了社会资源利用的整体效率,有助于社会整体资本积累的进行。

最后,非公有资本在利润目标的驱动下呈现较强的竞争意识和创新力,为公有资本效率提升提供了外部竞争动力。一方面,非公有资本通过积极创新,提升了社会整体科技实力和管理能力,有助于资本积累的整体推动;另一方面,非公有资本活力较强,形成较高的利润率。非公有资本通过市场竞争形成的压力,对公有资本通过积极改革、提升资本运行和使用效率施加了一个有效的外部驱动力。

由此可见,非公有资本积累在一定程度上有利于社会主义初级阶段特定历史条件下公有资本积累的内在矛盾的解决,对社会资本积累的整体进行起到了促进和融合作用。

（三）有效的 CSSA 有助于公有资本积累和非公有资本积累相互融合

中国资本积累既包括公有资本积累，又包括非公有资本积累。一个有效的 CSSA 必须通过制度安排，使得这两类积累相互促进、互相融合，从而推动中国资本积累整体顺利进行。

如果一个 CSSA 无法有效处理公有资本积累与非公有资本积累的关系，如形成了过多的行政垄断，那么不仅损害非公有资本的积累，同时由于非公有资本积累效率的下降，也将影响公有资本积累效率的提升。再如，如果一个 CSSA 过多地支持了非公有资本的不当竞争，不但损害社会公平与正义，而且还将使积累环境趋于不稳定，从而损害非公有资本的长期积累。

需要指出的是，除了社会主义初级阶段面临的历史性矛盾外，公有资本由于具有复杂化的人格特征，在积累的过程中还面临中央与地方政府的矛盾、地方政府之间的矛盾、劳动者个人利益与集体利益的矛盾、社会生产的短期利益与长期利益之间的矛盾等。这些矛盾恐怕不是通过有效处理公有资本积累和私人资本积累的矛盾就能加以解决的，而是需要 CSSA 的进一步转型和发展。

第三节　CSSA 的主要关系与分析框架

SSA 理论通过明确形成"社会结构"的具体制度清单，阐明这些具体制度的相互关系，来解释"社会结构"在资本积累过程中发挥的作用，以及资本主义具体制度的演化过程和时空多样性。其研究发展路径是从分类罗列制度清单明细，到将个别"积累条件"作为影响资本积累的最主要因素，再到总结了以劳资关系为核心的"五大主要关系"分析框架。CSSA 理论借鉴了 SSA 理论基本分析框架的构建思路，对主要矛盾关系的范围进行了扩充，对每一特定矛盾关系的内涵进行了中国化的再阐述，并结合中国实际，对主要矛盾关系的结构和相互作用进行了再解释。

一、CSSA 中的主要关系与地位

CSSA 继承了 SSA 理论的五大核心关系框架，在此基础上引入经济与生态的关系，形成了界定 CSSA 阶段特征的六大主要关系。同时依据中国特色社会主义经济发展的历史，一方面赋予了不同于 SSA 理论的内涵，另一方面依据各关系在社

会结构中重要性的不同,调整了其不同于 SSA 理论的分析顺序。

(一)政府职能作用

政府职能是决定 CSSA 阶段特征的主要关系。政府职能作用既属于生产关系范畴,又属于上层建筑范畴,调节社会与经济的关系。CSSA 理论中的政府职能,一方面和一般政府相同,受到经济关系的影响,另一方面体现强烈的中国特色,即对社会经济关系起主导和引领的作用。从生产关系范畴看,政府职能主要是政府在经济运行中扮演的角色与所起的作用。在 CSSA 框架中,这一作用举足轻重。一方面,政府在很长时期内是经济无所不包的大家长,是社会投资、生产、分配和消费的主要决策者。另一方面,中央政府是中国经济体制改革的决策者和实践推动者。同时,中国经济中比重较高的国有经济也在政府的管控下对经济发展发挥着至关重要的作用。从上层建筑来看,政府是国家的代理人,将维护一国统治阶级的利益。在中国,维护统治阶级的利益就是维护人民的利益。并且,政府通过教育、宣传等各种手段,主导一国主流意识形态发展的方向。

(二)主流意识形态

主流意识形态在 CSSA 框架中通过影响政府职能对 CSSA 特征起重要的反作用。主流意识形态即一定时期一个社会占主导地位的意识形态,既包括政界主流意识形态,又包括学界主流意识形态,还包括民间主流意识形态。由于政府主导一国主流意识形态发展的方向,当政府对主流意识形态管控较强时,社会的意识形态较为统一。当一国政府对主流意识形态管控较弱时,随着社会生产方式的发展及生产关系的变化,一国的民间和学界意识形态将出现多样性,可能与政界主流意识形态形成矛盾与冲突。无论政界、学界还是民间,中国的主流意识形态始终是马克思主义。并且这一意识形态的内涵伴随着社会生产的发展以及与中国社会实践的结合,经历了马克思主义现代化与中国化的发展。在改革开放的过程中,由于生产方式和生产关系的变化,西方意识形态尤其是新自由主义意识形态进入中国,通过影响民间与学界意识形态,与马克思主义指导思想进行了交锋、博弈与某种程度的融合。民间和学界意识形态对政界意识形态产生影响,作用于政府职能,对 CSSA 特征起重要的反作用。CSSA 理论尤其注重对马克思主义中国化与现代化的分析,以及马克思主义指导思想与新自由主义意识形态的交锋和博弈对资本积累进程和 CSSA 的特征所产生的影响。

(三)资本关系

资本关系特征是界定 CSSA 阶段特征的第一关系。这是因为中国经济建设过程中出现了资本所有权的重大变化。根据斯大林对生产关系层次的界定,生产资料所有制是其他各类生产关系的决定因素。因此,对中国资本关系的分析至少包括两个层面:

(1) 不同资本所有权结构的变化,包括不同所有权资本的出现顺序及比重变化,如公有资本中的集体所有制资本和全民所有制资本占国民经济的比重,以及非公有资本中民营资本和外商资本占国民经济的比重,还包括混合所有制资本占国民经济的比重等。

(2) 个别资本之间的竞争与合作关系。这一关系又分为两类:第一,不同所有权资本之间的竞争与合作关系,由于不同所有权资本代理人的目标函数不同,其行为模式也将产生差别,因此不同所有权类别的资本之间的竞争与合作及其对社会资本积累进程的影响,是 CSSA 分析资本关系时关注的核心。第二,抽象掉所有权后个别资本之间的竞争与合作关系,如竞争行业与垄断行业的关系、实体资本与金融资本之间的关系等。

(四) 劳动(资)关系

劳动(资)关系是 CSSA 重点关注的主要利益关系。劳动关系即用人单位与劳动者运用劳动能力实现劳动过程中形成的一种社会关系。这一关系涉及用人单位与劳动者建立联系的过程、生产领域的实际劳动过程以及劳动产品的分配原则等。CSSA 重点关注劳动(资)关系,是因为在当前经济发展条件下各类生产要素仍归于不同的所有者,而要素所有者之间的关系主要体现为劳动力所有者和资本所有者之间的关系。中国 CSSA 对劳动(资)关系的分析应以农村经济体制改革和工业化过程出现的"新型劳资关系"为线索,重点讨论中国在生产资料所有制经历了从单一的公有制向多元资本关系的变迁过程中劳动(资)关系的变化特征。

首先,在单一公有制的情况下,只有劳动关系而没有劳资关系,此时没有劳资矛盾。但由于劳动力来源不同,所处的部门和行业不同,劳动者之间存在利益冲突,包括集体利益和个人利益的不同带来的个体劳动投入与集体收益的矛盾、积累与消费的矛盾、城乡户籍分割体系下存在的城乡劳动者利益差异等。这些利益冲突的缓和与激化,将对社会主义资本积累起产生或促进或阻碍的作用。

其次,在多元资本关系存在的情况下,由于劳动力来源的不同以及与不同产权资本的结合方式不同,形成了复杂化的劳资关系。劳资矛盾的缓和与激化,通过直接劳动过程以及分配和消费等机制间接作用于生产过程,同样是影响社会主义资本积累过程的核心因素。

（五）国际经济关系

国际经济关系的变化也是 CSSA 需要关注的又一重要关系。国际经济关系主要考虑在世界市场内一国在生产要素的获得、国际分工体系以及国际剩余价值分配中所处的地位。这一地位将对一国资本的利润率产生重要影响，从而影响资本积累进程。对此应从中国参与国际经济事务方式的转变来探索中国国际竞争地位与国际经济发展路径。中华人民共和国成立以来，中国经历了从基本游离于世界经济体系之外、到逐步融入世界经济体系、再到在世界经济体系中的地位不断增强的过程。这一演化过程与中央政府的决策以及中国经济实力的逐步增强息息相关。资本、技术、原材料等生产要素的获得，中国商品的市场实现，以及在国际剩余价值分配中的地位等，对资本积累过程产生了重要影响。

（六）经济与生态的关系

资本积累不仅受到各类生产关系以及上层建筑的影响，还受到地球生态承载能力的制约。经济与生态的关系决定了自然提供的生产要素的获得，自然条件对生产率的影响以及人们的生活和消费方式等对社会资本积累进程产生重要影响。对此应重视资源环境约束、经济增长与包含生态文明制度在内的 CSSA 的互动机制。中国经济的高速增长一方面曾以牺牲资源环境为代价，另一方面同样走向了资源环境约束的边界。为实现可持续发展，以中国国情为背景分析资源环境约束及其相关制度和经济发展的关系十分必要。分析中应关注中国的发展中国家性质导致的经济与生态循环的不平衡性，同时关注中国在国际分工体系中的不平等地位导致的生态后果承担的不平等性。应始终牢记中国经济发展应以提高人民生活水平而非资本利益为长远目标，在考虑经济发展与环境兼容的问题时更多关注劳动者实际得益或受损的状况。

二、CSSA 六大主要关系的相互作用

在 CSSA 中处于不同地位的六大主要关系提供了 CSSA 理论分析的基本脉络，而这六大关系的相互作用体现了中国资本积累的社会结构的结构性特征。

（一）政府职能与其他经济关系的相互作用

CSSA 理论中，政府职能的发挥决定了 CSSA 其他关系的特征，同时政府通过观察其他关系中出现的矛盾冲突调整自身职能作用。中国政府作为经济参与者分为中央计划型政府与市场服务型政府两类。作为中央计划型政府时，主要通过行

政力量强制决定社会资本结构、劳动与生产资料结合方式、剩余产品分配方式、参与国际经济活动的形式和强力推行官方主流意识形态。作为市场服务型政府时，通过市场手段辅以政策法规、产业政策、宏观经济政策、社会保障制度体系等，调节资本竞争关系、劳资利益冲突，并争取中国在国际经济关系中的地位提升，同时调整并加强官方主流意识形态的推广。此外，中国政府还有一项非常重要的职能就是密切关注其他社会关系，主要是各类关系的内部矛盾是否融合或激化。例如公有资本和非公有资本的作用发挥是否恰当，劳动人民生活水平是否稳步提升，劳资关系是否和谐，社会公平受损还是加强，在吸收民间自发形成和学界研究的意识形态基础上不断微调政界主流意识形态，促使马克思主义的现代化和中国化发展，并主动调整影响CSSA主要关系的制度安排，使社会结构向着有利于中国资本积累的方向发展。

（二）主流意识形态与其他经济关系的相互作用

一方面，政府主导下形成的资本关系、劳动（资）关系、国际经济关系以及生产和生态的关系之间的矛盾冲突都对社会主流意识形态产生影响，另一方面，主流意识形态通过改变各类经济主体尤其是政府的行为模式，从而对各类经济关系产生反作用。有利于各类社会关系稳定的主流意识形态不断朝着其本来的方向强化，但这一强化可能走向极端变得封闭或偏离，使其与其他社会关系不兼容，从而进行局部调整，或向着一个新的方向发展。

（三）资本关系与其他关系的相互作用

它主要体现在资本关系对劳资关系、主流意识形态以及经济与生态的关系的影响上。首先，生产资料所有制决定了劳动（资）关系。劳动者作为公有资本的共同所有者，不存在与资本所有者之间的根本利益冲突。而非公有资本内部必然形成雇佣劳动关系，产生劳资冲突的可能。但非公有资本内部的劳资冲突受到公有资本竞争的限制和约束，这种限制和约束的强度又由公有资本占国民经济的比重所影响。其次，资本关系的发展与变化尤其是非公有资本占国民经济比重不断攀升，将部分改变社会生产关系的属性，在改变劳动关系时对社会主流意识形态产生影响。最后，资本之间的无序竞争将导致对自然生态资源的滥用，影响经济与生态的关系。

（四）劳动（资）关系与其他关系的相互作用

这主要体现在劳动者之间的利益关系以及劳资利益关系的冲突和缓和对政府职能、主流意识形态和资本结构的作用上。依据劳资矛盾的激化程度，可以将

CSSA 的劳动(资)关系分为"和谐型"和"冲突型"两类。和谐型劳动(资)关系表现为劳动者能够以较大比例分割资本积累带来的好处,从而在社会生产过程中具有较强的劳动积极性。此时,社会主流意识形态将向着支持和谐劳动(资)关系的方向继续演化,而政府职能也将向着有利于和谐劳动(资)关系的方向继续发展。冲突型劳动(资)关系主要是由于剩余产品未按劳动投入分配,而是采取了平均分配或者按要素分配的方式,将损害劳动积极性。此时,如果可供分配的剩余产品数量持续提升,劳动者绝对收入仍然持续提升,且收入分配差距不大,则对资本积累的负面影响不大。如果收入分配差距过大,劳动者相对收入下降过快,导致社会公平受到严重影响,或者劳动者绝对收入下降,将使得社会不满情绪增加,导致支持现行分配方式的社会主流意识形态受到挑战而变得不稳定,同时引起政府的关注,促使政府职能作用的转向。此外,劳动(资)关系的紧张程度也将影响购买阶段的劳资协商、具体劳动过程是否顺畅以及最终消费品能否顺利实现等,从而对资本结构产生影响。

(五)国际经济关系与其他主要关系的相互作用

CSSA 中的国际经济关系分为封闭型和开放型两种。封闭状态下,国际经济关系对社会主要矛盾关系的影响不大,但国际经济的发展程度将对国内经济发展产生竞争压力。开放状态下,根据中国经济实力在世界经济中的地位强弱不同,又将对其他主要关系产生影响。当中国经济实力较弱时,开放程度的提升将加速国外资本的流入,并改变中国资本的结构,从而相应改变劳资关系结构。此时,外资雇佣的劳动者待遇可能优于内资雇佣劳动者,导致优质劳动力向外商投资企业流动,进一步改变内外资企业的占比。相应地,西方意识形态对中国民间意识形态的影响将逐步增强,从而导致马克思主义主流意识形态受到的挑战加剧。政府为了引进资本、技术、管理等生产要素,将进一步推动开放程度的提升。此时,由于世界产业分工的影响,中国资本最初处于世界产业链的较低端,在国际剩余价值的分配中处于不利地位。这种不利地位最初进一步强化外资的流入。随着中国经济实力的不断增强,外资凭借先进技术和管理能力等获得的超额利润将下降,外资流入的速度将减缓,使中外资本结构占比处于较为均衡的状态,同时中国国内资本将走出国门,寻求更多的发展机会和更高的利润回报。相应地,外国资本雇佣的劳动者地位和中国资本雇佣的劳动者地位趋于平等。经济地位的改变将提升中国的文化和制度自信,从而在主流意识形态上更加倾向于中国化的马克思主义意识形态。此时,政府进一步推动开放的目的在于,一方面提升中国在世界经济体系中的话语权,参与国际经济规则的制定,从而为中国资本积累获得更加充分的生产要素和更广阔的市场提供助力；另一方面履行大国职责，推动以中国经济发展引领的世界共享经济体系的形成。

（六）经济与生态的关系与其他经济关系的相互作用

处理经济与生态关系的相关制度将作用于广义生产过程，引发其他主要经济矛盾关系的变化。相关制度主要体现在强制要求企业处理生产的外部生态成本，我们将其称为环境规制。首先，环境规制将影响资本关系。一是将影响资本规模，这是因为大规模企业处理资源环境污染带来的外部成本较低；二是将导致产业结构变化，决定产业结构向"清洁化"还是"污染化"发展；三是将对不同产权结构的资本竞争公平性产生影响。这是因为国有企业代理人由于受到晋升机制的激励，在其目标函数中对资源环境成本的考虑更多。其次，环境规制将影响劳资关系。一方面，低收入者对生态成本的承担相对其收入而言，比高收入者更多；另一方面，考虑生态成本的环境规制将在短期内造成资本结构的波动，从而导致就业结构的变化。再次，环境规制将影响国际经济关系，主要体现在由于污染产业的转移导致的发达国家和不发达国家对生态成本承担的新的不公平上。再次，环境规制将影响社会主流意识形态，较强的环境规制将有助于社会清洁绿色发展观的形成，更加关注子孙后代的利益和可持续发展。最后，环境规制本身由政府推行，同时又对政府职能产生影响。因为较强的环境规制本身要求国家宏观调控力的提升，还要求国家宏观经济政策的目标、手段与政策结构发生相应的变化。政府的宏观经济政策不仅要保障经济顺利运行，还要考虑如何促进经济与生态良性循环。

第四节　CSSA 的历史分期与阶段划分

构建 CSSA 理论，还需阐明 CSSA 的历史分期和阶段划分原则。SSA 理论将 GDP 增长率的变化和利润率增长的变化作为 SSA 阶段划分的主要指标。根据中国资本积累的层次划分和目标，我们认为 CSSA 的划分原则包括量的指标和质的划分两类。

一、CSSA 的分期原则

依据 CSSA 各类基本概念的分析，可以得出 CSSA 的分期原则，既包括分期的量化指标,又包括分期的质的划分依据。

1. GDP 增长率的变化是 CSSA 阶段划分的主要量化指标

当 CSSA 对中国资本积累发挥积极作用时,经济进入迅速发展期,GDP 增长速度较快;当 CSSA 成为资本积累的阻碍时,经济发展陷入低潮期,GDP 增速放缓。虽然中国资本积累不以追逐利润和剩余价值的增长为最终目标,而是旨在满足人民群众日益增长的物质和文化需要。但这一目标的实现以强大的经济实力为前提,因此有理由将 GDP 的增速作为 CSSA 阶段划分的一个主要指标。

2. CSSA 阶段划分需要考虑一系列辅助量化指标

这是因为 GDP 的增长不是满足人民群众日益增长的物质文化需要的充分条件。因此,在 CSSA 阶段划分时,还应将中国资本积累的最终目标的实现指标纳入考虑范围。这些辅助指标中,最重要的是人民生活水平的发展指标,还应包括产业结构调整目标的实现,人民消费结构不断提升情况下的消费满足度和教育、医疗、社会保障体系等一系列反映社会发展情况的量化指标。可以按照每一阶段中国资本积累的具体任务,选取相应的辅助量化指标来判断 CSSA 的阶段划分。

3. CSSA 的阶段划分还需要考虑反映生产方式演变的五大原则

因为 CSSA 的阶段演化不仅仅是具体制度的变化,还体现了生产力与生产关系矛盾作用下的生产方式的不断变革。这五大原则包括:

(1) 中国政府政策的演变特征和原因。其中,政府推动的从计划经济到商品经济再到市场经济的演化过程是划分 CSSA 阶段的一个重要原则。

(2) 中国主流意识形态的特征及其变化。尤其是政界主流意识形态的变化是推动政府政策演变的一个重要力量。

(3) 中国资本的来源特征。

(4) 中国劳动力的来源特征,主要是劳动力商品化过程的从无到有以及发展阶段。

(5) 中国资本和劳动结合方式的变化。既考虑两者是直接结合还是间接结合,又考虑由于生产技术变化带来的组织形式的变化。

二、CSSA 的阶段划分

依据 CSSA 阶段划分原则以及 GDP 增长率这一主要划分指标,我们将已有的 CSSA 划分为三阶段,见图 3.4.1。

图 3.4.1　我国 GDP 增长率(1953—2019)

(一) 三阶段 CSSA 的划分

第一阶段为1949年至1978年。该阶段 GDP 的年平均增长率为6.4%,GDP 增长率变化的主要特征是大幅波动。从 CSSA 的六大核心关系来看,该阶段的重要特征是,政府成为高度集权的中央计划者,管理和控制社会经济生活的方方面面。政府成为经济与社会无所不包的"大家长",并受到以下特征核心关系的支撑:一是资本关系一元化,在相当长的时间只有公有制经济成分(即全民所有制和集体所有制两类公有资本),没有非公有制经济成分,因此不存在资本之间的自主竞争,各类经济资源大多由中央计划者统一划拨和调配;二是公有劳动关系单一化,在生产资料单一公有制的基础上,不存在劳资关系,只有公有资本与劳动者直接结合的劳动关系;三是基本独立于世界经济体系之外,除与苏联等少数社会主义国家的经济来往外,中国与其他主要经济体基本没有经济上的往来与沟通;四是中国化的马克思主义意识形态占绝对主流地位,基本没有其他意识形态与之抗衡;五是生态矛盾的潜在隐形特征,这一阶段虽然进行了一些不符合自然发展规律的经济活动,但由于中国整体经济实力相对较低,生产规模不大,人类经济活动与自然生态的矛盾仍处于潜在隐形的状态。因此,我们将这一阶段的 CSSA 命名为"计划 CSSA"。

第二阶段是1978年至2012年。该阶段 GDP 增长率波动不大,呈现稳定高速增长态势。社会结构的主要特征是具体经济体制在政府的主导下,经历了从计划经济体制向市场经济体制的转型。CSSA 六大核心关系的具体特征是:第一,以公有资本为主导的多元资本关系逐步形成;第二,劳资关系出现并日渐复杂化,劳资冲突日益明显;第三,政府在管理经济生活方面逐步推行了有控制的放权改革;第四,中国以发展中国家的身份逐步融入世界经济体系;第五,马克思主义主流意识形态与西方资产阶级意识形态的博弈逐渐加剧;第六,生态矛盾逐步显性化。由于这一阶段 CSSA 核心关系的动态变化较为明显,我们将这一阶段命名为"转型 CSSA"。

第三阶段是 2012 年至今。该阶段 GDP 增长率缓慢下降,中国经济由高速增长转为中高速增长。这一阶段社会结构的主要特征是:在前期全面建设社会主义市场经济的基础上,由政府主导正在推进一系列结构性改革,旨在全面完善中国特色社会主义市场经济制度。由于这一阶段持续时间不长,概括该阶段六大关系的主要特征为时尚早。但从中国共产党的重要文件精神和经济发展的现实可以看出,这一阶段 CSSA 六大核心关系的发展趋向包括:一是劳动关系"和谐化";二是资本关系"良性化";三是适度控权的政府作用"有效化";四是重构的中国化与现代化的马克思主义的意识形态"主流化";五是中国的国际关系"包容化";六是生态矛盾"缓和化"。如果这一阶段 CSSA 最终实现了上述六大特征,则与"计划 CSSA""转型 CSSA"的命名原则相对应,可以将其命名为"社会主义市场经济 CSSA"。考虑到中国政府在 CSSA 转型中的主导作用,也可借鉴 2017 年中国共产党第十九次全国代表大会对中国特色社会主义已经进入新时代的表述,将其命名为"新时代 CSSA"。为了名称的简便易记性,后文将第三阶段 CSSA 统一称作"新时代 CSSA"。

(二)各阶段 CSSA 内部各时期的划分

在此基础上,与 SSA 类似,各阶段 CSSA 内部也经历了探索、巩固和衰退三个时期。CSSA 内部三时期划分与 CSSA 整体阶段划分的原则大体相同,也以 GDP 的增长率为主要依据,同时考虑其他社会因素。

1. 计划 CSSA 内部各时期的划分

计划 CSSA 的探索期为 1949 年至 1956 年,巩固期为 1956 年至 1966 年,衰退期为 1966 年至 1978 年。仅从 GDP 的增长率来看,这样的分期显得很奇怪。因为自 1953 年有统计数据以来,1953 年至 1956 年的 GDP 年均增长率为 10.5%,远高于 1956 年至 1966 年的年均增长率 6.7%,并且 1966 年至 1978 年的年均增长率为 5.6%,并不显著低于巩固期。这是因为 CSSA 的阶段划分不能仅以 GDP 的增长率为参考,CSSA 的阶段演进以劳动人民地位的变化为主要动力机制,政府起主导作用。

1953 年至 1956 年,成立初期的中华人民共和国在全社会范围内推进了社会主义改造。资本关系从多元并存逐步趋向一元,旧有的劳资关系逐步被公有制条件下的劳动关系所代替。相应地,社会经济管理力量逐步向中央政府集中。虽然非公有制经济成分仍然存在,但劳动人民在历史上第一次成了生产资料的所有者,劳动者的主人翁意识高涨,劳动积极性大幅提升。因此,这一阶段较高的 GDP 增长率,一方面由于原有的国民经济实力较弱,恢复再生产容易取得较高的增长率,另一方面是以巩固期的社会结构特征为预期而形成的。因此,有理由将这一时期看作计划 CSSA 的探索期或者萌芽期。

1956 年至 1966 年,虽然该阶段 GDP 的年均增长率为 6.7%,但如果扣除 1960—1962 年经济的异常波动,GDP 年均增长率达到 13.3%。这一阶段"计划 CSSA"的阶段特征整体呈现并不断加强,为此可将其看作计划 CSSA 的巩固期。

1966 年至 1978 年,GDP 年均增长率为 5.6%。虽然这一增长率并不低,但考虑到全要素增长率、人民实际生活水平、社会动荡程度等变化,可以将这一阶段视为计划 CSSA 的衰退期。这一时期 CSSA 核心关系的特征包括:一元公有资本关系强化,劳动人民内部政治冲突不断,政府高度集权,马克思主义主流意识形态封闭,以及国际经济交流基本停滞。

2. 转型 CSSA 内部各时期的划分

转型 CSSA 的探索期为 1978 年至 1992 年,巩固期为 1992 年至 2008 年,衰退期为 2008 年至 2012 年。这一阶段分期与 GDP 增长率的变化相关度较高,结合 CSSA 六大核心关系来看分期特征更为明显。

1978 至 1992 年这一阶段,中国主要在计划经济体制外部尝试性地引入市场经济关系。多元资本关系开始萌芽并发展,非公有制经济成分从无到有,但在经济中所占比重不高。公有制经济内部,企业与劳动者的关系逐步出现了更为灵活的改变,主要体现在工资分配方面;非公有制经济成分中的劳资关系逐步形成,但从全社会来看劳动者主人翁地位仍然强势;政府积极推行各项放权探索;中国在经济方面逐步开放国门,主动融入世界经济体系,但由于整体经济实力相对较弱,在国际政治经济中的地位相对不强。相应地,各类西方思潮开始进入中国,一方面,中国更加关注前社会主义国家市场化改革的经验和教训,另一方面,更加主动地学习西方市场经济理论,并试图将其纳入社会主义经济理论的话语体系。西方思潮与中国化的马克思主义理论开始对话与互动。此外,由于经济总量较小,此时生态矛盾尚不明显。

1992 至 2008 年这一阶段,中国开始全面推行社会主义市场经济体系的构建,"转型 CSSA"的基本特征开始稳固。具体表现为:第一,多元资本并存的关系完全确立并逐步强化,非公有制经济占国民经济的比重稳定大幅增长,其地位从公有制经济的有益补充变为国民经济的重要组成部分;第二,多种所有制下的劳资关系相互交错,呈现复杂化特征,并且劳资冲突时有发生,但尚不剧烈;第三,"有控制的放权"政府特征正式确立,政府将属于市场的经济职能进一步放开,同时探索宏观经济调控的有效性;第四,中国不断融入世界经济体系,在世界产业分工链中占据了重要地位,但由于中国仍然是发展中国家,因此在国际上处于"经济大国与发展中国家"并存的地位;第五,西方自由主义意识形态在中国的影响增大,与马克思主义主流意识形态相互博弈,争取社会话语权;第六,随着经济总量不断扩大,高投入、高能耗的传统发展方式导致中国生态矛盾显性化。

2008年至2012年期间,由于转型CSSA巩固期各项社会矛盾的积累,加上2008年全球金融危机的爆发,转型CSSA的矛盾日益凸显,走入了衰退期。这一时期的基本特征是:第一,多元资本关系的混和发展特征增强,公有、私有和混合资本三足鼎立;第二,劳资关系复杂化程度进一步提高,劳资冲突日益社会化;第三,政府仍然在推行有控制的放权,但政府职能改革引起的争议增多;第四,马克思主义意识形态和西方新自由主义的争论日益增多并在多个领域进行了较为剧烈的交锋;第五,经济实力日益强大的中国应该在国际事务处理上拥有更多的话语权,但新的国际话语体系并未确立;第六,以雾霾和三废排放等为特征的生态矛盾日益显性化。

3. 新时代 CSSA 的探索与巩固

新时代CSSA的探索期为2012年至2017年,巩固期为2017年至今。从时间上来看,新时代CSSA的探索期较短。这是因为:第一,探索期推行的各项改革措施是对社会主义市场经济体制的完善与发展;第二,由于政府在改革中的主导性作用,实际在上一阶段的崩溃期,各项探索工作与思路已在有序推进;第三,由于新时代CSSA开始的时间不长,本书基于2017年中国共产党十九大召开的重要论述,把2017年作为巩固期。但应当注意的是,巩固期CSSA六大关系的重要特征正在发展中,实际并未完全确立。

参考文献

[1] 刚本博之著:《马克思〈资本论〉研究》,赵洪、陈家英等译,山东人民出版社1993年版。

[2] 马克思著:《政治经济学批判》(序言),人民出版社1971年版。

［3］马克思、恩格斯著：《马克思恩格斯全集》(第25卷)，人民出版社2001年版。

［4］斯大林著：《斯大林选集》(下)，人民出版社1979年版。

［5］杨承训著：《以多种形式实现公有资本人格化》，《企业活力》1997年第1期。

［6］杨志著：《重视社会主义公有资本及其内在矛盾的研究》，《东南学术》2003年第3期。

［7］张雷声著：《马克思的资本积累理论及其现实性》，《山东社会科学》2017年第1期。

［8］张宇著：《论国有经济的主导作用》，《经济学动态》2009年第12期。

［9］David M. Gordon (1978), "Up and down the long roller coaster", *Union for Radical Political Economics* (ed.) *U.S. Capitalism in Crisis*, New York: Union for Radical Political Economics, pp.22-35.

［10］Terrence McDonough (1999), "Gordon's Accumulation Theory: The Highest Stage of Stadial Theory", *Review of Radical Political Economics*, Vol (31), pp.6-31.

第四章

CSSA 的动力系统与作用逻辑

中国资本积累的社会结构理论，基于中国资本积累过程面临的主要矛盾关系，构建了一个六大主要关系的分析框架。这一框架的实质是按照不同经济代理人在社会生产总过程中的相互作用与联系的原则，具体化社会生产关系。该框架既包括经济基础的内容，又包括上层建筑的范畴。CSSA 的阶段性演化，是中国社会主义经济系统内的具体制度体系的演进过程，既包含了该体系的内部发展，又包含了该体系的部分质变。为了说明各时期 CSSA 之间相互转换的具体机理，有必要阐明 CSSA 发展变化的动力系统、运行系统和作用机制。

第一节 CSSA 的动力系统分析

中国社会主义经济建设的不断发展，伴随着不同 CSSA 阶段的更替和演化。一方面，CSSA 六大关系的演化不会自动发生，而是需要外力的推动；另一方面，六大关系自身也将相互作用，形成一个内在合力的作用系统。需要强调的是，CSSA 系统内部的六大关系并非平行排列，而是具有主要关系和相对次要关系的结构性特征，其相互作用的力的方向和大小也有所不同，最终将形成一个合力，与系统外力相互影响。CSSA 将在系统外力和内力的共同作用下，形成推动 CSSA 内部不断运动并且向前发展的动力系统。

一、CSSA 的原动力分析

一个运行良好的 CSSA 最初在稳定的状态下运行。构成每个特定 CSSA 的具体制度均有自身的独特属性。稳态下,这些具体制度之间具有相互兼容和互相支撑,进一步增强了 CSSA 系统的稳定性。这种系统运行的稳定状态通常需要一个外在的力量来打破。生产力的发展正是打破原有系统稳定状态的根本动力,我们将其称为 CSSA 的原动力。

在马克思的社会经济结构理论中,生产力进步是社会经济结构变化的首要动力。在此有必要再次引述马克思在《〈政治经济学批判〉序言》中的经典论述:"人们在自己生活的社会生产中发生一定的、必然的、与他们的物质生产力的一定发展阶段相适合的生产关系,既有法律的和政治的上层建筑竖立其上并有一定的社会意识形态与之相适应的现实基础……物质生活的生产方式制约着整个社会生活、政治生活和精神生活的过程。不是人们的意识决定人们的存在,相反,是人们的社会存在决定人们的意识。社会的物质生产力发展到一定阶段,便同它们一直在其中活动的现存生产关系或财产关系(这只是生产关系的法律用语)发生矛盾。于是这些关系便由生产的发展形式变成生产力的桎梏。那时社会革命的时代就到来了。"[1]这一经典论述中隐含两方面结论:一是生产力对生产关系的决定作用,即评价生产关系的根本标准是生产力;二是生产关系将对生产力产生重要反作用,即生产关系在适应生产力时会促进其发展,而当生产关系不适应生产力时将变为生产力的桎梏。此时,生产力自我发展的要求会推动生产关系发生变化,从而重新适应生产力,这种矛盾作用正是社会变革的根本动力。

因为 CSSA 本质上是一个社会经济关系和上层建筑的综合系统,生产力的发展是打破这一系统稳定状态的首要动力,所以将生产力的发展看作 CSSA 演化的原动力。

二、CSSA 的核心动力分析

马克思关于生产力和生产关系的矛盾运动是社会经济结构变革的核心动力的

---

[1] 马克思著:《政治经济学批判》(序言),人民出版社 1971 年版。

观点,也是我们理解人类社会形态发展的理论基础。"生产力-生产关系"的矛盾运动推动了生产方式的调整和变革,成为 CSSA 阶段演化的核心动力。

(一)生产方式的发展变化融合了"生产力-生产关系"的矛盾运动

马克思 1846 年 12 月致安年科夫的信中首次提出了生产方式融合"生产力-生产关系"矛盾运动的原理。他写道:"随着新的生产力的获得,人们便改变自己的生产方式,而随着生产方式的改变,他们便改变所有不过是这一特定生产方式的必然关系的经济关系。"①

根据马克思的论述,生产方式是生产力和生产关系的矛盾统一体,当现存生产方式内部的生产力向前发展时,便要求这一特定生产方式的必然关系的经济关系发生调整,也调整了现有生产方式的内涵,产生了社会向前发展的推动力。

所谓生产方式,就是物质生活资料的获得方式,即社会生产机体本身的特殊方式。生产方式,按其划分的不同原则,有三个层面的含义:一是狭义的生产方式即劳动方式,也就是劳动过程的技术和组织形式。二是生产形式或社会的经济形式,即一定历史阶段产品的生产、交换以及通过交换(或分配)来体现和实现生产者之间的社会联系或关系的经济形式,表现为劳动交换形式及其资源配置方式。按照这一划分标准,马克思把人类社会经济形态的发展过程划分为三大社会经济形态,即自然经济、商品经济和产品经济等。与此相适应,资源配置方式也分为三种基本方式,即简单自然配置、市场配置和计划配置等。三是生产的社会形式即生产的社会性质,从根本上说它表现为劳动者与生产资料结合的特殊方式,劳动产品是自己消费还是用来出卖。② 具体来说,生产的社会形式表现为两个方面,即财富的社会形式或生产资料所有制形式和劳动的社会形式。

生产力决定生产关系,并不简单表现为生产力达到既定水平就会出现相应的生产关系,而是表现为生产力发展与生产关系调整的矛盾动态。首先,生产力借助现有生产方式内在必然的经济关系进行发展;其次,随着生产力发展,必将产生与现有生产关系的矛盾,推动生产关系变革,从而引起生产方式的内部调整。当现有生产方式通过局部调整可以继续推动生产力发展时,生产力与生产关系的矛盾得以调和,否则将推动现有生产方式从量变走向质变,形成社会经济形态的更替。

"生产力-生产关系"矛盾运动,推动着生产方式不同层次的变革。一般而言,

---

① 马克思、恩格斯著:《马克思恩格斯全集》(第 27 卷),人民出版社 1974 年版,第 479 页。
② 于金富著:《当代中国经济改革的实质在于生产方式的变革》,《河南大学学报(社会科学版)》2007 年第 1 期。

生产力进步率先推动劳动方式的变化,即生产力进步将首先提升制造的工艺水平、生产资料质量等生产的物质条件,即改变了劳动的技术过程,继而要求劳动的组织形式发生相应的变化,从而产生原有劳动方式改变的动力。这形成了狭义层面的生产方式的调整与变革。如果这一劳动方式与现有的生产形式或生产的社会形式可以兼容,则生产力持续发展。随着生产力的发展,劳动方式不断调整,必将推动人们之间社会关系的演变,从而使分配、交换和消费关系均发生变化,形成新的生产关系。新的生产关系下的一系列社会性质将对原有生产的社会属性产生影响,最后反作用于生产力。

同时,这个过程形成了两条相反的作用路径:一是劳动方式的改变促进了劳动者能力、劳动资料和劳动对象的演进,进而促进生产力水平的提升。但在形成新的生产关系前,这种反作用对于生产力的促进相对有限。二是既成的社会规定会促进产生这种社会规定的生产方式得到更大规模的推广和应用,即生产方式的社会属性反作用于生产方式的物质属性。

历史表明,在较短的时间内,生产力变化对劳动方式的作用较为直接,而劳动方式的变化通过生产关系的变化影响生产方式的社会属性,经历了一个迂回的过程,因此时间较长。

马克思主义经济学正是将生产方式看作"生产力-生产关系"矛盾运动的统一机制,分析资本主义社会经济结构的运动过程,并揭示其客观规律。根据马克思的分析,资本主义生产方式是生产力发展的一种重要机制,这种形式包括了资本雇佣工人、协作劳动和商品生产三方面内容,资本在这种方式的支持或约束下,最大限度追求剩余价值成了生产力发展的核心。在资本主义发展的过程中,劳动方式、生产方式的社会属性均发生了改变,促进绝对剩余价值与相对剩余价值的生产,并产生了固有矛盾。

马克思在分析过程中虽然没有明确指定,但实际上将剩余价值率和平均利润率的变化作为判定生产力与生产关系是否契合的重要指标,即资本主义生产方式在"生产力-生产关系"有机适应阶段将促进剩余价值率和资本利润率的提升。同时,他阐明了资本主义生产方式中的平均利润率下降规律,将其作为这种生产方式体现的生产力与生产关系的固有矛盾的标志。

(二) SSA 理论对"生产力-生产关系"矛盾运动的具体化

SSA 理论在分析各阶段 SSA 的演化动力时,继承了马克思"生产力-生产关系"矛盾运动的思想,并对相关范畴进行了具体化的分析。

一是着眼于"资本积累过程"对资本主义生产方式进行具体化阐述,将其作为生产力-生产关系矛盾运动的融合机制。SSA 理论以资本主义生产方式为研究的历史背景,重点分析社会结构与资本积累过程的矛盾互动。其对"资本积累过程"的分析,关注资本循环过程的购买、生产、销售三阶段能否顺利进行,实质也是对资本主义具体生产方式的分析。SSA 理论研究者在最初的著作中就分析了科学技术的进步对资本主义劳动方式的影响。例如对美国的"劳动同质化"的研究,指出工业生产中的机械化和资本/劳动比例的迅速提高促使了"劳动同质化",而"劳动同质化"降低了工人在劳资议价中的能力,改变了劳资力量的对比[1]。又如关于技术进步影响劳动过程和劳动力市场结构的研究,指出第二次世界大战后,科学技术革命促使劳动过程发生了质变,导致劳动力市场"二元化",从而形成了资本对劳动"分而治之"的统治[2]。此外,SSA 理论在分析不同类型的 SSA 的成因时,也强调了劳动方式的影响。该理论认为,"战后 SSA"的成因之一是机器化大工业条件下的劳动方式,有助于劳动者更加高效的联合,增强了劳动者相对力量,从而支撑了"劳资妥协"的劳资关系;"新自由主义 SSA"的成因之一是社会分工的扩大导致了劳动力的去技能化,信息技术的发展使低技能劳动力外包,从而有助于"强资本、弱劳动"劳资关系的形成。

二是将抽象、整体的生产关系细化为作用于资本积累过程的五方面关系,并将劳资关系与资本积累过程的矛盾运动作为 SSA 阶段演化的动力机制,实质是对"生产力-生产关系"矛盾运动的具体化。其中,资本积累持续进行与生产力的发展密切相关,而劳资矛盾是资本主义生产关系的主要矛盾。SSA 理论重点考察阶级冲突或者非阶级集团的利益冲突对稳定性和预期的影响。因此,其五大关系基本依照经济主体或者经济集团的角色进行概括,分别为资本竞争关系、劳动与资本的关系、国家的经济角色(社会与经济的关系)、一国的国际经济地位以及主流意识形态,而非传统的按照"生产、分配、交换、消费"四过程划分的生产关系。但是 SSA 理论在分析五大关系相互作用的机理时,并非回避而是强调了生产"四过程"中各类经济关系的相互作用。其中,SSA 理论认为劳资关系是五大关系的核心,正是劳资关系的缓和与激化起了促进或阻碍资本积累的作用,从而引发 SSA 整体的巩固或

---

[1] David M. Gordon, Richard Edwards, Michael Reich (1988), *Segmented Worker, Divided Workers*, Cambridge: Cambridge University Press, pp.128.

[2] David M. Gordon, Richard Edwards, Michael Reich (1988), *Segmented Worker, Divided Workers*, Cambridge: Cambridge University Press.

衰退。

三是将资本积累率的高低作为反映生产力和生产关系是否匹配的耦合指标。SSA理论重点考虑生产力变化影响积累率，积累率影响资本积累过程，资本积累过程影响积累的社会结构，从而又以积累率的变化为传导，影响生产力变化的动态过程。由于积累率的高低与GDP的增长率和利润率的增长率密切相关，因此，SSA理论在考察资本积累过程与社会结构是否适应时，以GDP的增长率和利润率的增长率作为融合指标，并对SSA进行阶段划分。

SSA理论的上述分析表明，同一生产方式内部，在生产关系呈现出不同的具体特征时，生产力发展可能对生产的社会组织形式产生不同的影响。在SSA中，这种影响的方向和大小取决于劳资力量的对比。由此可见，SSA理论以资本积累为融合机制的分析，实质研究了生产力和生产关系如何相互协调、相互适应并演变发展。遗憾的是，虽然SSA理论兴起之初就重视对生产的劳动方式的研究，但因为该理论认为，生产方式对生产关系最重要的作用体现在劳资相对力量的变化，因而转为更加重视劳资矛盾的演化、阶级力量对比的变化对SSA阶段演化的作用。将劳资矛盾作为分析核心形成了SSA理论研究传统的重要特征，从而相对忽视了劳动方式变化在生产力-生产关系矛盾中的作用。

SSA理论形成以劳资矛盾为核心的分析传统有其历史原因。SSA理论着重于分析在较短历史时期资本主义具体制度的更替，而阶级分析在这样的视角中的确具有优势。同时，SSA理论相关学者也认识到，在一个更长的时间视角内分析资本主义具体制度的变化，更好的策略是将劳动方式的结构性变迁与阶级矛盾分析法相融合。

（三）CSSA理论对"生产力-生产关系"矛盾运动的发展

CSSA的动力系统分析一方面借鉴了SSA理论以资本积累过程作为"生产力-生产关系"融合机制的具体化分析框架；另一方面结合中华人民共和国经济发展史，对经典马克思主义经济学的生产方式研究框架进行了复归。

1. 将融合了"生产力-生产关系"矛盾作用的生产方式变化作为CSSA系统的核心动力

SSA理论的研究对象是资本主义系统内部变革的历史过程，就生产方式视角而言，这一系统主要经历了劳动方式的变革，而生产形式始终以发达的商品经济即市场经济为特征，生产的社会形式始终以雇佣劳动形式为特征，并未发生本质上的变化。因此SSA理论着重研究生产关系范畴中的阶级矛盾的激化和缓和对"生产力-生产关系"的融合度带来的影响,同时在较长时间内简要分析了劳动方式变化对生产关系的作用。

CSSA变迁的历史表明,中华人民共和国成立以来社会主义初级阶段经济系统的变革本质上是生产方式的变革。在这一历史阶段中,中国从农业国逐渐向现代化工业国发展,不仅生产的技术条件经历了手工劳动、机器化大工业生产、电气化生产和信息化生产的演变,而且生产形式经历了从自然经济跳跃到产品经济再回归到市场经济的变化;同时生产的社会形式经历了劳动与公有资本直接结合,转化到非公有制经济条件下劳动与资本以雇佣劳动的形式间接结合,以及公有经济条件下劳动与公有资本通过劳动力市场间接结合等多种方式并存。这种生产方式的变化正是"生产力-生产关系"矛盾运动作为社会主义基本经济制度系统演化的核心动力的体现。

2. CSSA具有更加立体和系统化的"生产力-生产关系"耦合判定指标

一方面,CSSA的"生产力-生产关系"耦合判定指标的立体系统化特征由其生产方式跨越幅度较大所决定。中华人民共和国成立70多年的历史虽然相比于资本主义制度发展历史而言并不长,跨越的社会形态阶段却较多,同时生产形式及其质的变化幅度较大。另一方面,由中国资本积累目标层次的丰富性和中国资本积累量化指标的立体性所决定。处于社会主义初级阶段的中国,生产力发展的社会目标及其性质既有与资本主义社会类似的一般特征,又有着本质的不同,体现在资本积累目标层次的丰富性上,因此要求更加立体和系统的"生产力-生产关系"耦合判定指标。

首先,GDP增长率的变化仍然是生产力与生产关系相适应的主要耦合判定指标,因为社会再生产的一般目标就是使用价值的增加。其次,积累率和利润率的高低应作为另一耦合判定指标。因为积累率的高低决定了社会再生产扩大的速度,利润率的高低则表明了生产投入的效率,两者的提升均能说明生产力和生产关系的有效适应。再次,由于中国的基本制度是社会主义制度,社会主义的本质是"解放生产力、发展生产力、消灭剥削、消除两极分化,最终达到共同富裕",因此除了以GDP增长率、积累率和利润率体现"解放生产力、发展生产力"的目标外,还应有体现社会主义制度性质的副指标,包括社会福利、社会公平、社会就业、社会环境。最后,鉴于不同阶段CSSA的发展目标不同,在判定生产力与生产关系是否相适应时,除GDP增长这一主指标不变外,其余辅助指标的选取可能出现阶段性差异。例如,在工业化建设阶段,以工业化程度为主要附加指标;在改革开放初期,更加关注 GDP 的增长；党的十八大以来，更加重视发展方式转型，即产业结构升级、社会环境指标等。

三、CSSA 的直接动力分析

生产力发展这一 CSSA 系统演化原动力处于 CSSA 六大主要关系之外，融合了"生产力-生产关系"矛盾的生产方式的变革这一核心动力联结了生产力与 CSSA。为分析 CSSA 的演进过程，还需要从其内部寻找引致 CSSA 变化的直接动力。在 CSSA 六大主要关系内部寻找导致其整体变化的直接动力，问题在于明确处于中华人民共和国经济建设的具体历史条件下，哪个或者哪些关系将对其他关系的形成和变化产生最为重要的影响。我们认为，这一关系就是政府的作用，即政府的作用是 CSSA 演化的直接动力。

SSA 理论认为，劳资关系是影响其他主要关系的中心关系。因为该理论主要强调稳定性和投资预期对资本积累率的影响。在资本主义条件下，生产资料所有权与利润控制权均集中在资本家手中，影响稳定性和投资预期的最核心的矛盾冲突来自劳资矛盾。CSSA 理论仍然十分注重劳动（资）关系在六大主要关系中的重要地位。首先，生产资料所有权与剩余产品控制权的分配与结合关系，对资本积累的动机产生最为重要的影响。具体来说，生产资料归属于劳动还是资本，决定了投资的主体。而投资主体的经济目标将影响资本积累动机。其次，劳资结合方式将影响剩余产品的生产效率，从而影响资本积累动机。在直接生产过程中，劳动与资本的结合方式既是当前生产力发展的结果，又将影响劳动生产率，从而影响剩余产品生产效率。而劳资结合方式将影响劳资矛盾的表现，劳资矛盾又将影响劳资结合的有效性，从而间接影响投资预期。最后，劳资关系决定了剩余产品在劳动和资本之间的分配关系，一方面影响剩余价值率，另一方面通过迂回的社会资本再生产过程，影响产品的实现，从而对资本积累的动机产生间接的影响。

但是，在 CSSA 六大主要关系内部，劳动（资）关系一方面由资本关系的变化所决定，另一方面，资本关系和劳动（资）关系的特征都由中央政府所主导并推动其变革。CSSA 生产方式的变化由生产力的发展所推动，但在实际历史进程中，这一推动产生的自然力的作用时间较短，主要是中国政府主动观察到生产力的变化带来的生产力和生产关系的矛盾，并制定政策自上而下地推动生产方式变革，从而缓和生产力和生产关系的矛盾。其机理可以简要表述为：社会经济现实影响了主流意识形态并作用于政府对恰当的生产方式特征的判断,政府通过政策推动生产方式变革,影响生产关系的具体特征;随着生产力的发展变化,生产力和生产关系的融合度判定指标发生变化,从而影响主流意识形态和政府政策,主动推动生产方式的进一步变革。因此,在 CSSA 六大主要关系内部,政府的作用对其他关系产生了最主要的影响,政府的作用是 CSSA 演化的直接动力。

由此可见,导致 CSSA 内部循环和外部发展的动力系统包括三个不同层次的作用力。其中,生产力的发展是 CSSA 演变的外部推动力,也是原动力。融合了生产力和生产关系矛盾运动的生产方式的转变是 CSSA 发展的核心动力。而政府的作用是导致 CSSA 六大关系特征演变的内部动力,也是直接推动力。我们将这一动力系统框架概括在图 4.1.1 中。

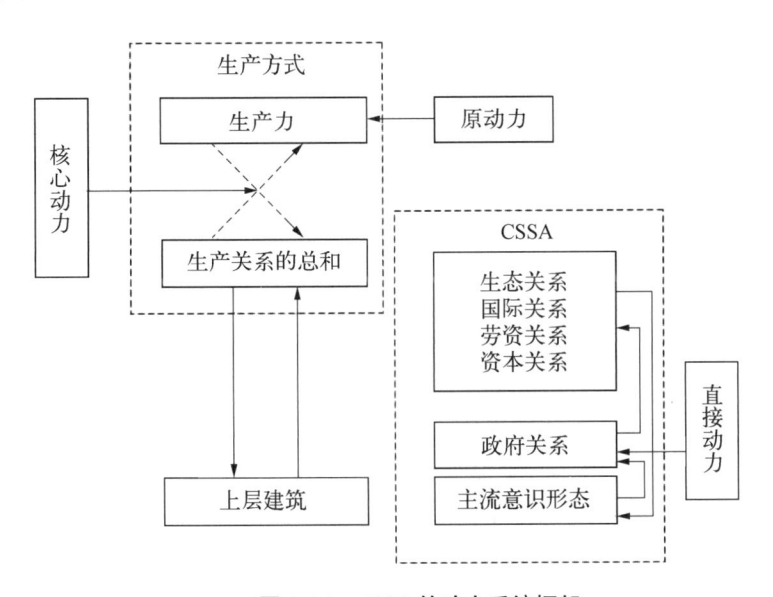

图 4.1.1　CSSA 的动力系统框架

四、CSSA 的总体运行系统

CSSA 的总体运行表现为 CSSA 在动力系统的三大合力作用下的动态演化。如果三大合力导致 CSSA 六大主要关系发生质变,则 CSSA 向外延伸,便形成了 CSSA 的阶段演化机理。如果三大合力下 CSSA 六大主要关系特征仅仅发生内部的动态微调,并未发生质变,便形成了每一阶段 CSSA 内部三个时期的发展变化原理。

（一）动力系统运行与 CSSA 的阶段交替

初始状态下，原有 CSSA 处于巩固期。此时，融合了生产力和生产关系的生产方式适应社会生产力发展的要求，CSSA 系统运行良好。其内部各关系的相互作用力交错连接，互相抵消，形成一个动态稳定状态下的生产关系和上层建筑的运行系统。这一稳定的 CSSA 促进资本积累不断进行，从而社会生产力不断进步和发展。

随着社会生产力的不断进步，CSSA 系统运行的原动力不断积累。当生产力进步积累到一定程度时发生质变，首先导致劳动方式的技术形式发生变化，从而劳动的组织形式相应改变。劳动方式的变化将使现有生产关系的不稳定性增强，如果 CSSA 体系内部的微量调整不能适应新的劳动方式变化，则整个生产关系体系分化，进入不稳定状态。这种生产关系的不稳定状态将导致资本积累过程受阻，社会经济进入结构性危机。

此时，现有生产方式作为生产力与生产关系的融合机制，既无法促进社会生产力的发展，又与现行生产关系不兼容。表现为"生产力-生产关系"融合量化指标的不断下滑或大幅波动，便形成了 CSSA 演化的核心动力。

当 CSSA 系统的核心动力增强时，政府开始发挥 CSSA 系统的直接动力作用。社会经济关系的不稳定导致资本积累受阻，社会矛盾加剧，从而使原有主流意识形态发生变化。政府一方面受到社会主流意识形态变化的影响，另一方面观测到生产关系系统的稳定性弱化，开始主动推动影响 CSSA 各项生产关系的制度变革，旨在使生产关系重新适应社会生产力的发展。由此产生 CSSA 向外发展的推动力，产生新的 CSSA。政府主导的社会制度变革持续进行，直到社会的生产形式符合现行生产力发展的要求，CSSA 系统重新进入稳态。

需要注意的是，CSSA 系统的直接动力，即政府作用发挥的时点和有效性的不同，将对 CSSA 内部各时期发展的时间动态产生影响。如前所述，当劳动方式变化导致的既有 CSSA 的不稳定性增强时，由于巩固期 CSSA 的整体兼容性特征，少量制度不适应生产力发展要求时，整体 CSSA 仍能作为一个系统发挥整体促进资本积累的作用，因此 GDP 增长率未必下降，但下降的可能性增加，原有 CSSA 有崩溃的可能。此时，由于政府作用是 CSSA 系统的直接动力，将出现两种可能：

第一种可能是政府在原有 CSSA 出现崩溃可能时，便关注到"生产力-生产关系"融合量化辅助指标的不利变化，开始主动推行制度变革。此时又将出现两种情况：一是仅通过制度的微调便能适应劳动方式的变化，CSSA 主要特征并未发生改变，原有 CSSA 持续巩固；二是制度微调不能适应劳动方式的变化，而需通过 CSSA

的整体调整主动探索生产方式的变化方向。此时由于政府能动性发挥较好,将大大缩短新旧CSSA交替所需的崩溃与衰退期。

第二种可能是在旧CSSA变得不稳定即出现崩溃可能时,政府未注意到这一不利变化或者出现决策错误,那么随着生产力进一步发展,现有CSSA与生产方式发展的矛盾加剧,导致GDP增长率下滑。同时政府、资本、劳动等经济主体有动机主动调整相互利益关系,试图恢复资本积累的顺利进行,于是导致某些具体制度发生变化。新的制度变化与旧有制度体系出现兼容困难,使旧有CSSA开始崩溃。旧的CSSA崩溃导致主流意识形态改变,"生产力-生产关系"融合指标显示的矛盾引起政府重视。政府开始有意识推动生产方式的变革,同时促进生产关系变化,新CSSA进入探索期。一方面,政府的推动加速了生产方式变化进程,在方向明确的情况下可以迅速解决旧CSSA带来的矛盾,另一方面,政府也存在有限信息的约束,在探明生产方式进步的正确方向之前,新CSSA可能经历一个较长的探索期。同时,政府推动的生产的社会方式变革,对生产关系的影响具有滞后性,具体制度改革也具有逐步推动的特征,将延长新CSSA的探索期。最后,随着生产方式变革目标的明确,新的适应生产力发展的CSSA形成,并且随着制度改革的逐步完善,CSSA各具体制度之间相互兼容,新CSSA进入巩固期。

(二)动力系统运行与同一CSSA的内部发展

CSSA的内部运行系统体现在政府对CSSA演化的直接推动上。CSSA的不稳定性一方面由劳动方式转变引起的劳动(资)矛盾激化所引发,另一方面由生产力的不断进步与现有稳定的生产关系的矛盾激化所引发,导致各项社会矛盾激化,资本积累进程受阻。此时,政府对CSSA的直接推动表现为以下几个步骤:

首先,中央政府在分析中国经济发展所处的历史阶段的基础上,总结当前历史发展阶段所要解决的主要问题,通过颁布各项文件,调整现有经济关系,试图使其适应社会生产力发展的需要。相关政策将直接影响社会的资本关系、劳动(劳资)关系、国际关系,使其对资本积累过程产生影响,从而作用于社会生产力的发展。同时,政府政策将对社会主流意识形态起到引领作用。

其次,资本关系和劳动(劳资)关系在政府政策的推动下,逐步发生演变,并通过社会再生产作用于资本积累过程,影响社会生产力的发展。政府政策也将影响中国资本与世界资本之间的关系,这一关系主要通过资本结构的改变和劳资关系的改变起作用,同时世界市场的不断扩大也将改变生产要素的可获得性与相对价格以及剩余产品的可实现性等,并作用于资本积累过程。此外,生产力的发展将改变中国在世界经济体系中的地位,进一步对国际关系产生影响。

再次,生产力的发展将促使经济活动不断靠近生态系统的边界,促使经济与生态的矛盾不断显性激化。而资本竞争、劳资关系、国际关系也将影响生态成本在不同经济主体之间的分配,通过资本积累进程对生态与经济的矛盾产生进一步的影响。

最后,资本关系、劳动(劳资)关系、国际关系、生态关系等构成了整个社会的经济基础,这一系列经济基础的变化对社会主流意识形态产生影响。政府在坚持马克思主义指导思想的前提下,以生产力-生产关系矛盾运动的融合指标为判定依据,研究系列经济基础变化与生产力发展之间的矛盾,并以此为基础,作为进一步改革政策制定的依据。

第二节 CSSA 的作用机理分析

CSSA 演化的动力系统包括三大动力两个层次,其中,生产力是外部原动力,"生产力-生产关系"的矛盾运动是使 CSSA 与外部动力发生联结的核心动力,而政府的作用是居于 CSSA 六大主要关系内部的直接动力。这一动力系统形成的合力将对 CSSA 的总体运行和内部运行同时产生影响。为了更好地阐明这一动力系统的作用,本节以资本积累过程的"购买—生产—出售"三阶段为关注对象,关注预期资本积累率、合意资本积累率和实际资本积累率等积累指标,以相关指标之间是否相互匹配作为衡量"生产力-生产关系"矛盾的判定依据,并以中国特色社会主义经济制度为研究背景,具体分析 CSSA 六大主要关系在面临不同类型矛盾时的变化与调整,从而将 CSSA 演化动力系统的作用机理具体化。

一、CSSA 对社会资本预期积累的作用机理

社会资本积累持续稳定进行,意味着社会资本扩大再生产顺利进行。为了更好地分析 CSSA 动力系统对资本积累的动态作用,我们将社会资本再生产分为若干个时期,重点考察每一期期初的资本积累决策以及当期的实际资本积累过程。

可以将资本循环的过程表述为:每一期期初资本所有者进行积累决策,其意图决定积累的剩余价值总量与当期生产的社会剩余价值总量之比,构成社会资本预

期积累率 s'^e。s'^e 并不一定能转化为现实的资本积累率,而要受到购买阶段的生产要素可得性的制约。因此,实际社会资本积累率在购买阶段完成后决定,用 s' 表示。根据马克思在《资本论》第二卷的论述,社会积累率的高低以及部门积累率是否符合一定的比例关系是社会资本扩大再生产顺利进行的基本实现条件,在此,我们将保证社会资本持续积累的社会积累率称为"社会合意积累率" s'^*。

s' 的数量和结构受到 s'^e 的影响,并且 s' 与 s'^* 之间存在三种可能的关系,代表了社会资本积累的不同状态。当 $s'=s'^*$ 时,社会资本积累处于稳定状态,生产持续稳定扩张,此时可认为生产力与生产关系处于相互适应状态。而当 $s'<s'^*$ 时,社会资本积累处于收缩状态,这种状态将导致资本积累的不稳定;当 $s'>s'^*$ 时,社会资本积累加速扩张,但处于一种不稳定的扩张状态,将产生积累的内部矛盾。如果 CSSA 六大关系系统能够处理这一内部矛盾,则资本积累重新回到 $s'^e=s'=s'^*$ 的稳定状态;如果不能,则这种加速扩张状态必然走向 $s'<s'^*$ 的收缩状态。$s'<s'^*$ 的收缩状态意味着生产力与生产关系出现了矛盾,将推动 CSSA 六大关系基本特征的变革,产生新的 CSSA,直到重新回到 $s'^e=s'=s'^*$ 的稳定状态。

需要指出的是,即便社会最初处于 $s'^e=s'=s'^*$ 的稳定状态,一方面,资本积累持续条件下生产力的发展将改变 s'^e、s' 和 s'^*;另一方面,CSSA 内部六大关系的相互作用也可能影响 s'^e、s' 和 s'^*,使资本积累进入不稳定状态,从而产生 CSSA 持续调整的要求。

CSSA 系统中有公有资本和非公有资本两种不同类别的资本,因此有两种不同的资本积累目标,从而 s'^e 由两类积累率共同组成:一是市场潜在积累率,由社会资本(包括公有资本和非公有资本)以追求预期利润为目的而进行的积累所决定,用 s'^e_M 表示;二是社会调节积累率,由政府通过公有资本为了实现社会目标而进行的资本积累所决定,用 s'^e_G 表示。因此有:

$$s'^e = s'^e_M + s'^e_G 。$$

(一) CSSA 对市场潜在积累率的影响

根据定义,s'^e_M 以利润最大化为目标,因此是预期利润率 p'^e 的增函数,即:$s'^e_M = f(p'^e)$,且 $\dfrac{ds'^e_M}{dp'^e} > 0$。

同时,p'^e 是预期剩余价值 $m^e \cdot V^e$ 和预期预付资本 $(C^e + V^e)$ 的比率,有

$$p'^e = \frac{m'^e \cdot V^e}{C^e + V^e} = m'^e \cdot \frac{1}{\theta^e + 1}, \text{且} \frac{\partial p'^e}{\partial m'^e} > 0, \text{且} \frac{\partial p'^e}{\partial \theta^e} < 0 \text{。}$$

即 p'^e 是预期剩余价值率 m'^e 的增函数,同时是预期资本构成 θ^e 的减函数。

m'^e 的高低受两个因素影响:一是预期生产过程生产的剩余价值率高低;二是预期出售过程的剩余产品实现程度。这两者均受技术因素、制度因素以及两者的交互作用的影响,又由 CSSA 动力系统对其加以作用。

1. 技术因素

从生产过程角度来看,个别企业技术进步可以促进个别资本实现超额剩余价值生产,社会技术进步可以促进全社会实现相对剩余价值生产,均将提升 m'^e。从出售过程角度来看,如果新的技术产生了新需求新市场,并拓展了原有市场空间,可以确保剩余产品的实现,提升 m'^e。技术因素对 m'^e 的作用受资本竞争关系的影响,一方面,资本之间的充分竞争可以增强企业的技术改进动力,另一方面,垄断资本进行技术创新的能力更强,但动力相对不足。技术因素对 m'^e 的作用还受政府对市场控制的影响:当政府控制程度较低时,个别资本创新动力较大;当政府控制程度较高时,个别资本创新动力不足,但政府主导的技术创新可以弥补这一不足。

2. 制度因素

从生产过程角度看,劳资关系可以影响资本对于劳动控制程度的预期。雇佣劳动关系下,如果资本对劳动的控制力较强,则 m'^e 提升;以公有制为基础的劳动关系下,如果劳动者个人利益与集体利益统一性较高,劳动积极性较强,则 m'^e 提升。经济全球化背景下,m'^e 还受国际关系的影响:如果国际雇佣劳动关系下资本对劳动的控制与公有制条件下的合作劳动关系相互作用,对劳动生产率的提高可能相互加强,也可能此消彼长,影响 m'^e。从出售过程角度看,较高的 m'^e 需要有效的市场空间,从而要求:第一,恰当的劳动收入份额以支撑劳动者个人消费,如果劳资冲突加剧导致劳动者有支付能力的需求不足,则剩余产品实现受限;第二,良性的资本竞争关系,如果资本对预期利润率足够乐观,则可以产生足够的投资需求;第三,良好的国际关系,以提供充足的国际购买力;第四,通过有效的政府作用来提供恰当的政府公共购买力。

3. 技术因素通过对制度因素施加影响作用于预期剩余价值率

如果技术进步导致生产过程重组,可能改变现有的劳资关系,改变劳资力量的对比;也可能改变市场竞争程度,改变资本之间的竞争关系,从而影响 m'^e。

由此可见,m'^e 的高低一方面受生产力进步推动下技术创新的影响,另一方面受 CSSA 内部资本关系、劳资关系、国际经济关系以及政府对上述关系调控的影响。

θ^e 的变化可能由于突然的外部技术进步所导致,也可能是资本积累促进生产力水平发展的自然结果。技术进步和生产力水平的发展往往对 θ^e 产生影响。马克思在《资本论》中论述过,资本积累规律将导致社会资本有机构成上升。但 θ^e 上升的过程同样受到 CSSA 的作用;如果 CSSA 系统中的劳动者地位占优,从而劳动力相对其他生产要素价格较高,资本将在市场竞争中进一步强化对资本要素的使用,形成对劳动力的替代,从而促使资本有机构成提升。

在以 θ^e 提升为前提的对利润率长期变化的分析中,马克思指出:"随着资本主义生产方式的发展,利润率会下降,而利润量会随着所使用的资本量的增加而增加。"①这必然导致"单个资本家为了劳动所必需的资本最低限额,随着利润率的下降而增加"。②

因此,当利润率呈长期递减趋势时,积累率仍然可能为正,只要新增资本部分的预期利润率大于零;或者新增资本部分的预期利润率小于零,从而导致整体资本利润率下降,但扩大的预付资本总量所带来的新增利润能够弥补利润率下降的损失;或者资本积累导致短期利润总量下降,但可以扩大市场占有率,增加资本的垄断势力,因而预期积累的长期收益为正。

积累率为正的前两个条件受到预期利润率和利润量的影响,CSSA 对其作用机制与对 m'^e 和 θ^e 的作用相同。第三个条件意味着,如果 CSSA 资本关系中的垄断资本数量和规模增加,则在特定时间段有助于资本积累的进行。

如果上述三个条件均不满足,则市场潜在的资本积累率为零。

(二) CSSA 对社会调节积累率的影响

利润最大化动机下形成的市场潜在积累率,其高低与比例往往与社会合意积累率存在差异,需要社会加以调节。在 CSSA 中,这一调节作用主要通过公有资本积累以及政府对市场和社会的管理,影响 $s_G'^e$ 加以实现。

一方面,某些行业的预期利润率可能不足以激励积累资本以利润为动机的积累,但是社会需要这方面的投资,因此必须靠社会调节积累率加以补足。在 CSSA 系统中,相当一部分由公有资本的积累进行补足,如提供社会必要的公共品(包括

---

① 马克思、恩格斯著:《马克思恩格斯全集》(第 46 卷),人民出版社 2003 年版,第 685 页。
② 马克思、恩格斯著:《马克思恩格斯全集》(第 46 卷),人民出版社 2003 年版,第 276 页。

公共基础设施等),又如投资于有利于国民经济发展的支柱型产业(如高新技术产业等),再如为了平复宏观经济波动而进行的社会投资。

另一方面,若市场对利润预期过度乐观,从而导致潜在积累过度;或者某些行业资本积累的社会效益低于资本效益时,社会合意积累率低于市场潜在积累率。此时,公有资本可以主动降低某些行业的积累率,落实政府的结构性调整政策,使社会合意积累率低于市场潜在积累率。

CSSA 主要通过政府职能作用、政府调控下的公有资本作用的发挥以及主流意识形态的作用来影响 $s_G^{\prime e}$。社会主流意识形态将影响政府对经济的参与度和参与方式,从而影响 $s_G^{\prime e}$ 的高低。比如,当社会主流意识形态认为政府不应当过多干预市场时,公有资本的调节积累率可能下降,或者公有资本通过积累率调节产业结构的力度会下降,反之则上升;当社会主流意识形态认为政府应当以计划手段调节积累率时,往往通过直接改变公有资本的投资和生产决策,直接决定调节积累率;当主流意识形态更加强调市场的作用时,政府往往通过市场手段对调节积累率进行间接干预。

由上述分析可知,CSSA 中的社会预期积累率一方面受预期利润的影响,另一方面对公共需求和社会目标的实现考虑较多,因此,社会预期积累率 $s^{\prime e}$ 相对于 SSA 理论中,更加接近社会合意积累率 $s^{\prime *}$。同时,无论生产力的发展将通过 $m^{\prime e}$ 还是 θ^e 影响资本积累,都将对 $s^{\prime e}$ 和 $s^{\prime *}$ 同时产生影响,破坏资本积累的稳定状态,要么通过 CSSA 六大关系的内部调整,要么通过 CSSA 转向新的阶段,重新实现资本积累的稳定。

二、CSSA 对社会资本实际积累的作用机理

社会资本预期积累率 $s^{\prime e}$ 并不一定等于实际资本积累率 $s^{\prime}$。意图资本化的剩余价值能否转为实际资本,要受生产要素可得性的影响,即各类生产要素的数量、质量和价格是否符合合意资本积累的需要,包括物质资本、自然资源、科学技术以及劳动力的可得性。上述生产要素的可得性与各阶段 CSSA 的特征息息相关。

首先,生产要素的可得性受要素市场化程度的影响。在 CSSA 系统中,政府的作用对生产要素可得性的影响较大。当中国积累的社会结构处于计划 CSSA 阶段时,几乎不可能从市场上获得各类生产要素,各类生产要素按政府计划进行调配,市场潜在积累率小于市场实际积累率,不足的部分由社会调节积累率补足。当中

国积累的社会结构处于转型 CSSA 阶段时,可以通过市场获得部分生产要素,市场实际积累率仍然小于市场潜在积累率,需要社会调节积累率补足。当 CSSA 的市场化改革完成时,可以通过市场获得生产要素。

其次,生产要素的可得性受 s'^e 和 s'^* 关系的影响。当 $s'^e \neq s'^*$ 时,上一期社会实际提供的生产要素的规模和比例可能不适应 s'^e 的要求,从而导致 s' 低于 s'^e。此时,政府可以通过改变社会调节积累率来保证实际积累率与合意积累率趋于一致,但调节积累率对实际积累率的改变作用会受 CSSA 内部主要关系的制约。

此外,市场化条件下政府作用对生产要素可得性的作用还体现在,政府可以通过规制政策或者市场化手段来调节各类生产要素的供应量以及价格,从而改变生产要素的可得性。实际上,当市场潜在积累率大于社会合意积累率时,政府往往通过上述手段减少生产要素的可得性,使实际积累率与合意积累率趋于一致。

除政府职能作用外,生产要素是否可得,还要受 CSSA 系统其他主要关系的影响。例如,如果资本竞争矛盾导致生产失衡,则可能部分资本要素不可得,而另一部分资本要素生产过剩;劳资矛盾的激化可能影响劳动力的再生产,从而使既定质量与数量的劳动力不可得;在经济全球化的条件下,国内市场缺乏的资本和劳动力等生产要素一方面可以由国际市场供应来补足,另一方面国际市场的失衡也可能加剧国内市场的结构性失衡。

事实上,当购买阶段完成后,资本积累的动态并未结束,此时资本进入生产和出售阶段,只有这两个阶段顺利进行,如果社会实际实现剩余价值率 m' 等于期初预期剩余价值率 m'^e,才可看作资本积累过程顺利进行。$m'^e = m'$ 要求 CSSA 系统的有效支撑,其作用机制与影响预期剩余价值率的作用机制相同,在此不再赘述。

由上述分析可知,资本积累的稳定进行必将导致生产力的发展变化,生产力进步通过影响 m'^e 和 θ^e,对 s'^e、s' 和 s'^* 产生影响。当 $s'^e \neq s' \neq s'^*$ 时,首先导致 CSSA 内部六大关系的调整。如果通过调整能重新实现 $s'^e = s' = s'^*$,则意味着生产力与生产关系的矛盾仍然不突出,原有 CSSA 持续巩固,资本积累进一步进行;如果通过调整不能重新实现 $s'^e = s' = s'^*$,则意味着现有 CSSA 框架无法适应生产力发展的要求,需要转化为新的 CSSA 以重新促进资本积累的稳定进行。但是,由于生产力发展本身有资本增进型和劳动增进型两种,生产方式的变化有劳动方式、生产形式和生产的社会属性变化三类,CSSA 内部具有六大主要关系,每种类别和关系的变化均有不同类型。穷尽这些变化的排列组合需要过大的篇幅。为此,下面以中华人民共和国成立以来三阶段的 CSSA 的变化为例,阐明 CSSA 动力系统的内在作用机理。

三、CSSA 的现实作用路径

中华人民共和国成立以来，经历了计划 CSSA、转型 CSSA 和新时代 CSSA 三个阶段，每一阶段 CSSA 内部均经历了探索形成期以及内部调整和巩固期。此外，前两个 CSSA 还经历从衰退到转向新 CSSA 的过程。我们在第三章第四节详细阐述了三阶段 CSSA 的时间分期以及特征。在此，我们结合上述特征，对 s'^e、s' 和 s'^* 的矛盾动态进行抽象，以期阐明 CSSA 动力系统推动其阶段演化的作用机理。主要是在相关矛盾的作用下，阐明从计划 CSSA 向转型 CSSA、从转型 CSSA 向新时代 CSSA 发展变化以及计划 CSSA 和转型 CSSA 的内部演化的相关作用机理。

（一）由计划 CSSA 到转型 CSSA 的演化

中华人民共和国成立之初，"生产力-生产关系"的矛盾为计划 CSSA 整体特征的迅速成型提供了强大的核心动力。1949—1956 年，计划 CSSA 迅速成型，并有效促进社会生产进步。后随着生产力发展，"生产力-生产关系"的矛盾逐步激化。1956—1966 年，计划 CSSA 在政府作用主导下进行了内部微调，但整体特征并未改变，在有效缓和"生产力-生产关系"矛盾的同时，计划 CSSA 得以持续巩固。但 1966 年以后，计划 CSSA 六大关系的主要特征不仅无法平复"生产力-生产关系"的矛盾，反而使这一矛盾更加尖锐化。至 1978 年，政府作用这一直接动力，开始主导计划 CSSA 向转型 CSSA 演化。

1. 中华人民共和国成立之初的矛盾与计划 CSSA 的建立

中华人民共和国成立之初，资本积累无法稳定进行的主要原因在于社会预期积累率 s'^e（此时主要由市场潜在积累率 s'^e_M 构成）大大低于社会合意积累率 s'^*。

市场潜在积累率 s'^e_M 过低的原因在于，一方面，受旧中国长期战乱的影响，经济基础十分薄弱，生产力发展水平较低，可供积累的剩余价值不足；另一方面，旧制度仍然存在并处于混乱状态，新的制度尚未确立，资本、技术、劳动力和自然资源等积累所需的生产要素的质量与可得性较差，降低了 m'^e，从而间接导致 s'^e_M 的下降。社会合意积累率 s'^* 较高的原因在于，新生的社会主义政权要求迅速提高人民生活水平，以体现社会主义制度的合法性与优越性；西方敌对国家的封锁与孤立使国家经济安全受到严重威胁。为了应对这两方面的压力，要求中国尽快推进经济建设，促进社会资本积累快速进行。

为解决 s'_M 大大低于 s'^* 的矛盾,中华人民共和国政府在中国化马克思主义主流意识形态的支持下,主导并迅速建成了生产资料公有资本一元化条件下的中央计划经济体制,以便通过有效提升社会调节积累率 s'_G,从而使 s'^e 向 s'^* 靠拢。

计划 CSSA 阶段,政府通过中央计划经济体制,确保了积累所需的生产要素的可得性,发挥了集中力量办大事的优势,使社会实际积累率 s' 迅速增长,并向 s'^* 靠拢。随着生产资料公有制的建立,中国形成了一元的劳动关系,劳动人民首次获得主人翁地位,焕发了极大的劳动热情,使社会劳动生产率大大提升,从而剩余产品的生产效率上升。在分配方面,中央计划经济体制一方面对社会消费品进行有利于劳动人民的统一分配,另一方面通过以公有资本再投资的形式增加了投资消费,使社会实际实现的剩余价值率提升。

由此可见,计划 CSSA 是由政府在马克思主义主流意识形态的指导下,为了解决 s'^e 与 s'^* 之间的矛盾而迅速建立的一种积累的社会结构。随着计划 CSSA 的形成,CSSA 内部主要关系有助于 s'^e、s' 和 s'^* 趋于一致,从而使资本积累稳定高速进行。

2. 计划 CSSA 的内部调整与巩固

计划 CSSA 形成后,社会预期积累率 s'^e 主要由社会调节积累率 s'_G 构成,随着资本积累的发展,出现了 s'^e、s' 和 s'^* 之间新的矛盾。主要原因在于:第一,政府在考虑 s'_G 时,过多地关注了赶超目标,使得社会积累率过高,用于劳动人民消费的部分长期难以提升;第二,由于 $s'_G > s'^*$,无法有效获得实现预期积累所需的各类生产要素,此时虽然中央计划体制在资源集中方面发挥了不可忽视的作用,生产要素的质却无法通过计划体制加以保证;第三,使得 $s' \neq s'^*$,实际积累率和合意积累率失衡,表现为某些部门的积累率高于合意积累率,从而另一些部门的积累率低于合意积累率。当时主要是重工业积累率过高,满足人民生活需要的轻工业和农业部门积累率过低,并且重工业内部的结构也出现失衡的特征。

中央政府迅速注意到 s'^e、s' 和 s'^* 之间失衡的新矛盾,并对 CSSA 六大关系内部进行了调整。主要措施如下:一是将社会积累率 s'_G 的决定权下放,赋予地方政府、企业更多的决策权,意在一方面使预期调节积累率 s'_G 的高低更加适应社会生产力发展的要求,另一方面调节 s'_G 的内部结构;二是政府主动加强和重视农业的积累,也调整了 s'_G 的内部结构;三是在产品经济边缘引入商品市场关系,发挥市场机制在剩余产品分配和交换方面的作用,提升了剩余产品实现的效率,也部分提升了劳动力配置的自由度和效率,从而使得实际资本积累率 s' 向 s'^* 靠拢。

由此可见,在计划 CSSA 探索和巩固期交互的时期,虽然也出现了 s'^e、s' 和 s'^* 之间失衡所体现的生产力与生产关系的矛盾,但此时通过 CSSA 内部主要关系的调整,实现了生产力与生产关系重新适应的目标。计划 CSSA 在中期范围内实现了资本积累稳定进行,计划 CSSA 持续巩固。

3. 计划 CSSA 的内部矛盾与衰退

巩固期的计划 CSSA 六大主要关系的内部矛盾虽然较为缓和,但仍然存在,主要原因是社会预期积累率 s'^e 主要由调节积累率 s'_G 构成。虽然政府主导的分权化探索使得 s'_G 的决策更加灵活,但此时社会生产形式以产品经济为主,超越了当时生产力的发展水平,无法有效利用商品市场机制在资源配置方面的信息发现与信号传递作用。此时 s'_G 的高低主要由缺乏商品市场信息的各级政府所决定,而更加了解社会合意积累率信息的企业,对 s'_G 的决策权却受到限制。此外,企业即便能进行有效决策,在中央计划体制下也无法自主组织生产,即无法获得或调整生产所需的各类生产要素,因此社会实际积累率与合意积累率的矛盾仍然存在。

随着资本积累的不断进行,计划 CSSA 内部六大关系出现了不利于资本积累的变化,使得该 CSSA 走向衰退。主要由于社会在讨论并解决前述 s'^e、s' 和 s'^* 之间的矛盾时出现了认识偏差,使得马克思主义主流意识形态出现了教条化和封闭化的特征,政府在决定 s'_G 时也出现了偏差。政府在探索和建立 s'_G 的有效机制时,一方面分权探索并未改变生产形式,仍然坚持产品经济而否定商品市场经济的方向,因此分权探索无法触及问题的本质,反而加深了混乱,实际导致了经济集权特征不断固化;另一方面,政府在决定 s'_G 时更多地考虑与西方资本主义意识形态进行斗争的社会目标,而对提升劳动人民生活水平的目标重视不足。在这样的主流意识形态和政府主导作用下,s'^e、s' 和 s'^* 之间的矛盾不断扩大,而劳动者之间实际进行了吃大锅饭式的平均分配,损害了劳动积极性。资本积累的速度出现了大幅波动甚至最终走向停滞,从而计划 CSSA 也迎来了崩溃时期。

(二) 从转型 CSSA 到新时代 CSSA 的演化

转型 CSSA 是由政府主导进行改革探索而形成的 CSSA,其形成过程具有很明显的"渐进式"特征,因此探索期较长,为 1979—1991 年。1992—2007 年,转型 CSSA 很好地适应了"生产力-生产关系"的矛盾,其特征持续巩固,直到 2008 年后转型 CSSA 内部矛盾日趋明显,政府主导 CSSA 探寻新的发展方向,2014 年进入"新时代 CSSA"的探索。

1. 计划 CSSA 的内在矛盾与转型 CSSA 的应对

计划 CSSA 的末期与转型 CSSA 探索之初，中国资本积累面临的矛盾仍然是 $s'^e \neq s' \neq s'^*$，但这一矛盾的成因与中华人民共和国成立之初不同。

s'^e 在质上和量上与 s'^* 不匹配。这主要是因为这一阶段的 s'^e 主要由 s'^e_G 组成，s'^e_M 几乎不存在。政府在决定 s'^e_G 的高低时，由于积累目标选取的失当，首先，s'^e_G 的量与 s'^* 存在差异；其次，s'^e_G 在各部门和各社会目标之间的分配比率与 s'^* 失调；再次，s'^e 难以有效实现为 s'，从而与 s'^* 产生更大的差异。这是因为社会整体积累存在结构性失衡，社会提供的生产要素在质上和量上不符合 s'^e 的要求，使得其难以实现；最后，在僵化的中央计划经济体制下，计划 CSSA 内部微观经济主体的劳动积极性不足，使得社会剩余价值率无论在生产方面还是实现方面均受到限制，从而进一步从量上和比例上弱化了 s'^e 与 s'^* 的协调性。

由于计划 CSSA 无法再有效支持资本积累的稳定进行，我国开始主动调整，进入转型 CSSA 的探索期。首先是原有僵化的意识形态的放松，并指导政府将工作重心转向以经济建设为中心；其次是政府在更加灵活和自由的意识形态的指导下，开始主动探索当前历史条件下恰当的生产方式，主要是生产形式应坚持产品经济形式还是向商品市场经济形式复归。在此基础上，以渐进摸索的方式，不断改革并推动了社会主义向市场经济体制的过渡。

通过市场化改革，非公有资本逐步出现，商品和劳动力要素市场化改革不断推进，复杂的劳资关系初步形成。s'^e_M 在 s'^e 中的比重不断增加。一方面，非公有资本的预期利润率不断上升，强化了投资动机；另一方面，公有资本运营的国有企业出于与非公有资本的竞争，不断强化竞争动机。同时，s'^e_G 在 s'^e 中的比重不断下降，减轻了政府在国民经济发展中的负担，有助于其思考如何更好地发挥 s'^e_G 对 s'^e 的调节作用，使得 s'^e 从质上和量上更加符合 s'^* 的要求。通过逐步提升民间私人资本和引入外商投资资本，增加了社会资本和技术、管理要素的可得性，通过建设商品市场和劳动力要素市场，增加了非公有资本的实际生产要素和劳动力要素的可得性。因此，实际资本积累率 s' 得以更好地向着预期资本积累率 s'^e 靠拢。

由此可见，转型 CSSA 在探索期，一方面通过 CSSA 内部关系的调整，促进了生产方式的改革，使得原有产品经济向商品市场经济复归，较好地解决了生产力与生产关系发展的矛盾；另一方面随着生产方式的调整，CSSA 内部关系也相应地发生了分化，表现在意识形态、政府作用、资本关系、劳资关系和国际经济关系等多方面。

2. 转型 CSSA 的巩固与资本稳定积累

转型 CSSA 的建立并非一蹴而就,在其建立初期 CSSA 的调整尚未结束,s'^e、s' 和 s'^* 之间的矛盾虽已缓和,但仍然存在。主要表现为:第一,市场关系发展尚不充分,占社会主体地位的国有企业尚未进入充分的市场竞争关系中,因此公有资本的市场潜在积累预期不足,公有资本为利润而积累的目标与政府为调控而进行积累的目标尚未有效分开,从而 s'_G 的结构合理性也有待加强;第二,市场体系建立尚不完全,主要是消费品市场化与生产资料中央计划调节机制并存,产权交易市场与资本市场尚未形成,影响了预期积累率 s'^e 转化为实际积累率的效率 s'^*。为解决这一矛盾,中国的市场化改革持续推进,进入转型 CSSA 的巩固阶段。

随着中国全面建立社会主义市场经济体制目标的推进,转型 CSSA 进入巩固期,并为解决 s'^e、s' 和 s'^* 之间的矛盾发挥了重要作用。首先,商品市场和要素市场体系的全面建立,促进了各类生产要素经由市场机制进行有序和充分流动,使各类生产要素的可得性增加,实际资本积累率 s' 得以更好地向着预期资本积累率 s'^e 靠拢。其次,作为公有资本运行主体的国有企业通过改革,剥离了部分不应由企业承担的社会责任,国有企业的社会成本下降,预期利润率上升,强化了公有资本提升 s'^e_M 的动机。同时,非公有资本面临更加公平的市场竞争,在生产要素可得预期稳定的基础上,预期利润率增加,进一步提升了 s'^e_M。这一阶段,非公有资本的积累率高于公有资本的积累率,表现为非公有资本占社会资本的比重不断上升。最后,政府可以进一步集中于对合理 s'^e_G 的制定,使得 s'^e 进一步向 s'^* 靠拢。

3. 转型 CSSA 的内在矛盾与调整方向

随着转型 CSSA 的发展和巩固,s'^e、s' 和 s'^* 趋于一致,资本积累迅速平稳进行。但是,伴随资本积累的过程,其内部六大主要关系的特征不断发展和强化,形成了作用于 s'^e、s' 和 s'^* 关系的新矛盾。

(1) s'^e_M 与 s'^* 之间存在较大偏差

这主要表现在积累的结构方面,即在"高污染、低附加值"的低端产业积累过度,而在"低污染、高附加值"的高端产业的积累不足。这一积累的结构性矛盾与政府的职能、资本关系和国际经济关系均有关联。政府的经济改革措施是这一阶段资本关系形成和国际经济关系形成的原因。从资本关系来看,在改革开放之初,民间私人资本往往在公有资本所能触及的领域之外发展,所处行业对预付资本量以及科技水平的要求不高。诚然部分非公有资本在市场竞争中脱颖而出,提升了企业科技实力,然而相当部分的非公有资本(主要是民间私人资本),由于在人才、信贷资金的获得等方面处于相对弱势,仍然在原有技术水平上惨淡经营。此时的资本积累只有量的扩大,质的提升并不理想。在中国生产力整体发展水平较为低下的时期,这些非公有资本发挥了有效提升社会资本的作用,但伴随着生产力的发展,出现了在低端产业中过度聚集的不利特征。同时,由于改革的渐进性特征,部分改革尚未完成的国有企业也面临相似的困境;从国际经济关系来看,这一阶段我国主要凭借劳动力和自然资源的低成本优势参与国际分工体系。随着资本积累的不断进行,一方面导致中国长期处于国际产业链的低端,另一方面,中国要提升本国在国际分工中的地位,还受到中国当时在国际政治经济体系中的话语权相对较弱的制约。资本积累的结构性偏差还受到我国经济与自然关系的影响,即在转型CSSA 形成之初,我国由于生产力水平不发达,经济与自然的矛盾处于潜在隐形状态,生态环境和自然资源的市场价格较低,因此无论在国内还是国际上均形成了在污染较高的行业过度积累的特征。

(2) s'^* 与 s' 之间存在较大偏差

虽然市场经济体制的全面建立使我国生产要素的可得性增加,s'^* 和 s' 之间的矛盾不断缩小,但由于 CSSA 内部矛盾的积累,s'^* 和 s' 之间仍然存在相当程度的偏差。

首先,资本积累的结构性矛盾使我国意图进行高端产业资本积累的某些生产要素不可得,主要是高新技术以及蕴含科技水平较高的生产资料等。其次,转型 CSSA 积累过程中,伴随着非公有制资本占国民经济比重的不断提升,吸纳了越来越多的社会劳动力,非公有制条件下的劳动关系是典型的雇佣劳动关系,劳动者在剩余价值分配中占据不利地位。改革开放之初,在生产力水平不发达的情况下,由于快速的资本积累使社会整体收入快速提升,劳动者获得的价值总量增加,这一矛盾尚不明显。但随着市场化深入,劳动者相对收入份额不断下降,对劳动力再生产产生不利影响,尤其体现在劳动者无法通过自身再生产,有效提高自身素质,从而使高端产业所需的高技能劳动力供给不足,而低技能劳动力供给过剩。再次,政府未能确保公有资本与非公有资本的完全公平竞争。一方面,非公有资本在产业准入、信贷资金的获得方面面临较大约束;另一方面,非公有资本相对于公有资本承担了更多的社会成本,导致 s'^* 与 s' 之间存在偏差。最后,国际经济关系中,国外资本在投资时更注重对我国廉价资源和市场的获得,而将一些关键技术的所有权牢牢把控在自己手中,从而使我国资本合意积累从国外获得先进技术要素的可能受限。

（3）剩余价值的生产过程与实现过程面临矛盾

如前所述，我国在转型 CSSA 的资本积累过程中，资本之间的矛盾、劳资之间的矛盾、国际资本与国内资本之间的矛盾、生态与经济的矛盾不断积累，从而使剩余价值的生产与实现面临矛盾。一个好的 CSSA 可以通过政府对社会经济关系的调控来解决这些矛盾。可以通过 s'_G 的制定，增加公有资本的合意投资，减少公有资本的非合意投资，促使预期积累率更符合社会积累率的要求，包括增加在高新技术开发方面的公共投资，加强公有资本在高端产业的主导作用等。以 s'_G 的制定，还可以增强公有资本的控制力，促进劳资关系和谐，包括完善公共教育、医疗体系，确保高质量的劳动力的获得等；也可以通过政府管制，增加资源环境类生产要素的成本，改变社会积累结构，协调生态与经济之间的矛盾。由于中国特色社会主义市场经济体制改革是一项前所未有的工作，政府在有效实现相关职能方面不可能一蹴而就，而政府一旦实现了上述职能，转型 CSSA 就进入新时代 CSSA。

第三节 CSSA 的演化过程与特征

将 CSSA 动力系统作用于资本循环过程的理论机理和现实机理，用于分析 CSSA 演化的历史现实，对 CSSA 演化过程的现实运行进行详尽的外在描述，可进一步了解相关机制发生作用的历史路径，有助于对 CSSA 的发展变化历史进行深入的了解，并明确这一机制的作用特征。

运用 CSSA 的动力系统作用于资本循环过程的理论逻辑和现实逻辑，可对 CSSA 的演化过程进行详尽的历史考察。这一考察表明，中华人民共和国成立以来的三个 CSSA 的演变，正是我国具体生产关系与上层建筑在生产力发展、生产力与生产关系矛盾以及政府直接推动的动力系统作用下，不断改革生产方式，调节生产关系，主动适应生产力发展变化的过程。这一过程显示了 CSSA 的阶段性。

一、计划 CSSA 的演化过程

计划 CSSA 自 1949 年中华人民共和国成立以后进入探索期；至 1956 年社会主义改造基本完成，便形成了内部关系互相兼容、相互支撑的计划 CSSA 制度体系，自此计划 CSSA 进入巩固期；1966 年以后由于政府对社会主要矛盾判断的失误,开始了"文化大革命",计划 CSSA 进入衰退期。该阶段计划 CSSA 的六大核心关系的特征为：一是中国化的马克思主义意识形态占绝对主流地位,并且其内涵在不断发展变化；二是高度统一的计划经济体制全面确立,政府在经济社会建设中发挥了无所不包的中央计划者角色,但政府在经济工作中不断探索如何恰当划分中央与地方、企业的权力分配,以提升经济活力；三是城乡资本结构呈现公有资本一元化特征,资本主义、个体经济成分几乎全部消失；四是只有公有制内部的劳动关系,劳动者主人翁地位全面确立,不存在劳资冲突,但存在劳动者之间的利益矛盾；五是经济总量低,国际政治影响弱,基本独立于世界经济体系之外,仅与苏联、东欧等社会主义国家进行贸易和经济合作,并利用港澳地区的特殊性同西方国家建立贸易联系等,对外贸易对经济增长的影响微乎其微；六是社会生产对环境产生了一定负面作用,但由于经济总量不大,生态矛盾处于潜在隐形阶段。这六大特征并非一成不变,但是变化主要集中在前四种关系上,国际关系和生态关系在整个计划 CSSA 阶段变化不明显。

(一) 1949—1956 年：计划 CSSA 的形成

1949 年至 1956 年与其说是计划 CSSA 的探索期,不如说是计划 CSSA 的形成期。这一阶段各种不同类型的社会结构之间的博弈过程并不明显,得益于该阶段中国化的马克思主义主流意识形态的推动,中国顺利实现了新民主主义向社会主义计划经济体制的过渡,并推动了经济高速发展。

第一,中国化的马克思主义意识形态占据绝对主流地位。

这是由中华人民共和国成立初期面临的经济局势和国内外形势所决定的。中国共产党率领全国各族人民建立起新生的社会主义政权,受旧中国长期战乱的影响,中国的经济基础十分薄弱。在生产力发展水平较低的同时,经济建设所需要的各项资源均十分有限。同时旧的经济制度仍然存在,新的经济制度尚未确立。从国际关系来看,初生的社会主义中国被西方敌对国家封锁与孤立,国家经济安全受到严重威胁；同时得到社会主义阵营的苏联在人力、物质、资金和技术等多方面的大力支持和援助。当时,苏联实行的计划经济体制在 20 世纪 50 年代取得了举世瞩目的巨大成就,建立了独立完整的国民经济体系,经济社会呈现良好发展态势,为社会主义阵营展现了强大的示范效应。

正是在这样的国际经济政治形势下,马克思主义意识形态与中国实际相结合,成为中国的主流意识形态,并包含两方面内容：一方面,将共产主义作为社会主义建设的远大图景。1951年3月,刘少奇在中共第一次全国组织工作会议的报告中指出:"中国共产党的最终目的,是要在中国实现共产主义制度"。另一方面,将纯粹的公有制和计划经济体制视为社会主义的本质。虽然经典马克思主义著作认为,共产主义需要建立在高度发达的社会生产力基础上,但由于受到苏联建立计划经济体制的示范效应影响,中国政府认为,只要建立起马克思和恩格斯所向往的那种纯公有制生产关系,社会生产力就可以迅速发展。

第二,中国化马克思主义主流意识形态指导中国政府迅速建立了以生产资料公有制为基础的中央计划经济体制,形成了一元资本关系。

1953年,毛泽东提出了过渡时期总路线,其内容是:要在一个相当长的历史时期内,基本上实现国家工业化和对农业、手工业、资本主义工商业的社会主义改造(即"一化三改造")。其特点是社会主义工业化与社会主义改造同时并举,以工业化为主体,三大改造为两翼,两者相互适应、相互促进、协调发展。"这条总路线的实质,就是使生产资料的社会主义所有制成为我们国家和社会的唯一的经济基础。"[①]在主流意识形态形成的社会共识与政府主导下,1956年中国基本完成了社会主义改造,通过没收官僚资本与赎买民族资本,中国迅速集中了社会主义建设所需的资金来源,建立起全民所有制和劳动者集体所有制的社会主义经济制度,一元化资本关系正式确立。同时,仿造苏联构建的计划经济体制,政府集中控制价格,平衡物资,下发具体指令,控制主要进口商品、产品和金融流量的分配。

第三,与一元公有资本关系相适应,形成了简单的劳动关系。一元资本关系和简单劳动关系与其他各项主要关系相互加强,推动了1949—1956年的经济高速增长。

通过生产资料公有制的确立,劳动人民第一次实现了翻身做主人的社会地位提升,在共产主义远大图景的支持下,焕发了极大的劳动热情与积极性。

中央计划经济体制在中国资本原始积累不足的情况下,发挥了集中力量办大事的有效作用,适应了中华人民共和国成立初期落后的社会生产力水平,使当时有限的财力、物力、人力得到最有效的运用。同时通过计划手段实现高积累率,尤其通过计划手段经由工农产品价格"剪刀差"等途径,从农业部门提取资源以促进工业部门的迅速发展。计划CSSA在形成初期迅速改善了中华人民共和国成立时"一穷二白""落后挨打"的局面,并得以迅速巩固。但随着国民经济的恢复,过于集

---

① 中央宣传部著:《过渡时期总路线宣传提纲》,引自《中国经济史新论(1949—2009)》,经济科学出版社2009年版。

权的中央计划经济体制显示出一些不利于生产力发展的端倪。

(二) 1956—1966 年：计划 CSSA 的调整与巩固

计划 CSSA 建立后，中国建立起以产品经济为主、劳动与资本在公有制条件下直接结合生产的社会形式，各大经济关系在原有特征基础上进一步发展。由于生产力水平较为低下，完全排除市场作用的产品经济显示出不适应社会生产力发展要求的特征，相应地各大生产关系显示出动态变化的特征。

1. 中国化马克思主义主流意识形态的内容更加丰富

其一，中国共产党对社会主要矛盾有了新的认识和论断，并以此指导中国经济工作的开展。1956 年中国共产党第八次全国代表大会指出："我们国内的主要矛盾，已经是人民对于建立先进的工业国的要求同落后的农业国的现实之间的矛盾，已经是人民对于经济文化迅速发展的需要同当前经济文化不能满足人民需要的状况之间的矛盾。"①

其二，集体主义思想深入人心并不断加强。社会主义改造阶段逐步建立的中国计划经济体制通过整体运用有限的资源，发挥集体力量，并实现了整体性任务，促使集体主义思想在全社会范围内得到认同并不断加强。与此相适应，大公无私、公而忘私等强调集体的价值观被广泛宣传，并得到社会民众的认同。

其三，党和政府开始辩证地思考计划性与灵活性之间的关系。随着 1956 年以来社会主义经济建设的快速推进，我国生产社会化与专业化程度不断提高，权力高度统一于中央的计划经济管理体制逐渐暴露出不适应生产力发展的弊端。当时党的主要领导人在仍然将计划经济看作社会主义经济的特点的同时，认识到计划的作用有一定的范围限制。1956 年毛泽东在《论十大关系》中告诫全党，要反思苏联在建设社会主义过程中统得过多过死的错误，指出应该给工厂和具体生产单位一部分与统一性相联系的独立性。周恩来对中央集权和地方分权的辩证关系进行了精辟论述：指出发挥地方上的积极性，有利于集权②。

其四，在建设共产主义的远景目标追求上出现了较为激进的特征。

2. 政府在坚持计划经济体制的前提下，进行了分权化探索

在马克思主义中国化的内涵更加丰富的情况下，中国政府 1956—1966 年对高

---

① 社论：《一次有伟大历史意义的大会》，http://cpc.people.com.cn/GB/64162/64168/64560/65452/4442012.html。

② 中共中央文献研究室编：《周恩来年谱(1949—1976)》(上卷)，中央文献出版社 1997 年版，第 567—568 页。

度集中的计划经济体制进行了改革尝试和调整。这一过程实际包含对生产形式的调整,即劳动产品通过市场还是计划的手段进行配置,也是政府角色定位的调整。具体包括:

(1) 1956—1958 年,以"分权探索"为特征的权利下放改革。这一阶段通过 1956 年的中国共产党第八次全国代表大会和 1957 年的中国第一届全国人大常委会这两次会议,决定了我国权利下放的总体思路,这是对计划经济体制的第一次改革探索。但由于苏联模式的整体制约和反右运动等影响,第一次改革探索的道路未被有效执行。

(2) 1958—1960 年,过快推进社会主义经济建设步伐和快速过渡到共产主义的制度转换试验。这一阶段不顾社会生产力发展的现实状况而推行的建设政策,叠加 1959—1961 年的自然灾害和中苏关系交恶,使我国经济下滑严重,人民生活水平受到严重影响,迫切需要经济重组。

(3) 1960—1966 年,以"八字方针"为特征的经济体制调整战略。这次调整虽然改善了失调的社会经济结构,但仍然是计划经济体制的内部调整。

3. 在调整过程中,计划 CSSA 时期的劳动关系呈现不稳定性

虽然计划 CSSA 时期不存在劳资关系,只有单纯的劳动关系,但仍然存在劳动者个体和社会整体之间的矛盾、短期利益与长期利益的矛盾,以及农业与工业劳动者之间的矛盾、全民与集体劳动者之间的矛盾。政府在处理这些矛盾关系时一般是通过调整中央与地方、集权与分权关系的途径来完成的,因此劳动关系也发生了不稳定的变化。

整体而言,计划 CSSA 关系的调整与巩固有利于社会资本积累的稳定持续提升,进而有利于社会主义经济建设目标的实现。

(三) 1966—1978 年:计划 CSSA 的僵化与衰退

1966—1978 年中国社会主义建设取得了一定的成就。从 GDP 增速来看,除 1969 年和 1970 年 GDP 年增长率在 16.9% 和 19.4% 以外,其余各年均低于 9%,1967 年、1968 年和 1976 年甚至出现负增长;从国际关系来看,由于巩固期后期我国与苏联关系恶化,中国开始实行独立自主、联合广大发展中国家的对外策略,在国际中的政治地位和战略地位有所提高。但是,计划 CSSA 的核心关系发生了较大变化,致使计划 CSSA 逐步衰退。

1. 马克思主义主流意识形态逐步教条化

(1) 经典马克思主义地位绝对强化,对马克思主义中国化的探索开始削弱,马

克思主义理论创新受到限制，意识形态相对封闭；

（2）极力强调阶级斗争的重要作用，认为阶级斗争是一切工作的纲领，纲举目张，从而导致对社会主要矛盾的判断失误，认为无产阶级和资产阶级、社会主义道路和资本主义道路是这一阶段的主要矛盾；

（3）在所有制方面强调"一大二公"，在分配制度方面强调平均主义，忽视劳动者个人利益。

2. 马克思主义主流意识形态的教条化，使政府经济集权不断固化

这一阶段由于对社会主要矛盾判断的失误，为了防止资本主义关系的复辟，政府追求生产资料公有制"纯而又纯"，并且将个体经济和局部的商品关系作为"资本主义尾巴"加以清理。此外，大力推进具有备战性质的"三线建设"，这实质是在高度集中的中央计划支持下的一次沿海生产能力向内地的大转移。同时，由政府主导在全国范围内开展"农业学大寨"活动。由于上述建设活动没有考虑地区间的资源禀赋差异，忽视了不同地区的既有经济发展条件，因此出现了比例不协调、难以形成综合生产力、经济效益差的弊端。

3. 马克思主义主流意识形态的僵化，使劳动者的积极性不断弱化

这一时期，农村"大锅饭"的平均主义分配原则极大地损害了劳动者的积极性，如"农业学大寨"运动，片面强调粮食生产，限制家庭副业发展，忽视多种经营和全面发展。城镇"一大二公""纯而又纯"的所有制形式也极大挫伤了劳动者的劳动潜能，致使企业效率低下。

总之，这一阶段国民经济比例严重失调，经济效益全面下降，人民生活质量不高，经济发展与国际社会的差距较大。以"文化大革命"为标志的计划 CSSA 进入衰退期，使中国的整个经济处于崩溃边缘。1976 年粉碎"四人帮"后，我国在思想上进行了反思，开始打破传统计划经济的藩篱，展开了真理标准的大讨论，进行了恢复国民经济建设的多方探索，为中国经济进入转型 CSSA 做好了前期准备。

二、转型 CSSA 的演化过程

1978 年 12 月中国共产党召开第十一届中央委员会第三次全体会议，中心议题是讨论将全党的工作重点转移到经济建设上来，做出了实行改革开放的新决策，标志着中国进入转型 CSSA 阶段。

CSSA 在政府主导下进入探索期，以政府"有控制的放权"为初始动力，推动资

本关系逐步多元化,劳资关系逐步复杂化,且中国在世界市场体系中的地位不断提升。同时,不断涌入的西方思潮起到催化剂的作用。CSSA 各主要关系的演变特征互相加强,推动转型 CSSA 不断稳定并进入巩固期。转型制度结构打破了计划经济对中国生产力发展的束缚,大大提升了经济活力和资源配置效率,使中国经济实现了长达几十年的高速增长。然而,伴随着高速增长,劳资冲突、资本恶性竞争、贫富差距、意识形态混乱、国际挑战、生态破坏等诸多矛盾不断积累,又使转型 CSSA 进入崩溃期。

(一) 1978—1992 年:转型 CSSA 的探索期

1978—1992 年是转型 CSSA 的探索期,也是中国计划经济体制与市场经济体制双轨并存的时期。经过 1966 年至 1976 年的社会动荡,生产力与生产关系融合指标大幅衰退,GDP 增长率在波动中不断下降,人民生活水平长期得不到提升,社会投资混乱,全社会意识到原有生产方式出现了问题,开始思考改变的方向。主要解决的问题是,社会主义条件下劳动配置的方式应当采取市场还是计划的方式进行。在解决这个问题的过程中,促进了六大核心关系的相互作用,并支撑了经济发展目标的实现。

1. 马克思主义意识形态从僵化走向开放化

这一阶段主流意识形态除了仍然保持马克思主义的绝对主流外,还有一个不能不提的特征,即中国在改革开放的同时,对劳动的配置方式也就是"计划"和"市场"关系的认识经历了五个阶段的不断深化过程,正是这个过程形成了中国转型 CSSA 在探索期的发展路径。

(1) 放权让利阶段。1978 年《中国共产党第十一届中央委员会第三次全体会议公报》指出,我国经济体制存在权力过于集中的严重缺点,应采取措施,充分发挥中央部门、地方、企业和劳动者个人四个方面的主动性、积极性和创造性。随后的改革主要集中在权力的下放上,实践中表现为包干到户和扩大企业自主权。

(2) "计划经济为主、市场调节为辅"阶段。1982 年中共十二大正式提出了"计划经济为主、市场调节为辅"原则,并提出了指令性计划、指导性计划和市场调节三种管理形式,开始打破指令性计划一统天下的局面。[①]

(3) "公有制基础上的有计划的商品经济"阶段。1984 年 10 月中共十二届三

---

① 胡耀邦著:《全面开创社会主义现代化建设的新局面——在中国共产党第十二次全国代表大会上的报告》,《人民网》,1982 年 9 月 1 日。

中全会确认我国社会主义经济是"公有制基础上的有计划的商品经济",突破了我国长期以来将计划经济同商品经济对立起来的观点,表明了过去认为社会主义经济只能是计划经济、否定商品经济的积极作用、限制商品经济发展的观念和政策是错误的,为我国经济体制的改革提供了新的理论依据并指明了方向。[1]

(4)"国家调节市场、市场引导企业"阶段。1987年10月中共第十三次全国代表大会指出,社会主义有计划商品经济应该是计划与市场内在统一的机制,并设计了"国家调节市场、市场引导企业"的体制改革模式[2]。这是对计划与市场、社会主义与市场经济关系在认识和实践上的一大发展。

(5)"计划经济与市场经济相结合"阶段。1990年12月中共十三届七中全会指出,建立计划经济和市场经济相结合的经济运行机制,是深化经济体制改革的基本方向。[3]

党的主要文献体现了我国在马克思主义理论中国化的过程中加深了对生产方式理论的认识,逐步明确了中国特色社会主义初级阶段生产力发展水平相适应的生产形式应是商品市场经济,应当发挥市场在劳动资源配置中的有效作用。为了与这一生产形式相适应,需要生产关系的全方位调整。

2. 政府进行了有计划的放权探索

(1)政府在农业、国有企业管理体制、市场管理体制、政府财税管理体制和金融管理体制等领域推行了以"包干"和"经济责任制"为特征的系列改革,逐步形成了多种产权主体的资本关系,为政府向市场放权奠定了基础。

(2)通过价格形成机制改革和政府管理体制改革等,使商品价格由中央计划决定向市场形成机制转化,主要包括1979—1984年以调为主的探索性价格改革、1985—1987年以放为主的全面性价格改革和1988年的价格闯关改革阶段。

(3)政府虽然在企业投资和公共事业建设方面发挥主导性作用,但开始在农村家庭、国有企业等微观经济主体方面逐步、有计划地实施了放权,并尝试引入外资。

3. 随着政府有计划的权力下放,多元资本关系逐步萌芽

在计划经济体制逐步放松、市场作用逐步增强的同时,我国实施了包括农村经

---

[1] 中央委员会著:《中共中央关于经济体制改革的决定》,《人民网》,1984年10月20日。
[2] 赵紫阳著:《沿着有中国特色的社会主义道路前进——在中国共产党第十三次全国代表大会上的报告》,《人民网》,1987年10月25日。
[3] 中央委员会著:《中共中央关于制定国民经济和社会发展十年规划和"八五"计划的建议》,《人民网》,1990年12月30日。

济改革、国有企业改革和对外开放等一系列改革措施,通过有意识地逐步推进个体、私营、外资经济合法化的体制改革,对我国真正意义上的微观主体的从无到有尤其是多种所有权的资本关系的初步形成起了早期培育的作用,逐步形成了"公有资本为主体、非公有制资本为补充"的资本关系。

(1) 在农村,通过"包干到户"和农村家庭联产承包责任制的推行,农村家庭取得了自主经营权,开始自负盈亏、自我约束、自我发展。

(2) 在城镇,个体经济、乡镇企业、民营企业和合资、外资企业等非公有制经济成分蓬勃发展,使所有制逐步多元化。

(3) 国企推行了以不断下放经营管理权为特征的国有企业经营管理机制改革,使国有企业的经济自由度不断增加,成为有限参与市场竞争的资本主体。

总之,这一阶段占主体地位的个体与公有资本、私营与外国资本虽然也存在相互竞争的关系,但从行业分布结构来看,非公有制经济更多是作为公有制经济的补充。由于国有企业用人制度的部分调整以及资本结构的变化,在市场上形成了以公有资本之间的有限竞争为主、非公有资本作为其有益补充的资本竞争关系。

4. 劳资(动)关系开始复杂化

随着"计划与市场"关系的探索、价格形成机制的放松、非公有资本关系的出现,这一阶段相应地出现了复杂的劳资关系,即公有制内部的劳动关系与少量的非公有制经济中的劳资关系并存。此时劳资矛盾开始积累,但尚未激化。

随着对外开放措施的推进,中国开始加入世界经济体系,但由于整体经济实力较弱,在国际竞争中处于弱国地位,旨在引入国外资本与技术以支持经济发展,同时开放程度并不高,服务与商品出口仍然难以担负支撑经济增长的重任。这一阶段推行了高投入、高能耗、高增长的发展模式,使得人与自然的矛盾隐性积累,但尚未集中爆发。

在转型 CSSA 的探索阶段,主流意识形态的不断开放使我国改革开放政策不断得以推行。而农村家庭联产承包责任制和国有企业的改革提升了劳动生产力和劳动者收入,以致社会资本积累环境稳定,有效支撑了该时期中国经济的增长与发展。

但是,由于计划经济体制下的城乡二元经济结构突出,农村剩余劳动力仍未得到充分利用,国有企业内部管理效率较低,市场化行为受到各项政府管理制度的制约,城乡居民收入差距进一步拉大,同时开放程度并不高,出口与外资仍然难以担负支撑经济发展的重任。随着市场机制在经济中的作用不断扩大,社会在主流意识形态方面出现了改革方向是"资本主义"还是"社会主义"的困惑。1992年10月中国共产党第十四次全国代表大会作出了"全面建设社会主义市场经济体制"的决定,加快改革开放的步伐,转型CSSA进入巩固期。

(二) 1992—2008年: 转型CSSA的巩固

1992年社会主义市场经济体制改革目标确立,标志着转型CSSA进入巩固期。该阶段CSSA的六大核心关系特征按原有路径不断增强,但在有效支撑经济强力增长的同时,社会矛盾不断积累。

1. 马克思主义主流意识形态中国化持续发展,并与西方主流意识形态进行动态博弈

这一时期社会主流意识形态进一步开放。一方面,马克思主义中国化持续推进并取得与时俱进的重要成果。1992年中国核心领导人邓小平的"南方谈话"对社会主义现代化建设的一系列理论做了全面精辟的论述。其核心要义是指明计划与市场都是资源配置的手段,不存在资本主义与社会主义的区别;指出了改革开放的判断标准主要看是否有利于发展社会主义社会、是否有利于增强社会主义国家的综合国力、是否有利于提高人民的生活水平;提出"发展才是硬道理"等论断。"南方谈话"解决了20世纪90年代初影响到改革开放进程的思想和理论上的混乱,全国上下统一了认识,进一步为市场化改革松绑,这也是基于当时历史条件对马克思主义进行中国化发展的重大理论成果。另一方面,随着市场化改革的不断推进,学界加强了对西方市场经济理论的学习,旨在指导中国市场化改革的进程,当时占世界主流意识形态的新自由主义也随之涌入中国,并取得了较大的影响。随着非公有制经济成分的不断上升,对外开放力度不断加大,新自由主义思潮在中国社会的影响不断增强,形成了与马克思主义意识形态分庭抗礼的博弈状态,加快了社会经济各领域的市场化进程。

2. 政府在有效控权的同时加快了放权的步伐

(1) 加快商品市场和各类要素市场的培育。20世纪90年代以后我国在工业生产资料价格"双轨制"合并为市场价格单轨制的基础上,进一步放开消费品价格和服务价格,大部分商品和服务价格由市场形成,初步形成了劳动力市场和资本市场。

(2) 加快国有企业改革步伐,推动国有企业改革从经济管理体制改革转向产权制度改革。1993年十四届三中全会提出建立现代企业制度,开始了国有企业产权改革。1997年以来党和政府积极推进政企分开,实现"三改一加强",加快国有大中

型企业的改革。2003年中共十六届三中全会明确提出,要"建立归属清晰、权责明确、保护严格、流转顺畅的现代产权制度"。

（3）大力支持非公有制经济的发展。这一阶段主要是通过各项改革放松行政管理体制对非公有制经济主体的不当制约。1993年宪法修正案明确了非公有制经济的地位和作用,2002年中共十六大报告提出了"两个毫不动摇",2003年十六届三中全会提出大力发展混合所有制经济,至此我国呈现各种所有制共同发展的"新格局",非公有制经济成为社会主义市场经济建设中的重要力量,其数量、利润和税收均快速增长,构成了经济增长的主要来源,形成社会主义市场经济的重要组成部分。

（4）加快融入全球经济一体化进程。在建立和完善市场经济体制的过程中,我国始终注意融入世界经济体系,加速资源跨国自由流动。2001年12月11日我国正式加入WTO,进一步促进了改革开放和经济发展。

3. 意识形态博弈及政府有控制的放权推动了多元资本关系、复杂劳动关系等的确立,推动中国在世界经济体系中的地位提升,支撑了中国经济强劲增长

在上述变革的支撑下,我国形成了国有企业、私营企业、外资企业三分天下、相互竞争的资本格局,形成了国有企业内部的市场化劳动关系与私营企业、外资企业劳资关系交错的复杂化劳资关系特征。值得一提的是,由于在建设劳动力市场的同时放松了农村劳动力向城市流动的管制,大量农村剩余劳动力可以流入城市;在国有企业改革的同时,从原国有企业的冗员中游离出大量剩余劳动力。这些改革措施均支撑了复杂劳动关系中的多重劳动力来源。同时,随着主动参与经济全球化进程,中国经济在世界经济体系中的比重和地位不断增强。

上述CSSA特征支撑了中国经济强劲增长：一是私人部门投资意愿高涨。这是由于半无产阶级的农民工地位使农民工工资率持续偏低,且国有企业内部工人在工资增长利益驱动和失业压力下不断提升劳动效率,形成了廉价劳动力的成本优势,支撑企业利润率不断增长,增加了私营企业和外资企业的投资积极性。二是政府投资意愿高涨。在政府GDP考核制度下,地方政府有强烈的拉动当地GDP增长的动机,体现为政府通过各种优惠招商引资、主动投资拉动经济不断增长以及抓住较强的境外需求机遇。

但转型CSSA在促进中国经济不断发展的同时,也引致了诸多方面的矛盾累积,这些矛盾成为转型CSSA转向衰退的内在原因。

(三) 2008—2012 年：转型 CSSA 的衰退

2008 年国际金融危机在全球范围内扩散，引爆了转型 CSSA 的内在矛盾，使其走向衰退。这些内在矛盾包括：

(1) 居民消费能力与消费意愿相对不足。这主要是因为一方面新自由主义意识形态与马克思主义意识形态的分庭抗礼，强化了资本力量，另一方面市场化改革过度又导致劳动者力量的削弱，从而劳动报酬占 GDP 的比重不断下降，劳资矛盾显性激化；劳动人民的保障措施不足，个人为应付意外支出形成的居民储蓄率不断增加，导致居民消费增长乏力。

(2) 产业结构较为低端。中国私人企业和在国际产业分工中的产业选择多建立在廉价劳动力的比较优势基础上，使中国经济产业结构不合理，处于国际产业链的低端，产业结构急需升级。

(3) 在 GDP 竞赛的背景下形成的高投入、高能耗、高速度的增长模式给生态环境带来了极大的压力，自然环境显著恶化，接近经济发展的生态界限。

为了解决这些矛盾，社会主义中国必须继续保护劳动者利益，促进产业结构的升级换代，提升中国在国际竞争中的地位与作用，加强环境保护。这些措施无疑受到大部分劳动者的欢迎，但将损害私人企业主以及少部分劳动者的短期利益。为了更好地解决这些矛盾，要求加强马克思主义意识形态的指导力量，但不可避免受到新自由主义意识形态的反对和抵制。

需要指出的是，转型 CSSA 在进入衰退期伊始（即 2008 年前后），中国政府为了应对日益严峻的国际金融危机，实施了"四万亿"的宏观经济刺激计划，因此 2009—2011 年中国 GDP 仍然高速增长。但这只是政府行为为经济注射的"强心针"，仅有短期作用，并且该阶段各类矛盾（尤其是社会矛盾掩盖下的劳资矛盾、产业结构矛盾和生态环境矛盾等）继续积累，因此 GDP 增速 2012 年终于开始下行。

三、新时代 CSSA 的演化过程

转型 CSSA 巩固阶段后期，中国 GDP 增长率波动加大，劳动报酬占 GDP 比重不断下降，劳资矛盾激化、社会化，生态矛盾显性化，意味着生产力与生产关系融合指标体系中的一些副指标出现了不利变化。中国政府意识到经济中存在的矛盾与问题，积极主动探索生产方式的转变。

2017 年党的十九大报告明确指出，中国特色社会主义进入新时代，新时代的基本矛盾变为"人民日益增长的美好生活需要与不充分不平衡的发展之间的矛盾"。这正是新的 CSSA 形成并走向巩固的重要现实特征。而这一社会基本矛盾转变可按照 CSSA 的六大关系的变化进行分解。基于近年来的经济发展实践以及现实数据,可以看出,中国经济中的六大核心矛盾关系显示出一定的"拐点式"转变。

从意识形态来看,政府推动主流意识形态从"动态博弈"转为"马克思主义主流化"趋向。2012 年以来,通过加强党对意识形态工作的领导,马克思主义在中国意识形态领域的指导地位更加鲜明。习近平总书记在 2014 年 7 月主持经济形势专家座谈会时强调"各级党委和政府要学好用好政治经济学",2015 年 12 月中央经济工作会议上首次明确提出"要坚持中国特色社会主义政治经济学的重大原则",2017 年党的十九大则提出习近平新时代中国特色社会主义思想这一最新成果,并强调这一成果是马克思主义中国化新境界。在官方意识形态的引导下,社会意识形态也有所转变,形成以马克思主义为指导的社会主义核心价值体系。与此同时,政府对经济社会发展阶段和社会主要矛盾的认识也发生了转变。2014 年 5 月习近平首次以新常态描述新周期中的中国经济[①],同年 12 月中央经济工作会议对中国经济"新常态"的九大特征进行了详细论述[②]。这九大特征反映了政府对中国经济新矛盾变化的思考。为应对这些新矛盾,2015 年 11 月习近平首提"供给侧结构性改革"思路,同年 12 月指明了供给侧结构性改革的五大任务[③]。我们认为,2014 年标志着转型 CSSA 崩溃期进入下一阶段 CSSA 的探索期。

从政府角色来看,呈现从"有控制的放权"转为"有效化"政府趋向。在全面深化改革的过程中,中国政府坚决破除各方面体制机制弊端,逐步从"有控制的放权"转变为"有效化"的政府角色趋向:

一是近年来中国政府明确了"服务型政府"的定位,在继续取消和下放行政审批事项的同时,进一步强调科学配置党政部门的权力。2018 年 3 月全国两会关于国务院机构改革的方案,国务院原有近 70 个部门重组为 26 个,使得相关事务权责更为明晰、流程更为精简,继而提升政府服务的效率、效能。

二是近年来中国政府职能发挥作用的方式更加"现代化",不仅积极开展"互联

[①] 习近平著:《深化改革发挥优势创新思路统筹兼顾 确保经济持续健康发展社会和谐稳定》,《人民日报》,2014 年 5 月 11 日。

[②] 《中央经济工作会议在京举行》,新华网 2014 年 12 月 11 日。

[③] 即"去产能、去库存、去杠杆、降成本、补短板"五大任务,见《中央经济工作会议在北京举行 习近平李克强作重要讲话》,《人民日报》,2015 年 12 月 18 日。

网+政务服务"建设,同时在公共事业上不断推进与社会资本合作的 PPP 新模式。数据显示,2016 年中国 70 个大中城市中已有 69 个城市共计推出政务 App 316 个,总下载量为 2 476.9 万次,分布在交通、社保、民政、旅游、公共安全等领域[1];在 PPP 项目方面,截至 2018 年 1 月,中国入库项目总数达 7 446,项目总金额达 113 467 亿元[2]。在以上过程中,中国国家治理体系不断完善,治理能力明显提高,政府在经济社会中的功能不断趋于"有效化",且更强调政府在保障和改善民生、促进人的全面发展与人民共同富裕中的角色。

从资本关系来看,呈现从"多元"的资资矛盾转为"良性化"资资矛盾趋向。随着供给侧结构性改革以及国有企业改革的深入推进,中国的资资矛盾已从"多元化"特征趋于"良性化"。这首先体现在近年来中国经济社会中不同所有制资本之间从竞争转向合作化趋向。2008 年以后中国资本结构显示出与上一阶段不同的变化特征,也即资本结构从变化较大转变为更加稳定和均衡,其中混合经济经历了从无到有继而与国有经济、私营经济三分天下的过程,对于推进中国不同所有制资本之间的合作化竞争起重要作用。在私有资本内部,资本关系也不断趋于良性化,主要体现在市场竞争激烈程度、垄断程度、生产过程的复杂性等方面。从相关数据可以发现,近年来我国市场竞争程度具有缓和的趋势,垄断问题有所改善,同时生产过程的复杂性和技术含量不断提升。

从劳资关系来看,呈现从"复杂"的劳资矛盾转为"和谐化"的劳动关系趋向。在"以人民为中心"发展思想的指导下,中国的劳资矛盾从不断"复杂化"转为趋于"和谐化",缩小要素收入分配差距、缩小劳动者内部利益差距并缓和与利益失衡相关的社会矛盾成为这一时期的重点工作。一方面,近五年来中国劳资冲突程度从不断加剧转变为趋于平缓,近五年中国劳动报酬占比也从下降态势转变为上升趋势,这意味着中国劳动者地位的不断提升;另一方面,中国劳动者工资收入差距从 2008 年以前的不断扩大逐步转变为趋于缩小。中国城镇居民人均可支配收入与农村居民人均纯收入的比值在近年来呈现明显的下降趋势,并且城镇不同行业的平均工资差距也在 2010 年后呈现不断缩小的趋势。这就意味着,劳资关系的"和谐化"已成为当前中国经济社会发展的大趋势。

从国际关系来看,呈现从主动参与经济全球化的开放国际关系转为"包容化"

---

[1] 郑跃平、黄博涵著:《"互联网+政务"报告(2016):移动政务的现状与未来》,《电子政务》2016 年第 9 期。

[2] 财政部政府和社会资本合作中心,http://www.cpppc.org。

国际关系趋向。通过全面推进中国特色大国外交,中国已从过去经济全球化的参与者的状态逐步转变为更具"包容性"的国际关系。这主要体现在,中国在不断提高经济、社会、政治等方面国际参与度的同时,更加注重国家自身的独立和可持续发展,逐步转变为真正的发展中"强国"。从中国 KOF 全球化指标变化趋势可以看出,近年来中国全球化程度呈现不断提高的趋势,尤其是政治全球化程度在 2015 年达到 93.6%,但 2008 年后在经济和社会全球化方面的提高则明显放缓,转为相对平稳的态势。这隐含中国不再实行单纯的"引进来、走出去",而是更加注重中国在国际上影响力、感召力、塑造力的提升。在中国提升国际影响力的同时,始终坚持奉行和平发展、互利共赢的开放战略,通过实施"一带一路"倡议、倡导构建人类命运共同体,推进国际关系"包容性"的发展。

从生态关系来看,呈现从"显性激化"的生态矛盾转为"缓和化"生态矛盾趋向。2012 年以来,通过大力推进生态文明建设、建设生态文明制度体系、健全主体功能区制度、推进全面节约资源、开展重大生态保护和修复工程,中国的生态环境治理已明显加强,环境状态得到改善,已成为全球生态文明建设的重要参与者、贡献者、引领者。党的十九大报告提到"生态"三十余次,提到"绿色"十余次,保护生态环境已成为新时代中国经济社会发展的重中之重,贯穿生产、分配、交换、消费各个环节。从"三废"排放和环境污染治理投资数据变化也可以看出,2000 年以后中国工业固体废物倾倒丢弃量处于下降趋势,2012 年后达到一个相当低的水平;全国二氧化硫排量 2007 年以后开始呈下降态势;全国废水排放量尽管仍处上升趋势,但 2012 年以后的上升速度有所减缓;中国环境污染治理投资总额呈现逐年递增的态势,2008 年以后增长速度显著提高。这意味着中国的生态矛盾已从"显性激化"逐步转变为"整体缓和"。

上述六大关系的发展方向和趋势是一个相互支撑、互相兼容的整体。"以人民为中心"的发展思想必然要求新时代 CSSA 中的六大关系按照党的十九大报告所指明的方向进行整体变革,且这一整体变革有利于新时代中国经济的更好发展。具体而言,在强调发展国有资本的前提下推进混合所有制的发展,将为改善人民利益分配不均衡的现状提供基本制度与经济支持;政府在"以人民为中心"的指导思想下适度控权,有利于实现"建设现代化经济体系"的六大"新任务";中国在国际竞争中确立大国和强国地位有利于提升和培育更大更新的比较优势,进一步为提升人民利益提供物质基础,并推动世界人民分享中国经济社会发展的成果。以马克思主义为指导的社会主义核心价值体系将为上述制度变革提供支撑和加强作用。

同时,"以人民为中心"的发展思想、推动国有资本做强做优做大、实现政府在经济中的适度控权、坚持社会主义核心价值体系等均有利于解决经济发展对环境带来的负外部性问题,促进人与自然的和谐发展,从而实现优良的自然生态环境支撑经济发展的良性循环。

如果六大利益关系的上述发展趋势能在未来的具体工作中落到实处,可以将2017年看作"新时代CSSA"进入巩固阶段的标志。

值得注意的是,如果CSSA的六大关系中有一个或几个制度发展方向不当,则整体制度也无法发挥促进资本积累以满足人民群众日益增长的对美好生活的需要的有效作用。例如,在资本关系上,如果不能坚持毫不动摇地发展公有资本,推动国有资本"做强做优做大",则将失去以有利于人民的方向解决社会矛盾的经济基础与根本保障;社会主义初级阶段历史背景下,如果抑制非公有资本的发展,则将损害社会经济活力,不利于社会生产力的进一步提高。在政府经济角色上,如果过度推进市场化与私有化,在"发展中保障和改善民生"将成为一句空话;如果过度集权,则将损害市场有效运行条件下的市场经济主体创新动力。在主流意识形态上,如果不能坚持以马克思主义为指导的社会主义核心价值体系,就无法保证"为了人民利益"的发展初衷。在国际关系上,如果不能确立大国强国地位,不能有效参与国际规则的制定,则无法培育新的比较优势,在世界竞争中处于不利地位从而影响国内经济发展。在生态关系上,如果生态环境进一步恶化,则经济发展以及满足人民对美好生活的需要都将成为无根之木、无本之源。

四、CSSA的作用特征

CSSA在其动力系统的作用下,其六大关系的特征变化十分明显,质的变化更加显著,呈现十分有趣的演变特征。而其演变特征的特殊性与CSSA体系中的生产关系和上层建筑的较强的反作用密不可分。

(一)演变特征

CSSA的主要关系包括资本关系、劳动(资)关系、政府作用、主流意识形态、国际关系和生态关系六大方面,这六大关系在CSSA阶段演化过程中均呈现从一元到多元、从简单到复杂的整体特征。

1. 资本关系呈现从"一元"到"多元"再到"混合"的演变特征

计划CSSA的确立,使中华人民共和国成立之初的多种经济成分迅速向单一公有制经济过渡,一元资本关系初步形成。后随着计划 CSSA 的巩固,生产资料的单一公有制不断强化,非公有制经济成分基本消失。后随着转型 CSSA 的探索并巩固,非公有资本经历了从无到有、来源逐步扩大、地位不断强化的过程,形成了转型 CSSA 的资本关系多元化特征。在转型 CSSA 的探索期,个体经济、私营经济和外商投资经济随着改革开放的推进逐步出现并获得政府承认其合法性。在转型 CSSA 的巩固期,国有企业改革进程不断深化,公有资本在量上下降、在质上提升;对外开放程度不断扩大,个体、私营以及国外资本蓬勃发展,非公有资本不仅在量上迅速提升,而且在质上也不断发展,多元资本关系完全确立并不断强化。这些多种所有权的资本为了更好地适应市场竞争的要求,并实现社会主义资本积累的目标,在发展的过程中逐步融合,形成了混合所有制经济,主要是通过不同所有权的资本相互投资和参股的方式建立起混合所有制企业,既包括公有资本与非公有资本共同投资兴建的企业,又包括不同的非公有制资本之间相互参股形成的企业。随着 CSSA 进入新时代,多元化资本关系向多元混合的方向进一步发展,表现为公有经济占比和港澳台以及外资企业占比都缓慢下降而混合所有制企业蓬勃发展的态势。

2. 劳动关系呈现从"单纯的劳动关系"到"复杂的劳资关系"的演化特征

随着资本关系的变化,劳资关系也相应发生较大的转变。在计划 CSSA 时期,公有资本一元化必然产生单纯的劳动关系,此时不存在传统意义上的劳资冲突,仅有劳动者之间的利益差别。随着转型 CSSA 的形成和巩固,出现了多种劳动力来源,与不同的资本相结合,形成了多元劳动力队伍,包括:劳动力通过市场与国有资本相结合的"半主人半雇佣者";农村经济改革释放出的剩余劳动力,进入城市工业部门形成的"半工半农"的农民工;国有企业改革释放的冗余劳动力,进入外资企业形成的"半国人半外国人",进入私营企业形成的完全雇佣劳动者等。由此,"单纯的劳动关系"逐步转化为"复杂的劳资关系",劳动冲突日益明显是其重要特征。随着混合资本关系的不断发展,劳资关系复杂化程度日渐提高,到转型 CSSA 末期劳资冲突日益社会化,从企业内部矛盾逐步外化为社会矛盾,表现为食品安全问题、医患冲突问题和生态环境问题等。随着新时代 CSSA 的建立,在"以人民为中心"发展思想的指导下,中国劳资关系的复杂化特征仍然存在,但劳资矛盾呈现和谐化态势。

3. 政府在经济中的角色呈现从"高度集权"到"有控制的放权"再到"有效控权"的演化特征

中国资本关系的变化既是政府由"高度集权"到"有控制的放权"演变的结果,

又进一步强化了这一演变特征。在计划 CSSA 时期,政府主导建立起一元化资本关系和计划经济体制,使得政府职能呈现高度集权特征,具体表现为财税制度的高度集权和政府对经济实行的全面的控制和主导。政府统一进行劳动力、生产资料、生产工具、生产内容和生产数量等的规划、安排及管理,并统一安排人民日常消费品的供需。这一阶段虽然政府对地方和企业的管理不是铁板一块,仍然存在集权和分权的博弈,但整体上仍呈现集权为主的特征。转型 CSSA 的形成与中国政府由"高度集权"转变为"有控制"的政府直接相关。财税制度方面,政府先后进行了地方财政包干制度和分税制改革,下放了财政层面的权利;企业制度方面,政府不断对国有企业进行放权改革,推行现代企业制度改革,建立起"产权清晰、权责明确、政企分开、管理科学"的现代企业制度。

到新时代 CSSA,政府在"以人民为中心"发展理念的基础上,倾向于建立更加有效的职能角色:一是更加明确"服务型政府"的定位,在继续取消和下放行政审批事项的同时,进一步强调科学配置党政部门及机构的权力。二是依据"市场在资源配置中起决定性作用和更好发挥政府作用"的原则,构建有效政府与有效市场的关系,具体包括:通过法治政府、廉洁政府和服务型政府建设,矫正政府失灵,提高政府工作效率;通过公共政策,克服市场失灵或缺陷,从而使市场富有效率,同时构建完善的社会保障体制,促进社会公平;政府积极介入市场,帮助市场进一步提高效率,进而提高整个经济社会的竞争力等。

4. 主流意识形态呈现从"马克思主义绝对主流"到"动态博弈"的演化特征

由于经济基础决定上层建筑,随着中国社会主义经济制度的改革,社会各利益关系也发生了重大变化,代表各利益集团的观点也反映到意识形态上。计划 CSSA 的形成过程中,马克思主义意识形态占据绝对主流地位,起至关重要的作用。这一阶段,无论党的文件、媒体宣传、文艺作用还是理论教育,均体现绝对的马克思主义意识形态导向。转型 CSSA 时期,马克思主义与新自由主义在意识形态层面进行了动态博弈。在探索期,马克思主义仍然是绝对主流,但随着所有制改革和市场化的推进及对外开放力度的加强,各种西方思潮随着非公经济关系的出现也有了市场。这时马克思主义绝对主流的意识形态格局逐步改变,表现在媒体宣传内容更加多元化,意识形态在教育上的宣传作用淡化,推动了西方著作的翻译出版,学术研究的开放性大大提高。自转型 CSSA 的巩固期以来,新自由主义意识形态与马克思主义意识形态开始出现动态博弈。随着市场化和国有企业的改革,逐步占据西方主流经济学思想的新自由主义思潮对中国的影响不断扩大,波及中国学术研究、高校教育、企业管理等方面,甚至影响了部分政府官员的思想。这一时期,美国新自由主义重要人物以及诸多追随者在国内肆意鼓吹私产制度,试图将社会主义市场经济导向完全的资本主义市场经济;与此同时,一批坚持马克思主义的学者和机构纷纷做出积极和坚定的回应。此外,政府仍坚持马克思主流意识形态,并通过"马工程""基地人才培养""党校培训班"等措施不断调整和控制当前的"西化"之风。可见,这一时期我国主流意识形态始终处在西化—整顿—再西化—再整顿的动态博弈过程。新时代CSSA,在中国共产党的领导下,马克思主义中国化和现代化取得重要进展,形成了"新时代中国特色社会主义思想"体系,并通过宣传、教育等渠道,促使主流意识形态向现代化中国化的马克思主义为主导复归。

5. 国际关系从"相对封闭"到"主动参与经济全球化"

随着中国不断融入世界经济体系,综合国力不断增强,中国经历了从"相对封闭"向主动参与经济全球化转变的过程。首先,计划CSSA阶段,中国在世界体系中处于"相对封闭"这一地位。一方面几乎独立于世界经济体系之外,另一方面在世界经济体系中处于弱国的地位。其次,在转型CSSA探索期,随着中国开放程度的不断加深,综合国力不断增强,中国在世界经济体系中的地位逐步加强,但由于经济起点较低,进出口增速仍然较低且波动大,经济总量仍处于世界中低水平,对国际事务缺乏参与权等。在转型CSSA巩固期,中国全面参与经济全球化过程,形成了全方位、多层次、宽领域的对外开放新格局。一方面经济总量快速增长,与发展中弱国比已成为大国强国;另一方面,与发达国家相比,仍然是发展中国家,在制定国际规则、引导国际舆论、引领国际前沿等方面仍缺少话语权。最后,在新时代CSSA阶段,我国通过不断推进改革和对外开放的深化,积极谋求"推动构建人类命运共同体的大国和强国地位",将"互利共赢"的大国和强国作为未来中国国际关系方面的重要标签。中国在不断提高经济、社会、政治等方面国际参与度的同时,更加注重国家自身的独立和可持续发展,逐步转变为真正的发展中"强国"。

6. 生态矛盾呈现从"潜在隐性"到"显性激化"再到"绿色发展"的演化特征

这一特征与中国多种所有制的改革和资源配置方式由计划到市场的转化有直接的关系。在计划CSSA阶段,我国生产力水平相对较低,生态环境与经济发展之间的矛盾并不突出,生态矛盾呈现"潜在隐形化"特征。在转型CSSA阶段,我国经济体制由传统计划经济向社会主义市场经济转型,国家建设逐步集中在工业化、城镇化和现代化建设上,为大力提升经济发展水平,采用粗放式经济发展模式,环境问题不断恶化,生态矛盾逐步呈现"显性激化"的特征。在新时代CSSA阶段,我国主动推动经济发展方式由高速度向高质量转变,环境保护意识逐步增强,我国的生态关系随之出现转机,生态矛盾呈现"逐步缓和"特征。

上述六大关系特征的变化总结在表 4.3.1 中,可以清晰地看出六大关系均体现出从一元到多元、从简单到复杂的特征。

表 4.3.1　　　　　　　　　CSSA 六大关系特征变化

	计划 CSSA	转型 CSSA	新时代 CSSA
资本关系	一元	多元 (萌芽—巩固—混合)	多元混合
劳动关系	劳动关系 单纯	劳资关系 简单—复杂—冲突	劳资关系 复杂和谐
政府职能	集权 (中央计划者)	放权与控权 (计划与市场)	有效控权 (成熟市场)
主流意识形态	马克思主义 (绝对主流)	马克思主义与西方思潮 (动态博弈)	马克思主义 (中国化与现代化)
国际关系	弱国 (相对封闭)	主动参与经济全球化 (开放)	地位持续增强 (开放)
生态关系 (矛盾)	潜在隐形	显性激化	和谐绿色发展

(二)作用特征

根据历史唯物主义的表述,在社会形态的发展和变化过程中,生产力对生产关系的变化起决定性作用,生产关系或经济基础的变化对上层建筑的特征起决定性作用。CSSA 的作用路径却表明,在 CSSA 的演化过程中呈现生产关系和上层建筑的较强反作用特征。

1. 生产关系对生产力发展的反作用较强,体现在 CSSA 的阶段演化由生产方式的变革为主线这一主要特征上

CSSA 六大主要关系的变化十分明显,质的改变相对显著,是因为 CSSA 每阶段的演化实际是中国不断探索并通过改革促使生产关系与生产力发展相适应的过程。每一阶段均蕴含着生产方式的质的变化。

计划 CSSA 阶段,中国在政府政策的推行下建立起探索性的社会主义生产方式。其特点为:第一,促使劳动方式尽快与当时机器化大生产的生产力发展水平相

适应,尽快建立现代工业体系,实现中国从农业大国向工业化国家的转型;第二,在马克思主义经济理论的指导下,实现从自然经济向产品经济的跳跃,建立起各种生产要素和劳动产品计划分配的生产形式;第三,实现生产资料公有制改革,使生产的社会形式表现为劳动与生产资料的直接结合,既包括农业集体经济中农村劳动力与土地资源的直接结合,又包括城市全民所有制和集体所有制经济中工人与不同类别的生产资料的直接结合。

转型 CSSA 阶段,中国生产方式发生了重大变化。主要表现在:开始促进生产形式从产品经济向商品市场经济的转型。商品市场关系的出现,要求生产的社会形式发生转变,要求建立起与之相适应的产品市场和要素市场,包括劳动力市场、资本市场、知识产权市场等。在重建商品市场关系的过程中,出现了多元化的资本主体,从而使劳动与资本的结合方式转为公有制条件下劳动与公有生产资料以劳动市场为媒介进行结合,以及劳动与非公有资本以雇佣劳动的形式相结合。在这一阶段,出现了劳动的技术进步,从机器化大工业生产转为电气化生产。这种技术变化虽然导致了劳动的组织形式出现相应变化,但对生产形式和生产的社会形式的影响相对有限。

新时代 CSSA 阶段,中国生产方式的变化主要体现在劳动形式的变化上,即技术进步使劳动形式从电气化生产走向了信息化生产。这种劳动方式转变对劳动的组织过程产生了重要影响。技能劳动者在生产中的地位不断提升,机器化大工业和电气化生产中以生产资料为出发点的特征逐步发生改变,劳动过程对技能化劳动者的依赖程度不断提升。这使社会生产关系中的资本关系、劳资关系以及技能劳动者和普通劳动者的相对关系产生重要变化。在一个较长的时间内,这种劳动方式的变化通过不断提高人在经济依赖关系中的作用,可能对生产形式和生产的社会形式产生影响,但从一个较近的时间范围来看,生产仍将以市场为劳动产品和资源配置的主要方式,从而生产的社会形式仍将在相当长的时间内保持转型 CSSA 的特征。

由此可见,从生产方式变化来看,中国三阶段 CSSA 的转变实际上是从产品经济向商品市场经济的转变。计划 CSSA 是起点,新时代 CSSA(即成熟社会主义市场经济 CSSA)是社会主义初级阶段建设的阶段性目标,转型 CSSA 是两者的中间阶段。

CSSA 演化机制理论继承了 SSA 理论的分析方法,关注劳资矛盾的尖锐化对资本积累过程的影响。但 CSSA 理论中的劳资矛盾具有不同于 SSA 理论中劳资矛盾的特征。这是因为：第一，中国在计划 CSSA 的相当长一段时间内没有劳资冲突，经济主体的利益冲突表现为劳动者之间的利益冲突，包括集体利益和个人利益的冲突、个人短期利益和长期利益的冲突、农村劳动者与城市劳动者的冲突以及积累和消费的冲突等；第二，转型 CSSA 阶段虽然出现了劳资冲突，但在社会主义国家基本经济制度的整体制约下，这一冲突的尖锐性较轻，或者说，在完全激化之前就被政府所注意并采取政策加以缓解。这一特征与我国社会主义经济体制下"以人民为中心"的主流意识形态是密不可分的。

中华人民共和国在成立后的 70 余年内（即一个相对较短的历史范围内）便实现了劳动方式的迅速工业化，生产形式从自然经济跃升到产品经济再向商品市场经济复归，以及生产的社会形式即劳资结合方式发生变化。这一过程不是由经济运行自发形成的，而是由政府主导的生产方式变革而形成的，因此，主流意识形态指导下的政府政策变化对 CSSA 内部各关系的形成和演变起了重要作用。政府通过观察反映"生产力-生产关系"矛盾的融合指标，调整各项措施，以推动 CSSA 内部各项关系的变化。

中华人民共和国成立后，"生产力-生产关系"的耦合指标表明，生产关系呈现不适应社会生产力发展的特征。从主指标来看，GDP 总量世界排名靠后，从辅助指标来看，战后经济秩序尚未恢复，各行各业劳动生产率相对较低；人民生活水平低下，与先进和中等国家相比均存在较大差距；产业结构不合理，作为农业大国，工业化发展不足，而当时全球生产方式的劳动组织形式已经采取了机器化大工业的生产方式。政府在观察到不合意的融合指标基础上，明确了经济建设的主要目标：一是尽快建立与当时生产力发展水平相适应的生产方式，包括尽快建立与机器化大工业相适应的劳动技术与组织形式；二是尽快发展社会生产力，促进综合国力和人民生产水平的整体提升。此时，中国一方面受到马克思主义意识形态的影响，另一方面为实现尽快发展经济的目标，面临社会资本不足的问题。为此，中国采取了社会资本国有化的改革措施，迅速积累起社会经济建设所需的原始资本，同时建立起中央计划经济体制，发挥"集中力量办大事"的作用，由政府计划主导，实现了社会再生产中较高的积累率。这一时期由于社会主流意识形态强调集体主义精神和奉献精神，加上中国第一次实现了社会生产资料的公有制，焕发了极大的劳动热情，使 GDP 增长率迅速提升，人民生活水平显著提高，同时中国迅速建立起较为全面的工业化体系，初步适应了社会生产力发展的要求。

但在计划 CSSA 后期，社会生产力的进步和社会分工进一步发展，要求资本积累过程不仅要加大生产的物质投入,还要加大生产的劳动实际投入,即促进劳动生产率的提升。然而,受到社会主义生产方式应当是产品经济这一主流思想的制约,虽然政府不断进行放权探索,但在中央集权思想的制约下,在商品市场关系极为萎缩的情况下,难以有效发挥实际管理组织者的主动性,也无法通过微观经济主体的自发行为,实现生产资源的有效流动和配置。与此同时,名为按劳分配,实为平均分配的劳动产品分配形式挫伤了劳动者的积极性,使生产中劳动投入的实际效率不高。政府放权探索受到当时其他生产关系的制约,体现在GDP增长率的大幅波动上。计划CSSA后期出现GDP增长率下滑,人民生活水平长期难以提高,工农业结构失衡等"生产力-生产关系"融合指标的不利变化。政府观察到这一不利变化,推动CSSA变为"转型CSSA"。

转型CSSA阶段,中国推动社会经济改革的主要目的在于通过加大劳动投入,促使生产力与生产关系融合指标的提升。一方面,政府推动农村经济改革,释放了大量剩余劳动力,使其进入工业生产领域,增加了劳动要素量的投入;通过鼓励个体经济和民营企业,建立和完善资本市场,集中民间资本,增加资本投入;通过积极对外开放,引入大量外资,补充了经济建设中的投资不足。另一方面,政府推动国有企业建立现代企业制度,引入资本竞争;建立各种要素市场,推动生产资源流动,引进外资的同时引入先进技术和管理组织经验等,提升了劳动者积极性,增加了各种资源和劳动投入的使用效率。在转型CSSA阶段,中国GDP以两位数的速度持续高速增长,同时人民生活水平不断提升,综合国力不断增强,显示出生产力与生产关系的高度融合。到了转型CSSA后期,虽然GDP仍然持续高速增长,但呈现劳动报酬占GDP比重不断下降、城乡和地区收入差距不断扩大、低水平重复建设较多、产业结构不合理、生产环境指标不断恶化等情况,意味着生产力与生产关系出现了新的矛盾倾向。

新时代CSSA阶段,政府基于上述融合指标的变化,明确了我国不应再以GDP的高速增长作为经济工作的主要目标,而应转变经济发展方式,从"高速增长"转向中高速增长的"高质量增长"。为实现这一目标,党中央再次强调"以人民为中心"的发展思想,提出"创新、协调、绿色、开放、共享"五大新发展理念,着力解决"人民日益增长的美好生活需要和不平衡不充分的发展之间的矛盾",积极推动供给侧结构性改革。这些举措均旨在保证GDP增长率主指标保持中高速增长的前提下,提升人民群众获得感,促进科技创新,推动社会各类关系协调,使得生产方式从"高投入、高能耗、高污染"逐步转向清洁绿色生产,主动调整社会生产关系使其适应社会生产力的发展。

以上分析表明,中国三阶段 CSSA 的演化,恰恰是中国政府注意到"生产力-生产关系"的阶段性矛盾、主动不断推动改革、适应生产力变化的过程,呈现政府作用和主流意识形态的强大反作用。

2. CSSA 内部的政府与意识形态的反作用力量较强,体现在 CSSA 的阶段更替特有的时间特征上

经典 SSA 理论认为,上一个 SSA 的崩溃期与下一个 SSA 的探索期在时间上难以有效划分,因为在上一个阶段 SSA 崩溃的同时也将出现新 SSA 的探索。在新旧 SSA 的转换期,可能出现多种不同的社会结构特征,这些社会结构特征在资本积累过程中发挥不同的作用。最后有一个新的适应当时资本积累需要的 SSA 胜出,并逐步巩固。由于构成 SSA 的社会结构组成部分的多样性以及巩固的 SSA 制度之间存在相互兼容与支撑的特性,原有 SSA 的崩溃与新 SSA 的探索与胜出,再逐步实现制度之间的兼容,需要很长一段时间。因此,SSA 理论用新旧 SSA 的交替过程来解释资本主义经济的长周期波动。SSA 的巩固期支撑资本积累的长期繁荣,而 SSA 的崩溃与新 SSA 的探索期对应着资本积累的长期衰退。

但各阶段 CSSA 探索期的时间特征与 SSA 显著不同,这和 CSSA 演化动力机制中,政府的主导作用与意识形态的反作用密切相关。

各阶段 CSSA 中,只有转型 CSSA 的探索期相对较长,经历了十多年时间。这是因为转型 CSSA,中国 CSSA 出现了生产形式从产品经济到商品市场经济、劳动与资本从直接结合到以市场为中介间接结合的生产方式重要转型。这一转型过程,要求社会主流意识形态和政府理念的重要转变。在转型 CSSA 探索之初,社会和政府并不清楚转型的目标,而是在为了解决"人民群众日益增长的物质文化需要和落后的社会生产之间的矛盾",采取渐进式试错性改革,"摸着石头过河",经历了较长时间的探索才逐步明确了向商品市场经济转型的目标。同时,政府在社会主义制度如何与市场经济体制相结合方面没有既有经验可循,因此转型 CSSA 经历了较长的对恰当的生产方式(即适当的生产关系)的探索过程。

但计划 CSSA 的探索期与新时代 CSSA 的探索期均较为短暂。这是因为计划 CSSA 形成阶段社会主流意识形态高度统一,支持政府主导社会迅速进行了生产方式从而生产关系的各类改革,并通过持续制度调整,实现了各具体关系的相互适应性。新时代 CSSA 也是如此。由于转型 CSSA 向新时代 CSSA 的转化,是政府观察到社会主要矛盾的变化而主动推动的,同时主要为了适应生产方式中劳动形式的

变化,而仍然维持市场经济形式从而不需要大幅变动。此时,中国政府在转型 CSSA 阶段全面建设社会主义市场经济体系中积累了相当经验,并加强党的建设,排除了主流意识形态博弈过程中一些不利于"以人民为中心"和新发展理念推行的思想。在较为一致的主流意识形态反作用和政府有效推动下,较快实现了转型 CSSA 向新时代 CSSA 的转化。

参考文献

［1］高峰著:《论"生产方式"》,《政治经济学评论》2012 年第 4 期。

［2］马克思、恩格斯著:《马克思恩格斯全集》(第 27 卷),人民出版社 1974 年版。

［3］马克思、恩格斯著:《马克思恩格斯全集》(第 46 卷),人民出版社 2003 年版。

［4］乔榛著:《资本主义生产方式变迁中的资本主义制度演进》,《贵州财经学院学报》2009 年第 1 期。

［5］于金富著:《当代中国经济改革的实质在于生产方式的变革》,《河南大学学报(社会科学版)》2007 年第 1 期。

［6］张圣兵、刘伟杰、周绍东著:《新科技革命推动的生产方式演进》,改革与战略 2018 年第 6 期。

［7］郑跃平、黄博涵著:《"互联网＋政务"报告(2016):移动政务的现状与未来》,《电子政务》2016 年第 9 期。

［8］中共中央文献研究室编:《周恩来年谱(1949—1976)》(上卷),中央文献出版社 1997 年版。

［9］David M. Gordon, Richard Edwards, Michael Reich (1988), *Segmented Worker*, *Divided Workers*, Cambridge: Cambridge University Press.

第五章

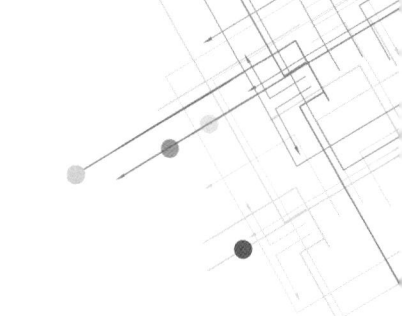

CSSA 的实证分析

在 CSSA 的基本理论分析框架下,通过对中华人民共和国经济发展的历史进行阶段划分,阐明了 1949 年中华人民共和国成立以来六大核心关系的演化路径和演化机理,这为中国经济改革发展变化提供了有效的理论支撑。在此理论基础上,我们利用中国现实数据从 CSSA 阶段特征、六大核心制度与经济增长关系、CSSA 制度稳定性与经济增长关系三个方面进行实证分析,从定量的角度对理论分析进行验证和补充,以期更为全面和细致地揭示中国经济改革的规律和发展趋势。

第一节 CSSA 阶段特征的实证分析

我们首先回顾和梳理了 CSSA 阶段特征的相关文献,在此基础上进行理论分析并提出相应的理论假设,最后利用中国现实数据实证考察 CSSA 的阶段性特征,即中国经济增长从计划 CSSA 阶段到转型 CSSA 阶段的转变,以及各阶段中呈现的探索、巩固和衰退的全过程。

一、理论分析与基本假定

(一)文献分析

SSA 理论认为经济发展可在总体上依据不同的 SSA 阶段划分出资本主义经

济发展的大周期。例如,丁晓钦和谢长安(2017)①就指出从国际环境与资本主义内部环境的变化来看,资本主义经济发展可大致划分为第二次世界大战后到20世纪70年代资本主义快速发展时期、20世纪70年代到2008年金融危机资本主义的转型时期以及2008年金融危机至今的资本主义艰难调整时期三个阶段。与此类似,我国学者在研究中国经济发展的阶段变迁时也提出,从CSSA理论出发可将中华人民共和国成立之后的中国经济发展在总体上划分为1949年至1978年的计划CSSA、1978年至2012年的转型CSSA以及2012年至今的新时代CSSA。SSA理论还指出在每一个SSA阶段内部还存在经济的周期性发展,即经济发展的小周期,这一周期性发展在CSSA理论中表现为1949—1956年计划CSSA的探索期、1957—1966计划CSSA的巩固期、1967—1977年计划CSSA的衰退期、1978—1991年转型CSSA的探索期、1992—2007年转型CSSA的巩固期、2008—2012年转型CSSA的衰退期(马艳和张沁悦,2018②;马艳等,2016③)。

  在以往的研究中就有学者采用了特征事实描述的方法对相关数据进行经验数据分析,以期观察资本主义经济发展以及中国经济发展的周期变化特征(大卫·科茨,2018④;甘梅霞,2017⑤)。例如,通过对1953年至2019年GDP增长率进行分析并绘制折线图,得到我国1949年至1978年间GDP的年平均增长率为6.4%,1979年至2012年GDP的年均增长率达9.4%,由此可见我国在转型CSSA阶段内的经济发展要快于计划CSSA阶段,以此观察我国经济发展的大周期从计划CSSA阶段过渡到转型CSSA阶段的过程中是呈现上升趋势的,我国经济整体是向好发展的。在第三阶段即新时代CSSA阶段内我国GDP增长率缓慢下降,2012年至今的GDP年平均增长率为7.7%,相较于转型CSSA阶段有所下降,但由于这一阶段经历的时间较短,尚未完成一个完整的小周期变化,尚不能对这一阶段整体的发展情况进行概括。

---

  ① 丁晓钦、谢长安著:《从积累的社会结构理论看当代资本主义的发展阶段》,《马克思主义与现实》2017年第3期。
  ② 马艳、张沁悦著:《新时代中国特色社会主义主要矛盾变化研究——以CSSA理论为分析基础》,《东南学术》2018年第3期。
  ③ 马艳、王琳、张沁悦著:《资本积累的社会结构理论的创新与中国化探讨》,《马克思主义研究》2016年第6期。
  ④ 大卫·科茨、张开、顾梦佳、崔晓雪、李英东著:《长波和积累的社会结构:一个评论与再解释》,《政治经济学评论》2018年第2期。
  ⑤ 甘梅霞著:《当代中国阶层关系演化、经济增长影响及制度渊薮——基于积累的社会结构理论》,《浙江社会科学》2017年第8期。

我国学者通过对经验数据的分析得出了我国存在 CSSA 周期变化的结论,经验数据虽然能够较好地描述出不同 CSSA 阶段之间的变迁过程,但是由于 GDP 增长率波动较大(尤其是在计划 CSSA 阶段内),很难通过对数据的分析和描述直接观测出每个 CSSA 阶段内部不同时期之间的变迁过程。我国学者开始尝试利用实证分析更加直观地对我国 CSSA 阶段的演变进行研究,这不仅从实证的角度完善了 CSSA 理论和中国经济发展阶段的相关研究,也能够对每个 CSSA 阶段内部的发展变化特征进行研究。方敏和李梁(2020)[①]利用中国数据对 SSA 理论进行了实证研究并对不同阶段内影响经济发展的因素进行了特征描述。他们认为中国从总体上表现为两个 SSA 时期,即 1953—1978 年的改革开放前 SSA 和 1978—2018 年的转型期的 SSA,并将每个 SSA 内部划分为两个阶段,即 1953—1964 年的改革开放前 SSA 阶段 1、1964—1978 年的改革开放前 SSA 阶段 2、1978—2010 年的转型期 SSA 阶段 1、2010—2018 年的转型期 SSA 阶段 2。通过对其进行实证分析得出转型期的 SSA 时期的经济增长速度要快于改革开放前 SSA 时期,并且在两个 SSA 时期内部都是阶段 1 促进经济增长,而阶段 2 不促进经济增长。

由此可见,以往大多数研究都是从经验数据分析的角度出发对我国 CSSA 阶段进行分析,学者们意识到仅依靠经验数据分析是存在不足的,因此一些学者尝试使用实证分析的方式对我国 CSSA 演变的过程进行研究并且取得了一些成果。随着社会经济发展的不断进步,中国经济发展的复杂程度不断加深,以往取得的研究结果也需要进一步的推进和优化。以往这些研究虽然从经验数据分析和实证分析两个方面对 CSSA 的阶段性变化进行了研究,从这两个角度验证了中国经济发展的阶段性特征,但他们大多是从 GDP 增长率以及平均利润率变化这两个方面对 CSSA 不同阶段的变迁进行研究,而缺乏对 CSSA 各个阶段内部的探索、巩固、衰退三个时期之间的变迁进行研究,因此对于 CSSA 理论的实证研究仍存在一定空间。我们希望通过实证研究提供计划 CSSA、转型 CSSA、新时代 CSSA 阶段以及各阶段内部不同时期的划分实证依据,并且对 CSSA 的阶段性变化特征进行更加直观的描述。

(二)理论假设

在计划 CSSA 阶段内我国经济得到了一定的发展,但由于计划经济的不完备性、其对微观主体积极性的阻碍以及制定计划中发生的人为错误,导致我国劳资关

---

① 方敏、李梁著:《社会积累结构变迁与中国经济增长》,《财经问题研究》2020 年第 4 期。

系与资本关系的过度单一化,阻碍了经济的进一步发展,同时政府权力过度集中及对地方和企业的过度管理导致政府角色错位使市场对生产的积极作用无法充分发挥出来。这些因素不仅导致了六大利益关系内部的发展不均衡,也一定程度上阻碍了我国经济的发展,从而表现为计划 CSSA 阶段后期过度僵硬的计划经济体制阻碍了我国经济的发展。

在我国经济进入转型 CSSA 阶段后,无论是国家的顶层设计层面或是学界研究层面,都在上一阶段的发展经验之上进行了更进一步的探索,主要表现为对市场经济与中国特色社会主义结合的探索。就国家顶层设计层面而言,在这一阶段内我国政府构建并完善了社会主义市场经济体制,逐渐形成了"经济特区—沿海开放城市—沿海经济开放区—沿江沿边沿交通干线开放区—内地"的全方位开放格局。这些举措为我国经济发展奠定了良好的制度基础,也为我国六大利益关系的发展提供了制度保障。

从以往的经验数据分析中我们不难看出,转型 CSSA 阶段和新时代 CSSA 阶段的 GDP 增长率波动较为平缓,且都是在一个相对较高的增长率范围内进行较小的波动,而计划 CSSA 阶段内 GDP 增长率波动幅度大,甚至出现 GDP 增长率为负的情况。转型 CSSA 阶段和新时代 CSSA 阶段不仅在 GDP 增长率的年平均值上优于计划 CSSA 阶段,且在经济发展的稳定性方面也表现得更加平稳。

因此,我们认为每一个 CSSA 阶段内部所蕴含的制度环境都会在一定时期对经济增长起积极作用,但是由于各个 CSSA 阶段所具有的特性不同,其与经济发展之间的促进作用也不同,进而导致不同 CSSA 阶段内的经济增速不同。基于此理论,我们提出以下假设:

假设 1:在每个 CSSA 周期内经济都出现了增长的趋势,但是转型 CSSA 周期内的增速要大于计划 CSSA 周期内的增速。

由于 CSSA 阶段更替的主要动力机制是政府主导下的经济增长,中国政府对不同历史阶段社会主要矛盾的认识将对 CSSA 六大矛盾的具体特征和相关制度产生重要影响。而这些具体机制又在不同阶段对经济发展产生或促进或抑制的作用,从而导致 CSSA 出现周期性更替变化。

中华人民共和国成立后,我国政府开始着力进行社会主义的"一化三改",使旧有五种经济成分逐步趋向公有资产一元化特征。随之形成了单纯的劳动关系,使劳资矛盾不再是社会的主要矛盾。随着社会主义改造,政府确立了经济工作中的高度集权地位,意识形态方面的马克思主义绝对占优地位得以确立,这些特征又支撑了社会主义改造不断深化，至1958年在国内建立了生产资料的纯公有制。国际上废除国民党时期签订的一系列不平等条约与债务，从而使中国作为独立的社会主义国家屹立于世界民族之林。这一系列制度的建立实现了中华人民共和国成立初期我国经济的初步恢复。此时，我国处于计划CSSA的探索期。

在经历了计划CSSA探索期的一系列尝试后，我国政府基于单一公有制的基础，在经济工作中形成了集权特征，同时马克思主义在社会意识形态中绝对占优，采取了优先发展重工业、大力发展轻工业并注重工业与农业协调发展的发展策略。这使得我国经济实现了快速增长，GDP总额从1952年的679亿元增长到1966年的1868亿元，人均GDP翻倍，从1952年的119元增长到1966年的254元。此时，我国进入了计划CSSA的巩固期。但由于我国经济总量较低，对苏联的依赖较多，因此中国在国际关系处于政治影响上的弱国地位。在经济与生态的关系上，计划CSSA时期始终处于生态矛盾"潜在隐形"积累时期。这些因素都成为推动我国进入计划CSSA衰退期的因素，也是我国日后经济发展中的重要问题。

在计划CSSA衰退期，我党的工作重心从经济工作转移到阶级斗争上，对马克思主义指导思想的认识出现了教条化和僵化的特征，并且"纯而又纯"的公有资本一元特征、政府经济集权特征不断固化导致平均主义的出现，这些都对我国的经济增长产生不良的影响。虽然这一时期我国的社会主义建设仍在进行，但从增长速度来看，除1969年和1970年GDP年均增长率为16.9%和19.4%外，其余各年均低于9%，甚至1967年、1968年和1976年出现负增长。为消除计划CSSA衰退时期社会结构对国民经济产生的不利影响，党和人民进行了多方探索，转变认识，加深对社会主要矛盾的理解。至此，中国进入转型CSSA阶段。

在转型CSSA阶段内我国六大关系的主要特征是：多元的资本关系、复杂的劳资关系、政府在经济工作中有控制的放权、马克思主义与西方自由主义思潮动态博弈的意识形态、主动参与经济全球化和显性激化的生态矛盾。而这六大关系的周期性变化直接导致转型CSSA阶段内也出现探索、巩固、衰退三个时期之间的更迭。

由于对社会主要矛盾认识的变化，我国致力于改变上一阶段教条化和僵化的意识形态特征，经济中个体经济、私营经济和外资不断涌现，初步形成了多元化资本关系，劳资矛盾初步显现，中国在世界市场上的地位有所提升。但由于经济起点较低，在国际竞争中仍处于相对弱势地位，生态矛盾仍在积累，尚不明显。这些改变使我国经济得到了一定的发展，有效缓解了"人民群众日益增长的物质文化需要与落后的社会生产之间的矛盾"。

随后,我国开始明确以建立社会主义市场经济体制为改革目标,实行全面改革开放。在政府经济角色方面加大放权力度,推动市场经济发展。多元资本关系迅速发展,以公有制为主体的多元资本格局不断加强。随着资本多元化的发展,劳动力的来源也发生了变化,多种来源的劳动力与多种性质的资本结合使"复杂的劳资关系"最终确立并进一步巩固。在国际经济竞争中,我国逐渐形成了"强国与弱国并存的双重身份"。主流意识形态进入西方思潮与马克思主义动态博弈的过程。转型 CSSA 巩固期的上述特征在有效实现当期资本积累目标、缓解社会主要矛盾的同时,也产生和累积了新的矛盾。此时,我国进入转型 CSSA 的巩固期。

在转型 CSSA 的衰退期内,矛盾表现得更为尖锐。劳资矛盾凸现、生态矛盾显性激化、经济实力与国际竞争中话语权的相对失衡等都成了阻碍社会不断发展的重要因素。随着 2008 年全球金融危机对中国经济的冲击,中国社会结构的潜在矛盾逐步显性化。因此,我们将 2008 年看作转型 CSSA 进入衰退期的标志性事件。转型 CSSA 衰退阶段各种社会矛盾的表现与积累形成了成熟社会主义市场 CSSA 阶段探索的依据,也从另一个角度印证了十九大报告对中国"新时代""新矛盾"的论述。

由此可见,不仅各个 CSSA 阶段之间存在周期变化,而且各个 CSSA 阶段内部也是存在周期变化的,通常表现为一个 CSSA 刚刚形成时促进经济增长,并且随着制度环境的不断改变,对经济的促进作用越来越明显,但发展到后期由于制度环境无法与经济的快速发展相匹配,导致对经济的促进作用下降甚至一定程度上抑制经济发展,此后一个新的 CSSA 阶段将会出现,并且仍会再次经历上述周期。基于此理论,我们提出以下假设。

假设 2:每个 CSSA 阶段内都呈现探索期、巩固期、衰退期的周期性变化。

二、模型构建与实证分析

首先,为了验证中国经济增长的整体阶段跨越,构建如下模型:

$$GDPRATE_t = \partial_1 Dum_{t1} + \partial_2 Dum_{t2} + \mu_t \tag{1}$$

其中,t 为年份,$GDPRATE_t$ 为 t 年 GDP 增长率。Dum_{t1}、Dum_{t2} 为虚拟变量,

分别代表改革开放前的计划 CSSA 阶段以及改革开放后的转型 CSSA 阶段。由于 GDP 增长率的数据在 1953 年前缺失,故各虚拟变量取值所代表的阶段如下所示:$Dum_{t1}=1$ 对应 1953—1978 年,$Dum_{t1}=0$ 对应 1978—2018 年;$Dum_{t2}=1$ 对应 1978—2018 年,$Dum_{t2}=0$ 对应 1953—1978 年。μ_t 为随机误差项。∂_1、∂_2 的符号和显著性水平分别代表计划 CSSA 和转型 CSSA 两个阶段对中国经济增长的不同促进作用。为了避免"虚拟变量陷阱"的问题,模型(1)中去除了截距项。为了验证中国经济增长整体的阶段跨越,需要检验"∂_1 显著大于 ∂_2"的假定。

其次,为了验证各阶段中呈现的探索、巩固和衰退的全过程,构建如下模型:

$$GDPRATE_t = \beta_1 Stage_{t1} + \beta_2 Stage_{t2} + \beta_3 Stage_{t3} \\ + \beta_4 Stage_{t4} + \beta_5 Stage_{t5} + \beta_6 Stage_{t6} + \mu_t \quad (2)$$

其中,t、$GDPRATE_t$、μ_t 同前文定义。$Stage_{t1}-Stage_{t6}$ 为虚拟变量,分别代表计划 CSSA 和转型 CSSA 两个阶段中各自探索、巩固和衰退的全过程。虚拟变量取值所代表的阶段如下所示:

(1) $Stage_{t1}=1$ 对应 1953—1962 年,$Stage_{t1}=0$ 对应其他年份;
(2) $Stage_{t2}=1$ 对应 1962—1966 年,$Stage_{t2}=0$ 对应其他年份;
(3) $Stage_{t3}=1$ 对应 1966—1978 年,$Stage_{t3}=0$ 对应其他年份;
(4) $Stage_{t4}=1$ 对应 1978—1992 年,$Stage_{t4}=0$ 对应其他年份;
(5) $Stage_{t5}=1$ 对应 1992—2008 年,$Stage_{t5}=0$ 对应其他年份;
(6) $Stage_{t6}=1$ 对应 2008—2018 年,$Stage_{t6}=0$ 对应其他年份;$\beta_1-\beta_6$ 分别代表着计划 CSSA 和转型 CSSA 两个阶段中各自探索、巩固和衰退过程中经济增长。

为了验证 CSSA 对经济增长作用的周期性,需要检验"β_1 显著小于 β_2""β_2 显著大于 β_3""β_3 显著小于 β_4""β_4 显著小于 β_5""β_5 显著大于 β_6"。

三、实证结果及解释

模型(1)的回归结果如表 5.1.1 第一列所示,Dum_{t1} 和 Dum_{t2} 的系数分别为 0.065 和 0.096,且均在 1% 的显著性水平上显著,说明在计划 CSSA 阶段和转型 CSSA 阶段中中国经济均有显著的增长,且在转型 CSSA 阶段中增长更为迅速,假设 1 得以验证。

表 5.1.1　　　　　　　　　　　回 归 结 果

变　　量	(1) GDPRATE	(2) GDPRATE
Dum_{t1}	0.065*** (3.103)	
Dum_{t2}	0.096*** (22.533)	
$Stage_{t1}$		0.054 (1.182)
$Stage_{t2}$		0.100** (2.008)
$Staget_3$		0.061*** (2.721)
$Stage_{t4}$		0.092*** (10.276)
$Stage_{t5}$		0.107*** (18.382)
$Stage_{t6}$		0.081*** (18.613)
Observations	66	66
R-squared	0.615	0.633

注：括号的值为 t 值；＊＊＊，＊＊，＊分别代表在1％、5％、10％的显著性水平上显著。

模型(2)的回归结果如表5.1.1第二列所示，β_1—β_6 分别为 0.054、0.100、0.061、0.092、0.107、0.081，其显著性分别为：不显著($t=1.182$)、在5％的水平上显著($t=2.008$)，在1％的水平上显著($t=2.721$)，在1％的水平上显著($t=10.276$)，在1％的水平上显著($t=18.382$)，在1％的水平上显著($t=18.613$)。为了验证各系数之间是否存在显著差异，采用F联合检验(仅在 t 显著时使用)，结果发现，$\beta_1=\beta_2$ 的原假设在10％的显著性水平上被拒绝($F=2.71$)，$\beta_2=\beta_3$ 的原假设在1％的显著性水平上被拒绝($F=5.72$)，$\beta_3=\beta_4$ 的原假设在1％的显著性水平上被拒绝($F=56.50$)，$\beta_4=\beta_5$ 的原假设在1％的显著性水平上被拒绝($F=221.75$)，$\beta_5=\beta_6$ 的原假设在1％的显著性水平上被拒绝($F=342.18$)。综上分析可得："β_1 显著小于 β_2""β_2 显

著大于 β_3""β_3 显著小于 β_4""β_4 显著小于 β_5""β_5 显著大于 β_6"这 5 个假设得以验证,说明经济增长确实呈现 CSSA 周期阶段变化,验证了前文的假设 2。

第二节　六大核心制度与经济增长

在上一节中我们探讨了 CSSA 的阶段性特征,但这仅是从总体上探讨制度结构的变迁,并没有细致地考察六大核心制度和经济增长之间的关系。本小节从国际关系、劳资关系、人与自然关系、意识形态、政府作用、资本关系这六大核心制度出发,分别验证它们在转型 CSSA 各阶段中呈现出的阶段性特征。

一、理论框架与基本假定

(一)文献分析

由于经济关系的相关数据获取较为困难,因此在以往的有关 SSA 实证研究中,大多数研究将重点聚焦在对 SSA 不同阶段的实证分析或者是针对六大利益关系某一个方面,鲜有研究通过实证方法去系统探讨六大核心制度与经济增长在各个阶段的关系。例如,方敏和李梁(2020)[1]对改革开放前的 SSA 和转型期的 SSA 的更替特点进行了研究,但是对于影响改革开放前的 SSA 和转型期的 SSA 的特点的经济要素只是进行了理论上的描述。荣兆梓和李艳芳(2019)[2]探讨了积累过程的未来趋势,认为共产党领导加上公有制为主体的基本经济制度决定了增长的动态路径还将继续在劳动者利益最大化的轨道上。马艳等(2016)[3]利用马克思主义范式文章占比、全社会固定资本投资中占比以及中国市场竞争程度、市场垄断程度、生产过程复杂性指数、全球化指数、中国工业三废排放及环境污染治理投资情况等经验数据,分别探讨了资本关系、资资关系、国际关系、政府角色、意识形态、生态关系这六大核心关系与经济增长的关系。

---

[1] 方敏、李梁著:《社会积累结构变迁与中国经济增长》,《财经问题研究》2020 年第 4 期。
[2] 荣兆梓、李艳芬著:《社会主义积累规律研究:基于中国经济增长 70 年》,《教学与研究》2019 年第 9 期。
[3] 马艳、王琳、张沁悦著:《资本积累的社会结构理论的创新与中国化探讨》,《马克思主义研究》2016 年第 6 期。

除理论分析和特点描述外，也有一些学者尝试用数理分析的方法进行研究。例如，丁晓钦和鲁春义(2013)[①]以劳资关系作为切入点，通过演化博弈的视角分析了积累的社会结构的变迁，认为当资本势力达到一定的程度，利益分配矛盾激化，资本家可通过再次提高其分配系数迅速达到更利于其积累的新的社会结构，此时工人就再也无力改变利益分配格局。但是，矛盾积累到一定程度将导致突变，这也是新的积累的社会结构形成的一种方式。杨小忠和丁晓钦(2019)[②]着重对SSA理论中核心经济关系——劳资关系进行了数理分析，并利用美国的现实数据进行了进一步的验证。他们通过数理模型推导得到如下结论：① 资本主义SSA通过提供过少的工作岗位来压制工人对工资和收入分配的要求，同时造成资本家产出损失和产能过剩。虽然通过重视工会的作用、增加劳动者的分配份额等形式能够在一定程度上缓解这种劳资矛盾，但并不能从根本上消除劳资矛盾，这也是推动SSA进入不同阶段的重要原因。② 在资本主义的生产资料私有制和剥削雇佣劳动制度下，生产资料和产品分配权归资本家所有，资本无限追逐利润，使对抗性劳资分配关系不可调和，这也是影响SSA发生变化的重要因素。

可以发现，以往的研究从理论、经验数据、数理等方面对SSA理论和CSSA理论进行了少量的研究，但关于实证方面的研究仍有较大的空间。一是在指标构建方面，以往在对六大利益关系的分析中均是对特定的一个或者多个指标进行分析，容易产生片面性，因此有必要构建具有系统性的指标，使该指标能够更好地反映六大利益关系的特点。二是在研究方法方面，可以通过实证研究对六大利益关系和经济发展之间的关系进行实证研究，更加直观地表现出六大利益关系在CSSA各阶段中对经济增长的影响作用。因此，本部分将构建六大利益关系指标体系，相较于用某一变量或者某几个变量来代表六大利益关系的变化过程，该指标体系更全面和具体。此外，本节还将利用该指标体系来研究不同时期的六大利益关系的变化特点，利用这些指标体系对六大利益关系在CSSA不同阶段中的重要作用进行实证分析，拓展这一领域的实证研究范围。

(二) 理论分析

CSSA理论将资本积累过程中的矛盾总结为六方面主要矛盾，分别是劳资矛

---

① 丁晓钦、鲁春义著：《积累的社会结构理论的微观阐释——一个演化博弈视角的分析》，《马克思主义研究》2013年第10期。

② 杨小忠、丁晓钦著：《劳动力匹配、收入分配与资本主义积累的社会结构稳定性》，《世界经济》2019年第8期。

盾、资本之间的矛盾、国际间的资本积累、资本同社会的矛盾、意识形态、生态与资本积累的矛盾，并在这六方面矛盾的基础上得到了 CSSA 理论的六大经济关系——劳资关系、资本之间的关系、国际关系、政府角色、意识形态、生态关系。不同 CSSA 之间的演变，正是由于社会在发展过程中六大矛盾会不断发生变化，从而导致六大经济关系发生改变，进而推动了社会整体制度的变革，具体来看：

劳资关系在 SSA 理论中处于最核心的地位。劳资关系的恶化将会出现劳动者地位日益削弱，而资本所有者的地位日益提升，最后这种矛盾会导致社会不平等的加剧，进而导致社会购买力需求不足，价值实现过程受阻，资本积累无法持续进行。

资本之间的关系是 SSA 理论中保障资本良性竞争的重要关系。资本之间会为了获得更多的利润而进行竞争，此时资本会通过降低企业成本，提高劳动生产率来在竞争中获得有利地位。良性竞争和有效的资本合作有利于社会整体劳动生产率的提升，但是恶劣的资本竞争会使资本所有者为了在竞争中降低成本增加对劳动者的剥削。同时社会资本会流向能带来更多利润的领域，如金融产业等，从而导致社会整体的资本配置的失衡。

政府角色是 SSA 理论中维持稳定 SSA 的关键要素，发挥着重要的宏观调控功能。一方面如果政府干预过多会给政府财政等方面造成过大的压力，并且会对企业的盈利能力产生影响，从而对经济发展产生影响。另一方面如果政府干预过少，会导致资本所有者为了自身利益加大对劳动者的剥削，从而影响经济的发展。

意识形态是 SSA 理论中思想方面的制度保障。五个维度中的意识形态包括对政治、经济、文化等社会经济发展方面的认识，意识形态会对每一个人的行为产生影响。在经济发展中若主流意识形态是偏向自由竞争，那么资本在市场上就会偏向竞争关系，从而竞争程度就会被激化。这说明意识形态可以通过对人的行为和选择的影响，进而影响经济发展和资本积累。

国际关系是 SSA 理论的外部环境。在全球化不断发展的今天，国际关系也成为影响一国经济发展的重要因素。在国际分工中所处的地位会对国家的产业结构产生影响，从而影响资本积累的方式和效率。若一国在国际关系中处于弱国的地位，则强国会依靠自身的发展优势在国际贸易中对弱国进行剥削，从而对弱国的劳动者进行了剥削，这就帮助资本实现跨国剥削。因此良好的国际关系对一国的经济发展和资本积累是至关重要的。

生态关系是 SSA 理论中实现可持续发展的保障。随着全球生态环境的持续恶化，人们愈加关注环境变化与经济活动的辩证关系，以期寻找可持续发展的有效路径,生态关系也逐渐成为资本积累的社会结构理论的重要组成部分。事实上,马克思早已阐明,环境因素一方面构成"生产的自然力",是资本价值增殖的必要条件之一,另一方面与社会生产关系之间存在有机联系。因此,GER 在建立 SSA 理论体系时就考虑到生态环境对经济发展的影响。他们认为可持续的发展是在稳定的自然资源价格下进行的。因为自然资源的价格是否稳定会影响资本主义生产在购买阶段生产资料的可获得性,也会在生产过程中对劳动力的劳动生产率产生影响,并且最终会对资本的价值实现产生影响。

通过上面的分析可以发现,劳资关系、资本之间的关系、国际关系、政府角色、意识形态、生态这六大利益关系各自在不同方面对经济发展发挥了重要的作用。基于此,我们提出以下假设:

假设 1:六大利益关系的演变和发展与经济增长具有较强的相关性。

值得注意的是,六大利益关系对经济增长的影响不能简单地理解为正向或者负向的影响,这是由于在不同的阶段六大利益关系的变化对于经济增长的影响存在差异性。比如,资本关系方面,在经济发展的探索期,资本间的竞争有利于经济发展,但是随着经济发展到成熟阶段,资本间的竞争则需要同合作相结合才能促进经济增长;政府角色方面,政府的调控和干预对于经济增长的影响在不同阶段发挥着不同的作用,在早期探索阶段"绝对集权"式的政府角色增加了政府对经济活动的控制力和影响力,促进了经济的快速发展,但是到了经济发展的成熟期,过多的政府干预反而会抑制经济发展的活力,此时"有控制的放权"则有利于经济的发展;意识形态方面,我国"马克思主义绝对主流"的意识形态在早期经济发展中起到了重要的指导作用,随着经济的不断发展,西方思潮和理念涌入在诸多方面改变了经济发展的模式,进入新时代马克思主义在中国意识形态领域对于经济发展的指导作用不断得到加强;生态关系方面,在经济发展的初期,依靠资源消耗型的发展模式,经济得到了快速的发展,但是这种"隐性"的生态矛盾随着工业化、现代化、市场化、城镇化的不断发展,最终由"隐性"矛盾逐步转为"显性"生态矛盾,污染成为阻碍经济发展的重要原因。

六大利益关系对经济增长产生影响时往往是某一方面或某几方面率先发生改变,从而引起其他利益关系也产生相应的改变,并在这个改变的过程中不断加深其对经济发展的影响程度。因此,六大利益关系对经济的影响是具有周期性特征的,认识到这一特征将有助于我们理解六大利益关系对经济发展产生影响的理论机制。基于此,我们提出以下假设:

假设 2：六大利益关系对经济增长的影响并不是线性的，而是呈现周期性的规律。

二、模型构建

为了验证六大核心制度在不同阶段对经济增长的影响，构建如下模型：

$$GDPRATE_t = \beta_0 + \beta_1 Dum_{t3} X_{jt} + \beta_2 Dum_{t3} Dum_{t2} X_{jt} \\ + \beta_3 (1 - Dum_{t3}) Dum_{t1} X_{jt} + \mu_t \quad (3)$$

其中，t、$GDPRATE_t$、μ_t 同前文定义相同。Dum_{t1}、Dum_{t2}、Dum_{t3} 为虚拟变量，各虚拟变量取值所代表的阶段如下所示：（1）$Dum_{t1}=1$ 对应 1978—1992 年，$Dum_{t1}=0$ 对应 1993—2018 年；$Dum_{t2}=1$ 对应 1993—2008 年，$Dum_{t2}=0$ 对应 1978—1992 年或 2009—2018 年；$Dum_{t3}=1$ 对应 1993—2018 年，$Dum_{t3}=0$ 对应 1992—2008 年。X_{jt}（$j=1,2,3,\cdots,6$）分别代表国际关系、劳资关系、人与自然关系、意识形态、政府作用、资本关系六大核心制度。

根据公式（3），可得改革开放后转型 CSSA（1978—2018）时期中六大核心制度对经济增长的影响效应为：

$$\partial(GDPRATE_t)/\partial(X_t) = \beta_1 Dum_{t3} + \beta_2 Dum_{t3} Dum_{t2} \\ + \beta_3 (1 - Dum_{t3}) Dum_{t1} \quad (4)$$

进一步可得，第一阶段（1978—1992）中，即当 $Dum_{t1}=1$、$Dum_{t2}=0$、$Dum_{t3}=0$ 时，六大核心制度对经济增长的偏效应为：$\partial(GDPRATE_t)/\partial(X_t) = \beta_3$；第二阶段（1992—2008）中，即当 $Dum_{t1}=0$、$Dum_{t2}=1$ 和 $Dum_{t3}=1$ 时，六大核心制度对经济增长的影响效应为：$\partial(GDPRATE_t)/\partial(X_t) = \beta_1 + \beta_2$；第三阶段（2008—2018）中，即当 $Dum_{t1}=0$ 和 $Dum_{t2}=0$ 时，六大核心制度对经济增长的偏效应为：$\partial(GDPRATE_t)/\partial(X_t) = \beta_1$。为了验证转型 CSSA 时期六大核心制度对经济增长作用也呈现周期性，需要检验"β_3"、"$\beta_1+\beta_2$"、"β_1"之间并不存在线性关系，即不存在"β_3 显著小于 $\beta_1+\beta_2$"、"$\beta_1+\beta_2$ 显著小于 β_1"，或"β_3 显著大于 $\beta_1+\beta_2$""$\beta_1+\beta_2$ 显著大于 β_1"。

三、变量说明及数据来源

由于在 1978 年前可获得的数据变量较少，因此本部分的样本区间为改革开放后的转型 CSSA 阶段（1978—2018）。综合样本时间跨度的完整性、变量的可获得

性和代表性,选取如下六大核心制度变量:

(1) 国际关系(GJ),包括实际外商投资金额、进出口总额和对外承包工程合同金额三个变量;

(2) 劳资关系(LZ),包括城乡居民收入差距、城乡居民家庭恩格尔系数、城镇登记失业率、基层工会组织数、工资总额六个变量;

(3) 人与自然关系(ZR),包括工业固体废物产生量、烟尘排放量、环境污染治理投资总额;

(4) 意识形态(YSXT),包括马克思主义关键词文献数、社会主义关键词文献数、市场经济关键词文献数这三个变量;

(5) 政府作用(ZF),包括财政收入、财政支出、税收、铁路营业里程、普通高等学校数、政府卫生支出六个变量;

(6) 资本关系(ZZ),以非国有企业和国有企业数量比来衡量。

为了使各制度变量的维度保持一致,除资本关系变量外,采用主成分分析方法分别构建各制度指标的综合指标。

这里以政府作用为例,给出综合指标构建的具体过程,其余变量类似可以得出。

首先,在进行主成分分析之前,对选定的政府作用方面的各子指标进行可行性分析,结果如表 5.2.1 所示。各变量的 KMO 值的平均值达到 0.833 2,远大于 0.5 的临界值水平,说明所选样本的重组性达到预期的要求,以此建立的指标体系并进行主成分分析是具有可行性的。

表 5.2.1　　　　　　　　　　　　KMO 检验

Variable	KMO
财政收入	0.839 7
财政支出	0.773 3
税收	0.845 7
铁路营业里程	0.852 4
普通高等学校数	0.932 3
政府卫生支出	0.784 8
平均值	0.833 2

其次,采用特征根大于 1 的方法提取主成分,结果如表 5.2.2 所示。主成分个数为 2,第一个主成分的特征根为 3.589 67,方差贡献率为 60.42%,第二个主成分的特征根为 2.340 55,方差贡献率为 39.39%,两个主成分的累积方差贡献率达到 99.81%,说明提取的两个主成分很好地代表了各变量的信息。

表 5.2.2　　　　　　　　　　方 差 分 析 表

因 子	方 差	差异值	方差贡献率	累计方差贡献率
Factor1	3.589 67	1.249 13	0.604 2	0.604 2
Factor2	2.340 55	2.327 34	0.393 9	0.998 1
Factor3	0.013 21	.	0.002 2	1.000 3

再次,通过得分系数矩阵,如表 5.2.3 所示,可计算得出两个主成分。

表 5.2.3　　　　　　　　　　得分系数矩阵

变 量	符 号	Factor1	Factor2
财政收入	x1	2.028 6	−2.380 9
财政支出	x2	−0.881 1	2.215 9
税收	x3	−3.579 9	5.412 0
铁路营业里程	x4	−0.593 9	0.812 1
普通高等学校数	x5	−0.069 1	0.079 5
政府卫生支出	x6	3.914 0	−5.565 2

最后,根据方差分析表中各因子的成分贡献率和累积贡献率,可计算出政府作用综合得分。三个指标的计算公式如下所示:

主成分 $1 = 2.028\,6x_1 - 0.881\,1x_2 - 3.579\,9x_3 - 0.593\,9x_4 - 0.069\,1x_5 + 3.914\,0x_6$

主成分 $2 = -2.380\,9x_1 + 2.215\,9x_2 + 5.412\,0x_3 + 0.812\,1x_4 + 0.079\,5x_5 - 5.565\,2x_6$

政府作用综合得分 $= (0.604\,2 \times$ 主成分 $1 + 0.393\,9 \times$ 主成分 $2)/0.998\,1$

各变量的描述性统计结果如表5.2.4所示。

表5.2.4 变量的描述性统计结果

变量	均值	标准差	最小值	中位数	最大值
GDPG	9.362	2.618	3.900	9.300	14.200
GJ	0.102	0.938	−0.961	−0.298	1.790
LZ	0.254	0.914	−0.881	0.092	1.963
ZR	0.000	0.991	−1.023	−0.439	1.730
YSXT	0.410	0.704	−0.962	0.249	1.457
GOV	0.189	0.970	−0.702	−0.246	2.285
ZZ	1.949	0.844	0.650	2.087	3.199

本节的GDP增长率、劳资关系相关变量、政府作用相关变量、资本关系相关变量的数据均来源于国家统计局,国际关系相关变量来源于国泰君安数据库,人与自然关系相关变量的数据来源于历年中国环境公报,意识形态相关变量数据来源于中国知网。

四、实证结果及解释

六大核心制度对经济增长的偏效应结果如表5.2.5和表5.2.6所示,具体来看:

国际关系方面,$DUM_{t3} * X_{jt}$、$DUM_{t3} * DUM_{t2} * X_{jt}$、$(1-DUM_{t3}) * DUM_{t12} * X_{jt}$三个变量的系数$\beta_1$、$\beta_2$、$\beta_3$分别为−2.412、3.801、1.568,其对应的显著性水平分别为在1%的显著性水平上显著($t=-5.97$)、在5%的显著性水平上显著($t=2.20$)、不显著($t=0.98$)。据此,可以得出以下结论:① $(1-DUM_{t3}) * DUM_{t12} * X_{jt}$的系数估计值为正但不显著,说明改革开放后的转型CSSA第一阶段国际关系制度变量变化对经济增长的边际贡献不明显;② $DUM_{t3} * DUM_{t2} * X_{jt}$的系数显著为正,说明转型CSSA第二阶段较第三阶段国际关系制度变量变化对经济增长的边际贡献更大;③ $DUM_{t3} * X_{jt}$的系数估计值显著为负,说明到达转型CSSA第三阶段时国际关系制度变量变化对经济增长已出现负向边际效应,说明此时仅仅依靠国际关系无法刺激经济增长。综合来看,转型CSSA时期国际关系制度变量变化对经济增长的边际贡献并不是线性变化,而是呈现周期性变化。

表 5.2.5　　六大核心制度对经济增长的偏效应回归结果 1

变　量	国际关系	劳资关系	人与自然关系
$DUM_{t3} * X_{jt}$	−2.412*** (−5.97)	−1.963*** (−6.31)	−2.459*** (−3.71)
$DUM_{t3} * DUM_{t2} * X_{jt}$	3.801** (2.20)	2.599* (1.81)	3.529 (1.62)
$(1-DUM_{t3}) * DUM_{t12} * X_{jt}$	1.568 (0.98)	1.730 (1.52)	5.600*** (3.36)
_cons	11.28*** (20.19)	10.71*** (22.49)	11.35*** (12.79)
第一阶段(β_3)	1.568	1.730	5.600
第二阶段($\beta_1+\beta_2$)	1.389	0.636	1.07
第三阶段(β_1)	−2.412	−1.963	−2.459
Observations	35	40	29
R-squared	0.230	0.237	0.477

注:括号的值为 t 值;***、**、*分别代表在 1%、5%、10%的显著性水平上显著。下表同。

表 5.2.6　　六大核心制度对经济增长的偏效应回归结果 2

变　量	意识形态	政府作用	资本关系
$DUM_{t3} * X_{jt}$	−1.875** (−2.68)	−2.006*** (−5.67)	0.009 (0.11)
$DUM_{t3} * DUM_{t2} * X_{jt}$	2.869** (2.03)	4.216* (1.86)	0.168** (2.69)
$(1-DUM_{t3}) * DUM_{t12} * X_{jt}$	0.869 (0.91)	2.206 (1.48)	0.068 (0.78)
_cons	10.35*** (13.29)	11.20*** (18.10)	2.046 (8.56)

续表

变　量	意识形态	政府作用	资本关系
第一阶段(β_3)	0.869	2.206	0.068
第二阶段($\beta_1+\beta_2$)	0.944	2.21	0.177
第三阶段(β_1)	−1.875	−2.006	0.009
Observations	41	41	39
R-squared	0.151	0.194	0.157

劳资关系方面,可以得出以下结论:①$(1-DUM_{t3})*DUM_{t12}*X_{jt}$的系数估计值为正但不显著,说明改革开放后的转型CSSA第一阶段劳资关系制度变量变化对经济增长的边际贡献不明显;②$DUM_{t3}*DUM_{t2}*X_{jt}$的系数显著为正,说明转型CSSA第二阶段较第三阶段劳资关系制度变量变化对经济增长的边际贡献更大;③$DUM_{t3}*X_{jt}$的系数估计值显著为负,说明到达转型CSSA第三阶段时,劳资关系制度变量变化对经济增长出现负向边际效应。综合来看,转型CSSA时期中劳资关系制度变量变化对经济增长的边际贡献并不是线性变化,而是呈现周期性变化。

人与自然关系方面,可以得出以下结论:①$(1-DUM_{t3})*DUM_{t12}*X_{jt}$的系数估计值为正且在1%的显著性水平上显著,说明改革开放后的转型CSSA第一阶段人与自然关系制度变量变化对经济增长具有显著的正向边际贡献;②$DUM_{t3}*DUM_{t2}*X_{jt}$的系数为正但并不显著,说明转型CSSA第二阶段较第三阶段人与自然关系制度变量变化对经济增长的边际贡献不明显;③$DUM_{t3}*X_{jt}$的系数估计值显著为负,说明到达转型CSSA第三阶段时人与自然关系制度变量变化对经济增长出现负向边际影响。以上结论同国际关系和劳资关系制度变量的结论不一致,尽管从结果上反映出中国在从依靠资源消耗型来推动经济增长的模式向高质量发展模式转变中经济增速呈现放缓趋势,但是可以预期的是随着经济发展模式的转变,在下一个阶段中国经济的发展更具有可持续性。

意识形态方面,同国际关系和劳资关系的结论类似,改革开放后的转型CSSA第一阶段意识形态制度变量变化对经济增长的边际贡献不明显,而转型CSSA第二阶段较第三阶段意识形态制度变量变化对经济增长的边际贡献更大,到达转型CSSA第三阶段时意识形态制度变量变化对经济增长已出现负向边际效应。综合来看,意识形态制度变量变化对经济增长的边际贡献也呈现周期性变化。

政府作用方面,结论也与意识形态方面类似,改革开放后的转型 CSSA 第一阶段政府作用制度变量变化对经济增长的边际贡献不明显,而到了第二阶段边际贡献逐渐显现,但随着进入第三阶段政府作用的边际贡献逐渐减弱。总体来看,政府作用制度变量变化对经济增长的边际贡献也表现出一种周期性。

资本关系方面,① $(1-DUM_{t3})*DUM_{t2}*X_{jt}$ 的系数估计值显著为正,说明改革开放后的转型 CSSA 第一阶段资本关系制度变量变化对经济增长具有较强的边际贡献;② $DUM_{t3}*DUM_{t2}*X_{jt}$ 的系数为正但并不显著,说明转型 CSSA 第二阶段较第三阶段资本关系制度变量变化对经济增长的边际贡献不明显;③ $DUM_{t3}*X_{jt}$ 的系数估计值显著为负,说明到达转型 CSSA 第三阶段时资本关系制度变量变化对经济增长已出现负向边际效应。综合来看,资本关系中非国有资本的发展在转型 CSSA 的初期对经济增长具有较强的刺激作用,但随着经济制度的变迁,国有资本的作用逐渐显现,单纯依靠私营企业的发展对于经济增速的提高是有限的。这也解释了党的十九大以来"做大、做强、做优国有资本"这一政策具有重要现实意义。

综合六大核心制度在转型 CSSA 阶段中对经济增长影响的结果可以发现,尽管六个结果并不是完全一致,但是总体来看,反映了各制度在转型 CSSA 各阶段对经济增长所呈现的周期性特征。

五、进一步的分析

分析完六大核心制度在转型 CSSA 各阶段中对经济增长所呈现的周期性特征后,本节将对六大核心关系所存在的现实特征做进一步的阐述。

(一)劳资和资本关系的现实考察

中华人民共和国成立以来,我国劳资关系与资本关系密切地联系在一起,并随着社会经济制度的变化不断演进。在生产力水平的发展、制度改革的变化等因素的影响下,劳资关系呈现冲突又合作的态势,一方面带来了劳动关系的复杂化,另一方面也使资本关系朝多元利益关系发展。其中,劳资关系的变化促进了劳动者整体福利水平的提高,但也增加了劳动纠纷的仲裁数量;而资本关系的多元发展促进了我国产业结构的优化升级,也提高了我国社会主义生产资本参与国际经济活动的水平。

1. 可支配收入上涨、整体福利提升

资本与劳动者共同追求个人利益最大化的特征促进了经济的整体发展水平的

提高,在这一过程中人民生活水平和社会的整体发展得到提高。

在1978年至2018年我国农村居民家庭人均纯收入和城镇居民家庭人均可支配收入均呈现显著的上升趋势,其中农村居民家庭人均纯收入从133.57元增长到14 617元,增加了近110倍。城镇居民家庭人均可支配收入从343.4元增加到39 250.8元,增加了114倍。从图5.2.1中可以看出,2008年后城镇居民家庭人均可支配收入的增速明显提升,高于农村居民家庭人均纯收入的增速。

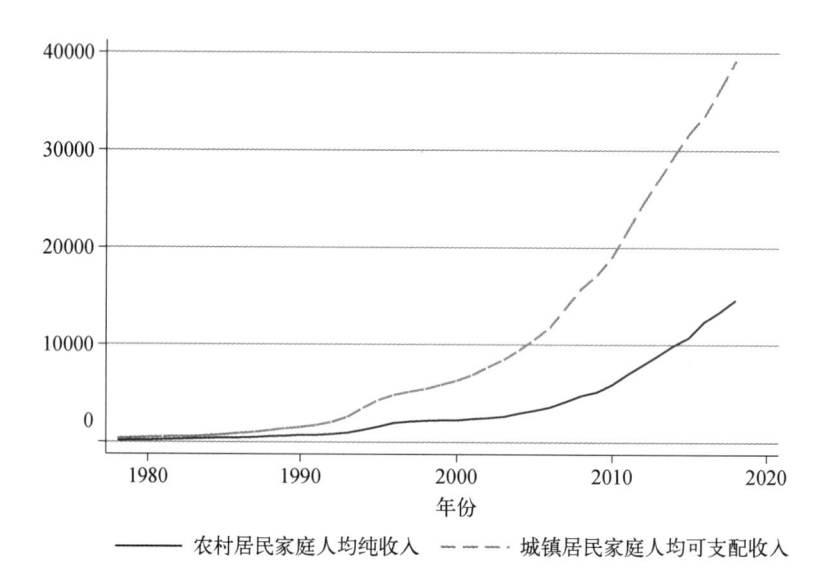

图 5.2.1　农村居民家庭人均纯收入和城镇居民家庭人均可支配收入

社会经济的实力增强也提高了劳动者整体福利水平。尤其是改革开放以来,1978—2008年我国GDP年均增速达10.02%,创造了经济增长的"中国奇迹"。2010年我国经济总量达到412 119.3亿元①,超过日本成为世界第二大经济体。同时,我国的国际地位也在不断增强。据世界银行测算,2013—2017年我国对世界经济增长的平均贡献率超过30%,超过美国、欧元区和日本的总和,成为拉动世界经济增长的第一引擎。国内经济水平的发展和国际经济地位的提高促进了我国人民生活水平质的飞跃。从图5.2.2中可以看出,改革开放以来我国农村及城镇居民家庭恩格尔系数呈持续下降的趋势,且下降幅度较大。我国农村居民家庭恩格尔系数从1978年的67.71下降到2018年的30.1,城镇居民家庭恩格尔系数从55.1下降到27.7。由此可见我国人民的生活水平有了显著的提升,且农村居民与城镇居

---

① 根据历年《中国统计年鉴》整理。

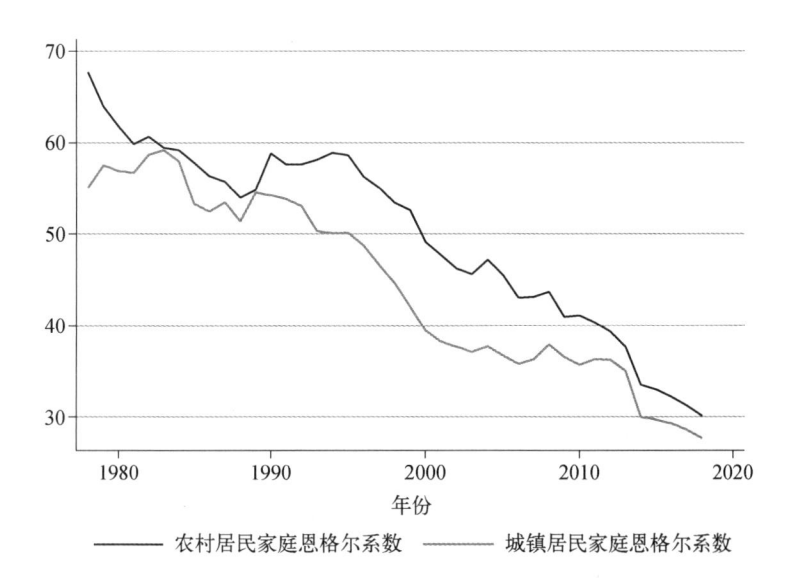

图 5.2.2　农村、城镇居民家庭恩格尔系数

民之间的生活水平差异正在逐步减少。

2. 劳动关系复杂化

资本所有者与劳动者之间利益分配的冲突使两者本质上具有不可调和的矛盾。整体来看,企业内劳资紧张的情况在形式上得到缓解;分阶段来看,我国劳资关系的矛盾与所有制结构变化密切相关,见图 5.2.3。

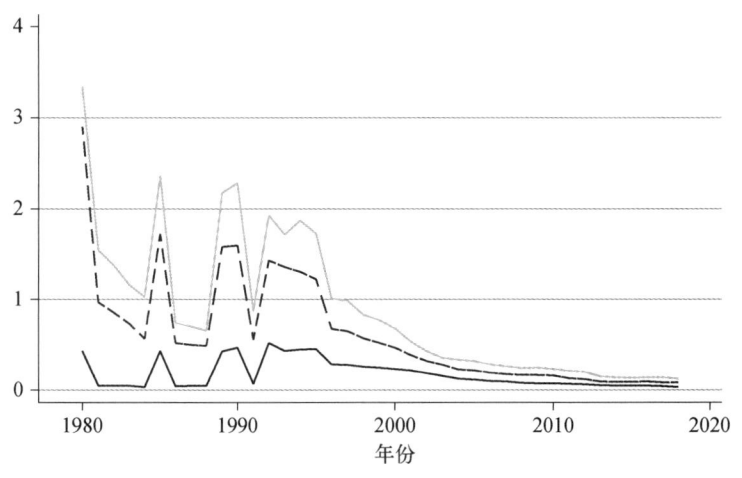

图 5.2.3　国有企业与非国有企业关系

1978年至1991年是我国公有制内部的劳动关系为主、私营和外资企业的劳资关系为辅的阶段。此时,我国的公有制企业占比仍在一个较高的位置上,在1980年时我国国有企业与非国有企业数量比为0.433,国有企业与非国有企业从业人员数量比为2.899,国有企业与非国有企业建筑业总产值比为3.345。由此可见,虽然在这一阶段内我国国有企业与非国有企业数量不相上下,但是国有企业的规模明显大于非国有企业,且在一些领域内国有企业占据了绝对的主导地位。

1992年至2007年是我国复杂劳资关系确立和强化的阶段。我国私营和外资企业就业占比大幅攀升,国有企业的占比逐步下降,国有企业与非国有企业数比由0.522下降至0.094,国有企业与非国有企业从业人员比由1.430下降至0.176,国有企业与非国有企业建筑业总产值比由1.929下降至0.263。该阶段我国劳资之间呈现冲突与合作并存的特征,主要表现为劳动者相对地位下降、企业内劳资冲突显性激化、国内劳动收入不平等与国际劳资不平等并存。

2008年至2011年是我国多元复杂劳资关系不断强化、劳资冲突转向"形式上趋于缓和、表现方式上转变"的阶段。国有企业与非国有企业的数量比保持稳定,变化幅度较小。这一阶段我国非公有制企业内劳资紧张的情况在形式上得到缓解,表现为劳动报酬占GDP的比重显著攀升、不同所有制平均工资差距缩小、劳资冲突纠纷案件数不再增长。

(二)政府关系的现实考察

中国特色社会主义经济制度强调国家在社会经济活动中的作用,也注重协调政府和市场之间的关系。政府权力关系的变化,不仅是政府治理思想的转变,更代表了生产力与社会制度的相互融合。政府对经济的管理行为从"绝对控权"转变为"有控制的放权",成功推动了我国经济体制的变革,建立了适应我国生产力发展的社会主义市场经济体制,极大地释放了市场活力,促使我国经济自改革开放以来获得了巨大发展,彰显了政府行为的卓著绩效。

1. 经济实力增强

首先,我国经济综合实力显著提升。改革开放以来,我国经济发展取得了历史性的伟大成就,总体经济实力突飞猛进。我国GDP自1978年的3 678.7亿元增长到2017年的827 121.7亿元,[①]增长了224.8倍,从1978年世界排名第11位到2010

---

① 数据来源:《2018中国统计年鉴》。

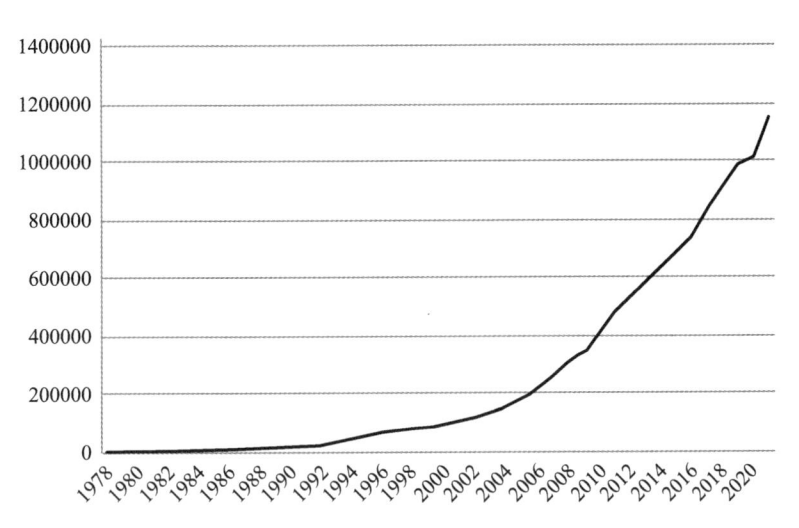

图 5.2.4 　国内生产总值(亿元)

年超过日本,一跃成为继美国之后的世界第二大经济体,并保持至今。据国际货币基金组织数据计算,中国 2017 年的 GDP 总量已占世界总量的 15%,比 1978 年提高了 13.2 个百分点。从 1978 年至 2017 年,我国 GDP 年均增长速度保持在 9.5%,大大高于世界同期 2.9% 的平均水平,也明显高于美国 2.6%、欧元区 1.9%、日本 2.1% 的增速,我国经济高速增长的持续时间和增长速度创造了人类经济发展史上的新奇迹。[1]

其次,我国基础产业实力得到长足发展。我国基础产业自 1978 年以来无论在数量还是在质量方面都实现了跨越式发展,为我国经济发展提供了基础动力。从交通运输来看,2017 年末我国公路和铁路里程分别为 477 万公里、12.7 万公里,比 1978 年末分别增长 4.4 倍、1.5 倍,建成了四通八达的交通运输网络,见图 5.2.5。

2. 注重民生发展,构建服务型政府

改革开放之后,我国政府更加重视改善民生方面的工作,更加强调以人为本的发展模式。从普通高等学校数来看,总体上这一数值呈现明显的上升趋势并且在 2000 年之后实现了量的飞跃,十年内提升了近 2.5 倍,见图 5.2.6。这说明我国十分重视对人的培养,并为普通高等学校提供了越来越多的财政支持。

---

[1] 数据来源:《国际地位显著提高国际影响力明显增强——改革开放 40 年经济社会发展成就系列报告之十九》。http://www.stats.gov.cn/ztjc/ztfx/ggkf40n/201809/t20180917_1623312.html。

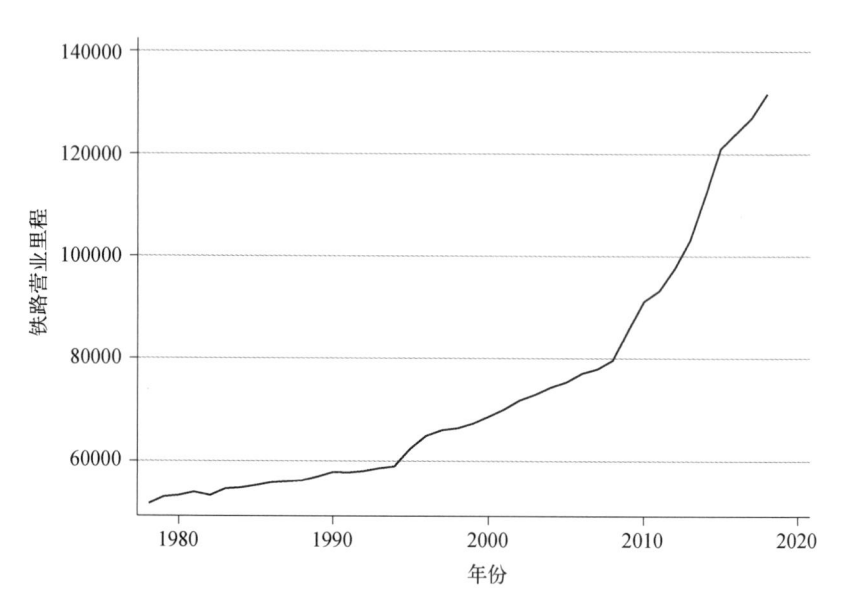

图 5.2.5　铁路营业里程

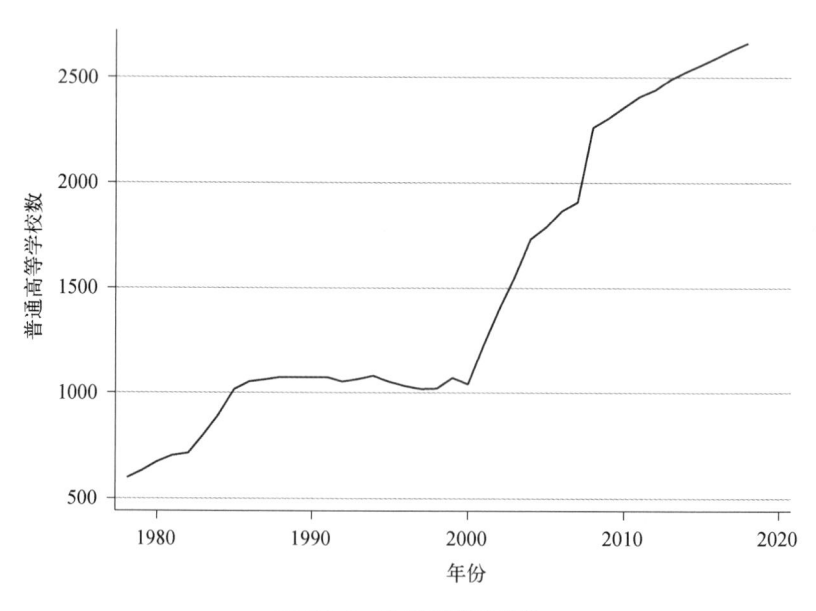

图 5.2.6　普通高等学校数

从政府卫生支出来看，2007 年后我国的政府卫生支出水平得到了提升，这为人民的生活和医疗提供了保障，进一步体现了我国以人为本的发展理念，见图 5.2.7。

（三）生态关系的现实考察

经济高速发展的同时，我们逐渐意识到生态环境对人们追求美好生活以及经

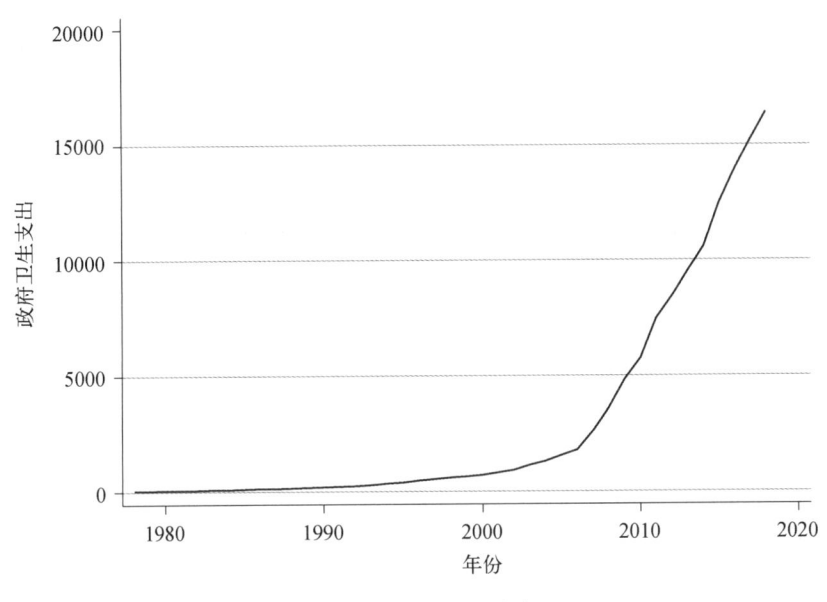

图 5.2.7　政府卫生支出

济高质量发展的重要作用。有效处理好我国经济发展与生态环境之间的关系,构建人与自然和谐相处的生态环境发展模式,是实现人民对美好生活追求的关键环节。

工业"三废"放任自流、资源能源粗放使用是我国早期生态建设中存在的主要问题。中华人民共和国成立初期,我国城市污水处理设施非常落后,1949 年全国只有 103 个城市有下水道,总长只有 6 000 多公里。只有上海和南京两个城市有 4 座污水处理厂,总设计处理能力仅有 4 万 m^3/d,还顶不上现在一个污水厂的处理能力。当时能够正常运行的只有上海西区污水处理厂,处理能力只有 1.6 万 m^3/d。[1] 到 20 世纪 70 年代中期,全国每天工业污水排放量达 3 000 万到 4 000 万吨,而且绝大部分没有净化处理直接排放,导致河流近海污染,当时在生态破坏方面最突出的就是日益严重的水土流失。[2] 加上改革开放初期,我国实行以高能耗、高成本、低经济效益为特征的粗放型经济发展方式,主要依赖生产要素和其他投入的扩张,特别是对自然资源的大规模的开采与利用,从而实现生产规模、产品数量的迅速扩大,然而对于生产效率和产品质量、对环境的影响等问题较少关注,它使我们忽视或者

---

[1] 《建国 67 年来水污染防治走了哪些路?》,http://www.h2o-china.com/news/242355.html。
[2] 张连辉著:《新中国环境保护事业的早期探索——第一次全国环保会议前中国政府的环保努力》,http://theory.people.com.cn/GB/13155322.html。

无暇重视对资源的合理利用和对生态环境的保护,不惜以环境恶化和资源耗竭为代价从而促进经济增长。随着生态问题呈现"显性激化"的特征,我国加强了在应对环境问题时的指导思路和建设目标,力图实现生态关系的改善。

1. 污染程度不断降低

改革开放以来,在经济建设优先的引导下,生态环境与经济发展之间的矛盾日益加剧,生态因素逐渐成为我国社会、经济进一步发展的阻碍,而不是助力。由此政府在"十二五"期间提出了绿色发展观,以人和自然和谐为价值取向,以绿色低碳循环为主要原则,以生态文明建设为主要抓手,[①]预示着我国的生态关系将出现新的特征。

从空气污染方面来看,我国的烟尘排放量虽然在变化过程中存在波动,但整体上呈现下降趋势。烟尘排放量从1989年至2017年减少了近一半,且1997年后这一数值出现大幅下降,虽在2010年后有所反弹,但2014年后我国提升了对绿色发展理念的重视程度,这一数值再次迎来了快速的下降,见图5.2.8。

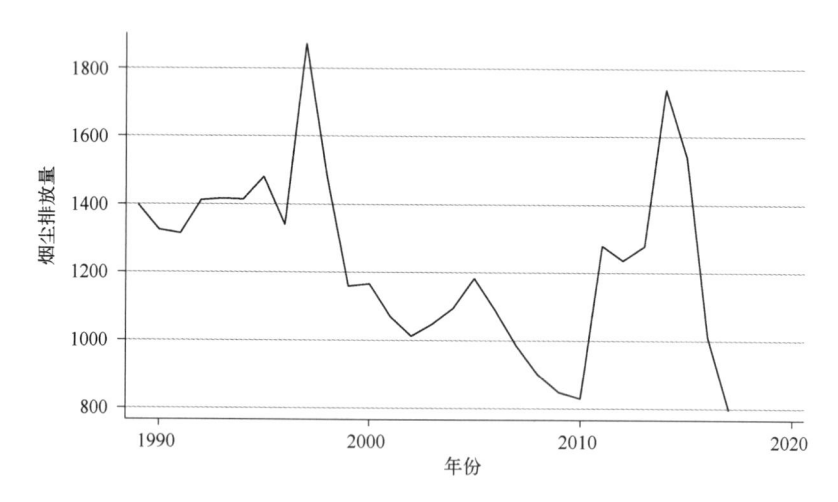

图 5.2.8 烟尘排放量

在研究水污染情况时,我们以水污染典型代表——赤潮为研究对象,1989年至2017年间,我国赤潮发生次数呈现出先上升后下降的趋势,在1990年至2003年间整体呈现上升趋势,在2003年后,这一数值出现明显下降趋势,见图5.2.9。这说明2003年后我国的生态文明建设对降低水污染情况的效果显著。

---

① 任理轩著:《坚持绿色发展(深入学习贯彻习近平同志系列重要讲话精神)》,《人民日报》2015年12月22日。

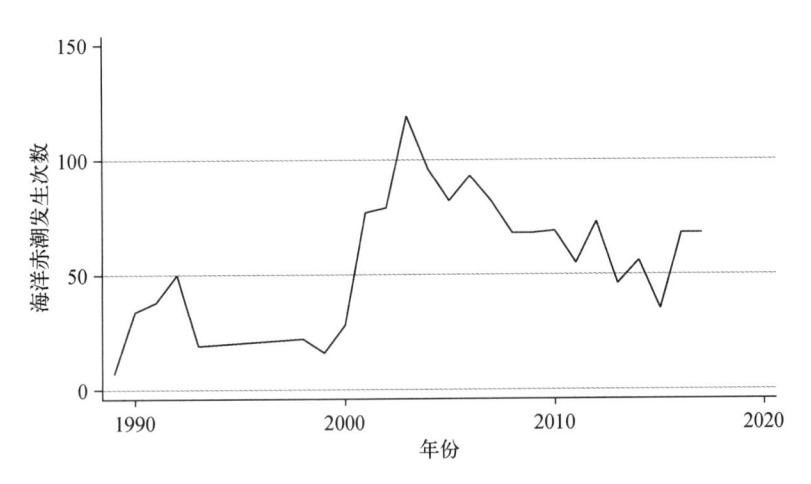

图 5.2.9　海洋赤潮发生次数

从总体上来看,我国的生态环境在改革开放以后是向好发展的。从环境污染与破坏事故数来看,1989—2017 年这一数值出现了大幅下降,由 1989 年的 3 332 起下降至 2017 年的 321 起,从这一指标来看我国的生态环境得到了明显改善,见图 5.2.10。

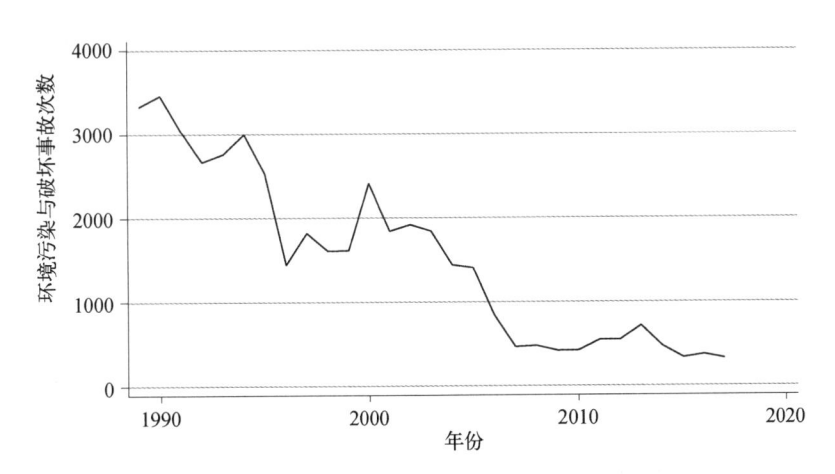

图 5.2.10　环境污染与破坏事故数

2. 污染治理力度加大

政府加大环境污染治理方面的投资是我国生态关系改善的重要因素之一。从总体上来看,我国环境污染投资总额一直呈现上升的趋势,且 2008 年之后增长速度明显提升,在 2014 年附近达到了峰值,见图 5.2.11。这说明我国在生态关系方面秉承的可持续发展理念和绿色发展观在这一时期取得了显著成效。

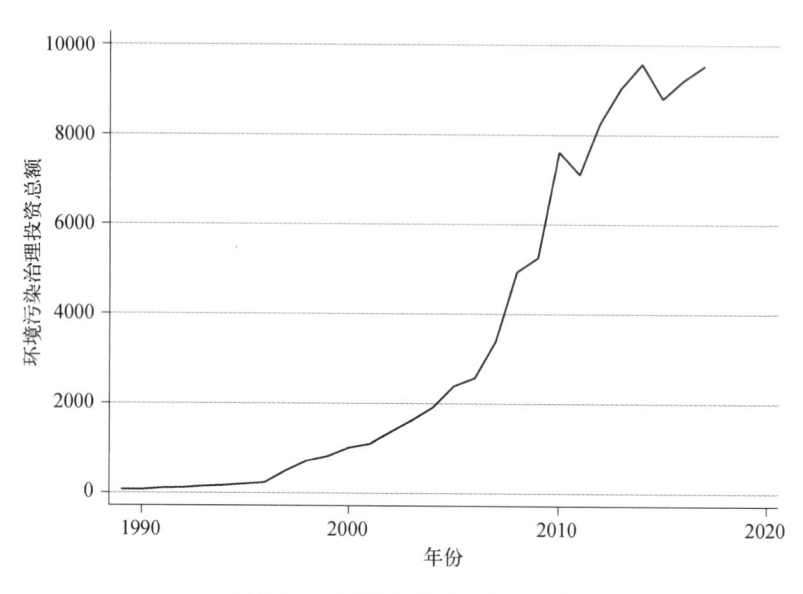

图 5.2.11　环境污染治理投资总额

(四) 对开放关系的现实考察

中国为推动构建新型国际经济关系付诸了现实努力,在初步构建中获得了一定的成效,未来会逐步实现全球经济伙伴关系构建,惠及世界,进而全面拓展新型国际经济关系建设。例如,"一带一路"倡议联动我国与周边国家的发展,将自身发展机遇分享给沿线国家,实现平等共享、合作共赢的创新之举。这正是我国推动构建新型国际经济关系的现实表达。在对外开放战略的实施过程中我国取得了显著的成效,同时面临诸多挑战。

1. 开放关系中的机遇

中国一直践行平等互惠的开放原则,与世界各国形成良好的国家关系。以"一带一路"倡议为例,中国通过"一带一路"建设与沿线国家不断推进共商共建共享的贸易经济往来,并达成一系列平等合作。截至 2019 年 3 月底,中国与 125 个国家和 29 个国际组织签署了 173 份合作文件,"一带一路"沿线国家已经由亚欧延伸至非洲、拉美和南太等地区;与 16 个国家签署加强数字丝绸之路建设合作文件;与 49 个国家和地区签署 85 份标准化合作协议。① 驻奥地利大使李晓驷指出,5 年来中国与 80 多个国家和国际组织签署了 100 多份"一带一路"合作文件,亚投行成员由成立

---

① 任理轩著:《坚持绿色发展深入学习贯彻习近平同志系列重要讲话精神》,《人民日报》2015 年 12 月 22 日。

之初的 57 个增至 84 个,投资了 12 个国家的 24 个基础设施项目,总额超过 42 亿美元,丝路基金签约项目 17 个,承诺投资约 70 亿美元,并同 80 多个国家和国际组织签署了贸易畅通协议,同 30 多个国家开展了机制化产能合作。[①]

从进出口总额的增长趋势中可以看出,我国一直在加深与国际社会的经济往来,特别是在 2001 年加入 WTO 后我国进出口总额的增长速度显著提升。2008 年之后受全球金融危机的影响,我国的进出口总额出现了波动,但整体上仍表现出上升趋势,见图 5.2.12。

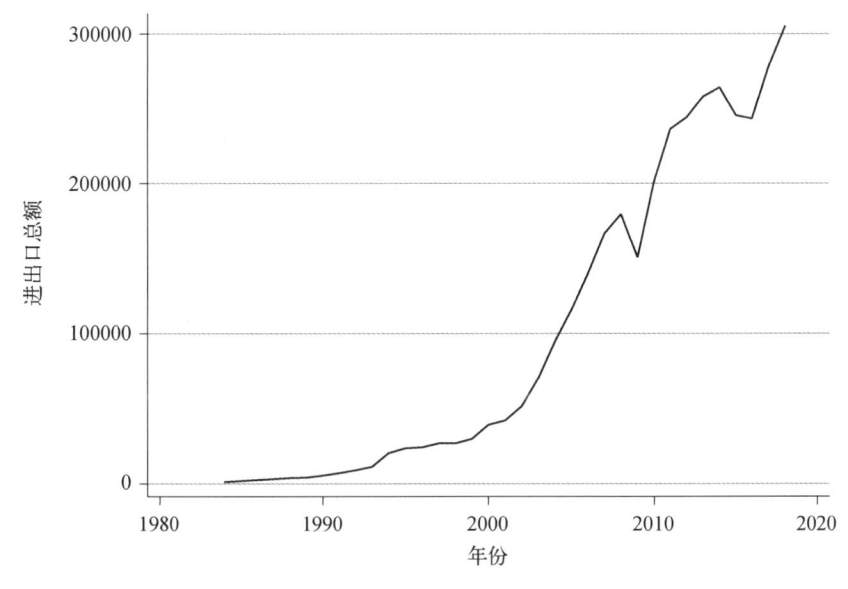

图 5.2.12　进出口总额

从实际外商投资金额和对外承包工程合同金额这两个数据的变化趋势来看,外资参与数据在总体上也呈现上升趋势。对外承包工程合同金额在 2005 年后出现了快速的增长,这些都验证我国对外开放程度不断加深的观点,见图 5.2.13。

2. 面临的挑战

随着我国经济的不断发展以及我国对外贸易规模的不断扩大,我国已成为世界第一大贸易国。这是我们坚持对外开放原则所取得的显著成效,但也给我国的发展带来了诸多挑战。从反倾销—国外涉华贸易救济案件数来看,这一数据总体

---

① 驻奥地利大使李晓驷著:《"一带一路"是构建新型国际关系和人类命运共同体的实践》,http://www.fmprc.gov.cn/ce/ceat/chn/xwdt/t1536787.htm。

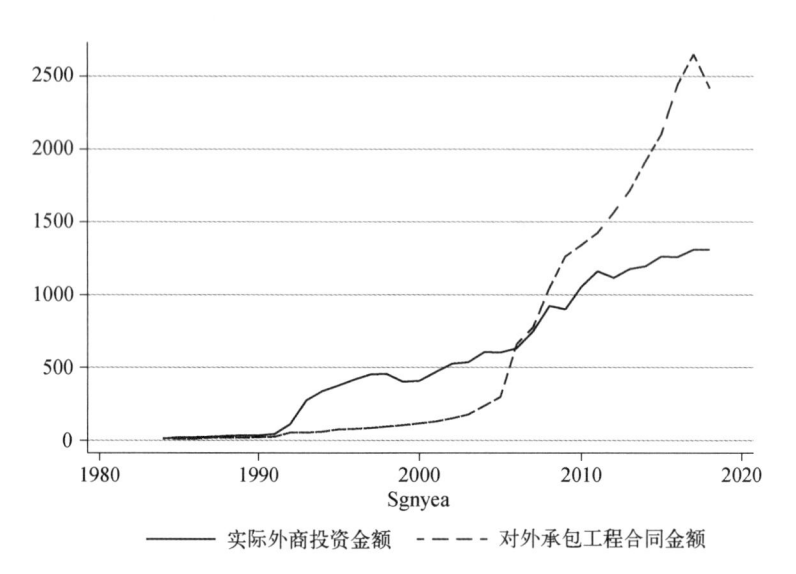

图 5.2.13　实际外商投资金额和对外承包工程合同金额

上呈现上升趋势,一方面是由于我国对外开放规模不断扩大,另一方面也展示出我国与他国贸易发展中存在的摩擦越来越多,见图 5.2.14。虽然这一现象在我国进入新时代后有所缓和,但这一数据仍在一个较高的位置上,说明我国在开放关系上仍需做出进一步的努力来构建和谐国际关系。

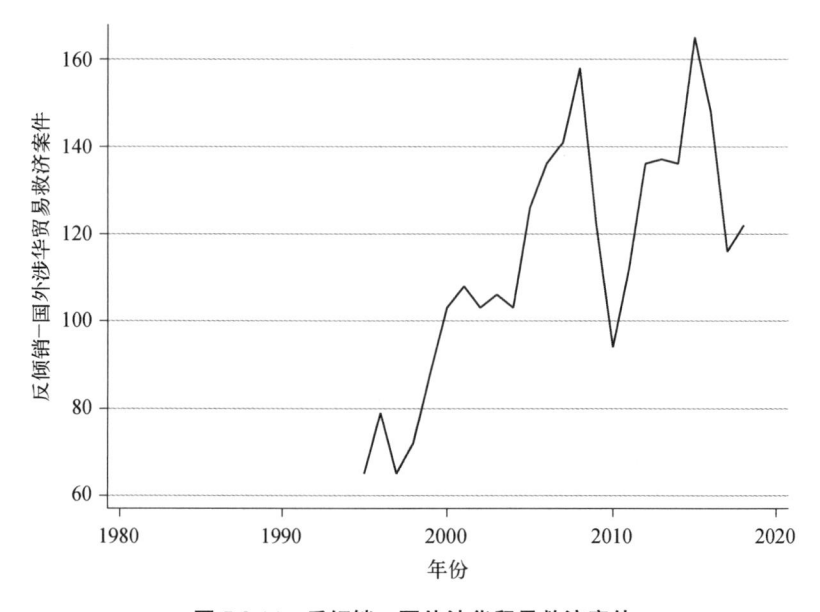

图 5.2.14　反倾销—国外涉华贸易救济案件

第三节　CSSA 制度稳定性与经济增长

上一节我们通过分析转型 CSSA 阶段六大核心制度对经济增长的偏效应,得出了各个制度在转型 CSSA 各阶段中对经济增长所呈现周期性特征的结论,但此时仅仅是孤立分析每一个子制度与经济增长的关系,而在 CSSA 理论中,国际关系、劳资关系、人与自然关系、意识形态、政府作用、资本关系这六大核心制度之间是相互影响、相互依赖的,并不是六种制度或关系的简单加总。因此,本节旨在将六大核心制度之间发展的协调性考虑在内,构建一个基于 CSSA 理论的制度稳定性指标,从而更为全面地验证 CSSA 理论对于中国经济增长的解释力度。

一、理论梳理与基本假定

（一）文献分析

CSSA 是一个包含了多领域制度因素的有机整体,有其自身的历史性和阶段性,且不断演化。一般来说,每个特定的 CSSA 都会经历探索期、巩固期和衰退期。其中,探索期是 CSSA 阶段逐渐成形的时期,结构并未完整,影响还未形成;衰退期是 CSSA 阶段内在和外在矛盾凸显、面临崩解的时期,即将被下一个 CSSA 阶段取代。这两个时期 CSSA 都不稳定,因此对经济增长的积极作用不显著,甚至会产生阻碍作用。只有在巩固期,CSSA 整体保持稳定态势,对经济增长起正面作用。可见,CSSA 的稳定性与经济增长有一定关系。

稳定性是制度质量的一个重要特征,也是影响制度发挥作用的关键因素。已有一些研究关注制度质量或制度稳定性对经济增长的重要意义。最早诺斯(North,1973)[1]提出一国经济增长的根本决定因素是制度,从而开启了理论界对制度与经济增长之间关系的探寻。

一些学者从宏观视角出发,进一步阐明只有合理的制度框架(即高质量的制度)才对经济增长有重要促进作用,而不合理的制度框架(即较差的制度)则对经济

---

[1] North, Douglas (1990), *Institution Change and Economic Performance*, New York: Cambridge University Press, pp.3 - 4.

增长有阻碍(Shleifer and Vishny,1993[1];Mauro,1995[2])。有学者着眼微观层面,试图找出对经济增长影响作用较大的制度因素,如司法制度(Teles,2007[3])、对产权的保护(潘向东等,2005[4])、经济体制自由化(涂红,2006[5])、贸易政策和制度(熊锋和黄汉民,2009[6];郭苏文和黄汉民,2010[7])。

近年来,也有学者在承认制度稳定性与经济增长相关性的基础上,通过实证分析法来验证两者的相关性或衡量相关性程度。有研究利用不同国家的面板数据,发现不稳定的制度阻碍经济增长(David Dollar and Aart Kraay,2003[8]),而且制度不稳定对发展中国家经济增长所产生的阻碍作用较大(郭苏文和黄汉民,2010[9])。除了宏观层面的经济增长,也有实证研究聚焦制度稳定性与经济增长中的某一特定方面的作用。如制度稳定性对贸易的促进作用,实证研究发现政治制度的不稳定性会增加经济和贸易的波动(Klomp and Haan,2009[10]),贸易政策和制度的不稳定性会延缓出口企业对新市场的进入(Handley,2011[11]),制度稳定性与高科技产业集聚的关系、制度质量稳定性仅对本地区具有显著的阻碍作用(尤瑞玲和陈秋玲,2020[12])。

综观现有文献,理论界已对制度稳定性这一课题有所涉及,为今后的研究提供

---

[1] Shleifer, A and Vishny R. W (1993), "Corruption", *Quarterly Journal of Economics*, no.3, pp.599-617.

[2] Mauro and P. (1995), "Corruption and Growth", *Quarterly Journal of Economics*, no.3, pp.681-712.

[3] Teles and Vladinir Kuhl (2007), "Institutional Quality and Endogenous Economic Growth", *Journal of Economic Studies*, pp.34.

[4] 潘向东、廖进中、赖明勇著:《经济制度安排、国际贸易与经济增长影响机理的经验研究》,《经济研究》2005年第11期。

[5] 涂红著:《贸易开放、制度变迁与经济增长——基于不同国家规模和发展水平的比较分析》,《南开学报(哲学社会科学版)》2006年第3期。

[6] 熊锋、黄汉民著:《贸易政策的制度质量分析——基于制度稳定性视角的研究评述》,《中南财经政法大学学报》2009年第5期。

[7] 郭苏文、黄汉民著:《制度质量、制度稳定性与经济增长:一项实证研究》,《当代经济科学》2010年第6期。

[8] Dollar, David and Aart Kraay (2003), "Institutions, Trade, and Growth", *Journal of Monetary Economics*, no.50, pp.133-162.

[9] 郭苏文、黄汉民著:《制度质量、制度稳定性与经济增长:一项实证研究》,《当代经济科学》2010年第6期。

[10] Klomp, Jeroen and Jakob de Haan (2009), "Political Institutions and Economic Volatility", *European Journal of Political Economy*, no.25, pp.311-326.

[11] Handley and K (2011), "Exporting under Trade Policy Uncertainty: Theory and Evidence", *University of Maryland Staff working Paper*.

[12] 尤瑞玲、陈秋玲著:《制度质量、制度质量稳定性与高技术产业集聚》,《经济经纬》2020年第2期。

了参考,但仍存在继续研究的空间:第一,未有针对 SSA 理论和 CSSA 理论制度整体的稳定性分析;第二,缺乏对 CSSA 稳定性和经济增长之间关系的实证研究。因此,有必要以制度稳定性为主要维度,展开对 CSSA 对经济增长的促进效应的实证考察。

(二)理论假设

六大核心制度之间是相互支撑、互为依靠的,它们所组成的 CSSA 是一个有机整体,而不是六种制度或关系的简单加总。这一有机整体的稳定性对经济增长至关重要。

CSSA 稳定性对经济增长的促进效应源自两个方面:一是每个核心制度都是保障经济增长的重要条件,它们的稳定意味着经济增长制度环境的稳定;二是六大核心制度之间存在着相互影响的关系,它们分属不同领域,但是并不孤立、分离,它们可以跨领域对其他制度起或多或少的改变作用,而且它们之间的稳定性或者矛盾的减少有利于经济发展。

劳资关系作为 CSSA 的核心,劳动者阶级和资产阶级之间的关系是 CSSA 中的主要矛盾,缓解这一矛盾具有重要意义。从经济角度来说,它关系到资本积累和经济增长是否能继续进行。充满冲突、对立的两大阶级不可能在商品生产和扩大生产化中联手合作,它们之间的不配合令生产效率降低,使商品和剩余价值都无法顺利被创造出来,资本积累过程自然而然就被中断或者延缓。从政治角度来说,它可以有效解决社会的不公平,关系到社会主义制度能否继续维持下去。如果两方冲突严重到一定程度,劳动者阶级有可能团结起来抗争,为推翻市场经济中不公平的分配现象而斗争。如果矛盾恶化到如此严重的程度,社会主义制度就失去了它的光环,沦为与资本主义私有制相似的、靠吸劳动人民的鲜血而活的社会制度,那么社会主义的优越性、取代资本主义成为世界主流社会制度的可能性荡然无存。由此可见,妥善处理劳资关系在 CSSA 理论框架中具有十分重要的理论和现实意义,稳定的劳资关系也是社会主义经济建设顺利进行的保障。

除了直接影响资本积累,劳资关系还深刻影响其他五大核心制度。如果它是稳定的,它对其他制度、关系就具有压舱石的作用。它的稳定一般有两种模式:一是劳资双方力量接近,资产阶级愿意与劳动者阶级妥协,让渡一部分剩余价值,以换取双方的良好关系;二是劳资双方力量对比悬殊,劳动者阶级只能依靠资产阶级支付的工资生存,且没有力量奋起反抗,无法对资产阶级造成威胁。稳定的劳资关系在某种程度上能缓和资本之间的竞争关系,特别是在第二种模式下的稳定关系,给予资本家更多榨取劳动者剩余价值、增加利润的空间,那么有了利润保障的资产阶级在市场中就无需与其他资产阶级过度竞争,从而缓解资本之间的关系。稳定的劳资关系为政府减轻了负担,政府暂时无需面临处理劳资冲突的压力,可以有更多精力关注其他议题,为社会其他方面的进步投入更多力量。稳定的劳资关系也与主流意识形态相辅相成,有利于维护当前主流意识形态的地位,使其不受其他思潮的挑战和撼动。如在第一种模式下的劳资关系,与之搭配的意识形态是对劳动阶级利益的认可、关心和追求,呼吁完全自由化的新自由主义思想可能受到一定程度的压制。在国际关系上,稳定的国内劳资关系也是一种优势,能吸引国外资本到本国投资,也对本国资本在世界范围流动扫除障碍。如在资强劳弱的局面下,低人力成本是本国企业在国际竞争中的一大优势,有助于本国商品在激烈的国际竞争中存活下来,提高市场占有率。

政府作用是 CSSA 的主导和特色,稳定的政府对经济增长有正面影响。在中国,政府角色的作用特别明显,在社会主义市场经济体制下,具有把握宏观经济发展趋势、进行宏观调控的作用。它也是实现社会主义社会共同富裕目标、保障劳动阶级和其他弱势群体、克服市场经济缺点的要求,更是保持我国举国体制优势的做法和手段。因此,政府作用在 CSSA 理论中的重要地位不容忽视。政府通过各种政策直接或间接影响其他制度和关系。比如,政府对企业的减税政策直接为企业保留更多利润,在一定程度上为资产阶级减少对工人的剥削创造有利条件,也为资本之间关系的缓和创造可能。政府可以通过各种公共政策来提高劳动阶级的待遇,以社会福利、劳动保险、最低工资等方式,保障劳动人民的基本利益以有效避免劳资矛盾的加剧恶化,稳定劳资关系,保证资本积累的有序展开。政府对意识形态也有很强的影响力,可以通过官方媒体宣传、规范各级教育单位行为准则、加大教育投入等方式推行政府所支持的意识形态,也可以通过加强实践经验来改变人们的看法。比如,改革开放后随着对市场经济了解的逐渐加深,人们认识到在中国这样一个社会主义国家实行市场经济制度的必要性和可行性。在国际环境方面,政府是对外政策的制定者和国际交流合作的参与者,也是国际组织的成员,在塑造中国对外形象、处理各种外来挑战、参与制定国际规则、参与国际事务等方面具有绝对领导权。举例来说,改革开放以来,国家政策鼓励加大商贸等对外交流活动,积极招商引资,与世界接轨,这一开放的姿态为中国打开了一道全球化的大门,使中国能迅速融入世界产业链,寻求发展机会。在人与自然关系或生态环境方面,政府的生态政策与生态环境质量有着直接关系。政府可以发挥宏观调控功能,把政策向绿色产业倾斜,给予绿色产业更多的优惠和补贴,用政策导向鼓励、引导企业转向绿色经济;政府也可以采用处罚措施,加大对乱排污、大量排污企业的处罚,更加严格地规范企业行为,用惩戒的方式阻止大规模污染和排放,以此保护环境;政府可以直接参与植树造林、退耕还林还草、治理荒漠化等工程,加大对绿色工程的资金投入,做环境改善的第一推手;政府也可以在全社会倡导绿色理念——"绿水青山就是金山银山"等,向人民传递正确的环保观念,增强可持续发展意识,引导人民从小处着手,保护生态环境。作为全方位服务型政府,我国政府作用在 CSSA 中是不可忽视的,稳定的政府作用直接有利于经济发展,也可通过它对其他五大核心制度的影响来推动经济发展。

资本关系是 CSSA 中的资本构成维度,反映了资本之间的关系,稳定的资本关系有利于社会生产的持续进行。资本之间的竞争会直接关系到劳资关系和生态环境。如果竞争非常激烈,为了在竞争中胜出,企业会采取各种方式压低成本、提高生产率,如降低工资或者延长工人的绝对或相对剩余时间,这对于工人阶级来说具有极大的负面影响,对他们的经济情况、工作强度都是挑战,容易引发不满,甚至造成矛盾冲突,导致劳资关系恶化。有些企业会使用廉价的原材料、技术以降低成本,无视可能导致的对环境的严重破坏,势必造成人与自然关系的紧张与不和谐。资本构成也会影响政府作用。在我国,政府作用有一部分是通过国有企业来实现的。如果在社会资本构成中公有资本占比过少,且不在支撑行业,那么政府的这一部分作用就不能及时有效地发挥;如果公有资本占比过大,私有资本占比过少,就可能导致经济活动不活跃,失去生机;如果公有资本保持高质量,即使在整体资本占比不大,仍可以传导政府作用,达到控制经济命脉、宏观调控的效果。由此可见,资本构成也是政府作用能否发挥良好的关键因素之一。

意识形态是 CSSA 中的辅助因素。它是一个多层次的概念,意识形态的稳定性会影响经济、社会生活的方方面面。在中国存在两大意识形态模式:一是马克思主义,二是新自由主义。当马克思主义成为主流意识形态时,大多数人对于政府宏观调控干预有更高的接受度,因为社会主义国家和共产主义国家崇尚集体主义和共同发展目标,政府可以说是引导共同发展的最佳主要代理人,在宏观层面上把控经济发展趋势,避免因过于自由化而引起经济失序,在微观层面上补偿弱势群体,保障他们的基本利益;承认工人阶级的主体地位,要求劳方和资方均衡的利益分配,拒绝资方的过度强势和压榨,在劳资关系中更偏向于对劳动者的尊重和保护;对资本之间的无序竞争和无底线的利润最大化要求实行管控,也会引导资产阶级让渡部分利润,为整体社会利益做贡献;对于处理国际环境,则更倾向于和社会主义阵营国家站在一起,也愿意担负起国际责任,帮助落后国家一起发展经济、提高生活水平;对于人和自然关系,会要求在实现人的全面发展的同时注意与自然的和谐共存。而当新自由主义成为主流意识时,人们对于政府、劳资关系、资本、环境和国际关系有着截然不同的态度。政府不应过度干预市场,应该让市场成为资源配置的主体;资本有权自由流动,不应受到国家政策的干涉,资本也无需承担额外的社会责任,生产商品就是它们最大的责任;对于整体的产业发展没有宏观规划,由市场主导;劳动阶级的工资由市场决定,低工资水平的原因是由于劳动者自身技术落后或是劳动生产率低下,需通过改变自身来改变低收入状况;全面拥抱全球化,发挥国内劳动力价格低廉的优势,加大国际贸易;而往往忽略生产活动对生态环境的破坏,一切以市场为导向,不重视人与自然的关系。通过这两种意识形态的作用途径可见,意识形态通过塑造、改变人们的想法,可从多方面引导、影响资本积累和经济增长。

  国际环境是 CSSA 从国内到国际的延伸,把国内的五大核心制度与外部环境进行融合,稳定的国际环境是经济发展的必要外部保障。一方面,在全球化时代,没有一个国家可以与其他国家完全隔绝、孤立地发展。国与国之间的贸易、交流、合作,国际组织的帮助和引导,国际规则的制定和遵循,都会对一国资本积累和经济发展产生影响。比如,国际资本大量流入中国,最直接的结果就是给中国增加就业机会,在一定程度上改善一部分人的生活,使劳资关系在初期得到改善;另一方面,外资企业的大规模进入迫使本国小规模企业由于竞争劣势退出行业。对于政府来说,如何规范外国资本的行为是对其治理能力的挑战;政府如对国外资本完全不设防,就有可能任由它们依靠成熟技术、规模化生产等有利条件占据市场份额,扼杀本国企业;政府如对国外资本完全拒绝,则无法摆脱资本不足的困境,因而掌握好政府作用的度在国际环境上显得尤为困难且重要;国外资本的进入也需要人们在思想上接受资本自由流动的正当性和必要性,与国际社会的交流也会加深人们对世界的理解。在现代背景下,国际环境显得越来越重要,与其他核心制度的结合也越来越深入,对经济增长的作用也越来越凸显。

生态关系或者生态环境是 CSSA 的可持续维度，将它纳入 CSSA 理论，是 CSSA 理论区别于 SSA 理论要点之一。人与自然关系的平衡意味着生产过程中自然可以提供充足的原材料、动力资源、宽敞的工作空间等，为资本积累的生产过程创造条件。而在资源耗竭、生态环境恶化即人与自然关系失衡的情况下，劳资关系等因素会受到负面影响。因为劳动者阶级对于自然环境的改变不具备大的抗压性，没有足够的经济实力来支持他们迁出受污染地区，所以相对于资产阶级来说，他们所承担的环境成本更大，受到的生理健康危害也更大，这会加剧劳资关系之间的失衡。从长远来看，这种生态关系失衡会危及整个国家的生态安全，影响人民的生活、健康，削弱了经济可持续发展的环境支撑能力，严重时甚至危及国家政局的稳定，引发人民对政府治理能力的质疑和不满。因此，稳定的生态关系的正面影响力不仅反映在生产过程，也体现在其他制度发挥作用过程中。

综上可见，CSSA 框架下的六大核心制度的稳定对于资本积累和经济发展都各自发挥重要作用，而它们之间的联系和融合又进一步加固了自身的特性，加强了对经济增长的关系和作用。基于此理论，我们引出第一个假设：

假设 1：CSSA 稳定性对经济增长有促进作用。

CSSA 是否稳定取决于六大核心制度各自的动态变化。

首先要强调的是，CSSA 不是一个静态的、一成不变的社会结构，它具有动态性、阶段性和历史性。CSSA 也分为探索期、巩固期和衰退期，组成 CSSA 的各种制度在探索期内萌芽、发展、成形，继而趋于稳定；在巩固期作为一个联合整体为资本积累和经济发展创造有利条件。随着资本积累的深入，原本不明显的矛盾被凸显出来，这些制度集合的负面作用大于正面作用，这宣告了 CSSA 衰退期的到来，CSSA 整体结构也走向不稳定。在它的阶段性历史任务即将完成之际，又有另一 CSSA 开启探索—巩固—衰退之路，来取代旧的 CSSA 成为支撑资本积累过程的中坚力量。而在中国的经济发展史中经历着这样一轮又一轮 CSSA 的更替过程，我们从计划 CSSA（1949—1978 年）更替到转型 CSSA（1978—2008 年），现如今又进入另一个 CSSA 时代。虽然我们现在还无法对现时 CSSA 做出精确定义、定位，但是我们必须承认 CSSA 是一种发展的、前进的过程，也有从萌芽到稳定、再到不稳定的生命周期。

其次，CSSA 的进化是由构成它的组成部分——制度的运动推动而来。制度无时无刻不在运动、发展，而制度与制度之间的关系和联结也不是单向的、固定的，制度内部之间的发展速度和变动关系都影响 CSSA 的稳定。从发展速度来说，如果六大核心制度的基本发展步骤、成长态势一致，那么经过了探索期的 CSSA 相对来说就比较稳定和成熟，CSSA 对资本积累和经济发展的作用能得到正常发挥；如果它们发展速度差异较大，特别是主要制度与其他制度发展步调不一致、落后于其他制度的话，CSSA 的探索期就会相对延长，或是主要制度比起其他制度先崩塌，那么 CSSA 就可能迅速走入瓶颈期，面临衰退、解体的局面，而它发挥的副作用就会提前到来，阻碍资本进一步积累。

从变动关系来说，这些不同维度、领域的核心制度之间不单单只有互相支持的关系，它们之间随着背景和其他条件的变化也可以转变为互为障碍的关系。比如，良好、开放的国际环境带来了大量外国资本，为劳动者提供了许多就业机会，特别是一些初级、劳动密集型企业的就业机会提高了劳动者的收入，对劳资关系有正面作用。劳动者加入外国资本在中国开设的企业、工厂，其实也是加入国际范围内的资产阶级对劳动阶级的剥削之中。随着外国资本对本国中小规模资本的碾压，本国本地企业所占市场比例减小，一部分企业会退出市场，那么这些企业的劳动者所面临的则是失业的命运。

它们对资本积累和经济发展的正面支持作用也会转化为负面阻碍作用。比如不和谐的人和自然关系或者以人类为中心的人自关系，在一段时间对资本积累是有帮助的，因为它允许人类以非常小的代价破坏大自然、污染环境，在资本积累过程中仅以利润最大化为目标，无需在意自然环境质量下降的事实，不必增加处理污染、治理破坏的成本。但是，随着生产扩大化的深入和环境质量的持续下降，人们会遭遇到资源危机、环境危机，面临能源价格上涨、未污染地价格上涨等成本上升的挑战。如果无法从其他渠道抵消到这部分的成本上升，那么资本积累的动力就会不足，无以为继。

制度之间从合作到博弈的转变打破了 CSSA 这一和谐结构，从其内部开始先互为掣肘，构成了 CSSA 的不稳定性，而反馈到 CSSA 的功效上就变成：阻碍 CSSA 作为整体对资本积累和经济增长提供支持和辅助。

基于 CSSA 内部矛盾不断运动的规律，我们理解到 CSSA 处于由不稳定到稳定、再到不稳定的状态，并且大致符合 CSSA 三个阶段：探索期、巩固期和衰退期。正如以上描述，由于制度之间的矛盾运动不是一蹴而就，而是需要时间慢慢转移和互相影响，因此制度稳定性状态的衡量不具备即时性，而是有一定的延迟和滞后。基于 CSSA 的进化特征和规律，本实证研究的第二个假设是：

假设 2：制度稳定性对经济增长的作用具有滞后性。

二、制度结构稳定性指标构建

在基于前述理论的框架下，本节借鉴赵云辉等（2019）[①]构建制度环境的方法，利用国际关系、劳资关系、人与自然关系、意识形态、政府作用、资本关系这六个子维度指数计算各年份的制度稳定性指标。这样做的好处是可以更好地反映六个不同的二级子指标发展速度不同的特征事实，而这恰恰在制度环境发展的过程中会产生内部冲突，进而导致制度的变迁。因此，一个稳定的制度环境要求六大核心制度具有协调的发展速度。图 5.3.1 给出了六大核心制度指标的增长率变化趋势。

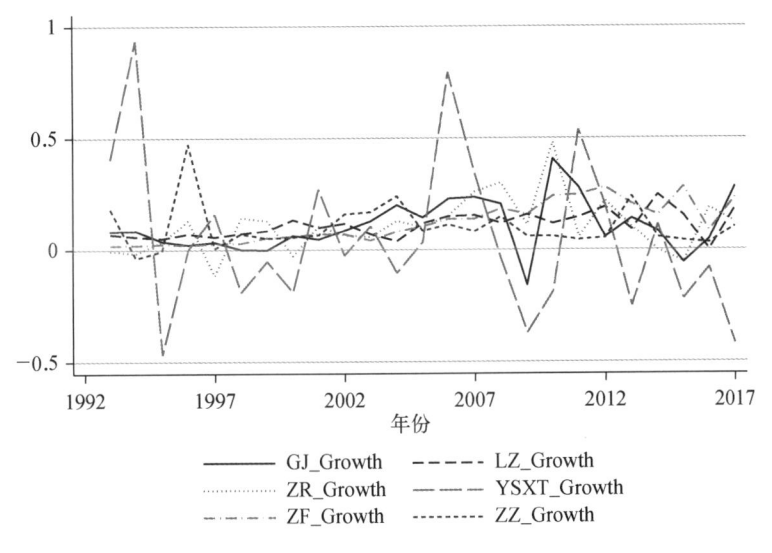

图 5.3.1 六大制度指标增长率

可以发现，六大核心制度指标的增长率变化之间具有较大的差异，因此有必要将这一差异性考虑在内。制度指标的具体计算过程如下所示：

首先，计算出各省份中每个子指标的"变化速度"，计算公式如(5)所示。其中，$\Delta Reformsub\_index_{jt}$ 是子指标 $j(j=1,2,3,\cdots,6)$ 从 $t-1$ 年到 t 年的变化的绝对值。

[①] 赵云辉、张哲、冯泰文、陶克涛著：《大数据发展、制度环境与政府治理效率》，《管理世界》2019 年第 11 期。

$$\Delta Reformsub\_index_{jt} =| Reformsub\_index_{jt} - Reformsub\_index_{jt} | \quad (5)$$

其次,计算出每一个子指标的变化与六个子指标总体变化的关系,计算公式如下:

$$\Delta R_{jt} = \frac{\Delta Reformsub\_index_{jt}}{\sum_{j=1}^{5} \Delta Reformsub\_index_{jt}} \quad (6)$$

最后,通过熵值公式 $\sum_{j=1}^{5} \Delta R_{jt} * Ln\left(\frac{1}{\Delta R_{jt}}\right)$ 求出六个子指标变化速度的同步性。在此基础上,最终制度环境变量的计算公式如(7)所示。其中 Max 为各年份中最大的熵值,IE_t 越大说明制度越稳定。

$$IE_t = \frac{1}{Max - \sum_{j=1}^{5} \Delta R_{jt} * Ln\left(\frac{1}{\Delta R_{jt}}\right)} \quad (7)$$

三、制度稳定性与经济增长

在前述章节中,我们基于 CSSA 理论框架,对中国经济增长的变迁进行了细致的探讨。本部分我们利用前面构建的制度稳定性指标进一步分析中国经济的变迁过程,目的是从中国现实数据出发,验证 CSSA 理论对于中国经济增长的解释力度,这是对前述理论探讨的强力补充。

在前文的理论和现实分析中,我们将中华人民共和国成立以来的 CSSA 阶段更替细分成计划 CSSA 和转型 CSSA,其中转型 CSSA 基于 1992 年和 2008 年这两个重要节点上进一步划分成为探索期(1978—1992 年)、巩固期(1992—2008 年)、衰退期(2008 年至今)。由于制度环境会导致经济增长的变迁,基于 CSSA 的理论逻辑,制度环境在 1992 年和 2008 年也处在一个重要转折点水平上。图 5.3.2 给出了基于 CSSA 理论构建的制度稳定性和 GDP 增长率的时序图。由于制度环境对于经济增长的影响通常具有滞后性,图 5.2.1 也给出了制度稳定性指标的滞后期时序图。可以发现,从整体趋势上来看,制度稳定性和经济增长的变化具有一定的一致性,制度越稳定越有利于经济发展,两者在巩固期和衰退期的转折点 1992 年和 2007 年上保持一致。因此,从中国现实数据出发,围绕六大核心制度关系的 CSSA 理论分析框架对中国经济增长具有较好的解释性。

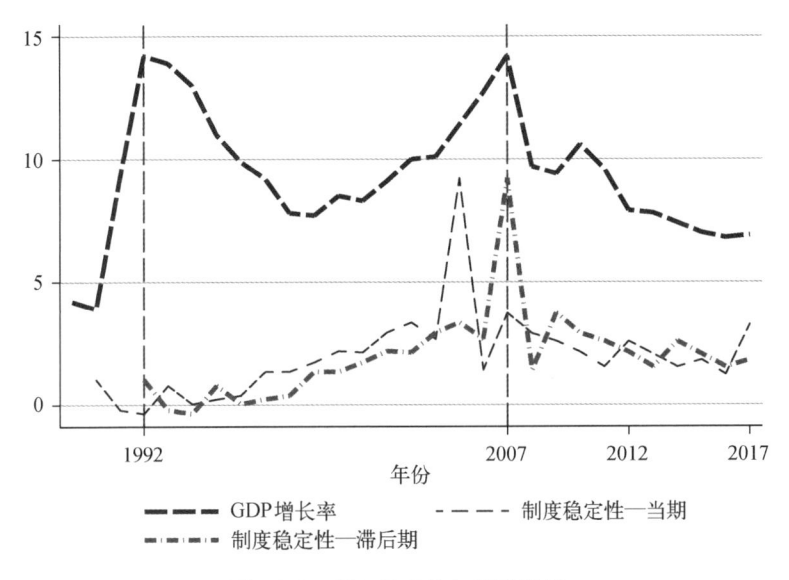

图 5.3.2　制度稳定性与经济增长

四、进一步的分析

为了更为细致地探究制度稳定性指标对经济增长的影响,本节进一步采用向量自回归模型(VAR)来模拟制度稳定性对经济增长的影响。由于 VAR 模型要求各变量均为平稳序列,因此采用制度稳定性增长率指标(IE_G)和 GDP 增长率(GDP_G)来构建 VAR 模型。

在进行 VAR 模型构建之前,首先需要根据信息准则确定 VAR(k)模型的最优滞后阶数 k,综合 LR、FEP、AIC、SC、HQ 这 5 个统计量的结果进行比较分析,结果如表 5.3.1 所示。可以发现,最优滞后阶数 k 为 2,即建立二阶的向量自回归模型较为合理。

表 5.3.1　　　　　　　　　　VAR 最优滞后选取

lag	LL	LR	df	p	FPE	AIC	HQIC	SBIC
0	−98.910				22.180	8.774	8.799	8.873
1	−81.255	35.311	4	0	6.784 5	7.587	7.661	7.883

续表

lag	LL	LR	df	p	FPE	AIC	HQIC	SBIC
2	−70.494	21.521*	4	0	3.810 9*	6.999*	7.123*	7.493*
3	−68.019	4.950	4	0.292	4.464	7.132	7.305	7.823
4	−67.500	1.038	4	0.904	6.342	7.434	7.658	8.323

*表示在10%的显著性水平。

其次,估计此VAR(2)模型,结果如表5.3.2所示。进一步检验模型是否为平稳过程,结果如图5.3.3所示。可以发现,所有特征值均在单位圆内,故此VAR系统是稳定的。

表5.3.2　　　　　　　　　　　VAR模型估计结果

		Coef.	Std. Err.	z	P>z	[95% Conf.	Interval]
GDP_G							
	GDP_G						
	L1.	1.088 464	0.106 144	10.25	0	0.880 426	1.296 503
	L2.	−0.300 49	0.107 252	−2.8	0.005	−0.510 7	−0.090 28
	IE_G						
	L1.	0.205 299	0.094 11	2.18	0.029	0.020 847	0.389 751
	L2.	0.484 845	0.096 156	5.04	0	0.296 384	0.673 307
	_cons	1.807 454	0.802 756	2.25	0.024	0.234 081	3.380 826
IE_G							
	GDP_G						
	L1.	−0.162 22	0.209 813	−0.77	0.439	−0.573 44	0.249 008
	L2.	−0.041 73	0.212 004	−0.2	0.844	−0.457 25	0.373 787
	IE_G						
	L1.	−0.943 79	0.186 025	−5.07	0	−1.308 39	−0.579 18
	L2.	−0.407 46	0.190 069	−2.14	0.032	−0.779 98	−0.034 93
	_cons	2.232 522	1.586 795	1.41	0.159	−0.877 54	5.342 583

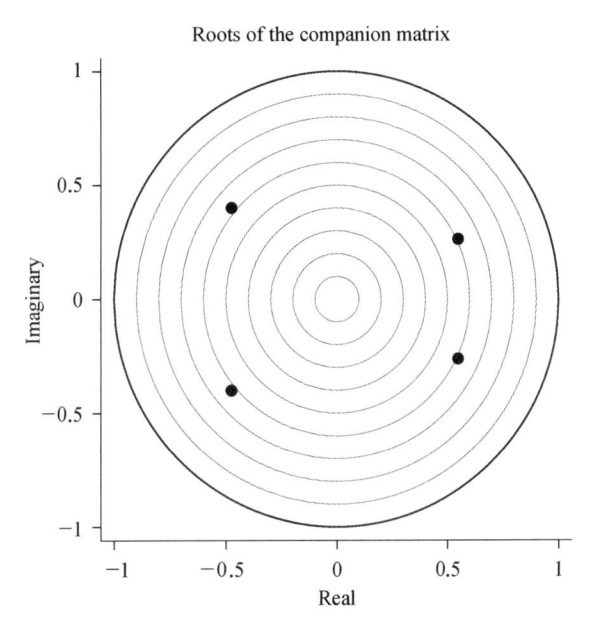

Roots of the companion matrix

图 5.3.3　模型平稳性检验

接着,通过正交化的脉冲响应函数来分析制度稳定性的冲击对经济增长会产生怎样的动态影响。图 5.3.4 和图 5.3.5 给出了正交化的脉冲响应结果,可以发现,当期制度稳定性受到一个正向冲击时,GDP 增长率在当期并没有立即做出响应,随

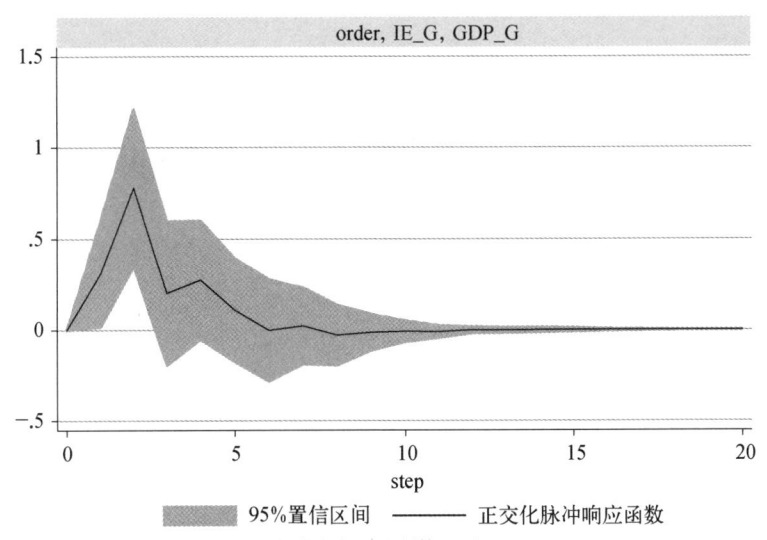

order, IE_G, GDP_G

95%置信区间　　正交化脉冲响应函数

按冲击函数名称、冲击变量和响应变量绘制的图形

图 5.3.4　制度稳定性对经济增长的脉冲响应结果

图 5.3.5　经济增长对制度稳定性的脉冲响应结果

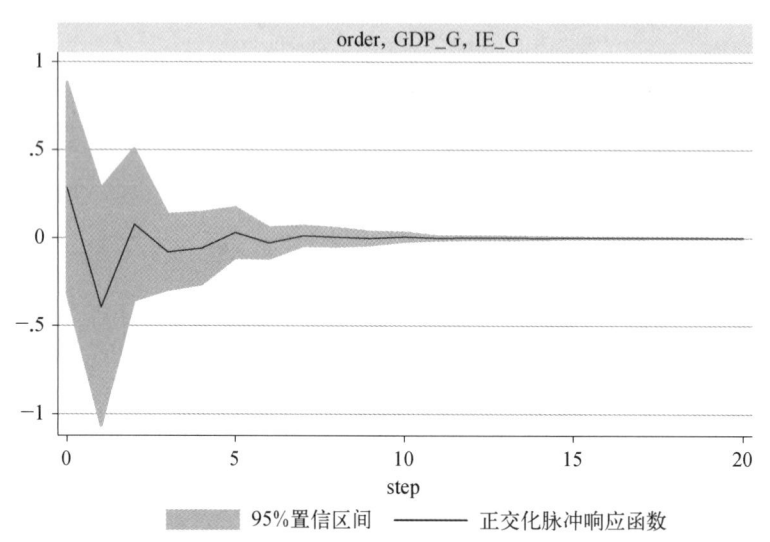

后开始出现正向响应,并且在第 2 期达到了正向响应的最大值,接着在小幅波动中逐渐下降趋于 0 值,整体来看,制度稳定性对 GDP 增长率具有显著的正向促进作用。而当期 GDP 增长率受到一个正相冲击时,制度稳定性在当期就立即做出了正向响应并达到了最大值,但正向响应很快就消失并出现负向响应,之后在 0 值附近平稳,整体来看,GDP 增长率对制度稳定性在当期具有正向促进作用,而后正向效应逐渐不显著。

通过对稳定性指标对经济增长构建 VAR 模型,可以发现,制度稳定性对于经济增长具有显著的促进作用,因此如何确保制度稳定则成为未来我国经济能够持续增长的关键。根据前述理论分析,为了保障制度稳定则需要国际、劳资、人与自然、意识形态、政府作用、资本这六大利益关系的协调发展,因此未来中国经济发展中需要统筹兼顾各个维度的协调发展。

参考文献

[1] 大卫·科茨、张开、顾梦佳、崔晓雪、李英东著:《长波和积累的社会结构:一个评论与再解释》,《政治经济学评论》2018 年第 2 期。

[2] 丁晓钦、鲁春义著:《积累的社会结构理论的微观阐释——一个演化博弈视角的分析》,《马克思主义研究》2013 年第 10 期。

[3] 丁晓钦、谢长安著:《从积累的社会结构理论看当代资本主义的发展阶段》,《马克思主义与现实》2017年第3期。

[4] 方敏、李梁著:《社会积累结构变迁与中国经济增长》,《财经问题研究》2020年第4期。

[5] 甘梅霞著:《当代中国阶层关系演化、经济增长影响及制度渊薮——基于积累的社会结构理论》,《浙江社会科学》2017年第8期。

[6] 郭苏文、黄汉民著:《制度质量、制度稳定性与经济增长:一项实证研究》,《当代经济科学》2010年第6期。

[7] 马艳、王琳、张沁悦著:《资本积累的社会结构理论的创新与中国化探讨》,《马克思主义研究》2016年第6期。

[8] 马艳、张沁悦著:《新时代中国特色社会主义主要矛盾变化研究——以CSSA理论为分析基础》,《东南学术》2018年第3期。

[9] 潘向东、廖进中、赖明勇著:《经济制度安排、国际贸易与经济增长影响机理的经验研究》,《经济研究》2005年第11期。

[10] 荣兆梓、李艳芬著:《社会主义积累规律研究:基于中国经济增长70年》,《教学与研究》2019年第9期。

[11] 涂红著:《贸易开放、制度变迁与经济增长——基于不同国家规模和发展水平的比较分析》,《南开学报(哲学社会科学版)》2006年第3期。

[12] 熊锋、黄汉民著:《贸易政策的制度质量分析——基于制度稳定性视角的研究评述》,《中南财经政法大学学报》2009年第5期。

[13] 杨小忠、丁晓钦著:《劳动力匹配、收入分配与资本主义积累的社会结构稳定性》,《世界经济》2019年第8期。

[14] 尤瑞玲、陈秋玲著:《制度质量、制度质量稳定性与高技术产业集聚》,《经济经纬》2020年第2期。

[15] 赵云辉、张哲、冯泰文、陶克涛著:《大数据发展、制度环境与政府治理效率》,《管理世界》2019年第11期。

[16] Dollar, David and Aart Kraay (2003), "Institutions, Trade, and Growth", *Journal of Monetary Economics*, no.50, pp.133-162.

[17] Handley and K (2011), "Exporting under Trade Policy Uncertainty: Theory and Evidence", *University of Maryland Staff working Paper*.

[18] Klomp, Jeroen and Jakob de Haan (2009), "Political Institutions and

Economic Volatility", *European Journal of Political Economy*, no. 25, pp.311 - 326.

[19] Mauro and P. (1995), "Corruption and Growth", *Quarterly Journal of Economics*, no.3, pp.681 - 712.

[20] North, Douglas (1990), *Institution Change and Economic Performance*, New York: Cambridge University Press, pp.3 - 4.

[21] Shleifer, A, Vishny R. W (1993), "Corruption", *Quarterly Journal of Economics*, no.3, pp.599 - 617.

[22] Teles and Vladinir Kuhl (2007), "Institutional Quality and Endogenous Economic Growth", *Journal of Economic Studies*, pp.34.

第六章

中国特色社会主义政治经济学理论体系的发展脉络

中国特色社会主义政治经济学理论体系随着中国经济的发展而不断演变,在指导经济发展的实践、提高人们对社会主义经济发展的认识等方面做出了重要贡献。本章聚焦中国特色社会主义政治经济学这一主体,系统梳理中华人民共和国成立以来中国特色社会主义政治经济学理论的发展轨迹及其中产生的若干重大创新成果,尤其对新时代中国特色社会主义政治经济学理论体系的发展进行梳理,并尝试对这一理论体系的发展空间进行分析。

第一节 中国特色社会主义政治经济学理论探索的纵向考察

从中国特色社会主义政治经济学体系的纵向研究来看,根据不同时期的研究特点和主题,可将纵向维度的研究划分为以下四个研究阶段:

一、第一阶段:20 世纪 50—70 年代

这一时期对政治经济学学科的建设和发展主要集中于对苏联政治经济学社会

主义部分的反思与创新。苏联的《政治经济学教科书》[①]出版之后,毛泽东同志号召学习政治经济学和苏联《政治经济学教科书》,国内学者在学习和反思苏联教科书的基础上,开启了对我国社会主义政治经济学的深入研究。具体可分为以下几类:

1. 关于以《资本论》的方法和体系为政治经济学体系构建原则的研究

苏联的《政治经济学教科书》编写以不同社会形态的"生产方式"为主线,以生产方式的形成、生产力因素和生产关系(基本问题)为基本框架。其中,社会主义部分采用了类似框架,并对苏联社会主义经济的物质生产、生产关系和基本规律等内容进行了概括。同《资本论》比较起来,苏联教科书的体系框架相对松散。国内学者对此进行了早期反思,提出社会主义政治经济学(政治经济学社会主义部分、社会主义经济理论)的体系框架应该按照《资本论》的方法和框架重构。林子力等(1957)在分析社会主义生产时,以公有制和按劳分配作为前提,提出以"社会产品"作为分析社会主义经济的开始。[②] 孙冶方(1959)在《论价值》一文中首次提出,社会主义经济理论体系应以《资本论》的"程序"来构建,由此提出"生产—流通—再生产"体系框架。[③] 王亚南(1961)在阐述了"以《资本论》的体系研究政治经济学社会主义部分"的基础上,提出了类似于"生产—流通—再生产"的体系框架。[④] 基于这些研究,学者们对研究始点进行了探讨。比如,何建章(1961)主张"从产品和商品开始",[⑤]庞季云等(1961)在其主编的《社会主义经济问题(试用本)》中主张从社会主义公有制生产关系开始。[⑥] 在后续的研究过程中,以《资本论》体系为基础的"生产—流通—再生产"框架逐渐成为研究我国社会主义经济理论体系的主流观点。

2. 关于毛泽东对社会主义经济问题探索创新的研究

从20世纪50年代中期开始,毛泽东一方面号召学习斯大林的《苏联社会主义经济问题》和苏联《政治经济学教科书》,另一方面在全面反思苏联模式的基础上指出了其中存在的不足,并且在1956年、1957年分别撰写了《论十大关系》和《关于正

[①] 苏联科学院经济研究所著:《政治经济学教科书》(中译本),人民出版社1955年版。

[②] 林子力、马家驹、钟珩、朱声纹著:《论价值——对社会主义经济的分拆从哪里着手?》,《经济研究》1957年第4期。

[③] 孙冶方著:《论价值——并试论"价值"在社会主义以至于共产主义政治经济学体系中的地位》,《经济研究》1959年第9期。

[④] 王亚南著:《关于应用〈资本论〉体系来研究政治经济学社会主义部分的问题》,《经济研究》1961年第5期。

[⑤] 何建章著:《略论〈资本论〉的体系及其对政治经济学社会主义部分的意义》,《经济研究》1961年第9期。

[⑥] 庞季云、邓克生、何匡、吴云博著:《社会主义经济问题》(试用本),上海人民出版社1961年版。

确处理人民内部矛盾的问题》,开始探索符合中国国情的社会主义建设道路,并积极运用辩证法思维提出了一系列具有创新性的关于社会主义政治经济学的理论观点和原则。比如,在理论观点上,毛泽东主张"走群众路线,实行两参一改三结合""兼顾国家、集体和个人利益""'向科学进军''实行技术革命'""社会主义经济是波浪式发展的""农、轻、重协调发展,'两条腿走路'""自力更生为主、争取外援为辅"等。在理论原则上,毛泽东提出"老祖宗的理论既要坚持又要发展""从实际而不是从概念出发""古为今用,洋为中用"等重要观点(张宇,2016①)。

学术界主要围绕毛泽东的《论十大关系》《关于正确处理人民内部矛盾的问题》等公开发表的文章,对其在社会主义经济理论方面的创新进行了研究。蒋学模(1958)在研究政治经济学体系过程中运用毛泽东的矛盾分析方法,认为"研究矛盾着的对立面的斗争及统一的发展过程"是政治经济学社会主义部分不可缺少的内容,并在此基础上指出应当从人民内部矛盾和社会主义社会的矛盾入手,重构政治经济学社会主义部分的体系。② 关梦觉(1960)提出,在政治经济学的社会主义部分研究中,应将毛泽东关于社会主义社会基本矛盾的学说作为一条红线贯穿其中。③ 此外,还有不少学者对毛泽东对政治经济学及其社会主义部分的贡献进行了研究(郑芝村,1958④;朱剑农,1960⑤;许祖岷,1960⑥)。

3. 关于尝试编写教材与构建体系的研究

20 世纪五六十年代,根据我国社会主义革命、建设实践以及理论探索,在借鉴苏联《政治经济学教科书》基础上,国内不少单位开始编写社会主义政治经济学的讲义和教材。不过,这些讲义和教材的内容框架和基本体系主要采用了苏联教科书的范式,较分散地阐述了国内社会主义革命建设经验和政策。当然,除了沿用苏联教科书的内容和体系之外,我国历来注重独立编写政治经济学教材,部分学者逐

---

① 张宇著:《毛泽东对中国特色社会主义政治经济学的探索》,《高校马克思主义理论研究》2016 年第 2 期。
② 蒋学模著:《学习毛主席"关于正确处理人民内部矛盾的问题",改进政治经济学社会主义部分的教学和科学研究工作》,《学术月刊》1958 年第 5 期。
③ 关梦觉著:《毛主席在社会主义革命和社会主义建设的几个重大问题上对于政治经济学的新发展》,《吉林大学人文科学学报》1960 年第 3 期。
④ 郑芝村著:《试论毛泽东同志对政治经济学的发展及其重大意义》,《中南财经政法大学学报》1958 年第 7 期。
⑤ 朱剑农著:《毛泽东同志的两类矛盾学说对政治经济学的伟大贡献——纪念"关于正确处理人民内部矛盾的问题"发表三周年》,《理论战线》1960 年第 6 期。
⑥ 许祖岷著:《试论怎样根据毛泽东思想去阐明政治经济学社会主义部分几个根本问题》,《华中师范学院学报(政治教育版)》1960 年第 3 期。

渐通过编写教材来尝试构建中国的社会主义政治经济学。薛暮桥等(1959)主编的《中国国民经济的社会主义改造》，提出构建社会主义政治经济学体系应以整体国民经济的社会主义建设为起始点。[①] 骆耕漠(1957)在给中共中央党校授课的讲稿《社会主义制度下的商品和价值问题》中，较系统地提出了关于社会主义经济理论的观点，大体构建了一个政治经济学的体系框架。于光远在1958年的《政治经济学社会主义部分探索》一书中较早地提出要重构整个社会主义经济理论体系的设想，认为应该围绕社会主义政治经济学的研究对象、中心问题、体系框架、发展规律、价值规律、生产关系、商品生产、按劳分配等展开研究，并且针对这些问题提出了自己的意见。[②] 1961年孙冶方完成了《社会主义经济论》的初稿，后与张闻天、刘国光、何建章、骆耕漠和董辅礽等学者进行了进一步讨论并最终形成《〈社会主义经济论〉初稿的讨论意见和二稿的初步设想》(1961年)一书，至1963年《社会主义经济论》的基本框架初步形成。

二、第二阶段：20世纪80—90年代中期

20世纪80年代以来，我国进入改革开放的新时期，进一步推动了我国社会主义经济理论体系的创新。从该时期的体系构建来看，其思路主要延续了20世纪五六十年代的传统，大致可分为以下四类：

1. 基于《资本论》逻辑构建的"生产—流通—再生产"体系

前文提及的孙冶方(1961)的《社会主义经济论稿》以及许涤新(1979)的《论社会主义的生产、流通和分配——读〈资本论〉笔记》是这一体系的典型代表。许涤新的著作共分为四篇，即社会主义生产过程、社会主义流通过程、社会主义生产总过程与剩余产品分配、社会主义时期的阶级问题。[③] 在《政治经济学(社会主义部分)》编写方面，著名的"南方本""北方本"基本上沿用了该体系。具体来说，"南方本"由蒋家俊和吴宣恭任主编，南方十六所大学编写。1979年首版发行后一直处在修订完善中。"南方本"的前三版只有章没分篇，导致整体脉络不是很清楚。在第四版中，"南方本"进行修改，全书分为"社会主义生产过程""社会主义流通过程""社会主义分配过程""社会主义消费过程""社会主义经济运动总过程"共计五篇十六章，

[①] 薛暮桥、苏星、林子力著：《中国国民经济的社会主义改造》，人民出版社1959年版。
[②] 仲津著：《政治经济学社会主义部分探索》，学习杂志社1958年版。
[③] 许涤新著：《论社会主义的生产、流通和分配——读〈资本论〉笔记》，人民出版社1979年版。

体系更加完整,层次更为分明,篇章之间的逻辑也更为紧密。①"北方本"则由谷书堂和宋则行任主编,北方十三所高校编写。1980年发行首版,其主要结构为"社会主义生产过程—社会主义流通过程—社会主义再生产过程—不发达的社会主义阶段的阶级斗争",加"导论"部分共计五篇十三章。该书最主要特点是把"不发达社会主义阶段"(即后来的"社会主义初级阶段")的生产关系作为研究对象,以物质利益作为研究社会主义经济过程的主线,并大胆创新,明确提出"社会主义经济是公有制基础上产生的有计划的商品经济"。②

2. 基于我国社会主义内在发展逻辑构建的体系

薛暮桥(1979)主编的《中国社会主义经济问题研究》是这一体系的代表性著作。该书紧扣社会主义时期的基本矛盾,积极运用马克思列宁主义的基本原理,探索、总结社会主义经济发展经验和规律。从体系结构来看,全书共十章,加上结束语之后可将其全部章节概括为七个部分。具体来说,第一部分为第一至三章,主要研究生产资料所有制的变革、生产资料所有制结构及其对生产力发展的影响问题。第二部分为第四章,主要研究个人消费品如何实行按劳分配的问题。第三部分为第五、六章,主要研究如何利用商品货币关系和商品流通来搞活经济,从而促进社会生产力的发展。第四部分为第七、八章,主要研究经济管理体制、体制的改革问题以及使之更加适应生产力发展和巩固经济基础的要求。第五部分为第九章,主要研究发展生产力的根本道路问题,即如何实现中国式社会主义现代化问题。第六部分为第十章,探索与研究如何实事求是地分析我国现阶段阶级斗争的状况和特点、正确处理人民内部矛盾、改革国家领导制度、发扬社会主义民主、加强民主管理等问题。第七部分为结束语,探讨生产关系一定要适应生产力发展水平这一条经济发展的根本规律的具体内容及其辩证关系。③

3. 基于社会主义经济的矛盾和规律构建的体系

根据于光远的倡议、由教育部政教司组织编写的《中国社会主义经济问题》(1979)是这一体系的典型代表。该书将马克思列宁主义、毛泽东思想同我国社会主义现代化建设的具体实践相结合,更全面、更深刻地诠释基本经济规律。全书共分为十章:第一章阐述我国当前根本的经济任务即在20世纪末实现四个现代化,

---

① 南方十六所大学《政治经济学教材》编写组编:《政治经济学社会主义部分》,四川人民出版社1979年版。
② 北方十三所高等院校编写组编:《政治经济学(社会主义部分)》,陕西人民出版社1980年版。
③ 薛暮桥著:《中国社会主义经济问题研究》,人民出版社1979年版。

论述了当前中国经济的最大困境。第二到六章分别阐述了五个经济规律,即社会主义基本经济规律、社会主义国民经济有计划发展规律、社会主义制度下的价值规律、按劳分配规律、社会主义物质利益规律,力图从客观经济过程对五个经济规律进行分析,对每个经济规律产生的经济条件、基本内容、具体作用与表现形式等阐释清楚。第七到九章分别围绕社会主义国民经济的管理、社会主义企业管理、我国对外经济关系等问题,阐述了经济管理中的一些基本经济政策和基本管理原则。第十章作为总结,讲述了社会主义经济根据生产关系一定要适合生产力发展的规律而向前发展,具体阐述了在社会主义制度下生产关系一定要适合生产力发展规律的作用以及社会主义社会的发展趋势、发展阶段等问题。[①]

4. 基于西方经济学逻辑构建的"运行—发展"体系

随着改革开放的深入,西方经济学的逻辑体系传入中国,国内学者将其运用到分析社会主义经济理论中,试图用西方经济学逻辑来构建社会主义政治经济学体系。厉以宁(1986)主编的《社会主义政治经济学》就是这一时期的典型代表。该书借鉴西方经济学"微观—宏观"结构,将内容设计为六个篇幅:国民经济运行、企业经济活动、个人经济行为、宏微观经济协调、社会与个人协调、发展目标与战略,体现了"运行—发展"的结构设计。该书在前两篇阐述了社会主义制度的建立、基本特征、生产目的、经济规律等内容,说明了社会主义经济运行分析的若干前提。该书分别从国民经济、企业、个人三个决策层次,分析了社会主义经济中关键经济变量的相互关系。该书第四、五篇考察在宏观经济与微观经济中市场机制与政府调节的作用,并分析了国家、集体、个人三者之间的协调关系。第六篇考察了社会主义社会的发展目标、战略以及社会主义社会中人的作用。总之,该书突破了以往教科书以社会主义经济规律为主线的传统研究模式,建立起以社会主义的经济运行为考察重点的理论体系。[②]

三、第三阶段:20世纪90年代后期—21世纪初

20世纪90年代后,随着改革开放的深入发展,国内学者的研究视野得到进一步拓展,开始思考从全球化的角度构建"中国经济学"的体系。但是,在构建体系过

[①] 《中国社会主义经济问题》编写组编:《中国社会主义经济问题》,人民出版社1979年版。
[②] 厉以宁著:《社会主义政治经济学》,商务印书馆1986年版。

程中,不少学者提出了一些有争议的观点,引发了学术界关于如何更好构建"中国经济学"的论争。具体如下:

1. 关于采用"西方经济学范式"的论争

樊纲(1995)在《"苏联范式"批判》一文中,从政治经济学的研究对象、生产资料所有制、按劳分配、商品生产与市场经济、价值决定、社会主义生产的目的与基本规律等基本理论问题,对苏联《政治经济学教科书(社会主义部分)》所代表的"苏联范式"进行了批判式分析,指出了其根深蒂固的缺陷,强调"苏联范式"不等于"马克思主义经济学"或"马克思范式",认为"到了批判和抛弃'苏联范式'的时候"。[①] 樊纲的观点没有从根本上反对马克思主义经济学理论,但也在很大程度上表明,以西方经济学理论来构建"中国经济学"的理论构想在逐渐形成。比如,胡义成(1994)指出,不应再以劳动价值论作为社会主义经济学的理论出发点,并从经济哲学角度分析了当代社会主义经济学应当如何改造经典马克思主义政治经济学的劳动价值论。他认为劳动价值论对资源配置有不完全适用性,要积极利用西方当代经济学的优点,特别是西方数理经济学提供的边际效用均衡价格概念及由此形成的资源配置理论和技术。[②] 针对学术界的这种观点,有学者提出了不同意见。卫兴华(1998)尖锐地批评了将"政治经济学"与"经济学"相对立的观点,强调"政治经济学"并非更具有"政治性"和非科学性,并进一步指出那种把政治经济学视为已经过时的马克思主义的学科而将西方经济学视为具有普适的现代经济学的观点,"从表面上看是概念的变化和经济学的基础化与现代化,实质上是要用西方经济学将马克思主义经济学取而代之"。[③]

2. 关于回归马克思主义政治经济学的论争

李怀和高良谋(1997)认为,如何建立中国自己的市场经济学体系,即中国经济学道路的选择,目前仍存在较大争议,主要有"修补论""拿来主义""回复论""重构论"等观点。其中,"回复论"主张我国经济学回归到马克思经济学理论难以立足,因为马克思经济学理论是19世纪的产物,马克思不可能预料到当今世界的所有发展实践,今天的时代已经不同于马克思写作《资本论》所处的时代,中国经济不能倒

[①] 樊纲著:《"苏联范式"批判》,《经济研究》1995年第10期。
[②] 胡义成著:《经济学应当完成从"革命"到"建设"的转型——试论中国经济学必须改造劳动价值论》,《当代经济科学》1994年第1期。
[③] 卫兴华著:《关于经济学在中国发展的几个问题》,《经济学动态》1998年第2期。

退回过去,否则就是对马克思主义的反动。① 高鸿业(1997)指出,如何发展中国经济学是一项关系到我国经济建设的前途、体制改革的成败乃至国家命运的兴衰的极其重要的问题。一方面,必须遵循马克思主义道路,因为在马克思主义的指引下,我国在政治和经济上都取得了辉煌的成就,脱离马克思主义指导的社会主义国家会走上覆灭的道路。另一方面,要着重从经济管理和操作的方面来发展马克思主义,其原因在于社会主义市场经济的运行势必涉及价值规律问题,即如何管理价值规律的作用及其作用发生时如何具体操作。② 刘诗白(1997)指出,改革开放和建设有中国特色的社会主义,需要构建实践功能强且与理论密切相连的中国经济学。这是因为政治经济学揭示了社会经济活动的本质联系,是分析多样化经济活动和多层次经济关系的理论基础,从而构成了中国经济学的核心和主干。这就需要在建设社会主义市场经济这一新的历史条件下,坚持马克思主义政治经济学的根本方法即唯物辩证法和历史唯物主义,对经济学的基本原理进行重新审视和科学阐述,不断进行经济学的革新,由此构建中国经济学。③

3. 关于借鉴西方经济学的论争

何炼成和丁文峰(1997)认为,中国经济学是一门根系中国大地的创新经济科学,它的研究对象是中国经济改革和发展的实践,在其研究过程中还存在着研究目的上的功利主义倾向、思维方式的简单化倾向、研究观念上的官本位制思想,导致一些经济学家简单地否定马克思主义经济学而盲目地照抄照搬西方经济学。因此,建立和发展中国经济学就必须反思和创新中国经济学的方法论,既要坚持马克思主义经济学特别是邓小平建设有中国特色的社会主义经济理论,又要借鉴和学习西方经济学的理论。④ 魏埙(1997)明确指出,发展中国经济学必须明确地以马克思主义为基础,既要坚持马克思主义,又要发展马克思主义。在发展马克思主义过程中,既要把中国经济学的发展密切地同我国和世界经济发展结合起来,又要对当代西方经济学的合理成分(如消费者行为理论、货币理论、价格理论、企业理论等)加以借鉴吸收,不仅仅包括新古典主义和凯恩斯主义,其他西方经济学流派也要加以吸收。这样建立起来的新的经济理论体系就是马克思主义经济学的新发展。⑤

---

① 李怀、高良谋著:《21世纪中国经济学的道路选择和价值取向》,《经济学动态》1997年第3期。
② 高鸿业著:《对如何发展中国经济学的一些思考》,《高校理论阵线》1997年第2期。
③ 刘诗白著:《中国经济学构建的若干问题》,《经济学家》1997年第1期。
④ 何炼成、丁文峰著:《中国经济学向何处去》,《经济学动态》1997年第7期。
⑤ 魏埙著:《中国经济学向何处去》,《当代经济研究》1997年第6期。

张仁德(1999)认为,长期以来经济学对于中国来说都是一种外来科学,但是科学的外来性并不妨碍对其进行吸收和创新,毕竟经济学是一个不断创新发展的过程。在改革开放创造的良好经济环境下,中国经济学家完全有可能参与重新构建经济学的工作。具体来讲,就是在"坚持马克思主义经济学的基础上,正如马克思当年吸收和借鉴资产阶级古典经济学那样,对当代西方经济学的合理成分进行借鉴和吸收,从而创造出一种新的经济学理论即中国经济学"。[1]

四、第四阶段:2000 年至今

自 2002 年党的十六大提出"中国特色社会主义"以及在 2007 年党的十七大提出"中国特色社会主义理论体系"之后,学术界从不同视角对围绕构建中国特色社会主义经济学及理论体系展开了深入研究。特别是 2015 年习近平总书记提出"中国特色社会主义政治经济学"概念之后,学者们围绕构建中国特色社会主义政治经济学的一系列问题进行了广泛探讨,取得了积极的研究进展。具体而言:

1. 关于构建中国特色社会主义经济学的研究

杨承训和金鑫(2003)提出,要破除两种教条主义和从定义出发的思维定式,基于恩格斯关于"政治经济学本质上是一门历史的科学"的思想,揭示世界社会主义国家特别是我国经济发展经验中的规律性。并以先进生产力、社会主义制度、市场经济"三位一体"总公式作为主线,在一系列重大问题上实现研究突破,以此构建较为完善的社会主义经济学。[2] 卫兴华和张宇(2007)在他们主编的《社会主义经济理论》一书中,以马克思主义为指导,结合中国特色社会主义经济建设实践经验,逐步构建起中国特色社会主义经济理论的基本框架,主要包括社会主义本质和基本经济制度、社会主义市场经济、经济改革或经济过渡、国有企业改革、社会主义分配、经济全球化与对外开放、中国特色的经济发展、政府职能与政府调节等理论。[3] 何炼成(2008)"从党的十七大报告所提出的中国特色社会主义理论体系中,归纳出中国特色社会主义经济理论体系内容,包括中国特色社会主义经济'特'在何处、中国特色社会主义生产论、中国特色社会主义流通论、中国特色社会主义分配论以及中

---

[1] 张仁德著:《也谈中国经济学向何处去》,《经济学动态》1999 年第 3 期。
[2] 杨承训、金鑫著:《以历史为平台构建中国特色社会主义经济学》,《中州学刊》2003 年第 2 期。
[3] 卫兴华、张宇著:《社会主义经济理论》,高等教育出版社 2007 年版。

国特色社会主义消费论等。"[①]刘国光(2009)提出了构建中国特色社会主义经济学的三个原则:"中国特色社会主义经济学应当凸显创新品格,中国特色社会主义经济学应以历史实践为基础以及中国特色社会主义经济学应当采取积极措施清除新自由主义的影响。"[②]黄泰岩(2009)指出,中国特色社会主义经济理论在本质上符合科学社会主义的根本原则,充分反映了社会主义的本质要求,且始终以发展为主题,并在其形成和发展过程中既带有随认识的深化而不断丰富的特征,又带有随发展条件的改变而不断转换的特征。[③] 张维闵(2009)认为,要运用马克思主义总体方法论,从"当前事实出发"对中国特色社会主义的特殊社会性和历史性进行研究,并基于当前社会整体结构,确立了中国特色社会主义经济理论体系的研究对象。这是研究其逻辑起点和逻辑结构的前提和基本内容。以此为起点,再运用抽象—具体的严谨方法来构建中国特色社会主义经济理论的叙述体系。[④] 顾海良(2013)认为,"中国特色社会主义经济学以社会主义初级阶段经济关系为研究对象,以'剥离下来'和'结合起来'为方法论要义,以经济改革论、经济制度论、市场经济论、科学发展论和对外开放论为主导理论"[⑤]。并且这些主导理论在相互结合和作用之下生成其他一系列衍生性理论,两者共同构成了中国特色社会主义经济学理论体系。洪银兴(2013)强调,中国特色社会主义经济学是马克思主义经济学的中国化、时代化,它在许多方面(如社会主义初级阶段理论、社会主义基本经济制度理论、社会主义的市场经济理论等)都实现了发展创新。因此,"我们要建立中国特色社会主义经济学的话语系统,增强中国特色社会主义经济学的理论自信"。[⑥]

2. 关于构建中国特色社会主义政治经济学的研究

程恩富(2016)根据马克思主义政治经济学的基本原理,阐述了发展中国社会主义市场经济要坚持中国特色社会主义政治经济学的八大原则,分别为科技领先型的持续原则、民生导向型的生产原则、公有主体型的产权原则、劳动主体型的分配原则、国家主导型的市场原则、绩效优先型的速度原则、结构协调型的平衡原则、

[①] 何炼成著:《试论中国特色社会主义经济理论体系》,《延安大学学报(社会科学版)》2008年第4期。
[②] 刘国光著:《论中国特色社会主义经济学三则》,《毛泽东邓小平理论研究》2009年第3期。
[③] 黄泰岩著:《中国特色社会主义经济理论的形成与发展》,《求是》2009年第22期。
[④] 张维闵著:《论中国特色社会主义经济理论体系的研究对象》,《教学与研究》2009年第5期。
[⑤] 顾海良著:《马克思经济学的对象与中国特色社会主义经济学的创新》,《当代经济研究》2013年第6期。
[⑥] 洪银兴著:《增强中国特色社会主义经济学的理论自信》,《政治经济学评论》2013年第1期。

自力主导型的开放原则。① 刘伟(2016)提出,中国特色社会主义政治经济学的基本出发点就是坚持马克思主义政治经济学原理以及在实践中发展当代马克思主义政治经济学。它在新常态下的历史观和方法论、核心命题、主要任务、根本目标分别是坚持解放和发展生产力的基本原则、必须坚持社会主义市场经济改革方向、坚持调动各方面的积极性、坚持防止陷入"中等收入陷阱"。② 蔡继明和靳卫萍(2016)提出,"坚持中国特色社会主义政治经济学的重大原则,首先要坚持马克思主义政治经济学的方法论原则",③比如科学抽象法、矛盾分析法、历史唯物主义合力论、逻辑批判与逻辑一致性原则等。只有坚持这些方法论原则,才能不断开拓当代中国马克思主义政治经济学新视野,构建起中国特色社会主义政治经济学体系。葛扬(2016)指出,中国特色社会主义政治经济学是一个从理论逻辑到实践逻辑再到理论逻辑的过程。而马克思主义政治经济学中国化正是这三个逻辑转化的必要路径。他指出马克思主义政治经济学理论逻辑是中国特色社会主义政治经济学的理论之源,它的实践逻辑要求马克思主义政治经济学中国化,并且成为马克思主义政治经济学的当代理论逻辑。④ 张占斌和周跃辉(2016)在他们主编的《中国特色社会主义政治经济学》一书中,将中国特色社会主义政治经济学的范畴概括为"十论",即本质论、制度论、发展论、改革论、市场论、新常态论、"四化同步"论、开放论、民生论、扶贫论等,并以此为分析框架阐释了中国特色社会主义政治经济学的形成过程、深刻内涵、创新成果等。⑤ 张雷声(2017)指出,中国特色社会主义政治经济学的根本立场是"以人民为中心",理论主题具有"双重维度",即围绕"生产关系多层次"与"具体经济制度多层次"展开研究,方法特质是运用唯物辩证法,逻辑结构则是以社会主义本质问题为逻辑始点而构建起来的,由此形成了中国特色政治经济学体系。⑥ 逄锦聚(2018)围绕构建和发展中国特色社会主义政治经济学的重要问题,即"构建和发展什么样的中国特色社会主义政治经济学,怎样构建和发展中国特色社会主义政治经济学,谁来构建和发展中国特色社会主义政治经济学",分别阐释了

---

① 程恩富著:《要坚持中国特色社会主义政治经济学的八个重大原则》,《经济纵横》2016年第3期。
② 刘伟著:《在马克思主义与中国实践的结合中发展中国特色社会主义政治经济学》,《政治经济学评论》2016年第4期。
③ 蔡继明、靳卫萍著:《构建中国特色社会主义政治经济学的方法论原则》,《国家行政学院学报》2016年第2期。
④ 葛扬著:《理论逻辑、实践逻辑与中国特色社会主义政治经济学》,《改革》2016年第3期。
⑤ 张占斌、周跃辉著:《中国特色社会主义政治经济学》,湖北教育出版社2016年版。
⑥ 张雷声著:《论中国特色社会主义政治经济学的发展与创新》,《马克思主义研究》2017年第5期。

中国特色社会主义政治经济学的本质要求、根本标准、根本要求。① 方福前(2019)认为,可将西方经济学理论分为政治性的经济理论、主干性的经济理论、基础性的经济理论等。在对这三类理论进行"剔除术""整形术"和"移植术"之后,可为建设中国特色社会主义政治经济学提供可供吸收的合理成分,促进中国特色社会主义政治经济学的繁荣发展。②

第二节 中国特色社会主义政治经济学理论探索的横向梳理

对中国特色社会主义政治经济学理论体系发展脉络的考察既需要纵向考察,又需要横向梳理。关于中国特色社会主义政治经济学理论体系的横向探讨,理论界主要从政治经济学教材中关于社会主义部分的论述、中国特色社会主义政治经济学专题研究的结构探讨与中国特色社会主义政治经济学理论体系中关键问题的探索这三大方面进行展开论述。

一、政治经济学教材中社会主义部分的论述

随着社会主义市场经济理论发展的不断深入与我国体制改革的逐步推进,我国政治经济学教材不断完善与创新。通过对代表性的政治经济学教材的梳理,我国政治经济学教材的编写逐步突破了苏联政治经济学教科书模式,从"两部分体系"演变至"三部分体系"再至"四部分体系""五部分体系"或"六部分体系"。我国政治经济学教材的完善与创新,遵循社会发展变化的客观规律,突破苏联教科书模式框架的限制,逐步转变为具有中国特色、中国风格、中国话语并体现时代性与现实性的政治经济学教材。

(一)"两部分体系"中的社会主义部分探索

改革开放前,我国政治经济学教材的编写受苏联政治经济学教材中传统计划

---

① 逄锦聚著:《构建和发展中国特色社会主义政治经济学的三个重大问题》,《经济研究》2018年第11期。
② 方福前著:《论建设中国特色社会主义政治经济学为何和如何借用西方经济学》,《经济研究》2019年第5期。

经济理论的影响,被苏联政治经济学教材模式所局限。改革开放后,社会主义市场经济理论与实践不断发展,我国政治经济学教材的编写试图突破苏联政治经济学教材模式的局限。随着改革开放的深入,我国政治经济学教材中社会主义部分的编写结合了体制改革实践,传统教材中被忽略的问题得到重视,逐渐打破了传统计划经济理论的束缚,"两部分体系"的政治经济学教材逐渐形成。

在教育部政教司的组织下,我国陆续出版了三本供高校使用的教材,分别是"北京本""北方本"和"南方本"。其中,"北方本"与"南方本"是最具代表性的政治经济学教材。"北京本"即《中国社会主义经济问题》,由全国二十个单位联合编写,较为短小精悍,主要明确社会主义经济建设过程中的几大规律,提出要按照经济规律办事,"四个现代化"的实现要遵循经济规律。[①] "南方本"是在蒋家俊、吴宣恭的指导下,由南方十六所高校(1979)编写而成的《政治经济学(社会主义部分)》,全书贯穿社会主义基本经济规律及其作用,强调社会主义国家的生产关系要以生产资料公有制为基础,并就社会主义再生产的四过程之间的关系展开论述。[②] 而"北方本"是在谷书堂、宋则行的带领下,由北方十三所高校合作(1980)编写的《政治经济学(社会主义部分)》,全书沿用《资本论》的"过程分析法",按照直接生产过程—流通过程—再生产过程的结构,研究对象为社会主义初级阶段的生产关系,在研究生产关系的同时注重结合生产力,研究主线为国家、集体和个人三者之间的物质利益关系,对当时不发达的社会主义经济规律进行了探讨。[③]

随着改革开放的推进,政治经济学教材更为注重理论与实践的统一,其中由蒋学模、张卓元、厉以宁、卫兴华分别主编的政治经济学教材具有代表性。具体来说,蒋学模(1980)主编的《政治经济学教材》的社会主义部分沿用了《资本论》的组织结构,即全书的总体框架按照生产—流通—总过程三个维度展开论述,并根据经济体制改革的实践,增加了相关理论。首先,该书论述了我国处于社会主义初级阶段,生产关系要适应生产力的发展,基本经济制度要反映现阶段的生产力要求;其次,基于社会主义公有制,该书论述了商品生产与调节机制,分析了计划与市场的特点,并指出了市场经济的微观主体,接着分析了商品、货币和资金的流通,并强调社会主义的分配制度;再次,该书在社会主义再生产部分,增加了经济增长与经济波

---

① 《中国社会主义经济问题》编写组编:《中国社会主义经济问题》,人民出版社1979年版。
② 南方十六所大学《政治经济学》编写组编:《政治经济学(社会主义部分)》,四川人民出版社1979年版。
③ 北方十三所高等院校编写组编:《政治经济学(社会主义部分)》,陕西人民出版社1980年版。

动、经济宏观运行与国家宏观调控等内容;最后,该书论述了社会主义国家的对外经济关系,并在结束语中强调建设中国特色社会主义。① 可以看出全书增加了以往教材中忽略的商品生产、货币流通、价值规律、微观主体与宏观经济运行等内容。张卓元(1982)主编的《政治经济学(社会主义部分)》极大地突破了传统的计划经济理论,密切联系我国社会主义经济建设的实践,努力探索社会主义经济的性质,并在此基础上研究我国经济是如何运行的,是否有规律可循。② 厉以宁(1986)编写的《社会主义政治经济学》的研究对象与以往相比有较大的突破,不只研究生产关系,而是把社会主义社会的生产力、生产关系及其相互作用为研究对象,给定经济体制,从国家、企业、个人三个角度重点讨论社会主义经济运行。③ 卫兴华(1990)主编的《政治经济学教科书》在总体结构上仍采用"二分法",但是除了"社会主义经济制度"这一之前政治经济学教材中都存在的部分外,为了将社会主义经济的本质、运行以及发展结合起来,特意增添了"社会主义经济的运行"和"社会主义经济的增长与发展"部分。该教材在强调生产资料公有制的前提下,论证要发展私有制经济等其他类型的经济的必要性。④

"两部分体系"教材试图打破苏联教科书体系,通过分析社会主义经济本质论、运行论和发展论,改变以往只重视本质而不分析运行和发展的现象,同时在内容上强调改革开放后的实际,强调社会主义市场与计划的有机统一。

(二)"三部分体系"中的社会主义部分探索

"三部分体系"不同于以往的"两部分体系",而是在资本主义部分和社会主义部分之前增加了政治经济学的基本理论,符合马克思的"从一般到特殊""由抽象到具体"的理论逻辑。第一部分在描述政治经济学一般理论时,既有对马克思《资本论》中的商品、货币、资本、生产力、生产关系和生产方式等政治经济学理论的阐述,也增添了产权、技术革命对生产力、生产关系的影响等内容,这种结构安排对于明确社会主义市场经济体制下发展经济应坚持什么样的原则有积极作用。

逄锦聚、洪银兴、林岗、刘伟(2014)主编的《政治经济学》就是"三部分体系"的代表性政治经济学教材,该书坚持马克思主义基本原理与方法论,并吸收西方经济学中的有益成分,提出要处理好一般与特殊、政治经济学与西方经济学、继承与创

---

① 蒋学模著:《政治经济学》,上海人民出版社1980年版。
② 张卓元著:《政治经济学(社会主义部分)》,中国展望出版社1982年版。
③ 厉以宁著:《社会主义政治经济学》,商务印书馆1986年版。
④ 卫兴华著:《政治经济学教科书》,中国人民大学出版社1990年版。

新等关系。在介绍社会主义部分时,既有对处于社会主义初级阶段的现状及任务的阐述,又明确提出社会主义经济是市场经济。与此同时,该书从微观基础和宏观经济运行两个角度分析了市场经济,在此基础上进一步深入探讨社会主义市场经济的发展、如何进行经济体制改革、转变市场经济中政府的职能等问题。此外,该书还涉及经济增长与发展、经济全球化背景下如何发展对外经济关系等内容。[①] 该书在内容、体系与理论等方面都进行了积极的探索与创新,体现出政治经济学教材的与时俱进,具有时代性与前沿性。

(三)"四部分体系"中的社会主义部分探索

改革开放的推进使得我国社会主义市场经济体制由此确立,"四部分体系"按照"从一般到具体""由本质到现象"的基本写作思路,与"三部分体系"相比有所创新,从分析市场经济的一般理论开始,研究制度与经济运行,同时强调国际经济关系的重要性。"四部分体系"的代表性政治经济学教材主要包括宋涛(2008)主编的《政治经济学教程》(第八版)、中宣部组织(2011)编写的《马克思主义政治经济学概论》等。具体如下:

宋涛主编的《政治经济学教程》(第八版)采用"四部分体系",分为资本主义经济制度、社会主义经济制度、经济全球化和国际经济关系四部分。导论部分主张在坚持马克思主义政治经济学的基础上,通过理论与实践的结合,构建富有中国特色的政治经济学体系,实现对马克思主义政治经济学的创新。该书的社会主义经济制度部分,首先围绕初级阶段的总体制度体系,包括基本经济制度、现代企业制度和分配制度,探究该如何确立这些制度;接着讲述了社会主义商品流通、货币金融和财政;随后指出社会主义经济的科学发展,包括科学发展观、新型工业化道路、统筹协调发展等思想;最后指出社会主义市场经济下的宏观调控,从宏观调控的必要性、政府的经济职能、宏观调控的内容和目标、方式和手段等方面进行论述。[②]

政治经济学教材为了与时俱进,体现马克思主义中国化的最新成果,由中宣部组织众多高校经过全国五次调研,最终编写出《马克思主义政治经济学概论》。第一部分是市场经济的一般理论,第二部分介绍资本主义经济,第三部分是对社会主义经济的论述,第四部分为经济全球化和对外开放背景下中国的对外开放。其中,社会主义部分主要从社会主义制度的性质出发,分析市场经济体制改革和社会主

---

① 逄锦聚、洪银兴、林岗、刘伟著:《政治经济学》(第五版),高等教育出版社2014年版。
② 宋涛著:《政治经济学教程》(第八版),中国人民大学出版社2008年版。

义市场经济体制,探讨社会主义初级阶段的基本经济制度、分配制度,明确指出社会主义市场经济中政府的职能。[1] 与以往将生产资料所有制作为逻辑出发点不同,该书以社会主义社会的根本任务、解放和发展生产力为论述起点,对社会主义初级阶段的基本经济制度以及在社会主义市场经济中如何发挥政府职能等相关问题提出新见解。[2]

(四)"五部分体系"中的社会主义部分探索

程恩富(2008)主编的《〈现代政治经济学〉新编》继承了马克思《资本论》与"六册计划"的思路,首创"五过程体系"来研究中国特色社会主义政治经济学理论体系。全书体现出由一般到特殊、由抽象到具体的方法,将范畴一般与范畴特殊运用到每一篇内部。每一篇的第一章首先论述社会化生产的一般规律,再按照实际分开讨论资本主义经济与社会主义经济。该教材共分为五篇:第一篇描述的是直接生产过程,第二篇为流通过程,第三篇为生产的总过程,第四篇是国家经济过程,第五篇为国际经济过程。这种布局安排表明无论是资本主义还是社会主义经济都具有某些共性,如体现在商品、货币、资本循环、资本再生产、价值转型等方面需要遵循基本的经济运行规律。该教材既体现出对经典马克思主义思想的继承与发展,又根据现实经济变化的实际,涉及许多前沿问题和现实经济热点问题,并且吸收了众多海内外学者的研究成果,同时批判性地利用多种科学方法,拓展了现有理论和知识,具有条理性、整体性与创新性。[3]

(五)"六部分体系"中的社会主义部分探索

于良春(2006)编写的《政治经济学》中提出的"六部分体系"与以往几种组织体系大不相同,除了导言描述了政治经济学的一般理论和第一篇社会生产过程讲述一般的生产理论外,之后按照实际需要将资本主义经济部分与社会主义经济部分进行了结构的区分与合并。从第二篇社会经济制度开始,分为资本主义和社会主义,具体阐述了社会主义的基本经济制度和社会主义经济体制及其发展完善。第三篇主要从微观角度讲述微观经济运行,涉及企业经济活动、个人经济行为、市场结构与市场运行。第四篇从社会经济发展的角度,考察经济增长与发展、产业结构

---

[1] 《马克思主义政治经济学概论》编写组编:《马克思主义政治经济学概论》,人民出版社,高等教育出版社2011年版。

[2] 刘树成著:《中国特色政治经济学的基础建设——〈马克思主义政治经济学概论〉编写原则和特点》,《经济研究》2012年第10期。

[3] 程恩富、冯金华、马艳著:《〈现代政治经济学〉新编》,上海财经大学出版社2008年版。

与地区布局。第五篇涉及宏观经济运行,主要从国民经济的总量平衡、宏观调控、国民收入分配与社会保障三方面论述。第六篇将视角引向国际经济关系,对国际分工与国际经济关系、经济全球化与区域经济集团化、对外开放与对外经济发展战略等进行了分析。教材体系主要是按照由本质到运行再到发展的主线,试图囊括并且处理好制度与体制、微观与宏观、国内与国际的关系,构建新的逻辑体系。①

除了上述所提到的政治经济学教材外,还有学者试图构建广义政治经济学的框架来编写政治经济学教材。例如,伍柏麟、史正富等(2014)主编的《新编政治经济学》,通过严密的逻辑,将全书划分为除导论之外的六篇。以社会经济形态、自然经济、商品市场经济、自由资本主义经济、垄断资本主义经济、新技术革命时代的市场经济全球化发展的时间顺序,论述各个社会制度形态的特征和演化,体现出历史演进过程。②

通过对现有政治经济学教材中的社会主义部分的分析可以看出,不管是"两部分"理论体系还是后面对此体系的突破,都是对马克思主义政治经济学的继承与发展,并不断结合改革开放的经验,根据中国实际,推动马克思主义的中国化。具体在编写教材时,编者都试图处理好一般与特殊、范畴一般与范畴特殊的关系,使其更加贴近经济现实,这为我们构建中国特色社会主义政治经济学的理论体系提供了有益的借鉴。

二、中国特色社会主义政治经济学专题研究的结构探讨

专题研究的结构形式不尽相同,各具特色,这种灵活性的形式使得在剖析中国特色社会主义政治经济学理论体系时,不仅能够坚持马克思主义经济学,而且符合中国国情。这些优势使得以专题研究的形式解构中国特色社会主义政治经济学理论体系,成为对其进行横向探索的另一重要视角。当前中国特色社会主义政治经济学专题研究的结构形式主要包括四专题结构、六专题结构、七专题结构以及八专题结构。

(一)四专题结构

陈承明等在2018年主编的《中国特色社会主义经济理论教程》中,根据习近平

---

① 于良春著:《政治经济学》(第三版),经济科学出版社2006年版。
② 伍柏麟、史正富、华民著:《新编政治经济学》,复旦大学出版社2014年版。

新时代中国特色社会主义经济思想,以改革开放的实践经验为基础,密切联系中国实际,从四个篇幅对中国特色社会主义经济理论和经济运行规律进行了系统阐述,在理论上为加快我国的现代化建设和实现中华民族伟大复兴的中国梦提供了支持。具体来看,第一篇为经济发展与经济思想,阐述了社会主义与共产主义的必然联系、社会主义初级阶段及其新时代、社会主义物质利益及其经济规律与习近平经济思想的主要内容等。第二篇为经济制度与经济体制,明确社会主义初级阶段的基本经济制度是什么,如何发展按劳分配与按要素分配有机结合的基本分配制度、健全社会主义市场经济体制、完善宏观调控与法治建设等。第三篇为经济改革与体制创新,探讨了现代企业制度与国有企业改革、就业制度、城乡土地制度、金融体制、公共财政制度、社会保障制度等。第四篇为发展战略,研究了科技创新与国际竞争力、加快转变经济发展方式、调整和优化产业结构、生态平衡与可持续发展、经济全球化与对外开放等。[①]

（二）六专题结构

顾海良(2009)主编的《中国特色社会主义理论体系研究》一书以改革开放新时期为社会背景,从历史、理论与现实结合的视角,根据中国特色社会主义道路的实践进程,总结提炼了中国特色社会主义理论体系的形成和发展、框架结构和基本特征,从思想路线、发展阶段和发展道路、发展战略、发展动力、发展布局、党的建设六个方面,分别构建中国特色社会主义理论体系。其中,在思想内容演进方面,概述了中国特色社会主义理论体系的形成过程、理论架构和具体特征、思想精髓等;在发展阶段和发展道路方面,分析了社会主义初级阶段的理论特征及如何走中国特色社会主义的发展道路;在发展战略方面,主要阐述了"三步走"战略、科教兴国和人才强国战略等;在发展动力方面,总结了改革开放对促进中国发展的作用;在发展布局方面,主要阐述了经济建设、政治建设、文化建设、社会建设等部分;在党的建设方面,明确表达了中国特色社会主义事业的领导核心只能是中国共产党,坚持党的领导必须改善党的领导,以及以改革创新全面推进党的建设新的伟大工程等。总之,该书探析了中国特色社会主义理论体系在马克思主义发展历史和科学社会主义当代发展中的地位,对马克思主义政治经济学的中国化进行了理论创新。[②]

（三）七专题结构

以七专题结构解析中国特色社会主义政治经济学理论体系的代表性研究主要

[①] 陈承明、陈伯庚、包亚钧著:《中国特色社会主义经济理论教程》,复旦大学出版社2018年版。
[②] 顾海良著:《中国特色社会主义理论体系研究》,中国人民大学出版社2009年版。

包括杨瑞龙(2008)主编的《社会主义经济理论》(第 2 版)以及张宇(2016)主编的《中国特色社会主义政治经济学》。具体来说：

杨瑞龙(2008)主编的《社会主义经济理论》(第 2 版)以中国目前正在推进的工业化、市场化以及国际化为背景,系统而深入地分析了中国在改革开放中社会主义经济发展的基本理论问题与重大现实问题。该书主张,构建社会主义经济理论体系既不能只遵循传统的思路,完全排斥西方经济学的分析方法,又不能完全采用西方经济学的分析方法。正确的态度是合理运用现代西方经济学的分析方法,与时俱进地发展马克思主义经济学,对生产关系与资源配置的研究要同等对待,这样才能对社会主义市场经济的运行规律进行深刻揭示。该书基于直面现实的研究态度和方法,从中国经济改革和发展中出现的特殊现象入手,对基本经济制度、市场经济或国企改革、收入分配、国家调控、(市场)经济体制、对外开放、经济发展七个方面的深入剖析来检验现有的理论并发展与创新经济学理论。①

张宇(2016)主编的《中国特色社会主义政治经济学》明确指出,中国特色社会主义政治经济学是马克思主义基本思想与中国改革实践相结合的伟大成果,是当代中国马克思主义政治经济学的集中体现,在指导中国特色社会主义经济建设方面具有重要的理论价值。全书紧贴中国实际,分别从中国特色社会主义经济运行的主要环节、基本经济制度、基本分配制度、国家调控、经济体制、经济发展、对外开放七个方面,揭示了中国特色社会主义经济的发展规律和本质特征,以期总结出系统化的经济学说,进一步为完整构建中国特色社会主义政治经济学理论体系作出贡献,促进马克思主义政治经济学的创新发展。②

(四)八专题结构

顾钰民等(2002)主编的《中国经济转型与发展研究》认为：一方面,从内部来看,20 世纪 90 年代中国经济经历三次重要的转折：一是 90 年代初期,我国确立了社会主义市场经济理论并将其确立为改革目标,这是我国经济发展道路上的一个转折；二是 90 年代中期,我国成功运用经济手段而非传统的计划控制和行政手段对经济调控实现了"软着陆",这是我国经济运行模式上的一个转折；三是 90 年代后期,我国经济发展的大环境由"短缺经济"进入"过剩经济",这是我国经济发展宏观环境的一个转折。另一方面,从外部环境来看,中国面临的外部发展环境发生了

---

① 杨瑞龙著：《社会主义经济理论》(第 2 版),中国人民大学出版社 2008 年版。
② 张宇著：《中国特色社会主义政治经济学》,中国人民大学出版社 2016 年版。

重大变化,随着经济全球一体化的推进和中国加入世贸组织,中国经济与世界经济的融合度越来越高,客观上要求中国了解其他国家经济发展模式和存在的问题,从中吸取有益的经验。世纪之交的中国经济发展面临新的内外环境和一系列需要解决的新问题。为此,该书紧扣经济发展的主线,以中国宏观经济环境的转型为背景,运用实证研究、比较研究、对策研究等研究方法,深入研究了中国经济发展过程中的八个方面问题,既涉及宏观经济运行环境、合理利用外部资源、宏观调控、产业结构布局、区域经济发展层面,又涉及收入分配问题、社会保障问题及构建良好的企业制度问题。与此同时,该书尝试从更广阔的理论视野深化对中国经济发展问题的研究,注重从不同的视角进行理论分析,尤其强调运用新的发展观看待问题。[①]

由于中国特色社会主义政治经济学处于不断发展中,因此其理论体系的构建也是一项艰巨复杂的工作。虽然目前处于理论框架构建的初级阶段,尚未形成系统化的学说,但是中国特色社会主义政治经济学著作随着现实经济的发展进行创新,理论结构也渐趋合理,由此推动中国特色社会主义政治经济学不断走向完善。

三、对中国特色社会主义政治经济学理论体系中关键问题的探索

对中国特色社会主义政治经济学理论的横向探索,除了以政治经济学教材与专题研究的形式外,还存在聚焦中国特色社会主义政治经济学理论体系的关键问题这一视角。我国政治经济学领域的研究重点在于聚焦中国特色社会主义政治经济学理论体系的关键问题,并对此进行分析。由此形成了从三大主要角度来构建中国特色社会主义政治经济学的理论框架,即中国特色社会主义政治经济学的研究对象、基本原则、核心理论。

(一) 中国特色社会主义政治经济学的研究对象

任何一个学科的构建都有自己的研究对象,因此中国特色社会主义政治经济学在理论体系构建过程中明确研究对象是重中之重。根据学术界的分析,可以据此分为三类观点:一种观点认为,将研究对象确立为社会主义初级阶段的经济关系。持此种观点的学者主张,按照马克思主义的经典逻辑,中国特色社会主义政治经济学要以社会主义初级阶段的生产方式及与之适应的生产关系、交换关系为研

---

① 顾钰民等著:《中国经济转型与发展研究》,同济大学出版社 2002 年版。

究对象。①②③ 另一种观点认为,应该将生产力和生产关系的矛盾运动确立为研究对象。众多学者指出不应当割裂生产力与生产关系的相互关系,研究生产关系不能离开生产力,要从生产力层面出发,④⑤强调生产力对生产关系的形成作用,⑥将两者统一于研究对象之中。⑦ 还有一种观点认为,要以中国特色社会主义经济形态为研究对象。有学者提出以中国特色社会主义经济形态为研究对象,既包括改革开放后我国的经济制度,又包括基于此形成的发展战略、理念、政策与道路。⑧ 而在这些观点中引起争论最多的是中国特色社会主义政治经济学研究对象是否应当包含生产力这一问题。具体来说:

一类观点认为,生产关系才是研究对象,而不应该包括生产力。有学者指出,中国特色社会主义政治经济学是一门"系统化"的学说,要从初级阶段的经济关系和经济制度层面确定研究对象。⑨ 还有学者指出,根据马克思编写《资本论》的初衷、研究方法、框架与内容,可以得出马克思主义政治经济学的研究对象是生产关系,因此中国特色社会主义政治经济学作为其继承,研究对象也应该是生产关系。⑩ 此外,有学者提出了另一思路,政治经济学的学科性质导致了不同于自然学科或者应用经济学,不能把生产力作为直接研究对象,并且政治经济学对生产、分配等过程的研究体现为对生产力相关制度的讨论。⑪

相反的观点认为,研究对象要包含生产力。有学者从生产力与生产关系的关系入手,认为两者存在辩证统一关系,不能脱离生产力研究生产关系,而且社会主义社会的根本任务是解放和发展生产力,因此应该与时俱进,根据实际情况,将生

---

① 逄锦聚著:《中国特色社会主义政治经济学论纲》,《政治经济学评论》2016年第9期。
② 顾海良著:《开拓当代中国马克思主义政治经济学的新境界》,《经济研究》2016年第1期。
③ 吴宣恭著:《学好〈资本论〉推进当代中国政治经济学建设》,《经济纵横》2016年第3期。
④ 洪银兴著:《以创新的理论构建中国特色社会主义政治经济学的理论体系》,《经济研究》2016年第4期。
⑤ 张宇著:《中国特色社会主义政治经济学的基本问题》,《中国特色社会主义政治经济学十五讲》,中国人民大学出版社2016年版,第2页。
⑥ 刘伟著:《在马克思主义与中国实践结合中发展中国特色社会主义政治经济学》,《经济研究》2016年第5期。
⑦ 卫兴华著:《科学认识中国特色社会主义经济》,《当代马克思主义政治经济学十五讲》,中国人民大学出版社2016年版,第69页。
⑧ 张宇著:《不断完善中国特色社会主义政治经济学理论体系》,《人民日报》2016年8月29日。
⑨ 顾海良著:《开拓当代中国马克思主义政治经济学的新境界》,《经济研究》2016年第1期。
⑩ 朱鹏华、王天义著:《中国特色社会主义政治经济学研究对象探析》,《马克思主义与现实》2019年第1期。
⑪ 王立胜、郭冠清著:《论中国特色社会主义政治经济学研究对象》,《社会科学辑刊》2020年第3期。

产力纳入研究对象。① 除此之外,还有学者强调中国特色社会主义政治经济学承担的任务与经典马克思主义政治经济学相比有了很大转变,因此需要将研究对象拓宽,包括社会主义初级阶段生产力与生产关系。② 有学者从我国社会所处阶段入手,认为我国仍处在社会主义初级阶段,坚持以人民为中心的服务宗旨,所以要加强对生产力的理论研究。③

(二) 构建中国特色社会主义政治经济学理论体系的基本原则

针对社会主义政治经济学理论体系的构建问题,不可忽略的是构建过程中应该坚持的原则。针对这一方面,理论界也有丰富的讨论成果,主要有三大原则、四大原则、五大原则、六大原则、八大原则。

1. 三大原则

有学者强调,作为马克思主义政治经济学中国化的结果和产物,要将中国特色社会主义政治经济学与马克思主义政治经济学的发展原则统一起来,并且可以归入后者,据此可以概括为三大原则:如何快速地发展生产力,坚持以共同富裕为目的,更好更快地建立和发展以国有经济为核心的公有制经济。④ 除此之外,也有学者主张,深入了解并认识中国特色社会主义政治经济学的重大原则,必须回归到马克思主义基本原理,以经济科学理论逻辑和经济发展问题导向来认识创新引领原则、两手结合原则和结构协调原则。⑤

2. 四大原则

有学者主张中国特色社会主义政治经济学需要体现中国特色,培养中国风格和展现中国气派,因此需要:坚持和继承马克思主义政治经济学的理论品质,坚持马克思主义经典作家对社会主义和共产主义社会的科学预言,还要系统总结中国特色社会主义建设的伟大实践经验,深刻认识和批判西方经济学的庸俗性。⑥ 还有学者根据中国特色社会主义政治经济学与马克思主义政治经济学一脉相承,且源

---

① 黄泰岩著:《中国特色社会主义经济学的研究对象、主线和框架》,《马克思主义与现实》2016年第5期。

② 逄锦聚著:《中国特色社会主义政治经济学论纲》,《政治经济学评论》2016年第9期。

③ 孙宁华、洪银兴著:《新发展理念与中国特色社会主义政治经济学》,《毛泽东邓小平理论研究》2017年第8期。

④ 卫兴华著:《中国政治经济学蕴含的根本原则》,《北京日报》2016年第18期。

⑤ 侯为民著:《正确认识中国特色社会主义政治经济学的重大原则》,《外国经济学说与中国研究报告》,中华外国经济学说研究会2018年版。

⑥ 何自力著:《关于创新和发展中国特色社会主义政治经济学的几个重要原则》,《社会科学辑刊》2017年第3期。

于实践,能够体现中国特色与时代的特征,分别从坚持马列方向、借鉴西学精华、关注现实国情和服务改革发展角度提出四大原则。①

3. 五大原则

有学者指出,以人民为中心的原则需要贯穿中国特色社会主义政治经济学的始终;解放和发展生产力原则是由中国特色社会主义政治经济学的研究对象决定的;公有制为主体和共同富裕的原则是中国特色社会主义经济的出发点、落脚点,反映了中国特色社会主义经济的性质;社会主义市场经济体制改革这一重大原则是基本经济制度与市场经济体制结合的产物;对外开放原则是从我国基本国情出发并总结经济发展实践中的经验和规律性成果而来。② 还有学者在上述五大原则的基础上,扩展到六大原则,强调辩证唯物主义和历史唯物主义是其方法论原则。③

4. 八大原则

有学者认为,科技领先型的持续原则体现出对生产力的要求,而公有主体型的产权原则、劳动主体型的分配原则、国家导向型的市场原则体现出对基本经济制度的要求,同时民生导向型的生产原则又体现出社会主义的性质,绩效优先性型的增速原则、结构调整型的平衡原则还蕴含新发展理念的要求。④

(三) 构建中国特色社会主义政治经济学的核心理论

中国特色社会主义政治经济学理论体系的核心理论不仅涵盖我国社会经济运行的关键问题与环节,而且从理论上指导着我国的改革实践与经济发展。基于中国特色社会主义政治经济学理论体系的核心理论必然符合社会主义初级阶段这一基本国情,并且核心理论的定位要遵循马克思主义的基本原则。基于以上情况,中国特色社会主义政治经济学理论体系的构建务必紧扣核心理论展开,这是中国特色社会主义政治经济学理论框架的基本要求。学术界对此展开了探讨,形成了两类主要观点:

一类观点认为中国特色社会主义政治经济学的核心理论应当是我国基本经济制度。持这类观点的学者大部分将我国基本经济制度中的某一方面视为中国特色社会主义政治经济学的核心理论。比如,有学者指出,收入分配问题不仅仅是马克

---

① 杨莘著:《中国特色社会主义政治经济学应坚持的四个原则》,《国家治理》2016 年第 42 期。
② 张雷声著:《中国特色社会主义政治经济学的重大原则》,《南京师大学报》(社会科学版)2017 年第 1 期。
③ 钱路波著:《论中国特色社会主义政治经济学的重大原则》,《中国集体经济》2019 年第 21 期。
④ 程恩富著:《要坚持中国特色社会主义政治经济学的八个重大原则》,《经济纵横》2016 年第 3 期。

思主义政治经济学的研究核心,随着中国经济的发展,收入分配不均现象越来越严重,重塑中国特色社会主义政治经济学的核心格外重要,因此应建立以收入分配制度为核心的中国特色社会主义政治经济学。① 还有学者将中国特色社会主义政治经济学分解成核心理论和非核心理论,从逻辑与历史的统一、理论与实践的统一、所有制演进角度,强调中国特色社会主义所有制理论的重要性,构成核心理论。② 也有学者从社会主义市场经济体制的角度出发,指出社会主义市场经济体制不仅反映了我国的时代特征,而且具有悠久的探索历史,无论是所有制理论还是收入分配等其他理论,都是以构建社会主义市场经济理论而存在,体现以人民为中心的发展,所以能构成核心理论。③

另一类观点认为中国特色社会主义政治经济学的核心理论应当是以中国特色社会主义发展理论为主的关键理论。比如,有学者将中国特色社会主义生产力的发展规律和发展机制视为中国特色社会主义政治经济学的研究对象与核心理论,提出具体应该以制度、体制、生产力发展、发展目的等方面来构建其理论框架。④ 还有学者根据马克思主义中国化的要求,结合中国国情与时代特点,提出"人的全面发展"是核心命题,这不仅创新了马克思主义中国化的成果,而且为全面建成小康社会和实现"中国梦"提供了科学依据和理论指导。⑤

不容忽视的是,中国特色社会主义政治经济学以改革开放的实践为基础,因此需要理论内容反映实践进程。中国特色社会主义政治经济学理论体系仍处于不断构建之中,所以需要将实践与理论统一起来并且体现系统性,展现动态化,通过与时俱进的理论创新,扩展中国特色社会主义政治经济学的理论空间。

基于以上情况,有学者指出,尽管中国特色社会主义政治经济学是马克思主义中国化的伟大成果,但是马克思所处的时代与现在有很大区别,因此不能简单复制马克思主义政治经济学,要结合中国改革开放的实践,不仅要研究生产关系,还需要构建与生产力相关的学说,这与社会主义初级阶段的基本任务相一致,属于开创性研究。并且根据生产力的发展,我国的基本经济制度和分配制度出现了相应的

---

① 康静萍著:《以收入分配为研究核心构建中国特色社会主义政治经济学——基于近30年中国政治经济学研究的反思》,《河北经贸大学学报》2016年第6期。
② 李正图著:《论中国特色社会主义政治经济学核心理论》,《毛泽东邓小平理论研究》2017年第7期。
③ 刘谦、裴小革著:《中国特色社会主义政治经济学核心理论定位研究》,《经济学家》2019年第1期。
④ 乔榛著:《中国特色社会主义政治经济学的理论体系构想》,《学习与探索》2017年第2期。
⑤ 苏世彬、王许可、周小亮著:《论中国特色社会主义政治经济学的核心命题——基于马克思主义政治经济学中国化的视角》,《改革与战略》2017年第12期。

变革与创新,经济运行层面也出现了关于社会主义市场经济方面的理论创新,这构成了新时代中国特色社会主义政治经济学的理论体系。① 也有学者强调,马克思主义政治经济学的科学之处在于处于联系、运动和整体之中,中国特色社会主义政治经济学要体现"中国话语",必须以新的视角和出发点挖掘政治经济学的核心范畴,要能立足新时代中国特色社会主义的伟大实践。② 还有学者指出新的经济时代背景下,技术的发展和经济体系的改变导致新经济的发展,而对传统政治经济学的相关理论造成了严重的挑战,因此中国特色社会主义政治经济学要敢于面对挑战,更新相关理论,扩宽视野与研究方法,进而提高对现实的解释力。③

从以上内容可以发现,针对中国特色社会主义政治经济学的理论体系研究,学术界展开了一系列极具价值的讨论,不仅丰富和发展了中国特色社会主义理论,也为进一步探索和构建中国特色社会主义政治经济学理论体系奠定了理论基础。

第三节 习近平关于中国特色社会主义政治经济学的新发展

党的十八大以来我国经济发展进入新常态,习近平总书记立足当前国情,在不断探索和建设中国特色社会主义经济发展的过程中,结合理论和实践,提出了一系列的新思想、新理论和新发展战略。中国特色社会主义政治经济学的最新理论发展与思想创新正是在这一背景下逐渐形成。"习近平新时代中国特色社会主义经济思想"概念的首次提出是在2017年12月召开的中央经济工作会议中,会议强调"习近平新时代中国特色社会主义经济思想,是5年来推动我国经济发展实践的理论结晶,是中国特色社会主义政治经济学的最新成果,是党和国家十分宝贵的精神财富,必须长期坚持、不断丰富发展"④。习近平新时代中国特色社会主义经济思想既与马克思主义政治经济学一脉相承,又是对在复杂国内外形势下我国经济发展

---

① 洪银兴著:《以创新的理论构建中国特色社会主义政治经济学的理论体系》,《经济研究》2016年第4期。
② 周文、宁殿霞著:《中国特色社会主义政治经济学:渊源、发展契机与构建路径》,《经济研究》2018年第12期。
③ 任保平著:《中国特色社会主义政治经济学如何迎接新经济时代的挑战?》,《天津社会科学》2020年第1期。
④ 《中央经济工作会议在北京举行》,《人民日报》2017年12月21日。

的经验总结,充分体现了以人民为中心的发展目标,为中国进一步对经济的深化改革发展提供了理论指导。

一、习近平中国特色社会主义经济理论的早期探索

习近平总书记对于马克思主义政治经济学的学习在陕北插队期间便已经开始。他在反复研读马克思主义经典著作的过程中积极思考,并在之后的工作中进行不断的应用,在以马克思主义为基本思想立场的前提下,在国情发展和不断创新下,在实践中总结出适用我国当前国情的经济思想。

(一)在实践中运用马克思主义理论

社会主义市场经济的建立是在坚持社会主义基本社会制度的前提下进行的新经济形式。如何更好地在社会主义市场经济下运用马克思主义经济理论也成为习近平总书记不断学习和探索的方向。早在1997年,习近平在《福建论坛》发表的"论《〈政治经济学批判〉序言》的时代意义"一文中,运用《〈政治经济学批判〉序言》中的经济原理对社会主义改革和建设进行分析,明确了正确认识生产力与生产关系的矛盾是解决我国在社会主义改革开放实践中需要面对的核心问题。在逐步建立社会主义市场经济体制中确保我国政治体制改革稳妥的进行,在面临社会主义市场经济改革中所遇到的新情况、新问题时要明确生产力与生产关系在社会发展中所处的基础性地位及其与上层建筑之间的必然联系,要厘清主观因素和客观因素在社会主义现代化建设中的作用。[①] 这些探索和总结不仅体现了习近平对马克思主义原理的深层理解,同时也在实践中不断总结、运用和创新。

1998年,习近平又在《经济学动态》上发表《社会主义市场经济和马克思主义经济学的发展与完善》[②]一文,更为全面地阐述了《资本论》中所解释的科学原理对发展社会主义市场经济所具有的重要指导意义,并提出"建立社会主义市场经济体制的伟大实践,要求发展和完善马克思主义经济学体系"[③],同时对马克思主义基本原理的使用不能割裂现实,"必须立足于中国不同于西方的历史、文化、哲学传统和社会主义社会的具体实际"[④]。

[①] 习近平著:《论《〈政治经济学批判〉序言》的时代意义》,《福建论坛》1997年第1期。
[②] 习近平著:《社会主义市场经济和马克思主义经济学的发展与完善》,《经济学动态》1998年第7期。
[③] 习近平著:《社会主义市场经济和马克思主义经济学的发展与完善》,《经济学动态》1998年第7期。
[④] 习近平著:《社会主义市场经济和马克思主义经济学的发展与完善》,《经济学动态》1998年第7期。

（二）社会主义市场经济是对马克思主义理论的发展

习近平在大量学习马克思经典理论著作的基础上，结合工作实践，诠释了马克思主义理论是社会主义市场经济发展的有效理论支撑，同时社会主义市场经济的实现也使马克思主义理论得到了有效的发展。在将理论与实践结合研究的基础上，习近平在2001年进一步阐述了商品经济作为市场经济的基本属性，强调"市场化的商品经济就是市场经济，而高度资本化的市场经济就是资本主义市场经济"[1]，指出"市场经济是一种与资本主义私有制浑然融为一体的经济运行方式"[2]，作为社会主义国家的中国，要摒除市场经济等同于资本主义的这种错误认知，要有效地将社会主义与市场经济相结合，使其融为一体。在区分资本主义市场经济与社会主义市场经济后，习近平进一步明确了在社会制度属性明显不同的体制下，资源配置虽然在市场中能够得到一定有效的调节，但并"不能过分强调市场经济的共性而忽视其制度属性上的根本区别"[3]，并强调"社会主义市场经济是社会主义基本制度与市场经济管理体制的有机结合，是用市场经济这一手段来发展社会主义的基本制度，也即在两者的关系中社会主义是基础、是根本"[4]。这一观点明确指出了社会主义与市场经济在中国经济发展中的关系，并坚持社会主义作为基本制度在经济发展中的重要地位，是根本方向、前提基础和发展目标，而市场只是发展的手段、方式，其前提是社会主义。

在充分论证了社会主义与市场经济关系后，习近平进一步论述了社会主义与市场经济结合的问题。早在改革开放之初的1983年，习近平在工作会议中便明确指出，"商品生产并不是资本主义社会特有的现象，社会主义社会不但需要商品经济继续存在，而且还要千方百计促进它的发展，这是社会主义经济规律决定的"[5]。在这一时期，习近平清晰地认识到商品经济与社会主义并不冲突，之后，社会主义市场经济不断发展的实践也使习近平对社会主义市场经济的发展从理论体系上进行了系统的研究，在批判社会主义和市场经济的"无关论"和"不相容论"时对社会主义与市场经济的融合问题进行了论述，并用经济实践证明发展商品经济对于落后社会主义国家的重要性。在此基础上，习近平看到了社会主义与市场经济之间

---

[1] 习近平著：《对发展社会主义市场经济的再认识》，《东南学术》2001年第8期。
[2] 习近平著：《对发展社会主义市场经济的再认识》，《东南学术》2001年第8期。
[3] 习近平著：《对发展社会主义市场经济的再认识》，《东南学术》2001年第8期。
[4] 习近平著：《发展经济学与发展中国家的经济发展——兼论发展社会主义市场经济对发展经济学的理论借鉴》，《福建论坛》2001年第9期。
[5] 习近平著：《爱之深爱之切》，河北人民出版社2015年版，第96页。

的矛盾关系,两者在实践中是辩证统一的关系。

(三) 发展与完善马克思主义政治经济学

在逐步廓清社会主义与市场经济之间的矛盾关系并观察到在当前国情下社会主义与市场经济结合的可能性与必要性后,习近平逐步意识到进一步完善与发展马克思主义政治经济学的迫切性与关键性。

马克思主义政治经济学作为建立在资本主义生产方式下的理论体系,不能与中国这种特有的社会主义市场经济形式在理论的应用上完全契合。为此习近平提出"建立社会主义市场经济体制是一场伟大的社会实践,进行这样一场伟大实践不能没有与之相适应的科学理论作为指导"①。建立与中国现实契合的经济学体系成为今后经济发展的必要理论支撑。同时,习近平强调马克思主义政治经济学进行完善和发展的迫切性。习近平在对发展中国家的经济社会发展进行研究后,结合发展经济学的科学性,明确指出"加快发展中国家的经济发展,迫切需要来自发展经济学的理论指导"②,在立足于中国国情的基础上学习和借鉴西方经济学的有益部分,"探索和建立一门社会主义的发展经济学""是历史的呼唤、时代的期盼"③,从科学的角度对传统的政治经济学理论在社会主义市场经济发展中的指导局限性进行了弥补。

除此之外,坚持建设和完善社会主义市场经济理论也是发展的必要条件,他提出"建立和发展社会主义市场经济作为一项亘古未有的伟大社会实践,要少走弯路,少交'学费',亟须加强理论上的指导"④,同时要建立以马克思主义政治经济学为基础的社会主义市场经济理论,这一理论体系的构建并不是一件容易的事情,需要我们在实践探索和理论学习中不断完善。

二、习近平中国特色社会主义政治经济学的新时代探索

习近平中国特色社会主义政治经济学的早期思想主要从理论层面不断进行探索,希望构筑起建立在以马克思主义政治经济学理论为基础,中国历代领导人思想

---

① 习近平著:《社会主义市场经济和马克思主义经济学的发展与完善》,《经济学动态》1998年第7期。
② 习近平著:《发展经济学与发展中国家的经济发展——兼论发展社会主义市场经济对发展经济学的理论借鉴》,《福建论坛》2001年第9期。
③ 习近平著:《发展经济学与发展中国家的经济发展——兼论发展社会主义市场经济对发展经济学的理论借鉴》,《福建论坛》2001年第9期。
④ 习近平著:《略论〈关于费尔巴哈的提纲〉的时代意义》,《中共福建省委党校学报》2001年第9期。

为补充和发展的,具有中国特色的社会主义政治经济学的理论框架。中国特色社会主义进入新时代,习近平总书记结合十八大以来我国社会经济的新情况,将理论与现实相结合,对中国特色社会主义政治经济学进行了新时代探索。

1. 强调《资本论》对于中国特色社会主义政治经济学在新时代进一步完善与创新发展的理论指导意义

早在2012年6月19日,习近平总书记在视察中国人民大学《资本论》教学中心时指出,"马克思主义中国化形成了毛泽东思想和中国特色社会主义理论体系两大理论成果,追本溯源,这两大理论成果都是在马克思主义经典理论指导之下取得的。《资本论》作为最重要的马克思主义经典著作之一,经受了时间和实践的检验,始终闪耀着真理的光芒。加强《资本论》的教学与研究具有重要意义,要学以致用,切实发挥理论的现实指导作用,进一步深化、丰富和发展中国特色社会主义理论体系"[1]。此后在不同场合,习近平总书记多次强调在探索与发展中国特色社会主义政治经济学中《资本论》的重要性。2016年5月的哲学社会科学工作座谈会上,针对关于《资本论》与马克思主义政治经济学已经过时的观点,习近平总书记直接指出这种观点是"武断的",但当前确实存在"对马克思主义理解不深、理解不透,在运用马克思主义立场、观点、方法上功力不足、高水平成果不多,在建设以马克思主义为指导的学科体系、学术体系、话语体系上功力不足、高水平成果不多。社会上也存在一些模糊甚至错误的认识。有的认为马克思主义已经过时,中国现在搞的不是马克思主义;有的说马克思主义只是一种意识形态说教,没有学术上的学理性和系统性。实际工作中,在有的领域中存在马克思主义被边缘化、空泛化、标签化,在一些学科中'失语'、教材中'失踪'、论坛上'失声'等现象"[2]。事实上,中国特色社会主义政治经济学作为建立在马克思主义政治经济学理论基础上对马克思主义政治经济学进行理论创新和发展的理论体系,是指导中国经济发展的根本,能更好地将马克思主义经济理论应用到现实的生产生活中,对《资本论》的基础教学和研究具有重要意义,也是坚持社会主义体制、实现中国特色经济发展的基础。

2. 坚持学习马克思主义政治经济学的基本原理与方法论并在现实经济活动中灵活应用

这是进一步建设中国特色社会主义政治经济学的关键所在。习近平总书记在

---

[1] 裴小革著:《〈资本论〉的当代价值和方法论意义》,《中国社会科学学报》2016年第6期。
[2] 《习近平主持召开哲学社会科学工作座谈会》,新华社2016年5月17日。

2014年7月主持的经济形势专家座谈会中着重说明,"各级党委和政府要学好用好政治经济学,自觉认识和更好遵循经济发展规律,不断提高推进改革开放、领导经济社会发展、提高经济社会发展质量和效益的能力和水平"[①]。这次会议不仅提出了政治经济学的基础性作用,而且强调政府官员要将政治经济学的学习作为必修课。这里面的"学好用好"并不仅限于对基础理论的学习,还包括一种对行为活动的认知,是一种应用中国特色社会主义政治经济学来揭示客观经济规律的认知。2015年11月,习近平总书记在中央政治局第28次集体学习时,以"马克思主义政治经济学基本原理和方法论"为主题发表了《不断开拓当代中国马克思主义政治经济学新境界》的讲话,对习近平新时代中国特色社会主义经济思想的核心主旨和理论拓展进行了具体的阐释。同时指出新时代中国特色社会主义经济思想是马克思主义政治经济学在中国的发展,对中国特色社会主义政治经济学的发展起到了重要作用。在这次主题讲话中,习近平总书记提出,"我们要立足我国国情和我们的发展实践,深入研究世界经济和我国经济面临的新情况新问题,揭示新特点新规律,提炼和总结我国经济发展实践的规律性成果"[②]。并进一步指出,"学习马克思主义政治经济学,是为了更好指导我国经济发展实践,既要坚持其基本原理和方法论,更要同我国经济发展实际相结合,不断形成新的理论成果"[③]。而后习近平总书记多次强调坚持学习马克思主义政治经济学的基本原理与方法论并灵活运用于实践的重要性。比如,2020年8月习近平总书记在经济社会领域专家座谈会上再次提出,"恩格斯说,无产阶级政党的'全部理论来自对政治经济学的研究'。列宁把政治经济学视为马克思主义理论'最深刻、最全面、最详尽的证明和运用'。我们要运用马克思主义政治经济学的方法论,深化对我国经济发展规律的认识,提高领导我国经济发展能力和水平"[④]。

需要注意的是,对中国特色社会主义政治经济学在新时代的不断探索和完善不仅要坚持对马克思主义政治经济学基本理论和方法的学习,同时还需要对国外经济理论中的合理运用进行有效的借鉴。2015年中央政治局第二十八次集体学习中,习近平总书记提出:"我们坚持马克思主义政治经济学基本原理和方法论,并不

[①] 《更好认识和遵循经济发展规律推动我国经济持续健康发展》,《人民日报》2014年7月9日。
[②] 中共中央文献研究室编:《十八大以来重要文献选编》(下),中央文献出版社2018年版,第7页。
[③] 中共中央文献研究室编:《十八大以来重要文献选编》(下),中央文献出版社2018年版,第7页。
[④] 《习近平在经济社会领域专家座谈会上的讲话》,《人民日报》2020年8月25日。

排斥国外经济理论的合理成分。"①在使用西方经济学进行经济问题研究中,要"去粗存精、去伪存真","以我为主、为我所用",而对西方经济理论中所存在的阶级属性、价值观念、意识形态等内容要坚决排除。同时,习近平总书记结合改革开放以来西方经济学在中国广泛流行的现实,提出了在日常的教学中要加强政治经济学教学的比重,提高教学质量,"经济学虽然是研究经济问题,但不可能脱离社会政治,纯而又纯。在我们的经济学教学中,不能食洋不化,还是要讲马克思主义政治经济学,当代中国社会主义政治经济学要大讲特讲,不能被边缘化。"②

3. 详述马克思主义政治经济学在中国经济发展中的作用

习近平总书记在 2015 年 11 月进行的中共中央政治局第二十八次集体学习时指出,"马克思主义政治经济学是马克思主义的重要组成部分,也是我们坚持和发展马克思主义的必修课。党的十一届三中全会以来,我们党把马克思主义政治经济学基本原理同改革开放新的实践结合起来,不断丰富和发展马克思主义政治经济学,形成了当代中国马克思主义政治经济学的许多重要理论成果。这些理论成果,是适应当代中国国情和时代特点的政治经济学,不仅有力指导了我国经济发展实践,而且开拓了马克思主义政治经济学新境界"③。在我国经济进入新常态、经济增速下行、经济全球化日益加强的现实下,"面对极其复杂的国内外经济形势,面对纷繁多样的经济现象,学习马克思主义政治经济学基本原理和方法论,有利于我们掌握科学的经济分析方法,认识经济运动过程,把握社会经济发展规律,提高驾驭社会主义市场经济能力,更好回答我国经济发展的理论和实践问题"④。此后,习近平总书记多次在不同场合强调马克思主义政治经济学与我国经济改革发展相结合形成了众多理论成果,这些理论成果既为我国经济发展与体制改革提供了思想指导,又促进了马克思主义政治经济学的中国化。

2015 年 12 月,习近平总书记在中央经济工作会议中提出,"要坚持中国特色社会主义政治经济学",强调"要坚持中国特色社会主义政治经济学的重大原则"⑤。这是"中国特色社会主义政治经济学"首次出现在中央层面的会议上,它的提出对我国今后经济发展的理论依据具有极强的时代意义和理论意义。改革开放 40 年

---

① 中共中央文献研究室编:《十八大以来重要文献选编》(下),中央文献出版社 2018 年版,第 6 页。
② 中共中央文献研究室编:《十八大以来重要文献选编》(下),中央文献出版社 2018 年版,第 7 页。
③ 《习近平主持中共中央政治局第二十八次集体学习》,人民政协网 2015 年 11 月 24 日。
④ 中共中央文献研究室编:《十八大以来重要文献选编》(下),中央文献出版社 2018 年版,第 3 页。
⑤ 《中央经济工作会议在北京举行》,《人民日报》2015 年 12 月 22 日。

以来,以习近平同志为核心的中央领导集体,将中国的经济发展实践和思想理念在理论层面提升到科学的高度,这是对马克思主义政治经济学的巨大创新,也是对中国特色社会主义经济理论体系的极大丰富。2016年7月,习近平总书记再次提出"坚持和发展中国特色社会主义政治经济学"这一内容,强调"要加强研究和探索,加强对规律性认识的总结,不断完善中国特色社会主义政治经济学理论体系,推进充分体现中国特色、中国风格、中国气派的经济学科建设"①。

当今世界正经历百年未有之大变局,中美贸易战、新冠疫情等重大事件频发,贸易保护主义、逆全球化、单边主义等愈演愈烈。2020年8月,针对当前我国复杂的社会经济形势,习近平总书记在经济社会领域专家座谈会上强调"面对错综复杂的国内外经济形势,面对形形色色的经济现象,学习领会马克思主义政治经济学基本原理和方法论,有利于我们掌握科学的经济分析方法,认识经济运动过程,把握经济发展规律,提高驾驭社会主义市场经济能力,准确回答我国经济发展的理论和实践问题"②。可以说,以马克思主义政治经济学的基本原理和方法论为研究基础,将理论与实践相结合,实现中国特色社会主义政治经济学的理论创新,用理论指导实践,是解决中国问题、促进中国发展、体现中国智慧的根本方法。

中国特色社会主义政治经济学作为马克思主义政治经济学中国化的重要组成部分,不仅是中国共产党在改革开放实践过程中不断探索与创新的理论实践,也是对马克思主义的现实发展。党的十八大以来,习近平总书记关于学好用好政治经济学的一系列讲话,将中国特色社会主义政治经济学体系的系统建设以及作为基础理论指导的马克思主义政治经济学的学习摆在重要的位置,为新时代中国特色社会主义政治经济学作为历史和现实、理论和实践的产物奠定了坚实的基础,并在这一系列内容中发展出习近平新时代中国特色社会主义经济思想。

三、习近平新时代中国特色社会主义政治经济学的理论内容

习近平新时代中国特色社会主义政治经济学是建立在马克思主义政治经济学基础上结合自身现实而创新和发展的一套新的理论体系,是马克思主义政治经济学中国化的最新理论成果。正如习近平所言:"马克思主义立场观点方法,贯穿于

---

① 《坚定信心 增强定力 坚定不移推进供给侧结构性改革》,《人民日报》2016年7月9日。
② 《习近平在经济社会领域专家座谈会上的讲话》,《人民日报》2020年8月25日。

马克思列宁主义、毛泽东思想和中国特色社会主义理论体系之中,是马克思主义科学思想体系的精髓所在。"①习近平新时代中国特色社会主义政治经济学的构建是基于马克思主义政治经济学的基本立场,结合中国经发展实践,不断探索新道路、总结新经验中逐步形成的。这一马克思主义政治经济学中国化的最新成果涵盖了我国体制改革与经济发展的方方面面,它由经济新常态理论、新发展理念、市场与政府关系理论、基本经济制度理论、经济体制改革理论、开放发展理论、人民主体理论七大理论共同构成,是全面、系统的政治经济学理论体系,是我国进一步体制改革与经济发展的理论基础与行动指南。

(一)经济新常态理论

经济新常态理论是以习近平同志为核心的党中央在我国经济实践中对我国经济发展阶段的深入认识和高度概括,是开展新时代中国特色社会主义政治经济学相关研究以及进行社会主义经济建设的理论和现实背景。"新常态"是 2014 年 5 月习近平总书记在河南考察时首次提出的概念。他指出:"我国发展仍处于重要战略机遇期,我们要增强信心,从当前我国经济发展的阶段性特征出发,适应新常态,保持战略上的平常心态。"②在 2014 年 12 月召开的中央经济工作会议上,习近平总书记再次系统地阐述了经济新常态的内涵和特点,明确提出"认识新常态,适应新常态,引领新常态,是当前和今后一个时期我国经济发展的大逻辑"③。这说明经济新常态将是我国未来经济发展的大趋势,因此无论是在进行经济工作或是中国特色社会主义政治经济学相关理论的建设过程中都要建立在经济新常态背景的基础上,适应经济发展新常态的特点。

(二)新发展理念

"发展理念是发展行动的先导"④,这是习近平总书记对发展重要性的高度凝练。经济发展理念是指导经济工作开展方向、规范经济工作开展方法的理念指导。在经济新常态背景下,我国的经济发展面临新的挑战,同时存在新的机遇,因此提出与之相适应的新发展理念是新时代经济发展的前提,为中国经济未来的发展提

---

① 习近平著:《深入学习中国特色社会主义理论体系 努力掌握马克思主义立场观点方法》,《求是》2010年第7期。
② 《习近平在河南考察时强调:深化改革发挥优势创新思路统筹兼顾 确保经济持续健康发展社会和谐稳定》,《人民日报》2014 年 5 月 11 日。
③ 《中央经济工作会议召开,认识新常态,适应新常态,引领新常态》,http://theory.people.com.cn/n/2014/1216/c49154-26214589.html。
④ 《中共中央召开党外人士座谈会》,《人民日报》2015 年 10 月 31 日。

供了总体方向,也是中国特色社会主义政治经济学研究的重要内容。

为此,党的十八届五中全会提出"创新、协调、绿色、开放、共享"五大新发展理念。这是以习近平同志为核心的党中央在总结我国改革发展经验、科学分析国内外社会经济发展规律的基础上提出的指导我国未来发展方面的发展理念,是一个具有内在逻辑联系的有机整体,是对中国及世界发展规律的新认识,是引导中国发展认识经济规律的纲领性思想。① 正如习近平总书记所言,"新发展理念将是我国长时期发展思路、发展方向、发展着力点的集中体现,是改革开放以来我国发展经验的集中体现,在理论和实践上有新的突破"②。

(三)市场与政府关系理论

市场与政府关系理论是习近平新时代中国特色社会主义政治经济学的重要组成部分。习近平总书记从马克思政治经济学研究中的基本方法——辩证法出发,坚持两点论,强调政府和市场都对中国特色社会主义经济建设发挥了重要的作用。由此,习近平总书记提出"在市场作用和政府作用的问题上,要讲辩证法、两点论,'看不见的手'和'看得见的手'都要用好,努力形成市场作用和政府作用有机统一、相互补充、相互协调、相互促进的格局,推动经济社会持续健康发展"③。

与此同时,习近平总书记也就市场与政府在经济建设、资源配置等方面的具体作用做出了详细阐述。比如,在市场与政府在资源配置上的作用,他指出"市场在资源配置中起决定性作用和更好发挥政府作用,两者是有机统一的,不是相互否定的,不能把两者割裂开来、对立起来,既不能用市场在资源配置中的决定性作用取代甚至否定政府作用,也不能用更好发挥政府作用取代甚至否定市场在资源配置中起决定性作用"④。这将有助于我国形成市场机制有效、微观主体有活力、宏观调控有度的经济体制,这是建立在社会主义基本制度下进行市场经济运行的伟大尝试和成功创造,既激发了市场的活力,又为实现中国经济更高质量、更有效率、更加公平、更可持续发展提供了可靠制度保障。⑤

(四)基本经济制度理论

基本经济制度作为中国特色社会主义制度的重要支柱,是社会主义市场经济

---

① 习近平著:《不断开拓当代中国马克思主义政治经济学新境界》,《求是》2020年第8期。
② 《关于〈中共中央关于制定国民经济和社会发展第十三个五年规划的建议〉的说明》,《人民日报》2015年11月4日。
③ 《正确发挥市场作用和政府作用 推动经济社会持续健康发展》,《人民日报》2014年5月28日。
④ 《正确发挥市场作用和政府作用 推动经济社会持续健康发展》,《人民日报》2014年5月28日。
⑤ 方玉梅著:《习近平新时代中国特色社会主义经济思想的逻辑理路——基于马克思主义政治经济学的分析框架》,《社会主义研究》2018年第6期。

体制得以稳定进行的根基,也是中国特色社会主义政治经济学的重要组成内容之一。我国基本经济制度理论并不是一成不变的,而是随着体制改革与经济发展不断发展、逐步完善与创新。2019年党的十九届四中全会对社会主义基本经济制度进行了重大理论创新,将"公有制为主体、多种所有制经济共同发展""按劳分配为主体、多种分配方式并存""社会主义市场经济体制"共同确立为社会主义基本经济制度。这是习近平新时代中国特色社会主义政治经济学关于基本经济制度理论的最新成果,也体现了中国特色社会主义政治经济学在新时代的发展。习近平新时代中国特色社会主义政治经济学关于基本经济制度的理论特质主要包含两个层面:

一方面,我国作为社会主义国家,基本经济制度上首先要显示社会主义国家性质。坚持公有制的主体地位、按劳分配的主体地位与资源配置上以人民为中心是我国基本经济制度的社会主义性质的体现。比如,习近平同志在庆祝改革开放40周年大会上曾强调:"前进道路上,我们必须毫不动摇巩固和发展公有制经济,毫不动摇鼓励、支持、引导非公有制经济发展。"[1]习近平同志在2018年民营企业座谈会上再次强调:"公有制为主体、多种所有制经济共同发展的基本经济制度,是中国特色社会主义制度的重要组成部分,也是完善社会主义市场经济体制的必然要求。"[2]以公有制为主体是我国基本经济制度的根基,同时多种所有制形式共同发展是我国经济发展的需要,两者共同构成了我国基本经济制度。

另一方面,我国处于社会主义初级阶段决定了当前我国经济发展需要充分发挥非公有制经济、多种分配方式的作用,使市场在资源配置中起决定性作用。比如,在谈到非公有制经济时,习近平总书记指出:"我国非公有制经济,是改革开放以来在党的方针政策指引下发展起来的。我们强调把公有制经济巩固好、发展好,同鼓励、支持、引导非公有制经济发展不是对立的,而是有机统一的。公有制经济、非公有制经济应该相辅相成、相得益彰,而不是相互排斥、相互抵消。"[3]

（五）经济体制改革理论

经济体制作为其他领域改革的引领和保障,其改革是我国全面深化改革的重要组成部分。对此,习近平总书记指出,"经济体制改革是全面深化改革的重头,对其他领域改革具有牵引作用,要抓好已经出台的改革措施的落实,运用好已有试点成果和研究成果,加强工作协调,使各项改革协同配套,使改革与宏观经济运行和

---

[1] 《中共中央关于全面深化改革若干重大问题的决定》,《人民日报》2013年11月16日。
[2] 《在民营企业座谈会上的讲话》,《人民日报》2018年11月2日。
[3] 《在民营企业座谈会上的讲话》,《人民日报》2018年11月2日。

解决人民群众关心的突出问题协同推进"①。

值得注意的是,目前我国经济体制改革仍需加强,在很多方面并不健全。习近平总书记指出,"当前,制约科学发展的体制机制障碍不少集中在经济领域,经济体制改革任务远远没有完成,经济体制改革的潜力还没有充分释放出来。坚持以经济建设为中心不动摇,就必须坚持以经济体制改革为重点不动摇"②。面对这些障碍与问题,2013年11月在党的十八届三中全会上,习近平总书记强调,"在全面深化改革中,我们要坚持以经济体制改革为主轴,努力在重要领域和关键环节改革上取得新突破,以此牵引和带动其他领域改革,使各方面改革协同推进、形成合力,而不是各自为政、分散用力"③。

近年来,国内外形势愈加复杂化,世界处于百年未有之大变局。2020年8月习近平总书记在经济社会领域专家座谈会上提出,"随着我国迈入新发展阶段,改革也面临新的任务,必须拿出更大的勇气、更多的举措破除深层次体制机制障碍,坚持和完善中国特色社会主义制度,推进国家治理体系和治理能力现代化。我们要守正创新、开拓创新,大胆探索自己未来发展之路。要坚持和完善社会主义基本经济制度,使市场在资源配置中起决定性作用,更好发挥政府作用,营造长期稳定可预期的制度环境"④。

(六)开放发展理论

开放发展问题要时刻顺应国际国内局势新变化、新特点、新趋势,适时提出新的开放发展理念,为我国参与国际竞争、调节经济开放结构提供理论指引。自十一届三中全会以来,邓小平做出了"对内改革,对外开放"的决定,确立全方位开放格局,对开放理论进行重大创新。此后,中国特色社会主义开放理论不断发展。

党的十八大以来,经济增速逐渐放缓,对外开放的不稳定性和复杂程度不断提升。2012年12月在中央经济工作会议上,习近平总书记强调:"必须实施更加积极主动的开放战略,创建新的竞争优势,全面提升开放型经济水平。"对外开放是我国的基本国策,在新时代的背景下我国的对外开放策略也应做出相应的调整,要使国内国外统筹协调,构建更加合理的国际经济环境,在抵御外部风险、参与全球治理

---

① 中央全面深化改革领导小组编:《关于经济体制和生态文明体制改革专项小组重大改革的汇报》,2014年。
② 习近平著:《切实把思想统一到党的十八届三中全会精神上来》,《求是》2014年第1期。
③ 《以深化经济体制改革促经济稳健发展》,《经济日报》2020年1月20日。
④ 《习近平在经济社会领域专家座谈会上的讲话》,《人民日报》2020年8月25日。

能力等方面不断增强,为我国的经济安全和发展利益提供良好的国际背景。随后在2013年10月的亚太经合组织工商领导人峰会上的演讲中,习近平总书记进一步对我国的开放战略进行了详细的阐述:"我们将实行更加积极主动的开放战略,完善互利共赢、多元平衡、安全高效的开放型经济体系,促进沿海内陆沿边开放优势互补,形成引领国际经济合作和竞争的开放区域,培育带动区域发展的开放高地。"随着我国开放程度不断加深,综合国力和国际话语权不断提升,习近平总书记提出我国要积极构建人类命运共同体。2013年习近平总书记首次提出"命运共同体"概念,并指出"我们生活在同一个地球村,应该牢固树立命运共同体意识,顺应时代潮流,把握正确方向,坚持同舟共济,推动亚洲和世界发展不断迈上新台阶"①。这对中国的开放战略提出了更高层次的要求,表明中国的对外开放战略不仅有利于本国发展,更是致力于带动世界经济的整体发展。

总而言之,以习近平同志为核心的党中央坚持走和平发展的对外开放道路,构建全面开放新格局,用开放倒逼改革,主张建立公正合理的国际政治经济新秩序,并提出"人类命运共同体"的新理念。

(七)人民主体理论

"中国共产党人的初心和使命,就是为中国人民谋幸福,为中华民族谋复兴"②;"人民对美好生活的向往,就是我们的奋斗目标"③,这是习近平对人民主体理论在习近平新时代中国特色社会主义政治经济学中的地位的高度评价。可以说,以人民为主体的思想是中国特色社会主义政治经济学的根本出发点。

围绕以人民为中心,习近平总书记展开了对人民主体理论的具体探讨。他在谈论以人民为主体的实践性时指出:"以人民为中心的发展思想,不是一个抽象的、玄奥的概念,不能只停留在口头上、止步于思想环节,而要体现在经济社会发展各个环节。"④而后,在以人民为主体的具体原则方面,习近平总书记提出进一步要求:"要坚持人民主体地位,顺应人民群众对美好生活的向往,不断实现好、维护好、发展好最广大人民根本利益,做到发展为了人民、发展依靠人民、发展成果由人民共享。"⑤

---

① 《习近平主席在博鳌亚洲论坛2013年年会上的主旨演讲》,新华网2013年4月7日。
② 《决胜全面建成小康社会 夺取新时代中国特色社会主义伟大胜利》,《人民日报》2017年10月19日。
③ 《人民对美好生活的向往就是我们的奋斗目标》,《人民日报》2012年11月16日。
④ 《在省部级主要领导干部学习贯彻党的十八届五中全会精神专题研讨班上的讲话》,《人民日报》2016年5月10日。
⑤ 中共中央文献研究室编:《习近平关于社会主义经济建设论述摘编》,中央文献出版社2017年版,第41页。

第四节　理 论 突 破

中国特色社会主义政治经济学历经七十多年的探索与发展，逐步成为具有一定科学性和系统性的学科，取得了诸多思想创新与理论突破。这些中国特色社会主义政治经济学的理论突破开拓了马克思主义政治经济学新境界，为我国改革开放与社会主义市场经济提供了政治经济学的理论指导，为世界贡献了社会经济发展的中国思维与中国模式。与此同时，中国特色社会主义政治经济学的理论体系远未成熟，且随着我国进入中国特色社会主义新时代，面临愈发复杂多变的国际和国内形势，中国特色社会主义政治经济学所涉及的诸多重大问题亟待进一步拓展和深化。在这一背景下，中国特色社会主义政治经济学理论创新是一个十分有益的探索，对于中国特色社会主义政治经济学的进一步发展和成熟具有诸多贡献和价值。

一、对社会主义发展阶段理论的突破

中华人民共和国成立以来，我国坚定不移地选择了社会主义的发展道路，但所面临的一个重大问题便是社会主义是否有着不同的发展阶段以及我国当前处在社会主义的哪一阶段。因此，社会主义初级阶段理论的提出具有重要的理论和现实意义，但要进一步深入分析中国经济的阶段性演变机理，还需进行不断的理论探索。

马克思在《哥达纲领批判》中曾明确将共产主义社会的阶段进行了划分，即共产主义社会包含"第一阶段"和"高级阶段"。马克思认为，第一阶段的共产主义社会"不是在它自身基础上已经发展了的，恰恰相反，是刚刚从资本主义社会中产生出来的，因此它在各方面，在经济、道德和精神方面都带着它脱胎出来的那个旧社会的痕迹"[1]，社会主义社会的第一阶段必然遗存资本主义的"痕迹"。资本主义的"痕迹"的遗留是"不可避免"的，这是由于"权利绝不能超出社会的经济结构以及由

---

[1] 马克思、恩格斯著：《马克思恩格斯选集》（第3卷），人民出版社1995年版，第304页。

经济结构制约的社会的文化发展"①。正如列宁在《国家与革命》所说,共产主义社会的第一阶段中"生产资料已成为公有财产",就具备了共产主义性质,只不过"这还不是完全的共产主义"②。直到社会生产力高度发达,物质极大丰富,人类社会发展就进入共产主义社会高级阶段。届时,"迫使人们奴隶般地服从分工的情形已经消失,从而脑力劳动和体力劳动的对立也随之消失",社会完全超出"资产阶级法权的狭隘眼界",个人消费品实现"各尽所能,按需分配"③。

马克思对共产主义社会的设想并不是固定不变的。恩格斯曾指出,社会主义社会"不是一种一成不变的东西,而应当和任何其他社会制度一样,把它看成经常变化和改革的社会"④。毛泽东从经典马克思理论出发,吸收了列宁对共产主义社会阶段的认识,提出"生产资料所有制的社会主义改造基本完成以后,社会主义可能分两个阶段"⑤。其中,"第一个阶段是不发达的社会主义,第二个阶段是比较发达的社会主义"。等到"物质产品、精神财富都极为丰富和人们的共产主义觉悟极大提高的时候",就进入马克思所论述的共产主义社会。⑥ 他还认为,"一定的社会制度,在一定的时期内需要巩固它,但是这种巩固必须有一定的限度,不能永远地巩固下去"⑦,那么"社会主义的社会制度、生产关系,要巩固,但是不能强调过分"⑧。经典马克思主义作家对共产主义社会阶段的不断深化认识,为社会主义初级阶段的提出奠定了理论基础。

社会主义初级阶段理论是在党的十一届三中全会之后,基于中国国情,在改革开放背景下逐步形成的。改革开放之初,我国社会生产力极为落后,远未达到马克思所设想的共产主义社会第一阶段的水平。正如邓小平所言:"现在虽说我们也在搞社会主义,但事实上不够格。"⑨这要求对中国的社会主义发展阶段进行进一步的

---

① 马克思、恩格斯著:《马克思恩格斯选集》(第3卷),人民出版社1995年版,第305页。
② 列宁著:《列宁选集》(第3卷),人民出版社1995年版,第196—200、154页。
③ 马克思、恩格斯著:《马克思恩格斯选集》(第3卷),人民出版社1995年版,第305、306页。
④ 马克思、恩格斯著:《马克思恩格斯选集》(第4卷),人民出版社1995年版,第693页。
⑤ 毛泽东著:《毛泽东读社会主义政治经济学批注和谈话》,中华人民共和国国史学会1998年,第259页。
⑥ 毛泽东著:《毛泽东读社会主义政治经济学批注和谈话》,中华人民共和国国史学会1998年,第259页。
⑦ 毛泽东著:《毛泽东读社会主义政治经济学批注和谈话》,中华人民共和国国史学会1998年,第332页。
⑧ 毛泽东著:《毛泽东读社会主义政治经济学批注和谈话》,中华人民共和国国史学会1998年,第736页。
⑨ 邓小平著:《邓小平文选》(第3卷),人民出版社1993年版,第225页。

划分,必须基于中国的实际情况,对社会主义发展阶段理论进行创新。1981年,十一届六中全会审议通过的《关于建国以来党的若干历史问题的决议》指出:"尽管社会主义制度还是处于初级的阶段,但我国已经进入社会主义社会"①,第一次将社会主义社会阶段进行了进一步划分。在十三大召开前期,邓小平正式提出了社会主义初级阶段理论:"我们党的十三大要阐述中国社会主义是处在一个什么阶段,就是处在初级阶段,是初级阶段的社会主义。"②十三大召开后,邓小平进一步完善了社会主义初级阶段理论,强调了我国的社会主义初级阶段所需要的时间跨度,"搞社会主义的时间不能太短暂,巩固、发展与深化社会主义制度需要几代人、十几代人甚至几十代人坚持不懈的奋斗"③。

改革开放40年来,经过中国共产党人不懈努力,不断深化与完善社会主义初级阶段理论,加深了党对社会主义初级阶段的认识,发挥了社会主义初级阶段的理论指导作用。尽管十八大以来我国社会生产力不断提高和经济总量不断增长,人民生活水平显著提高,但是当前我国社会生产力发展水平离马克思所设想的社会主义生产力发展水平仍有很大的差距。这需要我们坚持社会主义初级阶段基本国情的论断,不断对社会主义初级阶段理论进行发展与创新。在党的十九大上,习近平提出,"经过长期努力,中国特色社会主义进入了新时代,这是我国发展新的历史方位"。站在新的历史方位上,"我国仍处于并将长期处于社会主义初级阶段的基本国情没有变""全党要牢牢把握社会主义初级阶段这个基本国情,牢牢立足社会主义初级阶段这个最大实际"。④

社会主义初级阶段理论具有重大的理论价值,其不仅是马克思主义政治经济学中国化的理论创新的重大成果,还极大推动了我国体制变革的践行。具体来说:

第一,社会主义初级阶段理论是我国对科学社会主义的重大理论创新。社会主义初级阶段理论的提出根源于马克思关于社会阶段的理论,立足于中国具体国情,从而指导我国经济发展实践,是对科学社会主义理论创新的重大贡献。

第二,社会主义初级阶段理论的提出,推动了党的基本路线与我国社会主义基本经济制度的确定。我国的基本国情是正处于并长期处于生产力相对落后的社会

---

① 中共中央文献研究室著:《三中全会以来重要文献选编》(下),人民出版社1982年版,第838页。
② 邓小平著:《邓小平文选》(第3卷),人民出版社1993年版,第252页。
③ 邓小平著:《邓小平文选》(第3卷),人民出版社1993年版,第379—380页。
④ 《决胜全面建成小康社会 夺取新时代中国特色社会主义伟大胜利——在中国共产党第十九次代表大会上的报告》,新华网2017年10月27日。

主义初级阶段,决定了党的基本路线必然是"一个中心、两个基本点",基本经济制度必然是"公有制为主体、多种所有制经济共同发展,按劳分配为主体、多种分配方式并存,社会主义市场经济体制等"①。

第三,社会主义初级阶段理论是我国全面深化改革的立足点。只有立足于社会主义初级阶段理论,才能深入推进全面深化改革的进程,充分发挥我国社会主义制度的优越性。

二、对社会主义基本经济制度理论的突破

基本经济制度,是一国依据其社会性质和基本国情,通过法律对社会经济秩序中最基本的经济关系做出明确规定的制度。作为社会主义国家,必须明确我国所坚持的社会主义基本经济制度。经过长期的改革与探索,我国社会主义基本经济制度的内涵和外延不断清晰、不断丰富,这对于指导我国经济改革发展具有重大意义。中国特色社会主义政治经济学的理论创新,将对进一步深入认识和理解我国社会主义基本经济制度的最新内涵及其内在逻辑有启示意义。

经典马克思主义作家对社会主义制度进行了较为深刻的探讨和描述。马克思通过分析生产力与生产关系的矛盾运动,发现随着"生产资料的集中和劳动的社会化,达到了同它们的资本主义外壳不能相容的地步","资本主义私有制的丧钟就要响了"②,即资本主义私有制与生产社会化趋势具有不可调和的矛盾。在《共产党宣言》中,他高度概括了这一观点:"共产党人可以把自己的理论概括为一句话:消灭私有制。"③以生产资料公有制代替生产资料私有制,是马克思设想的未来社会同资本主义社会决定性的差别。未来社会是"在实行全部生产资料公有制(先是单个国家实行)的基础上组织生产"④,届时生产资料将归全体社会成员共同所有。生产资料为全社会共同占有的所有制反映在分配制度上,必然是"作了各项扣除以后,从社会领回的,正好是他给予社会的"⑤,即按劳分配。生产资料公有制与按劳分配的分配关系要求社会资源配置方式为计划经济,"社会生产内部的无政府状态将为有

---

① 《中共中央关于坚持和完善中国特色社会主义制度推进国家治理体系和治理能力现代化若干重大问题的决定》,《人民日报》2019年11月6日。
② 马克思、恩格斯著:《马克思恩格斯文集》(第5卷),人民出版社2009年版,第874页。
③ 马克思、恩格斯著:《马克思恩格斯文集》(第2卷),人民出版社2009年版,第45页。
④ 马克思、恩格斯著:《马克思恩格斯选集》(第4卷),人民出版社1995年版,第693页。
⑤ 马克思、恩格斯著:《马克思恩格斯全集》(第3卷),人民出版社1995年版,第304页。

计划的自觉的组织所代替"①。那么,"一个产品中所包含的社会劳动量,可以不必首先采用迂回的途径加以确定","不需要著名的'价值'插手其间"②,货币不参与再生产过程,商品经济和商品交换将消亡,计划经济成为资源配置的唯一方式。

中华人民共和国成立之初,以毛泽东为核心的党的第一代中央领导集体基于马克思主义经典作家对社会主义的构想,将马克思所设想的社会主义制度付诸实践,应用于中国现实。这一进程却忽视了中国现实社会经济条件的制约,逐渐教条化马克思主义设想的经典社会主义模式。马克思曾直接指出,"社会占有全部生产资料","只有在实现它的物质条件已经具备的时候,才能成为可能,才能成为历史的必然性"③,即高度发达的社会生产力是生产资料公有制的物质基础。而脱胎于半殖民地半封建社会的中华人民共和国远未达到生产资料公有制的物质基础,盲目照搬经典社会主义模式不符合中国国情。

改革开放初期,以邓小平为主要代表的党和国家第二代领导集体总结国内外社会主义经济建设的经验教训,意识到"在中国这样落后的东方大国建设社会主义,是马克思主义发展史上的新课题"④,需要对社会主义经济制度进行重新理解与认识。党的十一届六中全会通过的《关于建国以来党的若干历史问题的决议》,创造性提出"国营经济和集体经济是我国基本的经济形式,一定范围的劳动者个体经济是公有制经济的必要补充",同时实行"适合于各种经济成分的具体管理制度和分配制度"⑤。此后,党的十四大第一次明确了社会主义市场经济体制的改革目标,不再对立社会主义与市场经济。党的十五大第一次把"公有制为主体、多种所有制经济共同发展"确定为"我国社会主义初级阶段的一项基本经济制度"⑥。党的十五大后,中国共产党对基本经济制度的认识更是进一步加深,并不断发展与完善了中国特色社会主义基本经济制度。

党的十九届四中全会更是对社会主义基本经济制度进行了重大理论创新,第一次将"公有制为主体、多种所有制经济共同发展""按劳分配为主体、多种分配方

---

① 马克思、恩格斯著:《马克思恩格斯全集》(第3卷),人民出版社1995年版,第663页。
② 马克思、恩格斯著:《马克思恩格斯选集》(第3卷),人民出版社1995年版,第660页,第661页。
③ 马克思、恩格斯著:《马克思恩格斯文集》(第9卷),人民出版社2009年版,第298页。
④ 中共中央文献研究室编:《改革开放三十年重要文献选编》(上),中央文献出版社2008年版,第475页。
⑤ 中央档案馆编:《中共中央文件选编》,中共中央党校出版社1992年版。
⑥ 中共中央文献研究室编:《改革开放三十年重要文献选编》(下),中央文献出版社2008年版,第900页。

式并存""社会主义市场经济体制"确立为社会主义基本经济制度。这是习近平新时代中国特色社会主义经济思想的重大成果,标志着我党探索社会主义基本经济制度取得了新的历史性突破。党的十九届四中全会对社会主义基本经济制度所作出的创新符合马克思主义基本原理的内在逻辑,具有极强的理论与现实依据。一方面,从理论上讲,我国当前的所有制、分配制度和市场经济体制三者具有内在逻辑关系,互相联系、彼此作用。"分配的结构完全决定于生产的结构,分配本身就是生产的产物"[①],那么,"公有制为主体、多种所有制经济共同发展"的生产关系决定了当前中国的分配关系必然为"按劳分配为主体、多种分配方式并存"。"公有制为主体、多种所有制共同发展"的所有制结构与"按劳分配为主体、多种分配方式并存"的分配结构共同决定了当前资源配置的方式,应当是使市场在社会主义国家宏观调控下对资源配置起决定性作用的资源配置的方式,即社会主义市场经济。另一方面,从实践上讲,我国当前的所有制、分配制度和市场经济体制是改革开放以来我国经济发展取得巨大成就的制度基础。这一有机统一的制度系统激发了人民群众生产积极性与能动性,推动了社会生产力水平不断提高,促进了人民生活水平的显著改善。

对社会主义基本经济制度的理论探索具有重大的理论价值,它不仅是中国特色社会主义的重大理论创新的组成部分,还指导了中国经济改革与建设的实践。一方面,我国社会主义基本经济制度是马克思主义基本原理与中国具体实际相结合的伟大创新成果。它与科学社会主义既一脉相承又与时俱进,立足于社会主义初级阶段的基本国情,脱胎于马克思关于社会主义制度的伟大构想,开辟了科学社会主义的新境界。另一方面,我国社会主义基本经济制度是我国经济改革与建设实践的制度基础,为其提供了理论指导,推动了国家经济治理体系和治理能力现代化。

三、对经济发展理论的突破

对一国而言,增长与发展是永恒的主题,不同的增长与发展逻辑对应不同的宏观经济发展方式。中华人民共和国成立以来,我国经济取得了显著的发展成效。与此同时,经济发展理念与发展方式也经历了若干不同阶段的演变,逐步形成了符

[①] 马克思、恩格斯著:《马克思恩格斯选集》(第2卷),人民出版社1972年版,第98页。

合中国国情的经济发展理论。中国特色社会主义经济发展理论一脉相承于经典马克思主义思想体系。

首先,马克思在论述社会资本再生产理论时,指出再生产有两种实现途径,即外延扩大再生产和内涵扩大再生产,前者主要依靠投入要素数量的增加和生产规模的扩大,是粗放型的生产;而后者主要通过技术进步从而提高投入要素的使用效率,是集约化的生产。两种方式交互相融,外延扩大再生产也包含生产效率的提升,内涵扩大再生产也需要投入要素数量的增加,而科技进步是推动生产方式由外延式向内涵式转变的根本动力。

其次,马克思从社会生产和社会需要的角度出发,通过对社会两部类的分析,强调经济发展要遵循一定的比例关系,才能实现协调均衡发展。

最后,明确发展的目的是为了人民,"代替那存在着阶级和阶级对立的资产阶级旧社会的,将是这样一个联合体,在那里,每个人的自由发展是一切人的自由发展的条件"[①]。发展生产力只是动力,人是社会的主体,促进人的全面而自由发展才是生产的最终目的。

中华人民共和国成立初期,面对底子差、基础薄弱的一穷二白现状,毛泽东对国民经济进行一化三改造,强调科技在经济发展中的重要作用,并借鉴苏联经济发展过程中的教训,强调用统筹兼顾的方法协调发展,坚持人民当家作主。

改革开放以来,中国面临的首要任务就是恢复经济发展。邓小平指出"社会主义的本质是解放生产力,发展生产力,消灭剥削,消除两极分化,最终达到共同富裕"[②],强调"发展才是硬道理",指出"科技是第一生产力",要走"质量、速度和效益并行"的新路子,提出"三步走"的发展战略,强调通过先富带动后富,实现共同富裕。

随着改革开放的深入发展,中国共产党对中国经济的发展问题有了更深的认识和理解,以江泽民为代表的第三代领导人提出"发展是党执政兴国的第一要务",提出"三个代表"重要思想,要转变经济增长方式,并坚持科技兴国战略,走新型工业化道路,要"向结构优化要效益,向规模经济要效益,向科技进步要效益,向科学管理要效益"[③]。

随着社会主义经济建设的不断进行,在国民经济保持快速发展的同时,传统经

---

① 马克思、恩格斯著:《马克思恩格斯选集》(第1卷),人民出版社1995年版,第294页。
② 邓小平著:《邓小平文选》(第3卷),人民出版社1993年版。
③ 中共中央文献研究室编:《十四大以来重要文献选编》(中),人民出版社1997年版,第1483页。

济发展方式的弊端不断暴露,资源浪费严重、生态环境恶化、发展不协调等问题日益严重,以胡锦涛为代表的领导集体提出以人为本的"科学发展观",明确转变经济发展方式,坚持全面协调可持续发展,对发展的目标、原则等有了更高要求。

进入新时代,经过长期高速发展,我国已成为世界第二大经济体,社会主要矛盾已经转变,经济发展进入新常态,面临"三期叠加"的现实。如何进一步转变经济发展方式,成为亟待解决的问题。以习近平同志为代表的领导集体对经济发展理论进行创新,将中国特色社会主义政治经济学推进到全新的阶段。首先明确经济发展的目标,2020年是全面建成小康社会的决胜期,在实现第一个百年奋斗目标的基础上建成社会主义现代化强国,为实现第二个百年而奋斗。此外,"理念是行动的先导",提出创新、协调、绿色、开放、共享的五大发展理念,回答了要实现什么样的发展、怎么实现发展等问题。新发展理念不仅仅强调技术进步对经济发展的作用,而且着重强调通过系列创新来构建全新的经济发展动力;协调注重增强经济的整体性,是保持经济健康发展的内在要求,不仅要解决区域、城乡等发展的不平衡问题,还关系到物质文明和精神文明建设;明确提出绿色发展,"绿水青山就是金山银山",将经济建设与生态文明建设统一起来;提升开放水平至新的层次,主张内外联动,利用好国内国外两个市场;共享发展理念进一步丰富了共同富裕的内涵,更加明确体现出社会主义的本质,体现出发展是以人民为中心。五大发展理念相互贯通、相互融合,是新发展阶段的新思路、新方向。

中国特色社会主义政治经济学对经济发展理论的探索,并不是凭空产生的,而是对马克思经济发展理论的继承与创新,并超越了现有的社会主义经典发展理论。从"发展才是硬道理",到"三个代表"重要思想,到"科学发展观",再到"新发展理念",由强调经济增长速度转向注重高质量发展,由实现小康社会到全面建成小康社会,由先富带动后富再到全民共享发展成果,极大丰富了传统马克思主义政治经济学的发展理论。特别是新发展理念,是马克思主义经济发展理论中国化的最新成果,是中国特色社会主义政治经济学关于经济发展理论的思想结晶。

在此基础上,中国特色社会主义政治经济学对现实经济发展具有重要的指导意义,是引领中国特色社会主义经济发展的旗帜。引导新的经济发展方式,同时避免中国落入"中等收入陷阱",是适应和引领新常态下推进供给侧结构性改革的根本途径,是指导全面建成小康社会和建设现代化强国的基本原则和核心思想。在新时代主导现代化经济体系建设,实现高质量发展,推动实现"两个一百年"和复兴中国梦的伟大目标。

四、对经济开放理论的突破

在经济全球化的背景下,一国的命运与其他国家越来越紧密联系在一起,如何合理参与国际经济循环、妥善处理国际经济关系是我国必须解决的一个重大课题。

马克思主义的开放理论是中国特色社会主义政治经济学关于经济开放的思想渊源,在分析世界历史和考察资本主义经济发展的过程中形成了开放理论。一方面,对外开放是一个历史范畴,生产力的发展是推动世界历史形成的根本原因。正如马克思所言,"生产力的这种发展之所以是绝对必需的实际前提,还因为:只有随着生产力的这种普遍发展,人们的普遍交往才能建立起来"①。另一方面,资本主义大机器生产和社会分工的发展需要开辟更广阔的国际市场,国际贸易和国际分工在对外开放中起重要的中介作用。

十月革命后,列宁首次指出在经济相对落后的社会主义国家,应该积极地实行对外开放政策,社会主义社会不是封闭的,"社会主义共和国不同世界发生联系是不能生存下去的"②;同时重视学习资本主义,"我们应当大胆承认,在这方面还有很多东西可以而且应当向资本家学习"③,充分吸收资本主义发展的有益成果,"利用资本家的手"建设社会主义。马克思主义经典作家的经济开放理论,为中国特色社会主义政治经济学在开放理论的突破与创新提供了思想指导。

中华人民共和国成立初期,毛泽东针对我国经济不发达、科技落后的情况,明确提出"向外国学习的口号","一切民族、一切国家的长处都要学"④,坚持以"独立自主、自力更生"为基础的对外开放原则。由于当时面临西方国家的长期封锁,受到苏联、东欧的限制,并没有实施真正意义上的对外开放。十一届三中全会以来,结合当时经济全球化的发展趋势,邓小平对开放理论进行创新,做出了"对内改革、对外开放"的伟大决策,并将对外开放作为党的基本路线之一,确立全方位开放格局,对外开放既要涵盖经济又要包括政治、文化等领域,既要面向社会主义国家又要对西方资本主义国家开放;确立多种对外开放形式,如成立经济特区,划分沿海开放城市、沿海开放地区等;不同区域实行渐进开放,由经济特区到沿海

---

① 马克思、恩格斯著:《马克思恩格斯文集》(第1卷),人民出版社2009年版,第538页。
② 列宁著:《列宁全集》(第41卷),人民出版社2017年版,第167页。
③ 列宁著:《列宁选集》(第3卷),人民出版社2012年版,第513页。
④ 毛泽东著:《毛泽东文集》(第7卷),人民出版社1999年版,第41页。

地区再到内地,由南到北,从东到西。党的十四大提出进一步扩大对外开放,充分吸收利用外资和先进的管理经验。以江泽民为代表的领导集体将对外开放与社会主义市场经济体制结合在一起,强调充分利用国内国外两个市场、两种资源;针对中国加入世贸组织和经济全球化趋势,提出构建"全方位、多层次、宽领域的对外开放格局"。面对新的国际环境,胡锦涛提出在平等的基础上实施互利共赢的开放战略,将社会主义建设与对外开放相结合,"拓展对外开放深度和广度,提高开放型经济水平"。

党的十八大以来,对外开放基础和环境发生改变,我国成为世界第二大经济体,但经济增速逐渐放缓,对外出口不断受到贸易保护主义的冲击,贸易摩擦事件频发,新时代对外开放的不稳定性和复杂程度不断提升。如何克服挑战、更深层次地推进对外开放,成为当务之急。以习近平同志为核心的党中央科学判断我国对外开放的新形势:首先,坚持走和平发展的对外开放道路,提出新发展理念,指明开放是经济发展的内在要求,用开放倒逼改革,坚持"引进来"和"走出去"并重;其次,在和平共处五项原则的基础上,主张建立公正合理的国际政治经济新秩序,积极参与全球政治经济治理;再次,坚持互利共赢的合作开放理念,树立正确的义利观,打破西方国家的"零和博弈"思维,维护本国利益的同时兼顾其他国家的利益,实现共同发展,并提出"人类命运共同体"的新理念;最后,主张提升对外开放的质量和层次,实现内外联动、东西共进的全面开放新格局,建立高水平开放经济体系,达到"和平、发展、合作、共赢"的开放目标。

中国特色社会主义政治经济学的开放理论具有重大理论与现实意义。一方面,中国特色社会主义政治经济学的开放理论丰富了马克思主义对外开放思想,是结合中国国情进行的创新,具有时代内涵。它不仅回答了社会主义国家如何进行开放,而且创造性地回答了新时代如何扩大开放程度、怎样提升开放质量的问题,同时彰显出中国人民爱好和平、对公正合理的国际政治经济新秩序的向往与渴望。人类命运共同体是对马克思"真正共同体"思想的继承,开辟了马克思对外开放理论中国化的新境界,为推动全球建设提供中国智慧。另一方面,中国特色社会主义政治经济学对现实开放具有重要的指导价值。从实践的角度看,以互利共赢为主的核心开放理念,引导中国积极参与全球治理,提升我国的话语权,无论是"一带一路"发展战略还是亚投行和进博会的推进,均坚持共建共商共享的原则,秉承开放包容、互学互利的理念,充分体现中国对构建"五位一体"的人类命运共同体和利益共同体的实际行动,彰显大国胸怀,为推动全球经济体系的建立、打造更高水平的开放型世界经济贡献中国力量。

总而言之,中国特色社会主义政治经济学扎根于我国社会主义市场经济的实践与改革开放进程中,创造性地将马克思主义理论思想与中国特色社会主义经济实践相结合,在理论与实践的结合中不断创新与发展,诞生了一批具有中国特色、符合中国国情的理论成果。

然而,尽管社会主义中国经过了长达70年的探索,取得成就的同时也历经曲折,中国特色社会主义政治经济学仍是处在不断发展中的理论,仍存在诸多问题尚未解决。具体来说:

第一,现有关于中国特色社会主义政治经济学的研究对经济实践的理论概括有待进一步提升。中国特色社会主义政治经济的理论研究深深植根于我国经济改革与发展的伟大实践,通过对我国社会经济发展的改革成绩、发展规律、运行逻辑的深入分析,创造性地提出了"渐进式改革""价格双轨制""社会主义市场经济"等重大理论创新成果。然而,现有研究大多聚焦于对官方文件的解读或遵循以往的研究逻辑,使部分研究成果缺乏创新,甚至偏离我国当前国情与现实实践。事实上,自改革开放以来,我国经济发展取得举世瞩目的成就,创造了经济发展的"中国模式""中国道路""中国方案"。这些正是中国特色社会主义政治经济学理论和政策研究的"富矿",亟需从理论上进一步概括总结。之所以要构建基于CSSA理论的中国特色社会主义政治经济学理论体系,正是因为从现有关于中国特色社会主义政治经济学的研究对经济实践的理论概括与总结仍存在一定理论空间。而通过构建基于CSSA理论的中国特色社会主义政治经济学理论体系,能够为中国特色社会主义政治经济学深化对经济实践的理论概括与理论总结提供新的思路。

第二,尚未形成中国特色社会主义政治经济学的系统理论体系。现有关于中国特色社会主义政治经济学理论体系的研究,主要立足改革开放以来中国特色社会主义经济发展的实践,尚处于理论探索的多元化发展阶段。学者们或借鉴《资本论》的研究框架来构建理论体系,或以问题为导向对理论体系进行专题探索,或批判地吸收西方经济学理论的合理成分建立理论体系。这些探索丰富了中国特色社会主义政治经济学理论体系的研究内容,拓展了中国特色社会主义政治经济学理论体系的研究视野。但是,学者们在研究过程中对中国特色社会主义政治经济学的逻辑起点、逻辑主线、体系结构、整体框架等还存在分歧,没有形成统一、完整的中国特色社会主义政治经济学理论体系,导致现有中国特色社会主义政治经济学理论体系与资本主义经济学体系相比,明显具有缺乏逻辑自洽、零散不系统的特点,也没能对一般理论和中国特色理论做出明确区分。在现有研究基础上,理论界需要对构建中国特色社会主义政治经济学理论体系进行充分探讨,形成统一、权威的逻辑架构,不断完善中国特色社会主义政治经济学理论体系。对此,通过构建基于 CSSA 理论的中国特色社会主义政治经济学理论体系,能够进一步明确中国特色社会主义政治经济学的逻辑起点、逻辑主线等问题,并由此构建中国特色社会主义政治经济学的系统理论框架。

第三,对中国特色社会主义政治经济学中诸如劳资关系、政府与市场关系、对外开放等重要问题的具体研究仍需加深。在中国特色社会主义政治经济学的研究过程中,不可避免要对中国特色社会主义政治经济学中的重要问题进行具体探讨与研究。综观中国特色社会主义政治经济学的纵向演变以及新时代中国特色社会主义政治经济学的最新发展成果,不难发现仍存在诸多亟待解决的重大问题。当下,学术界针对中国特色社会主义政治经济学中的重要问题进行了诸多研究,比如如何处理社会主义市场经济下劳动与资本之间的关系、如何界定政府与市场在经济发展中的作用和角色、如何统筹国内和国际的双重发展等,形成了一系列学术观点与理论成果。但当前对中国特色社会主义政治经济学中重要问题的具体研究观点仍存在争议,体现在劳资关系问题、政府与市场关系问题、对外开放问题等方面尤为显著。并且在社会经济实践发展中,对这些方面的探讨与分析又会产生新的问题与思路,是开放动态延伸的研究课题。为此,本书在构建基于 CSSA 理论的中国特色社会主义政治经济学理论体系的基础上,试图在理论框架内对劳资关系、政府与市场关系、对外开放等方面的具体问题进行提炼阐述与深入分析,给出新的研究视角与研究思路。

可以说,中国特色社会主义政治经济学理论的发展是一个长期探索的过程,中国特色社会主义政治经济学理论仍存在众多重大问题并未形成共识,新的争论不断出现。比如,如何界定社会主义初级阶段的划分标准?如何设定公有制主体地位的衡量标准?如何把握政府与市场关系中政府的参与程度?如何界定在市场经济中政府的职能?如何处理经济对外开放中的出口和外资引进问题?这些争议问题都是中国特色社会主义政治经济学理论的进一步创新与发展的关键问题,需要深入研究与探讨,而解决这些问题的关键在于进一步系统化中国特色社会主义政治经济学理论体系,而基于 CSSA 理论对中国特色社会主义政治经济学理论体系进行创新探索则提供了新思路与新方向。

参考文献

[1] 《马克思主义政治经济学概论》编写组编：《马克思主义政治经济学概论》，人民出版社2011年版。

[2] 中央档案馆编：《中共中央文件选编》，中共中央党校出版社1992年版。

[3] 《中国社会主义经济问题》编写组编：《中国社会主义经济问题》，人民出版社1979年版。

[4] 北方十三所高等院校编写组编：《政治经济学（社会主义部分）》，陕西人民出版社1980年版。

[5] 蔡继明、靳卫萍著：《构建中国特色社会主义政治经济学的方法论原则》，《国家行政学院学报》2016年第2期。

[6] 陈承明、陈伯庚、包亚钧著：《中国特色社会主义经济理论教程》，复旦大学出版社2018年版。

[7] 程恩富著：《要坚持中国特色社会主义政治经济学的八个重大原则》，《经济纵横》2016年第3期。

[8] 程恩富、冯金华、马艳著：《〈现代政治经济学〉新编》，上海财经大学出版社2008年版。

[9] 邓小平著：《邓小平文选》（第3卷），人民出版社1993年版。

[10] 樊纲著：《"苏联范式"批判》，《经济研究》1995年第10期。

[11] 方福前著：《论建设中国特色社会主义政治经济学为何和如何借用西方经济学》，《经济研究》2019年第5期。

[12] 方玉梅著：《习近平新时代中国特色社会主义经济思想的逻辑理路——基于马克思主义政治经济学的分析框架》，《社会主义研究》2018年第6期。

[13] 高鸿业著：《对如何发展中国经济学的一些思考》，《高校理论阵线》1997年第2期。

[14] 葛扬著：《理论逻辑、实践逻辑与中国特色社会主义政治经济学》，《改革》2016年第3期。

[15] 顾海良著：《中国特色社会主义理论体系研究》，中国人民大学出版社2009年版。

[16] 顾海良著：《马克思经济学的对象与中国特色社会主义经济学的创新》，《当代经济研究》2013年第6期。

[17] 顾海良著：《开拓当代中国马克思主义政治经济学的新境界》，《经济研究》2016年第1期。

[18] 顾钰民等著：《中国经济转型与发展研究》，同济大学出版社 2002 年版。

[19] 关梦觉著：《毛主席在社会主义革命和社会主义建设的几个重大问题上对于政治经济学的新发展》，《吉林大学人文科学学报》1960 年第 3 期。

[20] 何建章著：《略论〈资本论〉的体系及其对政治经济学社会主义部分的意义》，《经济研究》1961 年第 9 期。

[21] 何炼成著：《试论中国特色社会主义经济理论体系》，《延安大学学报》（社会科学版）2008 年第 4 期。

[22] 何炼成、丁文峰著：《中国经济学向何处去》，《经济学动态》1997 年第 7 期。

[23] 何自力著：《关于创新和发展中国特色社会主义政治经济学的几个重要原则》，《社会科学辑刊》2017 年第 3 期。

[24] 洪银兴著：《增强中国特色社会主义经济学的理论自信》，《政治经济学评论》2013 年第 1 期。

[25] 洪银兴著：《以创新的理论构建中国特色社会主义政治经济学的理论体系》，《经济研究》2016 年第 4 期。

[26] 侯为民著：《正确认识中国特色社会主义政治经济学的重大原则》，《外国经济学说与中国研究报告》，中华外国经济学说研究会 2018 年。

[27] 胡义成著：《经济学应当完成从"革命"到"建设"的转型——试论中国经济学必须改造劳动价值论》，《当代经济科学》1994 年第 1 期。

[28] 黄泰岩著：《中国特色社会主义经济理论的形成与发展》，《求是》2009 年第 22 期。

[29] 黄泰岩著：《中国特色社会主义经济学的研究对象、主线和框架》，《马克思主义与现实》2016 年第 5 期。

[30] 蒋学模著：《学习毛主席"关于正确处理人民内部矛盾的问题"，改进政治经济学社会主义部分的教学和科学研究工作》，《学术月刊》1958 年第 5 期。

[31] 蒋学模著：《政治经济教材》，上海人民出版社 1980 年版。

[32] 康静萍著：《以收入分配为研究核心 构建中国特色社会主义政治经济学——基于近 30 年中国政治经济学研究的反思》，《河北经贸大学学报》2016 年第 6 期。

[33] 李怀、高良谋著：《21 世纪中国经济学的道路选择和价值取向》，《经济学动态》1997 年第 3 期。

[34] 李正图著：《论中国特色社会主义政治经济学核心理论》，《毛泽东邓小平理论

研究》2017 年第 7 期。

[35] 厉以宁著：《社会主义政治经济学》，商务印书馆 1986 年版。

[36] 列宁著：《列宁全集》（第 32 卷），人民出版社 1986 年版。

[37] 列宁著：《列宁选集》（第 3 卷），人民出版社 1995 年版。

[38] 林子力、马家驹、钟珩、朱声绂著：《论价值——对社会主义经济的分析从哪里着手？》，《经济研究》1957 年第 4 期。

[39] 刘国光著：《论中国特色社会主义经济学三则》，《毛泽东邓小平理论研究》2009 年第 3 期。

[40] 刘谦、裴小革著：《中国特色社会主义政治经济学核心理论定位研究》，《经济学家》2019 年第 1 期。

[41] 刘诗白著：《中国经济学构建的若干问题》，《经济学家》1997 年第 1 期。

[42] 刘树成著：《中国特色政治经济学的基础建设——〈马克思主义政治经济学概论〉编写原则和特点》，《经济研究》2012 年第 10 期。

[43] 刘伟著：《在马克思主义与中国实践的结合中发展中国特色社会主义政治经济学》，《政治经济学评论》2016 年第 4 期。

[44] 刘伟著：《在马克思主义与中国实践结合中发展中国特色社会主义政治经济学》，《经济研究》2016 年第 5 期。

[45] 马克思、恩格斯著：《马克思恩格斯选集》（第 2 卷），人民出版社 1972 年版。

[46] 马克思、恩格斯著：《马克思恩格斯全集》（第 3 卷），人民出版社 1995 年版。

[47] 马克思、恩格斯著：《马克思恩格斯选集》（第 1 卷），人民出版社 1995 年版。

[48] 马克思、恩格斯著：《马克思恩格斯选集》（第 4 卷），人民出版社 1995 年版。

[49] 马克思、恩格斯著：《马克思恩格斯文集》（第 9 卷），人民出版社 2009 年版。

[50] 马克思、恩格斯著：《马克思恩格斯文集》（第 1 卷），人民出版社 2009 年版。

[51] 马克思、恩格斯著：《马克思恩格斯文集》（第 2 卷），人民出版社 2009 年版。

[52] 马克思、恩格斯著：《马克思恩格斯文集》（第 5 卷），人民出版社 2009 年版。

[53] 毛泽东著：《毛泽东读社会主义政治经济学批注和谈话》，中华人民共和国国史学会 1998 年。

[54] 毛泽东著：《毛泽东文集》（第 7 卷），人民出版社 1999 年版，第 41 页。

[55] 南方十六所大学《政治经济学》编写组编：《政治经济学（社会主义部分）》，四川人民出版社 1979 年版。

[56] 庞季云、邓克生、何匡、吴云博著：《社会主义经济问题》（试用本），上海人民出

版社1961年版。

[57] 逄锦聚著:《中国特色社会主义政治经济学论纲》,《政治经济学评论》2016年第9期。

[58] 逄锦聚著:《构建和发展中国特色社会主义政治经济学的三个重大问题》,《经济研究》2018年第11期。

[59] 逄锦聚、洪银兴、林岗、刘伟著:《政治经济学》(第五版),高等教育出版社2014年版。

[60] 钱路波著:《论中国特色社会主义政治经济学的重大原则》,《中国集体经济》2019年第21期。

[61] 乔榛著:《中国特色社会主义政治经济学的理论体系构想》,《学习与探索》2017年第2期。

[62] 任保平著:《中国特色社会主义政治经济学如何迎接新经济时代的挑战?》,《天津社会科学》2020年第1期。

[63] 宋涛著:《政治经济学教程》(第八版),中国人民大学出版社2008年版。

[64] 苏联科学院经济研究所著:《政治经济学教科书》(中译本),人民出版社1955年版。

[65] 苏世彬、王许可、周小亮著:《论中国特色社会主义政治经济学的核心命题——基于马克思主义政治经济学中国化的视角》,《改革与战略》2017年第12期。

[66] 孙宁华、洪银兴著:《新发展理念与中国特色社会主义政治经济学》,《毛泽东邓小平理论研究》2017年第8期。

[67] 孙冶方著:《论价值——并试论"价值"在社会主义以至于共产主义政治经济学体系中的地位》,《经济研究》1959年第9期。

[68] 王立胜、郭冠清著:《论中国特色社会主义政治经济学研究对象》,《社会科学辑刊》2020年第3期。

[69] 王亚南著:《关于应用〈资本论〉体系来研究政治经济学社会主义部分的问题》,《经济研究》1961年第5期。

[70] 卫兴华著:《政治经济学教科书》,中国人民大学出版社1990年版。

[71] 卫兴华著:《关于经济学在中国发展的几个问题》,《经济学动态》1998年第2期。

[72] 卫兴华著:《科学认识中国特色社会主义经济》,《当代马克思主义政治经济学

十五讲》,中国人民大学出版社2016年版。

[73] 卫兴华著:《中国政治经济学蕴含的根本原则》,《北京日报》2016年第18期。

[74] 卫兴华、张宇著:《社会主义经济理论》,高等教育出版社2007年版。

[75] 魏埙著:《中国经济学向何处去》,《当代经济研究》1997年第6期。

[76] 吴宣恭著:《学好〈资本论〉推进当代中国政治经济学建设》,《经济纵横》2016年第3期。

[77] 伍柏麟、史正富、华民著:《新编政治经济学》,复旦大学出版社2014年版。

[78] 习近平著:《论〈政治经济学批判序言〉的时代意义》,《福建论坛》1997年第1期。

[79] 习近平著:《社会主义市场经济和马克思主义经济学的发展与完善》,《经济学动态》1998年第7期。

[80] 习近平著:《对发展社会主义市场经济的再认识》,《东南学术》2001年第8期。

[81] 习近平著:《发展经济学与发展中国家的经济发展——兼论发展社会主义市场经济对发展经济学的理论借鉴》,《福建论坛》2001年第9期。

[82] 习近平著:《深入学习中国特色社会主义理论体系 努力掌握马克思主义立场观点方法》,《求是》2010年第7期。

[83] 习近平著:《切实把思想统一到党的十八届三中全会精神上来》,《求是》2014年第1期。

[84] 习近平著:《爱之深爱之切》,河北人民出版社2015年版。

[85] 习近平著:《不断开拓当代中国马克思主义政治经济学新境界》,《求是》2020年第8期。

[86] 许涤新著:《论社会主义的生产、流通和分配——读〈资本论〉笔记》,人民出版社1979年版。

[87] 许祖岷著:《试论怎样根据毛泽东思想去阐明政治经济学社会主义部分几个根本问题》,《华中师范学院学报》(政治教育版)1960年第3期。

[88] 薛暮桥著:《中国社会主义经济问题研究》,人民出版社1979年版。

[89] 薛暮桥、苏星、林子力著:《中国国民经济的社会主义改造》,人民出版社1959年版。

[90] 杨承训、金鑫著:《以历史为平台构建中国特色社会主义经济学》,《中州学刊》2003年第2期。

[91] 杨瑞龙著:《社会主义经济理论》(第2版),中国人民大学出版社2008年版。

[92] 杨芊著：《中国特色社会主义政治经济学应坚持的四个原则》，《国家治理》2016年第42期。

[93] 于良春著：《政治经济学》（第三版），经济科学出版社2006年版。

[94] 张雷声著：《论中国特色社会主义政治经济学的发展与创新》，《马克思主义研究》2017年第5期。

[95] 张雷声著：《中国特色社会主义政治经济学的重大原则》，《南京师大学报》（社会科学版）2017年第1期。

[96] 张仁德著：《也谈中国经济学向何处去》，《经济学动态》1999年第3期。

[97] 张维闵著：《论中国特色社会主义经济理论体系的研究对象》，《教学与研究》2009年第5期。

[98] 张宇著：《不断完善中国特色社会主义政治经济学理论体系》，《人民日报》2016年8月29日。

[99] 张宇著：《毛泽东对中国特色社会主义政治经济学的探索》，《高校马克思主义理论研究》2016年第2期。

[100] 张宇著：《中国特色社会主义政治经济学》，中国人民大学出版社2016年版。

[101] 张宇著：《中国特色社会主义政治经济学的基本问题》，《中国特色社会主义政治经济学十五讲》，中国人民大学出版社2016年版。

[102] 张占斌、周跃辉著：《中国特色社会主义政治经济学》，湖北教育出版社2016年版。

[103] 张卓元著：《政治经济学》（社会主义部分），中国展望出版社1982年版。

[104] 郑芝村著：《试论毛泽东同志对政治经济学的发展及其重大意义》，《中南财经政法大学学报》1958年第7期。

[105] 中共中央文献研究室编：《三中全会以来重要文献选编》（下），人民出版社1982年版。

[106] 中共中央文献研究室编：《十四大以来重要文献选编》（中），人民出版社1997年版。

[107] 中共中央文献研究室编：《改革开放三十年重要文献选编》（上），中央文献出版社2008年版。

[108] 中共中央文献研究室编：《十八大以来重要文献选编》（下），中央文献出版社2018年版，第3页。

[109] 中共中央文献研究室编：《习近平关于社会主义经济建设论述摘编》，中央文

献出版社 2017 年版,第 41 页。

[110] 中央全面深化改革领导小组编:《关于经济体制和生态文明体制改革专项小组重大改革的汇报》2014 年。

[111] 仲津著:《政治经济学社会主义部分探索》,学习杂志社 1958 年。

[112] 周文、宁殿霞著:《中国特色社会主义政治经济学:渊源、发展契机与构建路径》,《经济研究》2018 年第 12 期。

[113] 朱剑农著:《毛泽东同志的两类矛盾学说对政治经济学的伟大贡献——纪念〈关于正确处理人民内部矛盾的问题〉发表三周年》,《理论战线》1960 年第 6 期。

[114] 朱鹏华、王天义著:《中国特色社会主义政治经济学研究对象探析》,《马克思主义与现实》2019 年第 1 期。

第七章

基于 CSSA 的中国特色社会主义政治经济学理论体系创新探索

中华人民共和国成立以来,我国进行了一系列的经济改革实践,取得了瞩目的经济发展成绩,但对这些改革实践和发展规律的总结和提炼仍不充分,其中一个亟待推进的重要工作便是构建中国特色社会主义政治经济学理论体系。CSSA 理论是分析我国经济发展的阶段性特征以及不同阶段演变机理的有效框架,其与构建中国特色社会主义政治经济学理论体系有着相同的宗旨,即在梳理和阐释中国经济改革实践的基础上提炼中国经济发展变化的规律,继而为未来中国经济改革提供理论基础和路径引导。与此同时,CSSA 理论所具有的科学的方法论基础、明晰的逻辑线索以及核心的分析框架,也为构建中国特色社会主义政治经济学理论体系的基本架构提供了科学有效的思路和参考。由此可见,基于 CSSA 理论的基本框架进行学理化和系统化的拓展和创新,是构建中国特色社会主义政治经济学理论体系的一个思路。

第一节　中国特色社会主义政治经济学理论未来发展:体系创新

中国特色社会主义政治经济学经过长期探索和发展,取得了丰富的创新成果。与此同时,中国特色社会主义政治经济学的系统理论创新仍具有广阔的发展空间,在其进一步创新过程中需要沿着中国特色社会主义政治经济学理论的总体发展逻辑,遵循若干基本原则。

一、重大理论争论关键指向:体系创新

在中国特色社会主义政治经济学理论的相关研究中,既有基本共识,也有诸多重大理论争论,且这些理论争论有着一个共同指向,即中国特色社会主义政治经济学亟待进行理论体系创新。

(一)若干重大理论争论

在中国特色社会主义政治经济学理论的形成和发展过程中,始终伴随着理论争论和观点争鸣。这些理论争论是中国特色社会主义政治经济学理论创新的重要推动力,也为中国特色社会主义政治经济学理论的进一步发展提出了挑战。以下选取中国特色社会主义政治经济学理论研究中的四个重要理论争论进行阐述,包括关于界定社会主义初级阶段、关于选择社会主义经济制度、政府与市场的关系在经济发展中的平衡以及经济开放问题。

1. 关于社会主义初级阶段的界定和划分依据的争论

十一届三中全会后,以邓小平为代表的中国共产党人就如何认识和建设社会主义的问题作出战略调整,改革开放的实施对探索中国特色社会主义发展道路提出新的要求。1980年,邓小平在讲话中反复强调社会主义存在不同发展阶段的特征,总结改革开放之前的三十年经验,提出建设社会主义不能脱离现实,不能超越阶段。由此,引出了社会主义建设的基础问题,即如何划分社会主义的发展阶段。关于初级阶段的划分标准,学界主要有五种观点。

第一种观点以生产方式为依据。于光远指出:"关于生产力与生产关系,应科学地理解,以两种标准作为划分依据是不同的,应分类对待,涉及生产力的发展阶段问题,应以生产力为标准;涉及生产关系的发展阶段问题,应以生产关系为标准。我们采用社会生产力发展标志把中国归为社会主义的初级阶段,同时根据生产关系为标准划分社会发展阶段的方法判为社会主义社会。"[1]

第二种观点以生产关系为依据。该观点认为生产关系是决定社会发展的根本。与生产力可与多种社会制度相适应不同,生产关系直接决定了社会制度的根

---

[1] 于光远著:《中国社会主义初级阶段的经济》,广东经济出版社2000年版,第24页。

本性质。生产关系的划分标准适用于社会具体阶段的区分。但是,对于过渡社会主义阶段,虽然生产力得到飞速发展,社会关系并未发生明显变化的时期,这一划分标准并不科学。①

第三种观点以生产力为标准。生产力决定生产关系,从历史发展本质来看,生产力的划分标准才是符合发展规律的科学标准。其中存在的问题是,在细化历史发展阶段时,如果单纯以生产力为标准,缺乏明显的划分节点,比如社会主义中国是从落后的半殖民地半封建社会转化而来,其中生产力的水平并没有明显变化。

第四种观点以社会主体即人的状态为依据。社会人的状况是社会本质的根本表现。李旭华指出:"立足于初级阶段,可将人的发展目标分为不同阶段。"②

第五种观点以综合要素为依据。秦宜指出:"社会主义阶段的划分标准反映了一种综合要素,是经济、政治、文化等方面的综合状况,包括生产关系的熟练程度、生产力的推进程度、文化的发展程度、政治关系的完成程度这四个方面。"③这一标准比较符合马克思的本意,综合了社会发展的条件,尝试从不同的视角去分析历史进程的合理性。

以邓小平为代表的第二代中央领导提出"社会主义初级阶段论"。其形成过程的争论可分为三种观点。

秦宜等"两阶段论"观点持有者将十五大作为划分节点,认为"召开党的十五大前,从 20 世纪 50 年代中期开始,我国进入社会主义初级阶段,形成了基本内涵,明确了主要矛盾和根本任务,确立了基本路线等;党的十五大后,阐述了初级阶段的特征与基本纲领,丰富和发展了这一论断。"④

"三阶段论"观点持有者以党的十三大、十五大为节点,将社会主义初级阶段论分为酝酿阶段、形成阶段与发展阶段,或以党的十三大作为最后节点,将社会主义初级阶段论分为三个发展阶段。⑤ 刘新民认为:"从十一届三中全会到十一届六中全会,首次提出这一概念,学界视为第一阶段,这一阶段着重强调'社会主义'四个字;从十一届六中全会到十二届六中全会,着重强调'初级阶段',学界视为第二阶段;从十二届六中全会到十三大,形成这一理论的科学体系,学界一般视为第三

---

① 宋文生著:《社会主义初级阶段理论研究》,华中师范大学博士论文 2014 年。
② 李旭华著:《社会主义初级阶段人的发展阶段目标及其实现路径》,《事实求是》2013 年第 1 期。
③ 秦宜著:《邓小平理论研究述评》,中国人民大学出版社 2002 年版,第 176 页。
④ 秦宜著:《邓小平理论研究述评》,中国人民大学出版社 2002 年版,第 180 页。
⑤ 宋文生著:《社会主义初级阶段理论研究》,华中师范大学博士论文 2014 年。

阶段。"①

"四阶段论"以党的十一届六中全会、十二届六中全会、十三大、十五大为时间节点,将社会主义初级阶段分为酝酿阶段、确立命题阶段、基本形成阶段与理论完善阶段四部分。郑必坚指出:"1979年至1986年是基础阶段;十三大是系统论述阶段;十四大是基本形成阶段;十五大是理论完善阶段,对社会主义初级阶段的主要矛盾和根本任务等进行了更系统的论述。"②党的十八大以来,我们对社会主义初级阶段的认识更为丰富,阶段论的划分方式也出现了更多新的理论发展。

2. 关于社会主义基本经济制度的争论

基本经济制度是所有制结构的制度表达,也是影响我国经济结构的基本因素。通过讨论所有制结构的变化,政治经济学理论界对社会主义基本经济制度的构建和结构演变展开了讨论,其核心讨论点一方面是社会主义经济制度的所有制结构中公有制主体地位的衡量,另一方面是社会基本经济制度先进性的判定。

所有制作为基本经济制度的核心,自然成为争论的焦点,学术界对所有制的争论不可避免地被改革的进程所影响。要纠正社会主义建设时期以来长期存在的"左"的错误,扭转已被证明并不适应生产力发展的"一大二公"的所有制,容纳国家、集体以外的主体参加经济活动,特别是调动个人的积极性,就必然允许传统的公有制以外的所有制成分上升。但这样的上升是否存在限度?是否与业已确立的社会主义公有制相违背?改革开放后,这一问题自然演变为如何衡量社会中"主要"或"主体"的所有制性质的问题。在改革开放之初,这一争论的核心目的在于为一些突破传统社会主义模式的经济试验提供合法性依据。学者们依据马克思主义辩证法特别是毛泽东思想的话语体系,以事物的性质取决于主要方面而非次要方面以及量变到质变等原理为依据,主张只要在资本、投资及雇佣人数等方面,个体经济、私营经济和外资相对于国有和集体数量所占比例更低,那么整个社会的公有制性质就没有发生根本变化。更进一步,即使在个别产业(如农业)或局部地区(如个别政策特区)中,非公有制经济成分占据优势地位,依然不影响整个社会的公有制性质。在此理论的支持下,包产到户、沿海经济特区等一系列带有"摸着石头过河"性质、事后被证明具有突破性意义的经济实践在不乏质疑者的情况下得以被保留。

---

① 刘新民著:《社会主义初级阶段理论形成新探》,《湖南社会科学》2002年第1期。
② 郑必坚著:《邓小平理论基本问题》,中共中央党校出版社2001年版,第1页。

针对社会经济制度的先进性,学术界也展开了一场争论。卫兴华认为:"评价一种社会经济制度先进还是落后,评价党的路线、方针和政策是否正确,不能简单地强调生产力的标准,还要重视价值标准的作用,要把生产力标准和价值标准统一起来。"①我国建设社会经济制度应将生产力与价值标准有机地统一起来,应将生产力标准作为基础,同时辅以价值标准。"资本主义社会虽然可以实现生产力的大发展,但是不可能实现消灭剥削、实现共同富裕的目的,相反,社会主义社会可以实现生产力标准和价值标准的统一。邓小平的社会主义本质论就是两者统一的明证。我国现在社会中收入分配不公、贫富分化不断加剧、腐败丛生、官商勾结等社会现象的出现正是社会主义价值标准被人为长期忽略的原因造成的。"②由此,卫兴华指出,生产力并不是单一评价标准。汪海波对此持否定意见,他认为:"生产力决定生产关系的历史唯物主义基本原理导致评价社会制度的根本标准只能是生产力标准。"价值标准的实质就是意识形态的反映,因为"一是如果认为意识形态归根结底是由社会生产力决定的社会经济制度决定的,那么有生产力标准就足够了,意识形态这项标准就是多余的。二是如果认为社会意识形态不是由社会生产力决定的社会经济制度决定的,那就必然陷入历史唯心主义"。针对卫兴华所提的共同富裕是价值标准体现的论据,汪海波认为这是较为浅显层次的评判标准,不能把共同富裕价值标准与生产力标准相提并论,这样是不分主次的。③ 两者争论的实质还在于对社会生活中潜藏的各种问题看法的不同,在于对如何理解和坚持基本经济制度存在争议。卫兴华认为:"社会对毫不动摇地发展非公经济已经取得了共识,单一公有制已经没有市场,但是坚持和发展公有制为主体面临巨大的考验,私有化的危险仍然存在。收入差距的加大是由于非公经济的快速发展造成的。"④

实际上,随着改革开放的进一步深入,公共舆论对所有制问题的看法也悄然发生了改变。尽管不少学者认为公有制成分等于低效、寻租和缺乏创新力,是改革的首要对象,但广大人民群众通过自己的亲身观察和体验,认识到并肯定了公有制的价值。他们认为,由于公有制企业尤其是大型央企不完全以利润为导向的性质,在基础设施建设、基本公共服务、战略产业创新和国家安全等涉及国计民生的重大问

---

① 乔惠波著:《所有制结构演变与完善基本经济研究》,清华大学博士论文2015年。
② 卫兴华著:《论社会主义生产力标准和价值标准的统一》,《经济学动态》2010年第10期。
③ 汪海波著:《必须坚持"生产力标准"——对〈论社会主义生产力和价值标准的统一〉一文的商榷意见》,《经济学动态》2011年第6期。
④ 卫兴华著:《论社会主义生产力标准和价值标准的统一》,《经济学动态》2010年第10期。

题上发挥着私人资本不可替代的作用。这种肯定公有制的声音在一系列重大舆论问题中都有所反映。例如,2015年《人民日报》发表的一篇评论员文章称铁路总公司整体负债沉重,并暗示有可能将部分盈利情况较好的路线分拆上市以表示"对混合所有制改革"的支持。此文一出立刻引发热议。批评者担忧这是铁路部门私有化的前奏,最终将导致带有福利性质的偏远路线取消以及火车票价上涨。他们指出,铁路建设特别是高速铁路的快速推进深刻改变了我国经济的时空格局,对经济发展的长远作用不可估量。此外,铁路还承担着服务大规模廉价劳动力流动和提供偏远地区交通的任务,因此不能以债务水平否定国有铁路部门的绩效。质疑的声音如此之多,以至于《人民日报》不得不暂时关闭其新浪微博上该文的评论。又比如,随着2017年后美国逐步加强对华技术限制,特别是近来美国开始直接限制半导体芯片等产品的对华出口,国人也逐步认识到,在一些"卡脖子"的高新技术和战略新兴产业上,只有国家运用全民所有的资本,才可能实现突破。正如习近平总书记在党的十九大报告所指出的,我国社会主要矛盾已经转化为人民日益增长的美好生活需要和不平衡不充分的发展之间的矛盾。显然,要解决社会生产力发展的不充分、不平衡,特别是矛盾中不平衡的这一方面,必须依靠公有制,这是全社会在争议中逐渐形成的共识。

对于基本经济制度的争论,邓小平提出将"三个有利于"作为回答关于基本经济制度争议的一个共同基础。邓小平指出:"社会主义经济政策对不对,归根到底要看生产力是否发展,人民收入是否增加。"[①]这一观点指出了衡量经济政策的标准:生产力发展水平与人民收入。在南方谈话中,邓小平又指出:"应该主要看是否有利于发展社会主义社会的生产力,是否有利于增强社会主义国家的综合国力,是否有利于提高人民的生活水平。"[②]"三个有利于"标准的提出,"是为了解决资本主义还是社会主义的大是大非的问题,只要符合'三个有利于',那么这项政策、改革就是增加了社会主义的因素,而不是走资本主义的道路。"[③]总而言之,"三个有利于"标准是完善基本经济制度的标准,是生产力在具体工作中的标准。

3. 关于我国经济发展中政府与市场关系的争论

中国作为社会主义社会,在实行市场经济的过程中,政府的作用是极其重要的,政府不仅需要在市场经济发展出现问题时及时对其进行纠正,在重要行业和领

---

① 邓小平著:《邓小平文选》(第2卷),人民出版社1994年版,第314页。
② 邓小平著:《邓小平文选》(第2卷),人民出版社1994年版,第372页。
③ 乔惠波著:《所有制结构演变与完善基本经济研究》,清华大学博士论文2015年。

域都需要对市场的发展做出正确的引导作用。由此,学术界展开了对政府和市场关系的讨论,从政府职能的界定以及宏观经济调控两方面进行了大量研究。

一方面,理论界对政府与市场之间的关系究竟如何、市场作用区间、政府的职能范围等问题进行了讨论。其中,最重要的就是政府的职能在市场经济中的界定问题,只有界定好政府职能的内涵和范围,才能继续展开对政府与市场关系的探讨。

第一类观点从政府转型入手来界定政府职能。有学者认为我国目前处在以政府转型为重点的结构性改革阶段。以公共服务为中心的政府转型,是我国下一步改革的中心和重点。因此,努力实现以公共服务为中心的政府转型,既是落实经济社会协调发展的科学发展观的重要保障,又是在宏观调控中推进改革、保持经济持续增长的重要举措。[1] 有学者从历史发展的脉络,对中国政府转型的历程进行全面的回顾和总结,同时总结阶段性政府职能特征,认为根据中国政府转型的历史演进路径,中国政府转型的历程大体划分为三个阶段:1978—1986 年为经济建设型政府阶段,1987—2002 年为经济调节型政府阶段,2003 年至今为公共服务型政府阶段。政府转型需要处理好政府与市场的关系,"客观界定政府职能,有效发挥政府职能"。[2] 还有学者通过寻租经济学的分析方法,对经济转型时期地方官员腐败和公共投资效率两者之间的内在关联进行了综合研究,并指出由于转型时期有效监管制度的缺失,"腐败对地方政府公共投资的规模效率、结构效率以及产出效率都产生了不同程度的负面效应"。[3]

第二类观点认为在政府的职能作用中,税收是政府职能的重要环节。有学者从增值税入手,认为增值税转型改革既是完善税制的需要,也是应对金融危机、实行扩张性税收政策、鼓励投资和扩大内需的宏观调控手段。[4] 还有学者认为实施增值税转型能够刺激投资,促进经济增长,但这个转型也会扭曲资本与劳动相对价格,产生资本对劳动的替代效应,对就业造成负面影响,并通过一般均衡分析得出在中国国情下,无歧视减税政策比增值税转型更优选。[5]

---

[1] 迟福林著:《以政府转型为重点的结构性改革》,《江苏社会科学》2004 年第 6 期。
[2] 王东京、田清旺著:《政府转型的演进轨迹及其引申》,《改革》2008 年第 11 期。
[3] 张雷宝著:《转型时期腐败和地方政府公共投资效率的关联分析》,《财经论丛》(浙江财经学院学报) 2005 年第 5 期。
[4] 王素荣、蒋高乐著:《增值税转型对上市公司财务影响程度研究》,《会计研究》2010 年第 2 期。
[5] 陈烨、张欣、寇恩惠、刘明著:《增值税转型对就业负面影响的 CGE 模拟分析》,《经济研究》2010 年第 9 期。

第三类观点认为政府在执行宏观经济政策的过程中,也要注重对内需的调整。有学者指出,扩大内需是我国经济发展的战略方向。通过判断年龄效应、时期效应和队列效应的相对重要性,并同时控制一系列社会和经济特征效应后发现,消费者年龄是消费结构的关键决定因素。根据人口转型趋势把握产业发展方向并制定科学的产业政策,对我国经济的稳定、持续、健康发展至关重要。①

另一方面,政府如何建设宏观经济调控体系,是学术界对政治经济学理论在社会主义经济调控体系建设中要重点考虑的问题。社会主义市场经济体制的建设,要求转变政府职能,建立以间接手段为主的完善的宏观经济调控体系,因为在市场经济条件下,市场机制对资源配置起基础性作用,但是市场具有自发性和盲目性,必须建立和健全宏观调控体系。这要求学术界对宏观经济调控体系的建设提出理论上的指导。在此基础上,政府开始关于宏观经济调控体系的实践探索。

第一类观点从宏观政策的效果来分析转型经济的体制性矛盾,认为转型中的体制性矛盾最终必须通过深化改革来消除。有学者指出:"自1998年以来积极财政政策的工具性效果不足和经济运行失衡成为中国经济的两个突出问题,两者皆具有承继关系,都受到同一转型背景下的体制性约束。"②我国目前市场经济的发展还处于搭建框架的早期阶段,这就使得市场失灵等问题缺乏内在机理上的解决方案,而消费抑制与投资促动的逆向约束则加剧了经济市场的失衡。"当前中国经济运行中的问题是结构性的,其实质是转型过程中传统体制性约束导致的市场机制运行障碍,是市场机制不成熟、不完善的结果。"③有学者提出,微观规制的宏观政策化是新一轮经济周期以来宏观调控政策的特征。从当前经济运行态势看,其调控效果并不明显,从而使宏观调控陷入新的困境。这表明:"无论调控政策与手段如何具体变化,如果缺乏相应制度的保障,宏观调控不可能切实有效,因此,制度转型亟待提上日程。"④

另一类观点从金融市场的角度分析政府的宏观调控现状以及存在的问题,以期给出建议。有学者从我国商业银行的发展角度探讨了宏观经济调控,认为现阶段中国商业银行在发展过程中遭受了资本约束的困境,宏观经济波动性的增强使

---

① 茅锐、徐建炜著:《人口转型、消费结构差异和产业发展》,《人口研究》2014年第3期。
② 吕炜:《体制性约束、经济失衡与财政政策——解析1998年以来的中国转型经济》,《中国社会科学》2004年第2期。
③ 吕炜:《体制性约束、经济失衡与财政政策——解析1998年以来的中国转型经济》,《中国社会科学》2004年第2期。
④ 杨全社、李江涛著:《当前宏观调控政策困境下的制度转型》,《国家行政学院学报》2007年第6期。

得宏观调控政策出现了更加频繁、更加市场化的新特征。为突破资本约束的困境和防范宏观调控带来的风险,商业银行必须进行战略转型,走低资本消耗、高盈利模式的集约化经营道路。银行一方面要认真分析宏观经济环境的变化以及宏观调控政策的新趋势,另一方面还要增强自身的风险管理能力以控制业务拓展和创新过程中带来的风险。① 有学者认为宏观调控的过程中存在调控失范的行为,其产生的主要原因是,转型期宏观调控法律制度体系中某些法律供给缺失、控权不能、控权不足。我国应转变政策调控的习惯思维、职权主义的立法模式、粗放主义的立法策略,完善有关保障社会主体基本经济权利的立法,通过法律制度的变革,对这种特殊的宏观调控行为予以有效规制。②

4. 关于经济开放的争论

针对经济开放中的出口和外资引进问题,学术界也进行了若干次有影响的讨论。

20 世纪 70 年代后期,我国逐步建立起丰富的外交关系,为向全世界开放奠定了基础。随着对外开放政策的实施,我国逐步形成了全面对外开放的路线。

针对经济开放中产品出口问题,有学者指出,我国长期大量出口劳动密集型产品,加工费是主要收益,主要利益都被外方获取。总体来看,我国劳动者的报酬水平远低于发达国家,并存在外商投资企业违反我国劳动法,通过延长劳动时间、克扣工资、不支付社会保障费用等手段,损害我国劳动者的合法权益。但是,产品出口带来的收入差距主要是由各国收入水平的差异造成的。如同向比较我国出口和外资企业与国内企业劳动者的收入情况,可以发现,国内企业的薪酬远低于外资部门。"2007 年,外资单位、国有单位和城镇集体单位职工平均工资分别为 27 942 元、26 620 元和 15 595 元,工资水平最高的为外资单位。"③实证研究也表明:对于发展中国家,"外资企业提供的劳动报酬虽然远远低于其在本土的水平,却在东道国是相对最高的"④。

而关于对外经济开放的模式和经济安全的问题,刘风发(2009)认为:"对外开放是一把双刃剑,对外开放提升了国家的经济实力、优化了产业结构、增强了国家

---

① 索彦峰、刘晓辉、于波著:《资本约束、宏观调控与商业银行战略转型》,《广东金融学院学报》2008 年第 5 期。
② 张辉著:《我国转型期的宏观调控失范行为》,《华东政法大学学报》2009 年第 4 期。
③ 孟勇、张志文著:《公共投资对中国各地区收入水平的影响分析——基于分位数回归方法》,《华南理工大学学报(社会科学版)》2008 年第 10 期,第 48—53 页。
④ 陈亮著:《建国 70 年我国对外开放道路的探索与发展》,《新西部》2019 年第 35 期。

的创新能力。对外开放对中国提出了许多挑战,资源安全、金融安全、产业安全、财政安全都需要我们积极应对。对外开放存在问题的原因,一是西方国家对我国的西化、分化还有相当市场;二是西方国家对中国的崛起存在相当的偏见;三是中国的市场化程度不够;四是国内的产品质量多少存在问题。"[1]这里需要注意的是,对外开放并不是有风险就拒绝的策略,"不能认为在国际贸易中发展中国家处于不利地位就不谈开放"[2]。郭福仙(2009)指出:"我国对外开放经历了从政府政策主导型转向国际规则约束型、从据点型转向区域型再转向全国型;它具有中央政府主导型的强制性制度变迁、不断学习与实践、正确处理开放、发展、稳定三者关系和不平衡性等特点;稳定的社会政治经济环境、强大的学习能力、我国特色的对外开放模式是我国对外开放的基本经验;对外开放在促进经济和社会发展的同时也导致一系列新矛盾和问题。"[3]

(二) 争论的关键指向

通过对现有理论争议的梳理可以看出,中国特色社会主义政治经济学理论的发展是以所处时代的经济条件和社会经济特征为基础。这些争论一方面丰富和完善了政治经济学学科的发展,另一方面也推动了中国特色社会主义政治经济学理论体系的构建。

梳理现有理论争议的焦点内容,可以看到,不同阶段的争论内容具有强烈的时代特色和阶段特征。

第一,对于社会主义初级阶段的界定和划分依据的争论,其实质在于缺乏对中国特色社会主义演变规律的系统认识。界定社会主义初级阶段,实质是探索社会生产力水平、生产关系状况、社会主要矛盾以及社会面临的主要任务的阶段性特征,而从中国特色社会主义演变发展的历史过程来看,应找出广泛存在于社会发展中的衡量依据,作为判别社会发展阶段的基本锚点。

第二,对于社会主义基本经济制度的争论,其原因在于部分研究在将政治经济学理论应用于现实逻辑的过程中,并没有充分认识生产资料所有结构的本质内涵。判断基本经济制度演变的核心,本质在于正确理解经济关系、经济制度之间的关系,并与我国的现实国情紧密结合在一起,在辩证统一的观点下灵活看待社会主义

---

[1] 刘风发著:《改革开放以来中国对外经济及安全思考》,《学理论》2009 年第 11 期。
[2] Hossain A, Chowdhury A (1988), "Open-Economy Macroeconomics for Developing Countries", Edward Elgar Publishing Limited, pp.1-5.
[3] 郭福仙著:《对我国对外开放模式的理性思考》,《湖南人文科技学院学报》2009 年第 1 期。

基本经济制度的结构变化。

第三,对于我国经济发展中政府与市场关系的争论,其问题在于狭义地定义了政府的职能,或研究视角较为单一,缺乏从经济发展的全局视角出发,平衡分析政府职能与市场"看不见的手"之间的相互作用。另外,由于我国经济发展中双轨制的存在,使得政府职能的存在具有了一定的必然性。想要解决这一争论,需要理论界聚焦经济发展的整体逻辑。

第四,对于经济开放的争论,其本质在于没有认清生产力发展的全局作用。随着经济全球化的发展进程,世界经济的融合对我国在转变经济增长思路、扩大全球视野、发挥社会主义国家独特制度优势等方面提出了新的要求。

因此,对于发展中的中国经济和中国政治经济学学科,亟待构建一个科学和完整的中国特色社会主义经济理论体系,不仅仅局限于经济增长的某一方面,也不仅仅局限于经济发展的某一视角,而是以更为宏观、全面和多元化的视角为我国社会主义建设提供理论支撑,丰富和发扬政治经济学学科的建设并促进其中国化的发展。

二、理论体系创新的核心问题:逻辑线索

要构建中国特色社会主义政治经济学理论体系,其核心问题在于找到理论创新的逻辑线索,遵循马克思主义政治经济学的思考路径,选择合适的起点和路径展开研究。但从现有研究来看,对于中国特色社会主义政治经济学理论体系逻辑起点、逻辑主线等逻辑线索问题,仍存在诸多争议。

(一)逻辑起点

逻辑起点是一门学科开展研究时最基础的理论问题。许多学者对中国特色社会主义政治经济学的逻辑起点问题进行了研究,以下列举其中五种主要观点:

1. 以发展为逻辑起点

习近平主席强调:"发展是永恒的主题","发展才是社会主义,发展必须致力于共同富裕"。[①] 因此,有学者认为中国特色社会主义政治经济学的研究对象应是发展,只有以发展为前提进行中国特色社会主义政治经济学理论体系建设才能使其

---

① 习近平著:《在解决"两不愁三保障"突出问题座谈会上的讲话》,《奋斗》2019年第16期。

理论更全面、深刻、准确、科学。① 作为社会主义国家,我们要始终坚持以马克思主义经济学理论为指导,"利用中国马克思主义政治经济学的理论和方法分析中国问题、提供中国对策"②。只有在中国特色社会主义政治经济学中强调发展的重要性才能保障我国经济持续、快速的增长,才能构建能够解决中国问题、推动中国经济发展的理论体系。目前我国仍存在收入分配差距较大、环境污染、创新程度不高等问题。我国政府也针对这些问题提出了创新、协调、绿色、开放、共享的发展新理念。政府十分重视发展路径的选择问题,因此在进行理论研究时应将发展理念作为研究的起点。

2. 以实践为逻辑起点

中国特色社会主义政治经济学就是在实践中不断探索、不断完善而逐步发展起来的,因此有学者指出应该以实践为研究起点。我国的改革实践是一条不同于其他国家实践的社会主义道路,同时也是对马克思所描述的社会主义实践的发展和补充。中国特色社会主义政治经济学理论体系要成为一套能够顺应中国国情和时代特点、对中国的发展具有重要指导意义的理论体系,最重要的就是它能够满足中国实践的需求,对中国的改革实践过程做出合理的解释和预估,有效指导我国的改革实践过程。有学者指出:"实践对于中国特色社会主义政治经济学具有举足轻重的地位,他们认为从中国特色社会主义政治经济学的形成和发展进程看,一以贯之,中国国情是中国特色社会主义政治经济学的根,把马克思主义基本原理与中国实际相结合并创新发展则是中国特色社会主义政治经济学的魂。"③

3. 以人民为逻辑起点

"以人民为中心是新时代坚持和发展中国特色社会主义的根本立场",④因此有学者指出中国特色社会主义政治经济学也应顺应新时代,以人民为研究起点。⑤ 首先,以人民为中心肯定了人民在历史发展中的决定力量,符合历史唯物主义的要

---

① 洪银兴著:《关于中国特色社会主义政治经济学理论体系建设的几个问题》,《人文杂志》2017年第12期。
② 贺卫华著:《在改革开放实践中创新和发展马克思主义政治经济学——兼论中国特色社会主义政治经济学的建构》,《学习论坛》2017年第1期。
③ 逄锦聚著:《中国特色社会主义政治经济学论纲》,《政治经济学评论》2016年第7期;
陈承明、陈伯庚、包亚钧著:《中国特色社会主义经济理论教程》,上海财经大学出版社2013年版;
张宇著:《中国特色社会主义政治经济学》,中国人民大学出版社2016年版;
杨瑞龙著:《社会主义经济理论》(第二版),中国人民大学出版社2008年版。
④ 习近平著:《习近平新时代中国特色社会主义思想三十讲——第八讲》。
⑤ 韩喜平、邓德强著:《以问题为导向 推进中国特色社会主义政治经济学的创新》,《当代经济研究》2017年第12期。

求;其次,以人民为中心肯定了解放和发展生产力的重要作用,劳动者是生产过程中最本质的生产力要素,以人民为中心可以调动劳动者的生产积极性,为社会发展贡献力量;再次,以人民为中心符合社会主义的生产目的,揭示了生产资料公有制的必然发展趋势,强调了共同富裕在经济发展中的重要地位;最后,以人民为中心符合劳动价值论的基本要求,强调了人民在创造价值和社会财富中重要且不可替代的作用,坚持了马克思提出的劳动是价值的唯一源泉。①

4. 以国家为逻辑起点

有学者指出中国特色社会主义政治经济学这种说法本身就是具有国家主体性的,强调的是该种政治经济学理论适用于中国特色社会主义的发展进程,在研究中就要以国家为研究起点,进行符合我国发展历程和时代特征的研究。因此,将"国家"作为中国特色社会主义政治经济学理论体系的逻辑起点,"是中国特色社会主义政治经济学在理论上的一个重大创新,从这一点出发,中国特色社会主义的一系列理论和实践问题将会得到全新的科学说明"。②

5. 以生产力和生产关系的对立统一为逻辑起点

有学者指出"生产力与生产关系是马克思主义政治经济学研究的起点,因此作为马克思主义政治经济学在中国的发展,生产力和生产关系的对立统一也应是中国特色社会主义政治经济学的研究起点。"③从生产力的发展阶段来说,"中国特色社会主义政治经济学是属于中等收入发展阶段的政治经济学"。④ 在构建中国特色社会主义政治经济学时,也应结合我国的国情和生产力发展阶段,利用中国特色社会主义政治经济学对新特点新规律的揭示、对经济发展实践规律性成果的提炼和总结,以及对"系统化的经济学说"的建设和发展。⑤

(二) 逻辑主线

在找准理论研究的逻辑起点的基础上,构建中国特色社会主义政治经济学理论体系,还需厘清其逻辑主线,即明确中国特色社会主义政治经济学理论体系应沿

---

① 胡钧著:《以人民为中心的发展和中国特色社会主义政治经济学理论体系的构建》,《改革与战略》2017 年第 11 期。
② 邱海平著:《论中国特色社会主义政治经济学的研究对象和理论特性——兼评张宇的〈中国特色社会主义政治经济学〉》,《教学与研究》2017 年第 3 期。
③ 颜鹏飞著:《新时代中国特色社会主义政治经济学研究对象和逻辑起点——马克思〈资本论〉及其手稿再研究》,《内蒙古社会科学》(汉文版)2018 年第 4 期。
④ 洪银兴著:《中国特色社会主义政治经济学的话语体系》,《政治经济学评论》2017 年第 5 期。
⑤ 张雷声著:《论中国特色社会主义政治经济学的发展与创新》,《马克思主义研究》2017 年第 5 期。

着何种线索和路径来构建。对此,学界目前还存在一定的争议。

1. 以发展为逻辑主线

逄锦聚(2016)将"发展经济、满足需要"看作中国特色社会主义政治经济学的主线,并指出,如果社会主义能够使经济得到发展,不断满足人民日益增长的物质文化需要,那么就可以为社会主义其他方面(如文化、环境)的发展奠定坚实基础,不断充分释放社会主义经济制度的生机活力。① 杨角和岳宏志(2017)指出,尽管中国经济取得了巨大发展成就,但还不能与其他发达国家相比,进一步促进经济发展才能体现社会主义制度的优越性,才能早日实现全面建成小康社会以及实现中华民族伟大复兴的中国梦,因此,中国经济发展是中国特色社会主义政治经济学的研究主线。② 刘灿(2018)指出:"共享发展是马克思主义在对资本主义社会存在的两极分化现象、私有制以及剥削的基础上,对未来社会主义社会的发展方式和价值目标的科学揭示。共享发展的理念是中国特色社会主义政治经济学体系的核心,构成了中国特色社会主义政治经济学的逻辑主线。"③ 沈佩翔和蒋锦洪(2019)指出,共享发展内涵丰富,强调全民共享、全面共享、共建共享、渐进共享,从四个方面(即共享主体、共享内容、共享途径、共享过程)对中国特色社会主义政治经济学在新时代如何贯彻,"发展为了谁、发展依靠谁、发展成果由谁享有"作出了科学回答,成为中国特色社会主义政治经济学逻辑主线。④

2. 以制度为逻辑主线

顾海良(2016)根据习近平总书记所强调的"把实践经验上升为系统化的经济学说,不断开拓当代中国马克思主义政治经济学新境界",⑤从中国特色社会主义政治经济学"系统化"的内在规定视角,认为"中国特色社会主义政治经济学的研究前提是社会主义初级阶段经济关系本质,主题是社会主义初级阶段基本经济制度和经济体制探索,主线是社会主义经济制度和市场经济体制结合、发展和完善研究"。⑥ 沈开艳(2017)指出,由生产力与生产关系之间的对立统一关系而拓展深化的资源配置关系就是中国特色社会主义政治经济学的研究对象,也就是生产资料

---

① 逄锦聚著:《中国特色社会主义政治经济学论纲》,《政治经济学评论》2016年第5期。
② 杨角、岳宏志著:《中国特色社会主义政治经济学理论体系构建研究》,《经济学家》2017年第9期。
③ 刘灿著:《中国特色社会主义政治经济学的共享发展研究》,《学术研究》2018年第6期。
④ 沈佩翔、蒋锦洪著:《共享发展:新时代中国特色社会主义政治经济学的逻辑主线》,《西安财经学院学报》2019年第3期。
⑤ 习近平著:《不断开拓当代中国马克思主义政治经济学新境界》,《求是》2020年第16期。
⑥ 顾海良著:《开拓当代中国马克思主义政治经济学的新境界》,《经济研究》2016年第1期。

公有制与市场配置资源之间的对立统一关系。沿着这一对立统一关系,中国特色社会主义政治经济学研究的逻辑主线就是对改革开放以来经济建设中诸如所有制关系等二元对立关系的研究。① 王昌林等(2018)认为,社会主义社会的基本矛盾必须通过不断地自我改革与完善,才能得到有效解决。中国的改革开放从本质上讲是社会主义制度的自我发展和完善。为此,社会主义制度的自我完善和自我改造等,就是中国特色社会主义政治经济学理论体系的主线,既符合马克思主义基本原理,也贴合中国实际国情。② 李济广(2019)指出,由于生产资料公有权是社会主义经济的基因和胚胎,是最抽象和最简单的范畴,而社会主义生产关系和经济规律是它的延伸。因此,必须延续《资本论》的使命和所有制主线,将公有权延展出来的公有制作为中国特色社会主义政治经济的主线,社会主义公有制就是社会主义政治经济学研究的总和,社会各领域都受到公有制的决定性影响,中国特色社会主义政治经济学的主要理论都应当以公有制为统领。③

3. 以利益为逻辑主线

早在20世纪70年代末,谷书堂等(1980)主编的《政治经济学(社会主义部分)》(北方本)就提出要以社会主义条件下人们的物质利益关系作为全书的主线。④ 李建平(2018)在综合分析理论界对中国特色社会主义政治经济学逻辑主线的研究的基础上,认为"中国特色社会主义政治经济学的逻辑主线是物质利益,原因主要是:物质利益理论是马克思主义的基本原理;中国特色社会主义政治经济学的根本立场是坚持为人民谋利益;重视国家利益的研究是中国特色社会主义政治经济学的重要内容;中国特色社会主义政治经济学的视野中应该将人类命运共同体的共同利益观纳入进来。因此,以物质利益作为逻辑主线不仅符合马克思主义的基本原理,而且包含人民利益、国家利益和人类命运共同体的共同利益这三个层次。"⑤马艳等(2018)认为,现有关于中国特色社会主义政治经济学的研究还没有形成科学体系,主要表现为没能真正揭示中国经济发展道路,缺乏逻辑起点、逻辑主线等严

---

① 沈开艳著:《建设中国特色社会主义政治经济学理论体系的构想》,《毛泽东邓小平理论研究》2017年第1期。
② 王昌林等著:《中国特色社会主义政治经济学理论体系的几个基本问题》,《宏观经济研究》2018年第1期。
③ 李济广著:《公有权、公有制:中国特色社会主义政治经济学的起点与主线》,《马克思主义研究》2019年第8期。
④ 北方十三所高等院校编写组编:《政治经济学》(社会主义部分),陕西人民出版社1980年版。
⑤ 李建平著:《论中国特色社会主义政治经济学的逻辑主线和体系结构》,《理论与评论》2018年第4期。

密的逻辑。因此,"在借鉴马克思《资本论》关于资本主义经济运行的基本逻辑基础上,以中国特殊利益关系为逻辑起点,将中国特殊利益关系的演变作为中国特色社会主义政治经济学的逻辑主线,深入分析中国特色社会主义政治经济学的理论体系创新以及在新时代的逻辑"。①

总体来看,现有理论界已经对逻辑起点和逻辑主线展开了一系列极具价值的研究,丰富了中国特色社会主义政治经济学理论体系的内容,对我们进一步认识和探索中国特色社会主义政治经济学理论体系富有启发。但整体来看,现有逻辑起点和逻辑线索中仍有较大的发展空间,想要完善并创中华人民共和国特色社会主义政治经济学理论体系,亟待我们进一步挖掘提炼,寻找更为科学合理的研究起点,构建更为精炼丰满的逻辑主线,为理论体系的创新搭建起一个完整的逻辑框架。

三、理论体系创新的基本问题:框架构建

除逻辑线索外,构建中国特色社会主义政治经济学理论体系所必须解决的另一个关键问题是,要确定其核心分析框架。这也是当前中国特色社会主义政治经济学理论研究中的重点。

(一)以研究专题为体系框架

联系我国发展现实,关注中国特色,目前的理论界形成了以四专题结构、六专题结构、七专题结构、八专题结构为代表的一系列关于中国特色社会主义政治经济学理论体系建设的研究专题框架。

以习近平新时代中国特色社会主义经济思想为指导,在紧密结合中国国情和改革开放后的社会经济状况的基础上,有学者将中国特色社会主义经济理论和经济运行规律划分为四部分,并对此进行了系统阐述,为加快我国的现代化建设和实现中华民族伟大复兴的中国梦提供了理论支持。

第一,中国特色社会主义政治经济学理论包含了经济发展与经济思想,包括社会主义与共产主义的必然联系、社会主义初级阶段及新时代、社会主义物质利益及经济规律、习近平经济思想的主要内容等。

---

① 马艳、王琳、杨晗著:《中国特色社会主义政治经济学体系创新与新时代逻辑——基于马克思〈资本论〉的分析框架》,《华南师范大学学报》2018年第6期。

第二,中国特色社会主义政治经济学理论包含了经济制度与经济体制的研究内容,包括社会主义初级阶段的基本经济制度、按劳分配与按要素分配有机结合的基本分配制度、健全社会主义市场经济体制、完善宏观调控与法治建设等。

第三,中国特色社会主义政治经济学理论包含了经济改革与体制创新,包括现代企业制度与国有企业改革、就业制度、城乡土地制度、金融体制、公共财政制度、社会保障制度等。

第四,中国特色社会主义政治经济学理论包含了发展战略,包括科技创新与国际竞争力、加快转变经济发展方式、调整和优化产业结构、生态平衡与可持续发展、经济全球化与对外开放等。①

从历史、理论与现实结合的视角,以中国特色社会主义道路的历史进程为实践基础,有学者从六个方面对中国特色社会主义理论体系的形成和发展、框架结构和基本特征展开了论述。其中,在思想路线方面,从中国特色社会主义理论体系的历史演进、中国特色社会主义理论体系的整体结构和理论特征、中国特色社会主义理论体系的精髓等方面展开研究;在发展阶段和发展道路方面,主要对社会主义初级阶段理论和中国特色社会主义发展道路进行阐述;在发展战略方面,主要阐述了"三步走"战略、科教兴国和人才强国战略等;在发展动力方面,主要阐述了改革开放对促进中国发展的作用;在发展布局方面,主要阐述了经济建设、政治建设、文化建设、社会建设等;在党的建设方面,主要阐述了中国共产党是中国特色社会主义事业的领导核心、坚持党的领导必须改善党的领导以及以改革创新精神全面推进党的建设这一新的伟大工程等。②

也有学者系统分析了中国在改革开放中社会主义经济发展的基本理论与重大现实问题。从中国经济改革和发展中出现的特殊现象入手,对基本经济制度、市场经济或国企改革、收入分配、国家调控、(市场)经济体制、对外开放、经济发展七个方面的深入剖析来检验现有的理论并发展与创新经济学理论。③ 中国特色社会主义政治经济学是当代中国马克思主义政治经济学的集中体现,作为马克思主义政治经济学基本理论与当代中国经济实践相结合的创新理论成果,具有指导中国特色社会主义经济建设的重要理论价值。"从中国特色社会主义经济的主要运行环节、基本经济制度、基本分配制度、国家调控、经济体制、经济发展、对外开放七个方

---

① 陈承明、陈伯庚、包亚钧著:《中国特色社会主义经济理论教程》,复旦大学出版社2018年版。
② 顾海良著:《中国特色社会主义理论体系研究》,中国人民大学出版社2009年版。
③ 杨瑞龙著:《社会主义经济理论》(第2版),中国人民大学出版社2008年版。

面入手,可以对中国特色社会主义经济的发展规律和本质特征进行论述,以达到将实践经验上升为系统化的经济学说的目的,从而为完善中国特色社会主义政治经济学理论体系作出贡献,促进马克思主义政治经济学的创新发展。"①

有学者认为,从内部来看,20世纪90年代中国经历经济发展道路、经济运行模式以及经济发展宏观环境三次重要的转折;从外部环境来看,随着经济全球化的推进和中国加入世贸组织,中国经济与世界经济的融合度越来越高,客观上要求中国了解学习其他国家经济发展模式和存在的问题,从中吸取有益的经验。因此,世纪之交的中国经济发展需要解决一系列新问题,紧扣经济发展的主线,以中国宏观经济环境的转型为背景,运用实证研究、比较研究、对策研究等多种研究方法,深入研究中国经济发展过程中的宏观环境问题、产业结构问题、企业制度问题、宏观调控问题、收入分配问题、社会保障问题、利用外部资源问题和区域经济问题,尝试从更广阔的理论视野深化对中国经济发展问题的研究,同时注重理论分析的创新,特别是运用新的发展观进行问题分析。②

(二) 以理论结构为体系框架

以理论结构来构建中国特色社会主义政治经济学理论框架的思路主要从"两部分体系"到"四部分体系"以及"六部分体系"出发,目前积累了较为丰富的研究成果。

以于光远、谷书堂等为代表的老一辈经济学家将政治经济学分为资本主义部分和社会主义部分进行研究。于光远与苏星在1977—1978年主编的《政治经济学》(资本主义部分)主要从资本主义方面对政治经济学进行了全面的介绍,该书分为上中下三册,从资本主义以前的制度到资本主义的最高阶段——帝国主义都进行了深入研究。具体来看,上册主要阐述资本主义以前的社会经济制度和垄断前的资本主义制度;中册主要阐述帝国主义的基本特征、帝国主义的历史地位以及资本主义的总危机;下册主要对资本主义在苏联复辟以来和20世纪60年代资本帝国主义进一步发展变化后的当代帝国主义经济问题。③ 对社会主义部分的研究,1980年出版的由谷书堂、宋则行任主编、北方十三所高等院校编写组主编的《政治经济学》(社会主义部分)(习惯上称为"北方本")主要从社会主义方面对政治经济学进行了研究。该书以不发达阶段社会主义生产关系为研究对象,针对长期以来脱离

---

① 张宇著:《中国特色社会主义政治经济学》,中国人民大学出版社2016年版。
② 顾钰民等著:《中国经济转型与发展研究》,同济大学出版社2002年版。
③ 于光远、苏星著:《政治经济学》(资本主义部分),人民出版社1998年版。

生产力而孤立地研究生产关系的问题,注重将生产力与生产关系联系起来进行研究,牢牢抓住社会主义经济关系的核心问题,将物质利益关系作为研究社会主义经济过程的主线,在体系结构上分为五篇十三章。

"三部分体系"包括了"基本理论""资本主义"和"社会主义"三个部分,其对政治经济学的研究遵循了从一般到特殊的理论逻辑。具体来看,在政治经济学一般理论部分,主要阐述了生产力、生产关系和生产方式、商品和价值、货币与货币流通量、资本及其循环和周转、社会总资本再生产和市场实现、信用制度与虚拟资本、竞争与垄断等;在资本主义经济部分,主要阐述了资本主义制度的形成和剩余价值的生产、资本主义的分配、资本主义条件下的企业、国家垄断资本主义及其对经济的干预、经济全球化和资本主义国际经济关系、资本主义的历史地位和发展趋势等;在社会主义经济部分,主要阐述了社会主义经济制度的建立和发展、社会主义初级阶段及其根本任务、社会主义市场经济与经济体制改革、社会主义市场经济的微观基础、社会主义宏观经济运行、社会主义条件下的经济增长与经济发展、经济全球化条件下社会主义经济中的对外经济关系、社会主义市场经济中的政府职能和宏观调控等。①

"四部分体系"在课程体系上突破了传统框架,即资本主义分为两个阶段以及政治经济学分为资本主义和社会主义两部分,按照从本质到现象、从一般到具体的逻辑,在内容中将经济运行和经济发展纳入政治经济学的研究对象,从商品经济一般开始,沿着基本经济制度、经济运行和经济发展的顺序,建立了具有内在逻辑的四部分理论体系。2011年出版的马克思主义理论研究和建设工程(简称"马工程")重点教材《马克思主义政治经济学概论》,主要通过商品和货币、资本主义经济、社会主义经济、经济全球化和对外开放四个部分,深入阐述了马克思主义政治经济学的基本理论及其中国化的理论成果。从具体内容来看,第一篇主要阐述市场(商品)经济的一般理论,包括商品、货币、市场经济和价值规律等;第二篇主要阐述资本主义经济,包括资本主义经济制度及其演变、资本主义生产、资本循环和周转、剩余价值的分配、资本主义再生产和经济危机、资本主义的历史地位和发展趋势等;第三篇主要阐述社会主义经济,包括社会主义经济制度及其根本任务、经济体制改革和社会主义市场经济体制、社会主义初级阶段的基本经济制度、社会主义初级阶段的分配制度、中国特色社会主义的经济发展、社会主义市场经济中的政府经济职

---

① 逄锦聚、洪银兴、林岗、刘伟著:《政治经济学》(第五版),高等教育出版社2014年版。

能等；第四篇主要阐述经济全球化和对外开放，包括经济全球化和国际经济秩序、经济全球化条件下的中国对外开放。[①]

而以社会生产过程、微观经济运行、社会经济制度、社会经济发展、宏观经济运行、国际经济关系共同构成的"六部分体系"很好地反映了当代政治经济学的发展。在社会生产过程部分，主要对社会生产与再生产、社会生产和再生产的经济形式、市场机制与市场体系等进行了阐述；在社会经济制度部分，主要分析了资本主义经济制度、资本主义经济制度的发展演变、社会主义基本经济制度、社会主义经济体制及其发展完善等；在微观经济运行部分，主要对企业经济活动、个人经济行为、市场结构与市场运行等进行了研究；在社会经济发展部分，主要研究了经济增长与经济发展、产业结构与产业地区布局；在宏观经济运行部分，主要阐述了国民经济的总体平衡、经济运行的宏观调控、国民收入分配与社会保障；在国际经济关系部分，主要对国际分工与国际经济关系、经济全球化与区域经济集团化、对外开放与对外经济发展战略等进行了分析。这六大体系从生产过程到经济运行、从微观经济到宏观经济、从国内经济到国际经济等进行了较为全面的阐述，既深刻阐述了马克思主义政治经济学的基本原理与思想，又对马克思主义政治经济学中国化的理论成果做了介绍，对于进一步完善中国特色社会主义政治经济学的理论体系有重要价值。[②]

总而言之，通过梳理现有中国特色社会主义政治经济学理论框架可以看出，现有框架主要通过对马克思经典理论的继承，并结合我国经济发展的现实进行构建。现有框架为我们构建了一个整体的研究图景，为我们的进一步研究提供了思路，但也存在逻辑主线不够清晰、系统性不足等问题。由此，政治经济学理论学界亟待进一步寻找合适的研究框架以支撑起中国特色社会主义政治经济学理论体系的构建。

我们认为，进行中国特色社会主义政治经济学理论体系创新，应遵循马克思主义的基本逻辑，借鉴现代国外马克思主义相关理论，并与我国的经济现实密切联系起来，立足经济发展实际，对这一理论体系进行充分的中国化创新。而将 CSSA 理论应用于中国特色社会主义政治经济学理论体系的构建，正符合我们进行理论体系创新的根本要求。为此，本书将 CSSA 理论引入中国特色社会主义政治经济学

---

① 《马克思主义政治经济学概论》编写组编：《马克思主义政治经济学概论》，人民出版社、高等教育出版社 2011 年版。
② 于良春著：《政治经济学》（第三版），经济科学出版社 2006 年版。

理论体系构建,从而为中国特色社会主义政治经济学理论体系创新提供科学有效的分析思路。

第二节 理论体系创新须依靠科学的方法论基础

构建一个经济学理论体系,首先需要明确这一理论的方法论基础,即该理论体系所遵循的最基础、最根本的原则和逻辑,因为"人们必须有了正确的世界观、方法论,才能更好观察和解释自然界、人类社会、人类思维各种现象,揭示蕴含在其中的规律"[1]。因此,构建中国特色社会主义政治经济学理论体系的根本前提便是要明确其方法论基础。

一、唯物史观是马克思主义经济学的精髓

马克思的经济学理论是一个逻辑严密的理论体系,这一理论体系得以构筑的方法论基础便是唯物史观,这也是马克思主义经济学的精髓所在。正如林岗(2012)所强调的:"将历史唯物主义这个总的原则运用于经济研究""是马克思留给我们的最重要的理论遗产。我们在经济研究中坚持马克思主义,从根本上说,就是要坚持马克思的研究方法和分析规范"。[2]

1. 唯物史观是马克思主义经济学的理论基础和立论依据

马克思主义经济学依据辩证唯物主义和历史唯物主义所提供的世界观和方法论,运用唯物史观关于人类社会发展一般规律的原理,去分析研究各种具体的社会形态和生产关系,以此为基础创立剩余价值理论,并且建立起马克思主义政治经济学的整个理论体系。马克思在《〈政治经济学批判〉序言》中将唯物史观的基本原理做了如下表述:"人们在自己生活的社会生产中发生一定的、必然的、不以他们的意志为转移的关系,即同他们的物质生产力的一定发展阶段相适合的生产关系。这些生产关系的总和构成社会的经济结构,即有法律的和政治的上层建筑竖立其上并有一定的社会意识形式与之相适应的现实基础。物质生活的生产方式制约着整

---

[1] 习近平:《在哲学社会科学工作座谈会上的讲话》,新华网 2016 年 5 月 19 日。
[2] 林岗著:《论〈资本论〉的研究对象、方法和分析范式》,《当代经济研究》2012 年第 6 期。

个社会生活、政治生活和精神生活的过程。不是人们的意识决定人们的存在,相反,是人们的社会存在决定人们的意识。社会的物质生产力发展到一定阶段,便同它们一直在其中运动的现存生产关系或财产关系(这只是生产关系的法律用语)发生矛盾。于是这些关系便由生产力的发展形式变成生产力的桎梏。那时社会革命的时代就到来了。随着经济基础的变更,全部庞大的上层建筑也或慢或快地发生变革。"[1]

根据马克思的相关阐述,唯物史观可以概括为以下几个命题:

(1) 生产力决定生产关系,生产关系反作用于生产力;

(2) 生产力与生产关系的矛盾运动推动了社会发展;

(3) 由生产资料所有制决定的生产关系形成了特定社会的经济基础,占主体地位的生产关系决定了经济基础的性质;

(4) 经济基础决定上层建筑,包括社会经济制度、政治法律制度和伦理规范。

马克思主义政治经济学方法论的几个基本命题不是孤立的,而是具有严密的内在逻辑关系。生产关系在生产力和上层建筑之间起中介作用,生产资料的所有制形式本身是由生产力发展水平决定的,同时又对经济、政治、法律制度和意识形态等上层建筑起决定作用。唯物史观的基本原理揭示了生产力与生产关系发展的基本规律,以此揭示社会经济制度变迁和经济关系演变规律,进而揭示人类社会发展规律。这些基本原理体现了唯物史观的精髓,构成了马克思主义经济学的基础和前提。

2. 唯物史观是马克思主义经济学区别于其他经济学理论的根本标志

马克思主义经济学从生产力和生产关系的大逻辑中演绎资本主义经济发展变化规律,揭示现代市场经济运行规律,阐释上层建筑如何更好地适应经济基础的规律。将生产资料所有制作为社会生产关系的核心,将生产资料所有制的变革作为社会发展的动力。阐述了雇佣劳动关系是资本主义生产关系得以运行的基础,提出劳动价值论、剩余价值率、资本积累论、资本流通理论和社会再生产理论、生产价格理论等基本经济原理,对资本主义生产关系的产生、发展以及消亡的进程进行了系统阐述和理论推导。与此相对应,西方主流经济学并没有从经济运行的本质出发,而是将经济运行的表象作为研究对象,将资本主义生产关系作为社会永恒的条件,认为建立在私有制基础上的市场经济和追求利润率最大化为目标的资本主义

---

[1] 马克思、恩格斯著:《马克思恩格斯选集》(第 2 卷),人民出版社 1995 年版,第 32—33 页。

是人类社会终极状态。在此基础上,西方主流经济学以利己动机为出发点,演绎出自由市场能够带来个人利益和整个社会福利的最大化,排斥政府对市场的补充作用,忽视社会在财产占有的平等性,提倡资本不受限制及政府最小化的政策和治理逻辑。

之所以有这个区别,根本在于马克思主义经济学以唯物史观为方法论基础和基本原则,并不拘泥于对特定生产关系和特定社会形态的固化分析,而是将社会生产关系的发展变化作为其理论特质,将社会经济发展变化置于整个生产力和生产关系的矛盾运动和发展变化的大逻辑中。而西方主流经济学则建立在边际和均衡逻辑基础上,力图在现行基本制度下探寻经济运行现象中的变化规律。可见,否定唯物史观,就是否定马克思主义经济学的整个理论大厦;而坚持、发展和运用这些基本原理,就是真正坚持和发展马克思主义经济学。唯物史观是马克思主义政治经济学乃至整个马克思主义理论体系的硬核。

3. 唯物史观贯穿于马克思主义政治经济学理论体系的始终,是马克思主义经济学的灵魂

马克思在对黑格尔的辩证法和费尔巴哈的唯物论进行"扬弃"的基础上创造性提出了辩证唯物主义,并将其运用于人类社会历史演进的分析,提出了"唯物史观"。唯物史观,一方面认为人类社会不断发展变化的历史过程并不是观念的、精神的历史,而是建立在社会实践基础上的客观历史。正如马克思在《德意志意识形态》中所强调的:"对现实的描述会使独立的哲学失去生存环境,能够取而代之的充其量不过是从人类历史发展的考察中抽象出来的最一般的结果的概括。这些抽象本身离开了现实的历史就没有任何价值。"[1]另一方面,认为人类的主观实践并不是无意义的,而是会深刻影响历史的发展和变化,"历史不过是追求着自己目的的人的活动而已"[2]。与黑格尔不同,马克思这里强调的"人"不是纯粹主观的人,而是"从事活动的,进行物质生产的,因而是在一定的物质的、不受他们任意支配的界限、前提和条件下活着的"[3]人。马克思正是基于这一基本方法论,才构建起其科学的政治经济学理论体系,同时将这一方法论精髓贯穿于其理论体系的始终。

马克思从分析商品开始,认为商品是伴随生产力发展、自然经济解体逐渐出现的。商品经济的出现,原有的生产关系将发生革命性的变化,特别是随着资本主义

---

[1] 马克思、恩格斯著:《德意志意识形态》(节选本),人民出版社 2003 年版,第 18 页。
[2] 马克思、恩格斯著:《马克思恩格斯文集》(第 1 卷),人民出版社 2009 年版,第 295 页。
[3] 马克思、恩格斯著:《马克思恩格斯文集》(第 1 卷),人民出版社 2009 年版,第 524 页。

的产生,以私有制和雇佣劳动为基础的生产关系在社会中占据统治地位。商品具有价值和使用价值二因素,而价值是凝结在商品中的无差别的人类劳动。马克思从历史的维度考察了商品经济的产生,确立了价值这一概念,并对价值进行了革命性意义的研究。通过对商品价值的考察,马克思揭示了货币的本质及其起源:货币作为固定充当一般等价物的商品,从商品中来,又独立于商品。货币一旦产生,商品价值和使用价值的矛盾就外化为商品和货币之间的矛盾。随着劳动者与生产资料的逐渐分离,劳动力成为商品,货币所有者转化为资本家,雇佣劳动关系确立了自身在劳动关系中的主体地位。资本主义生产关系得以确立,资本家通过占有劳动者在剩余劳动时间内创造的价值而获得增殖。但资本主义存在内在矛盾,一方面,资本通过不断提高并占有剩余价值而扩大资本规模、集聚社会财富,另一方面,劳动者在资本积累规律下不断面临失业和贫困的境遇,无产阶级和资产阶级的矛盾逐渐显现。马克思认为资本主义的基本矛盾根源在于生产社会化与生产资料私人占有之间的矛盾,这一矛盾的彻底解决将通过无产阶级的社会主义革命的方式进行。最终资本主义生产关系将会被全新的社会生产关系所替代,这是马克思主义政治经济学揭示的人类社会演变的基本规律。社会发展总是以一个阶级代替另一个阶级的统治地位来体现,总是反映生产力与生产关系矛盾产生、发展和解决的过程,这无不展现着唯物史观的基本原理和基本观点。

二、中国特色社会主义政治经济学的方法论基础——唯物史观

中国特色社会主义政治经济学理论体系,之所以称为"中国特色",在于该理论旨在揭示中国经济改革发展的内在逻辑、基本规律和成功经验,而不是对现有西方经济理论或经典马克思主义经济理论的简单重复或案例应用。为此,构建中国特色社会主义政治经济学理论体系,必须对我国经济改革的思想和实践进行充分提炼和总结,而这也决定了中国特色社会主义政治经济学理论必然以唯物史观为方法论基础。

一方面,中国特色社会主义政治经济学理论应揭示和反映我国经济改革思想的发展和变化,因此马克思主义经济理论及其基本方法论必然成为中国特色社会主义政治经济学理论的根本遵循。

自俄国十月革命为中国无产阶级送来马列主义以来,我国历代领导核心均对马克思主义经济学进行了中国化创新和探索,并在这一过程中形成了毛泽东思想、

邓小平理论、"三个代表"重要思想、科学发展观以及习近平新时代中国特色社会主义经济思想等一系列马克思主义经济学中国化成果，这些创新成果无一不遵循马克思主义经济学的基本方法论。

中华人民共和国成立初期，以毛泽东同志为核心的领导集体在充分学习马克思主义经济基本原理并将其与中国国情有机结合的基础上，以农业为基础，以农轻重为序；调动国内外一切积极因素，服务于社会主义经济建设；正确处理人民内部矛盾；社会主义社会必须发展商品生产，尊重价值规律等，为我国经济体制改革奠定了理论基础。其后，以邓小平同志为核心的领导集体认真反思社会主义经济建设初期的经验和教训，回归马克思主义的基本逻辑，立足改革开放，积极探索中国特色社会主义经济建设和发展规律，形成了社会主义本质理论、社会主义全面发展观、社会主义初级阶段理论、社会主义改革理论、社会主义市场经济理论、社会主义对外开放理论等突破性理论。进入21世纪，面对世界多极化趋势、经济全球化浪潮等现实挑战，以江泽民同志为主要代表的领导集体科学运用唯物史观关于人类社会的发展是先进生产力不断取代落后生产力的历史过程、思想文化在人类社会发展中发挥能动作用等观点，提出了"三个代表"重要思想，进一步回答了"什么是社会主义、怎样建设社会主义"等一系列关乎中国经济发展和人民命运的重要问题。在此基础上，以胡锦涛同志为主要代表的领导集体，立足社会主义初级阶段基本国情，充分运用"事物的联系是普遍的和客观的"以及"事物的普遍联系构成了事物的运动变化发展"等马克思主义基本原理，创造性地提出了以人为本、全面协调、可持续的科学发展观，进一步阐明了中国应实现什么样的发展、怎样发展等重大理论与实践问题。自党的十八大以来，以习近平同志为核心的领导集体，坚持以马克思主义经济学为指导，继承马克思主义中国化的重大理论成果，全面探索夺取中国特色社会主义伟大胜利的道路，提出了新时代中国特色社会主义思想。新时代中国特色社会主义思想深刻诠释了我们应坚持和发展什么样的中国特色社会主义，以及如何坚持和发展中国特色社会主义。这一思想既继承了马克思主义经济理论的基本逻辑和思想精髓，又是对马克思主义中国化的新时代拓展和创新，是马克思主义中国化的最新成果。

毛泽东思想、邓小平理论、"三个代表"重要思想、科学发展观以及习近平新时代中国特色社会主义经济思想，是中华人民共和国成立以来我国经济改革和发展思想的集中体现，而这些经济思想也是中国特色社会主义政治经济学理论的思想源泉和重要组成部分。这意味着马克思主义经济理论及其基本方法论必然成为中国特色社会主义政治经济学理论的基础和依据。正如习近平总书记在2016年哲学社会科学工作座谈会上强调的:"我国哲学社会科学坚持以马克思主义为指导,是近代以来我国发展历程赋予的规定性和必然性。在我国,不坚持以马克思主义为指导,哲学社会科学就会失去灵魂、迷失方向,最终也不能发挥应有作用。"①

另一方面,中国特色社会主义政治经济学理论是对我国经济改革实践的系统化梳理和学理化总结,必然遵循唯物史观的基本方法论。

习近平总书记在主持召开2016年经济形势专家座谈会时指出,"坚持和发展中国特色社会主义政治经济学,要以马克思主义政治经济学为指导,总结和提炼我国改革开放和社会主义现代化建设的伟大实践经验""中国特色社会主义政治经济学只能在实践中丰富和发展,又要经受实践的检验,进而指导实践"②。因此,构建中国特色社会主义政治经济学理论体系,绝不能陷入既定框架而纯粹进行主观上的演绎和分析,而需要回归历史具体、回归改革实践,即以唯物史观为方法论指导,重新进行"从具体到抽象"的研究过程和"从抽象到具体"的叙述过程。从具体到抽象,须基于对中国改革实践的充分调研,正如马克思所强调的,"研究必须充分地占有材料,分析它的各种发展形式,探寻这些形式的内在联系"③;从抽象到具体,则须层层递进,首先对理论体系的逻辑线索、分析框架、系统运行等进行抽象提炼,再进行理论框架的具体展开和拓展。

与此同时,中华人民共和国成立以来的经济改革发展历程,也是对唯物史观尤其是生产力与生产关系矛盾运动作用逻辑的深刻诠释和集中体现。正如习近平总书记在纪念马克思诞辰200周年大会上强调的,中华人民共和国成立以来的改革实践正是"自觉通过调整生产关系激发社会生产力发展活力,自觉通过完善上层建筑适应经济基础发展要求"④的过程,而这所遵循的方法论基础便是唯物史观。中华人民共和国成立初期,在物质资源极度匮乏以及经济结构相对单一的条件下,我国生产力发展与计划经济体制之间形成了有效的相互促进,使这一时期国民经济快速恢复并建立起基本工业体系。但随着经济部门日益多样化,计划制订的科学性和有效执行不再能够保证,且"平均主义"和僵化的体制导致经济活动愈发低效或无效,这使计划经济体制逐步转变为生产力的束缚。当这种矛盾达到一定程度

---

① 习近平著:《在哲学社会科学工作座谈会上的讲话》,新华网2016年5月19日。
② 习近平著:《习近平主持召开经济形势专家座谈会》,《人民日报》2016年7月9日。
③ 马克思著:《资本论》(第1卷),人民出版社2004年版,第21页。
④ 习近平著:《在纪念马克思诞辰200周年大会上的讲话》,《光明日报》2018年5月5日。

时,便推动了我国 1978 年以来的一系列大规模制度创新,即改革开放。1978—1998 年我国生产关系的改革以"权利下放"为主要特征,通过引入市场竞争,实现了技术创新能力的恢复;1998—2012 年生产力的发展越来越受到需求端的制约,这一时期生产关系改革更加聚焦供给侧的另一极即需求侧,继而为生产力的进一步发展提供了支持;2013 年以来我国生产方式失衡的问题日益凸显,以引入市场机制为主要内容的生产关系改革已无法满足智能化、共享化、绿色化等技术创新大趋势的要求,为此我国开始大力实施供给侧结构性改革,以保障生产关系向适应生产力的方向不断演变。

可见,中国特色社会主义政治经济学理论体系的构建须以唯物史观为方法论基础,这不仅是总结我国历代领导核心经济思想的必然结果,也是刻画中华人民共和国成立以来我国经济改革实践的必然要求。抛弃或偏离了唯物史观这一基本方法论所构建的中国特色社会主义政治经济学理论体系,将成为"无源之水""无根之木"。

三、方法论基础的一致性

在第三章的理论阐述中,我们就 SSA 和 CSSA 对唯物史观的遵循和发展进行了一定的说明,这里再对这一点进行强调,同时阐明其对于构建中国特色社会主义政治经济学理论体系的重要意义。

1. 作为国外马克思主义的重要流派之一,SSA 理论本身便遵循马克思主义经济学的基本方法论,即唯物史观。

一方面,SSA 的分析视角及其历史分析范式,决定了该理论必然遵循唯物史观的基本方法论。SSA 理论形成的背景是资本主义经济中出现的长期繁荣和萧条交替的现象,对这一现象西方主流经济学无法解释,唯有将其认定为一种正常的周期循环,不予过多考察。为此以马克思主义视角为出发点的结构性分析逐步出现,SSA 便是其中的一个典型代表。且 SSA 理论注重对历史的考察和分析,认为每一个发展阶段的演变须在历史进程中进行具体分析,而这正是唯物史观的基本立场,即理论分析不能离开具体性和历史性,对人类历史的任何抽象考察都"没有任何价值"[①]。

[①] 马克思、恩格斯著:《德意志意识形态》(节选本),人民出版社 2003 年版,第 18 页。

另一方面，SSA 理论本身也是对马克思关于生产力与生产关系相对运动的基本方法论逻辑的拓展分析。这一理论聚焦生产关系层面，旨在考察生产关系的集中体现即资本积累的社会结构从探索到巩固再到衰退的变化过程，并用此来解释资本主义社会的阶段性演变。尽管 SSA 理论主要探讨制度对经济发展演变的作用，但其基本逻辑隐含技术的影响，比如该理论探讨了资本使用效率的问题，且该理论所聚焦的系列矛盾，如劳资矛盾、资资矛盾、资本与社会矛盾、意识形态矛盾、国际矛盾，均离不开生产力与生产关系之间的相对关系。显然，SSA 理论在遵循唯物史观的基础上，对其进行了有侧重的拓展，使其在具体分析中对生产力这一维度以及两者之间的相互作用有所忽略。

2. CSSA 是在传统 SSA 理论基础上进行现代化和中国化创新的产物，同样继承了唯物史观的基本方法论。

CSSA 理论延续了传统 SSA 理论的基本分析范式，因此继承了其所遵循的唯物史观方法论。CSSA 理论建立在传统 SSA 理论基础之上，在对其进行现代化和中国化创新的过程中，充分保留了该理论所具有的诸多良好理论特质，如矛盾分析范式、历史分析方法、开放性分析框架等，这使 CSSA 理论在形成之初便有了唯物史观这一方法论的基因。在此基础上，CSSA 理论进一步克服了 SSA 理论对生产力维度有所忽视的局限性，在对唯物史观进行具体运用时进行了更具系统性的拓展，即把阶段划分的衡量标准从劳资矛盾调整为经济增长。经济增长是一个国家宏观经济表现的重要衡量指标，其不仅反映了生产关系的发展变化，也反映生产力的发展情况，是生产力与生产关系两个维度的有机统一。因此，将中国经济阶段划分的衡量标准从劳资矛盾调整为经济增长，实际上是将生产力维度真正纳入 CSSA 分析框架，真正遵循了马克思唯物史观的基本逻辑。

3. CSSA 理论与中国特色社会主义政治经济学理论体系在方法论基础上的一致性，使得以 CSSA 理论为基础来构建中国特色社会主义政治经济学理论体系成为可能。

如前所述，要构建中国特色社会主义政治经济学理论体系，一方面绝不能抛弃唯物史观这一科学的方法论基础，另一方面又不能对马克思分析资本主义生产方式的基本逻辑进行简单复制和照搬。这就要求不能笼统地遵循唯物史观的基本方法论，还要对其进行科学合理的运用和拓展。CSSA 理论对于唯物史观的继承和发展便符合这一基本要求，使其与中国特色社会主义政治经济学理论体系有了共同的出发点，也使两者有了相互结合的可能。

第三节　理论体系创新须遵循明晰的逻辑线索

构建中国特色社会主义政治经济学理论体系须以唯物史观为方法论基础,这赋予了该理论体系以基础和灵魂,但理论体系大厦的搭建还需进一步明确其基本的逻辑线索,即这一理论体系所要研究和揭示的最根本、最关键的问题与规律。这一逻辑线索的探究既不能脱离经典马克思主义的基本逻辑,又要与中国经济实际情况有机结合。

一、经典理论逻辑线索：资本主义特殊利益关系及其演变

经典马克思主义经济理论作为一个具有严密逻辑的理论体系,同样有着该理论体系中各个内容赖以围绕和展开的逻辑线索。这一逻辑线索至少包含两个维度：一是逻辑起点,即构建理论体系的出发点,是理论体系得以形成、展开、发展和完善的立论基础与核心要素,也是使之与其他理论体系相区分的具有本质性和溯源性的逻辑基础;二是逻辑主线,即贯穿于一个理论体系始终的核心线索和关键脉络,正如黑格尔指出的:"作为一个体系,需要有一个原理被提出并贯穿在特殊的东西里面。"[①]且这两个维度是密切联系的,逻辑主线是对逻辑起点的演绎和延伸,逻辑起点则是逻辑主线的思维开端和范畴规定。一个理论体系的逻辑线索须满足一定的原则：

（1）须体现实践的主题。脱离实际的逻辑线索是主观的臆断,逻辑线索的首要原则就应当反映历史进程或者说是实践的主题。

（2）须反映理论的本质。从繁杂的表象中剥离出最深刻的、决定性的、本质性的核心范畴,区别于其他理论体系,这是逻辑线索应当具有的本质性特征。

（3）须承当内容的链接。任何独立完整且成熟的理论体系都是由最简单的逻辑起点逐步上升到具体的终点,且在起点与终点之间需要经过一系列的中间环节,这些中间环节需要逻辑线索这一"总枢纽"来链接。

基于以上界定,本书认为,资本主义的特殊利益关系是经典马克思主义经济理

---

① 黑格尔著:《哲学史讲演录》(第 2 卷),贺麟、王太庆译,人民出版社 2013 年版,第 364 页。

论的逻辑起点,而以剩余价值理论为核心的资本主义特殊利益关系的发展变化则是经典马克思主义经济理论的逻辑主线。

1. 利益关系从来都是马克思主义经济学的根本研究对象

马克思早在1841年《关于出版自由和公布等级会议记录的辩论》一文中便提出,"人们奋斗所争取的一切,都同他们的利益有关"。① 此后,《关于林木盗窃法的辩论》一文再次体现了马克思对法律背后利益原则的认识。也正是因为对物质利益的关注,使马克思开始研究现实经济关系②,他认为"利益的社会本质和社会基础是生产关系,经济利益是生产关系的具体表现"。因此,对于旨在揭示生产关系及其矛盾运动规律的马克思经济理论而言,利益关系无疑是其研究的核心内容。而揭示资产阶级与无产阶级之间利益关系的本质规律并服务于无产阶级利益则是马克思经济研究的最终目标。可见,利益关系不仅是马克思经济学研究的起点,也是其研究的核心内容,更是其研究目标,利益关系可以说是马克思经济研究的根本研究对象。除马克思外,其他经典作家也对利益关系有着高度的关注。恩格斯曾指出,"每一个社会的经济关系首先是作为利益表现出来";③列宁认为,物质利益是"人民生活中最敏感的神经",④因此"在社会主义社会,仍然需要关心个人利益";斯大林则强调,"要关注社会主义整个国民经济的利益和长远利益"。可见,利益关系是马克思主义经济学一以贯之的根本研究对象。

2. 马克思《资本论》正是以"资本主义特殊的利益关系"为研究出发点,构建其整个理论体系

马克思认为,不同的制度有不同的利益关系,也即利益关系不仅有其一般性,同时具有特殊性,而这种特殊的利益关系正是特殊经济社会关系的集中体现。具体而言,马克思在《资本论》中主要聚焦于"资本主义生产方式以及和它相适应的生产关系和交换关系",并且指出"到现在为止,这种生产方式的典型地点是英国"。⑤而资本主义社会中"私人利益关系"就是社会经济关系的表现,马克思的整个理论体系也是围绕资本主义这种特殊的"私人利益关系"逐步展开。马克思的劳动价值论和剩余价值理论阐述了资本主义特殊的劳资利益关系;扩大再生产理论及平均

---

① 马克思、恩格斯著:《马克思恩格斯全集》(第1卷),人民出版社1960年版,第82页。
② 马克思、恩格斯著:《马克思恩格斯全集》(第1卷),人民出版社1960年版,第717页。
③ 马克思、恩格斯著:《马克思恩格斯选集》(第2卷),人民出版社1995年版,第537页。
④ 列宁著:《列宁全集》(第13卷),人民出版社1959年版,第113页。
⑤ 马克思、恩格斯著:《资本论》(第1卷),人民出版社2004年版,第8页。

利润率理论则是资本主义特殊的资资利益关系;国家成为资产阶级将特殊利益转变为共同利益的工具,这是资本主义特殊的资本与社会利益关系;而资本主义的矛盾和危机归根结底则是私有制下私人利益与社会利益的矛盾。"资本主义特殊的利益关系",正是马克思《资本论》的逻辑起点。

3. 剩余价值理论作为揭示资本主义特殊利益关系及其发展变化的核心理论,贯穿于马克思主义经济理论的整体体系

张薰华曾在其《〈资本论〉脉络》以"人体"作为比喻,剖析了《资本论》三卷的叙述逻辑:"第 1 卷叙述了它的'骨骼系统',第 2 卷进一步叙述了'包含着骨骼的肌肉系统',第 3 卷则是叙述'包含着骨头和肉的表皮系统'。"[①]依此逻辑,"剩余价值"作为贯穿《资本论》三卷的核心范畴,即是马克思主义经济理论的逻辑主线。剩余价值之所以成为马克思主义经济理论的核心范畴,正是因为它能在资本主义生产方式纷繁复杂的具体中凸显资本主义生产关系的本质,"从直接生产者身上榨取无酬剩余劳动的独特经济形式,决定了统治和从属的关系,这种关系是直接从生产本身中生产出来的,并且又对生产发生决定性的反作用……为任何当时的独特的国家形式,发现最隐蔽的秘密,发现隐藏着的基础"。[②] 剩余价值完全能够体现资本主义经济关系与其他经济关系相区别的本质。而且,马克思在其《资本论》中以"商品"这一资本主义经济细胞为出发点,经过劳动价值、货币等一系列经济范畴的中介,发现了剩余价值这一核心范畴,才能以剩余价值为逻辑主线,形成了"剩余价值—绝对剩余价值和相对剩余价值生产—年剩余价值—剩余价值转化为资本的积累过程—产业利润、商业利润、利息、地租等各种剩余价值分配"这样一个逻辑严密的理论链条,继而将资本主义运行规律经过科学抽象得以完整再现。

二、中国特色经济理论逻辑线索:中国特殊利益关系及其演变

基于以上对经典马克思主义经济理论逻辑线索的解析,不难得出,要构建中国特色社会主义政治经济学理论体系,其逻辑线索应为中国特殊利益关系及其演变。其中,中国特殊利益关系是逻辑起点,这一特殊利益关系的发展演变是其逻辑主线,两者共同构成中国特色社会主义政治经济学理论体系的基本研究对象。

---

① 张薰华著:《〈资本论〉脉络》,复旦大学出版社 2012 年版,第 7 页。
② 马克思、恩格斯著:《资本论》(第 3 卷),人民出版社 2004 年版,第 894 页。

1. 中国特色社会主义政治经济学是在马克思主义经济学与中国经济改革实践相结合过程中逐渐形成并有待进一步系统化、体系化的经济理论，因此应遵循马克思主义经济学的基本逻辑，即将利益关系作为根本研究对象。

实际上，利益关系是一切经济学研究的核心问题。在现实经济活动中，不论生产、分配、交换、消费，决定经济主体行为选择的最核心因素通常是经济利益，因此在经济活动过程中形成的各种人与人之间的社会关系，归根结底都是某种利益关系。而经济学理论研究的目的就在于揭示经济关系和经济活动的本质性规律，因此利益关系不可避免地成为经济学研究的核心问题。各经济学流派最核心的关注点均为经济主体之间的利益关系，只不过由于所处立场的不同、所服务阶级的不同，其价值判断有所不同。例如，亚当·斯密的经济理论聚焦于个人之间的利益关系，马克思主义经济学则关注资产阶级与无产阶级之间的利益关系；马歇尔经济理论旨在揭示微观主体之间的利益关系，凯恩斯的经济研究则试图解决微观利益与宏观利益之间的矛盾。对于中国特色社会主义政治经济学理论的研究，利益关系同样成为其核心所在。

相比其他经济学理论，马克思主义经济理论更重视对利益关系本质的分析，将其作为根本研究对象，这是由马克思主义经济理论的方法论基础及其研究目的所决定的。马克思主义经济理论在形成之初，其目标便是揭示资本主义内在矛盾，为无产阶级的斗争提供理论支撑。这意味着，该理论不会将资本主义的根本制度作为既定条件，局限于资本主义生产方式下的具体运行和现象解析，而是以更长期的历史视野及更普遍联系的整体视角，旨在将"完整的表象蒸发为抽象的规定"，并将"抽象的规定在思维行程中导致具体的再现"。基于此，马克思将其研究对象明确表达为"资本主义生产方式以及和它相适应的生产关系和交换关系"。

沿着这一逻辑，马克思对社会主义或共产主义的分析始终以利益关系为出发点。马克思主义经典作家在揭示资本主义制度的根本矛盾后，对"未来社会"进行了构想，主要有如下四方面特征：

一是生产资料公有制代替私有制，也即消灭了生产资料私有制和人对人的剥削关系。私有制是资本主义基本矛盾的根源所在，是造成阶级对立和无政府状态的根本原因，因此"未来社会"的第一个特征便是消灭私有制，实行生产资料归全体社会成员共同所有。

二是消灭商品生产，对全部社会生产进行有计划的调节。生产资料归全社会所有，因此不再需要为了交换而生产商品，所有个人组成的联合体劳动的总产品就是社会产品,且社会生产不再呈现无政府状态。

三是社会生产力高度发展,实现共同富裕。马克思将共产主义社会的生产目的概括为"扩大、丰富和提高工人的生活",①其实质便是全体社会成员实现共同富裕。

四是自由人联合体和个人的自由全面发展,即"每个人的自由发展是一切人的自由发展的条件",②"通过社会生产,不仅可能保证一切社会成员有富足的和一天比一天充裕的物质生活,而且还可能保证他们的体力和智力获得充分的自由的发展和运用"。③ 不难发现,以上马克思等经典作家对未来社会的设想均围绕利益展开,从资本主义到共产主义即是建立在公有制基础上的人的共同利益关系取代私有制下劳资利益对立关系的过程。

为此,不论是从经济理论的一般性,还是从马克思主义经济学的特殊性,抑或从马克思主义经典作家对社会主义和共产主义的理论解析均可得出,利益关系应成为中国特色社会主义政治经济学的根本研究对象。

2. 与马克思主义经济学聚焦资本主义特殊利益关系类似,中国特色社会主义政治经济学应聚焦中国特殊的利益关系。这是中国特色社会主义政治经济学的逻辑起点。

中国特色社会主义政治经济学尽管在一定程度上遵循一般性的经济学理论逻辑,但"中国特色"的属性使其既显著区别于资本主义社会下的经济发展规律,又与马克思主义经典作家所设想的基于物质极大丰富的共产主义社会有诸多不同。一方面,尽管改革开放以来我国逐步引入市场机制,且社会主义市场经济体制不断发展和完善,市场经济条件下的诸多经济规律在我国经济发展过程中同样发挥作用,但公有制为主体的所有制制度以及具有较强经济调控力和治理能力的政府使中国经济相比西方资本主义国家而言仍有着极强的特殊性。另一方面,中华人民共和国成立于"一穷二白"的经济条件下,有着与马克思经典作家设想的未来社会极为不同的初始条件,这意味着中国经济的发展道路必然是曲折且特殊的,既没有经济实践层面可供参考的成熟经验,也没有与中国经济国情相契合的理论指导。

因此,无论是西方主流经济学还是经典马克思主义经济学,均无法直接提供中国特色社会主义政治经济学的逻辑线索。这就决定了中国特色社会主义政治经济

---

① 马克思、恩格斯著:《共产党宣言》,人民出版社1997年版,第43页。
② 马克思、恩格斯著:《共产党宣言》,人民出版社1997年版,第50页。
③ 恩格斯著:《社会主义从空想到科学发展》,人民出版社1997年版,第75页。

学的逻辑起点不是一般意义的利益关系,也不是资本主义或经典作家设想的共产主义利益关系,而是中国特殊的利益关系。

这一点也可以从我国历代领导核心对于中国特殊利益关系的探索和改革中有所体现。中华人民共和国成立初期,毛泽东同志对我国利益关系的认识基本延续了马克思经典作家的核心设想,同时基于当时较低的生产力水平以及苏联经济建设中的缺点和错误,进一步形成了具有中国特殊性的利益关系思想。这些思想集中体现在《论十大关系》之中,即认为:须正确处理我国经济建设中的各种关系,以把党内党外、国内国外一切积极因素都调动起来,这些关系包括重工业、轻工业与农业,沿海工业和内地工业,经济建设和国防建设,国家、生产单位和生产者个人,中央和地方的关系,汉族和少数民族的关系,党和非党的关系,革命和反革命的关系,是非关系,中国和外国的关系。这十大关系正是从不同角度对当时中国经济中各类利益关系的具体化梳理。改革开放初期,邓小平同志的人民利益根本论、共同富裕论、对立统一论、平等互利论等重要思想成为指导中国经济改革的重要纲领,而这些思想无一不是阐述和探讨了我国各类特殊的利益关系。其后,江泽民同志提出"三个代表"重要思想,强调中国共产党"始终代表最广大人民的根本利益"。胡锦涛同志提出"科学发展观",将以人为本作为其核心立场,同时强调五个统筹。这均是对改革开放以后中国经济中特殊利益关系的解析和阐释。党的十八大以来,习近平总书记更是对新时代中国特殊利益关系进行了系统阐释,提出了新矛盾、新理念、新思想、新方略等重要思想,对于中国经济中区域和城乡、公平与效率、人与自然、国内与国外等多个维度的经济利益关系进行了新时代的诠释和解析。

3. 中国特殊利益关系的演变贯穿于中国经济改革历程的始终,应为中国特色社会主义政治经济学的逻辑主线。

中国特殊的利益关系并不是一成不变的,而是在生产力和生产关系的相互作用过程中不断演进。当利益关系涉及的经济主体、经济活动、制度环境、技术环境等发生变化,使得利益的质或量有所变动时,利益关系也会随之演变。且利益关系的演变同生产力与生产关系的相互作用有着密切联系:一方面,利益关系作为生产关系的具体表现,其演变特征和演变方向由生产力与生产关系的相互作用结果决定,因此通过剖析利益关系的演变历程及演变趋势即可对经济整体情况有所判断;另一方面,利益关系又会通过影响生产关系,对生产力与生产关系的矛盾运动产生能动作用,也即对利益关系的改革是调整经济发展的重要手段。

对中国经济而言,利益关系的这种演变尤其显著,且中国特殊利益关系演变的路径即投射了中国经济的总体发展和变化。中华人民共和国成立以来,中国经济发生了翻天覆地的变化,在从计划经济到社会主义市场经济的改革过程中,系列核心利益关系均发生了量和质的变化。中华人民共和国成立初期,我国经济处于"一穷二白"的境地,生产力极其低下,为充分调动有限的人力、物力、财力,我国采取了高度集权的计划经济体制,在所有制方面逐步从多元所有制经济转变为单一的国有或集体经济,在资源配置上采取计划性配置方式,在国际关系方面采取相对封闭的策略,这使我国实现了较快的资本积累过程,改变了落后挨打的局面。但随着生产力的不断发展,核心利益关系内部矛盾不断累积,这一时期的利益关系由于不再适应生产力发展而走向衰退,与此同时新的核心利益关系逐步形成。1978年以来,我国开始进行所有制结构改革,从承认私营经济合法性到鼓励私营经济发展,我国逐步从一元公有制经济转变为公有制为主体、多种所有制经济共同发展的所有制结构,分配制度方面也从单一的按劳分配转变为按劳分配为主体、多种分配方式并存的分配结构,政府在保持其宏观调控力的基础上逐步下放权力,与此同时采取对外开放政策积极参与经济全球化过程,这些举措使我国经济实现了"富起来"。然而,2008年以来,我国系列利益关系开始呈现诸多内部矛盾,如贫富差距、生态破坏、结构失衡等,这使利益关系逐步从巩固期转为衰退期,与此同时一个更加注重经济发展质量和经济发展结构的新的利益关系正在逐步形成,即新时代条件下系列利益关系开始转变。

上述中国特殊利益关系的演变是唯物史观在中国经济的具体呈现,是我国经济改革过程中生产力与生产关系相互作用的逻辑结果,厘清这一演变过程中每一个阶段的时间段线、演变特征及演变动力即可揭示中国经济发展道路的本质、阐明中国经济改革的完整路径,而如何协调和引导这一演变路径的未来方向,则是中国政府进行宏观调控和进一步经济改革的关键。因此,中国特色社会主义政治经济学理论研究应以中国特殊利益关系及其演变为逻辑线索,方能勾勒出中国经济发展和变化的本质面貌及未来发展走向。这不仅是基于马克思主义经济学理论逻辑得出的科学结论,也是对中国经济改革实践的高度总结。

三、逻辑线索的契合性

基于以上分析,可以得到,构建中国特色社会主义政治经济学理论体系,应以中国特殊的利益关系及其演变为逻辑线索。而这一点再次与CSSA理论形成了高度的逻辑一致性和内在契合性。

基于第三章和第四章对 CSSA 的论证,可以发现,CSSA 理论沿袭了传统 SSA 的基本分析范式,而最为关键的是保留了 SSA 理论对经济社会中的核心矛盾关系及其演变的关注和考察。

SSA 理论提出的初衷,是为了刻画资本主义不同阶段的特征,继而解释资本主义经济长周期波动的原因。其后,该理论进一步明确这些阶段特征的刻画要从影响资本积累的社会结构的分析出发,始终围绕对这一社会结构中囊括的制度清单以及制度的总体演变的探讨。无论是戈登最初提出的"4 * 13"的框架及其后调整的"3 * 12 * 3"的框架,还是后期大卫·科茨等学者将其提炼为五大核心关系,其研究对象和考察重点始终是资本主义经济中的核心矛盾关系,拟阐释的过程均为这些核心矛盾关系所组成的社会结构的阶段演变。且这些核心矛盾关系不是笼统的,而是资本主义经济中的特殊矛盾关系,是对资本主义经济运行的提炼和刻画。例如,将劳资矛盾以及由此引致的阶级斗争视为系列矛盾关系中的核心动力,注重大资本与小资本之间的竞争和合作关系,考察政府自由放任和管制主义的交替变化,分析全球化背景下资本对劳动控制的变化等。

类似地,CSSA 理论同样关注核心矛盾关系的分析,一方面保留了传统 SSA 理论对劳资矛盾、资本矛盾、政府角色、意识形态、国际矛盾这些基本维度的关注,沿袭了其对核心矛盾关系所组成的制度结构的演变进行考察;另一方面,对传统 SSA 理论进行了充分的中国化拓展,不仅调整了基本概念和范畴的含义,也对系列核心矛盾关系及其演变逻辑进行了拓展和中国化挖掘。比如,在五大核心矛盾关系的基础上引入生态矛盾这一维度,以反映中国经济在可持续发展层面的变化;不再将劳资矛盾和阶级关系作为核心动力,更注重考察政府角色和意识形态在中国经济发展中的重要作用;在分析具体核心关系时,均考虑到我国社会主义经济制度的宏观背景,并基于改革实践提炼和刻画每一核心关系的特征和路径。

更进一步,CSSA 理论所聚焦的系列核心矛盾关系实质上是中国特殊的利益关系。所谓矛盾关系,必然既有对立性又有统一性。而在经济运行之中,这种对立性和统一性主要体现为经济利益的对立或统一。因此,劳资、资本、政府角色、意识形态、国际、生态这些矛盾关系,其实质均是利益关系,且是不同经济领域和经济主体之间的利益关系,包括资方与劳方之间、企业之间、资本与社会之间、不同意识形态群体之间、不同国家之间、当代人与后代人之间等。与传统 SSA 理论关注资本主义经济中的特殊矛盾关系类似,CSSA 考察中国经济中的特殊矛盾关系,也就是中国特殊的利益关系,且将系列特殊利益关系看作一个整体,考察其阶段性演变路径和演变机理。可以说,中国特殊的利益关系是 CSSA 理论的逻辑起点,中国特殊利益关系的演变是 CSSA 理论的逻辑主线,两者共同构成 CSSA 理论的核心线索。

CSSA 理论与中国特色社会主义政治经济学理论体系在逻辑线索层面的一致性,以及 CSSA 理论对这一逻辑线索的系统化和明晰化分析,使 CSSA 理论成为构建中国特色社会主义政治经济学理论体系的重要参考。一方面,CSSA 理论的逻辑线索符合构建中国特色社会主义政治经济学理论体系应当依据的逻辑线索,这使 CSSA 理论可以内置于中国特色社会主义政治经济学理论体系之中,即将 CSSA 理论视为中国特色社会主义政治经济学理论体系的有机部分。另一方面,CSSA 理论形成了较为系统和明晰的逻辑线索,并在此基础上构建了其基本分析框架和动态机制,为构建中国特色社会主义政治经济学理论体系提供有益的参考。中国特色社会主义政治经济学理论体系构建中的重要内容,如分析框架、阶段划分考察、运行系统机制等,均可从 CSSA 理论中寻找线索和思路。

第四节　理论体系创新须构建核心的分析框架

CSSA 理论与构建中国特色社会主义政治经济学理论体系所遵循的方法论基础有着一致性,与其所依据的逻辑线索有着契合性,这意味着 CSSA 理论可以内置于中国特色社会主义政治经济学理论体系之中,即可以将 CSSA 理论引入中国特色社会主义政治经济学理论体系的研究,并在对 CSSA 理论进行创新和拓展的基础上构建中国特色社会主义政治经济学理论体系。

基于这一分析,我们进一步参考 CSSA 的核心分析框架,来确定中国特色社会主义政治经济学理论体系的基本分析框架。这是在明确中国特色社会主义政治经济学理论体系的"地基"和"基本设计思路"的基础上,进一步明确构筑该理论体系的"设计图纸",是理论体系系统架构中的重要内容。

一、CSSA 理论的核心分析框架及其科学性分析

如前分析,中国特色社会主义政治经济学理论体系的构建应以中国特殊的利益关系及其演变为逻辑线索,因此其核心框架必然围绕这一逻辑线索展开。尽管

马克思在《资本论》中并未对社会各种利益关系的相互作用及演变机理进行系统阐述,但劳资之间的利益冲突、资本之间的竞争与利益分割、利益集团之间的博弈等问题始终贯穿于其理论。其后,SSA理论以及CSSA理论对这一部分内容进行了极大的丰富和发展,也成为本书构建中国特色社会主义政治经济学理论分析框架的重要参考。

SSA的核心分析框架经历几代学者的发展和探索,到大卫科茨这一代,已基本确立为五大核心关系分析框架,包括劳资矛盾、资本竞争矛盾、资本与社会的矛盾、国际矛盾、资本积累与主流意识形态的矛盾,而与这五大矛盾相关的制度便构成SSA的核心(Kotz,1987;Wolfson&Kotz,2010;McDonough,2011)。资本积累过程与五大矛盾的互相作用导致社会结构的变化,从而推动SSA阶段的演变(Kotz,1987),而每一阶段的SSA内部演变包括探索、巩固和衰退三阶段(GER,1982)。可见,五大核心关系不仅明确了SSA理论在考察资本主义经济运行实践的聚焦维度,也是其分析资本主义经济阶段演变的核心支点。正是基于这五大核心关系,SSA理论形成了其完整的分析范式和体系。

CSSA在对SSA五大矛盾分析框架有选择地继承的基础上,进一步对这一分析框架进行了拓展和延伸。

一方面,CSSA将生态矛盾及其对应的制度纳入分析,形成了六大矛盾分析框架。传统SSA理论由于其形成背景,并未充分考虑生态环境的外部约束,仅在部分拓展分析时涉及生态环境的问题。然而,根据马克思经典理论的逻辑,人与自然之间存在一种物质变换关系,即人从自然界获取物质产品,并向自然界排放废弃物,但正常的物质交换过程必须限制在自然界的自我修复和自我消解能力范围内,如果超出这一界限则出现"代谢断层"。这意味着,生态环境并不是经济运行的外生因素,而与经济变量之间有着密切的相互作用。这一点对社会主义中国而言尤为重要,因为尽管每一时期人民最为迫切的需要不同,社会主义发展的最终目标却是确定的,即实现人的自由全面发展。而要实现这样的发展,便不能忽略生态环境这一重要条件。中华人民共和国成立以来,我国经济与生态之间的关系始终处在动态变化之中;进入新时代,促进经济的绿色发展已成为越来越迫切的要求。为此,将生态矛盾纳入CSSA分析框架,不仅是理论的必然,也是现实的必然。

另一方面,CSSA理论重新考察了系列矛盾关系的中国内涵。CSSA聚焦的是中国特殊的矛盾关系或利益关系,因此在分析各矛盾关系的内涵及六大矛盾关系之间的相互作用时,与传统SSA有着明显的不同。劳资矛盾是SSA理论的核心范畴,这取决于资本主义生产方式下劳资之间永恒的对立关系,而中国采取社会主义市场经济体制,劳资关系便不是单纯的劳资对立,而有着更大的复杂性和多元性。社会性质的不同更是直接表现在我国资本关系的特殊性上,公有制为主体、多种所有制经济共同发展的基本经济制度使我国资本关系中须更多考虑资本的所有制结构,以及国有企业、私营企业、外资之间的关系和定位问题。与之相伴随的,是我国政府角色和主流意识形态在经济改革中的直接推动作用,这一点也与资本主义经济运行有极大不同。

CSSA 理论的这一核心分析框架,既符合马克思主义经典理论的思想精髓,也是对我国经济制度运行规律的高度抽象和总结,有着学理性、系统性、开放性等诸多理论特质,使这一分析框架有较强的科学性。

1. 学理性

CSSA 理论所总结和提炼出的六大核心矛盾关系具有较强的代表性和完整性,也符合马克思主义经济学的基本逻辑。一方面,这些核心矛盾关系囊括了生产关系的各个方面,又抓住了其中最为关键的维度,包括劳动与资本之间、资本与资本之间、国内与国外之间、生态与经济之间的经济关系,通过考察和剖析这四个方面矛盾关系的特征和变化,便能较为完整且较为本质地刻画一段时期的生产关系特征。另一方面,六大核心矛盾关系还将上层建筑层面的重要范畴纳入其中,包括政府角色和意识形态,这就为系统考察"生产力-生产关系—上层建筑"动态运行逻辑提供了分析基础。因此,CSSA 理论六大核心矛盾关系分析框架的提出具有极强的学理性。

2. 系统性

CSSA 理论六大核心矛盾分析框架具有较强的系统性特征,表现在六大核心矛盾关系之间的系统性,以及六大核心矛盾关系作为整体与生产力之间形成的动态系统。六大核心矛盾关系是构建 CSSA 分析框架的六大支点,但这六个支点之间不是孤立的,而是有着密切的相互作用。一般而言,首先是劳资关系、资本关系、开放关系等维度出现冲突和矛盾,推动意识形态发生转变;其后政府角色发生变化,通过制定和出台新的政策措施,促使劳资关系、资本关系、开放关系等发生转变,也即六大核心矛盾关系之间存在一个动态的系统运行逻辑。在基础上,六大核心矛盾关系又与生产力形成有机的相互作用,生产力水平及其对生产关系的客观要求决定了核心矛盾关系的演变方向,而核心矛盾关系能否较快、较好地进行调整和演变,又反作用于生产力发展。正是六大核心矛盾关系的内部系统运行以及其与生产力形成的总体系统运行,推动着中国经济的阶段性演变。

3. 开放性

CSSA 沿袭了 SSA 的基本分析框架,同时保留了该分析框架的一个重要理论特质,即具有较强的开放性和包容性。SSA 理论对影响资本积累的经济关系和经济制度的关注以及其历史分析范式,决定了该分析框架不是僵硬封闭和静止不变的。尽管有着统一的逻辑和范式,但不同学者聚焦不同的历史阶段所提炼出的制度清单在维度上有所不同,在内涵上也有差别,这就使该理论具有较强的开放性和包容性。从 SSA 到 CSSA 的创新正是这种开放性和包容性的集中体现,CSSA 理论根据中国经济发展实践对传统 SSA 核心矛盾关系的维度进行了拓展,同时对其内涵进行了延伸,这不仅没有违背 SSA 理论提出的初衷和逻辑,反而是对 SSA 理论特质的发扬。CSSA 理论对分析框架的拓展和延伸同样不是静态的,随着中国经济改革实践的持续探索,可不断将新的矛盾、新的关系、新的问题纳入分析。

二、基于 CSSA 的中国特色社会主义政治经济学核心分析框架

要构建中国特色社会主义政治经济学理论体系,不仅要明确其方法论基础和逻辑线索,还须在此基础上形成该理论体系的分析框架。分析框架应围绕逻辑线索而展开,是对逻辑线索的具体化、专题化、系统化延伸。科学且有效的分析框架能为中国特色社会主义政治经济学理论体系搭建起立体逻辑,成为分析中国经济发展演变过程中诸多具体问题的载体。为此,明确中国特色社会主义政治经济学理论体系的核心分析框架,是构建该理论体系的关键步骤,也是当前关于中国特色社会主义政治经济学理论体系研究的争议焦点之一。

从前文分析可知,CSSA 与中国特色社会主义政治经济学理论体系在方法论基础和逻辑线索方面有着极强的一致性和契合性,使 CSSA 理论成为构建中国特色社会主义政治经济学理论体系的有益参考。而且,CSSA 已形成较为完善的六大核心矛盾关系分析框架,这一分析框架不仅符合中国经济现实,而且有着学理性、系统性、开放性等良好的理论特质。借鉴 CSSA 六大核心矛盾关系的基本分析框架,拓展和延伸中国特色社会主义政治经济学理论体系的核心分析框架,将是一个科学且可行的研究思路。

1. 构建中国特色社会主义政治经济学理论体系的核心分析框架,可借鉴 CSSA 六大核心矛盾关系的基本维度,即劳资关系、资本关系、政府角色、意识形态、开放

关系和生态关系。CSSA这六大核心矛盾关系的提炼和总结,有其学理依据,同时具有较强的代表性和完整性,沿着这六大维度来考察和分析中国经济不同时期的经济实践,便能较为本质和全面地揭示中国经济的阶段性特征和演变路径。目前学术界对中国特色社会主义政治经济学理论体系分析框架的几种不同的认识,如经济发展与经济思想、经济制度与经济体制、经济改革与体制创新、发展战略的四专题结构,思想路线、发展阶段和发展道路、发展战略、发展动力、发展布局、党的建设的六专题结构,宏观环境问题、产业结构问题、企业制度问题、宏观调控问题、收入分配问题、社会保障问题、利用外部资源问题和区域经济问题的八专题结构,均可统一于这六大核心关系框架以及其系统运行中。

2. 基于CSSA来构建中国特色社会主义政治经济学理论体系的核心分析框架,应将六大核心矛盾关系进一步明确为六大利益关系。如前所述,中国特色社会主义政治经济学理论体系的逻辑线索应为中国特殊利益关系及其演变。相比矛盾关系,特殊利益关系这一界定更加符合中国经济现实,也能更为深刻地揭示其本质。具体而言,应包括如下六大方面:

(1) 资本利益关系

我国经济改革过程中生产关系的变化首先反映在不同所有制资本的结构和比例变化上,这是中国特殊利益关系变化的第一特征。从经典逻辑来看,资本的社会属性决定了其实质是经济关系,而资本的趋利性则表明资本关系归根结底是一种利益关系。对于中国经济而言,资本利益关系反映我国社会主义基本经济制度的资本形式,并且在不同时期呈现不同的特征。从当前来看,我国社会主义的基本性质以及当前的生产力水平决定了我国资本的多元性,而这必然导致资本利益关系的多元性,包括公有资本内部的利益关系、公有资本与私营资本之间的利益关系、国内资本与外国资本之间的利益关系等。

(2) 劳资利益关系

随着资本结构的不断变化,资本与劳动相结合的形式(即劳资利益关系)呈现显著变化,且这一利益关系的冲突程度衡量了中国经济社会的基本运行情况,是中国特殊利益关系变化的重要范畴。劳资关系始终是马克思主义经济学的关注焦点,SSA理论更是将由劳资关系决定的阶级斗争视为推动经济演变的核心动力。对于中国经济而言,社会主义的基本性质以及"以人民为中心"的发展理念,决定了劳资利益关系的和谐与否对于中国经济发展同样有着重要意义,是衡量一定时期制度结构是否稳定的重要标志。与资本主义条件下的劳资关系不同,我国的劳资关系并不是单纯的阶级对立,而是一种复杂的利益关系,不仅有一般的私有资本与劳动者之间的利益对立,还有公有资本与劳动者之间的利益共享以及不同劳动者之间的利益分配等。

(3) 政府利益关系(即政府在经济活动中所扮演的角色)

对于公有制为主体的社会主义中国而言,政府角色的变化和调整几乎决定了中国经济的发展方向,因此政府利益关系是中国特殊利益关系的主导因素。值得注意的是,政府利益关系在我国经济中呈现双重属性:一方面,从一般性来看,政府属于上层建筑范畴,其决定于经济基础,同时发挥反作用;另一方面,政府作为国有资产的代理主体,直接参与经济运行,从这个意义讲,政府又可归为经济制度的范畴,是生产关系的一个组成部分。目前,各国均注重发挥政府一定范围的宏观调控作用,因此政府角色的双重属性在一般国家中均有所体现。显然,这一双重属性在中国经济中尤为凸显。

(4) 意识形态利益关系

对于一党执政的中国来说,意识形态博弈利益关系主要体现在官方意识形态与民间意识形态的博弈,而官方意识形态的博弈结果又决定了政府决策,因此这是中国特殊利益关系的关键内容。从马克思经典逻辑来看,意识形态的本质是一定历史时期精神生产的产物,而其社会属性则意味着意识形态的背后是统治阶级与被统治阶级之间的利益关系。对于中国经济而言,马克思主义的主流意识形态以及无产阶级执政党决定了其背后的利益关系必然是人民总体利益与局部利益的关系。与此同时,改革开放所带来的西方意识形态尤其是新自由主义意识形态,又与马克思主义主流意识形态形成一种博弈关系,促使我国的意识形态利益关系呈现多元化,且这一博弈过程就推动着意识形态利益关系的阶段性演变。

(5) 生态利益关系

传统 SSA 理论框架并不包含这一利益关系。随着全球生态变化以及中国经济发展过程中的生态环境破坏,生态环境问题成为制约中国经济和人民生活的重大隐患,有必要将生态利益关系纳入中国特色社会主义政治经济学的理论分析框架。根据马克思主义的经典逻辑,生态利益关系背后一方面是人与自然之间的关系,另一方面也是人与人之间的利益关系,因为"为了进行生产,人们相互之间便发生一定的联系和关系;只有在这些社会联系和社会关系的范围内,才会有他们对自然界的影响,才会有生产"。我国的生态利益关系在政府调控、思想基础以及发展路径等方面具有不同于其他国家生态利益关系的特征,主要表现在我国更加强调政府调控的作用,在实践过程中始终坚持马克思思想和中国传统文化双重思想指导,并且绿色发展是我国发展道路的必然之选。

(6) 国际利益关系

随着经济全球化的不断深入,中国在国际经济中所处的地位以及与其他国家之间的利益关系变得愈发重要,因此国际利益关系是中国特色利益关系的重要方面。与当前由西方发达国家主导的以零和博弈为基本思路且导致国际不平等不断增强的国际利益格局不同,中国在开放的道路上始终坚持独立自主的原则,并在经济实力不断提高的条件下,积极推动平等互利、共商共建共享的新型国际利益格局。在这一过程中,我国逐步形成了"人类命运共同体"的核心开放理念,其内涵包括价值命运共同体、责任命运共同体、利益命运共同体等多个维度。

3. 基于CSSA来构建中国特色社会主义政治经济学理论体系的核心分析框架,还可看到,"资本—劳资—政府—意识形态—生态—国际"这六大核心利益关系之间有着显著的相互作用,共同构成一个有机统一体。当这个利益关系有机体适应生产力发展要求时,六大利益关系相互加强,彼此促进,推动经济发展;而当利益关系不足以支撑生产力继续发展时,六大利益关系相互减弱,矛盾逐步累积,促使利益关系大规模调整和变革。中国经济正是在六大利益关系的形成、巩固和衰退过程中不断演进和发展。沿着六大利益关系这一分析框架,进一步对中国特色社会主义政治经济学理论体系的具体内容进行深化研究和专题探索,我们将在第八章进行这一工作。

综上所述,基于CSSA构建中国特色社会主义政治经济学理论体系,是一个可行且科学的研究方案,其不仅能深刻阐释中国经济发展演变的特征路径和内在规律,也能回答诸多关系到中国经济命运的重大争议问题。基于CSSA的中国特色社会主义政治经济学理论体系之所以有以上功能,其原因就在于该理论体系以唯物史观为方法论基础,以中国特殊的利益关系及其演变为逻辑线索,以"劳资—资本—政府—意识形态—生态—国际"六大利益关系为核心分析框架,形成一个系统且完整的基本架构和研究线索。

参考文献

[1]《马克思主义政治经济学概论》编写组编:《马克思主义政治经济学概论》,人民出版社、高等教育出版社2011年版。

[2] 北方十三所高等院校编写组编:《政治经济学》(社会主义部分),陕西人民出

版社 1980 年版。

[3] 陈承明、陈伯庚、包亚钧著:《中国特色社会主义经济理论教程》,复旦大学出版社 2018 年版。

[4] 陈烨、张欣、寇恩惠、刘明著:《增值税转型对就业负面影响的 CGE 模拟分析》,《经济研究》2010 年第 9 期。

[5] 迟福林著:《以政府转型为重点的结构性改革》,《江苏社会科学》2004 年第 6 期。

[6] 邓小平著:《邓小平文选》(第 2 卷),人民出版社 1994 年版。

[7] 恩格斯著:《社会主义从空想到科学发展》,人民出版社 1997 年版。

[8] 顾海良著:《中国特色社会主义理论体系研究》,中国人民大学出版社 2009 年版。

[9] 顾海良著:《开拓当代中国马克思主义政治经济学的新境界》,《经济研究》2016 年第 1 期。

[10] 顾钰民等著:《中国经济转型与发展研究》,同济大学出版社 2002 年版。

[11] 郭福仙著:《对我国对外开放模式的理性思考》,《湖南人文科技学院学报》2009 年第 1 期。

[12] 韩喜平、邓德强著:《以问题为导向推进中国特色社会主义政治经济学的创新》,《当代经济研究》2017 年第 12 期。

[13] 贺卫华著:《在改革开放实践中创新和发展马克思主义政治经济学——兼论中国特色社会主义政治经济学的建构》,《学习论坛》2017 年第 1 期。

[14] 黑格尔著:《哲学史讲演录》(第 2 卷),贺麟、王太庆译,人民出版社 2013 年版。

[15] 洪银兴著:《关于中国特色社会主义政治经济学理论体系建设的几个问题》,《人文杂志》2017 年第 12 期。

[16] 洪银兴著:《中国特色社会主义政治经济学的话语体系》,《政治经济学评论》2017 年第 5 期。

[17] 胡钧著:《以人民为中心的发展和中国特色社会主义政治经济学理论体系的构建》,《改革与战略》2017 年第 11 期。

[18] 李济广著:《公有权、公有制:中国特色社会主义政治经济学的起点与主线》,《马克思主义研究》2019 年第 8 期。

[19] 李建平著:《论中国特色社会主义政治经济学的逻辑主线和体系结构》,《理论

与评论》2018年第4期。

[20] 李旭华著：《社会主义初级阶段人的发展阶段目标及其实现路径》，《实事求是》2013年第1期。

[21] 列宁著：《列宁全集》（第13卷），人民出版社1959年版。

[22] 林岗著：《论〈资本论〉的研究对象、方法和分析范式》，《当代经济研究》2012年第6期。

[23] 刘灿著：《中国特色社会主义政治经济学的共享发展研究》，《学术研究》2018年第6期。

[24] 刘凤发著：《改革开放以来中国对外经济及安全思考》，《学理论》2009年第11期。

[25] 刘新民著：《社会主义初级阶段理论形成新探》，《湖南社会科学》2002年第1期。

[26] 吕炜著：《体制性约束、经济失衡与财政政策——解析1998年以来的中国转型经济》，《中国社会科学》2004年第2期。

[27] 马克思、恩格斯著：《资本论》（第3卷），人民出版社2004年版。

[28] 马克思、恩格斯著：《马克思恩格斯全集》（第1卷），人民出版社1960年版。

[29] 马克思、恩格斯著：《马克思恩格斯选集》（第2卷），人民出版社1995年版。

[30] 马克思、恩格斯著：《共产党宣言》，人民出版社1997年版。

[31] 马克思、恩格斯著：《资本论》（第1卷），人民出版社2004年版。

[32] 马克思、恩格斯著：《德意志意识形态》（节选本），人民出版社2003年版。

[33] 马克思、恩格斯著：《马克思恩格斯文集》（第1卷），人民出版社2009年版。

[34] 马艳、王琳、杨晗著：《中国特色社会主义政治经济学体系创新与新时代逻辑——基于马克思〈资本论〉的分析框架》，《华南师范大学学报》2018年第6期。

[35] 茅锐、徐建炜著：《人口转型、消费结构差异和产业发展》，《人口研究》2014年第3期。

[36] 逄锦聚著：《中国特色社会主义政治经济学论纲》，《政治经济学评论》2016年第5期。

[37] 逄锦聚、洪银兴、林岗、刘伟著：《政治经济学》（第五版），高等教育出版社2014年版。

[38] 秦宣著：《邓小平理论研究述评》，中国人民大学出版社2002年版。

[39] 邱海平著:《论中国特色社会主义政治经济学的研究对象和理论特性——兼评张宇的〈中国特色社会主义政治经济学〉》,《教学与研究》2017年第3期。

[40] 沈开艳著:《建设中国特色社会主义政治经济学理论体系的构想》,《毛泽东邓小平理论研究》2017年第1期。

[41] 沈佩翔、蒋锦洪著:《共享发展:新时代中国特色社会主义政治经济学的逻辑主线》,《西安财经学院学报》2019年第3期。

[42] 索彦峰、刘晓辉、于波著:《资本约束、宏观调控与商业银行战略转型》,《广东金融学院学报》2008年第5期。

[43] 汪海波著:《必须坚持"生产力标准"——对〈论社会主义生产力和价值标准的统一〉一文的商榷意见》,《经济学动态》2011年第6期。

[44] 王昌林等著:《中国特色社会主义政治经济学理论体系的几个基本问题》,《宏观经济研究》2018年第1期。

[45] 王东京、田清旺著:《政府转型的演进轨迹及其引申》,《改革》2008年第11期。

[46] 王素荣、蒋高乐著:《增值税转型对上市公司财务影响程度研究》,《会计研究》2010年第2期。

[47] 卫兴华著:《论社会主义生产力标准和价值标准的统一》,《经济学动态》2010年第10期。

[48] 习近平著:《习近平主持召开经济形势专家座谈会》,《人民日报》2016年7月9日。

[49] 习近平著:《在哲学社会科学工作座谈会上的讲话》,新华网2016年5月19日。

[50] 习近平著:《在纪念马克思诞辰200周年大会上的讲话》,《光明日报》2018年5月5日。

[51] 颜鹏飞著:《新时代中国特色社会主义政治经济学研究对象和逻辑起点——马克思〈资本论〉及其手稿再研究》,《内蒙古社会科学》(汉文版)2018年第4期。

[52] 杨角、岳宏志著:《中国特色社会主义政治经济学理论体系构建研究》,《经济学家》2017年第9期。

[53] 杨全社、李江涛著:《当前宏观调控政策困境下的制度转型》,《国家行政学院学报》2007年第6期。

[54] 杨瑞龙著:《社会主义经济理论》(第2版),中国人民大学出版社2008年版。

[55] 于光远著:《中国社会主义初级阶段的经济》,广东经济出版社2000年版。

[56] 于光远、苏星著:《政治经济学》(资本主义部分),人民出版社1997—1998年版。

[57] 于良春著:《政治经济学》(第三版),《经济科学出版社》2006年版。

[58] 张辉著:《我国转型期的宏观调控失范行为》,《华东政法大学学报》2009年第4期。

[59] 张雷宝著:《转型时期腐败和地方政府公共投资效率的关联分析》,《财经论丛》2005年第5期。

[60] 张雷声著:《论中国特色社会主义政治经济学的发展与创新》,《马克思主义研究》2017年第5期。

[61] 张薰华著:《〈资本论〉脉络》,复旦大学出版社2012年版。

[62] 张宇著:《中国特色社会主义政治经济学》,中国人民大学出版社2016年版。

[63] 郑必坚著:《邓小平理论基本问题》,中共中央党校出版社2001年版。

[64] Hossain A, Chowdhury A (1988), *"Open-Economy Macroeconomics for Developing Countries"*, Edward Elgar Publishing Limited.

第八章

基于 CSSA 的中国特色社会主义政治经济学的分析框架

中国特色社会主义政治经济学理论体系具有丰富内涵。上一章中所论述的中国特色社会主义政治经济学的方法论基础、逻辑线索、分析框架以及运行机制等问题均是中国特色社会主义政治经济学理论体系的重要组成部分。在对中国特色社会主义政治经济学理论体系进行总体架构分析后,还可对中国特色社会主义政治经济学理论体系进行具体化、深入化、专题化的研究。为此,本章旨在构建基于 CSSA 的中国特色社会主义政治经济学的六大核心利益分析框架,对中国特色社会主义政治经济学理论体系的重要方面和专题进行深入探讨。本章分别从资本利益关系、劳资利益关系、政府利益关系、意识形态利益关系、生态利益关系以及国际利益关等六大核心利益关系出发,对中国特色社会主义政治经济学的理论体系进行展开分析。

第一节 中国特色社会主义资本利益关系理论

资本贯穿于马克思主义经济思想的始终,是一个复杂的范畴,但遵循一定的逻辑。资本首先是一种经济关系,具有社会属性;其次,资本具有趋利性,因此资本关系表现为利益关系;再次,不同资本利益关系的动态运动构成资本的运动性;最后,资本的积累性会对经济增长起不同的作用。中国特色社会主义资本利益关系是在遵循经典逻辑的基础上,反映中国特色社会主义的经济关系,体现社会主义经济制度的资本形式,呈现从低级到高级不同的发展阶段,并表现为不同的企业组织形式。中国特色资本利益关系的演变经历了三个不同的阶段。在演变过程中,生产力的发展和变化是原动力,而生产力和生产关系的矛盾运动构成了核心推动力。不同于资本主义国家,我国政府在推动资本利益关系中起直接作用。从现实考察来看,我国的资本利益关系经历从一元公有资本到多元利益关系再向良性资本利益关系的发展历程,不同的资本利益关系服务于社会主义现代化经济建设,推动了经济实现高质量发展。

一、资本利益关系的经典逻辑

1. 资本表现为一种经济关系,具有社会属性

"资本不是物,而是一定的、社会的、属于一定历史社会形态的生产关系,它体现在物上,并赋予这个物以特定的社会性质。"[①]由此可见,资本蕴含着两方面的内涵。一方面,资本表现为物与物之间的关系,资本的物质载体是资本得以形成、运动和发挥作用的前提。另一方面,更为重要的是,资本表现为生产关系,即人与人之间的关系,这是资本最本质、最一般的抽象规定,构成一切资本的共性;但是"资本也是一种社会关系,这是资产阶级的生产关系,是资产阶级社会的生产关系"[②],意味着资本不是一成不变的,而是具有一定的社会属性,要研究资本,必须把它放在特定的社会形态中,即体现为特殊社会的一种经济关系。所以,资本是一种经济关系,具有社会属性,这是资本最抽象的性质。

2. 资本的本质是趋利性,资本关系是一种利益关系

马克思明确指出,"资本的合乎目的的活动只能是发财致富,也就是使自身增大或增殖"[③],即资本是为了获取更大的价值,具有天生的趋利性。然而,"每一既定社会的经济关系首先表现为利益"[④],因此,资本作为一种经济关系,更具体来说,资本关系是利益关系。围绕资本利益关系,马克思从分析商品开始,指出"商品流通

[①] 马克思著:《资本论》(第3卷),人民出版社1975年版,第920页。
[②] 马克思、恩格斯著:《马克思恩格斯选集》(第1卷),人民出版社2012年版,第366页。
[③] 马克思、恩格斯著:《马克思恩格斯全集》(第46卷上),人民出版社2012年版,第240页。
[④] 马克思、恩格斯著:《马克思恩格斯选集》(第3卷),人民出版社2012年版,第258页。

是资本的起点……商品流通的这个最后产物是资本的最初的表现形式"①,货币资本通过购买特殊的商品——劳动力,使资本吸收能够创造剩余价值的剩余劳动,从而实现资本增殖和扩大再生产。资本利益关系体现为不同的利益主体之间的对立统一关系。

其一,资本家和工人之间的对立统一关系。资本家为了追逐剩余价值,无偿占有工人的剩余劳动,而工人为了生存的需要,不得不出卖自己的劳动力,是资本将两者联系到一起,但两者之间存在绝对的剥削关系。

其二,工人与工人间的对立统一关系。不同的工人之间由于生存和越来越多过剩劳动力的压力,彼此之间会相互竞争,但在危机爆发时为了共同的利益会统一起来对抗资产阶级。

其三,资本家之间的对立统一关系。资本家为了自身资本规模的扩大,会出现不同程度的资本兼并与积聚现象,不同职能的资本家凭借对资本的所有权瓜分剩余价值,体现出资本利益关系的本质,资本利益的来源都是工人创造的剩余价值。

进而,资本的运动性构成资本利益关系的动态运动。资本只有在运动中才能保值增值,资本的生命就在于运动。一方面,从资本的基本特征来看,"资本首先来自流通,而且正是以货币作为自己的出发点"②,货币通过购买生产资料和劳动力进入生产领域,生产出含有剩余价值的商品,通过交换再转换为更多的货币。这个过程"使资本成为生产和流通的一定的统一体"③"资本交替地成为商品和货币"④,货币通过对自己的扬弃成为资本的最初形态,"作为资本的货币的流通本身就是目的,因为只是在这个不断更新的运动中才有价值的增殖。因此,资本的运动是没有限度的"⑤。对于资本家来说,"他的目的也不是取得一次利润,而只是谋取利润的无休止的运动"⑥。从资本的循环和周转来看,"它是一种运动,是一个经过各个不同阶段的循环过程,这个过程本身有包括循环过程的三种不同的形式。因此,它只能理解为运动,而不能理解为静止物。"⑦"各个单个资本的循环是相互交错的,是互

---

① 马克思著:《资本论》(第1卷),人民出版社2004年版,第171页。
② 马克思、恩格斯著:《马克思恩格斯全集》(第46卷上),人民出版社2012年版,第206页。
③ 马克思、恩格斯著:《马克思恩格斯全集》(第46卷上),人民出版社2012年版,第280页。
④ 马克思、恩格斯著:《马克思恩格斯全集》(第46卷上),人民出版社2012年版,第216页。
⑤ 马克思、恩格斯著:《马克思恩格斯选集》(第2卷),人民出版社2012年版,第158页。
⑥ 马克思、恩格斯著:《马克思恩格斯选集》(第2卷),人民出版社2012年版,第184—185页。
⑦ 马克思著:《资本论》(第2卷),人民出版社2004年版,第121—122页。

为前提、互为条件的,而且正是在这种交错中形成社会总资本的运动"①。资本为了实现价值增殖,就要不断缩短流通时间,加快资本循环和资本周转的速度,这其中资本利益关系也在发生变化。另一方面,从资本运动过程的整体来看,资本不是一成不变的,会随着利益的情况发生转移,由利润低的部门转移利润高的部门,因此资本利益关系也会发生相应的变化,在生产力和生产关系的相互作用过程中不断演进。当资本利益关系涉及的经济主体、相应的经济活动、制度环境、技术环境等发生变化并使利益的质或量有所变动时,利益关系也会随之演变。

3. 资本的积累性会对经济增长产生两方面的作用

一方面,不能忽视一点,在资本统治下的机器大工业时代,所创造的生产力是前所未有的。马克思在《共产党宣言》中写道:"资产阶级在它的不到一百年的阶级统治中所创造的生产力,比过去一切世代创造的全部生产力还要多,还要大。"②资本之所以能够创造如此大的生产力,正是因为资本本身的趋利性和运动性,使个别资本家为了最大限度地获得超额剩余价值,竞相提高劳动生产率,在这一过程中整个社会生产出相对剩余价值,带动了科技进步,创造出越来越多的剩余价值,新的剩余价值转化为新的追加资本,使资本积累得以加剧,反过来又为劳动生产率的提高创造条件,表现为资本的积累性和经济增长相互促进。正如马克思所说:"特殊的资本主义的生产方式随着资本积累而发展,资本积累又随着特殊的资本主义的生产方式而发展。"③另一方面,资本利益关系对资本主义经济增长具有不可否认的负面影响。资本为追求更多的剩余价值不断进行资本积累,资本积累是资本主义社会不断发展的必然,然而社会产品的实现如果只靠资产阶级是消费不了的,但是"在一极是财富的积累,同时在另一极,即在把自己的产品作为资本来生产的阶级方面,是贫困、劳动折磨、受奴役、无知、粗野和道德堕落的积累"④,资本越积累,工人就越贫困,工人的消费能力却跟不上,便会造成大规模的经济危机。"在危机期间,发生一种在过去一切时代看来都好像是荒唐现象的社会瘟疫,即生产过剩的瘟疫。"⑤这是资本不可调和的产物,是资本积累的基本矛盾。"资本不可遏止地追求的普遍性,在资本本身的性质上遇到了限制,这些限制在资本发展到一定阶段时,

---

① 马克思著:《资本论》(第 2 卷),人民出版社 2004 年版,第 392 页。
② 马克思、恩格斯著:《马克思恩格斯选集》(第 1 卷),人民出版社 2012 年版,第 405 页。
③ 马克思著:《资本论》(第 1 卷),人民出版社 2004 年版,第 721 页。
④ 马克思著:《资本论》(第 1 卷),人民出版社 2004 年版,第 743—744 页。
⑤ 马克思、恩格斯著:《马克思恩格斯选集》(第 1 卷),人民出版社 2012 年版,第 406 页。

会使人们认识到资本本身就是这种趋势的最大限制,因而驱使人们利用资本本身来消灭资本。"①

在马克思的经典逻辑中,资本是一种经济关系,具有社会属性;资本的趋利性使得资本关系表现为利益关系,从而资本的运动性构成资本利益关系的动态运动,资本的积累性对经济增长具有正反两方面影响。

二、资本利益关系的理论内涵

资本放在不同的社会条件背景下,具有特殊的社会性,因此资本利益关系也相应出现不同。在社会主义初级阶段,资本利益关系的理论内涵需要进行重新界定。资本利益关系仍遵循资本一般的逻辑,本质上属于生产关系范畴,但反映中国特色社会主义的经济关系,同时体现出社会主义基本经济制度的资本形式;资本利益关系有动态内涵,总体呈现由低级到高级的不同发展阶段;资本利益关系具体表现为不同的企业组织形式。

(一) 属于生产关系范畴,反映中国特色社会主义的经济关系

中国特色社会主义资本利益关系,是对马克思主义资本利益关系的继承与发展,没有脱离经典马克思主义的资本逻辑。一方面,中国特色社会主义资本利益关系仍具有资本一般的特性,本质上仍属于生产关系的范畴。"资本显然是关系,而且只能是生产关系。"②资本与资本之间反映的仍然是人与人之间的关系。另一方面,资本具有社会性,资本利益关系在不同的社会经济条件下反映不同的经济关系。人类社会现在的经济关系与马克思所处的年代大不相同,不仅体现在资本主义社会内部私有制经济不断进行自我调整,而且作为社会主义国家来说,公有制与市场经济相互结合,进行了市场化改革,相应的资本利益关系自然也出现了新变化。我国的资本利益关系并不是对马克思所设想的未来社会主义资本利益关系的照搬,而是根据我国处于社会主义初级阶段这一基本国情和总结市场经济体制改革的实践经验进行了创新。社会主义市场经济除了公有资本外,还存在多种类型的资本,不同资本之间的相互竞争与合作形成了独具特色的资本利益关系。我国资本利益关系与资本主义的社会背景有根本区别,这是具有中国特色社会主义的

---

① 马克思、恩格斯著:《马克思恩格斯全集》(第30卷),人民出版社1995年版,第390—391页。
② 马克思、恩格斯著:《马克思恩格斯全集》(第30卷),人民出版社1995年版,第510页。

经济关系。

(二) 体现社会主义基本经济制度的资本形式

不同类型的所有制形式决定不同种类的资本类型。社会主义初级阶段实行公有制为主体、多种所有制经济共同发展的基本经济制度，决定了我国公有资本占主导地位、存在其他类型资本的多元资本形式。

1. 公有资本占主导地位，是保障人民权益的重要力量

公有资本是资本的自然属性与社会属性结合的产物，但本质上是对私有资本的扬弃。正如马克思所说："从资本主义生产方式产生的资本主义占有方式，从而资本主义的私有制，是对个人的、以自己劳动为基础的私有制的第一个否定。但资本主义生产由于自然过程的必然性，造成了对自身的否定，这是否定的否定。这种否定不是重新建立私有制，而是在资本主义时代的成就的基础上，也就是说，在协作和对土地及靠劳动本身生产的生产资料的共同占有的基础上，重新建立个人所有制。"[1]这种个人所有制不是资本主义条件下的私人所有制，而是社会主义公有制。一方面，公有资本虽然具有资本的趋利性，从利润低的部门转移到利润高的部门，不断地进行资本积累，但是在社会主义公有制经济条件下，国家和集体对剩余劳动进行支配与占有，从而公有资本的社会公益性内涵更加丰富，体现以人民为中心的发展要求。另一方面，公有资本不同于私有资本，不再具有阶级剥削性质，资本与劳动之间不存在对抗性。一切生产资料归国家和集体所有，遵循按劳分配的基本原则，多劳多得，公平分配，而且劳动者是消费环节的唯一主体。由此可见，公有资本是将资本增值与保障劳动者利益统一起来的生产关系，体现社会主义制度的优越性。

2. 除公有资本外还存在私有资本、混合资本等非公有制资本

我国处于社会主义初级阶段，公有制为主体、多种所有制经济共同发展的基本经济制度决定了多元资本存在的必要性。非公有资本存在的原因是在社会主义初级阶段，生产要素相对稀缺，而生产要素在生产中的作用仍然十分重要，所以要素所有者在要素投入生产的同时要求获得收益、分取剩余价值。然而社会主义市场条件下的非公有资本不同于资本主义条件下的私有资本，非公有资本的所有者还是劳动者，其收入分为劳动收入和资本收入，在公有资本的主导下，非公有资本服务于社会主义建设，是社会主义总资本的一部分。

---

[1] 马克思、恩格斯著：《马克思恩格斯全集》(第44卷)，人民出版社2001年版，第874页。

3. 公有资本和非公有资本并不是相互割裂的,而是辩证统一的有机体

一方面,公有资本与非公有制资本之间存在对立性,在我国经济体制改革的过程中,由于配套制度不完善等原因,造成公有资本流失,公有制比重下降,为非公有制资本的发展壮大提供契机。另一方面,非公有资本的存在是以保障公有资本的主导地位为前提。由于公有资本占据主体地位,特别是国有资本对国民经济主导作用的继续保持并逐步增强,国有资本的保值增值力、经济主导力、社会服务力及世界影响力持续提升,从根本上规定了中国特色社会主义视野下的非公有资本"以人民为中心"的功能属性,国家通过对非公有资本的正确引导,又使其具有服务于社会主义目标的工具性。

由此可见,不同类型的资本利益关系是基本经济制度的资本形式体现,尽管存在多种资本形式,但都是为了巩固公有资本的主体地位,维护我国的基本经济制度。

(三) 呈现从低级到高级的不同发展阶段

资本的运动性导致资本利益关系的动态变化。资本利益关系属于生产关系的范畴,生产力决定生产关系,而生产关系也是对一定时期生产力的反映。随着社会主义生产力的发展,我国经历了由站起来、富起来到强起来,我国的基本经济制度也因此发生变化,相应的资本利益关系也在不断发生变化。

尽管总体上始终围绕坚持公有资本的主体地位不动摇,但是相应的资本利益关系在发生动态的演变。从最初对公有资本强调"量"上的统治地位,到明确提出"公有资产占优势,要有量的优势,更要注重质的提高。国有经济起主导作用,主要体现在控制力上",[1]再到"推动国有资本更多投向关系国家安全和国民经济命脉的重要行业和关键领域,不断增强国有经济活力、控制力、影响力",[2]使我国如何建立公有资本的主导地位更加清晰明确。同时其他非公有资本从无到承认其合法地位,成为市场经济的重要组成部分,再到要毫不动摇地鼓励、支持、引导发展,也清楚地显现出非公有资本从量到质的飞跃。不管是公有资本还是非公有资本,都经历了不同的发展阶段,总体呈现从低级到高级的发展态势。

(四) 表现为不同的企业组织形式

资本利益关系的微观主体表现为不同的企业组织形式,主要有国有企业、民营

---

[1] 《高举邓小平理论伟大旗帜 把建设有中国特色社会主义事业全面推向二十一世纪》,1997年9月12日。

[2] 胡锦涛著:《坚定不移沿着中国特色社会主义道路前进 为全面建成小康社会而奋斗》,《求是》2012年第22期。

企业、混合所有制企业。

首先,公有资本的利益关系的企业组织形式表现为国有企业。一方面,国有企业反映我国所有制的制度优势。国有企业"是中国特色社会主义的重要物质基础和政治基础,关系公有制主体地位的巩固,关系我们党的执政地位和执政能力,关系我国社会主义制度"[1]。"国有企业特别是中央管理企业,在关系国家安全和国民经济命脉的主要行业和关键领域占据支配地位,是国民经济的重要支柱。"[2]国有企业在承担经济效益、社会责任甚至国家战略等方面发挥重要的主导作用。另一方面,坚持公有制的主体地位,就要将国企做强做优做大。国企在改革的过程中,成为相互竞争的资本实体,提高了国有资本的竞争力,促进公有资本与市场经济的有机结合。若国有企业的能力下降、生产效率降低,则在涉及国家安全和国民经济命脉的重要行业和关键领域的控制力将大幅减弱,在面对经济危机、重大公共突发事件时的宏观调控能力便会缺乏微观支撑。因此,国企改革的主要目标是将国企做强做优做大。

其次,非公有资本的利益关系的企业组织形式主要为民营企业。一方面,随着非公有制经济的发展壮大,民营企业的重要性不断凸显。民营企业在吸纳剩余劳动力、创造就业岗位、激发市场的活力等方面发挥了重要的作用,尤其是在疫情期间民营企业利用自身的行业优势在物资调配、促进信息对称等领域体现出强大的社会责任感。另一方面,要毫不动摇地鼓励民营企业发展,为民营企业发展创造良好的环境。民营企业由于自身规模的限制,不仅融资困难,而且风险抵抗性差,为此,应该聚焦民营企业发展过程中的突出问题,进一步完善相关法律规范和激励政策,增强民营企业家的信心。

最后,国有企业与民营企业不是割裂的,混合所有制企业将两者结合在一起,目的是更好地提升国有资本的质量。"国有资本、集体资本、非公有资本等交叉持股、相互融合的混合所有制经济,是基本经济制度的重要实现形式,有利于国有资本放大功能、保值增值、提高竞争力,有利于各种所有制资本取长补短、相互促进、共同发展。允许更多国有经济和其他所有制经济发展成为混合所有制经济。"[3]一方面,鼓励发展混合所有制企业,体现出国有企业与民营企业之间可以相互借鉴,

---

[1] 中共中央文献研究室编:《十八大以来重要文献选编》(下),中央文献出版社 2018 年版。
[2] 《共同为改革想招 一起为改革发力 群策群力把各项改革工作抓到位》,《人民日报》2014 年 8 月 19 日。
[3] 《中共中央关于全面深化改革若干重大问题的决定》,人民网 2013 年 11 月 15 日。

相互补充。另一方面,在当下国有企业改革中,发展混合所有制,引入混合资本,能够壮大公有资本的职能,尤其是放大国有资本功能,促进国有企业转换经营机制,提高国有资本配置和运行效率。

三、我国资本利益关系的演变特征及变化规律

我国资本利益关系大体经历三个阶段:计划 CSSA 时期为一元资本利益关系,转型 CSSA 时期为多元资本利益关系,新时代 CSSA 时期为良性资本关系趋向。不同的阶段具有不同的演变特征及变化规律。

(一)演变特征

首先,计划 CSSA 时期的资本利益关系体现为一元资本利益关系。计划 CSSA 时期,我国完成了社会主义三大改造,对农业和手工业进行社会主义改造,对资本主义工商业通过和平赎买的政策,严厉打击私营经济,完全消灭了资本主义私有制,由多种经济成分并存转变为单一的公有制经济,确立了社会主义的基本制度,在城市发展国有经济,农村发展集体经济,一元公有的资本利益关系形成。为了巩固我国的社会主义性质,长达 10 年的"文化大革命"使单一的公有资本关系得到强化。

其次,转型 CSSA 时期的资本利益关系为多元资本利益关系。转型 CSSA 时期,以 1978 年改革开放为起点,改革开放之初强调对资本关系的调整,突破了社会主义与私有制不兼容的思想束缚,党的十一届六中全会明确承认了私营经济的合法性,并在 1988 年的宪法修正案中强调了国家对私营经济的引导、监督和管理。随着改革开放的不断推进以及社会主义市场经济制度的确立,1997 年我国首次将公有制为主体、多种所有制经济共同发展确立为我国社会主义初级阶段的基本经济制度,并将其纳入宪法。2002 年党的十六大进一步提出,要"毫不动摇地巩固和发展公有制经济""毫不动摇地鼓励、支持和引导非公有制经济发展"。至此,中国非公有制经济从无到有,逐步发展,并随着改革的不断推进而呈现多元化发展。

最后,新时代 CSSA 时期的资本利益关系表现为良性资本关系趋向。随着供给侧结构性改革以及国有企业改革的深入推进,中国的资本利益关系特征已从"多元化"转为趋于"良性化"。这首先体现在近年来中国经济社会中不同所有制资本之间从竞争转向合作化趋向,资本结构从相对变化较大转变为更加稳定和均衡的趋向,其中混合经济经历了从无到有继而与国有经济、私营经济三分天下的过程,

对于推进中国不同所有制资本之间的合作化竞争起重要作用。与此同时,在私有资本内部,资本关系也不断趋于良性化,主要体现在市场竞争激烈程度、垄断程度、生产过程的复杂性等方面,中国市场竞争程度具有缓和的趋势,垄断问题也有所改善,同时生产过程的复杂性和技术含量不断提升。

(二)演变动力

1. 生产力的发展和变化是推动我国资本利益关系变化的原动力

综观中华人民共和国成立以来我国资本利益关系的演变特征,其演变和发展归根结底是由生产力发展水平决定的。中华人民共和国成立初期,生产力水平相对较低,恢复和发展生产是中心任务,以促进经济增长和提升生产力总量为主要目标,在经过短暂的国民经济恢复和发展之后,在新民主主义社会基础上基本建立起了社会主义制度,必须发展单一的公有制经济,由多种经济成分改造成为"一元"的公有资本关系。但随着社会生产力的不断进步,单一的公有制不能适应生产力的发展。为了适应生产力的发展要求,需要多种所有制经济共同发展,即发展多种资本,由"一元"的公有资本转变为"多元"的资本关系。进入新时代,随着高速增长,开始出现诸多问题,包括资本恶性竞争、产业结构失衡、供需不匹配等,这些问题逐步成为生产力进一步发展的束缚,就要求"数量型"资本利益关系逐步向"质量型"资本利益关系转变,即由"多元"的资本利益关系转为"良性化"资本利益关系。

2. 生产力与生产关系的矛盾运动是推动我国资本利益关系的核心动力

生产力与生产关系之间并不是永远的"促进"和"加强",而总是处在"促进"和"抑制"的动态变化过程中。正如毛泽东所指出的:"生产力和生产关系之间、生产关系和上层建筑之间的矛盾和不平衡是绝对的。上层建筑适应生产关系,生产关系适应生产力,或者说它们之间达到平衡,总是相对的。"[①]当生产力和生产关系均能够为彼此的利益驱动提供足够的保障和支撑时,两者处于相互促进的适应状态,继而推动生产力和生产关系的进一步发展;但由于现有技术的局限性或制度创新主体的有限理性,生产力或生产关系的演变会出现放缓或停滞,导致生产力与生产关系逐步转变为相互抑制的不适应状态;唯有当技术出现突破性创新或者制度发生大规模变革时,两者才会转为弱适应的相对调整状态,并在这一调整过程中再次逐渐转为适应状态。生产力与生产关系这种"适应—不适应—相对调整—再次适

---

① 毛泽东著:《毛泽东文集》(第8卷),人民出版社1999年版,第131页。

应"的动态过程,是推动我国资本利益关系演变的核心动力。

3. 政府作用是直接推动力

我国作为社会主义国家的国家性质和坚持公有制为主体、多种所有制经济共同发展的基本经济制度,使政府在宏观调控和推动资本利益关系的演变中具有坚实的基础,发挥着直接推动力。不同于古典政治经济学中的"守夜人"或者西方发达国家政府仅仅是宏观经济运行的平衡者,在社会主义市场经济中,我国政府是推动经济平稳运行和健康发展的主导力量,是经济政策的领导者和执行者。如果没有政府力量的推动,对于中国这样一个发展中和转型中的社会主义大国来说,不同的资本主体之间的利益就无法协调,现代化市场经济建设就无法进行,以人民为中心的发展理念就无法实现。政府通过出台相关政策,如对个体经济、混合所有制经济的承认,允许和鼓励多元资本关系的出现与发展;同时政府在市场资源配置中发挥着重要的作用,弥补了市场的不足,为各类资本的公平竞争营造良好的环境,在推动资本利益变革过程中发挥了直接推动作用。

(三)变化规律

从一元到多元、再到良性化趋势的资本利益关系,其中的变化规律体现为随着生产力发展,生产关系却成为桎梏,一元资本利益关系出现不适应和矛盾冲突,马克思主义意识形态占据绝对主流地位,政府在经济活动中的角色向"绝对集权"演变,此时意识形态领域变革,使得政府出台政策。改革开放时期,政府在宏观经济制度、财税制度、企业制度等方面均呈现出逐步"放权"的特征,其中以所有制变革为核心的资本利益关系变化最先受到影响,资本利益关系逐步朝向多元化发展,其他具体制度变革彼此促进和加强,使得资本利益关系的多元化特征逐步稳固。随着中国经济进入新时代,面临三期叠加的压力,各种矛盾凸显出来,意识形态趋向"主流化",提供思想保障,政府角色朝向"有为"政府转变,为资本良性发展提供好的政策环境,中国从过去与发展中国家相比的强国和同发达国家相比的弱国的状态逐步转变为更具"包容性"的国际关系,生态矛盾趋于缓和,为资本良性发展提供了良好的环境。

四、我国资本利益关系运动规律的现实考察

我国资本利益关系经过三个发展阶段。通过对这三个阶段的现实考察,发现良性的资本利益关系正在形成并得到稳固。

(一) 计划 CSSA 时期一元资本利益关系的现实考察

计划 CSSA 是中国社会主义经济制度建立初期的产物,其资本关系经过社会主义三大改造、经济建设和"文化大革命"发生了根本性的变革,从而为计划 CSSA 奠定了一元公有资本关系的基础。

1. 在探索期资本关系从多元并存逐步趋向一元

1949 年中华人民共和国成立伊始,社会存在多种不同所有者的资本形式,表现为国营经济、合作社经济、私人资本主义经济、个体经济、国家资本主义经济五种经济成分①,并在国营经济的领导下"分工合作、各得其所",使得国民经济很快恢复和发展。1953 年中国公布了"一化三改"的社会主义过渡时期的总路线,一化是实现社会主义工业化,三改是对农业、手工业实行合作化以及对资本主义工商业实行公私合营。1956 年中国完成了三大改造,实现了多种经济成分向单一公有制经济的过渡,一元资本关系初步形成②。1949 年至 1956 年在我国工业产值中,国有企业占比由 27% 上升至 55%,集体企业占比由 1% 上升至 17%③,非公有制经济占比从 73% 下降为 28%(见图 8.1.1)

2. 在巩固期一元"资资关系"正式确立并持续强化

自中国共产党第八次代表大会(1956 年)明确规定社会主义目标模式是生产资料的单一公有制后,中国对私营经济进行了着力打击,对个体经济采取更加严厉的限制和改造措施。数据显示,1958 年中国非公有制经济成分已经消失,一元化资本关系正式确立,并持续巩固(见图 8.1.1)。农村实行土地与生产资料的集体所有制,即社会主义社会中生产资料和劳动成果归部分劳动群众集体共同占有。城市推行单一公有制经济,包括全民所有制④和集体所有制。

3. 在衰退期"一元公有资本关系"高度强化

1966—1976 年中国进行了长达 10 年的"文化大革命"。这场"革命"的出发点之一是防止资本主义复辟,追求"纯而又纯"的公有制经济。一方面,这一时期"割资本主义尾巴",排斥公有制经济以外的其他经济成分;另一方面,将"一大二公"作为判断所有制形式是否先进的标准。结果是片面强调全民所有制和计划经济的优

---

① 毛泽东在中共七届二中全会提出。
② "公有资本"是后来中国理论界研究当时经济现象时使用的概念。当时的中国学术界和中国共产党的文件使用的术语是"公有资产"而非"资本"。
③ 公有制经济成分包括国有企业和集体企业。
④ "全民所有制"是指全体劳动人民作为一个共同体,共同占有生产资料的公有制形式。其产权具有不可分性,由全体劳动人民作为一个共同体共同行使产权。

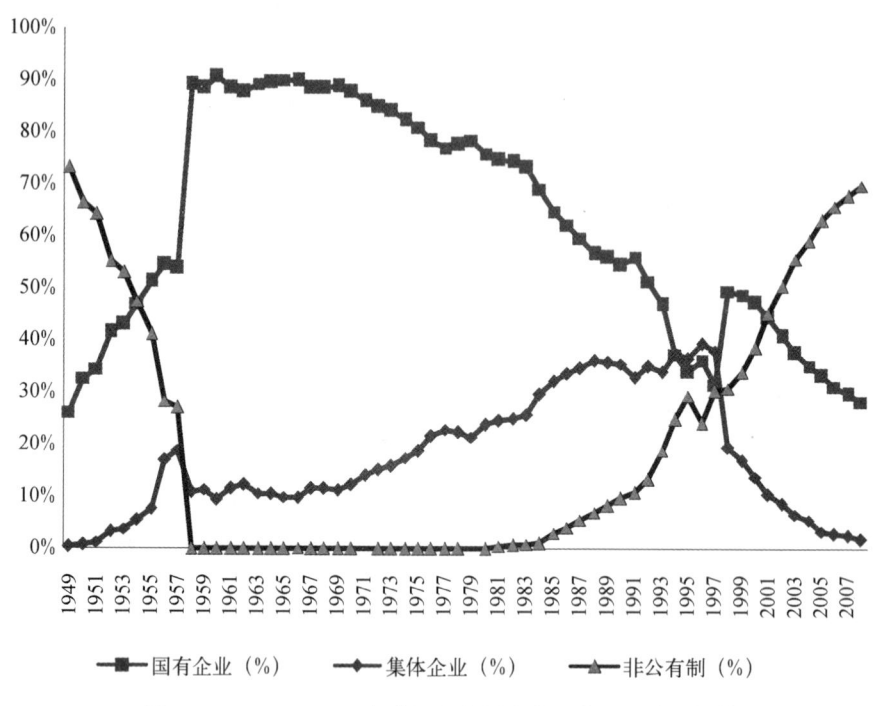

图 8.1.1　1949—2008 年我国公有制和非公有制经济结构①

越性,低估集体所有制存在和发展的必要性,坚决剔除个体私有经济成分。数据显示,这一时期中国工业总产值中的公有制经济成分占比自 1958 年上升为 100%,单一公有资本状态一直持续到 1978 年(见图 8.1.1)。

(二) 转型 CSSA 时期多元资本利益关系的现实考察

中国一元资本到多元资本转变是中国社会主义经济制度的重大变革在资本关系上的反映。正是由于资本关系的这一改变,才为计划 CSSA 到转型 CSSA 创造了资本关系。

首先,转型 CSSA 探索期(1978—1992 年)是多元资本关系逐步形成时期。

1978 年中国共产党十一届三中全会决定把党和国家的工作重心转移到经济建设上来,实行改革开放。这种改革首先体现在对资本关系的调整。1981 年中国共产党第十一届六中全会承认了个体经济的合法性,指出:"一定范围内的劳动者个

---

① 数据来源于《新中国 60 年统计资料汇编》表 1-34《全国工业企业单位数和工业总产值》,1985—1997 年企业单位数和工业总产值包括村及村以下工业;1996 年及以后年份国有企业为国有及国有控股企业;1998—2006 年工业企业单位统计范围为全部国有及年产品销售收入在 500 万元以上非国有工业企业,2007 年以后为年主营业务收入。

体经济是公有制经济的必要补充"①,个体经济获得一定的发展。随着私营经济在中国的迅速发展,中国在1988年通过的《中华人民共和国宪法修正案》也承认了私营经济的合法性,第11条规定:"国家允许私营经济在法律规定的范围内存在和发展。私营经济是社会主义公有制经济的补充。国家保护私营经济的合法权利和利益,对私营经济实行引导、监督和管理。"至此,中国非公有制经济从无到有,逐步发展,初步形成了以公有资本为主的多元资本关系。统计数据显示(见图8.1.1),1979年中国工业中非公有制经济成分为0,1981年增加到1%,此后逐步上升至1992年的13%。

其次,转型CSSA巩固期(1992—2008年)是以公有制为主体、多元并存的资本关系完全确立并逐步强化时期。

1992年之前中国多元资本关系发展相对较慢,且并不稳定。1992年邓小平南方谈话明确提出,中国要继续坚定不移地进行改革,而计划与市场都是经济手段,不是社会主义与资本主义的本质区别。同年,中国共产党第十四次代表大会明确改革目标为建立社会主义市场经济体制②。随着市场经济的不断推进,中国多元资本关系获得了迅速发展。在1992年以来"全面开放政策"的推动下,国外资本比重不断增加。经过1995年的"抓大放小"③、1997年的"五种手段"④、1998年的"国退民进"和"六大政策"⑤,公有资本比重不断下降,个体与私营资本、混合资本比重逐步增加。统计数据显示(见图8.1.2),国有和集体企业的固定资产投资完成额从1992年的84.88%下降至2008年的35%;个体与私营投资占比从1993年的11.29%上升至2008年的24.74%。与此同时,市场化的程度得到了极大的提升,形成了多样化的市场主体。随着改革不断推进,包括联营企业、股份合作企业、股份

---

① 《关于建国以来党的若干历史问题的决议》,1981年6月中共第十一届六中全会通过。
② 江泽民著:《加快改革开放和现代化建设步伐 夺取有中国特色社会主义事业的更大胜利》,人民出版社1992年版。
③ 江泽民在1995年中共十四届五中全会上的讲话中指出:要研究制定国有经济的发展战略和步骤,按照建立现代企业制度的目标积极推进国有企业改革,集中力量抓好大型国有企业,对一般小型国有企业进一步放开搞活。
④ 一是将国有企业部分或全部产权转让给内部职工;二是将国有企业资产整体出售给非公有法人或自然人;三是按法定程序将国有企业改组为有限责任公司或股份有限公司;四是通过兼并、联合,使国有企业成为其他企业的组成部分或合资企业;五是将企业全部或部分资产租赁给其他企业或本企业的管理人员、职工经营。
⑤ 大政策包括:第一,大力宣传关于私有企业是"社会主义市场经济的重要组成部分"的新定位;第二,政府设立专门机构帮助中小企业解决发展中遇到的各种困难;第三,要求商业银行改善对中小企业的信贷服务;第四,对中小企业采取一系列税收减免优惠;第五,实施《中华人民共和国中小企业法》,改善中小企业经营环境;第六,加强政府和社会对民营企业的各类信息服务等。

有限公司、有限责任公司等的混合所有制企业①开始出现,并且在经济成分中的比重不断增加。

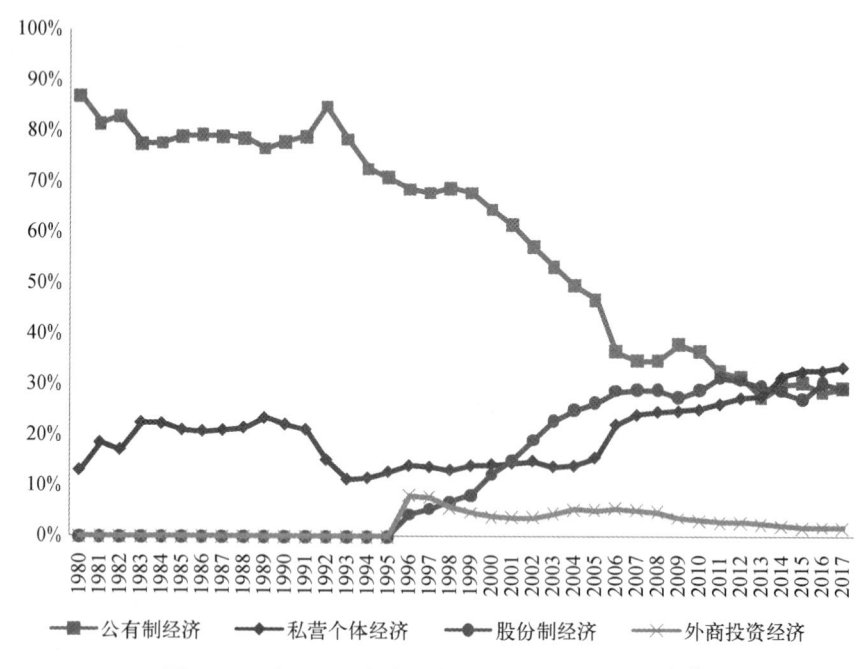

图 8.1.2 中国固定资产投资额各经济成分占比(%)②

最后,转型 CSSA 衰退期(2008—2012 年)是多元资本混合发展的阶段,形成了公有、私有和混合资本三足鼎立的格局,从而预示着公有资本为主体的资本关系发生了变化,转型 CSSA 开始衰退,新的资本关系将出现。

2007 年中国共产党第十七次代表大会指出,应"以现代产权制度为基础,发展混合所有制经济"③。由此,中国资本关系发生了较大变化,表现为公有制经济占比

---

① 混合所有制企业包括股份合作企业、联营企业、股份有限公司、有限责任公司等,1994 年之前"联营企业"被放在"其他"一项中统计,1995—2005 年"混合所有制企业"仅包括"联营企业","股份有限公司、有限责任公司和股份合作企业"在"其他"中统计。

② 数据来源于《中国固定资产投资数据库(1996—2017)》。"个体经济与私营经济"一项,在 2006 年以前不包括"私营企业";"混合所有制企业",在 2006 年以前仅包括"联营企业",2006 年后包括"联营企业、股份合作制企业、股份有限公司和有限责任公司";"其他经济"指标一项,1992 年以前指除国有企业、集体企业和个体企业和港澳台与外资企业以外的经济成分;1995—2005,指除国有企业、集体企业、个体企业、联营企业和港澳台与外资企业以外的经济成分;此阶段未分类统计股份合作制企业、股份有限公司和有限责任公司等混合经济成分,而同期混合经济成分比重在不断增加。

③ 《高举中国特色社会主义伟大旗帜 为夺取全面建设小康社会新胜利而奋斗》,新华网 2007 年 10 月 15 日。

和港澳台与外资企业占比都呈现缓慢下降趋势,而混合所有制经济成分呈现蓬勃发展的态势。自2006年有详细统计数据以来,混合所有制企业的固定资产投资额占比保持在32.47%左右(见图8.1.2)。至此,在排除外资与其他经济成分后,民营资本、公有资本、混合所有制资本基本形成了三分天下的局面。

(三)新时代CSSA良性化资本利益关系趋向的现实考察

新时代CSSA(2012年—)我国资本关系由多元的资本关系转向结构优化的良性资本关系趋向。进入新时代,中国的经济体制改革一方面聚焦推动国有资本做强做优做大,另一方面鼓励、支持和引导非公有制经济发展,积极发展混合所有制经济,推动经济结构不断优化。由图8.1.2可以看出,2012年后中国的多元资本关系进入混合发展阶段,形成了公有、私有和混合资本三足鼎立的格局,三种资本关系占比相当,均在30%左右,预示着一种结构优化、比例均衡的良性资本关系正在逐步形成。

第二节 中国特色社会主义劳资利益关系理论

早在一百多年前,马克思、恩格斯就从利益的角度系统研究了私有制条件下资本主义市场经济中的劳资关系,并从质的方面深刻地揭示了私有资本与雇佣劳动之间的利益冲突与根本对抗关系。然而,马克思之后人类社会经济关系发生了巨大的变革。不仅以私有制为基础的资本主义市场经济关系有了新的调整,社会主义经济也进行了市场经济取向的体制改革。与此相对应,劳资利益关系也有了许多新变化。中华人民共和国成立以来我国劳资利益关系不断演变,逐渐形成了中国特色社会主义劳资利益关系理论。本节旨在以劳资利益关系的经典界定与现代延伸为理论基础,结合中国国情,对中国特色社会主义劳资利益关系进行重新界定,由此分析我国劳资利益关系的演变动力与变化规律,并基于CSSA理论对我国劳资利益关系的运动规律进行现实考察。

一、劳资利益关系的经典界定与现代延伸

中国特色社会主义劳资利益关系根植于马克思劳资利益关系理论。研究中国特色社会主义劳资利益关系,首先要讨论劳资利益关系的经典界定与现代延伸。

（一）劳资关系的本质：利益关系

任何经济关系从本质上讲都是利益关系。利益关系是所有社会关系的核心所在，"每一个社会的经济关系首先是作为利益表现出来"①。人们从事生产实际上是创造经济利益，流通实际上是交换经济利益，分配实际上是分享经济利益，消费实际上是实现经济利益。资本与劳动相互结合最基本、最主要动因是取得一定的经济利益。正如马克思所讲："人们奋斗所争取的一切，都同他们的利益有关"②。因此，资本与劳动之间的关系本质上是一种利益关系。

劳资关系中的"劳"是指劳动者，"资"是指资本所有者，包括私有资本所有者、公有资本所有者和混合资本所有者。劳资关系是指资本所有者与劳动者为了实现各自的经济利益而在劳动过程中所结成的一种社会经济关系。

资本与劳动之间的利益关系是市场经济社会中重要的利益关系，这种重要性在市场经济中的生产、交换、分配和消费这四个基本生产环节得到全面体现。在市场经济条件下，生产、交换、分配与消费的过程就是资本与劳动相互发生关系的过程。从生产的角度看，资本和劳动作为两种最基本的生产要素，只有通过有效结合才能不断生产出劳动产品，创造更多的社会财富；从分配的角度看，劳动者创造出的新价值 $V+M$ 在资本所有者和劳动者之间的分配是整个社会分配关系中最核心的部分，这种价值的分配量是根据他们所拥有的产权来确定的；从交换的角度看，资本与劳动之间的交换是生产劳动产品的前提，也是货币转化为资本的基本条件；从消费的角度看，资本所有者和劳动者的消费不仅直接决定了生产产品价值的实现程度，而且不断地再生产出新的生产关系。

（二）私有制劳资关系：对立利益关系

私有制的劳资关系是指在私有产权单一的情况下私人资本所有者与雇佣劳动者在劳动过程中所结成的一种利益关系。马克思基于历史唯物主义世界观和阶级分析方法论，以历史事实为依据，全面系统地对资本主义生产关系进行了解剖，深刻揭示了19世纪中叶资本主义劳资关系的内涵和实质，实质上分析了私有制中的劳资关系。而私有制中的劳资关系实质上是一种对立的利益关系，表现为无产阶级与资产阶级之间剥削与被剥削的对立性阶级利益关系。具体来说：

---

① 马克思、恩格斯著：《马克思恩格斯全集》（第2卷），人民出版社1972年版，第537页。
② 马克思、恩格斯著：《马克思恩格斯全集》（第1卷），人民出版社1972年版，第82页。

1. 劳资关系体现的是无产阶级与资产阶级之间的关系

马克思从逻辑和历史的结合上揭示了资本主义社会的劳资关系是丧失生产资料和生活资料的雇佣劳动者阶级与占有生产资料和生活资料的有产者阶级之间的关系。就叙述的起点而言，马克思对劳资关系的研究是从劳动力成为商品开始的。在《资本论》中，马克思首先对商品、货币、价值规律进行了科学的论证。在此基础上，以劳动力成为商品为起点，全面展开对资本主义生产方式的考察，深入解剖了资本主义社会中劳资关系的实质。与此同时，《资本论》详细考察了在小商品生产者分化基础上最初的资本家和雇佣工人产生的过程，通过对资本原始积累的历史研究，运用大量实际材料，阐述了资本主义社会两大阶级的加速形成过程。随后，马克思阐述了资本主义生产方式不断地生成这两大阶级关系的过程。马克思在《共产党宣言》等著作中，进一步论证了资本主义社会是资产阶级和无产阶级两极对立的社会。

2. 劳资关系反映的是剥削与被剥削的关系

马克思通过对剩余价值的产生和分配理论进行系统研究，指出资本主义社会中劳动力市场平等交换掩盖了资本家和工人之间权利不平等的事实，科学论证了拥有大量资本的资本家凭借自己在政治、经济等方面的优势，无偿占有雇佣劳动者的剩余劳动的事实。马克思认为，在流通领域表现出来的资本运动总公式包含内在的矛盾，即按照价值规律，商品交换按等价原则进行，在流通领域价值不能增值，但资本经过这种流通过程，却产生了剩余价值。他指出，解开这一矛盾的钥匙在于劳动力这一特殊商品的存在，并认为剩余价值的实质就是雇佣劳动者创造的、被资本家无情占有的、超过劳动力自身价值以上的那部分价值。

马克思详细分析了增加剩余价值的两种方法：绝对剩余价值生产和相对剩余价值生产。他进一步指出，在以绝对剩余价值生产为主的时期，雇佣工人的生活状况十分恶劣，工作日的过度延长使他们的身心健康受到摧残。在相对剩余价值生产逐渐成为加强剥削的主要方法时，工作日虽然缩短了，但并不意味着雇佣劳动者地位的改变。这是因为：一方面，相对剩余价值的生产劳动强度提高，表明对工人的剥削加重；另一方面，随着相对剩余价值生产经历简单协作、工场手工业、机器大生产三个阶段的发展，雇佣工人对资本的隶属关系不断加深。在马克思看来，资本主义的积累过程，在资产阶级一方是财富的积累，是资产阶级财富的迅速膨胀；在无产阶级一方，则是贫困的积累，是无产阶级的贫困化。

3. 劳资关系是一种对立性的阶级利益关系

马克思认为劳资关系是一种建立在生产资料私有制基础上的具有阶级斗争性

质的关系,资本家和雇佣工人之间存在剥削和被剥削的关系,由此决定了劳资双方必然是一种对立的关系。在马克思所处的时代,对资本主义社会的阶级分析主要是立足于无产阶级与资产阶级的根本对立上,并认为资本主义的发展只能增强这种对立和对抗,而不可能弱化这种关系。事实上,早在《共产党宣言》等著作中,马克思就论证了资本主义社会是资产阶级和无产阶级两极对立的社会。在《资本论》中,马克思对资产阶级和无产阶级的阶级对立关系进行了详尽的论述,他认为工人阶级要想改变自己的处境,必须用暴力消灭雇佣劳动和私有制,打破资本主义的生产方式以实现无产阶级的自主劳动。

(三)公有制劳资关系:和谐利益关系

公有制中的劳资关系是指单一产权下公有资本所有者与劳动者之间在劳动过程中所结成的利益关系。这种劳资关系构想主要源于马克思设想的社会所有制。马克思认为,未来社会由于生产力高度发展,生产资料归全体社会成员共同所有,有劳动能力的社会成员都能实现和生产资料的直接结合,社会成员作为劳动者与所有者的双重身份是统一的,每一个人的劳动无论其特殊用途是如何不同,从一开始就成为直接的社会劳动。在公有制条件下,由于劳动者作为一个整体才能占有生产资料,才能成为所有者,公有产权并不能量化到个人。在社会主义实践中,公有制条件下的劳动与资本之间仍然存在一定的利益关系。不同于私有制中的劳资关系,在公有制条件下劳动者和资本所有者之间的利益具有内在的统一性,即公有制中劳资关系最终表现为和谐的利益关系。主要体现在以下两方面:

一方面,公有资本与劳动的结合是迂回的。由于公有资本是共有的、非排他的,其财产权利在个人之间是不可能分割的,没有人有权将其剩余索取权有偿转让给他人,只能通过经济授权将生产资料委托给国家代表全体劳动者占有社会财产、行使所有权。但国家是一个抽象的主体,国家不能直接行使所有者职能,它只能通过人民代表大会委托给政府,政府来充当公有资本的代理人就成为客观现实。政府在成为公有资本的代理人后,又通过一定的委托代理关系将公有资本授权给国有企业经营管理者,而劳动者这时不是作为所有者而是企业员工与生产资料进行间接的结合。

另一方面,公有资本与劳动的利益具有一致性。在公有制条件下,劳动者与资本所有者之间具有内在的统一性,劳资统一的身份使劳动者和资本所有者的利益一致。在公有制特别是在全民所有制企业中,劳动者作为生产资料的所有者分享企业的收益,其利益的分配方式实行按劳分配原则。在社会主义市场经济条件下,公有企业内部虽然采取市场型按劳分配，但其分配原则仍然是按"劳"来进行分配，只不过这里的"劳"是在市场中实现后的"劳"。

（四）社会运行的轴心：基本利益关系

按照马克思的理论逻辑，劳动与资本之间的利益关系是现代经济社会中最基本的利益关系。正如恩格斯所指出的："资本和劳动的关系，是我们现代全部社会体系依以旋转的轴心。"[1]马克思是第一位从质的方面深刻揭示资本主义社会的资本与劳动利益关系，并建立完整、严密的劳资利益关系理论的经济学家。马克思认为，在资本主义私有制条件下，资本与劳动之间所形成的关系实际上是一种利益关系。

在《资本论》中，马克思首先对商品、货币、价值规律进行了科学的论证，并以劳动力成为商品为起点，全面展开对资本主义生产方式的考察，深入解剖了资本主义生产关系的实质，在对剩余价值的产生、分配进行系统科学研究的基础上，揭示了资本主义社会中劳动力市场平等交换掩盖的资本家和工人之间不平等雇佣关系的本质。其次，马克思科学论证了拥有大量资本的资本家凭借自己在政治、经济等方面的优势，无偿占有雇佣劳动者的剩余劳动的事实，深刻揭示了整个资本家与雇佣劳动者之间的剥削关系。最后，马克思以雇佣劳动与资本之间所存在的固有矛盾为依据，论证了建立在雇佣劳动基础上的剥削关系是如何加速资本主义两大对立阶级的利益对抗性和如何激化资本主义基本矛盾的。他指出，工人阶级要想改变自己被剥削、被雇佣的关系，必须用暴力消灭资本主义私有制，建立新的社会生产关系。这样，马克思从逻辑和历史的结合上全面地阐述了资本和劳动的雇佣关系是资本主义最基本利益关系的论点。

二、中国特色社会主义劳资利益关系的重新界定

劳资利益关系的经典界定与现代延伸是基于马克思主义经济学的原理对马克思关于劳资关系的直接继承与实践。中国特色社会主义劳资利益关系必然区别于劳资利益关系的经典界定，那么研究当代社会我国劳资利益关系，不可避免要对中国特色社会主义劳资利益关系进行重新界定。

（一）特殊利益关系

虽然我国是社会主义国家，但仍处在社会主义初级阶段，这一社会经济中的最

---

[1] 马克思、恩格斯著：《马克思恩格斯全集》（第1卷），人民出版社1972年版，第209页。

大国情决定了中国特色社会主义劳资利益关系必然是一种特殊利益关系,既具有社会主义性质,又存在劳资雇佣关系。

一方面,中国特色社会主义劳资利益关系具有社会主义性质,这是由我国的社会主义国家性质所决定的。我国是社会主义国家,党的十九届四中全会将我国基本经济制度总结为"公有制为主体、多种所有制经济共同发展,按劳分配为主体、多种分配方式并存,社会主义市场经济体制等","这"既体现了社会主义制度优越性,又同我国社会主义初级阶段社会生产力发展水平相适应,是党和人民的伟大创造"[①]。当前我国的社会生产力远未达到马克思所论述的未来社会的高度发达的社会生产力水平,但中国特色社会主义与马克思主义一脉相承,所有制上以公有制为主体,分配制度上以按劳分配为主体,资源配置上实行社会主义市场经济体制。按劳分配为主体就是公有制为主体在分配上的反映。所有制上公有制为主体决定了分配制度上应当是以按劳分配为主体。公有制为主体、多种所有制经济共同发展的所有制结构与按劳分配为主体、多种分配方式并存的分配结构共同决定了当前资源配置的方式应当是社会主义市场经济体制。公有制经济具有独特的社会目标,在利益分配上不具备趋利性。按劳分配的主体性要求在公有制经济中实现生产资料公有制,消灭公有制经济中的剥削关系,从而体现分配制度上的社会主义性质。因此,作为资本所有者与劳动者为了实现各自的经济利益而在劳动过程中所结成的一种社会经济关系的劳资利益关系,在中国特色社会主义社会必然具有社会主义性质。

另一方面,中国特色社会主义劳资利益关系中仍存在劳资雇佣关系。社会主义市场经济体制发挥了市场在劳动力配置、工资形成与劳动力流动中的作用,这在一定程度上意味劳动力成为商品,货币成为资本。劳动力市场的形成与劳动雇佣制度化的存在使得马克思所论述的劳资之间的雇佣关系存在。一旦劳资之间的雇佣关系成立,那么劳动力的使用价值与剩余价值之间的关系成立,双方的剥削与被剥削的关系也就成立。在我国的现实实践中,私有制经济、外资经济以及各类混合所有制经济中这一劳资之间的雇佣关系所反映的双方的剥削与被剥削关系客观存在。

(二) 多元复杂利益关系

我国当前的生产力水平远未达到马克思论述的未来社会所需要的生产力标

[①] 引用于党的十九届四中全会通过的《中国共产党第十九届中央委员会第四次全体会议公报》。

准,我国仍处于社会主义初级阶段,即不发达社会主义。我国基本经济制度是公有制为主体、多种所有制经济共同发展,按劳分配为主体、多种分配方式并存的社会主义市场经济体制。因此,我国当前的资本产权实现形式不是单一产权实现形式,而是多元产权实现形式,而这种多元产权实现形式决定了中国特色社会主义劳资利益关系是一种多元复杂的利益关系。

按照资本的产权实现形式来看,中国特色社会主义劳资的利益关系主要有三种类型:

1. 私有经济中的劳资利益关系。

私有资本产权单一化使资本和劳动在权力和利益上存在非对等性。在这种类型里,企业的所有权和控制权全部归资本所有者,其产权为单一的私有化。企业的资产全部归资方所有和控制,资本所有者以高度个人的方式进行经营管理。这种私有产权单一化造成劳资双方权力的不对等与利益分配的不平等。私有制中的劳资利益关系是一种不平衡的以资方为主导型的利益关系,劳资双方在权力和利益上存在明显的不对等性。这种劳资权力不对等性是劳动力所有权与资本占有权之间矛盾的外在表现。在私有产权高度集中的情况下,企业的剩余不是由资方与劳方共享,而是资方凭借其所有权独占企业的剩余价值或利润,劳动者只能得到相对固定的工资。

2. 公有经济中的劳资利益关系。

资本与劳动之间利益具有内生一致性。在这种类型里,劳动者和资本所有者之间的利益具有内在的统一性。由于劳动者作为一个整体才能占有生产资料,才能成为所有者,公有产权并不能量化到个人。在社会主义实践中,公有制条件下的劳动与资本之间仍然存在一定的利益关系。

3. 股份制经济中的劳资利益关系。

多元化的产权主体决定了其劳资利益关系具有多元性和复杂性。在这种类型里,股份制内部的劳资利益关系是指产权多元化的情况下混合资本所有者与劳动者在劳动过程中所结成的一种经济利益关系。相比私有制和公有制,股份制内部的劳资利益关系更具复杂性,呈现产权主体多元化、利益相对分享化、企业股权分散化等新特征。

(三) 基本利益关系

由于我国现阶段的经济是社会主义市场经济,中国特色社会主义劳资利益关系是中国特色社会主义的基本利益关系。劳资利益关系不仅是形成经济绩效的内生变量,也是影响社会稳定与发展的主要因素。此外,劳资利益关系中一方是资本,一方是劳动,政府作为中间协调者对劳动与资本两方进行协调。

一方面,劳资利益关系不仅是形成经济绩效的内生变量,也是影响社会稳定与发展的主要因素。随着改革的深化,我国现阶段社会矛盾与利益冲突越来越激化。其中,最普遍的利益冲突仍然是劳资利益冲突,诸如农民工问题、收入分配两极分化问题、食品安全与社会保障问题、通货膨胀与失业问题等都与资本和劳动利益不均等、不公平等问题相关。所以,和谐的劳资利益关系不仅能提高劳动经济效率,而且有利于经济的发展和社会的稳定,而对抗的劳资关系则会对社会经济产生负面影响。因此,劳资利益关系对我国经济增长、社会发展和市场经济体制改革等重大问题起着重要作用,具有牵一发而动全身之功效。同时劳资利益关系也是测评一个国家经济是否能够持续发展和社会是否和谐的晴雨表和风向标。

另一方面,面对难以调和的劳资利益关系,政府应该作为协调者对劳动与资本两方进行协调。在我国社会主义市场经济发展过程中,曾一度在"效率优先、兼顾公平"原则的主导下倚重于资本的权力和利益,而对劳动者的基本权利和利益重视不够,造成劳资利益冲突比较严重。劳资利益冲突不仅存在于私营和外资企业中,也存在于国有企业和股份制企业中。虽然我国公有制企业中资本与劳动的利益矛盾是非对抗性的,但改革开放以来公有产权结构发生了很大的变化,由原来单一化产权结构向多元化转变,公有制企业中劳动者和经营者的非对抗性利益矛盾也凸显出来。在我国股份制企业中,由于产权主体的多元化、复杂化,其劳资利益关系也呈现多元交错状况。在以"资本利益"为导向的改革中,这种利益关系引起了一定的矛盾和冲突。我国现阶段失衡的劳资利益关系正发生某种基础性的催化作用,极大地影响了和谐社会的构建。我国是社会主义国家,这意味着政府必须发挥作用,协调劳动与资本双方关系。政府通过制定或修改相关的劳工政策,为保护劳动者的合法权益、维护社会公平提供相应的决策依据,从而切实维护好劳资双方的合法权益,保持劳资双方权力结构的平衡,更好地实现社会公平与公正,推动社会经济的和谐发展。

(四) 趋向和谐劳资利益关系

中国特色社会主义劳资利益关系并非一成不变,而是不断发展演进的。在此过程中,虽然中国特色社会主义劳资利益关系体现出劳资利益关系的多元复杂性,但我国是社会主义国家,社会主义的本质是解放生产力,发展生产力,消灭剥削,消除两极分化,最终达到共同富裕。这意味着,中国特色社会主义劳资利益关系必然趋向和谐劳资利益关系。

按照马克思的理论逻辑,社会主义条件下劳动力不可能成为商品,货币无法成为资本,那么,马克思所论述的劳资关系丧失了存在前提。然而,社会主义市场经济下,劳动与资本的雇佣关系仍存在,双方的剥削与被剥削关系就存在。事实上,中国特色社会主义社会劳资利益关系已经不单纯是马克思所总结的建立在生产资料私有制基础上无产阶级和资产阶级之间的剥削与被剥削的关系,而是一种特殊的利益关系。中国特色社会主义劳资利益关系依托的生产方式与制度基础同马克思所论述的资本主义条件下劳资利益关系并不相同,其更多体现的是劳资双方对经济利益的诉求,而非阶级对立关系。在公有制经济中,劳资利益关系更多表现为劳动者与企业之间的政治地位、社会地位、平等权利和义务关系,体现了人民群众当家作主的政治要求和经济地位。改革开放以来,我国劳资利益关系逐渐多元化、规范化、契约化、法治化,从法制与契约的角度上缓和劳资利益关系。因此,随着社会生产力的进步,中国特色社会主义社会必然朝着社会主义本质前进,消灭剥削,消除两极分化,最终达到共同富裕,中国特色社会主义劳资利益关系将趋向和谐发展。

三、我国劳资利益关系的演变动力与变化规律

我国劳资利益关系的不断演变具有内在动力机制,其核心动力是生产力与生产关系的矛盾运动,生产力发展水平变化是原动力,体制改革冲击是直接推动力。生产力不断进步,现有生产关系桎梏生产力发展,自然对生产关系变革提出要求。现有的劳资利益关系出现不适应并产生矛盾,意识形态领域发生变革,政府针对这种不适应出台政策,具体制度逐渐变革,使现有劳资利益关系逐步变化,这就是我国劳资利益关系的变化规律。

(一)演变动力

中华人民共和国成立以来,我国劳资利益关系不断进行演变,从公有制条件下的一元合作劳动关系转化为多元复杂劳资利益关系,再转变为趋向和谐的劳资利益关系。中国特色社会主义劳资利益关系的演变必然存在动力机制。其中,生产力与生产关系的矛盾运动是我国劳资利益关系演变的核心动力,生产力发展水平变化是我国劳资利益关系演变的原动力,体制改革冲击是我国劳资利益关系演变的直接推动力。

1. 我国劳资利益关系演变的核心动力是生产力与生产关系的矛盾运动

按照马克思的唯物史观,人类社会不断发展的动力应当是生产力与生产关系之间的矛盾运动。"社会的物质生产力发展到一定阶段,便同它们一直在其中运动的现存生产关系或财产关系发生矛盾"①,生产关系"成为桎梏的旧的交往形式被适用于比较发达的生产力,因此被适应于更进步的个人自主活动类型的新的交往形式所代替"②。也就是说,生产力不断进步,生产关系对生产力的发展形成桎梏,生产力的进一步发展意味着对生产关系进行变革。正是在生产力与生产关系的矛盾运动下,社会经济形态发生转变,从而所有制结构和经济体制发生变化,在不同的所有制与经济体制之下劳资利益关系必然不同。中华人民共和国成立以来,生产力不断发展,生产关系进行相应变革,所有制上从公有制逐步转变至公有制为主体、多种所有制经济共同发展,分配制度上从按劳分配逐步转变为按劳分配为主体、多种分配方式并存,资源配置上从计划经济逐步转变到社会主义市场经济。在此过程中,我国劳资利益关系不断演变,从单纯劳动关系演化为复杂劳资利益关系,再演化为和谐化劳资利益关系。

2. 我国劳资利益关系演变的原动力是生产力发展水平变化

马克思在《政治经济学批判》中对生产力与生产关系之间矛盾运动的规律做了高度概括。生产力是生产的物质内容,起决定性作用。生产力向前发展,迟早会引起生产关系的变革。劳资利益关系是生产关系的重要方面,必然受到生产力发展水平的限制和影响。我国的劳资利益关系必然是由生产力发展水平的客观要求以及阶段性发展所决定的。

3. 我国劳资利益关系演变的直接推动力是体制改革冲击

马克思认为,当生产力发展到一定程度,旧的生产关系与之不相适应,则会逐步成为生产力继续发展的阻碍。要想使生产力进一步发展,要求变更生产关系,使之与生产力相适应。劳资利益关系作为一种重要的生产关系,在社会制度发生变革之后,必然由更高生产力要求的更高级的劳资利益关系取代低级的劳资利益关系。中华人民共和国成立以来从中国社会主义基本制度和计划经济体制逐步转变为中国特色社会主义基本经济制度与社会主义市场经济体制,体制改革的巨大冲击直接改变了我国劳资利益关系。

---

① 马克思、恩格斯著:《马克思恩格斯文集》(第 2 卷),人民出版社 1995 年版,第 591 页。
② 马克思、恩格斯著:《马克思恩格斯全集》(第 31 卷),人民出版社 1998 年版,第 79 页。

(二) 变化规律

生产力不断进步,现有生产关系桎梏生产力发展,自然对生产关系变革提出要求。生产关系与生产力的矛盾运动,使我国劳资利益关系从"单纯劳动关系"演变至"复杂劳资利益关系",再至"趋向和谐化劳资利益关系"。

1. 计划 CSSA 时期(1949—1978 年)我国劳资利益关系转变为单纯劳动关系

单纯劳动关系是适应中华人民共和国生产力发展的必然要求。中华人民共和国成立初期,我国要在贫穷落后的情况下进行社会主义经济建设,并快速实现工业化,面临资本存量不足和工业化对巨额资本需求之间的矛盾。建立在计划经济体制基础上的公有制条件下的劳动关系,在全体劳动者合作的基础上,通过政府统一调配资源并建立积累率较高的积累体制,迅速集中并积累了大量社会资本,较好地解决了这一矛盾。而生产力不断发展,对生产关系变革提出了要求,单纯劳动关系是中华人民共和国社会制度变革的必然结果。中国社会主义基本制度和计划经济体制的建立,改变了资本和劳动力的属性与行为模式以及两者的结合方式,形成了高度合作的公有制条件下的劳动关系:一是改变了资本的属性和行为模式,使我国资本呈现公有资本一元化、中央统一调配各项生产要素、企业行为基本由中央指令性计划制约等特征。二是改变了劳动者特征与行为模式,使我国劳动者具有主人翁地位的同时也受中央计划约束。生产资料公有制的确立和按劳分配制度的推行,使劳动者身份首次从被雇佣、被剥削者转变成为生产资料的所有者和自己劳动的主人。

2. 转型 CSSA 时期(1978—2012 年)我国劳资利益关系从单纯劳动关系转变为多元复杂劳资利益关系

这种转变与生产力和生产关系的交互作用及所有制结构和经济体制变化的过程密切相关。多元复杂劳资利益关系的出现是适应当时社会生产力发展的必然要求。社会生产力发展要求解决作为公有资本实际使用者的企业和劳动者的激励不足这一问题。这要求通过体制改革,转变两者行为模式,从而改变两者的关系。适应当时社会生产力水平不高、部门差距明显的发展阶段,要求引入商品关系和市场机制,使作为微观主体的资本代理人和劳动者按市场化方式采取经济行动,改变资本与劳动的结合方式,从而改变劳资利益关系。生产力变革要求生产关系相适应,多元复杂劳资利益关系的出现是我国经济体制改革的必然后果。我国自 1978 年起进行了从社会主义计划经济体制向社会主义市场经济体制的转型,具体包括农村经济改革、国有企业改革、促进非公有制经济发展、扩大对外开放等,相关改革措施使我国多元复杂劳资利益关系产生并发展。同时,"渐进式"改革路径使改革的重点呈现阶段性特征,由此产生了劳资利益关系由"合作为主",向"合作与冲突并存",最终变为"形式上缓和、表现方式转变"。

3. 新时代 CSSA 时期(2012 年—)我国劳资利益关系从多元复杂劳资利益关系转变为趋向和谐劳资利益关系

改革开放以来,我国社会生产力不断提高和经济总量不断增长,人民生活水平显著提高。与此同时,我国经济发展中出现了新问题,结构性失衡、发展方式落后问题更为突出,不平衡不充分的发展是生产关系桎梏生产力发展的具体反映。生产力的变革对现有生产关系提出了新要求。2017 年党的十九大报告要求"深入贯彻以人民为中心的发展思想",构建和谐劳动关系。中国特色社会主义的劳资利益关系呈现"趋向和谐劳资利益关系"的可能。

四、我国劳资利益关系运动规律的现实考察

随着社会主义经济制度的变迁,劳资利益关系也发生较大的变化。在所有制由单纯公有制到公有制为主体的变化过程中,劳动者与"多元"资本相结合,衍生出"复杂"的劳资关系,如多元资本与农民工之间的劳资关系、市场与公有资本结合下的公有劳资关系、私营经济中的劳资关系、外企中的劳资关系等,从而区分出计划和转型的 CSSA。党的十九大提出,"中国特色社会主义进入新时代,我国社会主要矛盾已经转化为人民日益增长的美好生活需要和不平衡不充分的发展之间的矛盾"。随着我国社会主要矛盾的转变,转型的 CSSA 转化为新时代 CSSA,我国劳资利益关系再次从多元复杂劳资利益关系转变为趋向和谐化劳资利益关系。

(一)计划 CSSA 时期单纯劳动关系的现实考察

计划 CSSA 时期(1949—1978 年)我国劳资利益关系体现为单纯劳动关系。在劳资利益关系方面,公有制和计划经济对单纯劳动关系的形成起到了重要作用。公有制和计划经济为基础的经济制度必然产生单纯的劳动关系,在劳动者共同占有生产资料的基础上和计划配置资源的条件下,企业内部就只有单纯的劳动关系,不会存在传统意义上劳资冲突,仅有劳动者之间的利益冲突。这类利益冲突主要包括:一是农村劳动者与城市劳动者之间的利益摩擦,如计划经济时期中国农业的"剪刀差"现象所形成的农村对城市的长期补贴,形成了农业劳动者与城市劳动者的利益差别。二是不同公有制之间劳动者的利益非均衡性,如全民所有制条件下

的劳动成果归全体劳动者共同所有,集体所有制条件下的劳动成果归集体(部分)劳动者所有,这两类劳动者的利益也会有差异。三是公有制内部劳动者之间的利益矛盾,即劳动者个人收入的差别导致的利益非均等。虽然这些劳动者的利益矛盾对资本积累有一定的影响,但这些冲突不是阶级矛盾,而是人民内部矛盾。这样的劳动关系也就决定这一时期的 CSSA 是计划的 CSSA 特征。

我国公有制条件下早期的合作劳动关系极大地促进了生产力的发展。这是因为在公有制条件下的合作劳动关系中,劳动者历史上第一次成为自己劳动的主人,焕发了极大的劳动积极性和建设热情,有效促进了社会生产力的进步和社会整体发展。这一阶段早期政府较好地处理了个人利益和集体利益、短期利益与长期利益的矛盾,通过统一调配资源的方式,迅速集中了支撑快速工业化所需的社会资源,使得中国工业化进程较快实现。

但是,这一关系发展到后期,劳资逐步变为形式上的合作,产生了一些不利于生产力发展的因素:一是政府作为公有资本的代表,为优先发展重工业制定了过高的积累率。1953 年至 1975 年我国的平均积累率为 29.5%,其中 1959 年和 1971 年分别高达 43.8% 和 34.1%[①]。过高的积累率挤占了人民消费,导致后期劳动者生活水平提高缓慢,从而劳动积极性不足。二是政府中央指令计划出现失误,导致农业和工业、轻工业和重工业、生产和流通等的比例失调,使生产力发展部分受限。数据表明,1957 至 1960 年我国工业总产值由 704 亿元增加到 1 650 亿元,而农业总产值却由 537 亿元下降到 415 亿元;轻、重工业比例在这一时间由 55∶45 变成 33.4∶66.6[②]这种比例失调严重地影响了经济运行过程中资源的合理配置。而处于资本使用一线的企业却缺乏经营自主权,无法对资源错配的情况加以应对和调整。三是分配方式缺乏激励作用。1958 年开始的"人民公社"运动,对经济条件水平不均的社队进行严格的平均主义,企业内也采取"吃大锅饭"的平均分配方法,事实上否定了按劳分配,抑制了劳动者的积极性。

1966 年至 1976 年的十年间我国经济增速迅速下降,年均增速仅为 5.9%,1976 年增速为 −1.6%。[③] 由此可见,到 1977 年公有制条件下的劳动关系已经从实质上的合作转为形式上的合作,制约了社会生产力的发展,亟须调整。这也表明计划 CSSA 开始衰退,需要一个新的 CSSA 的出现。

---

① 陈昌智著:《中华人民共和国经济简史》,四川大学出版社 1990 年版,第 126 页。
② 国家统计局编:《中国统计年鉴》,中国统计出版社 1983 年版,第 149、20 页。
③ 根据历年《中国统计年鉴》整理。

(二) 转型 CSSA 时期复杂劳资利益关系的现实考察

1978 年以来我国劳资利益关系从公有制条件下的单纯劳动关系逐步转变为多元复杂劳资利益关系,转型 CSSA 的劳资利益关系也经历探索、巩固和衰退三个时期,并且在这三个时期劳资利益关系的变化也与所有制和市场化的改革同步进行。探索、巩固和衰退三个时期劳资利益关系分别表现为"合作为主""合作与冲突并存"以及"形式上趋于缓和、表现方式转变"。

首先,转型 CSSA 探索时期(1978—1992 年),多元复杂劳资利益关系逐步形成,但劳资矛盾尚不明显。这一时期劳动关系开始向多元复杂劳资利益关系转化,转型的 CSSA 初见端倪并逐步形成,其现实表现为随着农村家庭联产承包责任制的全面实施和乡镇企业迅速发展,出现了农业劳动者向非农和城市转移的趋势;随着国有企业的"扩权让利""自主经营、自负盈亏"的改革,企业劳动关系开始商品化的调整;随着私营企业以及外资企业大量进入特区和沿海城市,出现了资本雇佣劳动的关系。但是,这一时期多元复杂劳资利益关系还没有真正形成,只是刚刚开始。统计数据显示,自 1978 年至 1992 年,城乡个体及私营企业(简称 IE & PE)、城镇港澳台及外资企业(简称 HMTE & FE)、混合所有制企业(简称 MOE)的就业人数逐步涌现,但占比很低(如图 8.2.1 所示)。

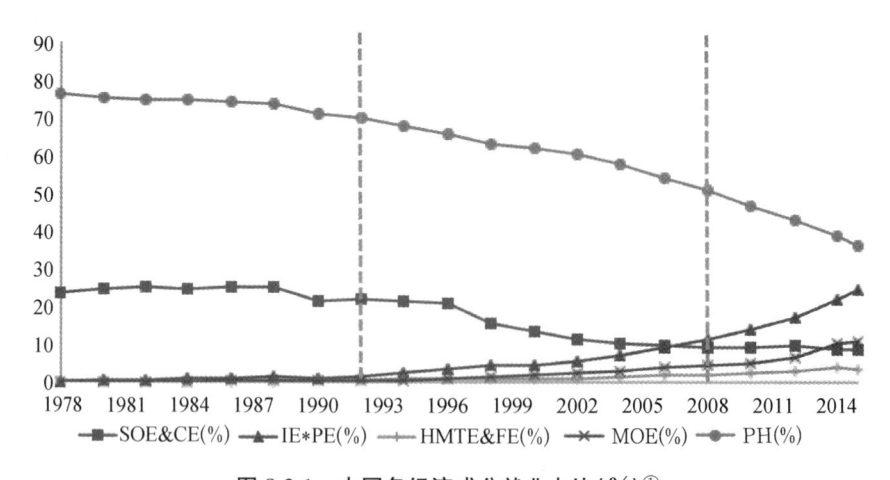

图 8.2.1 中国各经济成分就业占比(%)[①]

由于该阶段劳资利益关系还没有完全替代劳动关系,虽然随着国有企业用工制度市场化改革,劳动争议问题也时有发生,但劳资冲突不明显。以劳动争议受理

---

① 数据来源:历年《中国统计年鉴》。

案件数量为例,自 1987 年 10 月至 1991 年底,全国总计受理劳动争议案件 42 311 起,年均 1 万多起。相比较,1996 年新受理劳动争议案件就有 48 121 起[①]。

这一时期我国劳资利益关系表现为"合作为主"。1978 年至 1991 年是以我国公有制内部的劳动关系为主、私营和外资企业的劳资利益关系为辅的阶段。公有制企业就业占比从 1978 年的 23.66% 下降到 1991 年的 21.82%,个体、私营和外资等企业就业自 1980 年出现小幅增加到 1991 年的 4.05%[②]。可见,这一阶段仍以公有制条件下的劳动关系为主,因此以合作为主要特征。劳动者收入和消费水平大幅提升,劳动收入占 GDP 的份额始终维持在 53% 左右的较高位置,以及企业内劳资冲突不明显是这一阶段的主要表现。

其次,转型 CSSA 巩固时期(1992—2008 年),多元复杂劳资利益关系最终形成,劳资冲突日益凸显。1992—2008 年,多元复杂劳资利益关系已经确立,转型 CSSA 处于稳定发展阶段:一是随着市场化改革的加速,农村劳动力转移到城市,农民工群体不断扩大规模,并与不同资本进行结合。二是随着国有企业的现代企业制度的改革,国企工人开始转变身份,通过市场化与企业建立了契约关系,形成了国企的劳资利益关系。三是随着市场化进程,私营企业获得了空前的发展,私有资本与劳动的关系正式形成。城乡个体与私营就业人数从 1993 年的 3 313 万人上升至 2008 年的 13 680.39 万人,占比从 1993 年 4.96% 的上升至 2008 年的 18%。四是随着开放政策的推进,大量外资进入中国,外国资本与中国劳动者的关系也基本形成,港澳台与外资企业就业人数占比从 1993 年的 0.43% 上升至 2008 年的 2.15%。

这一时期劳资利益关系复杂化,劳资的利益冲突凸显:第一,劳动者相对地位下降。从劳动报酬占 GDP 的比重可以发现,这一指标自 1992 年以后不断下滑(见图 8.2.2),自 2007 年下降到最低的 39.73%,这表明劳动者的地位发生变化,利益丧失。第二,企业内劳资冲突显性激化,劳资纠纷数量不断增多。以集体谈判纠纷数量为例,劳动人事仲裁受理案件数从 1992 年的 8 150 件上升至 2008 年的 693 465 件,年均增长 32%,总体增长为原来的 85 倍(见图 8.2.3);劳动争议案件中的劳动者当事人数从 1996 年的 17 140 人上升至 2008 年的 1 214 328 人,总体上升为原来的 70.84 倍,年均增幅为 30%(见图 8.2.4)。第三,国内劳动收入不平等与国际劳资

---

① 数据来源:历年《中国劳动统计年鉴》。
② 数据来源:历年《中国统计年鉴》。

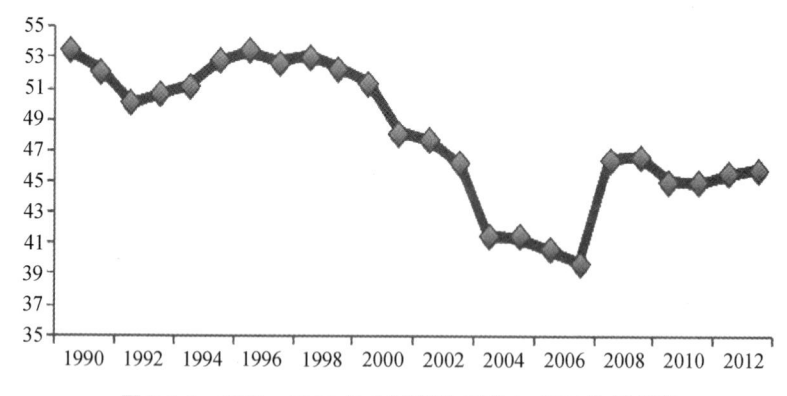

不平等并存。从人均工资水平来看,1992年国有单位为2878元,略高于社会平均工资水平2711元;2008年为30287元,同样略高于社会平均的28898元,但大体持平。外商投资企业和港澳台投资企业的人均工资1995年分别为社会平均工资水平的1.65倍和1.44倍。这一比重在1997年达到峰值后逐年下降,自2005年起港澳台企业的人均工资水平小幅低于社会平均工资水平,为社会平均工资的0.98倍,但外商投资企业的人均工资始终高于社会平均,并自2006年起维持在社会平

图8.2.2　1990—2014年中国劳动报酬占GDP比重(%)

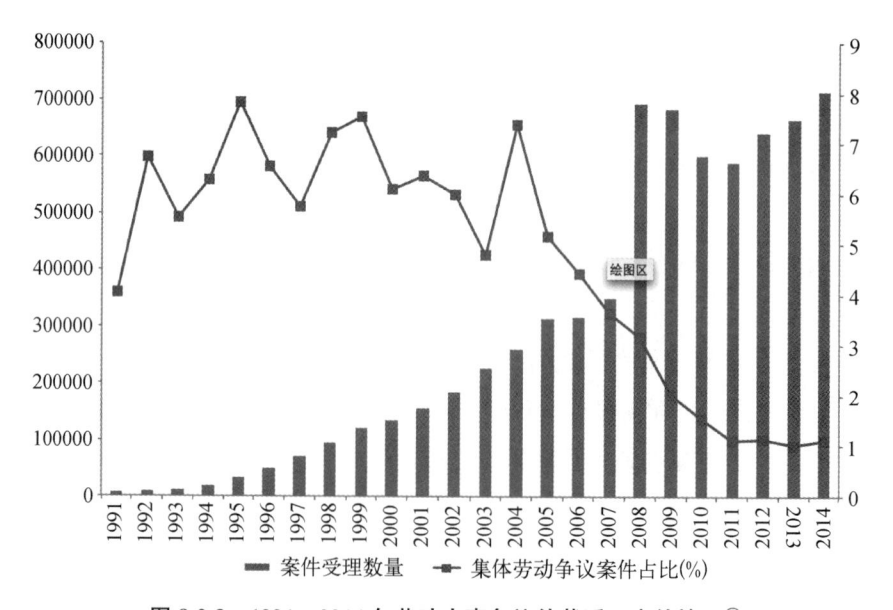

图8.2.3　1991—2014年劳动人事争议仲裁受理案件情况[①]

---

① 数据来源:历年《中国劳动统计年鉴》。

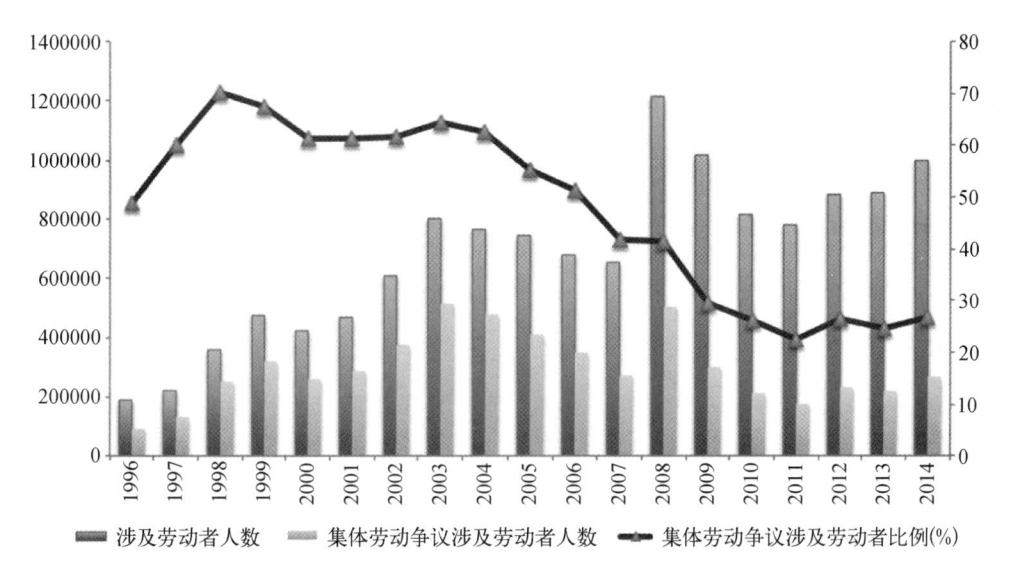

第八章 | 基于 CSSA 的中国特色社会主义政治经济学的分析框架

图 8.2.4　1996—2014 年劳动人事争议仲裁劳动者当事人数[①]

均工资的 1.2 倍左右[②]。这说明私营企业的人均工资水平始终低于社会平均。考虑到国有单位、民营企业与港澳台和外商投资企业的就业占比较大,说明我国国内劳动者收入与发达国家劳动者收入存在较大差距,因此企业内劳资矛盾蕴含国际劳动冲突。

这一时期我国劳资利益关系表现为"合作与冲突并存"。我国私营和外资企业就业占比大幅攀升,从 1992 年的 4.41% 增加到 2008 年的 20.25%;国有企业就业占比显著下降,从 1992 年的 21.93% 下降到 2008 年的 9.41%。其中,2001 年我国外资企业就业占比出现一个明显的上升拐点,从 2001 年的 1% 以下上升至 2008 年的 2.15%。该阶段我国劳资之间呈现冲突与合作并存的特征。劳资的利益冲突凸显体现在:劳动者相对地位下降,企业内劳资冲突显性激化,国内劳动收入不平等与国际劳资不平等并存。

转型 CSSA(1978—2008 年)的形成过程包括转型 CSSA 探索时期与巩固时期。在此过程中,"单纯的劳动关系"逐步转化为"多元复杂劳资利益关系",劳资冲突日益明显是其重要特征。以公有制为主体的多元化所有制关系改革以及市场化进程加快,使得单纯的劳动关系逐步复杂化。

---

①　数据来源:历年《中国劳动统计年鉴》。
②　数据来源:历年《中国统计年鉴》。

一是随着农民工的出现且比重不断增加,形成了多元资本与农民工之间的劳资利益关系。这是由于中国农村家庭联产承包责任制的改革使得农业劳动生产率获得了一定的提升,并出现了劳动力剩余。这些农村劳动力进入城市形成"农民工"群体。一方面,这些农民工拥有农村土地承包经营权,具有农民的待遇,却不在农村务农,所以属于半个农民。另一方面,他们长期在城里工作,但不享有城市居民的待遇(户籍和福利等),属于半个工人。这些劳动者群体与多种资本都发生联系,使得劳资利益关系不再是单纯的资本与工人劳动力的关系,还有和农民的关系。

二是出现了"半主人半雇佣劳动者"式劳动者群体,通过市场与公有资本结合形成了复杂的公有劳资利益关系。随着国有企业改革和劳动力商品化,原国有企业工人与企业间的关系发生了变化,由过去的终身关系变为契约关系,于是公有制企业中劳动者就拥有了双重身份。一方面,作为国有资本的共同占有者具有"主人"的身份;另一方面,当他们通过劳动力市场与公有资本发生契约关系后又具有雇佣者的身份。至此,公有制企业内部的劳资利益关系就由单纯的劳动关系转变为多元复杂劳资利益关系。

三是出现了真正意义的雇佣劳动者,也就形成了私营经济中的劳资利益关系。随着中国私营资本的迅速发展,大批劳动者进入企业成为雇佣工人。这个群体既不是农民,也不是国企的工人,而是纯粹的雇佣劳动者。但由于中国社会主义经济制度以及公有资本的主导性,这些"雇佣工人"与纯粹私有制条件下的雇佣劳动者又有不同,他们通过政府提供公共品以及社会保障制度等措施享有全民所有制条件下的共同利益,因而其劳资利益关系也具有复杂性。

四是伴随中国全面开放政策的实施,也形成了一批既是中国公民又享受外企优惠福利的劳动者群体,他们与国外资本形成了复杂的劳资利益关系。这是由于国外资本大量进入中国兴建企业,雇佣中国工人,使得这些劳动者拥有了双重身份,一方面他们仍然是中国公民,享受国人待遇;另一方面,他们享受外企特殊收入和福利政策以及中国对外资的优惠政策,这样与外国资本形成的劳资利益关系与内资劳资利益关系就有所不同。

最后,转型CSSA衰退时期(2008—2012年)劳资利益关系复杂化程度提高,劳资冲突日益社会化。2008年至2012年我国多元复杂劳资利益关系不断强化,劳资利益关系表现为"形式上趋于缓和、表现方式上转变"。一方面,非公所有制和混合所有制劳资利益关系具有扩大趋势,使得劳资利益关系更加复杂化,2008年以后私营企业和混合所有制企业就业比例明显提高(如图8.2.1所示)。另一方面,劳资冲突由企业内部的矛盾逐步外化为社会矛盾。2008年以来企业劳资冲突并未继续增加,争议案件数量上升幅度不大,劳动争议涉及劳动者人数自2009年回落后增加幅度也不多(见图8.2.3、8.2.4),与劳动者自身利益相关的社会矛盾却日益激化,如食品安全问题、医患冲突问题、生态环境问题等。食品安全问题是企业将危害劳动力再生产的劣质生活资料推向市场后引发劳资冲突社会化的表现,"三鹿牛奶"为典型事件;医患冲突是医药企业和医院趋利损害劳动力修复引发的社会问题;生态环境问题是企业将环境成本推向社会以及企业缺乏对劳动者受损利益补偿引发的社会问题等,"雾霾"是关注度最高的事件。这类事件的媒体曝光率一直都很高,并且大多成为中国年度十大热点问题,诸如"三鹿奶粉"是2008年的十大热点问题,医患问题为2009年和2012年的十大热点问题,低碳和雾霾问题分别为2009年和2013年十大热点问题。从这些民众对自身利益的关注度,我们可以透视出劳资冲突社会化的程度。

2008年以来劳资冲突逐步社会化的具体原因在于:一是由于2008年经济危机后企业在转嫁危机的同时也将劳资利益冲突转嫁给了社会,以致劳资冲突外化严重;二是互联网和新媒体的急速发展使社会公众获得相关信息并加以关注的可能性增加,从而使企业劳资冲突显性化;三是政府在解决市场失灵的有效性和服务功能还跟不上市场化的速度,致使劳资冲突累积化。

随着中国改革的深入发展,劳资利益关系趋向为社会化,表现为各种社会问题积累到一定程度,社会矛盾显性化,表明转型CSSA开始衰退,需要一个新的CSSA的出现。

(三) 新时代CSSA时期和谐化劳资利益关系趋向的现实考察

新时代CSSA时期(2012年—)中国劳资利益关系由多元复杂劳资利益关系转向趋向和谐劳资利益关系。2012年以来中国社会主要矛盾发生变化,从过去人民日益增长的物质文化需要同落后的社会生产之间的矛盾转变为人民日益增长的美好生活需要和不平衡不充分的发展之间的矛盾。为此,中国的劳资利益关系也需要发生变化,逐步建立更加平衡、更加和谐的劳资利益关系。

2012年以后我国维持了公有资本、私营资本、混合资本三分天下的基本格局,劳资的结合方式并未发生显著变化,劳资利益关系延续了2008年以来形式上趋于合作的趋势。随着经济体制改革的深化,劳资利益关系实质上趋于和谐的可能性不断加强。2017年党的十九大报告要求"深入贯彻以人民为中心的发展思想",构建和谐劳资利益关系。未来我国劳资利益关系应该且有很大可能实现从形式上的合作向实质上的和谐转变。这是因为：

1. 趋向和谐劳资利益关系是高质量发展的必然要求

党的十九大报告指出，中国经济已经由高速增长阶段转向高质量发展阶段。劳动是落实高质量发展生产力的一切抓手，与劳资利益关系高度相关。因为实现高质量发展的关键在于提高劳动者的知识技能水平及其在生产过程中的应用。而劳动者知识技能的提升具有时间效应，还有"干中学"的特征。如果劳资利益关系紧张，劳资之间的关联与合作将呈现短期化特征，则劳资双方投资于企业专用性知识技能的积极性都会不强，这将影响创新，制约发展质量，降低整体效率。此外，趋向和谐劳资利益关系还将为高质量发展提供更广阔市场范围，劳动者可以公平分享经济发展带来的好处，有助于提高国内居民消费，加快社会总产品的实现，从而提升经济整体效率。

2. 政府主导思想的强化为构建趋向和谐劳资利益关系提供方向保证

一方面，习近平总书记自2012年以来发表的系列讲话不断强调了劳动人民的主体地位。2015年习近平总书记在中央政治局第二十八次集体学习时提出了"以人民为中心的发展思想"，这是对劳动人民主体地位的进一步强化。另一方面，党从政府的重要任务和执政党的重要使命两个高度强调了构建趋向和谐劳资利益关系的重要意义。习近平总书记在2011年指出："构建和谐劳动关系，是建设社会主义和谐社会的重要基础，是增强党的执政基础、巩固党的执政地位的必然要求，是坚持中国特色社会主义道路、贯彻中国特色社会主义理论体系、完善中国特色社会主义制度的重要组成部分……把构建和谐劳动关系作为一项重要而紧迫的政治任务抓实抓好。"①党和政府认识的不断提升将引导劳资利益关系向着和谐演进。

3. 相关配套制度的完善为进一步推进劳资和谐提供了制度化保障

前期中国劳资冲突增强的部分原因是改革的渐进性，在市场化改革取得较大成效的同时保障体制的建设却较为落后，如工会的慢速发展与非公有制企业快速发展的矛盾。为此，我国进行了系列配套制度的完善，包括工会改革和构建中国式集体协商制度，以保护劳动者利益。2010年7月中华全国总工会发布《关于进一步加强企业工会工作充分发挥企业工会作用的决定》，使全国工会会员、工会覆盖率、基层工会数量大幅增长。2011年通过了《关于调整国家协调劳动关系三方会议成

---

① 《把构建和谐劳动关系作为一项政治任务抓实抓好》，中国广播网2011年8月16日。

员及办公室组成人员的建议》,进一步完善了劳、资、政的协调劳动关系的三方机制。同时推动企业实行民主管理。2012年中央纪委等六部门下发《企业民主管理规定》,要求各类企业推进职工代表大会制度和厂务公开制度的落实,职代会每年至少开一次,全会须有2/3以上职工代表出席,着力减少劳动者对企业管理不满引起的劳动争议。逐步完善的配套制度有助于规范我国劳资利益关系,使其进一步走向和谐。

4. 基于五大发展理念,探寻趋向和谐劳资利益关系的内涵

这是因为,居于生产关系核心的劳资利益关系,应当与经济发展的要求相适应,在当前历史条件下就是与五大发展理念相适应:一是加强法律制度对劳动者的保障,促进劳动与资本合作关系的长期化,从而提升劳动者知识技能,进而提升企业创新能力和竞争力,促进创新发展;二是在有效发挥市场作用的基础上处理好劳动与资本在盈余分配方面的关系,既要使资本享有一定的剩余,符合资本的根本属性,又要使劳动者更多地享有对剩余的分配权,从而有效保护投资和生产的积极性,促进协调发展;三是企业在生产中要承担起应有的保护生态环境的责任,使生产条件、环境和结果对劳动者的侵害减少,促进绿色发展;四是以科技创新、劳动者素质提升带动我国产业优化,在开放中解决我国劳动者的国际不平等地位,实现国外资本与国内资本和劳动者利益的和谐,促进开放发展;五是坚持人民主体地位,坚持劳动者的全面发展,坚持社会公平正义,使劳动者能够不断分享经济发展带来的好处,促进共享发展。

第三节 中国特色社会主义的政府利益关系理论

在中国特色社会主义经济建设的实践过程中,国家和政府的作用通常被视为推动资本积累和经济发展的重要力量。国家与社会、政府与市场的关系在形成相对稳定的SSA中发挥着关键作用,其中国家利益与社会利益相互融合的内在机理,中央政府与地方政府利益关系的权衡理路,以及政府与市场利益互补的逻辑关系,构成了中国特色社会主义政府利益关系理论。随着改革开放的推动,中国特色社会主义的政府利益关系逐渐成形并趋于稳定。特别是社会主义市场经济体制的确立,政府在市场中的作用由"绝对控权"转变为"有控制的放权",使市场经济逐步替代了计划经济。党的十九大报告进一步提出"中国特色社会主义进入新时代",并

且要求政府在深化市场经济体制改革的过程中不断推进"治理能力现代化"。在此背景下,政府的作用面临转变发展方式、优化经济结构、转换增长动力的考验,必须从"有控制的放权"向"控权与放权有机结合"的现代化政府转变。

一、中国特色社会主义政府利益关系理论的思想进路

(一) 经典马克思主义关于国家与社会关系的思想

国家与社会的关系问题是马克思主义国家理论首要阐明的基本问题,也是国家治理实践所需依托的政治哲学基本问题。关于国家与社会的关系,西方社会具有两者相分离的思想传统,国家与社会的分离思想具有两种典型的理论框架。一种认为"社会先于或外于国家",认为国家只是由人组成的社会实现自由和平等价值的产物,为"有限政府"和"有限国家"的政治权力边界划分提供了理论基础;另一种认为"国家高于或优于社会",强调国家凌驾于一切之上,是社会存在的基础,同时高于社会而存在,是黑格尔市民社会理论的基本分析框架。

马克思对西方传统政治哲学和社会契约论进行了深刻的批判,又批判性地改造了黑格尔的国家高于社会的理论观点,在此基础上基于现实而不是抽象的理论视角阐明了社会决定国家的原则,创立了基于唯物史观的国家与社会的关系理论。

首先,国家与社会是相互依存的,"国家是从作为家庭和市民社会的成员而存在的这种群体中产生出来的","政治国家没有家庭的天然基础和市民社会的人为基础就不可能存在,它们是国家的必要条件"。[1] 在马克思主义看来,国家是社会发展到一定历史阶段的产物,尽管看似国家凌驾于社会之上,但正如恩格斯所说的:"绝不是国家制约和决定市民社会,而是市民社会制约和决定国家。"[2]

其次,国家与社会之间是对立统一的关系。国家既是整个社会的代表,又是统治阶级用于统治的工具。从统治工具的功能性来看,国家针对被统治阶级,是统治阶级的制度化、合法化,反映统治阶级的利益;而从社会代表的功能性来看,国家又以公共利益和共同体利益为出发点,实行社会公共事务管理。正如恩格斯指出的,国家"这种力量应当缓和冲突,把冲突保持在'秩序'的范围之内"。[3]

---

[1] 马克思、恩格斯著:《马克思恩格斯全集》(第1卷),人民出版社1956年版,第252页。
[2] 马克思、恩格斯著:《马克思恩格斯全集》(第21卷),人民出版社1956年版,第247页。
[3] 马克思、恩格斯著:《马克思恩格斯选集》(第4卷),人民出版社1956年版,第170页。

(二) 从国家与社会的关系到政府与市场的关系

国家与社会的关系是政治哲学理念和国家治理理论中的基本框架,国家与社会的关系在市场经济体制中体现为政府与市场的关系。马克思在对国家与社会关系分析的基础上,阐述了政府在市场经济运行中的地位和作用。如《资本论》在阐述工作日和用工制度时,政府与市场之间存在监管与被监管的关系,当劳动者的被剥削程度超过了劳动力本身的再生产能力时,政府需要采取一定的法律改善劳动者的工作和生活环境,以便维持劳动力再生产活动。当劳动者工资水平提高到超过资本获利的限度时,政府又会以法律的形式弱化工人的力量。这一做法的根本目标在于维护市场经济的运行和资本的持续性获利。同样,在缓解经济危机和资本主义基本矛盾的问题上,马克思也指出政府的作用特别是政府在公共产品和公共服务提供中一定程度上减缓了市场失灵及其带来的后果。但马克思认为,资本主义由于其固有的矛盾,即生产社会化和生产资料私人占有之间的矛盾,是难以在资本主义生产关系内部得到彻底解决的。

马克思、恩格斯设想的社会主义经济的基本特征是生产资料公有制加政府有计划的调节。首先无产阶级通过国家以暴力的方式推翻资产阶级,将生产资料集中到劳动者手中,从而消灭了资本主义基本矛盾,能尽快增加生产力。在建立社会主义国家后的计划经济条件下,政府取代了市场的地位在经济运行中发挥重要作用。正如马克思指出的那样,社会主义政府"必须预先计算好,能把多少劳动、生产资料和生活资料用在这样的一些产业部门而不致受任何损害"。[1] 但后来的社会主义经济实践的结果表明在生产力水平还不高的前提下,社会主义市场经济是资源配置和经济运行的重要实现形式。因此,从国家与社会关系引申出来的政府与市场关系是社会主义市场经济必须处理和解决好的基本关系。社会主义国家通过政府发挥微观规制、宏观调控和收入分配等职能弥补市场失灵和避免经济危机,进而实现社会主义促进生产力和提高人民生活水平的生产目的。

(三) 社会主义市场经济体制中国家作用的双重性

不论是在社会主义经济思想史上还是在社会主义经济实践史上,对社会主义与市场经济的结合一直以来就是理论和实践创新的重要议题。20世纪30年代以来兴起的市场社会主义学术浪潮和实践探索,将社会主义与市场经济的结合问题提上了议程,特别是20世纪50年代以来一些东欧社会主义国家开始在经济改革

---

[1] 马克思著:《资本论》(第1卷),人民出版社2004年版,第349页。

中运用市场手段进行资源配置,提出各种社会主义改革方案,如科尔奈(1957)的"有宏观控制的市场协调"、布鲁斯(1961)的"含有受控制市场机制的计划经济"、锡克(1958)的"以市场机制为基础的分配计划"、诺夫(1983)的"可行的社会主义"等。这一思潮无疑对我国改革开放和社会主义市场经济体制的确立具有借鉴意义。

随着中国改革开放的推进,社会主义市场经济体制逐步确立。党的十八届三中全会提出让市场在资源配置中起决定性作用和更好发挥政府作用,党的十九届四中全会将社会主义市场经济体制上升为社会主义基本经济制度的范畴。在社会主义市场经济体制下,政府与市场的关系更为突出,处理好政府与市场的关系既是社会主义市场经济的本质要求,也是中国特色社会主义经济建设和现代化经济体系建设的关键环节。市场经济既具有共性也有特殊性:一方面,政府作为社会公共利益的代表机构,需要积极发挥作用以弥补市场失灵,这主要是通过经济和法律手段对市场主体的行为进行调控,形成公平竞争、规范有序的市场秩序,运用宏观经济政策,调节总供求关系,稳定经济运行趋势。另一方面,政府除了克服市场失灵外,作为主张意识形态的稳定性以更好维护阶级利益的主体,还需要发挥维护特定阶级关系的形成和再生产的作用。这一政治上的作用会通过所有制结构、分配制度等体现出来。孟捷(2020)将支撑政府上述两方面作用的理论分别称为国家经济作用的内生性理论和外生性理论。

二、中国特色社会主义政府利益关系的理论特质

(一) 国家与社会的相互融合

在中国特色社会主义政治经济学中,国家与社会之间既不是国家凌驾于社会,也不是社会外于国家而存在,而是遵循了马克思主义关于国家与社会的基本原则,国家与社会之间相互融合,形成利益互补、相互促进的格局。中国特色社会主义进入新时代,一个新时代的 CSSA 正在形成并逐步稳定。国家与社会的利益关系也在不断调整,形成了与改革开放初期有所不同的利益关系,构成了中国特色社会主义政府利益关系理论的基本特质。

在政府利益关系中,政府对市场经济模式的有力控制是对马克思主义经济理论的有效创新。按照经典马克思主义理论,社会主义经济应该是建立在纯粹的公有制基础之上,并且实行有计划的政府调节,消除商品生产甚至市场经济的存在。

恩格斯指出："一旦社会占有了生产资料,商品生产就将被消除,而产品对生产者的统治也将随之消除。社会生产内部的无政府状态将为有计划的自觉的组织所代替。"①按照经典马克思主义理论的这一设想,我国从1956年社会主义改造基本完成到改革开放之初,逐步建立了纯而又纯的社会主义公有制,并在此基础上建立了高度集中的政府指令型的计划经济体制。在这种高度集中的计划经济下,国家的行政命令代替价值规律和市场机制,限制了商品货币对市场的作用,阻碍了市场活力,一定程度上影响了生产力的发展。这一事实其本质在于经典的马克思主义理论中公有制加计划调节的社会主义经济是建立在高度发达的生产力之上的,然而中华人民共和国成立初期我国落后的生产力状况并不符合这一设想。在探索社会主义公有制与市场经济相结合的政府利益关系中,一方面,要逐渐建立起更为合理的资本与社会的关系,换言之需要逐步建立起与当前生产力相适应的以公有制为主体、多种所有制共同发展的资本与政府关系,形成新型的政府利益关系;另一方面,在不排斥现代市场经济的基础上,在社会主义公有制的基础上逐步将市场机制引入资源配置中,恢复商品生产和价值规律,探寻社会主义公有制与市场经济相结合的政府利益关系。

（二）政府与市场的有机结合

在中国特色社会主义政府利益关系的行程中,经历了强政府对市场经济的指导和逐渐放权的鼓励市场活动,逐渐摸索出社会主义经济改革过程中政府在市场中的作用。而在不断形成的政府利益关系中,政府在市场中的主要作用在于维护社会主义基本制度的基础上充分发挥市场对资源配置的作用,以最大程度激发市场的经济活力。因此,在确立政府利益关系的过程中,政府对市场的作用应做到在市场出现问题的状态下及时发挥其作用,在市场管理过程中做到其权力的收放自如,使得政府在实现资本与社会关系中能够动态有机结合。

在马克思主义经济学的辩证逻辑中,资本与社会的调节若想相互适应,需要两者同时做出调整和让步。通过不断的实践和调整,在建立政府利益关系的过程中,政府对市场的全面控制和全面放手都不适应国家利益的建立。为此,政府必须将放权与控权相结合,在市场失灵的时候积极发挥政府作用以纠正市场缺陷,在政府失灵时有控制地减少政府对市场的干预,充分发挥市场作用。这种政府对国家利益调节的作用也是从古典经济学派到凯恩斯学派再到新古典综合学派的发展过程

---

① 马克思、恩格斯著：《马克思恩格斯选集》（第3卷）,人民出版社2012年版,第815页。

中逐渐产生的,与政府对市场进行一定程度干预是相适应的。

中国特色社会主义政府利益关系正是在政府从计划经济时期的绝对控权,到改革开放时期逐渐对经济的管理实行放权,再到过度放权下市场失灵的出现使政府又再一次对市场进行有效的干预,并在不断放权和控权的状态下逐渐形成。在政府对市场的循环往复的放权与控权过程中,将放权与控权有机结合,由此实现了从"有控制地放权"的转型政府到"控权与放权有机结合"的现代化政府的转变,最终形成了具有中国特色社会主义的政府利益关系,极大程度上满足了中国社会主义经济在各个历史发展阶段的需要,从而发挥出助推经济发展的显著作用。

(三) 中央与地方的有效制衡

中国经济改革开放四十多年后取得了显著成效,经济总量跃居世界第二位,社会经济发展的各个领域蒸蒸日上。我国经济改革的关键是实现了经济体制从计划经济体制向市场经济体制的转变,而我国的经济转型又与西方主流经济学所推崇的苏联东欧的激进式改革不同,是具有鲜明中国特色的渐进式改革方式。我国的渐进式改革是在中国共产党的领导下,通过设置改革议程,一步步从计划逐渐走向市场,从增量到存量,从沿海到内陆,从生活资料到生产资料。从党的十一届三中全会提出"让地方和工农业企业在国家统一计划的指导下有更多的经营管理自主权"到党的十二大提出"计划经济为主、市场调节为辅"的原则,及至党的十三大提出建立"社会主义有计划商品经济的体制",再到党的十四大正式确立"社会主义市场经济体制"的改革目标,我国从1978年起用了14年时间才摸索出一条适合中国国情的社会主义经济建设道路。这是一种"既注意改革的循序渐进又不失时机地在重要环节取得突破"[①]的渐进式改革模式,为建立政府利益关系进而发挥中央政府对经济管理的作用提供了有利的外部环境。

我国的渐进式改革之所以取得成功,除了党的有力领导和科学决策外,离不开具有中国特色的中央政府和地方政府关系的处理和运用。正如上文所述,我国经济改革过程特别是社会主义市场经济体制建立和形成过程是以政府主导型的制度变迁方式实现的,这本身与西方新制度学派所强调和侧重的需求诱致型制度变迁不同。而且,我国从计划向市场的转型也不仅仅是中央政府单一主导来实现的,而

---

① 《中共中央关于建立社会主义市场经济体制若干问题的决定》,《人民日报》1993年11月15日。

是通过以地方政府作为中介的中间扩散型制度变迁的方式来实现的。[①] 中央政府与地方政府之间通过财权和事权的分配和设置,实现了央地之间的有效制衡,一方面激励地方政府发挥制度变迁的中介作用,将经济改革的动力有效地激发出来,并且带动市场主体形成需求诱发作用,促进并形成微观需求机制,最后形成有效的市场机制;另一方面,市场主体不断增加的制度创新需求通过地方政府和企业的合作利益,促使地方政府扩大市场主体的行为自主权,最终推动中央政府从国家宏观层面制定相关政策和法律制度。

三、中国特色社会主义政府利益关系的演变逻辑

（一）经济基础的决定性作用

由生产力决定生产关系及其总和的变化作为一国经济关系中的经济基础,对政府在政策和管理的制定上起到了决定性作用。

从生产力角度来分析政府在政府利益关系中的演变过程,中华人民共和国建立初期,为更好地实行社会主义制度,我国采取了计划经济的制度形式。但由于在这一时期我国实际的生产力水平并未达到马克思对社会主义构想中的状态,人民的生活水平、生产能力亟须提高,因此,在政府绝对控制的计划经济下,在生产力的要求下,政府在政府利益关系中起到的作用需要进行一定的改变。改革开放以来,我国的政府利益关系中政府在资本与社会之间的作用中由绝对的控权逐渐向有控制的放权转变。当时的生产力水平要求更好地激发市场活力,发展与当时生产水平相适应的生产力,政府在宏观经济制度、财税制度、企业制度等方面呈现逐渐放权的特征。党的十四大提出"市场在社会主义国家宏观调控下对资源配置起基础性作用",政府开始在市场经济中逐渐下放权力,但对关系国计民生的重要行业依然采取经济控制权,以保证人民生产生活的顺利进行。政府在政府利益关系中的有控制的放权正是依照生产力的发展所做出的正确举措,也为更好地发展生产力,对改善政府利益关系进行重要的把控。

从经济制度方面来分析政府角色,自中华人民共和国成立到1977年改革开放前,中国社会主义基本制度和计划经济体制的建立改变了政府与市场之间的关系。计划经济的实施在某种意义上取消了市场的存在,政府按照制定的计划,

---

① 详见杨瑞龙著:《社会主义经济理论》(第三版),人民出版社2018年版,第54—60页。

提出国民经济和社会发展的总体目标,制定合理的政策和措施,有计划地安排重大的经济活动,引导和调节经济运行方向。这种统一进行生产、统一进行分配的生产方式需要与高度发达的生产力相匹配,而中华人民共和国成立初期的生产力较难实现这一整体协调的经济运行方式。如何快速地发展生产力,快速地提高生产效率,需要通过市场的作用来进行。为此,建立起适合企业生产、促进生产效率提高的新型的社会主义经济制度顺应时代而产生。社会主义市场经济的提出从根本上破除了把计划经济看作社会基本制度范畴的思想束缚,在确立"社会主义市场经济体制"的改革目标下,中国建立起以公有制为主体、多种所有制共同发展的基本经济制度。这一制度的确立使我国的政府利益关系中的政府作用发生变化,政府在对社会资本的控制力上由原有的全部掌控逐渐向部分放权转变,让资源在市场中自由流动,允许非公资本的存在,借此来激发市场的活力,推动生产力的发展。

(二)市场失灵的催化剂作用

市场失灵是市场机制不能有效发挥作用而导致的,主要表现在市场机制不能有效地调节生产外溢因素的各种活动,市场经济的持续发展必然带来垄断,市场机制不能充分地提供人民生活中必需的公共商品。市场失灵要求政府采取措施进行弥补。不同时期市场失灵的差异也对政府与市场的利益关系起不同的催化作用。

改革开放以来,非公经济的迅速发展使民营企业迅速发展。为追求利益的最大化,这一时期经济发展伴随着环境污染程度的加深。废水、废气的排放一度使我国的环境陷入极大的危机中。为此,政府利益关系发生了一定程度的转化,政府在市场中所起到的作用需要增强,市场自身无法调节这种以牺牲环境为代价的发展,需要通过强有力的政府对企业行为进行管控,制定市场中企业的行为准则,以保证良好环境下经济的可持续发展。

随着市场经济的不断深入,必然带来某种程度的或完全的垄断。垄断的产生必然带来资源配置效率的缺乏。若垄断出现在与民生以及涉及国家资源等相关的部门中,必然带来社会整体效率的损失。为防止这些情况的发生,需要依靠政府的力量来改变这一现象带来的政府利益关系的变化。而政府在这一过程中主要通过对市场结构和企业的组织结构进行干预来提高处于行业内部企业的经济效率,使企业间形成一种相对平衡和稳定的竞争关系。而对于国计民生的行业,政府需要对其进行强制性的管控,以保证国民生产生活的顺利进行。

由于市场经济以利润最大化为前提,因此,公共品的提供必须通过国家手段来进行调节。在经济发展的过程中,产业结构的调整也是需要通过政府调节来进行的。在中国现阶段所处的经济增速放缓环境下,产业结构调整、转变生产方式、进行供给侧结构性改革既是市场需求的改变,也是国家对经济未来发展方向的指引。

市场经济中出现的缺陷正是改变我国在经济活动中资本与社会之间关系的催化剂,正是政府在市场中行使控制手段、改变政府利益关系的具体举措。因此,不同时期、不同市场条件下政府所处的作用也会发生变化。只有政府在对市场控放自如的状态下,才能实现中国特色社会主义的政府利益关系。

（三）党的领导的关键性作用

中国共产党自成立以来,在革命建设和改革开放等阶段,对经济社会的领导都清晰可见。作为以马克思主义理论为指导的无产阶级政党,中国共产党的领导无疑是影响我国政府角色定位及其演变的关键性因素。

中华人民共和国成立以来,历代领导人都在尝试和努力提升党的领导能力,以期有效领导中国各领域的发展。毛泽东指出,"中央和地方的关系也是一个矛盾,应当在巩固中央统一领导的前提下,扩大一点地方的权力",即必须以坚持和巩固党中央和中央政府的领导为根本前提,并在此基础上进一步向地方授权,只有坚持党中央和中央政府的领导,才能确保经济社会的发展不会偏离既定的社会主义方向。邓小平明确指出,"必须坚持社会主义道路……必须坚持共产党的领导……必须坚持马列主义、毛泽东思想",揭示出坚持党的领导和经济社会各方面的理论及实践的关系。江泽民和胡锦涛同志不断强化"党的领导",提出"我们党……总是代表着中国先进生产力的发展要求,代表着中国先进文化的前进方向,代表着中国最广大人民的根本利益""办好中国的事情,关键在党"等观点。党的十八大以来,以习近平同志为核心的党中央更是对党的领导作用高度重视。习近平总书记在党的十九大报告中强调要"坚持党对一切工作的领导""提高党把方向、谋大局、定政策、促改革的能力和定力,确保党始终总揽全局、协调各方",并在多个场合指出"中国特色社会主义最本质的特征是中国共产党领导,中国特色社会主义制度的最大优势是中国共产党领导"。

毫无疑问,党的领导对于我国政府发挥其经济职能以及转变其职能始终起关键性作用。其一,正是由于中国共产党是坚持马克思主义指导理论的无产阶级政党,具有鲜明的马克思主义属性,始终代表着中国最广大人民的根本利益,因此我国政府角色不论如何转变,始终以满足当时人民最迫切需求为标准和目标,始终以人民的利益为中心。其二,正是由于要坚持党对一切工作的领导,政府才始终要在经济中发挥有力、有效的作用。这促进了中华人民共和国成立以来我国在政府与市场关系方面所具有的诸多特征,包括计划经济时期高度集权的政府角色、转型经济时期政府主导下的渐进式改革以及新时代政府进一步提升其有效性和服务性、推动政府与市场的有机结合等。其三,党的领导决定了我国政府角色在未来进一步演变所必须遵循的内在轴心,即无论政府角色如何进行调整和改革,其对社会主义发展道路的坚持与以"人民为中心"的宗旨将始终不变。

四、中国特色社会主义政府利益关系演变的现实考察

（一）计划经济时期高度集权的中央政府

首先,在计划经济时期(1949—1978年)由于生产资料公有制的经济制度和计划经济体制,中国政府呈现高度集权的特征,这一时期的政府利益关系呈现具有计划CSSA的特征。

1952年国家成立计划委员会,随后在宪法中明文规定计划经济为国家法定的经济体制。中国政府高度集权的现实特征体现为:1950年在财税制度方面实现了高度集权;"第一个五年计划"期间建立了高度集中的计划经济体制;在1958年"大跃进"运动中推行"一大二公"和刮"共产风";1961年中央决定将经济管理权力进一步集中到中央,进一步强化了中央的高度集权。直至"文化大革命"结束,中国始终处在计划经济体制之下,尽管曾有部分权力下放的举措,但均局限在形式上,政府的行政管制从未减少。

随着社会主义公有制基本实现了对社会的全覆盖,中国计划经济体制全面确立。这一时期政府对经济实行全面控制和主导,包括劳动力、生产资料、生产工具、生产内容和生产数量等的规划、安排及管理以及人民日常消费品的供需。政府在中华人民共和国成立后的经济恢复发展和工业化体系的建立中发挥了关键性作用。政府对于资源强有力的动员和调配能力,为我国国民经济的恢复发展和工业化体系的建设提供了大量的公共供给,工业化体系在短期内得以迅速建立。

这一时期政府对地方和企业的管理也不是铁板一块,仍然存在集权和分权的博弈。在农村,集体经济之外还存在包括自留地、家庭副业和以其为基础的自由市场,农产品集中收购之外的非计划部分和社队企业等仍客观存在。在城市,城镇个体经济、城市集体企业和小国有企业也仍然有空间。计划体制下市场的存在与党

的领导人在对计划经济体制弊端的反思中主动进行的调整也有关系。毛泽东在 1958 年第一次郑州会议上指出,现在还必须利用商品生产和价值法则来积极为社会主义服务[①];陈云的"三个主体、三个补充"[②]的思想,明确指出在计划经济为主的条件下可以发挥市场的作用等。

(二) 转型时期政府有控制地放权

转型时期(1978—2012 年)的形成与中国政府由"高度集权"转变为"有控制地放权"的角色演变直接相关。政府在改革过程中没有完全放权,而是转变为"有控制地放权",政府利益关系由计划 CSSA 特征转为转型的 CSSA 特征。

从宏观经济制度层面来看,中国由计划经济体制向市场经济体制的转变,实质就是一个政府不断进行经济放权的过程。1982 年中国共产党第十二次代表大会指出,"正确贯彻计划经济为主、市场调节为辅的原则,是经济改革中的一个根本性问题"。[③] 1988 年七届全国人大一次会议通过的国务院机构改革方案进一步提出政企分开、权力下放。1992 年党的十四大明确提出,建立社会主义市场经济体制"就是要使市场在社会主义国家宏观调控下对资源配置起基础性作用"。[④] 2013 年党的十八届三中全会指出:"经济体制改革是全面深化改革的重点,核心是处理好政府和市场的关系,使市场在资源配置中起决定性作用和更好发挥政府作用"。[⑤] 2015 年党的十八届五中全会则强调要"进一步转变政府职能,持续推进简政放权、放管结合、优化服务"。[⑥]

从财税制度层面来看,中国政府先后进行了地方财政包干制度和分税制改革,这是财税层面的权力下放过程。从数据来看,1978 年以后政府财政支出开始区分中央和地方,到 1985 年地方政府支出在全部财政支出中的占比达 60% 以上,且呈

---

① 中共中央文献研究室编:《毛泽东年谱(1949—1976)》(第 3 卷),中央文献出版社 2013 年版,第 496—497 页。
② 陈云指出:"至于生产计划方面,全国工农业产品的主要部分是按照计划生产的,但是同时有一部分产品是按照市场变化而在国家计划许可范围内自由生产的。计划生产是工农业生产的主体,按照市场变化而在国家计划许可范围内的自由生产是计划生产的补充。因此,我国的市场绝不会是资本主义的自由市场,而是社会主义的统一市场。在社会主义的统一市场里,国家市场是它的主体,但是附有一定范围内国家领导的自由市场。这种自由市场,是在国家领导之下,作为国家市场的补充,因此它是社会主义统一市场的组成部分。"见《陈云文选》(第 3 卷),人民出版社 1995 年版,第 13 页。
③ 《全面开创社会主义现代化建设的新局面》,1982 年 9 月。
④ 《加快改革开放和现代化建设步伐 夺取有中国特色社会主义事业的更大胜利》,1992 年 10 月。
⑤ 《中共中央关于全面深化改革若干重大问题的决定》,中共第十八届三中全会通过,2013 年 11 月。
⑥ 《中共中央关于制定国民经济和社会发展的第十三个五年规划的建议》,第十八届五中全会通过,2015 年 10 月。

现不断增加的趋势;地方政府收入占比也达到60%以上,这一比例在1992年出现一个明显下降之后便稳定在50%左右。

从企业制度层面来看,中国政府不断对国有企业进行放权的改革。1979年国务院先后颁布《关于扩大国营工业企业经营自主权的若干规定》等五个文件,赋予国企自主经营权,同时推进国企利税改革。1984年中央明确提出增强国有大中型企业的活力,其基本思路就是"两权分离""政企分开"。1995年中央进一步提出"分类指导""抓大放小"的国企改革方针,大大加快了国有小企业改革改组的步伐。1998年中央推进"国退民进""战略重组",使得中国企业所有制格局发生重大变化和调整。2003年中央指出要使股份制成为公有制的主要实现形式,进一步加大股份制改革力度。2013年十八届三中全会开启混合所有制改革。1978—2014年国有控股工业企业数从8.37万个下降至1.88万个,下降幅度达77.5%;规模以上国有控股工业企业数占比从24%下降到5%,下降了79%。

但是,中国政府的权力下放又是"有控制"的,这是由于中国所有制改革目标是建立以公有制为主体的多种所有制格局,中国政府在经济控制力以及对制度改革方向的把控上仍然具有一定的力度。

(三)新时代政府角色"有效化"趋势

新时代(2012年至今)中国政府角色由"有控制的放权"转向"适度有效的控权"。2012年以来,中国在坚持市场在资源配置中起决定性作用的同时,进一步强调了要更好发挥政府作用,尤其是政府在保障和改善民生、促进人的全面发展与人民共同富裕等方面的重要作用。为此,中国政府在经济中所处的角色将逐步向以人民满意为导向的"适度有效的控权"特征转变。

第四节 中国特色社会主义意识形态利益关系理论

国家和政府角色在中国经济的改革和发展过程中发挥着举足轻重的作用,但不可忽视的是,国家和政府行为与意识形态有着极为密切的联系。社会主义基本性质、无产阶级执政党等因素,使我国意识形态的内涵及演变规律与西方资本主义国家相比有着显著的特殊性。要分析中国特殊利益关系的演变路径和演变规律,便不能忽略意识形态利益关系这一维度。这也是中国特色社会主义政治经济学理论体系的重要组成部分之一。

一、意识形态利益关系的经典逻辑

意识形态作为一个哲学范畴,其基本含义是对事物的认知和理解,是一定时期的观念、概念、思想、价值观等要素的总和。马克思主义唯物史观认为,意识形态是阶级社会的产物,是以意识形态斗争的形式表现社会物质利益关系。而且它作为上层建筑,会以经济理念、利益关系、价值诉求等观念形式作用于经济基础,继而共同作用于社会的变革过程。

1. 根据马克思的经典理论,意识形态的本质是以思想的形式表现出来的一定历史时期的物质关系

马克思认为,意识形态是对社会实践中的经济关系和物质关系的主观反映,它的产生和发展是与社会存在分不开的。在《〈黑格尔法哲学批判〉导言》中,马克思通过批判宗教与现实关系以及黑格尔法哲学与德国现实解放之间的关系,指出以宗教为代表的各种观念形态不过是"颠倒的世界意识",只有将对观念形态这一"副本"的批判上升到对资产阶级现实社会的批判,才能真正揭示观念形态与社会现实存在之间的关系。因此,马克思认为观念形态不过是现实社会存在的反映。在《神圣家族》中,马克思通过批判青年黑格尔派将"自我意识"和"批判哲学"作为推动社会发展动力因素,揭示了以布鲁诺·鲍威尔为代表的资产阶级"神圣家族"的唯心性质,进一步否定了资产阶级意识形态理论的"头脚倒置"性。

其后,马克思进一步论证了其科学的意识形态理论。在《德意志意识形态》中,马克思指出,"德意志意识形态家"满口都是"震撼世界"的语言,但"他们只是用词句来反对这些词句"[1],不能理解人的经济生活从本质而言是实践的,更不理解"不是意识决定生活,而是生活决定意识"[2]。马克思认为,经济生活是人们在现实经济实践中生产满足吃穿住行等需要的生产行为,即"生产物质生活本身",而作为观念形态的"想象、思维、精神交往在这里还是人们物质行动的直接产物"[3]。也就是说,人们的观念形态是在人们生活中生产出来的,是对人们物质生产关系的反映。马克思指出,在阶级社会中"占统治地位的思想不过是占统治地位的物质关系在观念

---

[1] 马克思、恩格斯著:《马克思恩格斯文集》(第1卷),人民出版社2012年版,第516页。
[2] 马克思、恩格斯著:《马克思恩格斯文集》(第1卷),人民出版社2012年版,第525页。
[3] 马克思、恩格斯著:《马克思恩格斯文集》(第1卷),人民出版社2012年版,第524页。

上的表现，不过是以思想的形式表现出来的占统治地位的物质关系"①。

2. 意识形态所表现的物质关系反映着阶级社会中统治阶级与被统治阶级之间的利益关系

马克思对意识形态的分析是基于阶级社会这一历史条件的，并认为意识形态是阶级社会的必然产物。正如有学者将马克思的意识形态"描述为'副现象概念'，因为他把意识形态视为取决于和来自经济条件与阶级生产关系"②的一种形式。马克思通过分析资本主义社会中普遍存在物"商品"来揭示"剩余价值"秘密和"资本"的本质，进一步指出，资本主义社会中政治、经济、法律、道德、艺术等观念形态反映的内容，不过是阶级社会中占统治地位的资本家的利益诉求，是统治阶级编造出的自我"幻想"，其目的是为资本主义社会做合法性辩护。

这就意味着，意识形态实质上反映着统治阶级与被统治阶级之间的一种相互对立的利益关系，且这与物质生产过程中的劳资利益关系有着逻辑一致性。在资本主义生产方式下，资本所有者是"支配着物质生产资料的阶级"；雇佣劳动者为了维持生存，不得不将其劳动力出卖给资本所有者。随着资本雇佣劳动过程的开始，资本与劳动之间的利益对立便成为必然，且资本的利益会成为社会生产过程的主导。然而，这种利益的对立和支配并不会止步于物质生产领域，因为"一个阶级是社会上占统治地位的物质力量，同时也是社会上占统治地位的精神力量"。作为"支配着精神生产的资料"的统治阶级，将会通过各种途径支配"那些没有精神生产资料的人的思想"，而这一支配与被支配过程的结果，便是一定时期意识形态的形成。③ 因此，意识形态实质上是统治阶级通过对精神生产资料的占有和支配，保障其对物质生产资料的占有和支配的"手段"，其由物质利益关系决定，同时影响和改变物质利益关系。

3. 阶级之间的利益博弈使得意识形态具有显著的历史性和动态性

阶级社会并不是静态发展的，而是始终伴随着阶级之间的对立和冲突。当一个阶级想要代替旧的阶级成为统治阶级时，一个必不可少的环节便是实现意识形态的变革。正如马克思指出的："每一个企图代替旧统治阶级地位的新阶级，就是为了达到自己的目的而不得不把自己的利益说成是社会全体成员的共同利益，抽

---

① 马克思、恩格斯著：《马克思恩格斯文集》(第1卷)，人民出版社2012年版，第550—551页。
② 约翰·汤普森：《意识形态于现代文化》，译林出版社2012年版，第41页。
③ 马克思、恩格斯著：《马克思恩格斯全集》(第3卷)，人民出版社1975年版，第52页。

象地讲,就是赋予自己的思想以普遍性的形式,把它们描绘成唯一合理的、有普遍意义的思想。"①这意味着,意识形态在一定时期存在相对稳定的可能,但从长期来看,必然伴随着不同阶级之间的利益博弈过程。实际上,马克思关于科学的意识形态理论的深刻认识,便是在与资产阶级唯心主义所代表的"颠倒的虚假的"意识形态的批判和博弈中逐步形成的,其中蕴含着无产阶级与资产阶级之间的利益关系对立。

通过阐明意识形态背后的阶级利益博弈,马克思进一步揭示了意识形态的历史性和动态性,即在不同阶级相互竞争和相互博弈的过程中,在统治阶级不断更换的变化中,意识形态作为左右全体社会成员的利器,会呈现出动态演变。当然,这一动态演变并不是分散的、多个支线的,而是有其路径和主线,因为"各个时代的社会意识,尽管形形色色,千差万别,总是在一定的共同的形态中演进的,也就是在那些只有随着阶级对立的彻底消逝才会完全消逝的意识形态中演进的"。② 每一时期尽管存在不同阶级意识形态的博弈,但最终能确定为主流意识形态的,一定是与这一时期获得统治地位的阶级利益诉求相一致的,因此,不同历史时期、不同社会背景的意识形态均有其特殊性。

4. 意识形态的上层建筑归属性,使得其与经济基础之间相互作用,并推进社会发生变革

生产力与生产关系的决定和反作用、经济基础与上层建筑的决定和反作用,是马克思分析社会形态演变的基本逻辑,而意识形态在这一逻辑中的地位是非常明确的,即它是上层建筑的一部分。这便揭示了物质生产方式与意识形态之间的辩证逻辑关系,即意识形态的形成建立在物质生产方式之上,一定的物质生产方式便衍生出与之相适应的意识形态,而意识形态又会对物质生产方式形成反作用,滞后的意识形态会成为生产关系变革继而成为生产力发展的束缚,自觉变革的意识形态则会推动生产关系变化继而促进生产力发展。对此,马克思的如下经典表述提供了明晰的表达:"社会的物质生产力发展到一定阶段,便同它们一直在其中运动的现存生产关系或财产关系(这只是生产关系的法律用语)发生矛盾。于是这些关系便由生产力的发展形式变成生产力的桎梏。那时社会革命的时代就到来了。随着经济基础的变更,全部庞大的上层建筑也或慢或快地发生变革。"③

---

① 马克思、恩格斯著:《马克思恩格斯全集》(第3卷),人民出版社1975年版,第54页。
② 马克思、恩格斯著:《马克思恩格斯全集》(第4卷),人民出版社1975年版,第489页。
③ 马克思、恩格斯著:《马克思恩格斯全集》(第13卷),人民出版社1975年版,第8—9页。

在此基础上,马克思还进一步强调社会变革时两个不同的层面:"一种是生产的经济条件方面所发生的物质的、可以用自然科学的精确性指明的变革,一种是人们借以意识到这个冲突并力求把它克服的那些法律的、政治的、宗教的、艺术的或哲学的,简言之,意识形态的形式。"① 也即,要想完整刻画经济社会的变革过程,不仅要考察生产关系的变化,也要注重意识形态等上层建筑的改变,且两者无论在理论上还是现实中均可能出现不同步性,当意识形态超前或滞后于社会物质生产方式时,会对物质生产方式形成显著的反作用。此外,从现实社会变革来看,意识形态的变革往往是具有标志性的,其决定了社会变革的关键时间节点,也是这一变革最终发生的直接推动力。

总之,马克思揭示了意识形态背后深层次的社会和阶级利益根源,从根本上否定了资产阶级意识形态的唯心性质,揭露了资产阶级意识形态所标榜的价值中立论和科学论立场的虚伪性,既论述了意识形态利益关系的形成过程,又阐明了其博弈性和动态演变性,这为意识形态利益关系的研究奠定了科学的方法和理论基础。

二、中国特色社会主义意识形态利益关系的理论界定

中国特色社会主义意识形态利益关系有其一般性。例如,它同样是以思想形式表现出来的一定历史时期的物质关系,同样反映物质关系背后的利益关系,其属于上层建筑范畴,会与经济基础之间形成相互作用关系,继而影响社会变革。与此同时,由于中国的社会主义基本性质以及无产阶级执政党等因素,使得其相比马克思所阐述的资本主义意识形态以及其对共产主义社会的设想而言均具有特殊性。为此,须对中国特色社会主义意识形态利益关系的理论内涵进行界定。

(一)我国意识形态利益关系的本质内涵:意识形态博弈关系

意识形态利益关系不是简单的观念差异引致的博弈竞争,而是由产生该意识形态的主导性社会物质生产关系决定的,它代表的是统治阶级的利益,旨在维护社会制度的合法性。一个社会中统治阶级所具有的阶级属性,会对意识形态的内涵有关键性影响。中国特色社会主义意识形态利益关系的本质内涵是,无产阶级执政党领导下以维护人民利益为宗旨的利益诉求,与社会主义市场经济条件下以资本增值为导向的利益诉求之间的博弈关系。

---

① 马克思、恩格斯著:《马克思恩格斯选集》(第 2 卷),人民出版社 1995 年版,第 33 页。

一方面,中国作为社会主义国家,由无产阶级政党一党执政,这决定了马克思主义必然成为我国的主导性意识形态,其代表着以维护人民利益为宗旨的利益诉求。马克思主义意识形态维护的是具有"普遍性质"从事社会生产劳动、创造历史的广大无产阶级的利益。马克思指出,无产阶级是一个从备受阶级剥削和压迫中产生的阶级,一个"被戴上彻底的锁链的阶级"①,表明"人的完全丧失"的阶级。在资本主义社会,无产阶级的"旧社会的生活条件已经被消灭了",他们"没有财产""没有民族",甚至可以说除了自己一无所有。因此,马克思主义意识形态利益关系就是要通过无产阶级的斗争,反对因为私有制的存在而导致的资产阶级剥削无产阶级的历史和现实条件,使无产阶级获得解放,进而唤醒无产阶级反对资产阶级隐藏在法律、道德、宗教等观念意识背后的阶级意识。从利益诉求来看,马克思主义为指导的社会价值认为"自由、平等、民主"等价值理念不能是虚伪的抽象概念,而是建立在"自由人联合体"基础上的广大人民根本利益,是人民真正享有的"全体人民的共同富裕",是"发展成果由人民共享"。

另一方面,中国仍处于社会主义初级阶段,还须充分借助市场经济的资源配置作用,因此意识形态领域还存在以资本增值为导向的利益诉求。中华人民共和国建立于基础差、底子薄的经济条件下,尽管经过长期的经济改革取得了诸多发展成绩,但生产力水平还远未达到马克思主义经典作家所设想的物质极大丰富的程度,因此社会主义市场经济体制是我国要长期坚持的发展道路,而这就意味着必然存在私有制性质的意识形态,其以新自由主义意识形态为典型代表。这类意识形态的本质在于维护资本所有者的物质利益,以"私有财产神圣不可侵犯""理性经济人""个体权利"等为标志性观念意识。从价值理念来看,这类意识形态的背后是一种虚假的"普世价值",其旨在用这一"普世价值"捍卫资本所有者的权力和利益,达到"实现的是所谓市民社会成员的权力,而不是全体民众的权力"②的目的,进而掩盖资产所有者与雇佣劳动之间的利益对立,确保自我利益的最大化。

中国特色社会主义意识形态利益关系的博弈性,是由中国经济的基本国情决定的,同时对中国经济发展变化有着重要作用。尽管新自由主义等意识形态在一定程度上削弱了以维护人民利益为宗旨的无产阶级执政党的利益诉求,多元的意识形态却通过激发各类经济主体的积极性以及资源配置效率的提升,使得人民在

---

① 马克思、恩格斯著:《马克思恩格斯文集》(第1卷),人民出版社2012年版,第16页。
② 陈科、周丹著:《"普世价值"批判与社会主义价值共识的凝聚》,《马克思主义研究》2017年第6期。

总体上有所获益。更为重要的是,我国社会主义的基本经济制度以及政府有力且有效的调控能力,保障了我国意识形态利益关系博弈过程仍在中国共产党的主导之下,这就避免了我国意识形态受到新自由主义支配继而偏离社会主义发展道路的风险。

(二) 我国意识形态利益关系的博弈特征

如前所述,中国特色社会主义意识形态利益关系的本质内涵是,无产阶级执政党领导下以维护人民利益为宗旨的利益诉求,与社会主义市场经济条件下以资本增值为导向的利益诉求之间的博弈关系。因此,考察意识形态的博弈性成为理解我国意识形态利益关系的关键所在。综观我国意识形态利益关系的博弈过程,可以发现以下几个基本特征:

1. 意识形态利益关系博弈的全方位性

考察我国意识形态领域的博弈过程,可以发现,马克思主义意识形态与资本主义意识形态在政治道路、经济发展方式、社会治理、价值理念等利益关系方面均展开了全方位的博弈。自中华人民共和国成立起,以人类社会发展"范本"自居的西方资本主义利用其经济发展优势攻击社会主义,大肆宣扬私有制的合法性,以此攻击社会主义社会制度的优越性,进而削弱马克思主义主流意识形态在社会主义国家的统治地位,从而实现推翻社会主义国家的政治目的。随着全球一体化的深入,西方依托在国际上长期占据国际话语权,不断向其他国家输出资本主义社会文化价值理念和生活方式,使意识形态领域博弈呈现经济、政治、文化等全方位博弈的特点。

2. 意识形态利益关系博弈的复杂性

毛泽东同志指出:"凡是要推翻一个政权,总要先制造舆论,总要先做意识形态方面的工作。"[①]从当前我国意识形态领域的博弈过程可以看到,意识形态博弈不再是直接的正面竞争,而是隐藏在不同领域、不同阶层、不同集团下错综复杂的各种利益之间的博弈。虽然马克思主义意识形态作为社会主义社会的指导地位没变,但在具体的意识形态博弈过程中,马克思主义意识形态主流地位受到包括资本主义意识形态在内的各种非马克思主义意识形态的挑战,如主张小政府的自由主义、自由放任市场的新自由主义、个人自由的无政府主义、历史虚无主义、宪政民主论

---

① 中共中央文献研究室编:《毛泽东年谱(1949—1976)》(第 5 卷),中央文献出版社 2013 年版,第 158 页。

以及主张国有资产私有化的"产权制度"论等。这些各异的理论背后不只是简单的理论主张,而是各种利益关系的载体,代表不同的利益群体,也是西方意识形态对外输出的具体表现。因此,意识形态领域博弈竞争的全方位性、隐蔽性和多层次性使当前意识形态利益关系的博弈呈现错综复杂性。

3. 意识形态利益关系博弈的持久性

关于我国意识形态博弈的持久性,可以从意识形态产生的社会基础中看出。意识形态博弈在其本质上是不同阶级、不同利益集团之间的力量竞争,只要存在阶级、存在各种利益竞争,不能实现全社会的平等,意识形态博弈就会存在下去。马克思主义意识形态与西方资本主义意识形态之间之所以存在博弈,是因为私有制时刻要求资本的最大自由,实现全球范围内的利益最大化,也就是实现全世界范围内的剥削,而在资本扩张过程中遇到的最大障碍就是社会主义社会坚持的公有制。社会主义公有制的本性就是消灭这种剥削,实现全体人民的共同富裕。因此,只要以私有制为基础的社会关系不被消灭,树立其上的观念形态之间的博弈便不会消失。

(三)我国意识形态利益关系的博弈趋势

从我国意识形态利益关系的发展中可以看出,意识形态利益关系是以观念形态的形式嵌入国家建设中,以各方利益关系之间的博弈斗争体现在经济发展的进程中,以各种知识理论学说的论辩更替体现在人们的思想观念中。只要存在不同利益之间的关系,就存在意识形态之间的博弈竞争。从我国意识形态利益关系的本质和特征分析中,可以窥见新时代我国意识形态博弈利益关系的发展趋势。

1. 在领导权方面,我国意识形态利益关系的核心依然是坚持马克思主义意识形态的领导地位

我国是共产党领导下的社会主义国家,独特的中国特色社会主义道路、理论、制度、文化是我们鲜明的中国特色和时代特征,也是我们鲜明的马克思主义立场、观点和方法的体现。作为马克思主义理论的重要组成部分,马克思主义意识形态必然代表最大多数人民的根本利益,反映当前最广泛的人民美好生活愿望,也必然在我国意识形态博弈利益关系中占据主导地位。或者说,马克思主义意识形态的主导地位是与社会主义性质、阶级基础和远大的共产主义理想信念分不开的。从意识形态领导权方面,不论新时代意识形态博弈利益关系多么复杂,坚持马克思主义意识形态的核心主导地位就是坚持马克思主义,就是坚持中国特色社会主义。

2. 在具体变化路径上,我国意识形态利益关系的发展趋势仍建立在多元博弈

的基础之上。

改革开放前特定的社会和计划经济环境,使马克思主义意识形态处于绝对的主导地位。改革开放后,随着对内改革和对外开放的深入,西方社会的各种制度、文化、观念等急剧涌入中国,冲击国内各个领域。尤其是以新自由主义思潮所承载的西方政治经济制度、价值理念等西方主导的意识形态,以学术理论、媒体网络活跃在意识形态领域,不断与马克思主义意识形态发生激烈的竞争博弈,形成意识形态领域多元博弈的局面。在坚持马克思主义意识形态领导权下,意识形态多元博弈的局面一方面使马克思主义意识形态的主导地位遭到弱化,部分领域和群体中功利主义、利己主义突出,历史虚无主义的盛行;另一方面也给我国经济发展注入新的活力,在一定程度上促进了经济发展。因此,要以开放包容的心态、与时俱进的精神看待意识形态利益关系博弈的新发展。

3. 在价值导向上,我国意识形态利益关系的发展趋势是以社会主义核心价值观为价值共识

社会主义核心价值观是社会主义本质价值共识的体现,也是当下人们在价值观上的"最大公约数"。从价值观的形成和作用来说,社会主义核心价值观既是人们当下社会主义实践的产物,又能指导社会主义新实践。从新时代的新方位出发,意识形态利益关系的发展方向是不同价值观博弈,而坚持社会主义核心价值观是新时代社会主义意识形态博弈的核心。只有坚持这一价值共识,才能最大化地凝聚社会共识,增强社会团结力量,才能更好地建设社会主义,才能真正实现意识形态博弈利益关系中的胜利。

三、我国意识形态利益关系的演变逻辑

中华人民共和国成立至今,随着我国综合实力和国际地位的不断提升,我国意识形态利益关系也发生了重大转变。在明确我国意识形态利益关系的理论内涵的基础上,还须对其演变特征和演变规律进行深入剖析。

(一)演变特征

中华人民共和国成立以来,我国始终将马克思主义作为中国社会主义建设的指导思想,马克思主义始终是中国的主流意识形态。但由于马克思主义本身是一个开放和不断发展的体系,且改革开放以后西方新自由主义意识形态进入中国,与马克思主义意识形态之间相互影响,使我国的意识形态利益关系经历了一个动态

变化过程,即从"绝对主流与封闭化"到"开放与动态博弈"再到"新时代中国特色社会主义思想"的主流化趋向。

1949—1978年我国意识形态利益关系的核心特征是马克思主义意识形态的绝对主流化与封闭化。这一时期党的文件和媒体宣传均强调马列主义和毛泽东思想对党的指导性,且我国采取高度集权的计划经济体制,这一体制与马克思主义意识形态之间相互加强,逐渐形成了这一时期马克思主义绝对主流的意识形态利益关系。之所以称为"绝对主流",是因为马克思主义不仅是官方意识形态的绝对主导,在社会意识形态层面也形成了高度的统一主导性。与此同时,受到闭关锁国政策的影响,这一时期的意识形态具有较强的封闭性,对西方意识形态采取排斥态度。比如,在这一时期的教育和学术研究中,马克思主义理论成为核心主题和理论依据,同时对部分渗入中国的西方思想予以批判。

1978—2012年我国意识形态利益关系相比前一阶段呈现出明显的变化,其核心特征为意识形态的开放性以及多元意识形态的动态博弈性。随着1978年开始实施改革开放,我国意识形态的封闭性大大减弱,各种西方思潮逐步涌入中国,马克思主义绝对主流的意识形态格局被逐步改变,开始出现多元意识形态的博弈,其中最主要且博弈性最显著的便是新自由主义意识形态与马克思主义意识形态的动态博弈。一方面,新自由主义思潮对中国学术研究、高校教育、企业管理等各方面的影响不断加强;另一方面,中国政府以及坚持马克思主义的学者做出积极和坚定的回应,通过诸多措施调整和控制"西化"之风,使这一时期中国主流意识形态处在"西化—整顿—再西化—再整顿"的动态博弈过程。

2012年以来我国意识形态利益关系呈现出新的特征,即出现新时代中国特色社会主义思想的主流化趋向。这体现在我国意识形态领域的三个重要倾向:

一是进一步加强思想政治教育工作。为加强和改进宣传思想文化工作和理论研究工作,党中央先后召开了全国宣传思想工作会议、文艺工作座谈会、新闻舆论工作座谈会、网络安全和信息化工作座谈会等会议。习近平更在多个场合强调了思想政治教育的重要性。

二是进一步强化马克思主义的中国化、时代化、大众化。党的十九大报告中明确指出,"意识形态决定文化前进方向和发展道路。必须推进马克思主义中国化、时代化、大众化,建设具有强大凝聚力和引领力的社会主义意识形态,使全体人民在理想信念、价值理念、道德观念上紧紧团结在一起"。

三是积极推动马克思主义中国化最新成果即"新时代中国特色社会主义思想"

深入人心。要加强理论武装,不断增强党在意识形态领域的主导权和话语权。这标志着,我国意识形态利益关系已从"动态博弈"逐步转变为以"新时代中国特色社会主义思想"为主导。

(二) 演变动力

意识形态利益关系的上述演变特征并不是孤立形成的,而是在中国特色社会主义政治经济学理论体系的系统运行机制中发展和变化着的。意识形态利益关系的演变动力与中国特色社会主义政治经济学理论体系有着一致性,但又呈现出一定的特征:生产力是原动力,政府主导下的社会制度变革是直接推动力,全球化交往则是重要的外部动力。

1. 生产力的发展和变化是推动我国意识形态利益关系变化的原动力

生产力是推动人类社会发展变革的最终决定力量,是推动社会历史发展的物质基础,其性质和发展水平决定了整个社会的性质和发展程度,间接构成了思想观念产生的社会存在基础,成为意识观念演变的主要力量。关于存在与意识之间的关系,马克思在《德意志意识形态》中强调:"不是意识决定生活,而是生活决定意识""意识在任何时候都只能是被意识到了的存在,而人们的存在就是他们的现实生活过程"。[1] 意识形态博弈关系的演变必然随着物质生产而发展,也就是说最终由生产力决定。

中华人民共和国成立以来我国意识形态利益关系的演变路径,也反映了生产力对其起的决定性作用。计划经济时期马克思绝对主流的意识形态是当时极低的生产力水平决定的,这一意识形态能够保障当时集中人力、物力、财力恢复经济并建立初步工业体系的目标。改革开放以来多元意识形态的博弈也同样由生产力决定。唯有打破意识形态的封闭,允许多元意识形态的相互交融,才能促进各类经济主体的活力,实现中国经济发展。新时代意识形态转向主流化趋势,仍然取决于生产力的发展。目前我国处在从高速增长转向高质量发展的转型时期,唯有加强对意识形态的主导性和控制力,方能保证这一转型过程的顺利进行。

2. 政府主导下的社会制度变革是我国意识形态利益关系的直接推动力

社会制度规定着一个社会的性质,具体表现为社会中存在的法律规章制度、伦理道德规范等,既是对社会中具体的人与人关系的反映,也是对现存社会形态的反映。而意识形态作为对一定社会群体生活状态、价值观念、利益诉求的观念反映,

---

[1] 马克思、恩格斯著:《马克思恩格斯文集》(第1卷),人民出版社2009年版,第525页。

也是对社会制度的表现和反映。与生产力相比,社会制度随着社会生产力发展而不断发生调整变化,成为推动意识形态利益关系演变的制度因素。

社会制度作为一种有意识建构的维护社会存在的秩序保障,具有意识形态的性质,也必然随社会发展而变革。我国从 1956 年开始,经过了社会主义三大改造,通过改造所有制关系中阻碍社会主义生产力发展的所有制因素,建立起与社会主义性质相适应的社会主义公有制,正式实行计划经济,迅速调动一切积极因素为社会主义建设服务。但由于急于与社会主义公有制性质相一致,实行吃"大锅饭"的"平均主义",强调意识形态领域中马克思主义意识形态的一元主导地位,反而影响了社会主义健康发展。其表现在两个方面:一是在生产力方面,由于中央统一调配社会资源,将国家作为推动生产力发展的唯一因素,消除了其他因素存在的可能性,从而消除了非马克思主义意识形态产生的土壤;二是严格遵循社会主义的社会制度原则,形成一个相对封闭的社会环境,禁止西方意识观念的进入。

1978 年十一届三中全会后为了进一步解放生产力,我国通过对不适应社会主义生产力发展各要素进行改革,突破以往公有制经济体制的一元主导地位,打破计划经济时代的平均主义分配原则,开始探索向社会主义市场经济体制转型。在社会主义经济模式上解决了计划与市场之间的认识矛盾,允许个体、私营、中外合资、外资等企业发展。在经济制度上开始纠正以往左倾认识,在坚持公有制为主体的前提下发展多种所有制经济,承认非公有制经济等经济形式是促进社会生产力的主要力量。随着中国特色社会主义市场的逐步建立,分配领域也开始从单一的按劳分配发展为多元分配方式,使生产关系更加适应生产力和社会存在的需要,也为不同意识观念之间的博弈提供了政策基础。

3. 全球化交往是我国意识形态利益关系演变的重要外部动力

全球化交往推动了世界各国之间的交流融合,也打造了经济全球化的格局和人类命运共同体的产生。全球化交往的作用不仅适用于经济生产领域,也适用于意识形态领域。马克思在《共产党宣言中》曾指出:"由于开拓了世界市场,使一切国家的生产和消费都成为世界性的了""过去那种地方的和民族的自给自足和闭关自守状态,被各民族的各方面的互相往来和各方面的互相依赖所代替了。"[1]"世界市场"的形成不仅打破了不同地域、民族、文明之间的壁垒,也开启了世界人民的全

---

[1] 马克思、恩格斯著:《马克思恩格斯文集》(第 2 卷),人民出版社 2009 年版,第 35 页。

球化交往历程,成为新时代我国意识形态领域博弈利益关系的外部助推因素。

随着生产力的发展和世界市场的形成,必然通过全球化交往来满足巨大的原材料和商品消费市场的需求,将交往需求扩展至全世界。在改革开放前中国融入世界的进程和全球化交往范围和深层相对有限,中国的经济速度和规模相对落后。为了进一步解放生产力和改变中国落后、闭塞的发展现实,开始实施改革开放。以经济建设为中心的改革开放政策的实施,一方面促使中国经济发展速度和规模快速提升,另一方面使中国同世界的全球化交往更加紧密。全球化交往使中国快速融入世界,也带来了代表不同阶级利益的各种意识形态之间的博弈竞争,这是全球化交往的必然结果。全球化交往一方面为各种意识形态传播提供了经济、政治、文化等各种传播载体,另一方全球化交往改变了原有的交往形式,为我国意识形态领域利益博弈提供了方式和途径。十八大以来随着改革开放不断向全方位、深层次推进,中国在全球化交往中的地位和角色开始发生改变,逐步从参与变为主导,从被动变为主动,开始自觉担负起在全球化交往中的主导作用,引领全球化交往趋势,为意识形态利益博弈提供新的标准。

(三) 变化规律

前面阐明了我国意识形态利益关系的演变特征及演变动力,据此可进一步剖析我国意识形态利益关系从马克思绝对主流到多元意识形态动态博弈,以及从多元意识形态动态博弈到新时代中国特色社会主义思想主流化趋势的变化规律。

1. 从马克思绝对主流到多元意识形态动态博弈的变化规律

中华人民共和国成立时由于经过近代百年的动乱和战争,且国内生产力水平较低,"一穷二白"的落后状况是当时最大的现实。为了尽快恢复社会生产,实现向社会主义社会的平稳过渡,国家通过改造非公有制经济形式建立起国家统一调配的计划经济制度,并采取相对封闭的国际关系策略。与之相适应,意识形态领域确立了马克思主义一元主导地位。

随着我国国民经济恢复并初步建立了工业体系,生产力的进一步发展要求激发不同主体的经济活力,而平均主义、统筹分配的高度集权计划经济无法满足这一要求,继而使我国经济中的一系列利益关系逐步出现矛盾和冲突。"文化大革命"便是这一矛盾和冲突累积到一定程度的集中体现。这促使意识形态开始发生变化,尤其是官方主流意识形态,以邓小平为核心的党中央对计划经济时期我国经济发展中的经验和教训进行了总结,开始探索能够激发经济活力的改革思路,先后提出社会主义初级阶段、市场经济手段论、社会主义本质等重大论断。

官方意识形态的改变促使政府推动一系列的制度变革,包括所有制改革、分配制度改革、市场经济体制改革、对外开放等。这使中国经济中的劳资利益关系、资本利益关系、国际利益关系以及生态利益关系开始发生改变,而这些利益关系的变化又进一步强化了意识形态的变革。例如,经济开放引入了西方思潮,对马克思主流意识形态进行冲击,市场经济体制又为新自由主义意识形态提供了土壤。与此同时,我国的社会主义基本经济制度决定了马克思主义仍然是官方的主流意识形态,这就促进了改革开放以来多元意识形态利益的博弈。

2. 从多元意识形态动态博弈到新时代意识形态主流化趋势的变化规律

改革开放后,我国生产力发展速度和水平进入一个崭新的发展阶段。为了更好解放和发展社会生产力,激发社会主义社会生产力的巨大潜能,就要破除以往体制和思想的双重桎梏,从单一的公有制转变到允许多种经济形式存在,从单一的计划经济转变到社会主义市场经济上来。改革开放在释放巨大的社会主义生产力的同时,也使意识形态领域出现激烈博弈。一方面对内改革要求在维护集体利益的前提下鼓励和保护个体利益的合法性,积极释放社会发展的活力;另一方面在对外开放过程也带来了西方的各种观念思潮,在意识形态领域形成了多元交流碰撞的局面,这改变了马克思主义意识形态的一元地位。

多元意识形态的博弈与这一时期其他利益关系相互加强,促进了改革开放以来近40多年的高速经济增长。随着长期的高速经济增长,我国经济中的各个利益关系开始出现一系列矛盾。如市场经济的引入使得劳资之间的矛盾日益凸显,甚至有转向社会化的趋向;资本之间的竞争日益激烈,开始出现不合理和恶性竞争;国际情势日益复杂,中国经济一方面在不断崛起,成为经济总量第二大国家,另一方面人均增长水平不高,仍属于发展中国家;生态污染日益恶化,不仅成为经济可持续发展的隐患,也降低了人民的幸福感。这些矛盾从开始出现到逐步累积,再到最后以经济增长速度放缓的形式凸显出来。

经济发展中的矛盾累积逐步改变了意识形态,党中央对经济形势进行了新的判断,提出了经济"新常态"的认识,其后又提出"新发展理念""中国特色社会主义新时代""新的社会主要矛盾"等一系列新的认识,这是官方意识形态根据现实经济矛盾所做出的适应性变化。这一意识形态的改变通过政府出台一系列的新制度和新举措作用于现实经济,继而逐步改变我国经济中的系列利益关系。新时代我国经济发展旨在从高速增长转向高质量发展,这一转变在市场经济之中是无法自发实现的,因为它与私人资本的利益驱动往往不一致。为促进这一转变,我国逐步加强了党对意识形态领域的主导权和话语权,积极推动社会主义核心价值观以及新时代中国特色社会主义思想深入人心。目前,我国意识形态利益关系与其他利益关系的新变化和新趋势逐步形成了相互加强的局面,这会推动新时代利益关系逐步稳固,继而再次对生产力发展发挥有效作用。

四、我国意识形态利益关系的现实考察

为验证以上对我国意识形态利益关系演变特征和演变路径的分析,以下通过现实经验数据予以考察。

1. 对计划 CSSA(1949—1978 年)时期马克思主义意识形态占据绝对主流地位进行现实考察

从党的文件来看,中共在中华人民共和国成立伊始先后颁发的文件均强调马列主义和毛泽东思想对党的指导性,[①]逐渐形成了这一时期马克思主义绝对主流的官方意识形态。从媒体宣传来看,这一时期媒体内容大多宣传马列主义、毛泽东思想,文艺作品等也是绝对的马克思主义意识形态倾向。这一时期的教育也以马克思主义理论教育为主,教材大多源于马克思主义经典著作,对部分渗入中国的西方思想大多予以批判。学术研究方面,马克思主义相关研究占据绝大部分比例。以经济学研究为例,图 8.4.1 展示了 1978 年以前国内发表经济类文章中西方经济学相关与马克思主义相关文章数量的对比。可以看出,"马克思主义"是这一时期经济学研究的绝对核心内容和理论基础,西方经济学基本没有地位。

2. 转型 CSSA(1978 年至今)时期我国意识形态利益关系转变为马克思主义与新自由主义的意识形态动态利益博弈

1978 年以来,随着所有制改革、市场化的推进以及对外开放力度的加强,意识形态也发生了较大变化,各种西方思潮随着非公经济体的出现逐步进入中国,这时马克思主义绝对主流的意识形态格局逐步改变。从官方意识形态来看,政府不再一味闭关锁国,提出"向外国的先进管理方法学习"。[②] 这一时期的媒体内容更加多元化,不再以宣传马克思主义为主要目标,而是注重不同思想、不同理念的多元化

[①] 如《关于加强理论教育的决定(草案)》《关于学习斯大林著作的指示》《关于一九五三——一九五四年干部理论教育的指示》等。

[②] 《解放思想 实事求是 团结一致向前看》,见《邓小平文选》(第 2 卷),人民出版社 1978 年版,第 150 页。

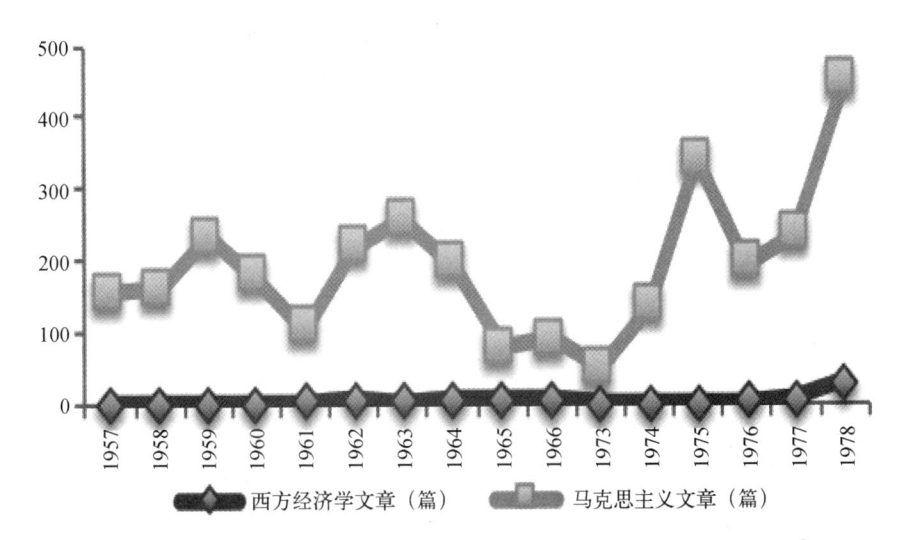

图 8.4.1　1978 年以前西方经济学与马克思主义经济学文章数量对比[①]

宣传。从意识形态的开放性来看，该阶段的教育工作不再以意识形态宣传为核心，而是转为真正意义上的知识教育，西方教材也开始翻译出版；学术研究方面，该阶段进行了真理标准大讨论，意识形态的开放性大大提高。从意识形态的自由度来看，对多元意识形态有了较高的容忍度，民间意识形态的自由度有所提高。可见，这一阶段西方思潮开始进入中国，促进了意识形态的多元化发展，但从整体来看马克思主义仍然是绝对的主流。

自转型 CSSA 进入巩固期以来，新自由主义意识形态与马克思主义意识形态开始出现动态博弈。1992 年以来随着市场化和国有企业的改革，逐步占据西方主流经济学思想的新自由主义思潮对中国的影响也不断扩大，该影响波及中国学术研究、高校教育、企业管理等各个方面，甚至影响了部分政府官员的思想。这一时期美国新自由主义重要人物（如萨克斯）、中国新自由主义学者（如张五常）以及诸多追随者在国内肆意鼓吹私产制度，试图将社会主义市场经济导向完全的资本主义市场经济。与此同时，一批坚持马克思主义的学者（如高鸿业、吴易风、程恩富、刘国光等）和机构（如中国社会科学院、中华外国经济学说研究会、全国《资本论》研究会等）也纷纷做出积极和坚定的回应。此外，政府仍坚持马克思主流意识形态，

[①] 数据来源：CNKI。西方经济学文章查询方法：全文中出现"microeconomics"或"macroeconomics"或"econometrics"但不含"马克思"的文章，采用中英文扩展检索；马克思主义经济学文章数量检索方式：经济管理科学门类中全文包含"马克思"的文章。

并通过"马工程""基地人才培养""党校培训班"等措施不断调整和控制当时的"西化"之风。可见,这一时期我国主流意识形态始终处在西化—整顿—再西化—再整顿的动态博弈过程。

1978年以后我国主流意识形态的演变过程可以从经济学研究领域窥见。图8.4.2描述了1985—2015年我国经济学权威A类期刊[①]偏西方经济学与偏马克思主义的文章数量对比。可以看出,1978—1992年马克思主义经济学文章仍在数量上占优势;1992年以后与马克思主义相关的学术文章不断下降,与西方经济学相关的文章则呈快速上升趋势,并很快超过了马克思主义相关文章。

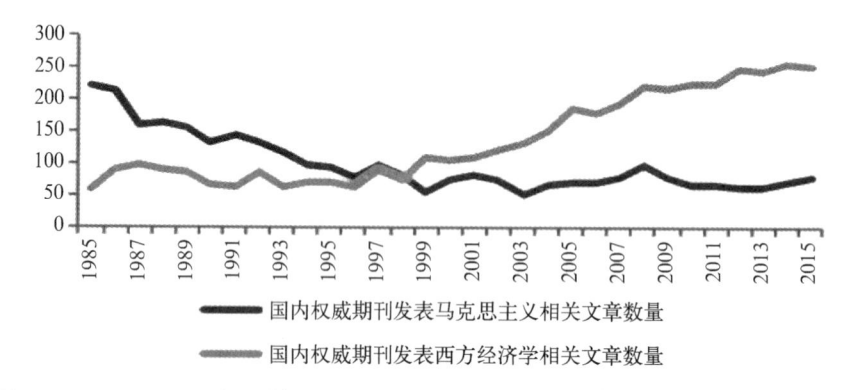

图8.4.2　1985—2015年国内权威期刊发表马克思主义和西方经济学相关文章的数量[②]

3. 新时代CSSA(2012年至今)时期我国意识形态利益关系转向"新时代中国特色社会主义思想"的主流化趋向

2012年以来,通过加强党对意识形态工作的领导,马克思主义在我国意识形态领域的指导地位更加鲜明。就官方思想而言,习近平总书记在2014年7月主持经济形势专家座谈会时强调,"各级党委和政府要学好用好政治经济学";2015年12月中央经济工作会议上首次明确提出,"要坚持中国特色社会主义政治经济学的重大原则";2017年党的十九大则提出新时代中国特色社会主义思想这一最新成果,并强调这一成果是马克思主义中国化的最新成果,也即官方思想中已明确蕴含稳固马克思主义主流意识形态的倾向。在这一官方意识形态引导下,社会意识形态也有所转变。

---

① 本文选取了《经济研究》《管理世界》《中国社会科学》三本期刊。
② 数据来源:CNKI。偏西方经济学的文章数量检索方式:全文中出现"microeconomics"或"macroeconomics"或"econometrics"但不含"马克思"的文章,采用中英文扩展检索;偏马克思主义的文章数量检索方式:全文中出现"马克思"的文章。

以经济学为例,2017年召开的以"政治经济学"为主题的全国学术研讨会有近30场,比2012年以前有大幅度提高。同时,我国权威经济学期刊发表马克思主义范式文章的比例在2008年以后呈明显的上升趋势(如图8.4.3所示)。这也反映出我国意识形态矛盾已从"动态博弈"转变为"新时代中国特色社会主义思想"的主导化趋向。

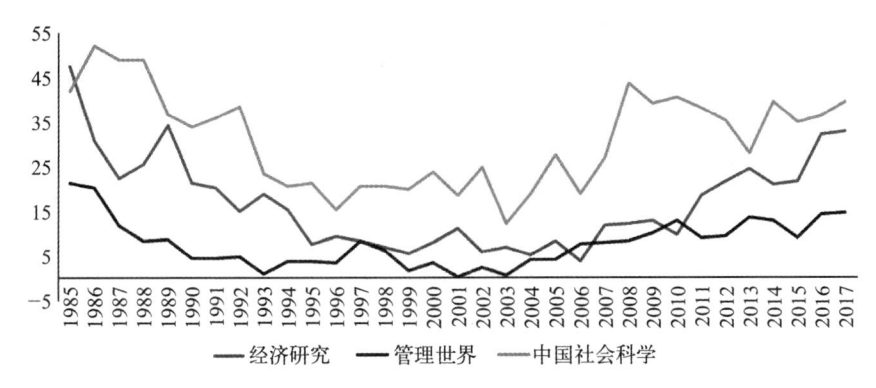

图 8.4.3 我国权威经济学期刊发表马克思主义范式文章占比[①]

第五节 中国特色社会主义生态利益关系理论

生态利益关系,是指人与自然或者说是经济系统与生态系统之间的利益关系。对生态利益关系的探索旨在将生态环境保护融入经济增长过程,实现人与自然和谐共生。人与自然之间关系的问题是千百年以来学者与实践工作者持之不懈探究的话题。当前,人们深刻认识到"人与自然和谐共生"的重要性。正所谓"受益而不觉,失之则难存",面对生态福利,人人都可以享受;面临生态危机,没有谁可以避而躲之。因而,对于生态利益关系的探讨尤为重要。

一、人与自然命运共同体理论

"生态"[②]是什么?"生态"是一个系统性的概念,既包括水分、土壤、空气、温度、

[①] 通过中国知网进行检索,马克思主义范式文章的数量用全文包含"马克思"或含"政治经济学"的文章数量进行估算。

[②] 本文中的"生态"主要是指自然生态,并不涉及政治生态、文化生态等社会生态方面的内容。

阳光等无机自然环境,也包含其他生物(如植被、动物和微生物等)有机自然环境。①生态环境中的无机体和有机体之间相互联系、相互影响,形成了生态系统,成为人类赖以生存的体系。这同时说明,"人与自然是生命共同体",生态问题是涉及所有生命、联系所有命运的共同体问题。正如习近平所指出的:"我们要认识到,山水林田湖是一个生命共同体,人的命脉在田,田的命脉在水,水的命脉在山,山的命脉在土,土的命脉在树。"②如果系统中的某一方面遭受破坏,其他因素也会受到影响,这会引发生态系统的功能紊乱、运转失调,进而难以持续运行。

事实上,马克思恩格斯关于人与自然之间的关系有着丰富的论述,大致可以凝练为以下几个方面:

1. 生态环境是人类生活的自然前提和环境基础

人类通过劳动与生态环境产生关系,一方面,从生态环境中获取生存和生活所需的物质资料。"自然界一方面在这样的意义上给劳动提供生活资料,即没有劳动加工的对象,劳动就不能存在,同时,自然界也在更狭隘的意义上提供生活资料,即提供工人本身的肉体生存所需的资料。"③另一方面,人类是在一定的空间中进行生活和再生产过程,利用自身的自然——即人本身作用于其"周围的自然"——生态环境,自然环境为人类的生存和生活提供了劳动的空间。生态环境"是工人用来实现自己的劳动、在其中展开劳动活动、由其中生产出和借以生产出自己产品的材料"。④

2. 生态环境直接影响人类的生产和生活方式,自然产品的多样化也为人类带来多样化的生活

一方面,不同地区生态环境的差异性将导致人类生产和生活方式的差异性。人类生产和生活的物质资料首先来源于自然,并且尽可能地适应自然,从而逐渐形成一套与之相适应的生存和生活方式。正如马克思所言:"由于一个国家的气候和其他自然特点不同,食物、衣服、取暖、居住等等自然需要也就不同。"⑤例如,生活在草原地域的人民喜食动物性食物,而生活于热带森林区域的人民则喜食植物性食物。可见,差异性的自然条件引致差异性的生活方式或者生产方式。另一方面,多

---

① 叶峻著:《社会生态学与协同发展论》,人民出版社2012年版,第69页。
② 《中共中央关于全面深化改革若干重大问题的决定》,人民网2013年11月15日。
③ 马克思、恩格斯著:《马克思恩格斯全集》(第42卷),人民出版社1979年版,第92页。
④ 马克思、恩格斯著:《马克思恩格斯全集》(第42卷),人民出版社1979年版,第92页。
⑤ 马克思、恩格斯著:《马克思恩格斯全集》(第23卷),人民出版社1972年版,第194页。

样化的自然产品促进人类生活的多样化发展。"自然就以土地的植物性产品或动物性产品的形式或以渔产等产品的形式,提供必要的生活资料。"①自然界为人类提供的物质资料丰富多样,包括动物、植物和渔产各类,丰富了人类的生产和生活方式。人们可以通过种植、捕捞等多种方式生存和发展。

3. 生态环境的发展与人的发展是对立统一的,两者之间的关系一直处于动态变化之中

一方面,在人类发展的不同阶段,生态环境对人类生活有着不同的作用。马克思曾将自然富源分为两类,并且认为不同富源在人类的不同阶段起着不同的作用。"生活资料的自然富源,例如土壤的肥力、渔产丰富的水域等;劳动资料的自然富源,如奔腾的瀑布、可以航行的河流、森林、金属、煤炭等。在文化初期,第一类自然富源具有决定性的意义;在较高的发展阶段,第二类富源具有决定性的意义。"②另一方面,当人类活动过分摄取自然资源、无节制地破坏自然环境时,自然将反作用于人类活动。"我们不要过分陶醉于对自然界的胜利。对于每一次这样的胜利,自然界都报复了我们。"③简言之,生态环境的恶化反过来影响人类生活,甚至对人类的生活造成不可挽回的影响。生态马克思主义学者詹姆斯·奥康纳在探析资本主义工业化阶段的生态问题时,指出蒸汽机的普及造成了"工业黑化"问题,蒸汽机产生的黑烟使城市、街道、医院以及人们的衣服和房间内都是煤烟污染,煤烟甚至笼罩天空,遮住了阳光,导致佝偻病或者骨质生长的异常。④

4. 生态环境涉及国家、地区乃至全球,其全球性因素将影响世界人民的生活

人与自然、人与人之间的关系随着世界市场的形成发生了变化。一方面,通过国际交换,人们在世界市场中"普遍地交换各种不同气候条件下的产品和各种不同国家的产品"⑤,这样生态环境以产品流通的形式渐渐影响世界范围人民的生活方式。另一方面,当资本在全球范围进行配置时,资本在全球范围内寻求增值,资本主义生产方式涉猎全球,国家或者区域的资源环境问题也随之扩展到全球,污染同样蔓延至世界其他地方。

总而言之,生态发展与人的发展是对立统一的关系,两者之间的关系在历史的

---

① 马克思、恩格斯著:《马克思恩格斯全集》(第25卷),人民出版社1974年版,第712—713页。
② 马克思著:《资本论》(第1卷),人民出版社2004年版,第586页。
③ 马克思、恩格斯著:《马克思恩格斯选集》(第4卷),人民出版社1995年版,第383页。
④ 解保军著:《生态学马克思主义名著导读》,哈尔滨工业大学出版社2014年版,第86页。
⑤ 马克思、恩格斯著:《马克思恩格斯选集》(第46卷上),人民出版社1979年版,第392页。

长河中动态发展。在数百年的工业化进程中,受经济理性驱使,人类过分摄取自然资源,污染排放远超环境的自净能力,生态环境笼罩上了"灰色"或者"黑色"的迷雾。生态环境作为人类生产和生活的基础条件正逐步被破坏,多次发生的环境灾害事件为人类敲响了生态警钟。我们必须认识到人与自然之间命运与共的关系,两者之间有着共同利益,是"一荣俱荣、一损俱损"的生死存亡的关系。

二、生态利益关系的理论界定

所谓生态利益关系,是指人与自然或者说是经济系统与生态系统之间的利益关系。中国特色社会主义利益关系的内涵至少包含三个层面:一是强调人与自然和谐共生的利益关系;二是强调绿色生态利益关系;三是强调可持续生态利益关系。

1. 人与自然和谐共生的利益关系是指人与自然在和谐共生的过程中实现内涵式增长,从而获得最优的生态利益关系

马克思认为,人是自然的一部分,能够通过劳动影响自然,同时因劳动而受到自然的制约。马克思指出:"人直接地是自然的存在物。人作为自然存在物,而且作为有生命的自然存在物,一方面具有自然力、生命力,是能动的自然存在物;这些力量作为天赋和才能、作为欲望存在于人身上;另一方面,人作为自然的、肉体的、感性的、对象性的存在物,和动植物一样,是受动的、受制约的和受限制的存在物,也就是说,他的欲望的对象是作为不依赖他的对象而存在于他之外的。"[①]外延式增长方式割裂了这一关系,资本凌驾于一切的想法让人产生了人能够征服自然、驯服自然的错觉,从而造成了人与自然的对立。但内涵式增长方式强调人的主观创造性劳动,是不以资本为主导的发展模式,因此真正重视劳动中人与自然和谐共生的利益关系。"社会化的人,联合起来的生产者,将合理地调节他们和自然之间的物质变换,把它置于他们的共同控制之下……靠消耗最小的力量,在最无愧于和最适合于他们的人类本性的条件下来进行这种物质变换。"[②]可见,马克思更加强调人与自然和谐共生的增长方式,人在劳动的过程中应该尊重自然、顺应自然、保护自然。这也是内涵增长的题中之意。

[①] 马克思著:《1844 年经济学哲学手稿》,人民出版社 1985 年版,第 124 页。
[②] 马克思著:《资本论》(第 3 卷),人民出版社 2004 年版,第 928—929 页。

2. 绿色生态利益关系是指以人民为中心,绿色化运行的生态环境系统与经济系统之间的和谐利益关系

具体来看,其内涵包括以下两个层面:

其一,绿色生态利益关系是人与自然和谐共生的整体性绿色生态环境系统与经济系统之间的关系。这个系统主要包括绿色自然资源和绿色自然环境两大子系统。绿色自然资源是指具有无污染、近无限性、共享性和清洁性等特点的资源。在未来的生产和生活中,符合这些特点的新能源将替代以煤炭、石油为主要代表的传统化石能源,从而形成以新能源为中心的新型能源体系。自然环境的破坏主要来自化石燃料的燃烧,因此,自然资源的绿色化是首要步骤。绿色自然环境是指符合人类健康生活标准、适宜人类生存和生活的环境体系,即是指包括污染程度低于生态自净阈值的环境体系。以绿色自然资源系统的构建为基础,致力于自然资源和自然环境两大子系统的绿色化可持续发展,才能最终构成一个功能协调、过程连续的绿色生态系统。

其二,绿色生态利益关系是以"绿色化"为主要特征,强调绿色财富的不断累积和增加。所谓绿色财富,是指包括阳光、空气、山河、矿藏、植物、动物和微生物等与人类生产生活密切相关的物质和生命财富。[①] 长期以来,人们着重于经济财富的积累而忽视了绿色财富的累积。绿色财富难以计量,是一种长期的隐性利益,也是人类财富构成中不可或缺的一部分。绿色财富本质上是一种生态财富,其累积主要表现为生态环境质量的改善,从而正向作用于人类的健康水平和生活质量。

3. 可持续生态利益关系强调"前人栽树、后人乘凉""功在当代、利在千秋"式的建设

以往的低碳经济、循环经济和可持续发展等理论仍着眼于满足当代人的发展要求,不损害后代人的资源环境利益,主张不为后人留下遗憾。构建绿色生态不仅仅是对以往这些理念的继承,更是一种超越。这种超越表现为强调创造绿色财富,即为后代留下更多的绿色财富。这一建设的重要意义还在于转变当前"生态赤字"为日后"生态盈余"的局面,进而惠及后代。

三、我国生态利益关系的变化机理

在生态利益关系的变化过程中,生态文明理念、绿色技术、生态制度、国际环境

[①] 胡鞍钢著:《中国:创新绿色发展》,中国人民大学出版社 2012 年版,第 52 页。

等因素起至关重要的作用,它们不仅在一定程度上决定了我国生态利益关系的变化方向,也是我国生态利益关系改变的主要动力。

（一）生态文明理念的飞跃

生态文明理念是人们在处理人与自然、生态的利益关系中逐渐形成的观念、方法和理论的总称。当环境和生态改变时,生态文明理念也会发生相应的变化。生态文明理念也会对下一阶段的环境和生态的发展方向产生影响。综观我国的生态利益变化过程,我国的生态文明理念发生了三次重要的飞跃。

1. 第一次变化是从单纯经济发展到微观生态保护观

中华人民共和国成立之初我国的经济实力较弱,经济建设模式受苏联模式和斯大林思想影响,我国采取的是用绿水青山去换金山银山的发展模式,以牺牲环境为代价换取快速的经济发展。这种方式并没有遵循马克思主义的自然观,过分强调人对自然的改造能力而忽视了自然对人的反作用,这种方式使我国的生态利益遭到了一定程度的破坏。尽管这一阶段经济建设与环境保护之间出现了一些矛盾,但对生态利益的探讨仍停留在微观层面,没有形成宏观系统的认识和理念。

2. 第二次变化是从微观生态环境保护观到宏观可持续发展观

随着我国生态破坏程度的不断扩大,生态利益矛盾阻碍了经济的发展,人们开始意识到保护生态的重要性。此时国际生态理念对我国的生态利益关系理念也产生了深远影响。1992年联合国将"可持续发展"纳入《环境与发展宣言》,从宏观层面调节生态与经济之间的关系成为生态理念的主流。此后,我国逐步放弃"粗放型"经济增长模式,并在党的十五大上将可持续发展战略作为我国现代化建设的重要内容,开始强调可持续发展的重要地位。

3. 第三次变化是从宏观可持续发展观到系统性绿色发展理念

经过这一飞跃,人们意识到绿水青山本身就是金山银山,生态利益关系应是和谐共生的。党的十八届五中全会将绿色发展理念作为我国现阶段的生态文明理念,党的十九大将这一理念进一步发展为构建人与自然的生命共同体。这一系统性的绿色发展理念不仅符合当今时代科技革命和产业变革的方向,也是应对我国生态环境问题,满足人民对美好生活、优美环境需要的必然要求。

（二）绿色技术的升级

我国生态关系的演变过程蕴含生产力决定生产关系、生产关系反作用于生产力这一辩证逻辑。生态关系作为生产关系的一部分,其变化必然与生产力(绿色技术)水平息息相关。

一方面,生产力发展水平是决定生态利益关系演变方向的重要因素。在生产力水平较低、经济发展缓慢时,生产过程必然以经济建设为中心,而生态利益关系则在一定程度上被弱化。随着生产技术的不断改进,生产力发展水平不断提升,生态利益矛盾逐步显性化,要求生产从"数量型"向"质量型"转变,即要求绿色技术升级。与此相对应,我国的生态发展理念经历了从"单纯经济发展"到"可持续发展"再到"绿色发展"的变化过程。

另一方面,绿色技术的发展是保护和治理生态环境的基础和保障。改善生态利益关系的重要举措就是在减少对生态的污染同时对生态进行有效的治理,这些都依赖于绿色技术的发展水平。若绿色技术发展水平较低,在生产中产生的污染较多,且进行污染治理的效率较低、难度较大。此时政府作为改善生态利益关系的主体,难以发挥微观主体的作用,不利于生态利益关系的良性发展。随着绿色技术的不断升级,越来越多的微观主体成为治理环境的主体,有效改善了生态利益关系。由此可见,绿色技术推动了我国生态关系的改变。

(三)生态制度创新

生态文明制度的创新和发展是我国生态利益关系良性发展的重要保障。我国的生态文明制度是随我国生态利益关系的演变而不断创新的。中华人民共和国成立以来,我国生态利益关系经历了"潜在隐形化""显性激化""逐步缓和"三个阶段,与之相适应中国生态文明制度体系也历经了萌芽、发展、成熟三个阶段。中国生态文明制度的创新为解决中国生态难题、改善生态利益关系提供了制度保障。

一方面,我国在面对日益加剧的生态问题时,坚持以马克思主义生态思想为理论指导,结合中国经济实践和环境现状,逐步将生态文明建设作为经济建设的工作重点,注重生态系统的综合治理。我国生态制度的转变表现为从初期的局部进行生态治理到后期的注重生态系统治理。2015年审议通过的《生态文明体制改革总体方案》,从总体层面规划了我国生态制度改革。这一方案涵盖了产权、管理、治理、追责、组织等多个制度层面,较为全面地对我国的生态文明建设进行了规划和部署,有助于改善我国的生态利益关系,保护资源和环境,构建人与自然的命运共同体。

另一方面,我国的生态制度创新为实现人们美好生活、建设美丽中国提供了制度保障。随着我国发展阶段的不断演变,我国对生态文明建设的要求已经从解决生态问题,变为追求绿色可持续发展、创建人与自然和谐共处的绿色生态共同体。

生态制度创新保障了中国始终坚持贯彻落实科学发展观,推进绿色发展理念,加强生态全球治理,坚定走生产发展、生活富裕、生态良好的文明发展道路。

（四）国际生态治理的推动

受全球化浪潮的影响,我国同世界各国的关系越来越紧密,在经济、环境、政治等方面的关联越来越密切,生态利益关系问题不仅是我国自身的发展问题,也是需要全球各国共同治理的问题。

一方面,我国生态利益关系的变化与国际生态利益趋势的变化密不可分。从发表《人类环境宣言》到在全球推广可持续发展理念,再到提出绿色经济以及环境的全球治理,各国愈发重视生态利益关系在经济增长和人类发展中的重要作用。在这种国际环境下,国际上已经形成较为成熟的生态治理制度和技术,中国在参与国际环境治理的过程中,能够从其他国家学习技术、制度等方面的先进经验,推进中国的生态利益关系的改善。

另一方面,尽管现阶段各国出于自身经济利益的考量,在生态发展方面仍存在利益博弈,但生态利益问题不单是某一个国家的问题而是人类社会共同面对的问题。这一理念已经在国际上达成共识,各国未来将更倾向于相互合作,共同推动生态利益关系向和谐共生方向发展。国际共同治理的观念将对我国的生态治理产生正向影响,推动我国生态文明建设向前发展。总之,各国已认识到经济发展不能以高能耗和高环境污染为代价,应建立起绿色发展的理念,加强生态治理的国际合作。

四、我国生态利益关系的发展特征

随着我国经济发展阶段和生态环境现状的不断改变,我国不同阶段的生态利益关系也呈现不同的特点。中华人民共和国成立以来,随着我国经济的不断发展和人民生活水平的不断提高,我国生态环境与经济发展之间的关系发生了三次重大的转变,呈现不同的阶段性特征。1949—1978 年,我国生态关系呈现"潜在隐形化"的特征;1978—2012 年,我国生态关系呈现"显性激化"的特征;党的十八大以来(即 2012 年—),我国生态关系呈现"逐步缓和"的特征。

（一）"潜在隐形化"时期

1949—1978 年我国生产力水平相对较低,生态环境与经济发展之间的矛盾并不突出,我国的生态关系呈现"潜在隐形化"的特征。

首先,中华人民共和国成立初期,我国处于经济体制逐步形成集中统一的计划经济体制阶段,资源的生产、分配等均由政府统一决定。由于该时期我国经济发展水平较差,生产力水平较低,为提高生产力水平,促进经济发展,我国制定了"一五"计划,此时国家的重点任务是全面发展经济,生态环境问题并未引起重视。

其次,随着"一五"计划的提前完成和国家工业化的初创,国家的整体面貌有了明显的改观,生态环境问题逐步落入人们的眼帘,对于环境保护、生态稳定有了基础性的认识,生态保护等重大责任仍落在国家的肩上。在当时,我国社会主义经济特有的公有性和计划性决定了生态制度的公共性和计划性,国家和政府既是生态制度的建造者,也是实施者和监督者,经济利益和生态利益在一定程度上具有一致性。国家在资源利用和保护上具有计划性,生态环境受到一定保护。另一方面,中国仍处于农业向工业转型的过程,工业化水平十分低下,尽管落后的生产方式使单位生产过程污染较高,但整体而言对自然环境的破坏并不严重,仍处在生态自然循环足以消化的范围。

最后,自1957年开始,国家推动"大炼钢铁""以钢为纲"的生产方式,给生态环境带来了过重的负担。一方面,此时人们仍然缺乏生态环境保护意识,一味地追求钢铁的产量,致使生态环境问题几乎没有被考虑到,技术落后、污染密集的小企业数量不断增加,生态保护等问题日益严峻。另一方面,我国第一次核试验成功、第一枚导弹发射成功、第一颗氢弹爆炸成功、第一次地下核试验成功等都集中在这一时期,在管理混乱、污染控制措施缺位的情况下,工业"三废"放任自流,生态矛盾的种子也因此埋下。只不过此时生态环境问题处于潜在累积阶段,并没有凸显出来。在1949—1978年,我国集中力量发展经济,缺乏环境保护意识,缺乏对环境保护的措施和手段,但由于当下生产力水平的整体性低下,生态环境与经济发展之间的矛盾并不突出,生态关系基本呈现"潜在隐形化"特征。

(二)"显性激化"时期

1978—2012年,我国经济体制开始由传统计划经济向社会主义市场经济转型,国家建设逐步集中在工业化、城镇化、市场化和现代化建设上,为大力提升经济发展水平,采用粗放式经济发展模式,环境问题不断恶化,我国的生态关系逐步呈现"显性激化"的特征。

自1978年改革开放以来,我国经济体制开始转型,但由于我国生产水平低下,为大力推动经济发展,实现四个现代化,往往采用以高能耗、高成本、低经济效益为特征的粗放型经济发展方式。这种经济发展方式主要依赖于生产要素和其他投入的扩张,特别是对自然资源的大规模开采与利用,从而实现生产规模、产品数量的迅速扩大。然而,对生产效率和产品质量、对环境的影响等问题较少关注,使我们忽视或者无暇重视对资源的合理利用和对生态环境的保护,不惜以环境恶化和资源耗竭为代价来促进经济增长。显然,与粗放型经济发展方式相伴而来的是资源的浪费和生态的破坏。一方面,经济取得长期高速增长的同时不可避免地对环境和生态系统造成了压力,导致环境恶化、污染严重、人与自然关系紧张的消极局面;另一方面,我国环境保护和健康意识的不断提高与生态环境的不断恶化形成了一种相对运动,使生态环境与经济发展之间的矛盾快速从隐性转为显性,并不断趋于表象化。具体而言,本节分别从能源消耗、空气污染、水污染和工业废弃物污染等四个方面进行分析生态环境变化的特征。

1. 从能源消耗角度

1985 年到 2008 年,能源消费弹性系数[①]波动频繁,有两次大的低谷时期:1996 和 1998 年降至 0.03(受到 1997 年亚洲金融危机的负面影响),2005 年到 2008 年降至 0.3(见图 8.5.1)。而 1999 年到 2004 年经历了一轮迅速攀升,在短短五年间达到 1.66,意味着经济增长率每增加 1%,能源消耗则增加 1.66%,这表明能源消耗的速度不断随着经济增长而增长,并且速度超过经济增长,也反映了我国能源利用效率的低下、能源浪费严重。这一现象自 2011 年之后得到改善,逐步转为下降趋势。

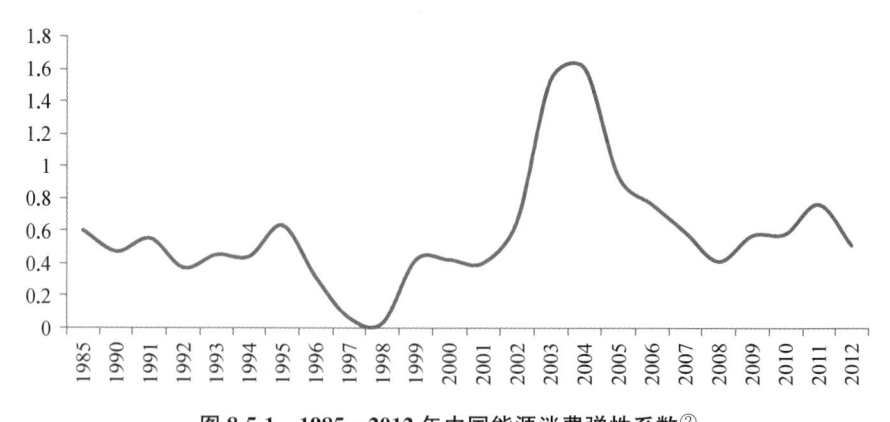

图 8.5.1 1985—2012 年中国能源消费弹性系数[②]

[①] 能源消费弹性系数是指一定时期能源消费平均增长率与同期国民生产总值平均增长率的比值。该系数越大,说明单位经济增长所消耗的能源越多,越有可能造成能源不充分利用和浪费,经济发展方式越粗放。能源消费弹性系数=能源消费量年平均增长速度/国民经济年平均增长速度。

[②] 数据来源:历年《中国统计年鉴》。

2. 从空气污染角度

图 8.5.2 显示,我国的二氧化碳排放总量位居世界第一,但考虑到庞大的人口基数,用二氧化碳人均排放量可以准确地体现我国的大气污染程度。从 1960 年到 1996 年,该数值逐渐上升,从 1.17 公吨升至 2.84 公吨左右,翻了一番还多。在经历了 1997 年到 2001 年的稍微回落后,自 2002 年起二氧化碳人均排放量大幅提高,2012 年达 7.42 公吨,接近或超过部分发达国家的排放水平(如英国 7.35 公吨,德国 9.2 公吨,日本 9.64 公吨,美国 16.31 公吨,中高等收入国家 6.56 公吨)。而同时期其他发展中国家的二氧化碳人均排放量远小于该值,印度为 1.60 公吨,巴西为 2.34 公吨。

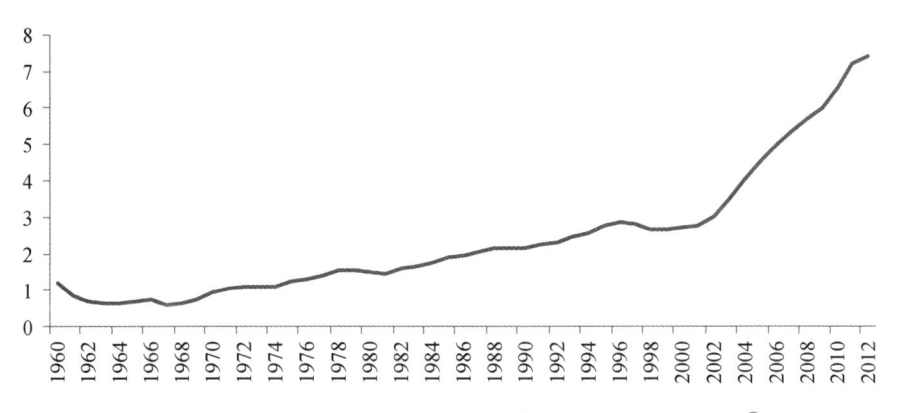

图 8.5.2　1960—2012 年中国二氧化碳排放量(人均公吨数)[①]

3. 从水污染和固体废物污染角度

图 8.5.3 显示,无论是废水排放量还是全国工业固体废物产量,1998 年之后的很长一段时间都呈现持续上升的趋势。全国工业固体废物产量则在 2011 年后涨幅才有所缓解,水污染与固体废弃物的污染情况也不容乐观。

(三)"逐步缓和"时期

自党的十八大以来,我国进入中国特色社会主义新时代,经济发展逐步由高速度发展向高质量发展转变,环境保护意识逐步增强,我国的生态关系出现转机,呈现"逐步缓和"的特征。

在改革开放多年经济建设优先的引导下,生态环境与经济发展之间的矛盾日益加剧,生态因素逐渐成为我国社会、经济进一步发展的阻碍,而不是助力。政府

---

① 数据来源:《中国统计年鉴》。

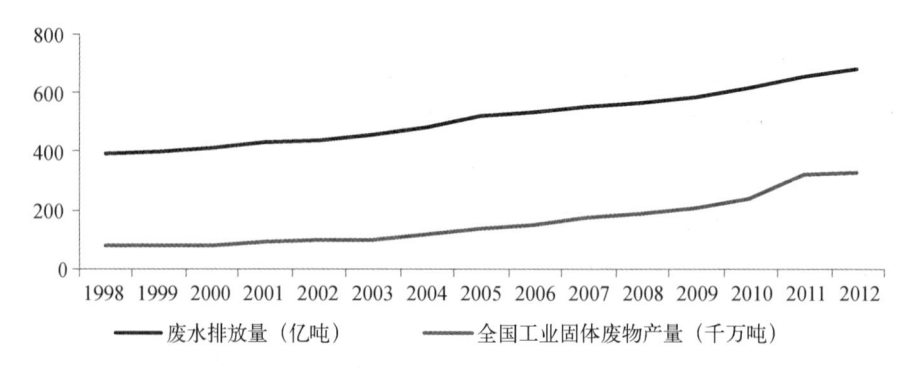

图 8.5.3　1989—2017 年我国废水排放量(亿吨)和全国工业固体废物产量(千万吨)①

在"十二五"期间提出绿色发展观,以人与自然和谐为价值取向,以绿色低碳循环为主要原则,以生态文明建设为主要抓手②,预示着我国的生态关系将出现新的特征。

从空气污染角度来看,PM2.5 和 PM10 在 2013 年以后 74 个城市的月均浓度统计中均大幅下降,见图 8.5.4。

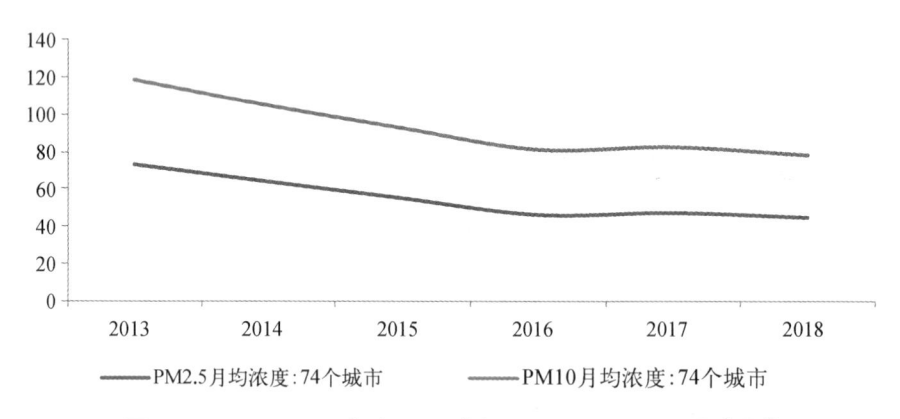

图 8.5.4　2013—2018 年我国 74 城市 PM2.5 和 PM10 月均浓度③

从能源消费角度来看,我国非化石能源在能源消费中的比例在不断波动中缓步上升,2011 年之后上升势头愈发明显,短短七年间从 13.0% 升至 22.1%,见图 8.5.5。这些非化石能源消费比例的提高从一个侧面反映了清洁能源使用的扩大化,如果这一趋势能够继续保持,在不久的将来将取代化石能源成为中国的主要能源。可以看出,2012 年以来在政府的引导、企业的参与和全国人民的持续关注下,

---

① 数据来源：Wind 数据库。
② 《坚持绿色发展》,人民网 2015 年 12 月 22 日。
③ 数据来源：Wind。

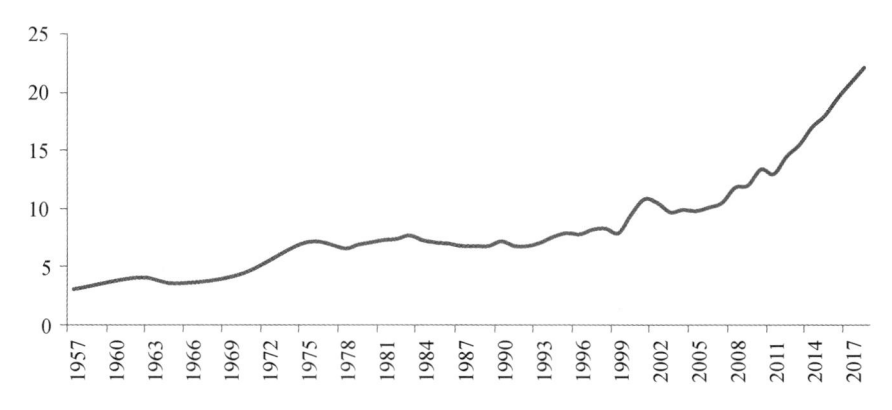

图 8.5.5　1958—2016 年非化石能源在能源消费总量中的比例[①]

我国的生态关系逐渐摆脱了过去从属于经济发展的次要地位，向着人与自然和谐、经济发展与环境保护并进的方向稳步前进。

总之，中华人民共和国成立以来，我国生态关系在不同发展阶段呈现不同的特征，由计划经济阶段的"潜在隐性"向社会主义市场经济阶段的"显性激化"转变，并在进入中国特色社会主义新时代发展阶段进一步向"逐步缓和"转变。我国生态关系历经了三次重大转变，并在不同阶段呈现不同的阶段特征，这既是我国经济发展不断成熟的表现，又是新时代社会主义市场经济发展的必然需求。在党的领导下，我国将逐步由绿色生态经济向人与自然和平共处的生态经济方向发展。

第六节　中国特色社会主义国际利益关系的理论界定

国际利益关系[②]是指在一国参与国际经济往来过程中，与其他国家在贸易、金融、投资等经济活动之中所形成的一种普遍的经济利益关系。现行以资本主义国家为主导的国际利益关系仍以维护发达国家利益为主要目的，构建一种有别于以资本主义发达国家为中心的新型国际利益关系成为当前世界经济发展的客观要求。为此，本节旨在对中国特色社会主义国际利益关系理论脉络进行梳理的基础

---

① 数据来源：历年《中国统计年鉴》。
② 国际利益关系至少包括国际政治利益、国际经济利益和国际文化利益等方面，本书所涉及国际利益关系主要是指国际经济利益关系，不考虑其他方面。

上,探寻其演变逻辑,进而为中国特色社会主义国际利益关系理论的构建进行一定的有益探讨。

一、国际利益关系的主导理念

国际利益关系是在世界市场乃至经济全球化的过程中所形成的。马克思强调市场经济发展对社会发展规律的发挥具有重要的作用,经济全球化的发展是一种必然的趋势。马克思在《1857—1858年经济学手稿》的《政治经济学批判》中分析社会发展规律时提出,早期由于生产和交换不是很发达,人与人之间靠自然状态形成的社会依赖关系成为早期的社会形势;在这种完全自然发生的人的依赖关系的社会形势下,人的生产能力被局限在狭窄的范围内孤立的发展,此时把人集结成共同体的力量主要为家长制的关系、古代共同体、封建制度以及行会制度等。随着以物的依赖性为基础的人的独立性的形成,社会物质交换关系、全面关系以及全面的能力体系逐步形成。进一步,人的全面而自由的发展的形成,推动了个性化自由化的发展。在这种状态下,早期家长制的关系、古代共同体以及封建制度随着社会分工、商品货币交换的形成而逐步消失,现代化社会发展形态逐步形成。[①]

自19世纪以来,资本主义经济全球化是主导形式,这意味着资本的内在扩张性和增值性是经济全球化的直接动力。马克思指出,资本主义赖以生存和发展的基础是不断地获取剩余价值,并以此为基础不断扩大生产,更大程度上追逐剩余价值。资本主义生产和发展的目的,就是资本最大程度地形成自我增殖,最大程度地剥削剩余劳动,从而在生产过程中最大程度地获取剩余价值。因此,世界贸易和世界市场的建立和扩大,不仅是为了促进社会生产与发展,提供国家之间的沟通交流,促进社会交换,更大程度上是资产阶级为获取更多的剩余价值而形成的趋势。通过世界市场的形成和发展,资本形成和增殖规模不断扩大,社会财富更加集中于私人手中,资产阶级在市场中获取更大程度的使用价值,并且这种趋势还在不断扩大。"世界贸易和世界市场在16世纪揭开了资本的现代生活史"[②]"资产者阶级赖以生存和统治的基本条件,是财富积累在私人手里,是资本的形成和增殖"[③]"资产

[①] 马克思、恩格斯著:《马克思恩格斯全集》(第30卷),人民出版社1995年版,第107—108页。
[②] 马克思著:《资本论》(第1卷),人民出版社2004年版,第171页。
[③] 马克思、恩格斯著:《马克思恩格斯全集》(第4卷),人民出版社1958年版,第478页。

阶级社会的真实任务是建立世界市场(至少是一个轮廓)和以这种市场为基础的生产"①。

以资本扩张性和增值性为核心所建立起来的资本主义国际经济利益关系的本质特征即为不平等。马克思认为,商品交换是按照社会必要劳动时间进行等价交换的,其在形式上具有等价性,实质上却是资本所有者"用他总是不付等价物而占有的他人的已经对象化的劳动的一部分,来不断再换取更大量的他人的活劳动"②。马克思不仅分析了单个资本家与劳动者之间的不平等性,在阐述平均利润率形成过程中,还进一步揭示了资本家总体"参与总资本对全体工人阶级的剥削",阐明了资产阶级共同瓜分工人阶级所创造剩余价值的实质。在此基础上,马克思将这种剩余价值的分割从一国内部拓展到国家之间,提出了国际价值理论,认为国际之间的商品交换按照国际社会必要劳动时间进行等价交换。但由于不同国家"国民劳动的强度和生产率"不同,生产出的商品具有"不同的国际价值",③其结果就是"一国可以不断攫取另一国的一部分剩余劳动而在交换中不付任何代价",④即出现了国际超额剩余价值转移的不平等性。⑤

列宁在《帝国主义是资本主义的最高阶段》这一论著中将这种国际不平等性阐述得更加充分。他指出,价值规律和竞争会加剧资本积累和生产集中,导致经济生活中出现巨型垄断组织,而垄断高价和垄断低价的存在将使国际商品贸易过程中产生"不平等性"。⑥ 其后,普雷维什、巴兰、阿明等国外马克思主义学者进一步继承和发展了马克思经典理论中关于国际不平等交换的相关论述,并就国际不平等产生的原因进行了深入剖析。劳尔·普雷维什提出"中心—外围"理论,认为技术进步的国家成为世界经济体系的"中心",而技术落后的国家则沦为世界经济体系的

---

① 马克思、恩格斯著:《马克思恩格斯全集》(第29卷),人民出版社1972年版,第348页。
② 马克思著:《资本论》(第1卷),人民出版社2004年版,第673页。
③ 马克思著:《资本论》(第1卷),人民出版社2004年版,第645—646页。
④ 马克思、恩格斯著:《马克思恩格斯全集》(第46卷下),人民出版社1979年版,第401—402页。
⑤ 对于超额剩余价值的来源,学术界存在两种观点:一是认为超额剩余价值是从劳动生产率低的企业转移来的;二是认为超额剩余价值是劳动生产率高的企业自己创新的。笔者在前期研究成果中已对这一问题进行过分析,即通过区分劳动生产率的提高是基于劳动客观条件变化还是劳动主观条件变化,继而进行不同情形下的探讨,详见:《劳动生产率与商品价值量变动关系的理论界定及探索》,《教学与研究》2011年第7期。本研究中,为了简化分析,主要考虑马克思经典理论中的情况,即劳动生产率的提高是由劳动客观条件改变引起的,为此认为企业的超额剩余价值是从劳动生产率低的企业转移来的。
⑥ 列宁著:《帝国主义是资本主义的最高阶段》,《列宁全集》(第二版第27卷),人民出版社2017年版,第323页。

"外围",技术进步及其成果在资本主义世界经济体系中的发生和传播是不平衡的。[1] 保罗·巴兰从"经济剩余"的角度进行分析,认为造成外围地区经济发展落后的主要原因是中心国家获取了潜在的经济剩余,阻碍了外围地区经济的迅速发展。[2] 萨米尔·阿明则提出"依附理论",认为国际不平等交换产生的根本原因是"中心"和"外围"国际劳动生产率的差距超过工资的差距。[3]

在全球经济萎靡和全球经济发展失衡的背景下,部分国家为保护自身利益,违背全球经济发展的趋势,再度掀起"逆全球化"浪潮,探究其主要原因在于各国之间或各国内部产生的不平等的矛盾不断加剧。但是,经济全球化是全球经济发展的必然趋势,"逆全球化"是一种回避行为,并不能解决全球化进程中的根本矛盾,无法解决这种"不平等性"。从本质上揭示当前经济全球化面临的根本问题是不断加剧的"不平等性",在顺应经济全球化的进程中不断缓解和逐步消除这种"不平等性",才能有助于实现全球经济恢复,完善全球经济治理,缓解全球经济失衡,是更好地实现全球经济共同发展和共同繁荣的关键选择。

因而,国际利益关系的主导理念应该是合作共赢,实现人类命运共同体。从马克思主义视角解析人类命运共同体,可以归纳为两个层面的内涵:一方面,马克思的"自由人联合体"就是人类命运共同体,其目标就是使人成为真正"自由的人",而约束人自由发展有"自然因素和社会因素"。其中,生命应是约束人类自由发展的自然基础。另一方面,就人的生命存在性而言,即人的命运是在人与人在全球范围内结成相互作用、相互依存更加广泛的关系中存在。构建人类命运共同体是中国特色社会主义国际利益关系的核心理念与最终目标。在世界经济日益复杂的形势下,"人类命运共同体"的实现也成为中国在构中华人民共和国成立际利益关系的重要内涵。中华人民共和国成立以来,我国对外经济关系的主要目标已经由发展自身经济转变为构建人类命运共同体。出于对经济全球化新变化的洞悉与精确把握,习近平提出并系统阐述了"人类命运共同体"的理念。在符合新时代经济全球化的需要,顺应各国利益关系变革的呼唤,将各国利益置于"一荣俱荣、一损俱损"的链条中,经济全球化是人类命运共同体的时代背景,人类命运共同体是中国面对经济全球化的思想创新,是对国际经济旧秩序中"二元思维"的超越,深刻回答了

---

[1] 董国辉著:《经济全球化与"中心—外围"理论》,《拉丁美洲研究》2003 年第 2 期。
[2] 保罗·巴兰(著),蔡中兴、杨宇光(译):《增长的政治经济学》,商务印书馆 2014 年版。参见:M.霍华德,J.金(著),顾海良、张新(译):《马克思主义经济学史》,中央编译出版社 2002 年版。
[3] 张雷声著:《萨米尔·阿明的不平等交换理论述评》,《经济学动态》1989 年第 7 期。

"人类将往何处去"这一重要问题,从而为推动构建新型国际利益关系贡献了理念引领。

二、国际利益关系的理论特征

国际利益关系是指在一国参与国际经济往来过程中,与其他国家在贸易、金融、投资等经济活动之中所形成的一种普遍的经济利益关联模式。中国特色社会主义国际利益关系应当包括以下几层内涵:

1. 国际利益关系是强调平等的利益关系,即在全球经济不平等交融的背景下,实现"逆不平等"的发展

根据国际价值理论,不同国家由于劳动生产率的差异,在参与国际经济活动中,会出现弱国剩余价值被强国无偿占有的情况,也即形成了国际交换的不平等性。"逆不平等性"就是针对国际交换不平等性提出的,在顺应经济全球化条件下,抵抗、限制和约束剩余价值在全球各国之间的逆向流动过程,也即不断削弱乃至逐步消除国际交换不平等性的过程,我们称为具有"逆不平等性"效应。这里的逆向流动不仅包括超额剩余价值由发展中国家向发达国家的流转、发达国家向更加发达国家的流转,还包括不太发展的国家向发展中国家流转。国际不平等性有不同的形式,因此旨在缩小不平等性的"逆不平等性"也存在不同的类型。依据"逆不平等性"产生来源的不同,可将其区分为两种基本类型:

一是缩小与发达国家技术差异的"逆不平等性"。在当前经济全球化背景下,发达国家拥有先进技术,并且处于不断进步过程中,而发展中国家技术相对落后,且进步缓慢。发达国家在与发展中国家贸易、投资合作过程中,严控核心技术的传播。由此,在发达国家与发展中国家贸易合作过程中,凭借其先进的技术和投资,不断无偿地转移发展中国家的剩余价值。为此,在经济全球化进程中,要通过技术支持、技术转移、技术创新补贴等形式来缩小国家之间的技术差异性,以此来约束技术带来的"不平等性"。

二是抵抗、限制霸权主义的"逆不平等性"。当前由发达国家主导的经济全球化进程不断加深,主要发达国家拥有较高的国际经济和政治地位,在国际经济规则和制度制定上拥有极高的话语权,而发展中国家由于处于国家分工底部,国际经济地位较差,难以在国家经济规则和制度制定上拥有话语权。发达国家可以凭借其霸权地位,在国际贸易、国际投资、国际金融等领域,通过制定不平等的游戏规则,

限制发展中国家的经济发展,不断加强对其他国际剩余价值的无偿占有,加剧国际交换的不平等性水平。世界各国在顺应全球化进程中,要坚决抵抗国际霸权主义,提高国际经济地位,增强国际话语权,限制发达国家无休止的霸权行为,防止此类制度因素导致的国际不平等性。因而,中国特色国际利益关系应当不断降低参与国际经济活动中形成的国际交换"不平等性",协助各国共同进步,共同繁荣,在互惠互利、合作共赢式的发展中走向人类命运共同体。

2. 国际利益关系是指强调共商共建共享的基础原则,实现包容性经济增长,合作共赢

改革开放以来,虽然中国实力在不断壮大,但中国在国际经济活动中并没有实行弱者服从强者的霸权性合作,也没有完全遵循"比较优势""要素禀赋"的经济理性原则,而是倡导"共商共建共享"的国际经济合作。"共商",强调寻找国家间认知之共同点、合作之交汇点,形成国际化共商平台,建立多轨对话机制和争端解决机制;"共建",主张主体之间的平等参与、平等往来;"共享",注重参与主体之间的利益共享,在共商共建中突破零和博弈,力求共赢。"共商共建共享"仍然考虑不同国家间的资源互补性,但不纯粹以自身利益为考量,通过"看不见的手"来实现"比较优势",而是基于共同利益,以共同发展替代自身利益,发挥资源优势等互补性,在追求平等互利中共建共享共赢。"共商共建共享"是中国在国际经济关系中由"接轨"向"铺轨"角色转变的基本路径,也使平等的国际利益关系成为可能。中国所推动构建的国际利益关系是秉承共商、共建和共享原则,聚焦发展这个根本性问题,释放各国潜力,着力打造开放型平台,坚持绿色发展和创新驱动发展理念,致力于构建以合作共赢为核心的新型国际关系,协助各国在面临全球经济动力不足、全球治理滞后以及全球发展失衡背景下,实现优势互补、互利共赢,实现共同富裕、共同繁荣。

3. 国际利益关系是强调全球合作伙伴关系,而非被动式的经济往来关系

中国"一带一路"倡议旨在积极发展与沿线国家的经济合作伙伴关系,共同打造政治互信、经济融合、文化包容的利益共同体、命运共同体和责任共同体。其推动构建的与霸权制度不同的公平制度,有助于加大技术差距缩小带来的"逆不平等性"。

三、我国国际利益关系的演化逻辑

从中国在世界经济体系中的地位来看,中华人民共和国成立至今,经历了从

"相对封闭的发展中国家"到"主动参与经济全球化的发展中大国"的身份转变。

（一）计划 CSSA：相对封闭的发展中国家

在 1949 年至 1978 年的经济转型探索期，中国一方面几乎独立于世界经济体系之外，另一方面在世界经济体系中处于相对弱势的地位。

这一时期，中国进行了部分对外开放的尝试，如积极开展与苏联、东欧、朝鲜、越南等社会主义国家的贸易和经济合作，利用港澳地区的特殊性同西方国家建立贸易联系等。这些尝试虽使中国的对外贸易总额在 20 世纪 50 年代末比 1950 年增长了 2.9 倍，[1]但由于西方资本主义国家的刻意封锁、中苏关系恶化、"文化大革命"等多方面原因，中国的外贸总额在波动中有所增长但在 GDP 中的占比始终处于较低水平。尽管 20 世纪 70 年代初期进出口总额占比呈较快的增长，但基数水平仍相当低，且对外贸易仅定位为互通有无、调剂余缺，对我国经济增长的影响微乎其微。

（二）转型 CSSA：主动参与经济全球化、发展中大国

首先，在 1978 年至 1992 年的转型 CSSA 探索期，中国在世界经济体系中的地位逐步加强，但仍然处于相对弱势地位。这一时期，中国开始实行改革开放，逐步参与全球经济活动。1978 年十一届三中全会明确中国开始实行"对内改革、对外开放"政策，此后中央通过创办经济特区、开放沿海港口城市、建立沿海经济开放区，逐步加大开放力度。中国进出口贸易总额占 GDP 的比重（即外贸依存度）自 1978 年以来不断攀升。尽管这一阶段中国对外开放进展显著，但毕竟经济起点较低，在国际中仍处于弱势地位，表现为进出口增速较低且波动大、经济总量仍位于世界中等水平、对于国际事务缺乏参与权等。

其次，在 1992 年至 2012 年的转型 CSSA 的巩固期和后期，中国在世界经济体系中的地位不断增强。这一时期，中国全面参与经济全球化过程，先后开放了长江沿岸 5 个城市、内陆 17 个省会城市、内陆边境 15 个沿海城市，形成了全方位、多层次、宽领域的对外开放新格局。2001 年中国加入 WTO，标志着中国真正走向全面开放。图 8.6.1 展示了我国 1950—2015 年进出口贸易额的变化情况。可以看出，1992 年以后我国在国际贸易方面呈现几何级数增长，与 1992 年之前完全不在一个数量级。2008 年我国进出口贸易总额占 GDP 的比重（即外贸依存度）达 56.3%，比 1992 年提高 68%。

随着对外开放的不断推进，我国经济总量呈快速增长，在国际关系中逐渐形成

---

[1] 刘仲藜著：《新中国经济 60 年》，中国财政经济出版社 2009 年版，第 621 页。

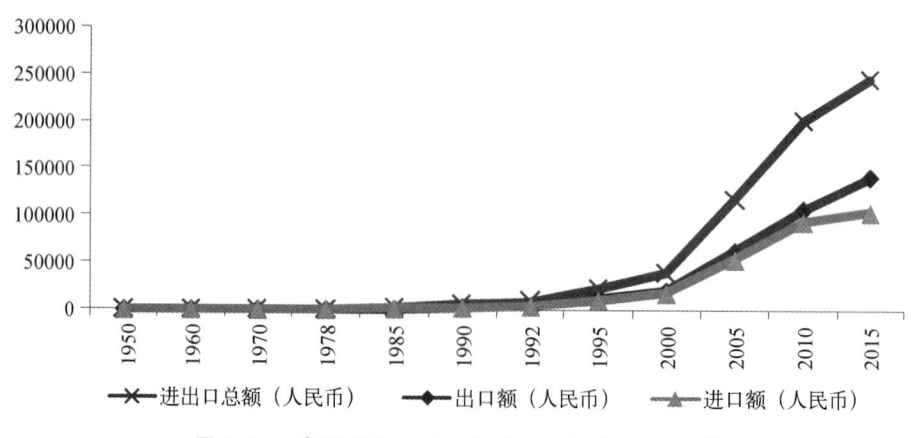

图 8.6.1　我国 1950—2015 年进出口总额(人民币)[①]

了双重身份。一方面，与非洲、印度、拉美等发展中国家相比，中国已经成为大国和强国，在政治、经济、军事等各个方面均拉开不小差距；另一方面，与美国、英国、日本等发达国家相比，中国仍然是发展中国家，在制定国际规则、引导国际舆论、引领国际前沿等方面仍缺少话语权。从我国的经济增长数据也可看出这种"双重性"：我国目前在 GDP 总量上已位居世界第二位，成为世界大国之一，人均 GDP 这一指标却仍处在发展中国家水平，与发达国家还存在较大差距（如图 8.6.2、图 8.6.3 所示）。

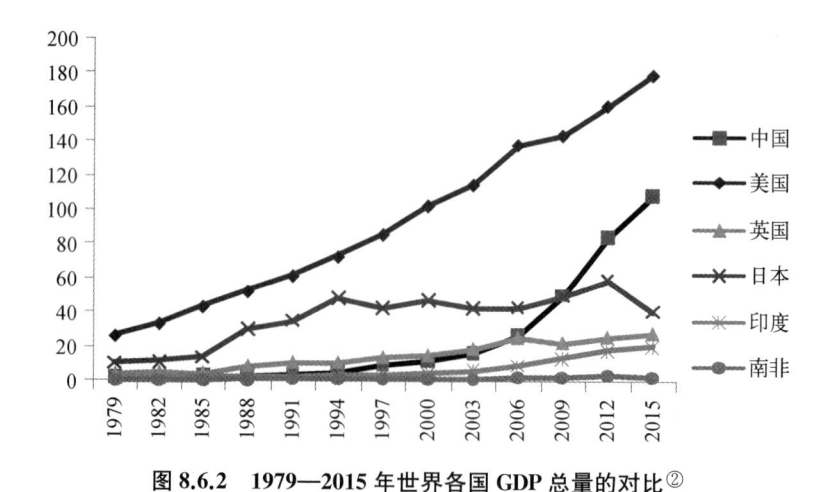

图 8.6.2　1979—2015 年世界各国 GDP 总量的对比[②]

---

① 数据来源：国家统计局。
② 数据来源：世界银行。

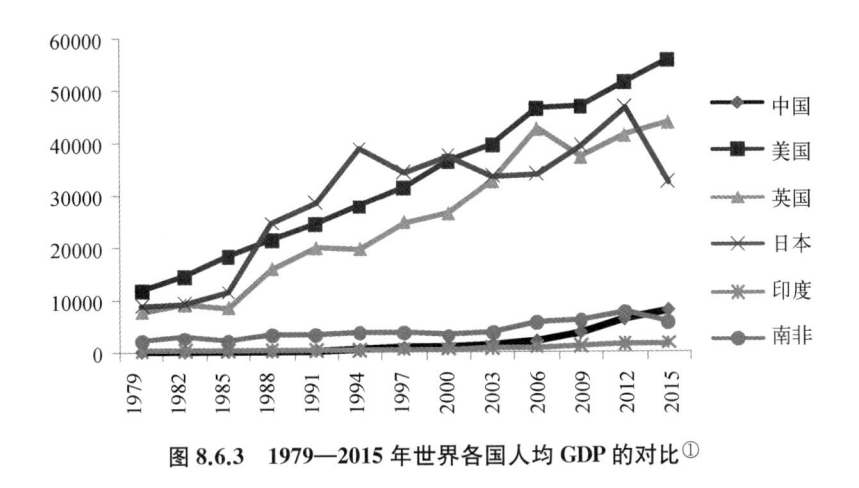

图 8.6.3　1979—2015 年世界各国人均 GDP 的对比[①]

（三）新时代 CSSA：从大国走向强国

新时代 CSSA 时期（2012 年—），中国的国际关系进一步转向"推动构建人类命运共同体的大国和强国地位"。近年来，中国始终致力于全面推进中国特色大国外交，形成全方位、多层次、立体化的外交布局，积极实施共建"一带一路"倡议，推动构建人类命运共同体。这就体现出中国国际关系特征的转变，以"互利共赢"为目标的大国和强国成为未来中国国际关系方面的重要标签。

中国在国际经济活动中的地位变化有助于增强构建中国特色国际利益关系的新动力。中国改革开放以来取得了非凡的成就，在世界经济中形成了重要的影响力，这是构建中国特色国际利益关系的重要前提。在改革开放之后的很长一段时间，中国的经济发展受益于开放，受益于世界经济，但是随着中国的迅速发展，世界经济发展也离不开中国。中国已经从对外开放的"受益者"，转变为世界经济发展的"授益者"。作为新兴市场国家，中国理应为发展中国家在国际经济交往中谋求更加公平合理的利益。因而，中国在国际经济秩序中角色的变化已然成为中国构建新型国际经济关系的新动力，也必将会对全球经济治理产生积极的影响。

四、中国国际利益关系发展的基本历程

中国特色社会主义国际利益关系是中国在对国际经济秩序以及全球经济治理的认知、学习、接受和发展的过程中逐步形成的。结合我国开放经济发展的进程，

[①] 数据来源：世界银行。

可以将改革开放以来我国对国际利益关系的认识过程划分为三个阶段,即初步探索阶段、认识发展阶段和引领创新阶段。

(一) 初步探索阶段

1978 年至 2001 年是我国对国际利益关系的初探阶段。在这一阶段,我国的开放进程是由低度让利开放向全面互利开放转变,对国际利益关系的认识经历了初步探索和认识加深的过程。

在改革开放的低度让利开放阶段(1978—1991 年),我国从半封闭走向低度开放的状态,对国际经济关系开始初步探索。我国开放的重点在于引入国际通行的经济运行规则、管理体制、国外资本和要素等,使中国与世界接轨。1978 年中共十二大报告指出:"实行对外开放,按照平等互利的原则扩大对外经济技术交流,是我国坚定不移的战略方针。我们要促进国内产品进入国际市场,大力扩展对外贸易。要尽可能地多利用一些可以利用的外国资金进行建设,为此必须做好各种必要的准备工作,安排好必不可少的国内资金和配套措施。要积极引进一些适合我国情况的先进技术,特别是有助于企业技术改造的先进技术,努力加以消化和发展,以促进我国的生产建设事业。"①1987 年 10 月中共十三大报告强调,"根据国际形势和我国现代化建设的需要,围绕和平和发展两大主题,调整外交格局和党的对外关系",我国"发展了独立自主、反对霸权主义、维护世界和平的对外政策"。然而,"当今世界,新技术革命迅猛发展,市场竞争日益加剧,国际政治风云变幻,我们面临的挑战是紧迫的严峻的"。我国"必须以更加勇敢的姿态进入世界经济舞台,正确选择进出口战略和利用外资战略,进一步扩展同世界各国包括发达国家和发展中国家的经济技术合作与贸易交流,为加快我国科技进步和提高经济效益创造更好的条件"。②该报告明确指出"当今世界是开放的世界",这为我国改革开放的持续、稳定和深化发展奠定了基础。与此同时,这一认识也为中国经济与世界经济的"共生共荣"思想提供了准备。

在改革开放的全面互利开放阶段(1992—2000 年),以邓小平南方谈话和党的十四大确立社会主义市场经济体制改革目标为条件,我国对外开放开始形成多层次、多渠道、全方位的格局,对国际经济关系的认识开始加深。通过深入有效的对外开放,我国与世界其他国家的合作创造出了更多的利益,对外开放的红利开始惠

---

① 《全面开创社会主义现代化建设的新局面》,中国共产党新闻网 1982 年 9 月 1 日。
② 参见中共十三大报告:《沿着有中国特色的社会主义道路前进》,中国共产党新闻网 1987 年 10 月 25 日。

及利益双方,"互利"局面逐步形成。20世纪90年代初,苏联解体标志着冷战结束,意味着两极格局瓦解。1992年10月中共十四大报告结合国际形势发展,明确指出"当今世界正处在大变动的历史时期。两极格局已经终结,各种力量重新分化组合,世界正朝着多极化方向发展。新格局的形成将是长期的、复杂的过程"。[①] 在和平与发展仍然是当今世界两大主题的前提下,我国开始考虑"建立什么样的国际新秩序"这一国际社会普遍关心的重大问题。我国主张应当"建立和平、稳定、公正、合理的国际新秩序",而且"这一新秩序包括建立平等互利的国际经济新秩序"。这是报告中首次提及"国际新秩序"及"国际经济新秩序",并指明需要建设"和平、稳定、公正、合理"的国际秩序以及"平等互利"的国际经济新秩序。由此可以看出,我国开始意识到国际经济关系的变迁和转型,意识到自身在国际经济事务中的角色开始发生变化,开始审视由国际经济体系的参与者逐步转变为建设者的合理路径。1992年至1996年,我国经济建设取得了突破,国内生产总值年均增长达到12.1%,在精神文明建设、国防现代化建设、人民生活水平改善等方面都取得了重大成就。在世界格局的剧烈变动中,我国国际地位显著提高。1997年9月中共十五大报告强调,国际形势在总体上趋于缓和,但"多极化趋势在全球或地区范围内,在政治、经济等领域都有新的发展,世界上各种力量出现新的分化和组合。大国之间的关系经历着重大而又深刻的调整"。尤其是"广大发展中国家的总体实力在增强",然而,"不公正、不合理的国际经济旧秩序还在损害着发展中国家的利益"。因而,我国要致力于推动建立"公正合理的国际政治经济新秩序",并且明确指出"这种国际新秩序是以和平共处五项原则为基础的,符合联合国宪章的宗旨和原则,反映了和平与发展的时代潮流"[②],可见推动建立国际经济新秩序的迫切性和重要性。

(二)认识发展阶段

以加入WTO为起点,2001年至2012年我国形成了全面开放的格局,对外开放进入以规则为基础的新阶段。我国开始致力于推动国际经济旧秩序的变革,并逐步形成了关于推动建设何种国际利益关系的思路。

加入WTO后,我国的进出口贸易总额以及外汇储备都得到了大量提升,我国经济实力、综合国力和国际地位都显著提高。这一阶段中国与国际经济体系的联

[①] 参见中共十四大报告:《加快改革开放和现代化建设步伐 夺取有中国特色社会主义事业的更大胜利》,中国共产党新闻网1992年10月12日。

[②] 参见中共十五大报告:《高举邓小平理论伟大旗帜 把建设有中国特色社会主义事业全面推向二十一世纪》,中国共产党新闻网1997年9月12日。

系更加紧密,彼此间的影响愈加深化,中国由"参与者"身份朝着国际经济体系的"建设者"转变。2002年11月,中共十六大报告强调"世界多极化和经济全球化的发展,给世界的和平和发展带来了机遇和有利条件",并表达了中国"推动建立公正合理的国际政治经济新秩序"的决心,中国"愿与国际社会共同努力,积极促进世界多极化,推动多种力量和谐并存,保持国际社会的稳定;积极促进经济全球化朝着有利于实现共同繁荣的方向发展,趋利避害,使各国特别是发展中国家都从中受益"。① 尤其是在2005年10月,党的十六届五中全会首次明确提出了"实施互利共赢的开放战略"。这标志着我国在改革开放中初步形成应推动构建何种国际经济关系的思路。

从十六届五中全会到党的十八大可以视为我国对国际利益关系的发展阶段。这一阶段我国经济取得了跨越式的增长,在参与政治、经济、文化等国际交流方面更加频繁、广泛,也对推动构建何种国际经济关系有了较深的认识和发展。2007年10月,中共十七大报告再次强调"和平与发展仍然是时代主题""世界多极化不可逆转,经济全球化深入发展,科技革命加速推进,全球和区域合作方兴未艾,国与国相互依存日益紧密,国际力量对比朝着有利于维护世界和平方向发展"。然而,我们所不能忽略的是,全球经济失衡进一步加剧,南北差距也在扩大,因而中国希望各国能够在"经济上相互合作、优势互补,共同推动经济全球化朝着均衡、普惠、共赢方向发展"。就中国而言,我国依然继续拓展对外开放广度和深度,提高开放型经济水平,"完善内外联动、互利共赢、安全高效的开放型经济体系,形成经济全球化条件下参与国际经济合作和竞争新优势"。② 值得一提的是,2008年国际金融危机席卷全球之际,世界经济进入了冬天,我国依然成为世界经济增长中的一枝独秀,为世界经济增长贡献了力量,我国在国际经济格局中的地位得到了前所未有的提升。这一阶段我国对国际经济关系的认知也迈入了新的台阶,从推动互利共赢的经济全球化转变为推动"均衡、普惠、共赢"的经济全球化发展。

(三)引领创新阶段

2012年至今,以党的十八大召开和设立自由贸易区为标志,我国对外开放迈入新的征程,我国对国际利益关系的认知进入引领创新阶段。以习近平同志为核心

---

① 参见中共十六大报告:《全面建设小康社会 开创中国特色社会主义事业新局面》,中国共产党新闻网2002年11月8日。

② 参见中共十七大报告:《高举中国特色社会主义伟大旗帜 为夺取全面建设小康社会新胜利而奋斗》,中国共产党新闻网2007年10月15日。

的党中央提出一系列新理念、新思想和新战略,推动党和国家事业取得了全方位、开创性的历史成就,尤其是在经济建设、全面深化改革、民主法治建设、思想文化建设、人民生活、生态文明建设、强军兴军创新、港澳台工作、全方位外交布局、全面从严治党等方面都取得了飞跃性进展。我国从一超多强的世界经济格局中脱颖而出,国际影响力与日俱增。

作为新型国际利益关系的积极探索者,十八大以来我国对国际利益关系形成了明晰的认识。2012年以来中国领导人提出并集中阐述关于"新型大国关系"的命题,这为国际利益关系的界定奠定了基础。早在2012年2月,时任国家副主席的习近平在接受《华盛顿邮报》书面采访时指出:"宽广的太平洋两岸有足够的空间容纳中美两个大国。努力把两国合作伙伴关系塑造成21世纪的新型大国关系。"2012年党的十八大报告明确提出:"中国坚持在和平共处五项原则基础上全面发展同各国的友好合作。"与发达国家的关系,需要"拓宽合作领域,妥善处理分歧,推动建立长期稳定健康发展的新型大国关系"。与发展中国家的关系,提出我们"将坚持与邻为善、以邻为伴,巩固睦邻友好,深化互利合作,努力使自身发展更好惠及周边国家"。[1]

2013年3月23日,习近平总书记在莫斯科国际关系学院演讲时,具体阐述了以合作共赢为核心的新型国际关系的思想,即"面对国际形势的深刻变化和世界各国同舟共济的客观要求,各国应该共同推动建立以合作共赢为核心的新型国际关系"[2]。这是"新型国际关系"首次被提出。2014年11月底,习近平在中央外事工作会议上再次强调"我们要坚持合作共赢,推动建立以合作共赢为核心的新型国际关系,坚持互利共赢的开放战略,把合作共赢理念体现到政治、经济、安全、文化等对外合作的方方面面"。[3] 这是"以合作共赢为核心的新型国际关系"首次在国家最高外事工作会议上被提出。2015年9月28日在第七十届联合国大会上,习近平发表题为《携手构建合作共赢新伙伴 同心打造人类命运共同体》的讲话,其再次强调"构建以合作共赢为核心的新型国际关系,打造人类命运共同体",并细化了"新型国际关系"的目标,即"建立平等相待、互商互谅的伙伴关系;营造公道正义、共建共享的

---

[1] 参见中共十八大报告:《坚定不移沿着中国特色社会主义道路前进 为全面建成小康社会而奋斗》,中国共产党新闻网2012年11月8日。
[2] 习近平著:《顺应新时代前进潮流 促进世界和平发展——在莫斯科国际关系学院的演讲》,《人民日报》2013年3月24日。
[3] 《习近平在中央外事工作会议发表重要讲话强调:高举和平、发展、合作、共赢旗帜》,《人民日报》(海外版)2014年12月11日。

安全格局;谋求开放创新、包容互惠的发展前景;促进和而不同、兼收并蓄的文明交流;构筑尊崇自然、绿色发展的生态体系"[①]。2017年10月党的十九大报告阐述新时代中国特色社会主义思想的"八个明确"时,将"明确中国特色大国外交要推动构建新型国际关系,推动构建人类命运共同体"纳入其中,并进一步系统化和科学化地阐述了中国将推动建设"相互尊重、公平正义、合作共赢的新型国际关系"[②]。这就告诉我们,中国特色社会主义国际利益关系强调"相互尊重"的社会维度、"公平正义"的伦理维度和"合作共赢"的经济维度[③]。

参考文献

[1] M.霍华德,J.金(著),顾海良、张新(译):《马克思主义经济学史》,中央编译出版社2002年版。

[2] 保罗·巴兰(著),蔡中兴、杨宇光(译):《增长的政治经济学》,商务印书馆2014年版。

[3] 陈昌智著:《中华人民共和国经济简史》,四川大学出版社1990年版。

[4] 陈科、周丹著:《"普世价值"批判与社会主义价值共识的凝聚》,《马克思主义研究》2017年第6期。

[5] 陈云著:《陈云文选》(第3卷),人民出版社1995年版。

[6] 邓小平著:《解放思想 实事求是 团结一致向前看》,《邓小平文选》(第2卷),人民出版社1978年版。

[7] 董国辉著:《经济全球化与"中心—外围"理论》,《拉丁美洲研究》2003年第2期。

[8] 郭树勇著:《新型国际关系:世界秩序重构的中国方案》,《红旗文稿》2018年第4期。

[9] 胡鞍钢著:《中国:创新绿色发展》,中国人民大学出版社2012年版。

[10] 胡锦涛著:《坚定不移沿着中国特色社会主义道路前进 为全面建成小康社会而奋斗》,《求是》2012年第22期。

---

① 习近平著:《携手构建合作共赢新伙伴 同心打造人类命运共同体——在第七十届联合国大会一般性辩论时的讲话》,《人民日报》2015年9月29日。

② 中共中央十九大报告:《决胜全面建成小康社会 夺取新时代中国特色社会主义伟大胜利》,新华网2017年10月27日。

③ 郭树勇著:《新型国际关系:世界秩序重构的中国方案》,《红旗文稿》2018年第4期。

[11] 江泽民著：《加快改革开放和现代化建设步伐 夺取有中国特色社会主义事业的更大胜利》，人民出版社1992年版。

[12] 解保军著：《生态学马克思主义名著导读》，哈尔滨工业大学出版社2014年版。

[13] 列宁著：《帝国主义是资本主义的最高阶段》，《列宁全集》（第二版第27卷），人民出版社2017年版。

[14] 刘仲藜著：《新中国经济60年》，中国财政经济出版社2009年版。

[15] 马克思著：《资本论》（第3卷），人民出版社1975年版。

[16] 马克思著：《1844年经济学哲学手稿》，人民出版社1985年版。

[17] 马克思著：《资本论》（第1卷），人民出版社2004年版。

[18] 马克思著：《资本论》（第2卷），人民出版社2004年版。

[19] 马克思著：《资本论》（第3卷），人民出版社2004年版。

[20] 马克思、恩格斯著：《马克思恩格斯全集》（第1卷），人民出版社1956年版。

[21] 马克思、恩格斯著：《马克思恩格斯全集》（第21卷），人民出版社1956年版。

[22] 马克思、恩格斯著：《马克思恩格斯选集》（第4卷），人民出版社1956年版。

[23] 马克思、恩格斯著：《马克思恩格斯全集》（第1卷），人民出版社1972年版。

[24] 马克思、恩格斯著：《马克思恩格斯全集》（第23卷），人民出版社1972年版。

[25] 马克思、恩格斯著：《马克思恩格斯全集》（第29卷），人民出版社1972年版。

[26] 马克思、恩格斯著：《马克思恩格斯全集》（第2卷），人民出版社1972年版。

[27] 马克思、恩格斯著：《马克思恩格斯全集》（第25卷），人民出版社1974年版。

[28] 马克思、恩格斯著：《马克思恩格斯全集》（第13卷），人民出版社1975年版。

[29] 马克思、恩格斯著：《马克思恩格斯全集》（第3卷），人民出版社1975年版。

[30] 马克思、恩格斯著：《马克思恩格斯全集》（第4卷），人民出版社1975年版。

[31] 马克思、恩格斯著：《马克思恩格斯全集》（第42卷），人民出版社1979年版。

[32] 马克思、恩格斯：《马克思恩格斯全集》（第46卷下），人民出版社1979年版。

[33] 马克思、恩格斯著：《马克思恩格斯选集》（第46卷上），人民出版社1979年版。

[34] 马克思、恩格斯著：《马克思恩格斯全集》（第30卷），人民出版社1995年版。

[35] 马克思、恩格斯著：《马克思恩格斯文集》（第2卷），人民出版社1995年版。

[36] 马克思、恩格斯著：《马克思恩格斯选集》（第4卷），人民出版社1995年版。

[37] 马克思、恩格斯著:《马克思恩格斯全集》(第31卷),人民出版社1998年版。

[38] 马克思、恩格斯著:《马克思恩格斯全集》(第44卷),人民出版社2001年版。

[39] 马克思、恩格斯著:《马克思恩格斯文集》(第2卷),人民出版社2009年版。

[40] 马克思、恩格斯著:《马克思恩格斯文集》(第1卷),人民出版社2009年版。

[41] 马克思、恩格斯著:《马克思恩格斯全集》(第46卷上),人民出版社2012年版。

[42] 马克思、恩格斯著:《马克思恩格斯文集》(第1卷),人民出版社2012年版。

[43] 马克思、恩格斯著:《马克思恩格斯选集》(第2卷),人民出版社2012年版。

[44] 马克思、恩格斯著:《马克思恩格斯选集》(第3卷),人民出版社2012年版。

[45] 毛泽东著:《毛泽东文集》(第8卷),人民出版社1999年版。

[46] 杨瑞龙著:《社会主义经济理论》(第三版),人民出版社2018年版。

[47] 叶峻著:《社会生态学与协同发展论》,人民出版社2012年版。

[48] 约翰·汤普森著:《意识形态与现代文化》,译林出版社2012年版。

[49] 张雷声著:《萨米尔·阿明的不平等交换理论述评》,《经济学动态》1989年第7期。

[50] 中共中央文献研究室编:《毛泽东年谱(1949—1976)》(第3卷),中央文献出版社2013年版。

[51] 中共中央文献研究室编:《十八大以来重要文献选编》(下),中央文献出版社2018年版。

尾论

基于 CSSA 的中国特色社会主义政治经济学理论体系构想

中国特色社会主义政治经济学理论体系的构建，应遵循马克思主义经济学的基本逻辑。我们基于《资本论》和《政治经济学批判导言》中提到的"四过程"以及马克思六分册计划中论及的"五过程"，进行时代拓展，提出"八过程"的基本架构，包括生产过程、分配过程、交换过程、消费过程、生态过程、发展过程、宏观过程以及国际过程（见下图）。在此基础上，构建中国特色社会主义政治经济学理论体系，还须

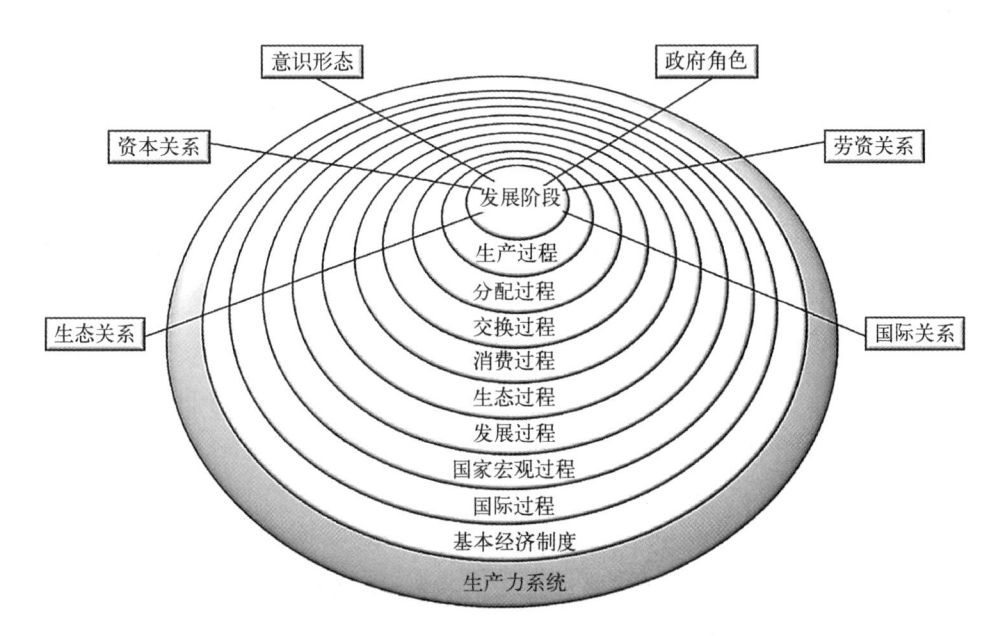

基于 CSSA 的中国特色社会主义政治经济学理论体系

厘清其发展阶段以及基本经济制度的演进。为此,我们试图构建以"十专题"为纵向线索的中国特色社会主义政治经济学理论体系。这一理论体系从发展阶段问题出发,分别探讨八个过程,最后落脚到基本经济制度演变;在对每一个过程进行分析时引入六大利益关系的基本框架,分别构建基于 CSSA 的生产理论体系、交换理论体系、分配理论体系、消费理论体系、生态理论体系、发展理论体系、宏观理论体系和开放理论体系。无论是横向线索或是纵向线索,均受生产力系统的决定性作用,又与生产力系统之间有着密切的交互作用,共同组成中国特色社会主义政治经济学理论体系的整体脉络。

一、发展阶段的勾勒

中华人民共和国成立以来,我国坚定不移地选择了社会主义的发展道路,但面临的一个重大问题是,社会主义是否有着不同的发展阶段以及我国当前处在社会主义的哪一阶段。对此,社会主义初级阶段理论的提出具有重要的理论和现实意义,但要进一步深入分析中国经济的阶段性演变机理,还须进行不断的理论探索,这是构建中国特色社会主义政治经济学理论体系的必要环节。对于中国经济发展是否有不同的阶段、有哪些阶段以及每一阶段有何特征的问题,CSSA 理论有了较为详尽的分析,因此基于 CSSA 构建中国特色社会主义政治经济学理论体系将在解析中国经济发展阶段问题方面形成显著优势。

CSSA 阶段划分的原则包含质和量两个方面。从质的方面来看,每一个 CSSA 都要经历探索、巩固、衰退的演变过程,而决定一个 CSSA 走向衰退同时另一个新的 CSSA 逐步探索形成的内在动力便是 CSSA 与生产力的相互状态。从理论来看,CSSA 的阶段划分应以该制度结构与生产力是否适应为标准,当两者从适应转为不适应,并且这种不适应达到一定程度使核心关系出现严重的冲突和矛盾时,就意味着这一 CSSA 即将为另一个 CSSA 所取代。从量的方面来看,CSSA 的总体衡量指标为经济增长率,但每一阶段还要有不同的辅助量化指标。基于这一原则,我们将中华人民共和国成立以来的 CSSA 划分为 1949—1978 年的计划 CSSA、1978—2012 年的转型 CSSA 和 2012 年至今的新时代 CSSA 三个阶段,并对每一个 CSSA 内部的探索期、巩固期和衰退期进行了具体分析。

基于 CSSA 理论的这一阶段划分显示了较强的科学性,其对深入理解中国经济发展阶段的动态演变将有所贡献。

一方面,这一阶段划分思路符合马克思主义经济学的基本逻辑,即生产力与生产关系的矛盾运动推动经济社会的发展变化。这一基本逻辑不仅适用于社会形态的变迁,通过一定的具体化也能用于同一社会形态下的不同发展阶段。CSSA 即是将生产关系具体化为中国经济中的系列核心利益关系,通过剖析核心利益关系与生产力以及核心利益关系之间的动态作用,阐述中国经济发展的阶段性变化。因此,以这一基本逻辑为中国经济阶段划分的质的标准,是有坚实的学理依据的。同时,这一阶段划分思路还弥补了传统 SSA 理论对生产力有所忽略的局限性,是更具完整性、更适合中国经济的分析思路。

另一方面,这一阶段划分符合中国经济改革实践。从中华人民共和国成立以来的改革实践和探索来看,在社会主义初级阶段的大框架下,我国经济发展的确经历了若干具有显著拐点和转变的发展阶段,这一过程中所有制结构、分配制度、政府与市场的关系、主流意识形态、国际地位、生态环境等诸多维度均在发生显著的阶段性演变。CSSA 在考察其阶段划分时注重对现实的提炼,不仅具体分析六大核心矛盾关系的现实特征,而且结合经验数据和实证分析予以检验。这一分析避免了部分研究仅依据政府政策或现实数据进行中国经济发展阶段探讨的局限性,实现了理论逻辑、实践路径和政策举措三个维度的有机统一。据此所划分的计划 CSSA、转型 CSSA 以及新时代 CSSA 更具科学性,六大利益关系的特征分析也使每一个发展阶段更具立体性,不同阶段之间的联系和区分也更为鲜明。

CSSA 理论对中国经济发展阶段的理论阐释,与习近平总书记在十九大报告中"站起来—富起来—强起来"的阐述有着高度的一致性。这一阶段划分有着较强的科学性,能为"站起来—富起来—强起来"提供学理性的解读。

1. 1949—1978 年的计划 CSSA 时期,对应着中国经济"站起来"的阶段,这一时期"探索—巩固—衰退"的动态过程是中国经济进入"富起来"阶段的发展基础。

1949 年中华人民共和国成立,在经过短暂的国民经济恢复和发展之后,我国进行了社会主义三大改造,在新民主主义社会基础上基本建立起了社会主义制度,形成了与我国当时生产力水平相适应的高度集权的计划经济制度,中国进入计划 CSSA 时期。这一时期我国经济社会中系列利益关系表现出如下特征:

(1)"一元"的公有资本利益关系

经过 1953—1956 年社会主义三大改造之后,中华人民共和国成立初期多种经济成分逐步转变为单一公有制经济,一元资本关系初步形成并在此后的 20 多年中逐步得到巩固、强化。从数据来看,1949—1956 年我国工业产值中国有企业、集体企业占比分别由 27%、1% 上升至 55% 和 17%，非公有制经济则由 73% 下降为 28%；到 1958 年非公有制经济消失，中国工业总产值中公有制经济成分上升为 100%。[①]

(2) "单纯"的劳动利益关系

这一时期公有制经济占据绝对主导地位，劳动者在不同形式的公有制经济中工作，不存在资本主义条件下雇佣劳动者与资本之间的利害冲突，只存在劳动者在共同占有生产资料基础上的公有制内部单纯的劳动关系。劳动者之间的利益冲突主要表现为不同群体的劳动者之间的冲突，不是阶级矛盾而是属于人民内部矛盾。

(3) "绝对集权"的国家利益关系

自中华人民共和国成立之初恢复国民经济开始，政府在经济活动中的角色一直在向绝对集权演变。在"一五"期间的三大改造、1958 年开始的大跃进、1961 年进行的经济调整以及农村"一大二公"人民公社体制的建立中，政府都在不断强化对经济活动的控制力和影响力。直至"文化大革命"结束，中国始终处在计划经济体制之下，尽管曾有部分权力下放的举措，但均局限在形式上，政府的行政管制从未减少。

(4) "马克思主义绝对主流"的意识形态利益关系

这一时期马克思主义在中国处于绝对主流地位，西方思潮对中国的影响微乎其微，这一时期党的文件、媒体宣传、教学教材、学术研究等均可佐证这一点。以经济学研究为例，1978 年以前国内期刊发表的经济类文章绝大部分以"马克思主义"为绝对核心内容或理论基础，涉及西方经济学的文章微乎其微，基本没有影响力。

(5) 相对封闭的国际利益关系

这一时期中国进行了部分对外开放的尝试，但由于对外政策的局限性、西方资本主义国家的刻意封锁、中苏关系的变化等多方面原因，对外开放程度非常低。尽管 1960 年中国开始实行独立自主、联合广大发展中国家的对外策略，在国际中的政治地位和战略地位有所提高，但改革开放之前中国的经济地位始终低下。

(6) "隐性"的生态利益关系

这一时期中国处于农业向工业转型的过程，工业化水平十分低下，尽管落后的生产方式使单位生产过程污染较高，但整体而言对自然环境的破坏并不严重，仍处在生态自然循环足以消化的范围内。由于人们缺乏生态环境保护意识，"大炼钢

---

① 数据来源：《新中国 60 年统计资料汇编》。

铁""以钢为纲"的生产方式也对生态环境带来过重的负担,使生态环境与经济发展之间的矛盾也在累积。

以上六大核心利益关系相互影响、相互作用,共同推进计划 CSSA 经历"探索—巩固—衰退"的演变过程。在计划 CSSA 探索期,"绝对集权"政府角色的逐步确立是六大核心矛盾特征形成的起点,其与"绝对主流"的马克思主义意识形态相互促进、彼此加强,继而快速推进了资本关系的一元化、劳动关系的单纯化以及国际关系的封闭化,推动计划 CSSA 进入巩固阶段。而这种"高度集权"的制度结构恰恰适应了中华人民共和国成立初期落后的生产力水平,使当时有限的财力、物力、人力得到最有效的运用,迅速改善了中华人民共和国成立时"一穷二白""落后挨打"的局面,使中国经济"站起来"。但是,随着生产力的不断发展,过于僵化的高度集权经济制度逐渐成为生产力发展的桎梏,各种矛盾不断累积使计划 CSSA 制度结构的稳定性不断减弱,进入衰退阶段。与此同时,一个新的 CSSA 将应运而生。

2. 1978—2008 年的转型 CSSA 时期,对应着中国经济"富起来"的阶段,这一时期"探索—巩固—衰退"的动态过程是中国经济进入"强起来"阶段的发展基础。

1978 年我国开始实施改革开放,1992 年确立将建设社会主义市场经济体制作为改革目标,从计划经济转向具有中国特色的社会主义市场经济的转型 CSSA 时期逐步形成。与之相对应,我国经济社会中系列利益关系也呈现新的特征。

(1) 资本利益关系从"一元"转变为"多元"

改革开放的最初举措就聚焦于对资本关系的调整。党的十一届六中全会明确承认了私营经济的合法性,并在 1988 年的宪法修正案中强调了国家对私营经济的引导、监督和管理。至此,中国非公有制经济从无到有,逐步发展,并随着改革的不断推进而呈现多元化发展。从数据来看,截至 2008 年,在中国固定资产投资额(FCI)各经济成分占比中,国有和集体投资、个体和私营投资、港澳台和外商投资、混合所有占比分别为 32%、25%、9%和 32%左右,[1]"多元"资本并存的局面充分彰显。

(2) 劳动利益关系从"单纯"转变"复杂"

改革开放以来特别是 1992 年以后,劳动者与"多元"资本相结合,衍生出"复杂"的劳资关系,如多元资本与农民工之间的劳资关系、市场与公有资本结合下的

---

[1] 数据来源:《中国统计年鉴(1980—2005)》,中经网统计数据库。

公有劳资关系、私营经济中的劳资关系、外企中的劳资关系等。随着劳资关系的不断复杂,劳资冲突也呈现不断凸显的趋势,一方面劳动报酬占 GDP 比重在 1992 年以后不断下滑,2007 年下降到最低的 39.73%,另一方面劳资纠纷数量不断上升,1992—2008 年我国劳动人事仲裁受理案件数增加了 85 倍,涉案的劳动者当事人数量增加了 70.84 倍。[①]

(3) 国家利益关系从"绝对集权"转向"有控制的放权"

改革开放以来,中国政府在宏观经济制度、财税制度、企业制度等方面均呈现逐步"放权"的特征。这一点可以从 1982 年党的十二大提出"计划经济为主、市场调节为辅",到 1992 年党的十四大提出"市场在社会主义国家宏观调控下对资源配置起基础性作用",再到 2007 年党的十七大提出"从制度上更好发挥市场在资源配置中的基础性作用"这一官方思想转变过程中窥探一二。不可忽视的是,这一时期中国政府的权力下放仍是"有控制"的,这主要体现在中国政府较强的经济控制力(政府在关系国计民生的基建、电力、金融、采掘等行业中的控股比例超过 50%,仍旧掌握经济控制权)以及对制度改革方向的把控上。

(4) 意识形态利益关系从马克思主义"绝对主流"转变为马克思主义不断战胜新自由主义的"动态博弈"

改革开放之后,西方思潮、西方理念伴随着外资企业进入中国,逐步为中国社会所接受。随着 1992 年全面推行社会主义市场经济改革,占据西方主流经济学思想的新自由主义思潮对中国的影响不断扩大,波及中国学术研究、高校教育、企业管理等方面。与此同时,一批坚持马克思主义的学者和机构纷纷做出积极和坚定的回应,政府也通过"马工程""基地人才培养""党校培训班"等措施不断调整和控制"西化"之风,使这一时期我国主流意识形态始终处在西化—整顿—再西化—再整顿的动态博弈过程。

(5) 国际利益关系从"相对封闭"转向"主动参与经济全球化"

十一届三中全会之后,中央便通过创办经济特区、开放沿海港口城市、建立沿海经济开放区等措施逐步加大开放力度,1992 年之后更是全面参与全球化过程。这一时期,与非洲、印度、拉美等发展中弱国相比中国已经成为大国、强国,在政治、经济、军事等方面均拉开不小差距;但与美国、英国、日本等发达国家相比中国仍然是发展中国家,在制定国际规则、引导国际舆论、引领国际前沿等方面仍缺少话语

---

① 数据来源:历年《中国劳动统计年鉴》。

权。这种具有双重性的国际关系使我国在这一时期所面对的国际环境更加复杂。

(6) 生态利益关系从"隐性累积"转向"逐步显性"

改革开放以来,我国的工业化、现代化、市场化、城镇化程度均呈现跨越式发展,但这一发展很大程度是以牺牲环境为代价的,使生态环境与经济发展之间的矛盾逐步显性化。加之,中国环保和健康意识的不断提高与生态环境的不断恶化形成了一种相对运动,使生态矛盾快速从隐性转为显性,并不断趋于表象化。大气污染、水污染、垃圾处理、土地荒漠化、生物多样性破坏等环境问题已成为中国乃至世界各国发展的抑制因素,生态环境与社会发展之间的矛盾不断累积。

资本—劳资—国家—意识形态—国际—生态利益关系的上述转变共同推进计划 CSSA 向转型 CSSA 的转变,并推动转型 CSSA 经历"探索—巩固—衰退"的动态过程。1978—1992 年属于探索期,探索期仍然由政府主导,以政府"有控制的放权"为初始动力,推动资本关系逐步多元化、劳资关系逐步复杂化且国际地位不断提升。在这一过程中不断涌入的西方思潮则起到催化剂的作用,各要素之间互相加强,推动转型 CSSA 不断稳定并进入巩固期。转型制度结构打破了计划经济对我国生产力发展的束缚,大大提升了经济活力和资源配置效率,使中国经济实现了长达几十年的稳定高速增长,使中国真正"富起来"。然而,随着这种高速增长,劳资冲突、资本恶性竞争、贫富差距、意识形态混乱、国际挑战、生态破坏等诸多矛盾也在不断累积,2008 年我国经济增长开始不断放缓,这意味着转型 CSSA 进入衰退期。同时,一个更加注重经济发展质量、人民幸福感的新的 CSSA 成为必然趋势,而这一新的 CSSA 正是党的十九大报告所指出的"中国特色社会主义新时代"。

目前已有不少研究尝试对中国特色社会主义新时代进行解读和阐释,但这些研究大多停留在政策解读和宣传层面,并未从中国经济发展阶段演变的长期脉络去剖析其内在逻辑。根据基于 CSSA 的中国特色社会主义政治经济学理论,便可清晰认识中国特色社会主义新时代的理论内涵和理论本质,即它是对 2012 年以后新 CSSA 时期的科学总结,是中国经济经历计划 CSSA、转型 CSSA 并进入新 CSSA 这一历史演变的必然结果。党的十九大关于"中国特色社会主义进入新时代"的重大论断与中国经济发展阶段演变的历史和理论逻辑有着高度的一致性,显示出极强的科学性和客观性,是党在中国经济转变发展阶段关键时期所作出的重要判断。通过系统阐述系列核心利益关系的相互作用如何推动中国经济发展阶段的演变,揭示中国特色社会主义进入新时代的理论机理,有助于更加科学、客观地理解党的十九大关于"中国特色社会主义新时代"的思想精髓,并为宣传、践行十九大报告的相关战略部署提供理论前提。

二、生产理论体系的构建

生产是经济活动的重要一环,是消费、分配、交换的基础。社会主义生产是我国经济的最主要部分,是社会主义经济建设的重心。自中华人民共和国成立以来,我国 GDP 增长显著,已成为世界第二大经济体,而且中国有"世界工厂"之称,中国生产的产品成功销往世界各地。可以说,我们在生产力方面得到迅速发展和提高,这是不容置疑的事实。但是在生产力发展过程中,我们也遇到了一些瓶颈和问题,比如一些产业产能过剩,另一些产业则发展不足;在全球价值链中的位置有待进一步提升;生产对环境造成破坏,生态失衡;劳动者与资本所有者在生产第一线的矛盾、冲突时有发生等。面对这些新问题,我们需要进一步加深对社会主义生产本质、目的、实现方式的认识,充分厘清各个层面的利益关系。CSSA 的整体框架基本覆盖了这些层面的错综复杂的关系,因此基于 CSSA 的六大核心利益关系的逻辑能为社会主义生产理论的发展提供新思路。

1. 对于中国特色社会主义政治经济学六大利益关系的理论研究,有助于加深我们对社会主义生产的理解

要正确分析我国社会主义生产的进程和目的,就必须先认识它与其他社会性质的国家(特别是资本主义国家)在生产方面的不同。基于 CSSA 逻辑构建中国特色社会主义政治经济学理论,有助于理解社会主义生产的目的是解决人民日益增长的美好生活需要和不平衡不充分的发展之间的矛盾,即满足人民的最基本的物质利益以及更高层次的精神、文化利益。值得强调的是,这里的人民涵盖了中国广大劳动者群体,也涵盖私有资本所有者。社会主义生产力的提高先是为了解决国民的温饱问题,继而引导全国人民走向小康、富裕之路,生产力提高的主要着眼点是广大劳动者的利益。这一基本目标制定与资本主义国家的生产目标存在很大差异。后者的生产掌握在占有生产资料的资产阶级手中,且生产并非最终目的,对利润最大化的无限追求才是开展生产活动的初衷。简而言之,资本主义生产为资产阶级利益服务,生产力提高的最终着眼点是资产阶级的利益。通过直观比较,可以清楚地认识到社会主义生产与劳动者利益之间的紧密联系,以及建立中国特色社会主义政治经济学理论来解构中国实践的必要性。

2. 对于中国特色社会主义政治经济学六大利益关系的理论研究,有助于理解社会主义生产的动态性和阶段性

与 CSSA 发展和演进逻辑相似,满足以劳动者为代表的人民利益的社会主义生产同样是随着生产力自身的变化以及时代、背景的转变而发生动态演变。我国的社会主义生产根据"三步走"战略部署,大致分为三个阶段:第一个阶段(1981—1990 年),国民生产总值比 1980 年翻一番,解决温饱问题,这在 20 世纪 80 年代末已基本实现;第二个阶段(1991 年至二十世纪末),国民生产总值再增长一倍,人民生活水平达到小康水平,这在 1995 年已基本实现;第三个阶段(二十世纪末至二十一世纪中叶),基本实现现代化,人民过上比较富裕的生活。这三个阶段中,每一阶段都是在前一个阶段的基础上更进一步,也为下一阶段的实现打下坚实基础。这反映了劳动者利益的步步递进和提升,呈动态螺旋式上升,并且受以生产力提高为主导的一系列因素的推动。

3. 对于中国特色社会主义政治经济学六大利益关系的理论研究,是我们正确理解新常态下供给侧结构性改革等生产变革的基础

自 2015 年中央财经领导小组第一次提出"供给侧结构性改革"之后,供给侧结构性改革成为经济领域的工作主线之一。理解此改革的重要性,要从经济发展的主要矛盾出发,看到供给与需求的失衡。无论是实体经济与金融经济的失衡、实体经济与房地产经济的失衡还是实体经济内部的结构性失衡,归根到底都是供给侧与需求侧的失衡,也就是生产的产品不符合国内人民的需求,不适应消费结构升级。解决这一失衡的直接方法是重组资本结构,调整和缓和资本之间的不当竞争,消除不必要的投资过剩和生产过剩,有目的性、方向性地把生产资本和生产资源配置到消费者最需要的产业和领域,使我国的供给能力和生产力能更好地满足人民的需求,也符合人民的当前利益。由此可见,供给侧结构性改革在本质上是用重新调节资本之间关系的方式和手段,来实现劳动者利益和资产阶级利益的对接和统一。因为只有当广大劳动者的需求与公有资本和私有资本的产品生产相匹配,两者的利益才能和谐统一,共同实现可持续发展。

基于 CSSA 的六大利益关系基本逻辑,可为构建中国特色社会主义生产理论提供分析视角和理论依据。根据六大利益关系之间的紧密关系和所形成的完整框架,我们可以推断,基于这一逻辑构建的中国特色社会主义生产理论应该是多维度、多角度的完整、有序的系统性理论。

生产理论体系首先要考察生产力系统,它由多种生产力要素构成,主要包括劳动者、劳动资料和劳动对象等。其中,劳动者是生产力中最活跃和最有能动性的因素,居于主导地位,所以它是生产力系统的动力,发挥着决定性作用。劳动资料中最重要的是生产工具,它体现了一个时期生产力水平的高低。劳动对象是生产过程中不可缺少的因素,是生产的直接对象。生产力就在这三者的互相作用下形成、发展,因此生产力系统理论必须包含这三个因素。生产力理论在生产理论体系中属于基础部分,一定时期的生产力发展水平决定了该时期内生产关系的形成。

生产理论体系也必须考察生产关系系统,这个系统可以从六大利益关系角度来展开。我们在阐释这一体系时应重视如下几点:

(1) 社会主义生产过程中的劳资关系问题

随着社会生产力的不断提高,资本活动越来越频繁,资本与劳动的互动和关联也越来越紧密。在坚持社会主义生产目的(即满足以劳动者为代表的人民利益)的大方向下如何处理劳动者和雇主在日常生产过程中产生的摩擦、冲突和矛盾,保护劳动者的当前利益,成为社会主义经济建设的重要实践,也是中国特色社会主义生产理论体系中的重要内容。

(2) 社会主义生产过程中的资本竞争关系特别是不同属性之间的资本之间的关系问题

毋庸置疑,我国私有制企业的活跃表现为生产力提高,它们既是推动生产力发展的主体之一,也具备很强的扩大生产规模的内在动力。但在社会主义生产中,起压舱石作用的仍然是国有资本等公有资本,因为它们在国计民生、关乎人民长远利益的产业和领域扎根更深、投入更大。如何在生产过程中既保持私有资本活力又坚持公有资本的核心地位,是中国特色社会主义生产理论不得不重视的问题。

(3) 政府在社会主义生产过程中的主导地位

资本具有很强的逐利性,在完全自由的市场条件下可能出现生产的盲目性和资本的聚集性,会造成资源的过度集中乃至浪费和产能过剩。在社会主义生产过程中,要充分发挥政府的宏观调控职能,为长期生产目标作出规划和指导,以期最优化资本资源配置。在发展中国特色社会主义生产理论时,有必要探讨政府的宏观调控力和规划作用。

(4) 全球化背景下的社会主义生产

在开放条件下,一国的生产成为全球生产链中的一环,生产国际化意味着生产要素国际化、生产过程国际化、产品销售国际化等,这使传统的生产有了空间上的延伸。把社会主义生产置于全球化背景中,探讨其在国际分工下的新特征,分析国际分工体系对我国生产带来的有利条件和不利因素,观察社会主义生产与资本主义生产的异同,都是中国特色社会主义生产理论体系中具有深刻时代烙印的命题。

(5) 社会主义生产过程反映的意识形态动态博弈问题

社会主义生产目的与资本主义生产目的迥异,以及资源配置方面社会主义的政府与市场结合以及新自由主义的自由市场配置,彰显了马克思主义思想指导下的社会主义生产实践与以新自由主义为代表的西方意识指导下的资本主义生产实践在本质上的分歧。在我国从计划生产转向市场经济生产的过程中,两大意识形态的动态博弈一直持续进行,对我国的生产政策产生影响。而在资本主义生产的无序性和短期性缺点暴露的情况下,重新审视马克思主义思想的重要性,对我们发展中国特色社会主义生产理论具有极大意义。

(6) 社会主义生产与生态平衡的对立统一关系问题

随着生产范围和规模的不断扩大,自然环境所承受的压力也在持续增长。对我国这样一个人口大国来说,资源人均占有量相对不足。在环境日益恶化、资源相对短缺的条件下,要想发展生产力,必须考虑可持续发展问题。在外部自然环境约束和限制下,在维持生态平衡的前提下,拓展生产力可持续发展的途径和方法是中国特色社会主义生产理论亟需思考的问题。

整个生产理论体系由生产力系统理论和生产关系系统理论两大部分构成,应重点考察生产力对生产关系的决定性作用以及生产关系对生产力的促进或阻碍作用。两者之间的互动关系就遵循这样一种双向动态逻辑,共同充实生产理论体系,又是中国特色社会主义政治经济学理论体系和运行逻辑中的一部分。

三、交换理论体系的擘画

马克思指出:"生产以及随生产而来的产品交换是一切社会制度的基础。"[①]改革开放以来,我国经历了重大经济体制改革,从计划经济体制过渡到社会主义市场经济体制。在这一过程中,我国经济实现了快速增长,人民生活水平得到了稳步提升,交换关系也发生了巨大的变化。这主要表现为:第一,参与交换的主体逐步市场化。由于市场经济体制和非公有制经济的发展,在产品市场和劳动力市场上都出现了交换关系主体逐步复杂化、市场化的现象。第二,交换关系客体多元化。随

---

① 马克思、恩格斯著:《马克思恩格斯选集》(第 3 卷),人民出版社 2012 年版,第 797 页。

着商品种类日益丰富,交换空间不断拓展,我国可供交换的商品以及可以进行商品交换的地点变得多元化。第三,交换载体虚拟化。随着互联网技术的进步,货币交换、渠道等方面都呈现虚拟化发展的态势。第四,交换利益悬殊化。随着市场经济的不断发展,交换主体面临的市场竞争不断加剧,促进了交换利益悬殊化的发展。

在新时代的背景下,我国经济体制改革不断推进,经济发展日新月异,因此对交换利益关系的本质以及演变的研究对研究我国经济发展规律、更好推动我国经济发展具有至关重要的作用。对此,基于 CSSA 的六大核心利益关系分析思路能有所贡献。

1. 对中国特色社会主义政治经济学六大利益关系的理论探索,有助于动态、系统地分析我国交换关系的演变

在我国经济体制改革期间,我国的交换关系也随之发生动态改变。基于 CSSA 理论的中国特色社会主义政治经济学理论,继承了 CSSA 理论的动态性和系统性,能够为分析我国交换关系提供科学的理论框架。交换关系的变化并不是孤立存在的,其演变过程受到所有制形式、科学技术发展、国际国内交换环境等多方面因素的共同作用。交换关系在受到各个利益关系的影响后,交换的主体、客体以及交换方式等都会发生相应的变化。作为社会经济制度的基础,交换关系的变化也对其他利益关系产生影响,从而形成一个在 CSSA 系统内不断动态演变的过程。

2. 基于中国特色社会主义政治经济学六大利益关系分析我国交换关系,有助于理解交换关系变化的内在原因

要科学分析我国经济体制变革的内在因素,必须对我国交换关系以及经济发展各个环节的本质进行剖析。随着中国特色社会主义市场经济的不断发展,经济活动的主体和方式不断多元化,随之而来的是交换利益关系的不断复杂化。改革开放后我国由单一公有制转变为以公有制为主体、多种所有制共同发展的所有制形式,非公有经济在经济发展中的地位逐步凸显,劳资交换关系逐步显现,资方在交换关系中的力量不断增强。然而随着科学技术的进步,劳动力的知识和技术也不断提升,其不可替代性不断增强,劳方在劳资交换关系中的地位不断提升,这一关系逐步向和谐化方向发展。

3. 对中国特色社会主义政治经济学六大利益关系的理论探索有助于理解我国现存的交换关系

根据基于 CSSA 的中国特色社会主义政治经济学相关理论,我国现存交换关系以及国际不平等交换关系是国际国内经济长期发展和积累而形成的,其形成过

程受到劳资关系、资资关系、政府角色、意识形态、生态关系、国际关系等多方面因素的共同作用逐步形成的。只有对我国从现阶段的六大利益关系理论出发去研究交换关系，才能对我国现存交换关系的本质及其未来发展方向进行全面系统的理论剖析。因此，发展和谐交换关系应从这些关系入手，才能实现从总体上对交换关系的改善。

可见，在构建中国特色社会主义政治经济学理论中的交换理论时，合理运用CSSA理论的核心概念和相关分析方法是十分有必要的。按照马克思生产力与生产关系的研究范式，在进行交换理论相关研究时我们应对交换力和交换关系进行考察。交换力是指在交换领域中的"力"，是推动交换关系不断发展的重要内核。交换力与交换关系同生产力与生产关系一样存在作用力与反作用力，交换理论正是在两者的相互影响、相互促进的过程中以构建和谐交换关系为目标而不断形成与完善的。根据CSSA相关理论和中国特色社会主义政治经济学理论的要求，在分析交换关系时要从多维度进行考察。具体而言，主要应考察以下几方面内容：

（1）和谐劳资交换关系的问题

随着我国劳资关系的不断复杂化，如何缩小劳动者同资本所有者之间的利益差距，提升劳动者的科技文化水平，从而提升劳动力在劳动力市场中的地位，让劳动者获得更多的保障，成为构建和谐劳资关系进而构建和谐劳资交换关系的关键问题，是中国特色社会主义政治经济学交换理论的重要内容。

（2）资本交换关系问题

改革开放后我国由单一公有制经济转变为以公有制经济为主体、多种所有制经济共同发展的经济体制，极大地增加了我国资本交换关系的复杂性，并且随着金融产业的发展以及金融科技的创新，资本交换关系的复杂性进一步提升了。因此，如何合理配置各类资本、促进资本交换关系良性发展，成为中国特色社会主义政治经济学交换理论的重要问题。

（3）国际交换关系问题

随着经济全球化的不断发展，我国参与国际经济发展的程度不断深入，综合国力不断提升，国际话语权不断增强。在此背景下，我国参与国际交换的政策也发生了相应的变化。我国政府希望通过改善我国的国际贸易结构来改善在国际市场中的地位，从而改善我国国际交换关系现状。因此，考察国际交换关系的本质和运行机制，有助于我国更好地参与国际竞争，进一步完善中国特色社会主义政治经济学中有关国际交换关系的理论。

（4）生态交换关系问题

我国政府希望通过改善生态交换关系解决经济发展中的生态问题。为构建和谐生态交换关系，我国政府近年来一直致力于构建健全的排污权交易市场，通过市场化的模式优化生态结构，改善生态关系。因此，厘清我国生态交换关系的现状，对于改善我国的生态问题、提升我国的环境保护程度具有重要意义，为进一步发展中国特色社会主义政治经济学中的生态关系问题也提供了重要的交换关系理论。

（5）交换关系中的意识形态问题

加深对我国所有制结构的认识，厘清公有经济和非公有经济在交换关系中的重要作用，对于构建和谐交换关系至关重要。随着我国市场经济体制的不断发展，非公有制经济的地位不断提升，而非公有制经济中的交换关系同公有制经济中的交换关系具有不同的特点。因此，分别探讨公有制经济体制下和非公有制经济体制下的交换关系问题，能更有针对性地构建我国的和谐交换关系。

（6）交换关系中的政府角色问题

现代市场经济体制中，政府和市场共同发挥作用，但两者发挥作用的侧重点不同。无论是政府还是市场都存在边界，充分认识市场和政府各自发挥的作用，避免在交换关系中出现政府失灵和市场失灵现象，是构建中国特色社会主义政治经济学交换关系理论的关键问题。只有解决好政府和市场的关系，才能构建起高效和谐的交换关系。

可见，交换关系问题存在于经济发展的各个领域，利用 CSSA 理论可系统全面地构建中国特色社会主义政治经济学交换关系理论框架。

四、分配理论体系的框架

我国现行的分配制度脱胎于马克思对社会主义的构想，自诞生以来不断进行变革。改革开放以来我国分配制度改革以提高效率为主线，引进了市场竞争机制，逐步形成了"按劳分配为主体、多种分配方式并存"的分配制度，提高了劳动者的能动性与生产的积极性，激发了各项生产要素的活力，推动了国民经济持续高速增长。与此同时，引进市场机制意味着在分配上公平向效率逐渐让渡，效率与公平的问题成为分配关系调整的关键问题。十八大以后，我国体制改革进入深水期，尽管在一系列调整收入分配格局的政策下，我国收入分配领域的矛盾在一定程度上得到了缓解，但仍存在劳动者报酬和居民收入在国民收入中比重偏低与收入分配差距过大等亟待解决的难题,阻碍了我国经济发展成果由人民共享的进一步体现。为此,有必要深入剖析分配理论体系,进一步探讨我国社会经济分配关系的理论内涵与特质。而将 CSSA 理论引入中国特色社会主义分配理论研究,为探讨我国分配理论体系提供了另一思路。

1. 关于中国特色社会主义政治经济学六大利益关系的理论探索有助于理解我国分配关系的本质

分配关系作为承载着利益如何在资本与劳动之间进行分配这一本质特征的执行方式,本质上仍表现为利益关系。作为社会主义国家,收入分配领域的"以人民为中心"与"发展成果由人民共享"是调整我国分配关系的重中之重。那么,通过六大利益关系来理解我国分配关系的本质显得尤为重要。马克思提到,"分配关系和分配方式只是表现为生产要素的背面",即所有制结构决定分配结构。在社会主义初级阶段,我国公有制为主决定了在分配制度上按劳分配为主。而资本之间的良性竞争、劳动者和资本之间的利益共生、国家层面的制度保护、国内意识形态的统一、国际关系的友好发展以及生态建设的和谐共生保障了按劳分配的主体性。多种分配方式并存也使内资本与外资、劳动者与劳动者、资本与劳动者之间在制度保障下,利益主体通过利益收入驱使进行良性竞争,共同发展。因此,在六大利益关系框架下分析中国特色社会主义分配方式,能更好地阐释分配理论的利益关系本质。

2. 对于中国特色社会主义政治经济学六大利益关系的理论探索有助于理解我国分配方式的多样性与和谐性

按劳分配的主体性表现在全社会范围的收入分配中按劳分配占最大比重,公有制经济范围内劳动者总收入中,按劳分配收入是最主要收入来源。多种分配方式并存包括按"劳动、资本、土地、知识、技术、管理、数据"等生产要素进行分配等分配方式,充分体现了分配方式多样化的特点。具体来说,资本与资本在社会主义市场经济中通过分享企业剩余价值的方式来促使多种分配方式的进行;劳动者与资本之间的博弈过程促进了不同分配方式的产生;国际关系对国内市场与主流意识形态的影响、生态对生产的作用等都对我国分配关系具有不同程度的影响;尤为重要的是,政府对分配关系的调整使利益分配向劳动者一侧倾斜,保障了劳动者的利益,促进了我国分配领域中"满足人民日益增长的美好生活需要"的实现。

3. 对中国特色社会主义政治经济学六大利益关系的理论探索有助于理解我国分配方式是以人民为中心的

党的十八大以来,习近平总书记提出的以人民为中心的发展思想是对"为人民服务"思想的新时代继承与升华。六大利益关系涵盖了社会生产所面临的主要问题,正确处理好以劳资矛盾为中心的六大利益关系成为分配领域是否坚持"以人民为中心"的关键。正如习近平所言:"收入分配是民生之源,是改善民生、实现发展成果由人民共享最重要最直接的方式"。为此,和谐的分配关系成为是否以人民为中心的直接反映。中国特色社会主义政治经济学六大利益关系的理论探讨为更好地建立适应中国特点、符合中国国情的分配理论体系具有重要意义,也是明确以人民为中心发展方向的理论基础。

可见,基于 CSSA 的六大利益关系基本逻辑可为构成中国特色社会主义分配理论提供有益参考,六大利益关系的基本框架也为中国特色社会主义分配理论构建提供了诸多角度。中国特色社会主义分配理论的建立应该具有目标的指向性、方式的多样性和过程的和谐性等特征,是一个包含以人民为中心的发展目标的理论系统。

分配理论体系必然先对分配力系统进行考察。分配力与分配关系分别是生产力系统与生产关系系统在分配领域的体现。分配力系统是"力"在分配中的体现,主要包含配置效率、宏观调控能力等要素。正如生产力与生产关系的辩证关系一样,分配力与分配关系之间同样存在耦合的作用关系。这种动态演进耦合关系构成了分配理论体系,而分配理论体系正是中国特色社会主义政治经济学理论体系与运行逻辑的重要组成部分。

具体而言,基于 CSSA 的分配理论系统应重点考察以下六大方面:

(1) 劳资利益分配问题

劳动与资本之间的关系涉及剩余价值的分配,而剩余价值的分配体现利益主体的诉求,从而劳动与资本之间的对立是客观存在的事实。作为社会主义国家,我国在建立中国特色社会主义政治经济学体系中,如何处理好社会主义市场经济下复杂经济环境的分配问题,成为建立中国特色社会主义政治经济学分配理论体系的重要内容。

(2) 社会主义市场经济条件下资本竞争的宏观分配问题

社会主义市场经济作为将社会主义与市场经济融合的特殊制度形态,包括公有制、混合所有制、私有制和外资等多种所有制形态,而不同的所有制形态使资本之间表现出既合作又竞争的关系。资本之间的竞争结果在宏观上表现为全社会剩余价值的再分配,通过影响资本收益,进一步影响劳动收益。为此,如何处理不同所有制形式下利益主体的关系与利益分配等问题,构成了社会主义市场经济条件下资本竞争的宏观分配问题的主要内容。

（3）政府如何调整分配关系走向公平的问题

改革开放以来，社会主义市场经济的确定使民营经济逐渐成为我国经济的重要组成部分。但是生产资料私有制带来的剩余价值的占有问题在造成劳动者与资本家对立的同时，也加大了收入差距。中国作为社会主义国家，追求的是实现全体人民的美好生活，而贫富差距问题的存在阻碍这一目标的实现。因此，如何通过政府调整收入分配，进一步解决收入差距过大等分配领域的问题，是建立中国特色社会主义分配理论体系的关键内容。

（4）中国特色社会主义制度下和谐的分配关系实现问题

我国现行分配制度根源于经典马克思主义理论中对未来社会分配方式的设想。我国当前实行的按劳分配为主、多种分配方式并存的分配制度体现了社会主义的本质特征与市场经济的积极作用。那么，构建以人民为中心、发展成果由全体人民共享的分配理念自然成为中国特色社会主义分配理论体系的重要内容。

（5）经济全球化下国际价值的再分配问题

经济全球化使世界各国的利益联接在一起，每个国家在全球价值链所处的位置决定了其在全球价值再分配中所获得的剩余价值的多少。中国倡导世界范围内的合作共赢，是中国在经济全球化下的开放原则。但在各国尽量获取更多的世界剩余价值的背景下，存在着对价值链低端国家的剩余价值占有问题。因此，在经济全球化的背景下，为实现国际剩余价值在不同国家之间的合理分配以及国家间的合作共赢贡献中国方案，成为中国特色社会主义分配理论的重要内容。

（6）实现绿色分配的保障问题

随着经济的快速发展，生态环境日益成为阻碍经济发展的重要因素。在生产过程中通常存在对资源环境的保护和破坏两方面结果。在对生产结束后价值所得部分的分配，要采取保护多得、损坏扣除的原则，实现绿色分配。在绿色分配过程中，对资源环境的监管、对生态环境的保护成为实现这一分配原则的关键。

可见，基于 CSSA 理论的基本逻辑，运用劳资关系、资资关系、政府关系、意识形态、国际关系和生态关系这六大利益关系对分配关系进行理论解析，覆盖了分配关系中所要考虑的重要内容，构成了中国特色社会主义政治经济学的分配理论体系。

五、消费理论体系的探索

随着经济的发展和信息技术的应用，不仅居民消费水平日益提高，而且消费体系逐渐呈现共享化发展趋势。消费愈来愈得到国家的重视,一方面,从近年来党的报告中可以体现出来,从"要调整投资和消费关系,逐步提高消费在国内生产总值中的比重",①到"坚持扩大国内需求特别是消费需求的方针",②到"加快建立扩大消费需求长效机制,释放居民消费潜力",③再到"增强消费对经济发展的基础性作用",④消费在拉动经济发展方面的作用愈发受到重视。另一方面,近几年政府工作报告中对刺激消费、扩大内需的相关内容均有具体要求。例如,2020 年政府工作报告指出,"我国内需潜力大,要深化供给侧结构性改革,突出民生导向,使提振消费与扩大投资有效结合、相互促进"。⑤ 由此可见,消费在整个社会经济中的重要性愈发凸显,消费不仅与收入的多少和分配方式有关,还与经济增长方式、发展模式高度关联,而基于 CSSA 的六大核心利益关系能帮助我们厘清消费背后的逻辑,把握消费的动态变化规律,理解绿色消费理念的内涵。

1. 对中国特色社会主义政治经济学六大利益关系的理论探索,有利于厘清消费背后的逻辑

为了扩大内需、刺激消费,提升居民的消费水平和改善消费结构,建设现代消费体系,必须探究消费背后的逻辑。根据基于 CSSA 的中国特色社会主义政治经济学理论,消费过程是人们物质利益的实现过程,且与生产、分配、交换之间相互影响、相互作用。消费一方面是人类生存和发展的需要,这是消费的自然属性,任何社会形态都不可避免;另一方面,消费是一个社会过程,与一定的制度密切相关,这是消费的社会属性。社会主义消费建立在生产资料公有制的基础上,与按劳分配为主体、多种分配方式并存的分配制度和社会主义市场制度、消费意识、政府政策、开放关系具有直接关系。按照 CSSA 的六大核心利益关系的分析框架能清晰地厘清消费背后的逻辑。

2. 对中国特色社会主义政治经济学六大利益关系的理论探索,有利于把握消费关系的阶段变化规律

经济改革实践的过程中资本关系、劳资关系、国际关系等发生变化,消费关系

---

① 《党的十六大报告》,新华网 2002 年 11 月 8 日。
② 《高举中国特色社会主义伟大旗帜 为夺取全面建设小康社会新胜利而奋斗》,《人民日报》2007 年 10 月 25 日。
③ 《坚定不移沿着中国特色社会主义道路前进 为全面建成小康社会而奋斗》,《人民日报》2012 年 11 月 18 日。
④ 习近平著:《决胜全面建成小康社会 夺取新时代中国特色社会主义伟大胜利》,《人民日报》2017 年 10 月 27 日。
⑤ 《2020 年政府工作报告》,中国政府网 2020 年 5 月 22 日。

也呈现动态演变。而基于 CSSA 的中国特色社会主义政治经济学理论,由于其具有的动态性和系统性,将为分析我国消费关系的动态变化提供合理的分析框架,即消费关系受到生产力发展水平、基本经济制度、生态理念、意识形态等诸多因素的影响。从动力机制来看,消费关系演变的根本动力在于生产力的发展,核心动力在于生产力-生产关系的相互作用,直接推动力则在于政府作用。这一分析对理解中国特色社会主义经济中的消费关系的阶段变化有启示作用。

3. 对于中国特色社会主义政治经济学六大利益关系的理论探索,有助于理解绿色消费理念的内涵

创新、协调、绿色、开放、共享的新发展理念提出以来,对消费的指导作用逐渐增强,绿色消费、共享消费等理念成为发展趋势。根据基于 CSSA 的中国特色社会主义政治经济学理论的基本逻辑,绿色消费理念综合考虑了六大利益关系。改革开放以后,资本的引入和市场经济的发展为消费注入了活力,但如果"放任资本逐利,其结果将引发新一轮危机"。[①] 如果放任资本利益关系发展,不仅会诱发企业为了利益最大化而无序生产,造成资源浪费、环境污染等生态危机,而且使人们受超前消费等意识的影响,会受欲望驱使过度消费,长期来看会导致生活质量下降。在此基础上,要推动绿色消费理念不能仅关注资本逻辑,而应该将其放入六大利益关系中。

因此,中国特色社会主义消费理论按照基于 CSSA 的六大利益关系基本逻辑可以系统、完整地厘清其背后的逻辑、演变规律、发展趋势等。

消费理论体系由消费力系统和消费关系系统组成。一方面,在消费力系统中,科学技术是决定消费水平的动力,为消费提供技术支撑,具有决定性作用。尤其是随着互联网技术和数字经济的深入发展,消费所依托的技术平台会更有利于洞察消费者的需要,满足消费的多样化、个性化需求,解决因交易双方信息不对称产生的供需失衡问题,扩大消费规模,增加消费总量。同时科技的发展会引发新的消费热点,并促进形成新型消费关系。由于人具有获取高层消费需求的本性,在消费得到满足后,消费行为不断循环推动消费结构由低层次向高层次演变,从重视物质需求向更加满足精神文化需求转化,将实现人自身的发展与推动消费结构优化升级结合在一起。

另一方面,消费理论体系离不开对消费所处经济关系系统的考察,即六大利益

[①] 习近平著:《习近平谈治国理政》(第 2 卷),外文出版社 2017 年版,第 512 页。

关系。六大利益关系之间具有系统性和完整性,不能孤立拿出其中一个方面而抛弃其他五大利益关系。在构建中国特色社会主义消费理论体系时,以下六大问题值得我们系统思考。

(1) 资本关系对消费的影响问题

随着市场经济体制的变革,资本逻辑对中国特色社会主义消费理论的影响不容忽视。资本对消费具有两方面的影响：一方面受资本逻辑的驱使,不同主体的差异化消费会不断得到满足,消费的质量相比之前有所提高,人的消费需要与资本逻辑之间体现为一致性;另一方面,资本逻辑驱使厂商盲目生产、过度宣传等,刺激消费者购买不需要的东西,造成资源浪费、加重消费者负担等问题。为此,中国特色社会主义消费理论体系的构建,首要探讨资本的逻辑问题,梳理资本对消费的影响路径以及影响机制,从而更好地规范资本运作过程、防范资本无序扩张对消费的负面影响。

(2) 消费中体现的劳资关系问题

我国现实经济运行过程中,出现了资本比重过大、劳动收入份额下降、资本挤占劳动报酬的现象,这对提升居民消费水平和改善消费结构具有直接抑制作用。劳资关系的背后体现着基本经济制度尤其是分配制度的作用,合理的分配制度有助于增加居民的收入,是实现人民美好生活的重要途径。因此在中国特色社会主义消费理论体系的构建过程中,需要重视居民收入分配中资本与劳动份额占比对消费的影响,以及如何扩大居民收入来源从而提高居民消费水平和消费质量等问题。

(3) 国际市场下的消费问题

在国际经济体系下,贸易的发展使居民的消费空间扩大、消费选择增多,但同时存在消费问题。例如,不平等交换导致在不同市场上具有不同的购买力价格;逆全球化倾向、贸易保护主义给我国消费带来诸多挑战;全球分工体系下依赖国外产品;国际金融的不稳定波及消费领域等。探究国际市场的背景下对消费的影响途径,防范国际不稳定因素对消费造成的阻碍,能够体现中国特色社会主义消费理论体系的完整性。

(4) 消费理念的合理化问题

改革开放以前,我国居民的消费意识基本处于保守状态。改革开放后,随着新自由主义思潮的影响,超前消费、攀比性消费逐渐盛行,一极是高收入者奢侈的不合理消费,另一极是中低收入者过于保守的储蓄型消费,使我国居民消费水平的差距日益加大,消费结构也不尽合理。为此,探究消费理念对消费行为的影响作用,厘清消费理念如何对消费产生影响,引导合理消费、绿色消费,是中国特色社会主义政治经济学消费理论不能缺少的内容。

(5) 政府对消费的带动问题

在社会主义中国,政府的作用不言而喻,政府政策的制定不仅影响消费的多少,而且对消费质量和结构的改善提升具有关键作用。政府主导的粗放型经济发展模式,使投资高、消费低,而集约型发展模式,注重消费对经济的拉动作用。消费扶贫使低收入者的基本生活消费得到保障,能提高生活质量。在经济低迷期,政府一系列政策会改善消费环境,提升居民消费信心。因此,政府如何根据市场运行规律,制定合理的消费引导策略,同时避免消费受到严重的外部冲击,提升居民生活水平等一系列政府促进消费问题是中国特色社会主义政治经济学的关键内容。

(6) 不合理消费引起的生态问题

经济的发展需要不断刺激消费,完善消费机制、挖掘消费潜力、优化消费结构成为推动经济的重要举措。但不断增长的消费需要使生态承受的压力越来越大,特别是过度消费、奢侈浪费、"野味消费"等不合理的消费行为对生态的损害具有不可逆转性。而倡导绿色消费会倒逼绿色生产和绿色的生活方式,转变经济发展方式,促进资源节约、保护环境等,有利于生态环境的可持续发展。自然,如何制定法律法规杜绝"野味消费",解决过度消费、奢侈性消费引起的资源浪费,倡导绿色消费,是对中国特色社会主义消费理论在新时代背景下的发展与补充。

根据 CSSA 的六大利益关系逻辑引申出以上六大消费领域的问题,而在系统研究中国特色社会主义消费理论时,这六大问题"牵一发而动全身",相互制约、缺一不可。

六、生态理论体系的构想

人时时刻刻都处于自然生态环境之中,美好生活离不开生态环境的支撑。人与自然之间关系的问题是千百年来学者与实践工作者持之不懈探究的话题。当前,人们深刻认识到"人与自然和谐共生"的重要性。正所谓"受益而不觉,失之则难存",面对生态福利,人人都可以享受;面临生态危机,没有谁可以避而躲之。正如习近平总书记指出:"我们要认识到,山水林田湖是一个生命共同体,人的命脉在田,田的命脉在水,水的命脉在山,山的命脉在土,土的命脉在树。"①如果系统中的某一方面遭受破坏,其他因素也会受到影响,这会引发生态系统的功能紊乱、运转失调,进而难以可持续运行。"不得不承认,我们原先走在黑色发展和崛起的征途上,所以尽管我们即使按西方工业文明的标准未达到发展和崛起的程度,但是黑色发展和崛起的一切代价和后果我们都已经尝到了。"②为推进生态环境保护、实现现代化强国的目标,我国必须实现经济发展方式的变革,在生态环境保护中实现增长,真正做到"既要绿水青山,也要金山银山","绿水青山就是金山银山"。事实上,"绿水青山"和"金山银山"的辩证关系充分说明了绿色生产力和生产关系之间的辩证关系,两者是统一的,两者之间的关系可以直接描述为生态系统与经济系统之间的关系。为了保障绿色生产力的良好发展,我们可以基于 CSSA 的六大核心利益关系分析思路对中国特色社会主义政治经济学中的生态理论体系构建做出贡献。

1. 对于中国特色社会主义政治经济学六大利益关系的理论探索,有助于系统理解生态系统与经济系统的动态发展关系

现有政治经济学理论注重生态政治经济学的分析与构建,但尚未形成完整的章节或者理论。对生态系统与经济系统之间关系的理解是实现人与自然和谐发展从理念转化为政策的理论指导。理解生态系统与经济系统之间的关系不仅要从生态利益维度,也要从资本利益、劳动利益、意识形态利益、政府利益、国际利益等角度全面理解生态与经济之间的关系。这样才能全面考察企业竞争之间的生态保护、劳资关系中的生态因素、生态意识形态博弈、生态制度构建以及国际生态治理等问题。因此,基于 CSSA 的六大核心利益关系分析能够为丰富和拓展中国特色社会主义政治经济学生态理论体系提供理论基础。

2. 对于中国特色社会主义政治经济学六大利益关系的理论探索,有助于理解绿色维度的高质量发展

马克思根据资本有机构成的主客观性质差异,将经济增长方式大致分为外延式增长和内涵式增长。前者是资源环境破坏的直接原因,而后者蕴含着以节约为主要特征的生态思想。绿色增长正是马克思内涵式增长的拓展和延伸,进一步强调了内涵式增长中的绿色意蕴,这是符合新时代中国特色社会主义发展要求的增长方式。绿色增长是绿色维度的高质量发展,以人民为中心,强调"人与自然"和谐

---

① 习近平著:《关于〈中共中央关于全面深化改革若干重大问题的决定〉的说明》,《人民日报》2013 年 11 月 16 日。
② 陈学明著:《生态文明论》,重庆出版社 2008 年版,第 22 页。

发展的增长路径；以绿色劳动为基本脉络，强调劳动力、劳动对象和劳动资料的绿色化发展。劳动力的绿色化是绿色可持续增长之源泉，它强调劳动力健康发展。只有健康的劳动力才能为后续经济增长过程提供源源不断的劳动。劳动对象的绿色化是指劳动对象的节约化、高端化和智能化，而劳动资料的绿色化是指劳动资源的新型化、集约化和可再生化。绿色增长是以绿色技术创新为动力，以绿色制度创新为依托，在经济系统的绿色化运行中实现增长。绿色增长不同于以往的增长路径，它将成为第四次工业革命的主要表现形式，绿色技术创新也将成为这次工业革命的核心。绿色制度创新是指包括减排、节约资源、生态文明等生态制度体系，包括绿色正式制度和绿色非正式制度两大方面。绿色增长与传统以资本积累为中心的制度体系的根本性决裂，强调经济系统的绿色化运行而带来的增长。由此可见，绿色高质量发展不仅涉及绿色生态，更涉及技术创新、政府制度、国际关系、绿色资本、绿色劳动等多个维度。因此，只有厘清中国特色社会主义政治经济学六大核心利益关系，才能更加全面、客观地看待绿色增长的核心要义，才能为实现经济高质量发展提供更好的路径，进而为构筑中国特色社会主义政治经济学生态理论体系提供有益参考。

3. 对于中国特色社会主义政治经济学六大利益关系的理论探索，有助于从绿色生态维度理解新时代美好生活的要求

进入新时代，我国社会主要矛盾转变为人民日益增长的美好生活需要与不平衡不充分的发展之间的矛盾。现有政治经济学体系对生态维度新时代社会主要矛盾的解决尚待提升。生态利益关系为我们理解绿色生态与美好生活之间的关系提供了思路。人类的"美好生活需要"包括经济、政治、文化和生态等多个视域，绿色生态已然成为当代中国人民追求美好生活的现实需要和基础条件。

首先，绿色生态是实现人类健康生活的基础路径。一方面，当前人与自然之间的紧张关系将在绿色生态的逐步构建中不断缓和，具体表现为生态环境的抵灾抗害能力不断提高，环境危机事件所发生的频率不断降低。另一方面，绿色生态环境能够降低环境污染、提高自然资源的清洁度，从而降低人类疾病概率。

其次，绿色生态是构建人民幸福生活的基础条件。恩格斯指出"每个人都追求幸福"，这是"颠扑不破的""无需加以证明"的原则。[①]"为中国人民谋幸福"是我们一直牢记的使命。在以往的研究中，幸福的主要内容是物质幸福和精神幸福两

---

① 马克思、恩格斯著：《马克思恩格斯全集》（第44卷），人民出版社1979年版，第45页。

大方面。随着社会的不断进步,人类对幸福的要求不断提高,生态幸福逐步成为"美好生活"的一个重要方面。增强人的生态幸福就是绿色生态的一个重要目的,只有在绿色的优质生态环境中,人们才能进行高效率的生产和生活。绿色的生态环境可以净化人的心灵,提升愉悦感,从而成为人们享受幸福生活的基础条件。

最后,绿色生态是促进人的全面发展的基础保障。人的发展和生态的发展是内在统一的,[①]建设绿色生态在本质上是为了促进人的全面发展:一是绿色生态可以重构人的价值理念,进而形成一种自觉的意识性力量,促进社会主义生态文明观、健康的生活方式、合理的生产和消费方式等的形成。二是绿色生态不仅可以满足人作为有机体的生态需求,还可以提高人的精神需求,尤其是对于美的艺术性追求。三是绿色生态可以创造相对卫生、富足和稳定的环境基础。人类的生理和心理健康能够在这样的环境中得以发展,人格也得以健全发展。实现美好生活是进入新时代的奋斗目标,因此,基于 CSSA 的核心利益关系探讨有利于更好理解美好生活的生态意蕴,有助于构建中国特色社会主义政治经济学生态理论体系。

由上述分析可知,基于 CSSA 的六大利益关系研究可为构建中国特色社会主义生态理论提供理论基础和突破点,同时,中国特色社会主义生态理论也是一个基于理论与实践交织演进的动态系统,并已逐步成熟。具体而言,这一理论体系应重点考察如下几个方面内容:

1. 资本竞争中的生态问题

资本天然的逐利性决定其天生不考虑生态因素,因而,生态破坏问题在资本追逐利益最大化的过程中不断加重。事实上,资本竞争之所以带来生态问题,是因为这样的资本竞争毫无约束。如果加上生态保护这一约束条件,资本与生态在一定条件下可以实现和谐共生。为此,探讨资本竞争中的生态问题,厘清资本与生态共生的约束条件,是中国特色社会主义生态理论的重要内容。

2. 劳动关系中的生态问题

从理论逻辑来看,环境因素将通过负价值的分担机制,对劳资矛盾主要是劳动者的相对地位产生影响。当劳动者分担的负价值占社会总负价值的比重大于劳动者分配到的正价值占社会总正价值的比重时,劳动者的相对状况恶化;反之,劳动

---

① 刘思华著:《生态马克思主义经济学原理》,人民出版社 2006 年版,第 519 页。

者的相对状况好转。环境保护制度通过影响负价值的补偿与分配机制,作用于劳资矛盾。在无环保制度约束的极端情况下,劳动者分担的负价值比重必然大于其分配到的正价值比重。此时,考虑到环境因素对劳资关系的影响,劳动者的相对状况必将恶化。为此,从生态视角深入探索劳资关系,是对现有政治经济学体系的补充和发展。

3. 生态正式制度和生态非正式制度的系统构建问题

生态制度构建是一个系统工程,它需要从理念到行动最后到结果的系统性路径重构。首先要构筑一套尊崇自然、绿色发展的社会主义生态文明观。建立社会主义生态文明观意味着建立一套与绿色生态相契合的观念体系,主要包括资源有限观、生态伦理观、绿色生产观和绿色消费观。要想改变人们的价值观念、行动逻辑以及行为方式,首先需要改变人民的主观意识,即将与绿色生态相契合的观念体系植根于人们的意识中,形成文化自觉。接下来,需要从正式制度层面构建从预防到治理等多维制度体系,确保生态制度的完善。我国十分重视生态正式制度体系的建设。如何厘清生态正式和非正式制度之间的关系,更好发挥两者协调的作用,也是中国特色社会主义生态理论的重要关注点。

4. 国际生态治理问题

生态问题并无国界,全球绿色生态的构建将成为惠及全球人民福祉的重要工程。人类,生活在同一片天空,生活在同一个地球,无法隔绝彼此而生活在另一个区域,因此对生态有着共同的利益诉求。然而,由于地区间、国别间生态环境恶化程度、经济发展程度的不一致,全球绿色生态的建设存在诸多问题。就国际来看,我国应该以大国姿态携手其他国家合作共赢,实现绿色发展,建设全球绿色生态。全球生态环境的公共产权性和外部性使"搭便车"现象不可避免,对一国或一区域而言,企业的"搭便车"现象还可通过政府强制性的政策较快地落实与制止,但当范围扩至全球时,就变成了主权国家的"搭便车"问题,就更难解决。相比于一般公共品,全球生态环境有个很明显的特征,即没有一个明确的主体提供制度或污染治理。正是全球性政府的缺失,全球生态环境保护只能靠各国博弈以及国际性合作来实现。在推进"一带一路"的进程中,我国积极与各国进行绿色生态方面的合作将成为建设全球绿色生态的一个重要路径。当然,国际生态关系及其治理方面还有很多具有重要意义的课题值得我们进一步探索。

以上四个方面内容是研究中国特色社会主义生态理论所需要考察和突破的重要内容,四个方面相互联系、相互作用,共同构成中国特色社会主义生态理论体系。

七、经济发展理论体系的设想

从"推动经济快速发展"到"辩证认识经济增长速度与质量",再到提出"可持续发展思想"和"科学发展观",我国关于经济增长与发展的理解和认识始终在不断提升和拓展。2017年党的十九大报告明确指出,"我国经济已由高速增长阶段转向高质量发展阶段",这是我国在经济增长与发展这一主题上经过长期的接力探索所提出的新的经济增长和发展思路,具有鲜明的时代性。与此同时,从高速增长转向高质量发展成为当下中国经济改革的根本要求,这不仅为发展经济学等理论提供了创新思想与实践素材,也对相关研究提出了新的要求与任务,即要对我国经济增长和发展方式转变的本质内涵、演变路径及实践思路进行深入研究和探讨。对此,CSSA理论能够为分析我国经济增长和发展提供较好的视角,对于探讨中国特色的经济增长和发展理论具有较强的参考价值。

1. 基于CSSA的中国特色社会主义政治经济学理论探索,对于理解我国经济增长与发展的动态性和系统性具有贡献和价值

该理论为理解不同阶段经济发展方式的形成、巩固及调整以及不同经济发展方式之间的演变机制,提供了较为科学的理论分析框架:某一阶段的经济发展方式的形成取决于这一时期的生产力发展水平以及生产关系基本特征,同时生产关系又是一个囊括了系列利益关系的有机体,而经济发展方式的演变同样来自生产力与生产关系之间、生产关系内部的系列利益关系之间的相对运动和相互作用。为此,经济发展方式必然不是静态的,而是一个动态演变的过程,必然不是单一维度的,而是生产力-生产关系系统所构成的有机总体的呈现。这一视角和思路将有利于理解中华人民共和国成立以来我国经济发展理念和发展方式方面所经历的若干次转变,尤其是新时代背景下为何我国经济发展方式要从数量型向质量型转变,也为某一阶段经济发展方式的系统解析提供了框架和思路。

2. 基于CSSA的中国特色社会主义政治经济学理论探索,有助于揭示我国经济增长方式转变的核心动力

根据该理论的基本逻辑,六大核心利益关系的系统变迁是经济发展方式演化的内在机制,即六大利益关系不断适应和不适应经济增长的动态调整过程伴随着CSSA的转化以及经济发展方式的转变。如计划CSSA到转型CSSA的转型过程中,六大核心利益关系的着力点从计划经济向市场经济转换,使意识形态和政府行

为不再教条化、僵化和高度集权化,资本与资本之间可以形成竞争关系,资本与劳动关系有了内在压力和外在约束,国际关系更加开放,生态环境可以获得较好的治理和保护,从而推动中国经济在这一阶段转向了高速增长时期。同样转型CSSA运行过程中不断累积六大利益关系方面的矛盾,如新自由主义意识形态不断占据上风、资本竞争出现恶性循环、劳资矛盾激化并逐步社会化、政府行为的有效性和服务功能不强、国际交换愈加不平等、生态环境日益恶化等,使转型CSSA进入衰退期,一种新的CSSA应运而生,经济发展方式逐步发生转变。以上思路从历史的、宏观的、系统的视角阐明了我国经济发展方式转变的核心动力和总体机制,这对于探索我国当前和未来经济发展方式转变路径而言具有较强的理论价值。

3. 基于CSSA的中国特色社会主义政治经济学理论探索,可为更好促进新时代经济发展提供实践参考和理论借鉴

根据该理论,新时代我国经济实现高质量发展,也应从六大核心利益关系出发进行实践路径的探索:全力解决"不平衡不充分发展"的问题,以推进劳资关系的持续和谐;积极协调不同所有制经济,促进资本之间的多元良性互动;以"人民满意"为宗旨,稳步提升政府的"现代化"治理能力;积极应对各类意识形态的动态博弈,持续加强"新时代中国特色社会主义思想"的主导性;积极倡导建设"人类命运共同体",保持独立自主、互利共赢的国际关系;加快建设"美丽中国",逐步推进生态环境的良性循环。这一实践思路实现了理论逻辑与现实逻辑的有机结合,也有进一步细化和拓展的丰富空间,对推动新时代我国经济发展有着较强的理论借鉴和实践参考价值。

作者认为,可基于CSSA理论,探索中国经济的系统运行机理和增长逻辑,构建中国特色的增长理论体系,这一理论体系至少包含动力机制和系统运行逻辑两大维度。

一方面,从动力机制来看,中国经济增长和发展的原动力在于生产力发展,核心动力在于生产力-生产关系的相互作用,直接推动力则在于政府作用。

在原动力层面,中国特殊利益关系是对生产关系及上层建筑的代表性提炼,其演变及对应的增长和发展过程归根结底受生产力水平及其发展的决定性作用。从现实来看,1978年以来我国实施制度变革的根本原因就是解放和发展生产力。之所以选择进行市场化改革和对外开放,其实质就是为了满足生产力发展的客观需要,即在物质生产能力较低的情况下通过私有制和竞争来最大化激发经济主体的活力。在某一具体利益关系转变过程中,生产力的发展也发挥了重要作用。如生

态环保制度改革需要足够的新能源技术、清洁技术、净化技术作为支撑,否则会由于成本过高而无法实施;互联网、大数据、区块链等信息技术的快速发展不仅能降低制度改革成本,也能对政府制度实施过程进行更有效的监督和管理。

在核心动力层面,生产力-生产关系的相互作用是推动中国特殊利益关系演变以及经济增长与发展的根本原因。尽管利益关系的变化归根结底是为了满足技术进步的客观需要,但两者确是如"鸡生蛋、蛋生鸡"一般的关系,生产力与生产关系之间的"决定与反作用"在我国经济改革实践过程中转变为一种耦合[①]作用关系,两者的耦合主要通过"利益"作为链接。当生产力和生产关系均能为彼此的利益驱动提供足够的保障和支撑时,两者处于相互促进的适应状态,从而推动经济逐步繁荣。由于现有技术的局限性或制度创新主体的有限理性,生产力或生产关系的演变会出现放缓或停滞,导致生产力与生产关系逐步转变为相互抑制的不适应状态。唯有当技术出现突破性创新或者制度发生大规模变革时,两者才会转为弱适应的相对调整状态,并在这一调整过程中再次逐渐转为适应状态。生产力与生产关系这种"适应—不适应—相对调整—再次适应"的动态过程,是中国特殊利益关系演变的根本动力。

在直接推动力层面,政府的作用是中国特殊利益关系演变以及经济增长和发展的直接促进力量。政府作为中国特殊利益关系中的一个维度,属于上层建筑范畴,受到生产力水平和经济基础的决定,但由于中国经济制度的特殊性以及政府调控的能动性,使得其对经济基础以及生产力发展的反作用更为明显。在经济实践中,生产力与生产关系之间的相互适应往往由于利益集团的博弈、既得利益团体的阻碍等出现错位和滞后。只有当这种滞后所带来的矛盾累积到一定程度时,才会推动生产关系进行大规模变革,代价往往是经济危机和萧条。资本主义国家50—60年长周期波动正是这一点的有力佐证。相比而言,我国利益关系的演变尽管也存在各种矛盾,却很少出现过度累积的情况,也即生产力与生产关系之间的相互适应比资本主义国家及时得多、有效得多。这很大程度上归功于我国政府所具有的较强且有效的控制力,能够在生产关系不适应生产力要求时更快推动制度改革措施的出台与实施。

另一方面,从系统运行来看,中国经济增长与发展及其演变是在生产力-生产

---

① "耦合"是指两个事物之间存在相互作用、相互影响的关系。具有耦合关系的两个变量,无法通过单独考察其中一个而得到最终的作用结果。这里我们借用"耦合"的概念来描述经济力与经济关系之间的作用,是为了强调两者在作用于经济运动时并不是独立可分的,而是有机结合、共同发挥作用的。

关系、经济基础—上层建筑所构成的总体经济系统演变中发生的。

基于 CSSA 构建中国特色社会主义政治经济学理论体系,可得到如下系统运行机制:伴随生产力在质和量等不同层面的发展,以往适应生产力发展的生产关系将逐步转变为进一步发展生产力的束缚;生产关系与生产力之间的不适应,导致中国经济中的系列利益关系逐步出现矛盾和冲突;当这些矛盾和冲突累积到一定程度,便会促使意识形态发生变化,尤其是官方主流意识形态;意识形态的变化促使政府有所行动,通过制度设计和政策出台,采用经济或行政的手段影响经济运行;通过自上而下的制度推行以及地方政府、中央政府与微观经济主体之间的利益协调,经济中的劳资利益关系、资本利益关系、国际利益关系以及生态利益关系开始发生改变,当然,这种改变并不是完全同步的,一般而言,以所有制度为核心的资本利益关系首先改变,而后其他利益关系逐步发生变化;在这一过程中,某一维度的变革出现滞后,则会阻碍其他维度的变革,当各个维度均在较大程度上实现向新状态的转变时,便会形成多层次的交融,继而快速推动利益关系的整体性演变;伴随利益关系的整体变革,生产关系再次适应生产力发展的客观需求,一方面使利益关系更加稳固,另一方面促进了生产力的进步。

八、经济宏观理论体系的架构

基于生产力发展和生产关系调整的需要,现代经济越来越离不开政府的作用,不论是处在转型中的经济体还是发达市场经济体,政府的作用都在不断强化。究其原因,正如马克思所揭示的,生产力与生产关系的矛盾运动推动生产关系的不断调整。随着生产力的发展,生产的社会化趋势是经济发展的必然趋势,而社会化大生产离不开政府的调节和干预。从西方经济学的角度来看,市场失灵的严重性和对经济的危害性随着经济体规模的扩大和经济全球化的发展越来越大,政府对市场失灵的弥补作用的范围也在不断扩大。在对我国政府利益关系的深入研究中,我们发现,现代经济的良性发展离不开政府、社会、市场、企业等的协调与配合,其中的经济规律和经济理论的核心在于包括政府在内的各类行为主体之间的利益关系。本书基于 CSSA 的六大利益关系视角构建的中国特色社会主义政治经济学理论体系将为我国宏观经济的分析和宏观经济理论体系的构建提供有益的启示和借鉴。

1. 有利于深入探讨市场失灵的原因和政府调节经济的必要性

当前关于政府调控经济的必要性主要包括两个方面:一是社会化大生产的需

要，二是弥补市场失灵的需要。市场失灵通常是在西方经济学的话语体系中进行阐述的，包括市场在外部性、公共产品、垄断、信息不对称等领域难以发挥市场机制的资源最优配置作用。这一话语体系与中国的实际相差甚远。我国作为转型国家，市场经济并不是自然历史过程内生发展而来，而是通过政府自上而下的改革推动形成的，市场失灵不仅表现在西方经济学所声称的那些领域，还包括分配不平等导致的市场失灵、体制不完善导致的市场失灵。这就需要从中国实际出发，总结市场失灵的新理论，为政府宏观调控奠定理论基础。在 CSSA 理论架构中，六大利益关系无不渗透着分配和制度演变的问题。劳资利益关系是 CSSA 理论的核心关系，而劳资利益关系是最大的分配关系，劳动收入占比和资本收益占比是衡量收入分配差距变动的重要指标。如果收入差距过大，不但影响总体消费能力，而且通过破坏市场主体之间的竞争关系、偏好表达能力和规避风险能力等影响市场的资源配置效率。资资利益关系也是影响市场主体垄断和竞争的重要方面，而分阶段的 CSSA 深刻地将我国经济改革的阶段性特征及制度演进的历史进程刻画了出来，对体制改革中的市场失灵问题具有较强的说服力。

2. 为科学处理我国政府与市场的关系问题提供理论支撑

政府与市场的关系问题是社会主义市场经济的核心问题。党的十八大以来，关于社会主义市场经济体制的发展和完善方面，最为重要的是处理好政府与市场的关系问题，亦即划清政府与市场之间的边界。这不仅是一个重要的理论问题，也是一个重大的实践问题。党的十八届三中全会提出，要让市场在资源配置中起决定性作用，更好地发挥政府的作用。归根结底，就是要用好"看不见的手"和"看得见的手"，将政府和市场有机统一起来。在 CSSA 理论框架下，六大利益关系为研究和处理政府与市场关系问题提供了不同层面、不同视角的理论支撑。和谐的劳资关系、良性的资资关系，是从微观层面推动市场机制有效发挥作用的内部因素；有利于经济发展的意识形态、优美的生态环境以及互利共赢的对外开放关系，是宏观层面促进资本积累和经济增长的外部环境。这几个方面的有利条件需要在政府发挥应有作用的前提下才能更好地满足。基于 CSSA 理论的中国特色社会主义政府利益关系也强调，政府与市场是不可分割的有机统一体，两者相互补充，互为条件。一方面，要更好地发挥政府作用，不仅要有完善的政府调控体系和科学的政府治理体系，还需要有一个运行良好的市场机制；另一方，市场经济的有效运行需要政府进行调节，特别是在市场失灵和宏观经济层面。

3. 对构建中国特色的宏观调控理论体系具有重要的理论价值

在正确处理政府和市场关系的前提下，建立科学有效的宏观调控体系是我国现代化经济体系建设的关键环节。科学有效的宏观调控不仅是完善社会主义市场经济体制的内在要求，也是推进国家治理体系和治理能力现代化的必然要求。党的十九大指出，我国经济已由高速增长阶段转向高质量发展阶段。在新时代，如何推动高质量发展，是我国构建科学宏观调控体系的主要目标。宏观调控体系由目标体系、政策体系和评价体系等组成。基于 CSSA 理论的六大利益关系，对阐释我国宏观调控体系的变化以及具体内容上具有重要的理论指导和政策参考价值。改革开放以来，由于我国劳资关系和资资关系的演变，效率与公平逐渐成为我国宏观调控中的基本目标诉求，我国的宏观调控体系不断完善。在目标体系上，由经济增长、物价稳定、充分就业和国际收支平衡，扩充到经济结构高级化，以及收入分配平等、保障和改善民生等更加宽广的领域；将宏观调控目标从原来的单一层次拓展为包括基本目标和具体目标的多层次。随着经济发展步入新常态，意识形态上更加关注实体经济的高质量发展，方法论上强调顶层设计，加上我国生态利益关系和对外经济关系的变化，我国宏观调控的政策体系改变了以前单一的需求管理政策，特别是摒弃了"大水漫灌"式的强刺激政策，转向以供给侧结构性改革为重点，配合以货币政策、财政政策、产业政策、就业政策、收入政策以及五年规划、中长期规划和远景规划等政策手段，构成了中国特色社会主义宏观调控的政策体系。

4. 有助于理解和把握我国政府调控的历史演进和未来趋势

不论宏观调控体系还是政府与市场关系，在我国的历史进程中都经历了合规律性的演变。改革开放以前，宏观政策以行政手段为主。改革开放之后，为了适应我国经济体制改革，我国宏观调控政策体系逐渐形成和发展。改革初期，在价格双轨制的影响下，为应对价格放开后的通货膨胀，紧缩性的货币和财政政策成为我国宏观调控的政策主导。1998 年以来随着社会主义市场经济的建立和完善，我国宏观调控体系逐渐建立起来，且主要以需求管理为主。随着中国经济进入新常态，需求侧管理所产生的副作用日渐明显。为解决中长期经济问题，传统的凯恩斯主义药方有局限性，根本解决之道在于供给侧结构性改革。在政府与市场的关系演变方面，改革开放以前我国实行高度集中的计划经济体制，中央政府在经济中处于"绝对控权"的地位；随着改革开放后社会主义市场经济体制的确立，政府在市场中的作用由"绝对控权"转变为"有控制的放权"，市场经济逐步替代了计划经济。在新时代条件下，社会主义市场经济体制不断深化并上升为社会主义基本经济制度范畴,政府面临转变发展方式、优化经济结构、转换增长动力的考验,开始从"有控制地放权"向"控权与放权有机结合"的现代化政府转变。只有基于 CSSA 的分期思路,才能更好地理解我国宏观政策和政府职能演变的历史和理论逻辑,并为探寻不同时期政府的作用路径、评估现有宏观经济政策的有效性以及预测宏观经济的未来发展趋势提供全新的视角和方法。

基于 CSSA 的六大利益关系视角不仅对构建中国特色社会主义政治经济学理论体系具有重要的启示和借鉴,有助于我国宏观经济分析和政府与市场关系的理清,也构成了中国特色社会主义宏观理论体系的基本要素。中国特色社会主义宏观理论体系创新内容至少可囊括以下几个方面的内容:

(1) 从原有的劳方和资方的双向关系转变为政府、劳方和资方三者关系

政府作为看得见的手,成为对市场资源配置机制的重要补充,在调节资本关系、劳资关系,形成劳资谈判机制,优化劳资分配,构建竞争有效的资资关系、和谐劳资关系具有重要的作用。

(2) 形成经济发展和生态保护之间良性循环的宏观体系

如何避免经济发展与生态环境保护之间的矛盾和冲突,最主要的是强化生态环境保护理念,形成绿水青山就是金山银山的生产生活方式,形成有利于生态环境保护的宏观调控体系。

(3) 形成政府主导的意识形态安全和平衡机制

意识形态问题涉及我国经济发展方向,是指导具体决策思路和投资消费指向的重要方面。具有战略性、安全性、平衡性的意识形态将是宏观理论体系建设的基本要求和目标。

(4) 形成人类命运共同体目标下的国家治理体系

人类命运共同体是在经济全球化背景下人类社会发展的共同目标,而这一目标的实现离不开各国政府的合作。一系列全球性问题的解决也离不开政府间合作平台和协调机制作用的发挥。从全球资源配置和要素协调的视角来看,全球宏观体系的构建同样离不开科学处理政府与市场之间的关系,实现国家治理体系和治理能力的现代化。

九、经济开放理论体系的设计

改革与开放是我国经济取得诸多发展成绩的两个重要法宝,通过"走出去"与

"引进来"的有机结合,我国逐步参与到全球经济之中,不仅进一步提升了国内经济主体的市场空间和经济活力,而且在国际分工中实现了资源的优化配置。与此同时,我国始终面临由发达国家主导的国际经济旧秩序下技术、制度等不同维度的国际不平等问题,面临国际经济形势复杂多变带来的不确定性和经济风险。尤其是伴随着经济实力不断提升,我国在国际经济中的地位从被动参与逐步转为主动融入和积极推动,所面对的国际经济关系也愈发多元化、复杂化和动态化。正是在这一长期的对外开放实践探索之中,我国逐渐形成了具有中国特色的开放理论和实践。新时代背景下,国际经济秩序和经济形势相比过去又有了新的变化,一方面我国积极倡导"人类命运共同体",以促进全球经济的互利共赢,另一方面部分发达国家却污蔑我国"一带一路"倡议是在进行"新殖民主义",甚至发起贸易战来阻碍中国经济的进一步崛起。为此,进一步深入剖析国际经济关系的理论本质,探究国际经济关系发展变化的内涵规律,是一个极为重要的课题。对此,基于 CSSA 的六大核心利益关系分析思路能够有所贡献。

1. 对于中国特色社会主义政治经济学六大利益关系的理论探索,有助于理解经济开放的本质

要科学分析新时代我国面临的复杂多变的国际经济新形势,必须对经济开放以及各国在参与经济全球化过程中所形成的经济关系的实质进行剖析。根据基于 CSSA 的中国特色社会主义政治经济学理论,经济开放的实质是一个国与国之间逐步建立起日益复杂的经济利益博弈关系的过程,不同的博弈理念、博弈能力及利益分配格局就形成了不同的国际经济关系和国际经济秩序。由发达国家主导的国际经济旧秩序以零和博弈的理念为主导,力图不断提升发达国家的利益博弈能力,限制发展中国家的博弈能力,不断拉大国家之间的利益分配差距;随着发展中国家的崛起,由部分发展中国家(包括中国)所倡导的国际经济新秩序则旨在打破零和博弈,平衡各国的利益博弈能力,实现利益分配的共赢化。由此便可更加客观、清晰地认识不同国家所采取的不同的开放理念以及国际经济行为。

2. 对于中国特色社会主义政治经济学六大利益关系的理论探索,有助于理解经济开放的动态性和系统性

经济开放过程所形成的国际利益关系同样是动态演变的,正如我国在经济改革实践中所经历的不同时期的不同开放战略一样。而基于 CSSA 的中国特色社会主义政治经济学理论,由于其所具有的动态性和开放性体系,将为分析我国经济开放的动态性和系统性提供科学的理论分析框架。国际利益关系自身有着其独特的

演变机理,受到生产力发展水平、基本经济制度、国际经济环境等因素的影响和作用,同时国际利益关系又与其他核心利益关系之间有着密切的相互作用,不仅国际利益关系的演变速度、演变方向会受其他利益关系变化的影响,而且国际利益关系的发展也会反过来影响其他核心利益关系的演变,我国不同时期的经济开放格局便是在这一动态过程之中、在系统作用之中不断发展形成的。

3. 对于中国特色社会主义政治经济学六大利益关系的理论探索,有助于理解人类命运共同体等经济开放的最新理念与实践

近年来,习近平总书记在多个场合呼吁"当今世界,各国相互依存、休戚与共。我们要继承和弘扬联合国宪章的宗旨和原则,构建以合作共赢为核心的新型国际关系,打造人类命运共同体"。在实践层面,我国积极推动"一带一路"倡议,积极促进国际多边、双边合作,继而从理念和实践两个维度构筑新时代中国特色开放道路。然而,对人类命运共同体的认识和分析不能仅停留在意识形态或政策层面,须对其理论逻辑和理论本质进行解析。根据基于CSSA的中国特色社会主义政治经济学理论的基本逻辑,人类命运共同体的提出实际上是我国国际利益关系在新时代CSSA的重要特征和表现形式,这一新特征和新理念不是一蹴而就的,而是基于中华人民共和国成立以来我国国际利益关系的长期发展和演变;这一新特征也不是孤立形成的,而是在新时代CSSA条件下劳资关系、资本关系、政府角色、意识形态、生态关系这些核心利益关系的系统性演变中逐步出现的。在此基础上,要切实推进人类命运共同体的倡议和实践,不能将思路局限于某一个利益关系,应将其纳入六大利益关系的整体性变革之中。

基于CSSA的六大利益关系基本逻辑可为构建中国特色社会主义开放理论提供有益参考,且根据六大利益关系的整体性和系统性,基于这一逻辑构建的中国特色社会主义开放理论不应是单线条或孤立的,而是一个内置于生产力-生产关系相互运动过程中的囊括诸多视角和维度的理论体系。其中,生产力系统是开放理论体系的物质支撑,开放程度、开放形式及开放过程中的国际经济地位均受到一国生产力发展水平及国与国之间技术差异的决定性影响。生产关系系统揭示出开放理论体系的核心内容,根据CSSA理论的基本框架,应重点考察如下几个方面内容:

(1) 资本的开放问题

随着经济全球化的不断深入以及国际金融、国际投资等国际资本市场的日益扩大,资本已脱离一国之界限而成为国际资本。为此,探讨资本的开放过程,厘清其中的变化路径以及发展特征,考察资本开放对国内经济运行的影响机制,提出更

好应对资本开放所带来的机遇与挑战的对策,是中国特色社会主义开放理论的重要内容。

(2) 全球化背景下的劳资关系问题

资本具有运动性、开放性等基本属性,可打破国界限制,在全球范围内自由流动,但劳动力的国际转移是相对受限的,这使传统意义的劳资关系发生了诸多变化。为此,应进一步探析世界分工体系下劳动过程的新特征,分析资本对劳动者跨时空的劳动控制新途径,考察外国资本与我国劳动者结合的新形式以及劳动者利益保障等重要问题。

(3) 政府主导下的开放历程问题

政府角色是我国经济改革与发展的直接推动力,也是我国对外开放过程中的主导性力量。探究中国特色社会主义开放理论体系,应系统梳理我国对外开放战略的总体变化过程,考察我国国际经济地位的演变以及在推动新型国际经济关系中的作用,重点关注政府在这一过程中的直接推动力和统筹协调力。

(4) 开放条件下的意识形态博弈问题

伴随经济开放过程,我国意识形态领域呈现显著变化,即更多元且博弈性增强,而这又对我国改革开放实践形成显著的反作用。为此,考察马克思主义与西方意识形态之间的动态博弈本质,探究其对中国经济改革尤其是开放战略的影响,剖析人类命运共同体这一理念的形成逻辑、本质内涵及作用机理,是中国特色社会主义开放理论的重要组成部分。

(5) 全球产业链下的生态治理问题

在经济全球化背景下,由于不同国家在全球产业链中所处的位置不同,使生产过程的生态成本承担极不均衡,这就对全球生态治理提出了挑战。在开放理论体系中,考察生态成本负担与全球产业链分工的关系,分析全球生态治理的路径和机制,探讨中国在国内生态保护以及国际生态治理中的作用和责任,也是不可忽视的重要内容。

可见,基于 CSSA 理论的基本逻辑,以上五个方面均为研究中国特色社会主义开放理论所需要考察的重要内容,且五个方面相互联系,共同构成中国特色社会主义的开放理论体系。

十、社会基本经济制度的演进

基本经济制度,是一国依据其社会性质和基本国情,通过法律对社会经济秩序中最基本的经济关系做出明确规定的经济制度。我国作为社会主义国家,必须明确的便是我国坚持的社会主义基本经济制度。经过长期的改革与探索,我国社会主义基本经济制度的内涵和外延不断清晰、不断丰富,对指导我国经济改革发展具有重大意义。具体而言,改革开放以来我国社会主义基本经济制度主要经历了前期探索、正式确立、成熟完善、深化拓展四个阶段。

1. 前期探索阶段(1978—1991年)

从十一届三中全会的召开到党的十四大前夕,我国逐渐突破了单一公有制在社会主义经济制度中占绝对主导地位的格局,开启了对社会主义初级阶段基本经济制度的探索。从1978年党的十一届三中全会提出"社员自留地、家庭副业和集市贸易是社会主义经济的必要补充部分",[①]到1982年党的十二大指出"在农村和城市,都要鼓励劳动者个体经济在国家规定范围内和工商部门管理下适当发展,作为公有制经济的必要的、有益的补充",[②]到1984年党的十四届三中全会要求"在自愿互利的基础上广泛发展全民、集体、个体经济相互之间灵活多样的合作经营和经济联合",[③]再到1987年党的十三大强调"发展全民所有制和集体所有制联合建立的公有制企业,以及各地区、部门、企业相互参股等形式的公有制企业"[④],我国初步建立起以公有制为主体、非公有制经济为补充的所有制结构。

2. 正式确立阶段(1992—2001年)

1992年召开的党的十四大在所有制和基本经济制度理论上取得了重大突破,提出在我国社会主义初级阶段必须"以公有制包括全民所有制和集体所有制经济为主体,个体经济、私营经济、外资经济为补充,多种经济成分长期共同发展"。[⑤] 1993年11月十四届三中全会的《决定》实现了所有制和基本经济制度理论根本性突破:"建立现代企业制度,是发展社会化大生产和市场经济的必然要求,是国有企业改革的方向"。[⑥] 1997年10月党的十五大正式提出基本经济制度理论:"公有制实现形式可以而且应当多样化,一切反映社会化大生产规律的经营方式和组织形式都可以大胆利用。要努力寻找能极大促进生产力发展的公有制实现形式""坚持

[①] 《中国共产党第十一届中央委员会第三次全体会议公报》,人民出版社1978年版,第9页。
[②] 《中共共产党第十二次全国代表大会文件汇编》,人民出版社1982年版,第28—29页。
[③] 《中共中央关于建立社会主义市场经济体制若干问题的决定》,1993年11月14日。
[④] 《沿着有中国特色的社会主义道路前进——在中国共产党第十三次全国代表大会上的报告》,1987年10月25日。
[⑤] 《加快改革开放和现代化建设步伐 夺取有中国特色社会主义事业的更大胜利》,1992年10月12日。
[⑥] 《中共中央关于建立社会主义市场经济体制若干问题的决定》,1993年11月14日。

和完善社会主义公有制为主体、多种所有制经济共同发展的基本经济制度"等。①至此,经过长期探索,我国初步建立起社会主义初级阶段的基本经济制度。

3. 成熟完善阶段(2002—2011年)

2002年11月党的十六大明确提出,"必须毫不动摇地巩固和发展非公有制经济""必须毫不动摇地鼓励、支持和引导非公有制经济发展""各种所有制经济完全可以在市场竞争中发挥各自优势,共同发展"。② 2003年10月党的十六届三中全会在基本经济制度理论上实现了新突破,提出"大力发展国有资本、集体资本和非公有资本等参股的混合所有制经济,实现投资主体多元化,使股份制成为公有制的主要实现形式"。③ 2007年10月十七大提出"以现代产权制度为基础,发展混合所有制经济""允许更多国有经济和其他所有制经济发展成为混合所有制经济。国有资本投资项目允许非国有资本参股。允许混合所有制经济实行企业员工持股,形成资本所有者和劳动者利益共同体"。④ 可见,党的十六大以来社会主义初级阶段的基本经济制度不断发展完善。

4. 深化拓展阶段(2012年—)

2013年党的十八届三中全会提出"公有制经济和非公有制经济都是社会主义市场经济的重要组成部分,公有制经济和非公有制经济都是我国经济社会发展的基础"。⑤ 党的十八大以来,我国积极尝试不同所有制之间的相互融合并探索公有制的多种实现形式,提出了"混合所有制经济是基本经济制度的重要实现形式"⑥等创新性论述。在此基础上,党的十九届四中全会进行了理论创新,首次将中国社会主义分配制度和社会主义市场经济体制上升至基本经济制度的高度,提出"公有制为主体、多种所有制经济共同发展,按劳分配为主体、多种分配方式并存,社会主义市场经济体制等社会主义基本经济制度,既体现了社会主义制度优越性,又同我国社会主义初级阶段社会生产力发展水平相适应,是党和人民的

---

① 《高举邓小平理论伟大旗帜 把建设有中国特色社会主义事业全面推向二十一世纪》,1997年9月12日。
② 《全面建设小康社会 开创中国特色社会主义事业新局面》,2002年11月8日。
③ 《中共中央关于完善社会主义市场经济体制若干问题的决定》,1993年10月21日。
④ 《高举中国特色社会主义伟大旗帜 为夺取全面建设小康社会新胜利而奋斗》,《人民日报》2007年10月21日。
⑤ 习近平著:《关于〈中共中央关于全面深化改革若干重大问题的决定〉的说明》,《人民日报》2013年11月16日。
⑥ 习近平著:《关于〈中共中央关于全面深化改革若干重大问题的决定〉的说明》,《人民日报》2013年11月16日。

伟大创造"。① 党的十八大以来,我国社会主义基本经济制度得到了进一步拓展和丰富。

从1997年正式确立社会主义初级阶段的基本经济制度,到2002年进一步提出"两个毫不动摇",2003年起推动实施混合所有制经济,再到2019年提出社会主义基本经济制度的拓展内涵,我国社会主义基本经济制度的理论内涵在改革实践中逐步明确并不断丰富,其科学性和制度优势也在现实经济发展中日益凸显。与此同时,对我国社会主义基本经济制度所呈现的动态性、系统性和辩证性特征的理论探讨和深入分析仍不够充分,尤其是十九届四中全会对社会主义基本经济制度进行新的拓展和阐释后,如何理解这一内涵的变化,如何理解所有制制度、基本分配制度和社会主义市场经济这三个层面之间的有机联系,是当前亟须深入探讨的重要课题。

与此同时,对中国经济发展而言,我国关注的制度范畴不仅包括社会主义基本经济制度,意识形态、国际制度、生态制度等也对我国经济的可持续发展至关重要。而且,不论是社会主义基本经济制度,抑或其他重要制度,决不是孤立存在的,而是以一个制度系统存在并发挥作用,制度的演变也是在系统之中有机发生。这就意味着,要深刻理解我国社会主义基本经济制度的内涵和演变逻辑,不能将其与其他重要制度分割开来进行孤立的考察,而应综合剖析不同阶段社会主义基本经济制度的含义及其发展变化的轨迹。对此,基于CSSA的中国特色社会主义政治经济学理论探索可提供一个有效的研究视角和分析思路。

一方面,基于CSSA的中国特色社会主义政治经济学理论探索,能为理解社会主义基本经济制度的动态演变及系统内涵提供一个理论框架。

CSSA理论将对中国经济发展规律的探索具体化为六大利益关系的演变,其中所有制制度是资本利益关系的重要内容,基本分配制度是劳资利益关系的集中体现,社会主义市场经济则是政府与市场关系的核心命题,从而将社会主义基本经济制度的三重内涵囊括其中。该理论注重考察六大利益关系之间的相互作用,强调每一个利益关系均不是孤立演变的,而是在相互适应的阶段彼此加强和促进,使制度结构不断稳固,在相互不适应的阶段彼此弱化和限制,使制度结构不断削弱,并出现向另一个制度结构转化的趋势和动力。

---

① 《中共中央关于坚持和完善中国特色社会主义制度、推进国家治理体系和治理能力现代化若干重大问题的决定》,《人民日报》2019年11月06日。

为此,基于 CSSA 构建中国特色社会主义政治经济学理论,有利于从更长期、更系统的视角揭示我国社会主义基本经济制度的演变逻辑。从长期视角来看,我国社会主义基本经济制度的动态演变,归根结底是生产力与生产关系相互作用的结果,也是自觉变更上层建筑继而积极发挥其对经济基础和生产力反作用的过程。从系统视角来看,社会主义基本经济制度不同层面内涵之间有着密切联系,形成了一个有机系统。

首先,所有制制度是基础性和决定性维度,有何种所有制制度,就决定了哪些分配制度和资源配置方式与之适应和匹配。

其次,基本分配制度是激励性维度,不同的分配方式会对不同类型的经济主体产生不同的微观激励作用,因此分配制度合理与否影响现有所有制和资源配置方式的有效实施。

最后,资源配置方式是经济运行维度,其为所有制和分配制度的现实实施提供了运行的载体,包括信息传递和反馈机制、企业竞争和合作机制、宏观调节和监督机制等内容。

三重内涵的有机统一系统回答了处于社会主义初级阶段的中国,应坚持何种所有制制度、分配制度以及资源配置方式,以便在充分保障社会主义根本制度的基础上更好地顺应经济发展的客观规律,实现社会主义强国的发展目标。

另一方面,基于 CSSA 的中国特色社会主义政治经济学理论探索,有助于理解我国社会主义基本经济制度的辩证逻辑。

CSSA 理论对六大利益关系及其推动的中国经济演变的分析始终坚持辩证唯物的基本方法论,即六大利益关系之间既有各自的发展路径和演变机制,有着相对的独立性,同时六大利益关系之间又有着密切的相互作用,且这种作用是交错的、多维的,是辩证统一的有机体。我国社会主义的基本制度性质与生产力相对落后的现实经济基础,促成了我国社会主义基本经济制度所具有的独特的辩证性特征,即不是单一的所有制制度、分配制度以及资源配置方式,而是公有制与非公有制、按劳分配与按生产要素分配、政府调控与市场配置之间的辩证统一关系。因此,基于 CSSA 构建中国特色社会主义政治经济学理论,能对我国社会主义基本经济制度的辩证逻辑进行更为深入的剖析。正是这种辩证结合,真正为公平与效率、计划与市场、增长与发展、经济与生态等提供了得以平衡和统一的制度空间,继而能较好地发挥各个范畴的优势和作用,共同服务于社会主义经济建设。

以上,我们分别论述了 CSSA 六大利益关系的基本逻辑对考察中国特色社会主义的发展阶段、生产过程、交换过程、分配过程、消费过程、生态过程、发展过程、宏观过程、开放过程及基本经济制度演进的价值和意义,并进一步提炼出基于CSSA的发展阶段分析、生产理论体系、交换理论体系、分配理论体系、消费理论体系、生态理论体系、发展理论体系、宏观理论体系、开放理论体系及基本经济制度演进分析,阐明了每一个理论体系须重点考察和研究的问题。这样,便搭建了中国特色社会主义政治经济学理论体系的总体架构,即以"十专题"为纵向线索,以"六大利益关系"为横向维度,横纵交织,系统阐述中国经济发展的演变规律和运行机理。当然,中国特色社会主义政治经济学理论体系是一个重大的理论课题,其构建和完善不可一蹴而就,而须持续探索和创新。本研究思路将为中国特色社会主义政治经济学理论体系的进一步发展提供有益的参考和推进,也是我们后续进一步深化研究的体系基础。

后　　记

《基于CSSA的中国特色社会主义政治经济学创新研究》是在我主持的国家社会科学基金重点项目基础上形成的一部专著。全书的基本框架、核心观点主要是由我构建和提出的，而具体章节的论证大多是与我的团队合作完成的。本团队呈现专业化与年轻化的特征，诸多相关领域的知名专家、青年教师、博士生参与了具体研究。第一章由我与张沁悦、甘梅霞、王琳、严金强合作完成，王宝珠、邬璟璟、杨柔、李皎、宋欣洋、冯璐承担了部分工作；第二章由我与甘梅霞合作完成，宋欣洋、刘诚杰、杨培祥承担了部分工作；第三章由我与张沁悦、邬璟璟合作完成，王琳承担了部分工作；第四章由我与张沁悦合作完成；第五章由我与丁林峰、宋欣洋、邬璟璟合作完成，李韵承担了部分工作；第六章由我与宋欣洋、杨柔、李皎合作完成，杨培祥承担了部分工作；第七章由我与王琳合作完成，刘泽黎承担了部分工作；第八章由我与王宝珠、严金强、王琳、杨柔、李皎合作完成；尾论由我与严金强、王琳、王宝珠、邬璟璟、杨柔、李皎、宋欣洋、冯璐合作完成。最后，我对全书做了最终的修改，且全体成员均参与了统稿、校对、格式统一等相关工作。

此外，大卫·科茨教授、特伦斯·麦克唐纳教授、程恩富教授、龚晓莺教授、张晖明教授、孟捷教授、周文教授、杨小勇教授、杨志教授等均对本书提出了很好的意见和建议，在此表示衷心感谢。本书在写作过程中还参考了大量的相关文献，这些文献对本书有着重要的借鉴和参考价值，在此对这些成果的作者表示感谢。

最后，尽管本书做了大量研究，但由于中国特色社会主义政治经济学体系仍在持续创新和不断发展之中，相关研究还存在进一步提升和拓展的空间，我后续将会进一步研究。

马　艳

2024年12月